OS SETE CHEFES

do império soviético

Kátia Maria Bezerra
julho/2020

Coleção Nova Fronteira

História Mundial

Minha Mocidade, Winston S. Churchill
Memórias da Segunda Guerra Mundial, Winston S. Churchill
Memórias da Primeira Guerra Mundial, Winston S. Churchill
Memórias de Entre as Guerras 1919-1939, Winston S. Churchill
Hitler, Joachim C. Fest
Stalin, Dmitri Volkogonov
Churchill, Roy Jenkins
Roosevelt, Roy Jenkins
Roosevelt e Hopkins, Robert Sherwood
Grandes Homens do Meu Tempo, Winston S. Churchill
Don Quixote Americano, Richard Powell
Nápoles, 1944, Norman Lewis
Paz em Paris, 1919, Margaret MacMillan
Eureka! 100 Grandes Descobertas Científicas do Século XX, Rupert Lee
Tempos Muito Estranhos, Doris Kearns Goodwin
História da Guerra Fria, John Lewis Gaddis
O Intérprete de Yalta, Arthur H. Birse
Homens em Armas, Evelyn Waugh
Oficiais e Gentlemen, Evelyn Waugh
Rendição Incondicional, Evelyn Waugh
Franco, Caudillo da Espanha, Paul Preston
Mussolini, Pierre Milza
A China de Deng Xiaoping, Michael E. Marti
Vidas Históricas: Winston S. Churchill, Stuart Ball
Almirante Canaris, Misterioso Espião de Hitler, Richard Bassett
Paz em Berlim, 1945, Charles L. Mee, Jr.
De Gaulle, Éric Roussel
Lawrence da Arábia, Malcolm Brown
Os Três Grandes, Jonathan Fenby
A Coroação de Haile Selassie, Evelyn Waugh
Uma História dos Povos de Língua Inglesa (condensada), Winston S. Churchill
O Diário do Conde Ciano, Galeazzo Ciano
Os Sete Chefes do Império Soviético, Dmitri Volkogonov

OS SETE CHEFES

do império soviético

Dmitri Volkogonov

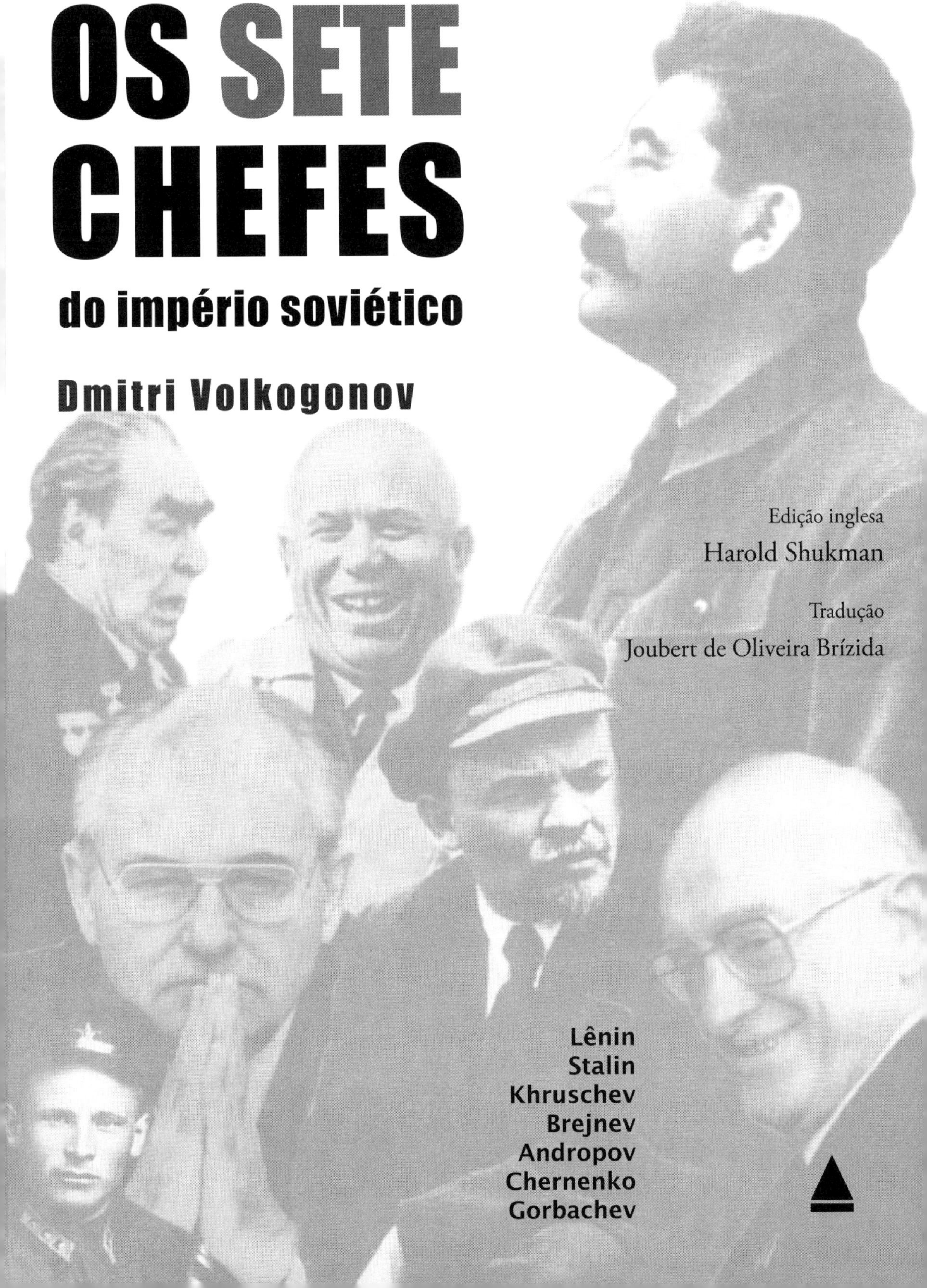

Edição inglesa
Harold Shukman

Tradução
Joubert de Oliveira Brízida

Lênin
Stalin
Khruschev
Brejnev
Andropov
Chernenko
Gorbachev

Título original: The Seven Leaders

Editora Nova Fronteira S.A.
Rua Bambina, 25 – Botafogo – 22251-050
Rio de Janeiro – RJ – Brasil
Tel.: (21) 2131-1111 – Fax: (21) 2286-6755
http://www.novafronteira.com.br
e-mail: sac@novafronteira.com.br

CIP-BRASIL. CATALOGAÇÃO-NA-FONTE
SINDICATO NACIONAL DOS EDITORES DE LIVROS, RJ

V893s Volkogonov, Dmitri Antonovich

Os sete chefes do império soviético : Lênin, Stalin, Khruschev, Brejnev, Andropov, Chernenko, Gorbachev / Dmitri Volkogonov ; edição inglesa Harold Shukman ; tradução Joubert de Oliveira Brízida. – Rio de Janeiro : Nova Fronteira, 2008.

Tradução de: The Seven Leaders

Inclui índice

ISBN 978-85-209-2105-0

1. Chefes de Estado – União Sovietica – Biografia. 2. Estadistas – União Soviética – Biografia. I. Título.

CDD: 947.084

CDU: 94(47+57)

Sumário

Ilustrações

As fotografias são cortesia da ITAR-TASS, *da agência de notícias e editora Novosti, de L. Sherstennikov, e das coleções particulares de I.Yu. Andropov, S.N. Khruschev e M.S. Gorbachev.*

1. Lênin em Moscou, 1918.

2. Lênin no Comitê Revolucionário Militar discute a tomada do poder, outubro de 1917.

3. Conversa com H.G. Wells, 1920.

4. Lênin: a tragédia do Chefe.

5. Funeral do cunhado de Lênin, M.T. Yelizarov, 1919. Anna, irmã de Lênin, ao lado da sepultura.

6. Da esquerda para a direita: Mikoyan, Khruschev, Stalin, Malenkov, Beria e Molotov a caminho de um estádio em Moscou, 1945.

7. Stalin – "O Lênin de hoje".

8. Uma coroa de espigas de milho para o querido hóspede, na fazenda coletiva "Radianska Ukraina," 1963.

9. Khruschev, de camisa de camponês, arenga num encontro no campo, nos anos 1950.

10. Fidel Castro desfruta da cornucópia da abundância georgiana em companhia de seu anfitrião Khruschev, em Abkhazia, 1963.

11. Brejnev recebe a Ordem da Vitória em 1976. O primeiro-ministro Kossygin aplaude.

12. Cercado de senis camaradas em armas, Brejnev celebra seu aniversário em 1978. Chernenko *(centro)* e Gorbachev *(segundo da direita)* esperam na linha de sucessão.

13. Andropov.

14. Andropov com seu anfitrião local, Gorbachev, em Pyatigorsk, região de Stavropol, 1974.

15. Chernenko em seu uniforme da guarda de fronteira, 1930.

16. Chernenko retornando do repouso e da recuperação, 1984.

17. O Homem de Palha encontra a Dama de Ferro: Chernenko e Margaret Thatcher, 1984.

18. Primeira e última aparição de Chernenko no Mausoléu como secretário-geral, 1984.

19. Gorbachev, chefe do partido em Stavropol, recepciona o primeiro-ministro Kossygin, 1972.

20. Gorbachev à vontade com o presidente americano George Bush em Novo-Ogarevo, 1991.

Prefácio do Editor Inglês

A desintegração da União Soviética foi precedida por um período relativamente curto de cerca de cinco ou seis anos, durante o qual reformas econômicas cautelosas foram rapidamente ultrapassadas por uma revolução da informação. Quase da noite para o dia, a face do regime mudou da conhecida máscara do sigilo, da mentira e do engodo para uma expressão cada vez mais aberta de honestidade, realidade e auto-revelação. Qual irmãs siamesas, *perestroika* (reconstrução) e *glasnost* (abertura e transparência) pareciam inextricavelmente ligadas, à medida que o esforço de elevar o padrão de vida se refletiu num surto de livre expressão em escala arrebatadora. O primeiro alvo foi o stalinismo e o papel que Stalin desempenhara na história soviética.

Dmitri Volkogonov era um candidato improvável a desfechar o primeiro ataque de grandes proporções e bem documentado contra o sistema stalinista. General de três estrelas, ex-chefe da Administração Política do Exército e, a partir de 1985, diretor do Instituto de História Militar, ele estava, no entanto, bem posicionado para examinar os arquivos secretos do Partido Comunista. Começou a escrever sua biografia de Stalin em 1978, e a tinha quase pronta em 1985, quando Gorbachev chegou ao poder. Quando o livro foi publicado na União Soviética, em 1990, praticamente todos os sacrossantos princípios dos setenta anos anteriores tinham sido julgados e rejeitados, e a maioria dos tabus da história soviética estava quebrada. Depois da biografia de Stalin, Volkogonov lançou um estudo ainda mais iconoclasta sobre Trotsky, publicado na Rússia em 1992. Porém, já na primavera de 1990, ele começara a pesquisar para uma demolição completa de Lênin como patriarca fundador de um sistema que levara o povo soviético à crise em que se encontrava mergulhado no início da década dos 90. *Lenin: Life and Legacy* chegou às livrarias em 1994, deixando Volkogonov livre para se dedicar ao presente livro, que acabou sendo seu último. Deve-se ressaltar que ele escreveu seus estudos sobre Trotsky e Lênin, bem como este volume, enquanto lutava contra o câncer que o levou à morte em dezembro de 1995; na realidade, esta obra freqüentemente reflete sua luta mental para se ajustar à morte, quando sentia que ainda tinha muito a contribuir para a vida pública e tanto por escrever. No início dos anos 1990, ele foi batizado no cristianismo, batismo este, segundo me disse, de onde retirou muito da força espiritual que demonstrou nos derradeiros anos de vida.

Cada um dos sete capítulos cronológicos deste trabalho é um estudo político que se encerra em si mesmo, mas eles se interligam por um fio comum de ideologia, de visão das coisas e, em certo sentido, de práxis. Ao longo de todo o período soviético, com uma exceção importante, a governação esteve comprometida com a ortodoxia marxista, em maior ou menor grau com uma economia militantemente dirigida, com o estado constitucional unitário da URSS, com o sonho da revolução mundial e com o mais sagrado dos sacros princípios: o monopólio político do Partido Comunista da União Soviética. Mesmo no que poderia ter parecido o período mais relaxado e mais corrupto – o tempo de Brejnev – esses compromissos permaneceram intactos.

A grande exceção, é claro, foi Gorbachev. Mas mesmo então, como mostra Volkogonov, a resistência do chefe a diluir e, muito mais, a descartar o leninismo, ou a introduzir uma economia mista, ou a afrouxar o controle do partido sobre muitas instituições sociais, permaneceu obstinada até relativamente bem tarde. Os maiores passos de Gorbachev foram na mudança radical das relações internacionais, dando um fim à Guerra Fria e alterando a fundo a visão que o mundo exterior tinha de seu país. Entrementes, a *glasnost* erodia o alicerce da crença no sistema, abalava e desorientava o *establishment* político e, de maneira geral, amaciava o regime, tornando-o receptivo às novas condições. Como Volkogonov mostra, o regime, na verdade, não era adaptável a mudança tão radical sem causar a si mesmo um dano terminal. Tal qual um monarca absoluto, o regime comunista ou é comunista ou não é. Ambos são formas inelásticas de governo que não se podem curvar ou adaptar além de certo ponto, sob pena de quebrar. Afastado o monarca, de uma forma ou de outra, o sistema se altera. No caso soviético, tanto o sistema quanto o chefe sucumbiram.

Se os retratos dos últimos cinco chefes deste livro são obra toda nova, é lícito perguntar em que medida os estudos de Volkogonov sobre Lênin e Stalin diferem do que ele escreveu nos grandes livros sobre os dois chefes.

No que toca a Lênin, Volkogonov mais reescreveu que recapitulou o trabalho anterior, fechando o foco no efeito maligno de Lênin e do leninismo sobre a história da Rússia. Novos documentos e novas análises destacam aspectos das políticas de Lênin que tiveram significado de longo prazo e que prenunciavam políticas geralmente mais atribuídas a Stalin.

Por exemplo, logo após a Revolução de Outubro, Lênin mandou destruir todos os documentos legais que certificassem propriedade. Isto deveria ser feito em segredo, sem qualquer instrução formal do governo, para impossibilitar os antigos donos de provarem a validade de qualquer título. Na verdade, foi a primeira ofensiva da guerra civil.

Novo material revela ordem de Lênin para que o Exército Vermelho fosse deixado virtualmente à míngua antes da desmobilização, ao mesmo tempo em que mandava seus funcionários esconderem os privilégios especiais para a elite do partido. A paranóia em relação aos estrangeiros na União Soviética, que caracterizou os dias mais negros do mando de Stalin, foi primeiro expressa por Lênin.

Quanto a Stalin, quando o livro anterior estava para sair no Ocidente, Volkogonov estava pronto a revisá-lo drasticamente. Contudo, sua impaciência em prosseguir o estudo sobre Trotsky e Lênin e uma dúzia de outros projetos foi demasiado grande para que ele fizesse a revisão. Ele queria, sobretudo, mostrar que o Lênin pintado em *Stalin* estava obsoleto e mostrar uma ligação inconsútil entre o primeiro chefe e o segundo. Desta forma, o Stalin deste livro não é uma distorção do leninismo mas sua continuação. Assim, o peso do capítulo a ele referente recai sobre os aspectos criminais e violentos do regime.

Quando esta obra era escrita, historiadores soviéticos discutiam se Stalin estivera engajado por completo com uma postura defensiva à véspera da invasão da URSS por Hitler, como Volkogonov asseverou no livro sobre Stalin, ou se, de fato, planejava uma ofensiva, mas Hitler fora mais rápido no gatilho, como se afirma no livro *Icebreaker* de Viktor Suvorov. Esta discussão parece estar resolvida a favor de Volkogonov, e novas provas aqui produzidas consolidam sua posição.

As relações sino-soviéticas proporcionam uma base excelente para o estudo da política externa de Stalin e de seu estilo de tomar decisões; neste particular, Volkogonov abre fatos novos, principalmente em relação à fase final da guerra civil chinesa. De excepcional interesse e valor histórico são os documentos e provas aqui apresentados sobre o papel de Stalin nas suas relações com Mao Tse-tung e Kim Il-sung nas origens e na conduta da Guerra da Coréia.

Nascido em 22 de março de 1928 em Chita, Sibéria Oriental, Dmitri Antonovich Volkogonov era filho de um pai gerente de fazenda coletiva e de mãe professora. Em 1937, seu pai foi preso e fuzilado por estar de posse de um panfleto do bolchevique Bukharin então em desgraça, como o filho veio a saber mais tarde por sua pesquisa nos arquivos. A família foi então exilada para Krasnoyarsk, na Sibéria Ocidental: Volkogonov brincava sobre o fato dizendo que, como já estavam no Extremo Oriente e Stalin não tinha o hábito de enviar seus prisioneiros políticos para o Havaí, eles foram mandados para oeste.

A mãe de Volkogonov faleceu durante a Segunda Guerra Mundial, e ele entrou no exército em 1945. Logo demonstrando aptidão para a teoria militar e para a organização, ingressou na Academia Militar Lênin, em Moscou, em 1961 e foi transferido em 1970 para o departamento de propaganda do exército, onde escreveu numerosos livros sobre temas militares que foram dos panfletos de propaganda da Guerra Fria a manuais de guerra psicológica. Ao longo do processo, ganhou bem merecida reputação de linha-dura.

Foi como jovem oficial, disse-me ele, em meados da década de 50 e com acesso às revistas e documentos do partido dos anos 1920, que ele começou a perceber quão reprimido e estéril se tornara o debate político na União Soviética em comparação com o dos primeiros dias. O "discurso secreto" de Khruschev no XX Congresso do partido, em 1956, empurrou-o mais nessa direção e, a partir de então, ele começou a reunir material para seu livro sobre Stalin. Tencionava mostrar como o ditador e seus asseclas tinham operado realmente, concentrando-se em especial no papel central do terror como instrumento de controle político. Todavia, quando trabalhava na última parte do livro, no início dos anos de 1980, chegou à conclusão de que a história soviética fora uma combinação letal do comunismo autoritário de Lênin, da implacável ação de Stalin pela onipotência pessoal e pela manipulação das rivalidades partidárias, da característica passiva e do amor por governantes fortes do povo russo, e da ignorância desse povo a respeito da democracia e da autonomia pessoal.

Volkogonov admitiu publicamente que, a exemplo de outros funcionários soviéticos, viveu duas vidas mentais, progredindo para postos cada vez mais elevados na carreira, enquanto mergulhava cada vez mais fundo nos arquivos, como se simbolicamente corroesse as bases do sistema que o nutria. Grau tão grande de desafeição não poderia durar muito sem conseqüências. Em 1985, ele recebeu ordem de abandonar a pesquisa histórica ou deixar sua função na Administração Política Central. Volkogonov optou por tornar-se diretor do Instituto de História Militar, onde completou seu livro sobre Stalin.

Em junho de 1991, as provas sobre uma nova história da Segunda Guerra Mundial, preparadas no Instituto sob direção de Volkogonov, sofreram um ataque devastador da parte dos altos escalões fardados, e ele foi forçado a pedir demissão. Tornou-se autor independente e já então era ostensivo aliado do novo presidente russo Boris Yeltsin.

Conheci Dmitri Volkogonov em Oxford, em fevereiro de 1989. Ele fora convidado a participar de um seminário sobre sua pesquisa, tendo já concordado que seu livro sobre Stalin fosse publicado em inglês pela Weidenfeld & Nicolson. Lord Weidenfeld falara comigo sobre o livro vários meses antes, de modo que, quando encontrei o escritor russo, a rigor já nos conhecíamos. Achei-o totalmente diferente da idéia que eu fazia de um general soviético. Não era arrogante nem andava pomposo, não bebia, não fumava e, em muitas situações diferentes em que o vi

– em outros países, na Rússia, com acadêmicos, militares, estudantes, sua equipe particular, seus médicos, sua família ou entre pessoas comuns – invariavelmente se mostrava atencioso e relaxado, e muito popular.

Também era excepcionalmente fácil trabalhar com ele. As edições russas das três biografias que escreveu na última fase de sua vida, sobre Stalin, Trotsky e Lênin, tinham em torno de mil páginas cada uma, e ele aceitou sem o menor resmungo que seus editores em língua inglesa me concedessem total liberdade editorial para reduzi-las em 40 ou 50%. Foi também necessária a inserção de texto explicativo de minha autoria onde achei que Dmitri deixava seus leitores ocidentais desinformados. Visitei-o em Moscou depois de terminar a tradução e a edição de *Stalin* e expliquei-lhe os princípios que tinha adotado. Todos os meus cortes e adições foram prontamente aceitos, e procedemos da mesma forma nos livros subseqüentes.

Estava pronto para deixar Moscou no final de junho de 1991 quando a esposa de Dmitri, Galina, disse-me que um exame médico de rotina revelara que ele tinha câncer no intestino. Ao recém-demitido do Instituto de História Militar, a perspectiva de submeter-se a uma intervenção cirúrgica importante num hospital militar não era nada atraente. Tão logo retornei a Oxford, consegui que ele baixasse ao Hospital John Radcliffe e, dois dias depois, fosse operado com sucesso. Infelizmente, um pequeno tumor foi descoberto no fígado, o que levou a operação de maior vulto ainda apenas duas semanas depois. Durante as seis semanas que esteve em Oxford – perto de quatro delas no hospital – pude testemunhar as extraordinárias reservas de força física e espiritual das quais se valeu para se sustentar, num país estrangeiro, ao longo da mais desgastante experiência imaginável.

Foi em 19 de agosto de 1991, enquanto o conduzia de automóvel para o hospital a fim de ser submetido à segunda operação, que lhe falei sobre as notícias de Moscou de que um golpe estava em andamento. "Então eles acabaram fazendo," murmurou. Ele ouvira muita coisa sobre conversas entre militares dos altos escalões nos últimos meses, e o marechal Yazov, o ministro da defesa que o demitira do Instituto três meses antes, tinha virtualmente admitido que "alguma coisa ocorrerá para que nos livremos de tipos como você." De seu leito no hospital, enquanto aguardava a maca que o levaria para a operação, Volkogonov arriscou-se a muita coisa ao transmitir pela BBC um apelo para que o Exército Vermelho não cumprisse as ordens ilegais dos conspiradores. Também ditou um fax para o presidente do parlamento russo expressando repúdio ao golpe.

Voltando a Moscou no início de setembro, depois da derrota do golpe, como assessor especial de defesa nacional do presidente Yeltsin, Volkogonov fez fama como uma das figuras mais acessíveis, humanas e atenciosas dos altos postos da nova administração. Raramente negava uma audiência e recebia inúmeros requerentes, fossem das províncias ou do exército. Suas atribuições militares ficaram em grande parte restritas ao enxugamento máximo da Seção Política: não era mais necessária a doutrinação e ele aconselhava os oficiais políticos a procurarem emprego como consultores psicológicos.

Do verão de 1991 ao final de 1993, Dmitri chefiou também a comissão de desclassificação dos documentos sigilosos do estado e do partido, e foi injustamente criticado pelos historiadores russos por supostamente monopolizar os arquivos em benefício próprio. Na realidade, durante o tempo em que permaneceu no cargo, setenta e oito milhões de documentos foram liberados para conhecimento público. Foi igualmente atacado pelos democratas quando Yeltsin levou sua confrontação com o parlamento a um desfecho violento e sangrento, em outubro de 1993. Em dezembro daquele ano, como vice-presidente da comissão encarregada de encerrar a insurreição, Volkogonov não renegou o uso da força por parte do governo. Afirmou ter falado muitas vezes pelo telefone com os insurgentes, dando garantias de segurança caso depusessem as armas. "A escolha era simples," argumentou, "ou suprimíamos a rebelião, ou teríamos o início de outra guerra civil." Embora lamentasse o emprego da violência, acreditava que a vitória dos anti-reformistas levaria a Rússia de volta ao Gulag. Foi um dilema moral de vulto para um historiador que, recentemente, denunciara o sistema soviético por se fundamentar na utilização da violência física.

Fase ainda mais difícil teve lugar com a decisão do governo Yeltsin, no final de 1994, de invadir a Chechênia, no Cáucaso, para dar fim à autoproclamada independência da província e restabelecer o domínio russo. Como membro do conselho assessor do presidente, Volkogonov expediu alertas públicos contra o uso da força para a solução de conflitos étnicos, se bem que aceitasse o argumento de Yeltsin de que o regime da Chechênia era criminoso e tinha que ser derrubado.

Volkogonov foi por vezes acusado de conchavos políticos, de ter publicado livros do agrado da liderança política que detinha o poder e de ter mudado de opinião para continuar recebendo favores de tal liderança. Acusações sem fundamento. Rapidamente caiu em desgraça com o regime de Gorbachev e com sua chefia militar, e jamais foi um servidor obediente do governo Yeltsin. No banho de sangue que se seguiu à decisão de invadir a Chechênia, criticou o presidente russo, tanto na mídia doméstica quanto na do exterior, por ter se deixado levar pelos conselhos de gente errada.

Além dos livros mencionados, Volkogonov colheu diversificado e rico material sobre diversos tópicos correlatos. Como diretor do Instituto de História Militar, organizou dois volumes de uma coletânea não-publicada sobre os quarenta e cinco mil oficiais do Exército Vermelho presos durante os expurgos dos anos 1930, dos quais quinze mil foram executados; começou a reunir material para um livro que iríamos escrever juntos sobre a Batalha de Stalingrado; e preparou numerosos ensaios sobre figuras políticas com quem teve contato como oficial do exército e como civil. Sua filha organiza atualmente um volume com tais artigos para publicação.

Na qualidade de seu editor e tradutor, dedico meu trabalho neste livro à sua memória.

Harold Shukman
Oxford, março de 1997

Prólogo
A Trilha dos Chefes

Por sete décadas do século xx, a União Soviética seguiu a trilha riscada por Lênin. Tornou-se uma superpotência militar temida pelo resto do mundo e criou uma poderosa indústria tecnológica, militar e científica. Mas fracassou em fazer seu povo feliz e livre. Foi o primeiro país a enviar um homem ao espaço exterior, mas nada fez para aprimorar os direitos humanos de seus cidadãos. O povo que executou a "Grande Revolução Socialista de Outubro," venceu a "Grande Guerra Patriótica" e avançou para as "Grandes Construções do Comunismo" não ganhou nem liberdade nem prosperidade por tantos esforços. "Ombro a ombro," marchou ao longo da trilha de Lênin, que expulsou o indivíduo do caminho, pois só tinha espaço para as massas.

Depois de séculos sob o mando de uma sucessão de czares, a Rússia voltou-se em 1917 para uma forma nova de absolutismo denominada chefia bolchevique, para um "chefismo," para a vontade do *vozhd*, chefe, guia, ente condutor. Na Itália, Mussolini logo surgiria como *Il Duce*, enquanto Hitler seria mais tarde *Der Führer* na Alemanha. Aconteceu que, pelas sete décadas de sua existência, a União Soviética foi governada por sete chefes, um deles por mais de trinta anos, e dois deles por pouco mais de um ano.

O presente livro é sobre esses sete chefes. Em certo sentido, são sete livros curtos num só, se bem que cada seção, embora contando sua própria história, esteja conectada às demais: meu objetivo é descrever a história do supremo poder soviético na pessoa desses indivíduos. Naturalmente, o retrato de qualquer chefe do único partido político do país – que, na prática da URSS, também significa chefe do estado – não pode substituir de forma alguma a ampla gama de aspectos e assuntos que concorrem para formar a história de um povo. Contudo, tais retratos podem revelar algo de essencial sobre o país, o regime e o sistema.

Por exemplo, nenhum dos sete chefes jamais foi eleito para o cargo pela população. Foram todos, nos termos de hoje, ilegítimos. O poder passava simplesmente de mão em mão, muitas vezes depois de uma luta feroz mas imperceptível no topo, dentro do pequeno clã de "revolucionários profissionais." O poder supremo permaneceu na mão dos chefes do partido que executou o *coup d'état* de outubro de 1917. Por todo o período soviético, o país foi governado por gente que não tinha direito legal de governar.

Todos os sete chefes consideravam-se marxistas e sempre se esforçaram para parecer "leninistas" ortodoxos. Cada um ficou confinado ao mitológico Leito de Procusto das máximas bolcheviques: o papel principal do partido comunista, a primazia da visão de classes, a supremacia da propriedade estatal e da ideologia leninista, o predomínio do poder do estado sobre a lei, e a mentalidade do Komintern, uma ambição expansionista sobre o mundo. Todos os sete deixaram a moralidade num nível bem baixo entre suas prioridades. Exaltaram a massa, a classe, o coletivo, tudo em detrimento do indivíduo. A rudeza dessas máximas bolcheviques predeterminou a mentalidade dogmática dos sete chefes soviéticos, com a possível exceção do último deles. O marxismo-leninismo, para os governantes, como de resto para o povo, foi praticamente uma religião laica na qual tinham que acreditar acima de todas as coisas e sobre a qual não podia haver sombra de dúvida.

Todos os sete chefes vieram das províncias. Nenhum deles emergiu de organizações do partido de Moscou ou de São Petersburgo. O provincialismo tende a ser conservador e ortodoxo. Nenhum deles era um proletário "puro" de origem, mesmo que todos reconhecessem e exaltassem o papel de ponta da classe operária. Mas não foi a classe operária que governou, e sim uma "partidocracia" burocrática que rapidamente se formou. Os chefes sempre mantiveram grande distância dos trabalhadores, dos camponeses e da intelligentsia, exatamente por terem saído da profundeza do núcleo dos "partidocratas profissionais." Afora o último deles, o nível intelectual, educacional e cultural dos chefes foi baixo. Mesmo Lênin, sem dúvida uma cabeça poderosa, em termos intelectuais foi estritamente unidimensional; mente puramente política, o que por certo muito o empobreceu como pessoa. Tinha pouco apreço pela cultura russa e por seus expoentes.

Todos os sete chefes viram à maneira de cada um o país que governaram, o que deu forma não só às suas conquistas como aos seus erros significativos.

O primeiro chefe, Vladimir Lênin, via a Rússia com os olhos de um *emigré* político sectário, leitor de livros e de jornais. Inimigo do czarismo e da democracia burguesa, tinha uma visão política que o condenou a uma perspectiva estritamente "revolucionária," primeiro do império e depois da república soviética russa. Lênin nunca trabalhou, na acepção que normalmente emprestamos à palavra, e isso teve enorme importância em seu entendimento de realidade. Dezoito meses de experiência como assistente de um advogado provinciano e nenhum conhecimento prático da indústria e da agricultura (embora tenha sido co-proprietário de um trato de terra por breve período) deram-lhe apenas uma idéia superficial dos subjacentes processos da vida russa. Daí veio a idéia de Lênin de que o comunismo poderia ser "introduzido" de imediato, como também sua falta de entendimento sobre o papel integrador das províncias russas num estado multinacional e sua política de gradualmente aboli-las, e sua certeza de que a destruição de grupos sociais inteiros, como a Igreja, aceleraria a sovietização.

O menchevique Rafail Abramovich descreveu as atividades de Lênin no início de 1918 como sendo "a história de um ataque violento de utopismo sob a forma de Comunismo de Guerra." "No início de 1918," escreveu Abramovich, "em quase todas as sessões do Sovnarkom [o Soviet de Comissários do Povo], Lênin insistia em que o socialismo poderia ser realidade na Rússia em seis meses... Seis meses, não seis décadas ou, pelo menos, seis anos? Não, Lênin insistia em seis meses. E, em março de 1918, o plano para o ingresso direto na produção e distribuição comunistas foi posto em vigor."[1] Impiedosamente, Lênin fez experimentações com o gigantesco estado e com sua população, ao criar o sistema do absolutismo bolchevique. Seu maior erro foi acreditar na possibilidade de tornar comunista o planeta inteiro.

O segundo chefe, Iosef Stalin, foi um do pequeno número de pessoas na Rússia que pertencia ao mundo dos que não eram de classe alguma, os *déclassés*. Carecendo de qualquer profissão que fosse e jamais tendo experimentado um dia de trabalho, ele conheceu o país como um conquistador do poder, um ditador cruel, um chefe de clã bolchevique. Seu entendimento da Rússia foi estritamente funcional: como e o que fazer para fortalecer sua posição pessoal de poder ou o que chamava de "ditadura do proletariado." Ele herdou de Lênin a aptidão para o experimento social – a coletivização sangrenta, os expurgos hediondos, a aliança com o nazismo. Mais que o culto à personalidade, que o partido tentou usar para descrever a expressão exterior de sua tirania totalitária, o stalinismo foi caracterizado pela negação completa do direito de as pessoas decidirem como conduzir suas próprias vidas e como tomar decisões independentes. Em sua forma extrema e crua, o stalinismo expressou a essência do regime bolchevique que varreu os últimos vestígios de liberdade na Rússia: "A ditadura do proletariado consiste das instruções principais do partido, mais a implementação de tais instruções pelas organizações de massa do proletariado, mais a vivificação delas pela população."[2] Stalin acreditava que esse arranjo poderia ser aplicado em qualquer lugar e a qualquer momento. Seu erro fatal de cálculo residiu na fanática e profundamente errada crença, especialmente depois da vitória na Segunda Guerra Mundial, de que a história confirmara sua estratégia e seus métodos para o desenvolvimento do estado soviético e de seus estados vassalos.

Nikita Khruschev, o terceiro chefe, conhecia melhor o país que qualquer de seus predecessores. Mas era um conhecimento empírico, que em grande parte não compreendia as tendências e normas encastoadas do desenvolvimento social. É impossível não se respeitar os esforços de Khruschev para entender e reformar o país, mas eles entraram em conflito constante com seu comportamento arbitrário de chefe bolchevique. Seu engano fatal foi acreditar – como muitos russos – que se fosse possível afastar o vilão do culto à personalidade, o sistema leninista não desvaneceria. Khruschev foi um prisioneiro da Grande Utopia. Acreditou sinceramente que o brilhante futuro do comunismo poderia ser alcançado pela força de vontade resoluta. E isso se daria em duas décadas! O terceiro chefe não foi um mero sonhador: acreditou que seus planos podiam ser cumpridos.

Leonid Brejnev, o quarto chefe, viu a sociedade através dos óculos tradicionais do partido. Foi, provavelmente, a mais exata personificação do sistema. Para ele, a União Soviética era acima de tudo o fruto leninista do comunismo, que tinha que ser preservado e protegido a qualquer preço. Conhecia o país por intermédio dos relatórios do partido. Satisfazia-se com a estagnação que singelamente via como estabilidade. Seu principal engano foi imaginar que poderia conseguir tudo sem mudar coisa alguma.

O quinto chefe, Yuri Andropov, era mais inteligente que a maioria dos chefes soviéticos. Sabia o que acontecia no país e sabia o que estava por ocorrer. Mas sua compreensão foi a de um homem da KGB, um policial. Para ele, a prisão de Lubyanka era o cume de onde se podia divisar o estado e aumentar seu poder, sobretudo seu poderio militar. Por certo desejou mudanças positivas, mas achou que elas poderiam ser conseguidas por métodos administrativos. Talvez não tivesse contado com tempo suficiente para expor suas intenções reais, mas seguramente quis fortalecer e "aprimorar" o sistema bolchevique sem tocar em suas fundações leninistas.

O sexto chefe, Konstantin Chernenko, conhecia o país a partir de sua posição de funcionário do topo do partido. Acreditava piamente que, por meio de comissões de inquérito, relatórios, resoluções e instruções, era possível mudar a sociedade soviética – dentro da moldura, é evidente, das "normas e tradições leninistas." Indicado para o posto supremo pela lógica do sistema, este chefe ridículo viu o governo do país em grande parte como uma tarefa burocrática. No cômputo geral, Chernenko não tentou alterar coisa alguma, só quis permanecer chefe titular do partido e do estado. O penúltimo secretário-geral luziu por um instante no firmamento da história soviética e não deixou vestígio de sua passagem.

O sétimo e último chefe do partido comunista e do estado soviético, Mikhail Gorbachev, trilhou uma carreira partidária clássica. Nos primeiros anos de seu governo, pareceu entender seu país da forma que um chefe provinciano do partido entenderia. Porém, cedo percebeu algo muito importante: seria difícil resolver os problemas de país tão vasto isolando-se do contexto global e sem que uma ampla reforma tivesse lugar.

Embora a compreensão de Gorbachev a respeito da série de problemas enfrentados pelo país fosse inadequada, ela se combinou com a visão e forte determinação para mandar. Seu deslize principal foi imaginar que era possível efetuar reformas e ainda preservar o sistema comunista. Mas o grande esforço que fez para eliminar a ameaça da guerra nuclear, sua abertura das comportas da *glasnost* e sua expectativa de mudança democrática na sociedade fizeram de Gorbachev uma figura histórica marcante cuja importância verdadeira só será captada por inteiro no próximo século.

Cada chefe, então, cercado que era pela elite do partido, entendeu a União Soviética e seu povo à sua maneira, mas cada um foi dominado por um modo de pensar de confronto, com base em classe. A ideologia comunista foi inteiramente encharcada com a idéia de luta, contra inimigos internos ou externos, contra a natureza ou outros sistemas e ideologias. Os chefes soviéticos não foram capazes de enxergar que as tendências dominantes do desenvolvimento mundial passavam por processos integradores, que um desvio ocorrera da confrontação para a cooperação, para a unificação social e para a busca de formas harmoniosas de coexistência. Suas cabeças permaneceram em eterno conflito com qualquer coisa que não correspondesse ao plano marxista e às sensibilidades bolcheviques. Isto significou a preservação do sistema criado por Lênin, o congelamento da mente pública e a hostilidade e desconfiança em relação a qualquer experiência social alternativa. No fim, levou à perda da capacidade de uma grande nação para empreender mudanças sociais civilizadas e evolutivas. A predisposição para arrasar o velho mundo até a última fundação criou no caráter soviético uma propensão teimosa para aceitar políticas, levantes e convulsões radicais. Gorbachev foi o único dos sete chefes que tentou fazer o povo soviético refletir sobre a questão fundamental do sistema soviético. Porém, refletir não é o mesmo que repensar.

A história do estado russo em suas várias formas continuará exercendo influência sobre a vida de seu povo. Não deve ser esquecido que, apesar de setenta anos de absolutismo bolchevique pairando sobre o país, existe também o pano de fundo de diversos séculos de autocracia. Se a tradição política russa vem sendo em sua maior parte negativa, e se a idéia de sociedade civil e de políticas democráticas foi sufocada pelo regime bolchevique, houve, apesar disso, uma certa dose de política social construtiva durante o regime soviético, como por exemplo a educação gratuita, um serviço nacional de saúde e a seguridade social. Tal fato indica que o caminho da democracia social é a síntese, à medida que se mostre prático, do desejo pela justiça social e pelo livre mercado, que oferece a melhor saída para a presente crise do país.

Em segundo lugar, a Rússia está localizada entre a Ásia e a Europa: nem é asiática nem européia. Isto é tanto uma praga quanto uma bênção. Por séculos, a

Rússia se atrasou em relação aos outros países na conquista da experiência social do desenvolvimento. A motivação principal de Lênin e de seus sucessores foi a ultrapassagem das outras civilizações. Fracassaram, mas isto não quer dizer que a Rússia está condenada a seguir os modelos e modos de pensar dos outros. Não só a exortação de Gorbachev de um "retorno a Lênin" como também a tendência dos democratas russos de hoje se avaliarem apenas segundo padrões ocidentais constituem metafísica ultrapassada. O debate sobre a construção do socialismo ou do capitalismo está obsoleto há muito tempo. O século XXI presenciará ulteriores liberações de tradições totalitárias e autoritárias. A Rússia não se situa entre dois continentes, mas entre duas civilizações. Deve se valer do que existe de melhor nas duas, sem seguir cegamente nenhuma delas. O povo russo recebeu uma dolorosa lição histórica quando o marxismo foi "pegado de empréstimo" e transplantado para nosso solo.

Em terceiro lugar, não se deve desprezar o fato de que o regime soviético foi embalado em grande parte pelos claros – porém utópicos – objetivos do desenvolvimento social. Para a maioria dos russos, tal clareza desapareceu, o que concorreu bastante para a desvalorização e o enfraquecimento do curso da reforma pós-comunista. Pelo menos os bolcheviques sabiam o que queriam, mesmo que seus métodos deixassem muito a desejar. O que é necessário agora é uma idéia unificadora, valores e ideais renovados para o progresso de todos os povos da Rússia, uma idéia não com base na negação, mas na criação. Este é um dos aspectos mais difíceis das mudanças que têm lugar na Rússia, pois as idéias não devem emergir da mente de um novo messias, ou num congresso ou conferência. Um novo modo de pensar e agir se faz mister, de modo que as gentes entendam que o país não será salvo pela luta de classes ou pela busca de novos inimigos e novos salvadores. A democracia, fundamentada no respeito pela liberdade e na harmonia dos direitos humanos e sociedade civil, ajudará o povo a sair do desconforto espiritual em que se encontra.

Os dois primeiros chefes soviéticos, Lênin e Stalin, não só tiveram o poder dos ditadores como assim foram reconhecidos pelo povo. Havia alguma coisa mística, irracional e classicamente revolucionária em torno deles. Foram condutores "verdadeiros" aos olhos das massas.

Os cinco que os sucederam não exibiram a mesma estampa. Sob o impacto de circunstâncias externas, seus estilos de governo foram absorvendo gradual e imperceptivelmente um elemento de reformismo, até mesmo de manifesto liberalismo. Torna-se difícil referirmo-nos a Khruschev e Brejnev, Andropov e Chernenko, para não falar de Gorbachev, como "líderes" sem aspas. Seus poderes foram bem maiores que os dos imperadores russos, mas eles viveram e operaram na segunda metade do século XX. As alterações históricas obrigatoriamente afetaram o estilo e os métodos destes homens poderosos.

A história do governo na URSS revela duas tendências opostas e conflitantes. A primeira, iniciada por Lênin e Stalin e perseguida por Brejnev, Andropov e Chernenko foi indisfarçavelmente bolchevique ortodoxa e profundamente conservadora. Nenhuma de suas "transformações" arranhou os alicerces ou os contrafortes do sistema criado depois da Revolução de Outubro. Esta tradição conservadora deveu muito de sua vitalidade a uma filosofia baseada na lealdade absoluta ao passado e na inabalável fé na ideologia unitária do estado.

A segunda tendência, reformista, encontrou sua expressão no terceiro e no sétimo chefes, Khruschev e Gorbachev. Enquanto as reformas de Khruschev foram essencialmente voltadas para purgar e repudiar o culto à personalidade (embora não para o stalinismo em si), o último chefe foi o iniciador da maior e mais importante reforma do século XX.

Este livro trata dos sete chefes supremos da URSS. Esta não é a única abordagem disponível para a análise histórica, mas é freqüentemente mais fácil travar conhecimento com a história de um período se ele é visto através da vida de indivíduos. Os sete chefes foram homens que decidiram, entre outras coisas, se o Exército Vermelho deveria invadir a Polônia em 1920; se as províncias deveriam ou não ser preservadas como unidades administrativas; se Hitler deveria se transformar em "amigo"; se vinte e um mil oficiais poloneses deveriam ser fuzilados em 1940; atacar a Finlândia; enviar mísseis nucleares para Cuba; instalar SS-20s na Europa Oriental; enviar tropas soviéticas para o Afganistão; "perdoar" o cientista dissidente Andrei Sakharov. Estes homens tiveram um poder colossal, mas foi precisamente o excesso desse poder e a falta de meios para controlá-lo que levaram à sua irreversível erosão e destruição.

As causas da crise no sistema soviético são inúmeras. O colapso do bolchevismo leninista foi predeterminado, primeiro, por causas genéticas: o marxismo reivindicou um papel de teoria universal. O povo soviético acreditou que "os ensinamentos de Marx são onipresentes porque verdadeiros," como Lênin declarou em março de 1913.[3] Com enorme autoconfiança intelectual, o marxismo asseverou a possibilidade da construção de uma sociedade justa onde não existiriam ricos nem pobres. Os fundadores do movimento marxista qualificaram o objetivo de criar a sociedade comunista como definido no *Manifesto Comunista* de Marx, com a importante cláusula de que isto "só poderia ser conseguido por meio da derrubada violenta de toda a ordem existente." A derrubada *violenta*.

Transplantado para o solo russo, o marxismo tomou sua forma leninista, uma variedade mais sombria da "reestruturação comunista do mundo." O partido e seus sete chefes seguiram a lógica e a letra do leninismo. Gorbachev, se bem que, indubitavelmente, o melhor dos sete, disse ao Politburo, em 15 de outubro de 1987, que "deveria ser construída uma ponte com o leninismo, ligando as idéias leninistas e a abordagem leninista dos eventos dos dias [de Lênin] às questões de nossos dias atuais. Afinal de contas, a dialética que Lênin aplicou na solução de problemas é a chave para a solução das tarefas do presente."[4] Mas a porta aberta pela chave leninista não dava para a verdade.

As causas políticas do colapso do sistema leninista estão na intolerância de classe, ou na agressão àqueles que não partilhavam as opiniões marxistas. Este profundo conceito de prática social forjou com o passar do tempo o monstruoso regime stalinista, que corporificou todos os pecados capitais do marxismo-leninismo. Os bolcheviques justificaram a guerra civil que se seguiu à revolução como meio para a liquidação de todos os grupos sociais que não aceitavam seus pontos de vista. E quiseram transferir seus métodos para outros países como modo primário de acender a revolução mundial. Nikolai Bukharin, cuja imagem era a de um intelectual civilizado e razoável, chegou a escrever: "a guerra civil nos países mais 'aculturados' tem de ser ainda mais dura e impiedosa e tem que excluir qualquer possibilidade de métodos 'pacíficos' ou 'judiciais.'"[5]

As causas espirituais da derrocada do sistema podem ser encontradas no pleito marxista de que a verdadeira história da humanidade só começa com a revolução proletária. O leninismo é, essencialmente, o conceito de "história interrupta." Descartando muito da cultura do mundo e da cultura russa dos últimos mil anos, o bolchevismo, em si uma doutrina empobrecida e unidimensional, tentou, com efeito, fazer dos mitos políticos do marxismo o principal conteúdo da vida espiritual do povo soviético. A perseguição e repressão de poetas e escritores como Esenin, Mandelstam, Pasternak, Zoshchenko, Akhmatova, Platonov, Babel, Meyerhold e centenas de outros "criadores do espírito" foram testemunhos da vulnerabilidade de um sistema que não foi capaz de coexistir com a honestidade e com a verdade. As ideologizadas mentalidades pública e privada serviram de solo fértil para as segundas intenções, para o profundo ceticismo a respeito dos esforços da gigantesca máquina de propaganda, e para a apatia. A ideologia num estado totalitário é uma espécie de uniforme que, no final, não pode esconder a pobreza espiritual.

Este livro se baseia em fontes de diversos tipos. Em primeiro lugar, eu mesmo, como milhões de outros russos, participei de muitos dos eventos aqui descritos ou os testemunhei. Encontrei muito material valioso nas memórias de Alexander Yakovlev, Georgy Shakhnazarov, Alexander Alexandrov-Agentov, Anatoly Chernyayev, Andrei Grachev, Roy Medvedev, Mikhail Geller, V. Soloviev, E. Klepikova, Andrei Gromyko e outros.

Meu trabalho recebeu ajuda inestimável dos diretores e equipes de vários arquivos: do GARF (Arquivos Estatais da Federação Russa) e do APRF (Arquivos Presidenciais Russos); de duas seções dos arquivos do ex-Comitê Central do Partido Comunista, o RTsKhIDNI (Centro Russo para a Preservação e Estudo de Documentos da História Recente) e o TsKhSD (Centro para a Preservação da Documentação Contemporânea); do TsAMO (Arquivos Centrais do Ministério da Defesa); do Arquivo MB RF (Arquivos do Ministério da Segurança da Federação Russa, a ex-KGB); e de diversos outros.

Tive a chance de examinar nos últimos anos muitos documentos do Comitê Central do Partido Comunista e do Politburo. Tornaram acessíveis depois de processados pela comissão parlamentar que presidi em 1992 e 1993. Nesse período, a comissão desclassificou não menos que setenta e oito milhões de arquivos que estiveram depositados por décadas nos mais secretos desvãos do partido.

Devo dizer alguma coisa sobre minhas opiniões pessoais. Durante muitos anos fui um marxista ortodoxo e só muito tarde na vida, após tortuosa batalha interior, fui capaz de livrar-me da quimera da ideologia bolchevique. Tive enorme alívio e, ao mesmo tempo, um sentimento de profundo desgosto por ter passado tantos anos preso ao cativeiro utópico.

Talvez só o que consegui nesta vida foi abandonar a fé à qual me mantive ligado por tanto tempo. Tenho falado abertamente sobre isto sempre que surge a oportunidade: das tribunas de congressos, nos encontros de alto nível, nos meus livros e nas conversas com muitas pessoas, na Rússia e no estrangeiro. Assumo minha parcela de responsabilidade pelo passado. Com meus modestos esforços para rearrumar nossa sociedade desordenada, tenho tentado expiar minha culpa.

A desilusão me atingiu pela primeira vez como uma idéia, não como a melancolia de uma ressaca espiritual. Instalou-se, então, a confusão intelectual. Finalmente, a determinação de enfrentar a verdade e entendê-la.

Durante o reinado de seis dos sete chefes, fiz parte do Exército Vermelho. Como coronel-general, tive contato direto de trabalho com os últimos quatro chefes. Muito do que vi me ajudou a escrever esta obra. Não acho que demonstre preconceitos sérios em relação às figuras descritas, mesmo em relação a Stalin, responsável pelo fuzilamento de meu pai, pela morte de minha mãe no exílio e pela morte de outros familiares. Não faz sentido tentar vingar a história nem escarnecer dessa história. Tem-se de entendê-la. O passado é irrecuperável. O presente é incompleto. O futuro já começou.

1
Vladimir Lênin

Vladimir Ilyich Ulyanov, *Lênin*, foi o fundador do partido comunista, do estado soviético e do sistema bolchevique na Rússia. Não apenas os revolucionários que pensavam da mesma forma como também seus incontáveis inimigos viram nele o chefe de um movimento que ameaçou enrolar o mundo na bandeira vermelha.

Por certo é inconteste que líder algum do século XX exerceu maior influência sobre o curso da história mundial do que Lênin. E ele conseguiu imprimir sua marca em pouco mais de seis anos, do momento do golpe de outubro em 1917 até sua morte prematura em 1924, com cinqüenta e três anos de idade. Levando-se em conta que por cerca de dois desses seis anos ele esteve seriamente doente e teve participação cada vez mais limitada, sendo no final puramente simbólica na vida política do país, seu feito se afigura monumental.

O papel histórico daquele homem calvo, atarracado e pouco atraente, de olhar penetrante e aparência de artesão inteligente, foi enorme, quando mais não fosse porque o mundo todo, exceto a própria Rússia, se beneficiou de seu experimento. Ao testemunharem os estarrecedores métodos que o governo de Lênin aplicava para fazer "feliz" o povo russo, muitos líderes, pensadores e figuras públicas de outros países recuaram horrorizados com o que viam.

O movimento na Rússia por uma sociedade justa e sem classes começou com violência sem peias, negando a milhões de pessoas todos os direitos, salvo o de apoio à política bolchevique. Mesmo aqueles que, no início, simpatizaram com a revolução, logo perceberam que ela iria culminar num monopólio do poder político, no domínio da mente pública por mitos inspirados no bolchevismo, na garantia da pobreza, na agressão física e psicológica e no ateísmo compulsório, e, em conseqüência, abstiveram-se de tal perspectiva. A maioria dos países do mundo, mas não todos, conseguiu evitar a eclosão de seus próprios "outubros."

É grande o papel do acidente na história. Uma rara combinação de fatores militares, políticos, sociais e pessoais na Rússia do outono de 1917 criou uma situação em que foi necessário apenas marcar a hora em que seria capturado o poder, o qual, nas palavras de Trotsky, jazia nas ruas de Petrogrado. E Lênin marcou a hora com precisão. Não fosse sua perspicácia, o golpe poderia jamais ter ocorrido. Esta opinião é do próprio "segundo homem da revolução," Leon Trotsky. Depois de deportado da União Soviética em 1929, ele escreveu que, se Lênin não estivesse em Petrogrado em outubro de 1917, não teria havido a tomada do poder. Naqueles dias pré-outubro, Lênin despendeu uma energia sobre-humana e exerceu pressão máxima, demandando, inspirando, exortando, ameaçando e insistindo para que sua organização assumisse a iniciativa e conquistasse o poder. E conseguiu o que queria.

Como escreveu Trotsky, as coisas poderiam ter sido bem diferentes sem Lênin. Poderia ter surgido um general moço e mais capaz que o comandante-em-chefe do governo, Kornilov; o Governo Provisório de Kerensky poderia ter sobrevivido de alguma forma; e se Pavel Malyantovich, ministro da justiça de Kerensky, tivesse cumprido a ordem para a prisão de Lênin por ter dirigido um levante armado em Petrogrado, em 3-5 de julho,[1] o quadro teria sido bem diverso. De acordo com seu filho Vladimir, um infeliz Malyantovich lamentou nos anos 1930: "Se tivéssemos cumprido a ordem do Governo Provisório para prender Lênin, nenhum desses horrores teria acontecido."[2] Em vez disso, já entrado nos setenta anos, Malyantovich foi levado e fuzilado.

Mas o golpe triunfal acabou ocorrendo, e seu cérebro, mola propulsora e força inspiradora foi Ulyanov-Lênin. Em conseqüência, ele se tornou o político e o revolucionário mais poderoso do século XX. A cicatriz que deixou na face da civilização foi profunda. Mesmo agora, depois que ficou dolorosamente claro que setenta anos de experimentações por ele lançadas redundaram em fracasso, milhões de pessoas ainda admiram sua pessoa e seus ensinamentos. A maioria dos russos de hoje, no entanto, se mostra indiferente em relação ao homem que, movido talvez pela melhor das intenções, convenceu as gentes a enveredarem pelo caminho errado.

Lênin foi homem de uma só dimensão. Parece ter amado apenas uma coisa: o poder. Odiava a autocracia, a burguesia, os latifundiários, os mencheviques, os revolucionários-socialistas (RS), os kulaks, o clero, a religião, os liberais, a classe média baixa, os parlamentos, os reformistas, o meio-termo, a democracia social, a intelligentsia russa, os hesitantes e os confusos – enfim, todos os que não estavam do seu lado. Odiava o antigo mundo inteiro e, portanto, quando os bolcheviques tomaram o poder, este velho mundo precisava ser jogado na lata de lixo da história, como disse Trotsky. Os leninistas puseram-se a destruir classes e grupos inteiros da população e milhares de igrejas. Eles foram responsáveis pela perda de treze milhões de vidas na guerra civil, por dois milhões de cidadãos russos que deixaram o país e, é claro, pelo extermínio de toda a família real russa.

Moscou já tinha dado a ordem para o assassínio do czar e de sua família, e a ordem estava sendo cumprida quando Lênin foi convidado pelo jornal de Copenhague *National Tidende*, em 17 de julho de 1918, para comentar relatórios de que o czar estava morto. Lênin replicou então: "Os rumores não são verdadeiros, o ex-czar está bem, e todos estes boatos são mentiras inventadas pela imprensa capitalista."[3] Na realidade, no dia seguinte, o governo soviético debatia e aprovava inteiramente os assassinatos.

Lênin recorreu à liquidação física de seus inimigos políticos em outras ocasiões. No início de 1920, ao saber da prisão do líder branco almirante Kolchak, ordenou que um telegrama codificado fosse enviado ao chefe bolchevique em Irkutsk, Smirnov: "... não publique coisa alguma, mas, depois de ocuparmos Irkutsk, envie um telegrama estritamente oficial explicando que, antes de nossa chegada, as autoridades locais [que consistiam de RS e mencheviques] fizeram isto e aquilo influenciadas pelo (...) perigo de tramas brancas em Irkutsk."[4]

Os bolcheviques tomaram Irkutsk, Kolchak foi preso em 21 de janeiro, e as instruções de Lênin foram cumpridas à risca. O Comitê Revolucionário Militar sentenciou Kolchak e o chefe do Conselho de Ministros de Omsk, V.N. Papelyaev, ao fuzilamento; as duas sentenças foram executadas em poucas horas. Smirnov enviou devidamente um telegrama ao *Pravda*:

> O comitê revolucionário de Irkutsk, sabedor dos planos de oficiais de lançar um ataque contra-revolucionário com o propósito de derrubar as autoridades e libertar Kolchak, que foi aprisionado pelos tchecos [a Legião Tcheca que então vagava pela Sibéria] e entregue às autoridades revolucionárias, e não tendo a possibilidade de se comunicar com o Comitê Revolucionário Siberiano, já que as linhas telegráficas em Irkutsk estavam danificadas, na sessão de 7 de fevereiro do Comitê Revolucionário, com a intenção de abortar um embate, ordenou a execução do almirante Kolchak (...) A sentença foi executada no mesmo dia.[5]

O "líder do proletariado mundial" foi um bom mentor para seu sanguinário sucessor.

A despeito da doença que o acometeu, Lênin conseguiu realizar muitas coisas nos últimos anos de vida. Destruiu o antigo império e construiu um novo, erradicou a velha estrutura social e lançou as fundações de uma ordem social completamente diferente. Tendo prometido paz e terra ao povo russo, retirou dele a liberdade conquistada em fevereiro de 1917, sem a qual a paz e a terra não tinham valor algum. De qualquer forma, nacionalizou a terra e, rapidamente, transformou a Primeira Guerra Mundial numa guerra civil que iria custar perdas terríveis ao país.

Falando no Teatro Bolshoi, em 20 de novembro de 1922, numa reunião plenária do Soviet de Moscou – que acabou sendo sua última aparição pública – Lênin observou que, tendo decidido construir uma nova ordem, "[existe] um pequeno grupo, na verdade diminuto, que se autodenomina partido, que pôs mãos à obra. Este partido é um núcleo insignificante de toda a massa de trabalhadores da Rússia. E foi este caroço insignificante que estabeleceu para si mesmo a tarefa de mudar realmente tudo, e o fez."[6]

Lênin começara a moldar a nova sociedade decorridos poucos dias do golpe de outubro. Assinou cerca de sessenta decretos desapropriando terras dos proprietários. Como temia que num certo dia tudo revertesse, escreveu a D. Kursky, Comissário do Povo para a Justiça: "Não seria a hora de lidar com a questão da *destruição* dos títulos de propriedade privada: documentos em cartório de proprietários de terra, fábricas, prédios e assim por diante. Prepare isso *em segredo*, sem publicidade. Antes tome as propriedades. (...) Na minha opinião, tais documentos devem ser transformados em *polpa* (você deve aprender *primeiro* como fazer isso tecnicamente)."

O diligente Kursky respondeu logo: "Esta é uma medida adequada e pode ser executada rapidamente já que os arquivos dos cartórios estão em nossas mãos."

Lênin ficou satisfeito e encerrou o assunto com outra nota para Kursky: "Então, prossiga com a tarefa *sem* esperar instrução especial do Sovnarkom (e você providenciará uma reunião com o Comissário do Interior e outros. Mas *em segredo*.)"[7] Lênin apossara-se da propriedade privada do país e estava então preocupado em garantir que não sobrasse vestígio de documentação de propriedade. Sabia que, além do mais, não era possível construir uma nova sociedade sobre as fundações da antiga.

Em sua carreira de oito meses de advogado, Lênin defendera apenas quatro ou cinco casos de roubos insignificantes e perdera praticamente todos. Porém, em 1909, quando um *vicomte* derrubou-o de sua bicicleta em Paris, ele imediatamente processou o nobre, argumentou com vigor e ganhou a ação. Lênin se considerava um vencedor tanto nas pequenas causas da advocacia quanto no grande jogo da revolução mundial. No VIII Congresso do partido, em março de 1919, anunciou na sua saudação aos trabalhadores de Budapest: "Nosso congresso está convencido de que não está longe a hora em que o comunismo conquistará o mundo inteiro."[8]

Assim era Lênin: autoconfiante e cínico, enérgico e impiedoso, singular em sua franqueza. O líder revolucionário-socialista Victor Chernov escreveu sobre ele: "A mente de Lênin não é muito aberta, mas intensa, não criativa, mas versátil e, neste sentido, inventiva. Lênin não respeita as convicções dos outros nem se sensibiliza pelo amor à liberdade."[9] Foi este o homem que provocou as sublevações sociais mais profundas do século XX.

"O gênio do mal"

O que Alexander Potresov, um menchevique que o conheceu bem nos primeiros dias, viu em Lênin que o levou a descrevê-lo em 1927 como um "gênio do mal"?[10] "Nem Plekhanov, nem Martov, nem qualquer outro," escreveu Potresov, "possuía o misterioso efeito hipnótico sobre as pessoas que emanava de Lênin, o que posso chamar de domínio sobre elas. As pessoas respeitavam Plekhanov e amavam Martov, mas só a Lênin seguiam sem questionar, como seu líder único e inconteste. Pois só Lênin se apresentava, especialmente na Rússia, como o fenômeno raro de homem com vontade férrea e energia indomável, que mesclava a fé fanática no movimento e na causa com não menor fé em si mesmo (...) Por trás de tais atributos, contudo, espreitavam também grandes defeitos, características negativas que poderiam ser mais adequadas em algum conquistador asiático ou medieval."[11]

De sua parte, Lênin, no estilo lacônico próprio dos gênios, em missiva ao escritor Maxim Gorky sintetizou: "Mas que suíno este Potresov!"[12] Potresov não foi o único que descreveu Lênin como gênio do mal. Mark Aldanov, romancista émigré, escreveu que "num caso, Lênin tem o caráter de um gênio, e em cem outros, o caráter de um bárbaro."[13]

Em janeiro de 1919, Lênin recebeu uma carta de um velho conhecido social-democrata, Nikolai Rozhkov, economista e publicista que escreveu, entre outras coisas: "Vladimir Ilyich, escrevo-lhe esta carta não porque conte com ser ouvido por você ou mesmo entendido, mas simplesmente não consigo ficar silencioso (...) Tenho até que fazer este esforço desesperançado." Prosseguiu dizendo que a situação dos alimentos em Petrogrado era desesperadora, que a cidade estava morrendo de inanição. "Toda a sua política para os alimentos se baseia em fundamentos falsos (...) Sem a colaboração do comércio privado, nem você nem ninguém será capaz de administrar o desastre inevitável." Insistiu para que Lênin adotasse o que mais tarde seria chamado de Nova Política Econômica, NEP. "Nós dois nos afastamos demais. Talvez seja lícito dizer-se que não entendemos um ao outro (...) Até esta carta parece a mim um pouco de quixotismo tolo. Bem, nesse caso, deixemos que ela seja a primeira e a última."[14]

Lênin respondeu: "Nikolai Alexandrovich, fiquei muito satisfeito em receber sua carta, não por causa do conteúdo, mas porque espero uma reaproximação no terreno comum da obra comunista (...) Quanto à liberdade de comércio, um economista, em particular, deveria ver que não podemos regredir para o livre-comércio e que temos de caminhar para a frente *aperfeiçoando* o monopólio estatal."

Mais adiante na carta, Lênin enfocou o lamento de Rozhkov pela dissolução do parlamento na Rússia, querendo se referir à Assembléia Constituinte que os bolcheviques dispersaram pela força em janeiro de 1918. Foi então que montou em seu cavalo de batalha: "A história tem mostrado que isto foi o colapso universal da democracia e do parlamentarismo burgueses, e que não chegaremos a lugar algum sem guerra civil."[15]

Rozhkov percebera a completa inutilidade da política de Lênin do Comunismo de Guerra já em janeiro de 1919 e, com efeito, propusera a Nova (isto é, a antiga – capitalista) Política Econômica. Lênin, "o profeta," não vira isto. Ele não esqueceu Rozhkov, e não perdoava. No final do verão de 1922, por sua iniciativa, foi debatida a questão do exílio no exterior de grande número de membros da intelligentsia russa. Lênin enviou uma diretriz incoerente e maldosa para Stalin que, em parte, dizia:

> Quanto ao assunto de deportar mencheviques, popular-socialistas, cadetes e tipos semelhantes da Rússia, eu gostaria de levantar diversas questões, ao ver que esta operação, que começou antes que eu entrasse em licença, ainda não foi completada. Não foi tomada a decisão de "desenraizar" todos os popular-socialistas? Peshekhonov, Myakotin, Gorenfeld, Petrishchev e os outros? Na minha opinião, todos devem ser expelidos. São piores que qualquer revolucionário-socialista, porque mais astutos. Também A.N. Potresov, Izgoev e toda a equipe da *Ekonomist* (Ozerov e muitos, muitos outros). Os mencheviques, Rozanov (ele é inimigo, e esperto), Vigdorchik, Migulo e qualquer outro do mesmo tipo, Lyubov Nikolaevna Radchenko e sua irmã mais nova (ouvi falar que são inimigos juramentados do bolchevismo); N.A. Rozhkov (ele tem que ser expelido; é obstinado); S.L. Frank (o autor de *Methodology*). A comissão de Mantsev e Messing tem que preparar listas, e algumas centenas desses senhores têm que ser exilados para o exterior sem piedade. Iremos limpar a Rússia por um longo tempo do futuro.[16]

Quando Lênin soube que Rozhkov estava doente, modificou suas ordens: "Adie a expulsão de Rozhkov. Envie Rozhkov para Pskov. Ao primeiro sinal de qualquer atividade hostil da parte dele, expulse-o do país."[17] Mas não perdeu a pista do antigo conhecido que demonstrara tanta perspicácia a respeito da economia. Seis semanas mais tarde, escreveu a Zinoviev, chefe do partido em Petrogrado: "Rozhkov está em Petrogrado? Ele precisa ser deportado."[18] O ataque de Lênin contra a intelligentsia não foi lançado na direção das suas idéias, e sim na das pessoas.

Por certo, houve muitas razões para se chamar Lênin de gênio. Ele possuía intelecto poderoso e flexível, enorme força de vontade, capacidade para fazer agudas mudanças de política e infinita capacidade para concentrar-se na consecução de seu objetivo. Depois que retornou à Rússia em 1917, vindo da Suíça, tais qualidades o colocaram bem à frente de todos os outros políticos. Pela determinação forte, era capaz de convencer seus oponentes, esmagando-os se necessário. Ninguém conseguia derrotá-lo no debate face a face. Porém, quando julgava que podia estar errado, ou que sua posição balançava, retirava-se da palavra falada e recorria à escrita. Sinal claro da liderança de Lênin foi o fato de, apesar de presidente do Soviet dos Comissários do Povo [o ministério], ou Sovnarkom, ele não ocupar cargo no partido bolchevique; entretanto, no Politburo, efetivamente o órgão político supremo, ele era implicitamente encarado como chefe. Era reconhecido como líder e, como regra, presidia suas reuniões.

O Politburo estava reunido em 7 de dezembro de 1922. Com poucos membros presentes, lidava com a usual série de problemas. Lênin, ao seu modo organizado e metódico, ia direto ao ponto. Falava raramente, mas o que dizia quase sempre significava "decisão coletiva" de todo o órgão, mesmo quando existiam sérias dúvidas a respeito. A.D. Tsyurupa, o Comissário do Povo para a Produção de Alimentos, falava sobre a exportação de grãos. O país ainda não se recuperara da fome que causara a morte de milhões de pessoas, mas Tsyurupa reivindicava que naquele ano "sairíamos dela," a NEP ajudaria. Não houve debate. Lênin declarou que até cinqüenta milhões de *puds* de grãos, cerca de um milhão de toneladas, tinham que ser exportados, e encarregou Tsyurupa do controle da venda.

Se uma mente poderosa e irrestrita é a característica do gênio, torna-se difícil conciliar esta genialidade com decisões arbitrárias e caprichosas tais como a de expelir Rozhkov e de exportar grãos de um país faminto, e a de limitar o número de exemplares de Mayakovsky que deveria ser impresso. Quando Anatoly Lunacharsky, membro do Politburo, sugeriu que fossem impressas cinco mil cópias do poema "150 mil," de Mayakovsky, Lênin protestou; "Lixo, estúpido, tolice e presunção rematadas," e expediu instrução inequívoca para que "apenas uma em cada dez destas coisas seja impressa, e não mais que 1.500 cópias para bibliotecas e apreciadores."[19] Lênin achava correto só ele decidir o que deveria ser escrito, o que deveria ser lido e o que publicado. Para ele, o poder era absoluto, e o exercitava para expedir veredictos com base em suas próprias convicções e impressões.

Co-arquiteto com Trotsky da repugnante política da captura de reféns durante a guerra civil, Lênin jamais se cansou da aplicação desse princípio desumano na prática revolucionária rotineira. Numa nota para Nikolai Sklyansky, ditada na calada da noite de 8 de junho de 1919, Lênin exigiu que "levando-se em conta o crescente ritmo dos acontecimentos, a captura de reféns entre as famílias burguesas e de oficiais deve ser incrementada. Fale com Dzerzhinsky [chefe da Cheka]."[20]

A política, para falar com franqueza, tende a ser imoral, mas em Lênin a imoralidade era exacerbada pelo cinismo. Quase todas as suas decisões, mesmo as orientadas pelo mais elevado pragmatismo e pelo cálculo meticuloso, mostram que, para ele, a moralidade ficava totalmente subordinada às realidades políticas.

Normalmente se argumenta que Lênin foi compelido a agir daquela forma por força das circunstâncias: implementar a virada revolucionária, criar novas instituições, colocar em jogo novos valores – "Não se pode fazer uma revolução usando luvas brancas!" Mas o fato é que seu cinismo político não era menos evidente antes da revolução do que se tornou depois dela. Sua essência era a seguinte: a conquista dos objetivos políticos justifica todos os meios e métodos necessários.

Por exemplo, para proteger seu favorito, o bolchevique Roman Malinovsky, mais tarde denunciado como agente policial, Lênin cobriu de insultos os que suspeitavam dele: "Martov e Dan são difamadores sujos"– "Temos que ensinar ao nosso povo (que é ingênuo, inexperiente e não sabe) como lutar contra desclassificados como Martov" – "Martov e Companhia ainda fedem. Vamos lá remexer a merda!!! Deixemos que sufoquem no próprio estrume; é o melhor para eles, lama e sujeira."[21]

O que é significativo no caso Malinovsky não é o erro de julgamento de Lênin, mas sua obstinada insistência nele. Malinovsky em si não era de interesse particular para Lênin; tinha mais importância como meio para a destruição de seus oponentes políticos. Malinovsky não era apenas um membro favorecido do Comitê Central de Lênin, mas também deputado bolchevique na Duma Estatal Russa, e Lênin lhe deu apoio incondicional, sem se esforçar muito para investigar as acusações que sobre ele pesavam. Mesmo em dezembro de 1915, mais de um ano depois de Malinovsky ter sido substancialmente desmascarado, Lênin se mostrava disposto a retomar o contato com o ex-policial espião, pois escreveu a ele: "Meu caro amigo Roman Vatslavovich, recebi sua carta e repassei sua solicitação ao comitê local para que algumas coisas lhe sejam enviadas (...) Espero que esteja bem e com espírito forte. Escreva sobre você mesmo e transmita saudações a todos os amigos que deve ter feito, mesmo em seu novo meio. Nadezhda Konstantinovna envia cordiais cumprimentos. Cordialmente, V. Ulyanov."[22] A carta, como muitas outras, foi enviada para Alten-Grabow, um campo para prisioneiros de guerra e civis internos russos, onde Malinovsky se mostrava ativo no alastramento da propaganda derrotista bolchevique e exibia precisamente a espécie de lealdade pessoal que Lênin mais apreciava.

Mais tarde, soube-se que Malinovsky fora um dos mais eficientes *agents provocateurs* da Okhrana, o serviço secreto czarista. Por instruções da polícia, assumiu uma linha dura no Comitê Central Bolchevique e na Duma para sabotar qualquer tentativa de reconciliação de seus colegas com os mencheviques. Ele gostava de falar sobre a necessidade das "ações mais decisivas" por parte do partido de Lênin. Isso agradava o líder, e os dois passaram mais de uma noite em longas conversas, quando Malinovsky visitou Lênin em Cracow, às vésperas da Primeira Guerra Mundial. Em 1914, viajaram juntos para Bruxelas e Paris, onde Malinovsky fez um discurso descrito por Lênin como "um grande sucesso." Quando os arquivos da Okhrana foram abertos, depois da Revolução de fevereiro, a verdade finalmente surgiu: Malinovsky fora um agente bem pago.

Lênin foi obrigado a dar demorados depoimentos no julgamento de Malinovsky, que teve lugar em 26 de maio de 1917. É claro que não mencionou a paixão e a convicção com que, anteriormente, defendeu Malinovsky. Não obstante, mesmo depois de tudo esclarecido, foi extremamente reservado em sua avaliação:

> Malinovsky foi, na minha opinião, um ativo trabalhador [do partido] (...) Malinovsky esteve conosco seis ou sete vezes no total, de qualquer forma, bem mais que todos os outros deputados [bolcheviques]. Ele desejou desempenhar papel de ponta entre os membros do Comitê Central na Rússia e ficava evidentemente infeliz quando qualquer outro recebia de nós uma tarefa de responsabilidade (...) [Ele] gostaria de receber mais missões ilegais e audaciosas, e tivemos freqüentes conversas sobre isso em Cracow (...) Sem dúvida, uma comissão de pessoas inteligentes esteve por trás dele e guiou cada passo político que deu.[23]

Lênin não demonstrou culpa por sua intimidade com Malinovsky e não se mostrou pesaroso pela prolongada, e por vezes arrebatada, defesa do agente. Em 1918, quando os bolcheviques estavam no poder, Malinovsky chegou inesperadamente em Petrogrado vindo da Europa, onde vivia confortavelmente com seus vencimentos de policial. Sendo audacioso e convencido, ele deve ter pensado que as autoridades considerariam seu arrependimento e que, além do mais, Lênin intercederia a seu favor. Os documentos referentes a tal episódio não foram encontrados, mas é possível, com base em evidências circunstanciais, tirar certas conclusões. Malinovsky buscou a ajuda de Lênin, porém já não tinha qualquer valor para o chefe. Seu julgamento foi curto, bem como a sentença: deveria ser fuzilado. Numa carta para Gorky, Lênin observaria: "Não pude chegar ao fundo daquele porco Malinovsky. Ele era muito dissimulado."[24]

Que importância Lênin deu aos valores democráticos? Segundo ele mesmo, só aqueles compatíveis com seus pontos de vista sobre a essência e o conteúdo da revolução proletária poderiam ser considerados democráticos. Ele era capaz de chamar a "ditadura do proletariado" de democrática.[25] A democracia para ele era sobretudo uma forma de violência, e é precisamente aí que se enraíza a combinação de "gênio" e "mal." Quanto ao poder do povo, Lênin (como seus sucessores) apropriou-se firmemente do direito de falar em seu nome. Em conversa com a comunista alemã Clara Zetkin, ele disse certa vez: "A arte pertence ao povo (...) Tem que ser entendida e amada por ele." É claro que nunca perguntou "ao povo" o que ele entendia quando, por exemplo, tomou a decisão de, praticamente, banir o futurismo e outras tendências modernistas. Seu raciocínio era simples: se não podia entender tais coisas, o que dizer das massas? Zetkin replicou com perspicácia: "Camarada Lênin, não se atormente tanto com a falta de cultura. Numa certa medida, ela provavelmente facilitou a vitória da revolução."[26]

É impossível entender Lênin sem considerar o significado do bolchevismo. Graças ao esforço dos seguidores de Lênin no partido, o bolchevismo se tornou sinônimo de determinação revolucionária, superioridade de classe e uma obsessão pelo proletariado. Os bolcheviques acreditavam que a dúvida, a hesitação e a falta de autoconfiança só podiam ser sinais de liberalismo burguês, de conciliação, de reformismo, de vacilação ao estilo da intelligentsia. É surpreendente pensar-se que, quase como um passe de mágica, Lênin conseguiu fazer com que a palavra "intelectual" [*intelligent*, em russo] viesse a significar o oposto da firmeza revolucionária e do radicalismo. Em fevereiro de 1908, ele escreveu numa carta a Gorky, como se fosse grande conquista: "A importância da intelligentsia em nosso partido declina: recebemos notícias de todos os cantos de que a intelligentsia está fugindo do partido. Fiquemos livres deste péssimo refugo (...) Tudo isto é maravilhoso."[27]

Tal atitude indica que o "bolchevismo de alma" de Lênin mal passava de racismo social. Apenas o proletariado, intimava ele, constituía a lídima força revolucionária. No seu livro mais utópico e menos impressionante, *O estado e a revolução* – que já foi considerado pelos bons leninistas como jóia da sapiência teórica – ele dá de forma concentrada sua opinião sobre classes, estado e o papel do proletariado na história mundial. Indignava-se com o fato de muitos socialistas ousarem ver o estado "como um órgão para a conciliação das classes." Na sua opinião, isso era uma monstruosidade. Como poderiam eles esquecer, perguntava, que "toda civilização social é dividida em classes hostis e, portanto, irreconciliáveis"? *Este* era o ponto! Fazia-se mister todo o esforço possível para garantir que o proletariado não fosse oprimido pela burguesia, só o contrário. Aí então surgiria a ditadura do proletariado, a salvação da humanidade.[28]

A essência do bolchevismo era o pensamento e a ação radicais. Na sua forma clássica, ela encontrou expressão na própria vida de Lênin. Ele acreditava no que escrevia. E escreveu coisas terríveis:

> Contabilidade e controle, isto é o *principal* para fazer com que as coisas andem, para

> o funcionamento adequado da *primeira fase* da sociedade comunista (...) Quando a maior parte do povo começar a produzir independentemente (...) a monitoração dos capitalistas (convertidos em trabalhadores de escritório) e dos cavalheiros intelectuais que não abandonaram seus métodos capitalistas, se tornará genuinamente universal, geral, de amplitude nacional, e será impossível encontrar um meio de escapar dela, não haverá lugar para que se escondam (...) Toda a sociedade será um único escritório, uma única fábrica, com igualdade de trabalho e igualdade de pagamento.

O fulcro de tal abordagem era que a ação de evitar a contabilidade e o controle "se tornaria tão incrivelmente difícil e ocorrência tão rara, e seria, sem dúvida, também acompanhada de tão rápida e séria punição (porque os trabalhadores armados são pessoas provindas da vida prática, não pequenos intelectuais sentimentais, e dificilmente deixarão que alguém os confunda) que a *necessidade* de que sejam observadas as regras básicas e simples de qualquer comunidade humana se transformará rapidamente num *hábito*."[29]

A imagem era mais de um quartel que de "um escritório ou fábrica." Todos estariam observando todos para constatar quanto trabalhavam e quanto consumiam e, pairando sobre a cabeça de todos, estaria a "rápida e séria punição," com os "pequenos intelectuais" correndo maior risco.

Não importa que nós, russos, tenhamos acreditado nisto tudo – vimos realmente com nossos próprios olhos como, nos dias de Stalin, um camponês poderia ser enviado para os campos de concentração, quiçá ser fuzilado, apenas por ter se apropriado de pequena porção de trigo da fazenda coletiva onde trabalhava; como um operário poderia ser mandado diretamente para a prisão por chegar quinze minutos atrasado na fábrica; como uma pessoa, por não ter atingido o número requerido de "dias de trabalho," poderia ser encaminhada para um "assentamento especial." O sistema de controle era aperfeiçoado, desenvolvido e tão universal que o povo russo aceitou como normal a onipresença de formuladores de normas, de conferentes de estoques, inspetores, instrutores, "controladores sociais," e de muitas outras categorias leninistas.

O desenvolvimento e o aperfeiçoamento da "contabilidade" continuou com Stalin, o leal pupilo de Lênin. No seu notório artigo "Aturdidos com o Sucesso," de 2 de março de 1930, Stalin escreveu: "Em 20 de fevereiro deste ano, 50% das propriedades dos camponeses estavam coletivizadas em toda a URSS. Isto significa que, em 20 de fevereiro de 1930, tínhamos mais que duplicado o cumprimento do plano de cinco anos para a coletivização."

Mesmo Gorbachev, mal chegado ao poder, começou com o "controle," ou, talvez mais precisamente, com a verificação. Compareci a uma reunião do Comitê Central do Secretariado na qual ele proferiu um discurso apaixonado instando pela introdução de um novo sistema de controle de qualidade nas fábricas que negasse aos gerentes os bônus caso o número de seus produtos submetidos a novos padrões impostos pelo estado não atingisse determinado volume. Milhares de novos inspetores tiveram que ser alocados, embora, é evidente, nada tenha melhorado. O sistema introduzido por Lênin exerceu controle não apenas sobre pesos e medidas, mas também sobre as conversas e pensamentos dos cidadãos. O resultado foi o bolchevismo absoluto.

Na primeira fase do regime bolchevique, Lênin e seus adeptos tentaram criar pelo menos uma aparência de aliança com os revolucionários-socialistas de esquerda, que tinham influência sobre a população. Os bolcheviques não tinham um programa agrícola claro e, com efeito, apropriaram-se de um plano dos revolucionários-socialistas. Temendo que os bolcheviques não fossem capazes de se manter no poder por conta própria, Lênin, com alguma apreensão, optou pela aliança, embora ela não fosse durar muito. O Sovnarkom reuniu-se três vezes, em 7, 8 e 9 de dezembro de 1917, sob a presidência de Lênin, para debater a ampliação da base política do novo regime pela inclusão dos RS de Esquerda e, finalmente, concordou em absorver sete deles, cinco como comissários do povo e dois como comissários sem pasta. Ficou claro para os sete que deveriam desempenhar suas atribuições de acordo com políticas formuladas pelos bolcheviques, que não tolerariam tentativas para diluir ou alterar o poder absoluto que o novo regime representava.[30]

A noção de que tal atitude poderia representar um passo na direção do pluralismo, ou que poderia levar à inclusão dos mencheviques no governo, e de que poderia resultar num curso mais socialdemocrata, é, evidentemente, ilusória. Não era da natureza bolchevique o desejo de partilhar o poder. O monopólio da ditadura estava em seu sangue.

O que fez de Lênin o que ele era? Por que um membro da pequena nobreza russa, sustentado, como os outros irmãos da família, pela generosa pensão governamental que a mãe recebia, acabou se transformando no revolucionário irreconciliável? Como foi que ele acabou só pensando e falando em revolução?

O histórico familiar de Lênin era bem ordenado e recebeu influências de diversas culturas diferentes: russa, alemã, kalmíkia, judaica e alguma coisa de sueca. Produto do grande estado eurasiano, Lênin foi uma mistura de muitas características de suas origens: radicalismo russo, civilização européia, inteligência judaica, e audácia e crueldade asiáticas.

De enorme importância para as opções de vida feitas por Lênin foi a morte do irmão mais velho Alexander, enforcado em 1887, quando Lênin tinha dezessete anos de idade, por um atentado contra a vida do czar. Estudante universitário naquela ocasião, a vida de Alexander poderia ter sido poupada pela vítima presumida, mas como ele se considerava um terrorista comprometido, considerou desonroso implorar por clemência. A execução do irmão foi devastadora para o jovem Vladimir. Também resultou em um certo grau de ostracismo social para sua família, e, igualmente, cedo atraiu sobre si a atenção da Okhrana.

Lênin ficou abalado com a morte do irmão, mas também com sua coragem. Aprendeu a lição e consta que disse: "Não iremos por esse caminho." A testemunha de tal declaração é duvidosa – sua irmã, então com nove anos. Naquela oportunidade, ele não tinha idéia de qualquer curso próprio, embora fosse atraído para radicalismo e opiniões sem meio-termo, e, seguramente, iria percorrer caminho diferente no futuro. Ninguém o veria como montador de explosivos caseiros, organizador de ação direta nas barricadas ou planejador de ataques frontais. Ele se tornaria um revolucionário dos bastidores, refinando e polindo as idéias de sua filosofia rigorosa.

A sede de conhecimento, cultivada em sua família e redobrada pelo crescente radicalismo, levou o jovem Ulyanov a absorver enormes quantidades de literatura. Mas uma literatura de tipo especial. Ao lado das obras padrões que poderiam ser encontradas na estante de qualquer jovem russo culto de sua geração – Nekrasov, Turgenev, Saltykov-Shchedrin, Uspenky – Lênin também leu Darwin, Buckle, Ricardo, Dobrolyubov e, em especial, o filósofo radical Nikolai Chernyshevsky. Leu *O capital*, de Marx, quando ainda vivia em casa, na propriedade de Kokushkino, na província de Kazan. Sua perspectiva de vida começou muito cedo a incluir idéias sociais e políticas.

Na virada do século, a intelligentsia russa experimentava grande soerguimento cultural, que veio a ser conhecido como "Era de Prata," na prosa escrita e na obra de pensadores, historiadores e escritores políticos. Já nutrido com os trabalhos de Tolstoy, Dostoievsky e Chekhov, o público leitor consumia a poesia de Fet e Nadson, Balmont, Severyanin e Gippius e discutia sobre os últimos tratados filosóficos e históricos dos Solovyevs, pai e filho, de Trubetskoy, Berdyaev, Bulgakov, Rozanov, Lossky, Frank, Karsavin e Fedorov. Mesmo um século mais tarde, fica-se atônito com a generosidade da providência e da natureza que proporcionaram à Rússia tão inestimável herança intelectual àquela época. Foi talvez graças a isto que a Rússia soviética, que impiedosamente pisoteou este presente único por cerca de setenta anos, não se tornou um estéril espécime arqueológico nas escavações da cultura eslava. As conquistas intelectuais russas sem dúvida atingiram o ápice na passagem do século XIX para o XX.

E, ainda assim, Lênin rodeou tal pico e não tentou escalar nem mesmo as elevações mais baixas. As máximas éticas de Solovyev ou as reflexões de Berdyaev sobre liberdade permaneceram tão herméticas para ele como os segredos do mundo espiritual explorado por Dostoievsky. A pobreza cultural deste poderoso intelecto foi expressa por sua determinação obsessiva, sua inequívoca abordagem política e sua desconsideração pelos princípios morais universais. Basta lembrar que ele encontrou um substituto para a ampla gama de qualidades da filosofia russa nas obras de Chernyshevsky. Para Lênin, Chernyshevsky era "o único escritor russo realmente grande," simplesmente porque escrevia em termos de "materialismo filosófico não-diluído." Mas não era, entretanto, o Chenyshevsky filósofo que Lênin admirava tanto quanto o Chenyshevsky radical, que podia dizer: "quem tiver medo de sujar as mãos não deve se envolver com a política."[31]

Significativamente, Lênin considerava Dostoievsky o "mais tolo dos escritores."[32] Tolstoy, sobre o qual ele escreveu diversos artigos estritamente políticos, só era útil porque Lênin podia descrevê-lo como "reclamador ardente" e denunciador da ordem czarista, embora até mesmo Tolstoy revelasse "uma falta de entendimento das causas da crise e dos meios para sair dela, semelhante à que pode ser encontrada em algum camponês ingênuo e patriarcal, e não num escritor com educação européia." A opinião liberal russa de Tolstoy como a "grande consciência" do povo era chamada por Lênin de "uma expressão vazia" e "uma mentira." Ele conseguiu persuadir a si mesmo que Tolstoy "nada disse que já não tivesse sido dito antes dele na literatura européia e russa."[33]

Dificilmente surpreende, portanto, que ele achasse o que chamou de "vários Berdyaevs" capazes apenas de obscuridades "filosóficas," banalidades políticas e "queixumes e latidos crítico-literários." Ou que os editores do partido das obras coligidas de Lênin tachassem Berdyaev oficialmente como "um apologista do feudalismo e do escolasticismo medieval."[34]

Muitos escritores idolatrados pela juventude estudantil como luminares da intelligentsia progressista permaneceriam para sempre desconhecidos para Lênin ou, na melhor das hipóteses, não-entendidos. Berdyaev descreveu Lênin como "um pobre homem" no campo da filosofia, e o livro de Lênin *Materialismo e Empiriocriticismo* (1908), definido na literatura oficial como "obra de gênio" e "principal trabalho científico do século XX," ignora completamente as maiores conquistas russas nesta esfera. Nem um só pensador russo importante – exceto Chernyshevsky, é evidente – é sequer mencionado na "obra de gênio" de Lênin.

Como chefe da casta de "revolucionários profissionais" que ele mesmo criou, Lênin desprezava a intelligentsia russa porque seus membros eram os condutores do liberalismo. Com sua casta no poder, ele não teria necessidade da liberdade. "Desconfiava dos intelectuais," escreveu seu biógrafo, o jornalista americano Louis Fletcher. "Eles duvidam. Eles pensam. Eles se rebelam contra a ortodoxia. O sovietismo, contudo, é uma nova ortodoxia."[35] De sua parte, os escritores émigrés retribuíram na mesma moeda. Falando em Paris, em 16 de fevereiro de 1924, sobre "A Missão da Emigração Russa," Ivan Bunin declarou com grande amargor:

> Era uma vez a Rússia, uma casa com todos os tipos de posses, habitada por poderosa família, criada pelos labores abençoados de muitas, muitas gerações, iluminada pela veneração de Deus, pela memória do passado e por tudo que é chamado de religião e cultura. O que foi feito a esta casa? A derrubada do chefe da família foi paga com a virtual destruição de toda a casa e com fratricídio sem paralelo por toda uma farsa sangrenta, um pesadelo, cujas monstruosas conseqüências são incontáveis (...) Este vilão global, empunhando um estandarte com o zombeteiro slogan de liberdade, fraternidade e igualdade, montou no pescoço do russo "selvagem" e vem pleiteando que consciência, vergonha, amor e piedade sejam esmagados na lama (...) Este degenerado, este inato imbecil moral, Lênin, revelou ao mundo, no próprio calor de sua atividade, algo de monstruoso e devastador: ele assolou o maior país do mundo e matou milhões de pessoas; mesmo assim, as pessoas discutem à luz do dia se ele é ou não um benfeitor da humanidade.[36]

Lênin jamais ouviria ou leria essas palavras.

As sementes bolcheviques produziram tantos brotos venenosos que é difícil dizer quando se poderá colocá-los sob controle. A interrupção da longa tradição intelectual russa por Lênin e pelo leninismo foi uma das principais causas das inúmeras misérias lançadas sobre o povo. "Aquilo que salva," escreveu o filósofo russo do século XIX, Vladimir Solovyov, "salva a si mesmo. Este é o segredo do progresso, não existe outro, nem existirá." Os bolcheviques não salvaram a Rússia, e a história agora mostrou que eles também não se salvaram.

O pecado de Outubro

Estávamos no terceiro ano da Primeira Guerra Mundial. Milhares de soldados morriam nas trincheiras, pelo efeito de bombas e de gases, num emaranhado de trapos cinzentos no arame farpado. A guerra tinha cruzado seu "equador." Poucos duvidavam de que a Alemanha e seus aliados seriam derrotados no final, especialmente quando os Estados Unidos entraram na guerra ao lado dos aliados. A posição da Rússia era ruim, mas não desesperadora. O front estava estabilizado. No entanto, a agitação socialista provocava sério efeito sobre o moral do exército. Reforços chegavam muitas vezes com apenas metade do efetivo previsto. A deserção em massa começara. O último presidente da Duma Estatal Russa, Mikhail Rodzyanko, mais tarde lembrou que a "deserção de 1917 chegou a cerca de um e meio milhão de combatentes. Perto de dois milhões de soldados foram capturados pelos alemães (...) Os agitadores bolcheviques trabalhavam sobre a natural relutância dos camponeses em combater."[37]

Entrementes, Lênin, na pacífica Suíça, estava engajado na auto-educação filosófica, escrevendo artigos, fazendo passeios na companhia da esposa e da amiga Inessa Armand, acompanhando avidamente as notícias da frente de combate. Ele próprio jamais usara uniforme militar ou ficara de cócoras numa trincheira ensopada de sangue. Nunca encarara a face sinistra da guerra. Entendeu que os combatentes por eles mesmos jamais seriam capazes de terminar aquele embate armado terrível e selvagem, e também sabia que a guerra tinha a chave de seu próprio futuro.

O desejo de pôr fim ao banho de sangue era sentido por algumas pessoas em posição de exercer influência. Já em fevereiro de 1915, o rei Gustav V da Suécia escrevera ao czar Nicolau II: "Você sabe, caro Nicky, quanto os horrores desta guerra assustadora têm me desconcertado. E, portanto, é bastante natural que meus pensamentos se preocupem em procurar meios que possam dar cabo à horrenda carnificina (...) Sou levado por minha consciência a dizer-lhe que a qualquer momento, mais cedo ou mais tarde, quando você achar conveniente, estou pronto a cooperar de qualquer forma nessa questão (...) Que acha de minha oferta para ajudar?"[38] Nada resultou dessa iniciativa.

Dois anos depois, em 4 de fevereiro de 1917, o enviado búlgaro a Berlim, Rizov, visitou o enviado russo à Noruega, Gulkevich, e solicitou que um telegrama fosse mandado a Petrogrado reportando o "desejo alemão de concluir uma paz em separado com a Rússia em termos altamente favoráveis." Petrogrado respondeu para Gulkevich: "Ouça [a proposta] e faça força para conseguir uma formulação precisa dos termos."[39] Mas já era tarde demais. Fevereiro foi prenhe de eventos irreversíveis.

Desde o início da matança, Lênin não era, como poderia ser esperado, a favor de seu término, em vez disso propugnava por sua "socialização." Escrevendo a um de seus agentes, Alexander Shlyapnikov, em 7 de outubro de 1914, dois meses depois do irromper da luta, ele condenou claramente a campanha pela paz. "O slogan pela 'paz' não é o correto. O slogan apropriado tem que transformar a guerra nacional em guerra civil."[40] Lênin já tinha armado outra prancha da plataforma bolchevique a respeito do conflito quando a Alemanha declarou guerra à Rússia em 1º de agosto de 1914. Imediatamente sentou-se e redigiu a sua "Tese sobre a Guerra," mais tarde publicada na forma de coletânea sob o título *A Guerra e a Democracia Social Russa*. Nela surgem linhas que só um pensador rigidamente ortodoxo como Lênin poderia ter escrito. Descreveu a tentativa "de massacrar os proletários de todas as terras atirando-os feito escravos de aluguel de uma nação contra escravos de aluguel de outra para o benefício da burguesia" como sendo "o *único real* conteúdo e significado desta guerra" (grifo nosso).

O absurdo de tal proposição é óbvio, mas a pedra fundamental da propaganda socialista estava lançada. Ele prosseguiu declarando que "do ponto de vista da classe operária e das massas trabalhadoras de todos os povos da Rússia, o mal menor seria a derrota da monarquia czarista e de suas forças."[41] Lênin clamava por nada menos que a derrota de seu próprio governo, de seu país (o qual, diga-se de passagem, não fora instigador da guerra) e, mais ainda, pela transformação da guerra numa revolução e numa guerra civil. Apesar de todo o seu internacionalismo professado, a posição assumida por Lênin e pelo leninismo nada contribuiu para aproximar o fim da carnificina. Pelo contrário, a sua política foi lançar mais lenha na fogueira da guerra.

Ao mesmo tempo, a linha de Lênin para a guerra representou uma gritante traição nacional resultante do profundo desprezo pelos interesses da Rússia e de seus aliados. Ele não poderia ter deixado isto mais evidente quando asseverou que "o czarismo é cem vezes pior que o kaiserismo."[42] Foi provavelmente este sentimento que, com o tempo, levou Lênin à idéia de uma coincidência de interesses entre os bolcheviques e Berlim. O czar, seu governo e seus exércitos eram um obstáculo para os planos alemães de longo alcance quanto à expansão e também para Lênin em termos de captura do poder na Rússia. A partir do momento em que a guerra foi deflagrada, os alemães e os bolcheviques passaram a ter um inimigo comum na Rússia czarista, e disto Lênin chegou à conclusão de que o exército russo precisava ser desintegrado. "Mesmo enquanto a guerra é travada," declarou ele, "temos que permanecer revolucionários. Mesmo em tempo de guerra, temos que pregar a luta de classes."[43]

No final de setembro de 1914, o jornal russo *Russkoe Slovo* (Mundo Russo) publicou uma proclamação dos escritores, artistas e atores condenando a agressão germânica. Entre os muitos signatários ilustres estava Maxim Gorky que, por anos, apoiou ativamente a organização de Lênin. Este último escreveu uma carta aberta a Gorky censurando seu "sermão chauvinista." De passagem, observou que o mundialmente famoso baixo operístico Fedor Chaliapin, que também assinou a proclamação, "não deveria ser julgado com tanta severidade (...) Ele nada sabe sobre a causa proletária: hoje ele é um amigo dos trabalhadores, amanhã dos Centenas Negras [NT: *Chernosotentsy, grupos anti-revolucionários e anti-semitas formados na revolução de 1905*]."[44] Para Lênin, as pessoas eram estritamente divididas naqueles que adotavam uma posição de classe (leninista) e, portanto, aliados, e nos do lado "chauvinista," em conseqüência, inimigos jurados. Mesmo no seu artigo "Sobre o Orgulho Nacional dos Grandes Russos," que todo cidadão soviético supostamente leu como peça escrita profundamente "patriota," Lênin afirmou que "os Grandes Russos não deveriam 'defender a pátria mãe' de outra forma senão desejando a derrota do czarismo em qualquer guerra como o menor dos males para nove décimos da Grande Rússia."[45] Zombou dos slogans de pacifismo e da idéia de "paralisar a guerra" como "modos de lograr a classe trabalhadora," e achava a noção de uma "paz democrática" sem revolução "profundamente errada."[46]

Foi típico de Lênin que, enquanto clamava por "ação decisiva" contra os militaristas e pelo "desencadeamento da luta de classes no exército," não lhe ocorresse dar um exemplo pessoal. Durante a conferência socialista de 1916 em Zimmerwald, na Suíça, insistiu veementemente para que os delegados retornassem a seus países de origem e organizassem pessoalmente movimentos grevistas contra os governos beligerantes. O socialdemocrata alemão Karl Ledebour replicou: "Mas eles simplesmente me colocarão em julgamento numa corte marcial." Entretanto, Lênin persistiu, ao que Ledebour replicou: "E você, vai voltar para a Rússia a fim de organizar greves contra a guerra? Ou vai permanecer na Suíça?" Lênin achou que tal pergunta "provocadora" não merecia resposta.[47]

Em fevereiro de 1915, cinco deputados bolcheviques da Duma, juntamente com alguns socialdemocratas, foram sentenciados por uma sessão especial da corte de Petrogrado por estarem de posse de um manifesto do comitê central do RSDLP (Partido Socialdemocrático dos Trabalhadores Russo), o Partido Socialdemocrático, escrito por Lênin e intitulado *A Guerra e a Democracia Social na Rússia*. Nele, como vimos, o chefe bolchevique pedia a derrota de seu próprio país e a conversão da guerra imperialista em guerra civil. Os cinco bolcheviques foram exilados pela vida toda para Turukhansk, na Sibéria Ocidental, enquanto o autor do manifesto continuou desfrutando de uma vida calma na Suíça. Irônica e mais apropriadamente, em 28 de setembro de 1914, durante uma discussão sobre o artigo de Plekhanov "A Atitude Socialista em Relação à Guerra," Lênin aconselhou francamente os ministros socialistas dos governos beligerantes a "partirem para um país neutro e de lá proclamarem a verdade."[48] Ele considerava tal atitude como tática revolucionária legítima para expressar crítica corajosa ao czarismo, à autocracia e ao chauvinismo – de uma distância segura.

Lênin sempre evitou riscos físicos para si mesmo. Quando, nas ruas apinhadas de São Petersburgo em 1906, ouviu-se o grito de "Cossacos!" e as pessoas se dispersaram em todas as direções, Lênin fugiu atabalhoadamente, caiu na sarjeta e perdeu seu chapéu-coco. Soube-se depois que o grito foi alarme falso.[49]

Lênin viveu no exterior não porque estivesse sendo perseguido pelas autoridades, mas porque temia exatamente a possibilidade de ser perseguido. Na realidade, ninguém procurava por ele ou estava em seu encalço. Ele podia atacar qualquer aspecto da Rússia sem risco algum. "Tremendo de excitação," ele escreveu sobre os eventos revolucionários de 1905 nos termos mais arrebatados e emocionantes: "Expediremos ordens para que nosso [sic] exército a fim de que prenda os membros dos Centenas Negras (...) que estão convocando e subornando as massas ignorantes" e os entregaremos para julgamento "numa corte revolucionária aberta, popular." Mais precisamente, uma turba de linchamento. Já na primavera de 1906, Lênin dizia que "não sobrará vestígio das instituições do regime czarista." Para ele, "quem não é revolucionário é integrante dos Centenas Negras."[50]

Esses fragmentos de delírio "revolucionário" foram escritos no final de 1905, ocasião em que já estava claro que o Manifesto de Outubro do czar tinha arrefecido a temperatura no seio do povo e dado ao país uma oportunidade única para que trilhasse o caminho da monarquia constitucional. Mas Lênin tinha de imediato conclamado o "fim dos tiranos," não deixando espaço para meios-termos.

Na Casa do Povo, em Zurique, em 22 de janeiro de 1917, Lênin pronunciou um longo e monótono discurso para jovens trabalhadores, no aniversário da revolução de 1905. Quando visitei o salão, no início dos anos 1990, o achei bastante acanhado. Não foi difícil imaginar a voz gutural de Lênin: "Até 22 de janeiro de 1905, o partido revolucionário da Rússia consistia de um punhado de pessoas sarcasticamente chamado de seita pelos reformistas (...) A Rússia feudal, patriarcal, piedosa e obediente despertou de sua hibernação de urso e livrou-se do velho Adam (...)" A platéia do salão vazio pela metade ouvia polidamente aquele cavalheiro atarracado, calvo e de olhar inflamado enquanto ele lamentava que "infelizmente, os camponeses destruíram apenas um quinze avos de todas as propriedades da burguesia, apenas um quinze avos do que *deviam* ter destruído." O orador era membro da pequena nobreza russa, cuja família vendera as propriedades e vivia então dos juros de seu capital. A platéia começava a perder o interesse quando ele introduziu novo sopro de vida em seu discurso ao descrever aquilo que chamou de russificação forçada de "precisamente 57%" da população. "Em dezembro de 1905, em centenas de escolas, crianças polonesas queimaram livros russos e imagens e retratos dos czares, espancaram e perseguiram seus professores e colegas russos aos gritos de 'Voltem para o diabo da Rússia!'" Finalmente, à proporção que mais e mais assentos eram desocupados, declarou: "Meu tempo está quase acabando e não quero abusar da paciência de minha audiência." Falou então por mais uns quinze minutos e concluiu dizendo: "Nós, que já atingimos certa idade, talvez não vivamos para testemunhar as batalhas decisivas da revolução que virá..."[51]

Os fracassos do governo russo na guerra e sua fraqueza interna levaram à autodestruição da autocracia numa onda de descontentamento. Teve início em 1917 uma mutação histórica que iria desaguar em poucos anos na criação de uma nova civilização, uma nova cultura e em novas instituições sociais e políticas que tinham pouco em comum com a história da Rússia. Se a revolução democrática de fevereiro tivesse se sustentado, seria muito provável que a Rússia de hoje fosse um grande estado democrático, em vez de outro que se desintegrou.

Preso a Zurique, Lênin começou a ficar cada vez mais agitado com a idéia de que o trem da revolução russa pudesse partir para o futuro sem sua presença. Livrou-se dessa eventualidade por meio de contatos secretos e oficiosos que foram estabelecidos entre certos leninistas e indivíduos que gozavam da confiança das autoridades alemãs. Entre estes, Alexander Helphand, conhecido como Parvus, um emigrado da Rússia, socialdemocrata alemão e homem de negócios vitorioso na Escandinávia e na Alemanha. Parvus foi o autor de um plano audacioso segundo o qual a Alemanha, para ganhar a guerra, apoiaria o deflagrar da revolução na Rússia. Ao declarar que a derrota do czarismo, "aqui e agora," seria o melhor caminho para sair da guerra,[52] Lênin estava pública, repetida e precisamente asseverando sua posição como aliado virtual da Alemanha na luta contra seu próprio país e seu próprio povo.

O general Erich von Ludendorff, "cérebro militar da nação germânica" e chefe do estado-maior do exército, descreveu de maneira franca e bastante cínica o papel desempenhado por Lênin nos planos de Berlim: "Ao ajudar na viagem de Lênin à Rússia, nosso governo aceitou uma responsabilidade especial. A empreitada se justificou do ponto de vista militar. Tínhamos que derrubar a Rússia."[53] Este também era o propósito de Lênin.

A pesquisa dessas matérias era estritamente proibida na União Soviética, porém, no Ocidente, foram descobertas muitas provas diretas e indiretas que estabelecem sem sombra de dúvida que um forte vínculo existiu entre os bolcheviques e Berlim. Nos anos recentes, documentos dos arquivos russos, antes inacessíveis, revelaram as conexões financeiras entre agentes de Lênin e a Alemanha. A despeito dos repetidos "expurgos," os arquivos preservaram telegramas de "guarda-livros," contas e extratos de recursos financeiros entregues aos bolcheviques por um generoso governo alemão.

Depois de um encontro entre Lênin e Parvus, em maio de 1915, formou-se uma forte associação entre um pequeno círculo dos mais confiáveis agentes de Lênin, no qual o mais importante era Jacob Stanislavovich Ganetsky (Fuerstenberg), e o lado alemão, com Parvus como ligação. Ganetsky e Parvus foram as molas de um mecanismo engenhoso. Com o dinheiro colocado à disposição pelo conde Ulrich von und zu Brockdorff-Rantzau, o embaixador alemão em Copenhague e outras fontes, Parvus criou o chamado Instituto para o Estudo das Conseqüências Sociais da Guerra, onde empregou diversos socialdemocratas russos. Enquanto isto, usando fundos alemães, Ganetsky estabeleceu uma empresa em Estocolmo para a compra de produtos farmacêuticos, como remédios e anticoncepcionais, para serem enviados a Petrogrado, onde havia grande demanda por eles. Os procedimentos envolvidos nessas vendas permitiram que o assistente de Ganetsky, Kozlovsky, transferisse grandes somas de dinheiro para contas em bancos diferentes, em geral para uma mulher chamada Yevgeniya Sumenson. Centenas de milhares de rublos chegaram assim às mãos bolcheviques com o objetivo de financiar a impressão e a distribuição de jornais e panfletos, a compra de armas e os salários de grande número de "revolucionários profissionais." Dezenas de telegramas atestam o fluxo constante de fundos entre Berlim e os bolcheviques, via Ganetsky e Parvus, ajudados por diversos intermediários que nada sabiam sobre o apoio sigiloso ao partido de Lênin. Mas este último, o conspirador consumado, não marcou tais documentos com suas próprias instruções ou deu ordens financeiras diretas. Permaneceu nos bastidores apreciando a máquina trabalhar para ele e exercitando apenas a autoridade verbal.

Malgrado algumas lacunas que persistem nas provas, não há dúvida de que o golpe de outubro foi financiado com dinheiro alemão. E tal ajuda continuou a fluir mesmo depois de os bolcheviques tomarem o poder, já que alemães tentaram de todas as formas evitar a ascensão de qualquer regime antibolchevique, que poderia inclinar-se pela causa dos Aliados Ocidentais e retomar a guerra da Rússia contra a Alemanha. O conde Wilheim Mirbach, embaixador alemão em Moscou, enviou um telegrama cifrado para Berlim em 3 de junho de 1918, um mês antes de ser assassinado: "Devido forte competição Entente, 3 milhões marcos mês necessários. Na eventual necessidade antecipada mudança nossa linha política, soma maior precisa ser considerada." Dois dias mais tarde, o ministro alemão do exterior informou ao Tesouro que Mirbach tinha gasto grandes somas para conter esforços aliados no sentido de persuadir os bolcheviques a mudarem sua linha e aceitarem as demandas aliadas. Como a perspectiva alemã era de que o novo regime estava por um fio, as iniciativas de Mirbach foram consideradas de importância capital e, para sustentá-las, um fundo de "pelo menos 40 milhões de marcos" foi necessário.[54]

Em 1921, o destacado líder socialdemocrata alemão Eduard Berstein publicou um artigo sensacional no jornal socialista *Vorwärts*, no qual escreveu: "Lênin e seus camaradas receberam vastas somas de dinheiro do governo do Kaiser para sua agitação destrutiva (...) De fontes absolutamente confiáveis, pude me certificar de que as somas foram muito altas, quantia quase inacreditável, por certo mais do que cinqüenta milhões de marcos-ouro, quantia cuja origem Lênin e seus camaradas não poderiam ignorar. Um resultado de tudo isto foi o Tratado de Brest-Litovsk."[55]

Com efeito, a liderança bolchevique fora comprada pelos alemães e não surpreendeu, portanto, que Lênin compelisse a delegação russa às negociações de paz em março de 1918 a aceitar os termos duros ditados pela Alemanha. A "paz indecente" foi o preço que Lênin teve de pagar para conseguir e manter o poder. Tendo, não muito tempo antes, declarado que os bolcheviques nunca concordariam com uma paz em separado, Lênin, na verdade, aceitou uma derrota – depois de pregar o derrotismo por três anos – que não aconteceu. Aceitou ser derrotado por um inimigo que já estava de joelhos diante dos aliados. Não só aceitou a derrota como também concordou em ceder aos alemães um milhão de quilômetros quadrados de território russo e 245,5 toneladas de ouro. No outono de 1918, com os alemães prestes a serem vencidos, o curador das reservas russas de ouro, Novitsky, reportou a Lênin que outras noventa e cinco toneladas de ouro estavam prontas para envio à Alemanha.[56]

Tendo rejeitado decisivamente os princípios socialdemocratas logo que retornou do exílio para Petrogrado, em abril de 1917, Lênin adotou a linha de ação da tomada violenta do poder. Recusou encontrar-se com o primeiro-ministro socialista Alexander Kerensky. Seus slogans, primitivos e agitadores das massas, funcionaram à perfeição. Os bolcheviques prometeram paz, terra e pão para um povo esgotado pela guerra, ávido por terra e faminto, e afirmaram que, para que isto fosse conseguido, ele deveria enfiar as baionetas no chão, abandonar as trincheiras e ir para casa, onde tomaria posse de seus pedaços de terra. Com a promessa dos agitadores de Lênin de que não seriam mandados para o front, os soldados da guarnição de Petrogrado deram apoio aos bolcheviques. O poder do Governo Provisório de Kerensky derreteu como gelo na primavera. Nesse meio-tempo, os demagogos bolcheviques faziam promessas de prosperidade, paz, terra, hospitais, liberdade aos ignorantes e ingênuos camponeses-em-uniforme. No Primeiro Congresso de Representantes dos Camponeses de Toda a Rússia, em maio de 1917, Lênin descreveu a vida idílica que eles levariam: "Esta será a Rússia em que a mão-de-obra livre trabalhará em terra livre."[57] Seus ouvintes não teriam que aguardar muito tempo para descobrir se suas predições eram exatas.

Entrementes, a manobra política continuava na capital. Kerensky, o Dom Quixote da revolução de fevereiro, tentou elevar a nação, convocá-la e uni-la, e continuar no leme até que os aliados ganhassem a guerra. A Rússia tinha pequena possibilidade de fazer uma contribuição substantiva para o esforço de guerra, contudo, seguramente poderia sobreviver por mais oito ou nove meses. Mas Lênin e os bolcheviques conseguiam aumentar rapidamente o número de seus seguidores nas fábricas e nas unidades do exército. O fosso entre a democracia liberal e a massa radical de calças esfarrapadas se alargava. Como sempre na Rússia, não havia uma influência política intermediária. Os bolcheviques decidiram tentar um ataque direto ao centro amorfo e frouxo do poder e, caso ele fosse bem-sucedido, tendo como pano de fundo uma manifestação monstruosa – armada, se necessário – tomar o poder eles mesmos.

Lênin, naturalmente, afastou-se um pouco do epicentro dos eventos. Acompanhado pela irmã Maria e dois guarda-costas, partiu para a cidade fronteiriça de Neivola, próxima a Mustamiaki, e permaneceu na casa de Vladimir Bonch-Bruevich, um dos filiados bolcheviques. Na eventualidade de a manifestação fracassar, o abrigo finlandês estava por perto e a Suécia, apenas a um salto de distância. Lênin entendeu, todavia, que o controle real não estava nas mãos nem do governo nem dos sovietes (conselhos de representantes dos trabalhadores, dos soldados e dos camponeses que tinham espocado em seguida ao colapso do estado czarista). Na verdade, ele descreveu a Rússia daquela oportunidade como "o país mais livre do mundo," querendo dizer que o poder estava lá para ser tomado por quem tivesse a coragem e a audácia para fazê-lo.

Em meados de julho, os bolcheviques resolveram testar sua força. Dezenas de milhares de manifestantes encheram as ruas de Petrogrado com unidades do exército e marinheiros entre eles. Bem cedo na manhã de 17 de julho, Lênin foi convocado de volta à capital por seus camaradas. Não se fez de rogado. Os soldados e marinheiros tinham sido bem incitados pelos agitadores bolcheviques. Foi-lhes dito que, depois de sua malsucedida manifestação de junho, o Governo Provisório estava se preparando para enviar tropas de guarnição para completar efetivos no front. Os soldados, assustados com a visão de sangue e lama das trincheiras infestadas de pulgas, ficaram enfurecidos. O líder liberal Paul Milyukov escreveu mais tarde: "Em [17 de julho], Lênin estava a postos na famosa sacada da mansão de Kshesinskaya [NT: *primeira-bailarina do Teatro Mariinsky*] acenando para os soldados e dando-lhes ordens. Toda a inteligência militar do Comitê Central Bolchevique estava lá; unidades militares iam e vinham. Em outras palavras, ali estava o quartel-general militar do levante."[58] Lênin já tinha declarado publicamente que "as manifestações pacíficas são coisa do passado."[59]

Da sacada, Lênin conclamou "Todo o Poder para os Sovietes!" O texto original de seu discurso não foi encontrado. Foi considerado muito perigoso para ser publicado, já que Lênin instigava as multidões a derrubarem o governo, como os depoimentos de numerosas testemunhas confirmam. Por outro lado, o cronista mais detalhista da revolução, o menchevique Nikolai Sukhanov, lembrou-se de que o discurso de Lênin se mostrou bastante cauteloso e de que, apesar de agitar vigorosamente contra o governo, ele também pleiteou a defesa da revolução e a lealdade aos bolcheviques.[60] A tentativa fracassou e, a partir de então, os bolcheviques sempre a apresentaram como uma "demonstração pacífica."

Os bolcheviques esperavam que pela força das quantidades o governo fosse pressionado a capitular, especialmente por parecer que ele não receberia, virtualmente, apoio algum do exército. Ainda assim, centenas de milhares de pessoas que saíram às ruas enfrentaram crescente resistência por parte de forças leais a Kerensky. O resultado parecia incerto. Relatórios inquietadores chegavam ao palacete de Kshesinskaya dando conta que as agências de telégrafos estavam sendo bem defendidas, que reforços cossacos chegavam e que tropas leais tinham isolado outra rua estratégica.

Encontrando-se, talvez pela primeira vez na vida, ao alcance do perigo, Lênin decidiu que, para o bem futuro, deveria terminar a manifestação. Para salvar as aparências e colocar o governo na defensiva, começou a acusar as autoridades de "atrocidades sangrentas" e, então, voltou a se esconder.

Trotsky relembrou que, quando se encontrou com ele depois do fracasso do levante de julho, Lênin estava receoso: "Agora eles podem nos fuzilar. Esta é a melhor ocasião para que o façam."[61] No entanto, uma vez instalado em paraíso seguro, ele pôde dirigir as energias para a preparação de artigos e para a expedição de mensagens e ordens tendentes a inflamar ainda mais as massas. Ao promover sentimentos odiosos contra as ainda frágeis instituições da democracia burguesa, estava se assegurando de que a paz social e a nacional não prevalecessem.

Sabedor de que o governo tinha expedido ordem para que fosse preso por instigar o levante de julho, Lênin mudava freqüentemente de esconderijo, enquanto mantinha contato constante com seu Comitê Central. Dinheiro não era problema, posto que os bolcheviques recebiam fundos transferidos do exterior por Ganetsky e seus sócios.

Lênin percebeu que a Rússia estava diante de uma opção. O Governo Provisório de Kerensky representava dolorosa transição de séculos de autocracia para o parlamentarismo. Entretanto, Kerensky estava moralmente impedido de buscar a paz em separado com a Alemanha: seria uma traição aos aliados da Rússia. O comandante militar do governo, general Kornilov, ou qualquer outro general com pretensões políticas, afogaria a Rússia em sangue e instalaria uma ordem mais rigorosa que a de Nicolau II. Nos dois casos, a guerra continuaria "até uma conclusão vitoriosa."

Só Lênin tinha algo diferente a oferecer à nação exaurida: em troca do poder, prometia a ela paz, e, para os camponeses, terra também. O preço era a traição nacional, a desintegração do exército e a renegação das promessas russas aos aliados. Só Lênin compreendeu que a nação aceitaria a opção da traição e suportaria mais tarde a vergonha por tê-la assumido. Não apelou para instintos elevados, patriotismo ou espírito cívico, e sim para o ódio, a fadiga e para as expectativas não concretizadas. Sabia como manipular as influências do momento na mente pública, e sabia exatamente o que queria. Era capaz de lançar um slogan incitador das massas, consciente de que poderia abjurá-lo a qualquer instante.

Três meses antes, ele tinha declarado categoricamente que jamais procuraria uma paz em separado. Então, enquanto pulava de um esconderijo para outro, afirmava que "há noventa e nove chances em cem de que os alemães nos concedam pelo menos um armistício. E conseguir um armistício agora significaria ganhar toda a paz."[62] Em setembro, ele foi ainda mais preciso: "A vitória num levante está agora garantida para os bolcheviques: podemos (se não "esperarmos pelo congresso soviético") atacar *subitamente* a partir de três pontos: de [Petrogrado], de Moscou e da Esquadra do Báltico (...) é 99% certo que venceremos com menos baixas do que experimentamos em [16-18] julho, porque os soldados *não se voltarão* contra um governo de paz."[63]

Atento à vacilação e à hesitação do Comitê Central, e depois de tomar medidas adequadas de segurança, Lênin retornou à capital em 23 de outubro. Não esperaria mais.

Kerensky fez ainda últimas e desesperadas tentativas para mudar o curso dos eventos: manteve encontros com membros da Duma, enviou despachos para o front com o objetivo de evitar seu colapso e investigou se Lênin tinha sido aprisionado. Em 1º de setembro, ele proclamara a Rússia uma república e tinha declarado que a principal tarefa do Governo Provisório seria a restauração da ordem do estado e da capacidade combatente do exército.[64] As deserções, contudo, se avolumavam em função do impacto da propaganda bolchevique enquanto, na retaguarda, as exortações de Lênin atingiam tom frenético. "Depois da captura das escolas de cadetes, dos telégrafos, da telefonia e assim por diante," o slogan bolchevique, escreveu ele, tem que ser: "Morreremos todos, mas não deixaremos o inimigo passar." Os pontos estratégicos deveriam ser tomados "a qualquer custo."[65]

Em duas reuniões crucialmente importantes do Comitê Central bolchevique, em 23 e 29 de outubro, Lênin insistiu para que se tomasse uma decisão quanto ao desencadeamento de um levante armado. Apenas doze dos vinte e cinco membros do comitê estavam presentes em 23 de outubro e só dois deles – Zinoviev e Kamenev – enfrentaram Lênin e votaram contra a proposta. Demonstrando cautela e perspicácia invejáveis, eles instaram para que o partido aguardasse as eleições para uma Assembléia Constituinte que o Governo Provisório já tinha providenciado e que melhor refletiria o estado de espírito político da enorme população russa. Kamenev declarou: "O partido não foi consultado. Tais matérias não são decididas por apenas dez pessoas." Sua declaração revelou toda a extensão do cinismo político de Lênin.

Duas semanas depois, na noite de 6 de novembro,* os Guardas Vermelhos Bolcheviques tomaram bom número de pontos-chave em Petrogrado, inclusive a principal agência dos telégrafos e a central telefônica, invadiram o Palácio de Inverno e prenderam ministros do Governo Provisório. No dia seguinte, Trotsky informou ao Segundo Congresso dos Sovietes que os bolcheviques tinham tomado o poder em nome dos Sovietes de Representantes dos Operários e Soldados, abrindo assim o caminho para a nova era do mando soviético na Rússia. Na verdade, seria o partido bolchevique sob Lênin e seus sucessores que iria governar o país pelos próximos setenta anos, mesmo que continuassem a insistir na ficção de que o faziam em nome dos sovietes. O clã dos revolucionários profissionais iria dali por diante simplesmente passar o bastão de comando de um par de mãos para outro.

Por sete décadas, muita coisa seria escrita sobre "a teoria de Lênin da revolução socialista." Na realidade, não se tratou de um corpo consistente e sintetizado de teoria. Suas características principais foram: a manipulação máxima da opinião pública; o cultivo arrebatado da imagem do inimigo da classe, fosse o czar, a burguesia, os mencheviques ou os liberais; a desintegração do exército e da máquina estatal por meio de ostensiva incitação das massas, pelo empuxo do estado e do regime na direção do caos e da desarticulação e pela organização do golpe no exato momento em que o governo estava mais enfraquecido e comprometido; o estabelecimento de uma ditadura rude que acabou com "os direitos e liberdades burgueses"; o emprego do terror como instrumento para manter milhões de pessoas sob controle; e o deslanchar da guerra civil.

Estas constituíram apenas algumas das características da técnica de Lênin. Elas foram implementadas por um partido disciplinado, organizado e liderado por revolucionários profissionais como o próprio Lênin, gente capaz de expedir uma ordem para a redução na ração dos que não trabalhavam nos transportes e para o aumento na dos que o faziam: "Que morram milhares, mas o país tem que ser salvo."[66] A lógica de Lênin era de que alguns tinham que ser mortos para que outros vivessem.

Lênin foi capaz de determinar o momento preciso em que o governo estava totalmente paralisado e indefeso, quando, se os bolcheviques não aproveitassem a oportunidade, outros o fariam. O jornalista americano John Reed, que se tornou um herói da revolução, registrou a seguinte idéia de Lênin expressa em 3 de novembro: "6 de novembro será muito cedo para agir, 8 de novembro, muito tarde.

* Até 1º de fevereiro de 1918, o calendário russo era treze dias atrasado em relação ao calendário ocidental no século XX. Todas as datas aqui citadas estão no estilo ocidental, ou Novo Estilo. É por esta razão que os acontecimentos de 6 e 7 de novembro de 1917 foram sempre conhecidos como a "Revolução de Outubro", embora sejam comemorados em 7 de novembro.

Precisamos nos movimentar no dia sete, dia em que abre o [Segundo] Congresso [dos Sovietes]."[67]

Ainda assim, até o último minuto, Lênin não estava totalmente seguro sobre o sucesso da operação. Como Richard Pipes escreveu: "Lênin não ousou mostrar-se em público até que o gabinete (presumivelmente incluindo Kerensky, de cuja fuga ele não tinha ciência) caiu em mãos bolcheviques. Ele passou a maior parte do dia 7 de novembro disfarçado com bandagens, peruca e óculos. Depois que Dan e Skobelev, de passagem, identificaram-no por trás da dissimulação, ele se retirou para o esconderijo, onde tirou sonos estirado no chão enquanto Trotsky ia e vinha com relatórios sobre as últimas notícias."[68]

O regime moribundo conseguiu enviar um sinal de angústia pelo rádio e no *Rabochaya gazeta* (Gazeta do Trabalho), em 11 de novembro de 1917:

> A Todos! A Todos! A Todos! O Conselho Provisório da República Russa, cedendo à força das baionetas, foi compelido em [7 de novembro] a se dispersar e a interromper temporariamente seu trabalho. Com as palavras "liberdade e socialismo" na boca, os usurpadores estão promovendo violência e destruição. Prenderam e encerraram em masmorras czaristas membros do Governo Provisório, inclusive ministros socialistas (...) Sangue e anarquia ameaçam sobrepujar a revolução, afogar a liberdade e a república...[69]

A Revolução Russa preservou o tradicional vínculo popular entre a mística e a prática. Os dogmas de Lênin se transformaram em mística e a destruição virou prática. "Tudo foi destruído, exceto a tradição, exceto o plano, o projeto de ódio e a determinação indomável do líder," escreveu E. Bogdanov, um filósofo emigrado. "Os instintos do povo fizeram o resto; um caldo de cultura condimentado que iria, com velocidade microbiológica, multiplicar a bactéria do bolchevismo na Rússia (...) O povo desprezou a liberdade e a democracia que lhe foram oferecidas [em fevereiro de 1917] e só se mostrou satisfeito com sua nova e mais ríspida escravidão."[70]

Camaradas-em-armas de Lênin

Antes de ele se tornar figura nacional na Rússia, o que de fato não aconteceu até o atentado contra sua vida em 30 de agosto de 1918, os camaradas de Lênin podiam manter com ele acirradas discussões e criticar severamente suas posições. Ele ainda não era o deus terreno que acabaria sendo. Sua esposa Nadezhda Krupskaya lembrou que Lênin "demonstrava muito tato para com aqueles que treinara," mas não era condescendente com qualquer de seus camaradas. Em 1903, em Bruxelas, durante a abertura do Segundo Congresso do Partido Socialdemocrata, Krupskaya escreveu, "depois de um embate verbal com Plekhanov, ele se sentou de imediato para escrever réplicas venenosas às observações cáusticas de Plekhanov."[71]

Tarde da noite de 6 de março de 1918, foi aberto o VII Congresso do partido no Palácio Tauride, em Petrogrado. Foi realizado praticamente em sigilo. Mesmo assim, Lênin fez questão de prefaciar seu discurso com o alerta de que "secretários e estenógrafos nem pensassem em fazer anotações."[72] Em debate as negociações de paz de Brest-Litovsk, as quais, trombeteava Lênin orgulhosamente, "tinham transformado a guerra imperialista numa guerra civil."[73] O governo bolchevique se ajustava como nenhum outro aos propósitos germânicos.

Alguns dos presentes ao congresso entenderam o custo real dos termos oferecidos. V.V. Obolensky (Osinsky) declarou: "Este acordo entre a Rússia e o imperialismo alemão, que o camarada Lênin deseja fazer ao custo de nos submetermos ao capital germânico, não salvará a restante [parte da Rússia]."[74] Outros foram ainda mais incisivos. Em particular, Bukharin não teve pejo em classificar como "especulações" as assertivas de Lênin, e em afirmar que ele vivia "de ilusões," e que "a perspectiva oferecida pelo Camarada Lênin é inaceitável." Bukharin atacou vigorosamente a instigação das massas por Lênin: "Quando o Camarada Lênin diz a toda hora 'Olhem, qualquer soldado entenderia isso,' 'Qualquer camponês pode entender isso,' imagina que pode nos 'calar,' mas está seriamente enganado."[75]

O fato de muitos bolcheviques se mostrarem dispostos a uma oposição ostensiva a Lênin evidenciava que, apesar de ele ocupar posição de relevo entre os camaradas, não era o único chefe. Como Krupskaya relembrou, Lênin era atencioso e solícito para com seus seguidores mais próximos, mas nenhum deles podia se considerar um amigo. Todos eram, é claro, revolucionários profissionais, tão afastados da vida cotidiana como o eram da vida operária comum, e nenhum deles tinha se perguntado que direito tinha de tomar o poder, ou por que uma guerra civil traria felicidade para o povo, ou ainda por que havia a "necessidade revolucionária" de liquidar grupos sociais inteiros. Ainda assim, Karl Radek foi capaz de escrever: "Lênin foi o nosso Moisés, que tirou os servos da escravidão e com eles foi para a terra prometida."[76]

Entre os companheiros que acompanharam esse novo Moisés enquanto ele esteve no exílio no exterior estavam Zinoviev e Kamenev, com os quais Lênin era particularmente afetuoso – antes da oposição deles ao levante armado, é claro. Ele os considerava "bolcheviques-escritores e organizadores."[77]

Grigory Yevseyevich Zinoviev, cujo nome real era Radomylsky, juntou-se aos bolcheviques depois do II Congresso de 1903 e conheceu Lênin naquele mesmo ano. Passou muitos anos exilado no estrangeiro, cumprindo obedientemente ordens de seu chefe e escrevendo insossos artigos sobre "liquidacionismo," "revocacionismo" e "kautskianismo," sempre em sintonia com a linha adotada por Lênin. Num certo sentido, era a sombra de Lênin, seguindo-o quando ele retornou à Rússia em 1905 e, da mesma forma que o chefe, não deixando impressão alguma na revolução em curso naquela oportunidade. Quando a rebelião fracassou e Lênin fez as malas retornando com Krupskaya para a aconchegante vida de emigrado, Zinoviev e sua mulher, Zinaïda Lilina, voltaram também. Em dezembro de 1908, Lênin e esposa mudaram-se para Paris, onde, evidentemente, os Zinovievs logo apareceram. Lênin foi a Capri ministrar palestras na escola do partido e foi acompanhado por Zinoviev, que também seguiu o líder quando este passou algum tempo na outra escola do partido em Longjumeau, nas cercanias de Paris. Quando Lênin fixou residência em Cracow, em 1912, Zinoviev dividiu a casa com ele; Lênin mudou-se para a Suíça, e Zinoviev, como se atado por uma corda ao líder, seguiu-o. Quando não estavam fisicamente juntos, Lênin mantinha contato com o pupilo por meio de cartas e telegramas, dos quais existem mais de duzentos nos arquivos.

Na ocasião em que, com a assistência germânica, Lênin retornou à Rússia, em abril de 1917, não estava sozinho. Com ele veio Zinoviev. Juntos, publicaram um relato de seu retorno – mais uma justificativa – no *Pravda* e no *Izvestiya*.[78] A tentativa dos dois de explicar por que tinham aceitado a ajuda de Berlim não produziu o efeito desejado na opinião pública. Finalmente, quando Lênin teve que passar à clandestinidade depois dos eventos de julho de 1917, Zinoviev o acompanhou.

O máximo que Zinoviev se afastou da linha de Lênin foi em outubro de 1917, na questão do levante armado, quando ele e Kamenev publicaram sua discordância no jornal *Novaya Zhizn* (Vida Nova). Se agiram pela premonição do desastre que resultaria, por uma cautela elementar ou por pura covardia, é muito difícil determinar com a perspectiva de hoje. A resposta de Lênin foi taxativa: "Não mais os tenho como camaradas."[79] Com a vitória do golpe, os dois passaram a gozar de novo dos favores de Lênin, mas a intimidade dos dias de exílio não existiu mais. No lugar do "Meu prezado amigo" ou do "Caro Grigori" das primeiras cartas de Lênin a Zinoviev, o tratamento passou a ser o mais oficial "Camarada Zinoviev."

Como membro do Politburo e chefe do soviet de Petrogrado, Zinoviev quase que só fez cumprir os desejos de Lênin. O desvio da linha do chefe na questão da guerra e da paz ocorreu na sessão do Comitê Central de 24 de junho de 1918, quando disse: "enfrentamos agora uma difícil operação cirúrgica, já que esse tratado fortalecerá o chauvinismo alemão e, por algum tempo, enfraquecerá o movimento [socialista] em toda parte no Ocidente. E há outra possibilidade além desta, a saber, a morte da república socialista."[80] Mas logo depois, Zinoviev estava de novo alinhado e apoiando a "paz indecente."

Zinoviev foi sempre o subordinado obediente dessa relação e, se bem que Lênin geralmente adotasse um tom de companheirismo na correspondência entre eles, quando a ocasião exigia, sabia usar o estilo peremptório.[81] Por exemplo, em 7 de janeiro de 1919, escreveu: "Segundo Lunacharsky, os chekistas Afanasiev, Kormilitsyn e outros, da Cheka de Detskoe Selo, estão sendo acusados de embriaguez, estupros e uma série de outros crimes; ordeno que todos os acusados sejam presos, nenhum deles seja solto e que o nome dos investigadores especiais seja a mim comunicado porque, se gente dessa laia não for desmascarada e fuzilada, uma desgraça sem precedentes se abaterá sobre o Soviet de Comissários de Petrogrado. Prenda Afanasiev."[82]

Lênin passou a "treinar" seus camaradas, para usar o verbo de Krupskaya, depois da revolução. Nos dias críticos da guerra civil de outubro de 1919, Zinoviev solicitou reforços para um assalto às forças brancas do general Yudenich. Lênin enviou uma nota a Trotsky com instruções para Zinoviev em Petrogrado: "É *diabolicamente* importante para nós acabar com Yudenich (exatamente isso, acabar com ele, dar um fim a ele). Se a ofensiva começou, não poderia você mobilizar outros 20 mil operários de Petrogrado, mais uns 10 mil burgueses, colocar umas tantas metralhadoras às suas costas, atirar em algumas centenas deles e exercer pressão real sobre Yudenich?"[83] (A referência aos dez mil burgueses foi cortada pelo editor das obras coligidas de Lênin.) Zinoviev recebeu muitas ordens semelhantes de Lênin, como a seguinte: "Envie os homens confiáveis para o Don, os inconfiáveis para campos de concentração, e os indeterminados para Oryol e similares (...) províncias ."[84] Como escreveu a poetisa rebelde Zinaïda Gippius sobre os anos de Lênin: "Nenhuma revolução é mais vermelha que a nossa: é ir para o front ou para o paredão, escolha."[85]

Os arquivos contêm dois volumes de bilhetes de Zinoviev para Lênin e outros, nas reuniões do Politburo. A maioria insignificante, superficial e posuda. Mas seu assistente, R. Pikel, e outros membros da equipe de sua presidência do Comitê Executivo do Komintern (ECCI) se esforçaram, entre 1923 e 1929, para produzir uma coleção em dezesseis volumes de suas obras. Depois da morte de Lênin, Stalin, após usar astuciosamente Zinoviev e Kamenev na sua luta contra Trotsky, foi aos poucos afastando os dois do pináculo do poder. Zinoviev continuou a glorificar Lênin e o partido, mas sua voz foi se tornando cada vez mais abafada.

Em seu livro *Leninismo* (1925), Zinoviev lidou particularmente com a posição de Lênin sobre a ditadura do partido: "Segundo os ensinamentos de Lênin, a ditadura do proletariado é entendida por meio da ditadura da *avant garde*, por intermédio da ditadura do partido proletário (...) Nesse sentido, temos uma ditadura do partido."[86]

Zinoviev foi o primeiro a tentar uma biografia de Lênin. Nela escreveu que, durante o caos de 1918, quando tudo estava por um fio, foi Lênin quem salvou a situação: "É preciso recordar aqueles momentos cruciais e ansiosos para que se entenda que, se Lênin não estivesse lá, não se pode dizer o que teria acontecido com a revolução."[87] Com a saída de cena de Lênin, a carreira de Zinoviev, de Kamenev e de outros começou a declinar rapidamente. Stalin deu a Zinoviev funções secundárias – e também as tomou: ele foi feito membro do Presidium do Gosplan (a Agência Estatal de Planejamento) para a Federação Russa, depois membro do conselho do Instituto Lênin e ainda membro do conselho do Comissariado do Povo para a Educação. Seu último cargo como integrante do conselho editorial do jornal *Bolshevik* durou apenas quatro meses. Em novembro de 1927, depois de novo em outubro de 1932 e, finalmente, em dezembro de 1934, Zinoviev foi expulso do partido que ajudou a criar.

Pela convivência próxima com Lênin e pelo que sabia de Stalin e sobre o que se passava no centro do poder, Zinoviev era um homem condenado. Há uma lei não-escrita nas ditaduras de que só o chefe-supremo pode ter esse conhecimento. A sentença de dez anos de prisão recebida por Zinoviev num julgamento secreto em 1934 foi convenientemente alterada, depois do julgamento-espetáculo de agosto de 1936, para pena de morte por fuzilamento.

Pode-se até especular se, enquanto esperava pelo fim, Zinoviev meditou sobre os triunfos dos quais tão recentemente desfrutara ao lado de Lênin. O que de certo se sabe é que as últimas horas desse revolucionário profissional foram só de preces pela clemência de Stalin, que ele tanto subestimou. Ao deixar o tribunal na companhia de quatorze outros condenados à mesma pena, inclusive Kamenev, Zinoviev ainda tinha uma réstia de esperança. Afinal de contas, Stalin de outra feita comutara sua sentença de morte para dez anos de prisão. Às 4h30 de 25 de agosto de 1936, num confinamento solitário da NKVD, as mãos tremendo de medo, Zinoviev lutava com um toco de lápis, cuja ponta insistia em quebrar, para escrever uma declaração: "Disse tudo no tribunal proletário sobre os crimes por mim cometidos contra o partido e contra o regime soviético. Eles agora são conhecidos pelo [governo]. Peço para não mais ser considerado um inimigo e quero fervorosamente dedicar minhas energias restantes à mãe-pátria socialista. Em conseqüência, por meio desta solicito que o [governo] me conceda um perdão."[88]

Na realidade, restavam apenas poucas horas de vida para Zinoviev, Kamenev e seus co-réus. Mesmo antes de eles tomarem dos lápis da prisão para redigir os pedidos de clemência, Kalinin, nominal chefe de estado, e Unshlikht, em nome do governo, assinaram um decreto rejeitando quaisquer petições escritas ulteriores.

A maioria dos camaradas-em-armas de Lênin teria o mesmo destino.

Leo Borisovich Kamenev foi quase tão íntimo de Lênin quanto Zinoviev. Talvez carecesse das qualidades de Zinoviev como orador e teórico, porém era mais sólido e aparentemente tinha mais firmeza de caráter. Foi também um dos primeiros a notar as tendências ditatoriais de Stalin e a tentar limitá-las enquanto Lênin estava vivo. Numa reunião do Politburo de 15 de maio de 1920, Kamenev escreveu a Lênin não menos que quatro bilhetes e recebeu três em resposta. A matéria em debate era a reorganização do Comissariado do Povo para as Nacionalidades e a política governamental para a república da Bachkíria.[89] Numa de suas notas, Kamenev escreveu que as questões sobre relações nacionais "não serão adequadamente formuladas enquanto não houver alguém no centro capaz de fazer registros sistemáticos sobre essa questão. Stalin é apenas um especialista. Se não for ofensivo a Stalin, candidato-me ao cargo."[90]

Mas Lênin não desejava ofender Stalin e respondeu: "A função não é para você; não deveríamos formar uma comissão? Ou colocá-lo no conselho do C [Comissariado para as] N [Nacionalidades]?"[91] Kamenev não desistiria facilmente. Sugeriu a Lênin que, além do Comissariado, fosse constituído um soviet com representantes de todas as nacionalidades, acrescentando: "Eu gostaria de ser o presidente."[92] Lênin pareceu concordar, mas no decreto sobre a reorganização do Comissariado, Stalin permaneceu como Comissário do Povo e com a nova função de "Presidente do Soviet das Nacionalidades."[93]

Embora Lênin não fosse tão pessoalmente próximo de Kamenev quanto o era de Zinoviev, tinha-o em alta conta. Entre os mais de 250 cartas, bilhetes e telegramas que enviou a Kamenev, Lênin com freqüência a ele delegou missões delicadas. Quase sempre o encarregou de lidar com as questões familiares, tais como organizar viagens, planejar um monumento para Inessa Armand depois de sua morte em setembro de 1920, acertar questões de moradia e coisas do gênero.[94] Foi a Kamenev que Lênin deu a tarefa de "trazer alemães como professores" para mostrar aos russos como se administram as coisas.[95] Quando Lênin resolveu fazer a paz em separado com os alemães, tentou abrandar sua traição aos aliados enviando Kamenev a Londres, em janeiro de 1918. Os ingleses que tinham acabado de libertar o bolchevique exilado Georgy Chicherin da prisão de Brixton, onde estava preso devido a suas atividades antiguerra entre os operários das fábricas de Londres e entre os futuros recrutas, não só rejeitaram o status pseudo-diplomático de Kamenev, como o prenderam e deportaram. Ele foi internado em seu caminho de volta através da Finlândia e só conseguiu atingir Moscou em agosto de 1918.

Kamenev publicou a primeira edição das obras seletas de Lênin em vinte volumes, os quais começaram a aparecer ainda durante a vida do chefe. Além do mais, Lênin cedeu ao auxiliar todos os seus arquivos pessoais, e Kamenev tentou, já em 1907, publicar os três volumes de *Por Doze Anos*, de Lênin, dos quais apenas um volume viu a luz do dia, e teve vendas tão baixas que os outros dois jamais foram publicados.

Lênin cuidou do sustento material de Zinoviev e Kamenev no exílio e quando os dois passaram à clandestinidade, o chefe a eles distribuiu mais dinheiro dos cofres do partido que a qualquer outro. Numa determinada ocasião, em 1913, ele sugeriu que o *Pravda* pagasse a Kamenev, como colaborador regular, um salário mensal de setenta e cinco rublos. Quaisquer desacordos entre Lênin e seus dois tenentes foram temporários, pois eles tentaram zelosamente seguir as políticas do chefe, e é difícil imaginar a liderança de Lênin sem os dois.[96]

Lênin teve que manobrar constantemente no Politburo para garantir que as fricções naturais que surgiam entre os outros bolcheviques não se transformassem em coisa pior. Esforçou-se em particular quanto à hostilidade praticamente aberta entre Stalin e Trotsky. A inimizade devia-se em grande medida ao sentimento justificado de Trotsky de que seu papel na revolução só perdia em importância para o de Lênin, e ele não escondia a condescendência para com seus pares. Estes, por sua vez, o toleravam, mas não gostavam dele. Superioridade intelectual raramente é perdoada. Em parte, a responsabilidade era também de Lênin, já que com freqüência elogiava Trotsky por seu papel na revolução e na guerra civil. No final de agosto de 1918, por exemplo, Lênin enviou um telegrama a Trotsky, assinado também pelo presidente do Comitê Central Yakov Sverdlov: "A traição no front de Saratov, se bem que suprimida, ainda tem causado hesitação extremamente perigosa. Consideramos sua visita imediata ao front absolutamente essencial, uma vez que sua presença tem bom efeito sobre os soldados e sobre todo o exército."[97] Malgrado as notícias chegadas de Saratov dando conta que a trama fora esmagada e os conspiradores fuzilados, Lênin considerou importante a ida de Trostsky à área conturbada. O trem blindado de Trotsky viajou de front em front durante a guerra civil, e ele, juntamente com seu esquadrão de homens em jaquetas de couro, aumentavam o moral dos homens e neles instilaram novo ânimo. Lênin jamais fora ao front nem tinha intenção de ir. Preferia operar de longe, tinha pequena ou nenhuma noção sobre questões militares e não desejava pôr em risco a própria vida.

Mais uma fonte de fricção entre os membros do Politburo partiu de outro seguidor próximo de Lênin, Anatoly Lunacharsky, com respeito à atitude demonstrada por Zinoviev e Kamenev, bem como pelo próprio Lênin, em relação às questões culturais, principalmente à administração dos teatros. No verão de

1919, Lunacharsky protestou contra as medidas draconianas de Kamenev. O conflito se intensificou quando, seguindo instruções de Kamenev, o Soviet de Moscou ordenou o fechamento de diversos teatros da capital alegando, para fins externos, que a medida se devia a uma escassez de combustível.[98] Quando Lunacharsky se queixou a Lênin, Kamenev o acusou de intrigante e apelou para Lênin e Zinoviev em conjunto: "Estou espantado ao extremo com a carta de Lunacharsky. Jamais, em todos os meus entrechoques anteriores, alguém me acusou de armador de esquemas. É a segunda vez que Lunacharksy faz isso pelas minhas costas enquanto mantém pela frente a mais amistosa das relações. Isto é de fato intolerável. Daqui por diante, serei inclemente. Ele joga sujo." Lênin tentou panos quentes, adicionando à nota de Kamenev: "Não há vestígio algum de acusação de maquinador,"[99] e assim terminou um bate-boca que poderia se tornar uma rixa de vulto. Jogar inimigos uns contra os outros era coisa que o deixava feliz, mas não havia espaço para inimizade entre camaradas.

Lênin sempre foi cuidadoso e correto nas suas relações com camaradas-em-armas, mas guardava certa distância de todos. Valorizava a diligência e o comprometimento deles e, por conseguinte, tinha grande consideração por Georgy Chicherin e Jacob Ganetsky, embora eles fossem mais auxiliares e cúmplices que camaradas-em-armas. O chefe mantinha grande abertura para com os dois e lhes dava missões delicadas. Ao mais leve indício, Chicherin, em particular, era capaz de sentir o que Lênin desejava. Ex-funcionário do Ministério do Exterior czarista, aristocrata de nascimento, homossexual, adoentado e gordo, Chicherin só se interessava por política externa e música. Não deixou memórias sobre a formação da política soviética de relações exteriores, porém escreveu um livro sobre Mozart a quem descreveu como "o ideal de beleza e de personificação do sentido cósmico da vida atual, universal, flamejante do espírito humano e do desmedido."

Segundo Louis Fischer, que bem conheceu Chicherin, ele "era polarizado contra a Europa Ocidental, em especial contra a Inglaterra, polarização essa que espelhava a da Rússia czarista e provinha da rivalidade anglo-russa na Ásia Central e no Oriente Próximo. A intervenção inglesa na Rússia Soviética só fez fortalecer esse viés. A Europa interessava a Chicherin por causa de seu poder, e a Ásia, por suas potencialidades. O poderio britânico limitava tais possibilidades."[100] Isto não evitou que ele, na ocasião em que o Exército Vermelho marchou sobre Varsóvia, ridiculamente sugerisse a Lênin que deveriam tentar organizar "unidades de voluntários" entre os trabalhadores ingleses para ajudar o Exército Vermelho. Lênin concordou, mas a idéia não passou de uma troca de notas.[101]

Chicherin apoiou totalmente a política alemã de Lênin considerando-a uma arma tanto contra a Intervenção Aliada quanto contra o Movimento Branco. Como escreveu Lênin em agosto de 1918: "Ninguém pediu 'ajuda' aos alemães, mas concordamos com o *quando* e o *como* eles executariam a ofensiva em Murmansk contra [o general Branco] Alexeev. Foi uma coincidência de interesses. Seríamos uns idiotas se não tirássemos partido da situação."[102]

Da mesma forma que, no golpe de outubro, Lênin contou com a ajuda financeira germânica, também na guerra civil ele explorou o fator alemão e o fez com muito entusiasmo. Por acaso, Chicherin era amigo próximo do conde Brockdorff-Rantzau, embaixador alemão em Moscou que substituiu o conde Wilhelm Mirbach quando este foi assassinado por um SR de Esquerda, em julho de 1918. Brockdorff-Rantzau era defensor da "política alemã ativa no Oriente," que servia aos interesses de Lênin. O chefe soviético sempre acreditou que, se ocorresse a revolução na Alemanha, seria impossível evitar a conflagração mundial que se seguiria.

Até ficar incapacitado por sua última enfermidade, Lênin provavelmente teve mais conversações telefônicas com Chicherin do que com qualquer outro, discutindo iniciativas diplomáticas como se elas se encaixassem naturalmente no contexto revolucionário. Em 27 de janeiro de 1922, uma sessão especial do governo aprovou a composição da delegação soviética para a Conferência de Gênova que iria ocorrer, da qual se esperava um acerto dos débitos de guerra contraídos pelo czar e a normalização das relações entre os ex-beligerantes e a Rússia Soviética. Lênin deveria chefiar a delegação. Um telegrama para Chicherin mandado por Leonid Krasin e Jan Berzin, seus enviados em Londres, contudo, alertou que seria "desaconselhável" a ida de Lênin à Itália, em virtude da presença naquele país de numerosos grupos terroristas russos, inclusive "savinkovitas, wrangelistas e fascistas." Lênin concordou de imediato, escrevendo ao Politburo: "Os motivos apresentados por Krasin, entre outras razões, excluem a possibilidade de uma viagem a país algum, tanto de minha parte como da de Trotsky e de Zinoviev."[103]

Chicherin propôs que a Rússia aceitasse alguns dos termos oferecidos pelos aliados enquanto formulava contrapropostas de sua autoria quanto aos débitos. Desta forma, tendo reduzido "nossas contrapropostas a valores mais baixos que suas demandas," os soviéticos ficariam em condições de obter um novo empréstimo.[104] Lênin queria ir além. Escreveu um "ultra-secreto" para Chicherin: "Seria bom para nós se Gênova entrasse em colapso, embora *não por iniciativa nossa*, é claro. Converse a respeito disso com Litvinov e Ioffe e faça-me um bilhete. É evidente que isso não deve ser escrito, *nem mesmo em documentos secretos. Devolva isto que eu queimarei.* Conseguiremos melhor empréstimo sem Gênova, caso ela se esfrangalhe sem nossa interferência. Por exemplo, os tolos Henderson e Cia. podem nos ser muito úteis se lhes dermos a cotovelada certa."[105] Arthur Henderson, o líder do Partido Trabalhista inglês, representava a moderação. A idéia de Lênin era auxiliar aquele partido trabalhista a ganhar poder e então mobilizar o Partido Comunista da Inglaterra para miná-lo.

Chicherin fez uma cautelosa objeção: "Necessitamos desesperada e ultra-insistentemente da ajuda do Ocidente: um empréstimo, concessões, acordos econômicos (...) E, como é este o caso, não devemos dar as costas a ele, temos que chegar a um entendimento (...) Você está sem dúvida errado se pensa que podemos conseguir um empréstimo sem Gênova, se colidirmos com a Inglaterra (...) Caso comecemos a quebrar vidraças em Gênova, eles simplesmente fecharão as portas para nós."[106]

Lênin queria muita coisa: "quebrar vidraças" e conseguir um empréstimo. Chicherin, apesar de mais civilizado e mais liberal que Lênin, não ficou ofendido com a aspereza do chefe. Quando o famoso explorador norueguês Fridtjof Nansen, então representante da Liga das Nações para as questões de prisioneiros e refugiados de guerra, desejou visitar a União Soviética, Chicherin apoiou a solicitação, mas Lênin tinha outras idéias: "Não acho a hora boa para deixá-lo vir. Não temos ninguém para vigiá-lo. Ele vai *nos pegar desprevenidos*. Se outros membros do Politburo forem favoráveis à vinda dele, apresentarei uma moção proibindo que alguém o acompanhe."[107] Lênin era melhor chekista até que Dzerzhinsky.

Em geral, no entanto, Chicherin seguia a linha de Lênin. Quando um jornalista americano chamado Beatty desejou ir à Rússia em julho de 1921, Chicherin escreveu a Lênin: "A visita de Beatty só nos trará aborrecimentos. Vai acabar significando termos que deixar muitos americanos entrarem. No momento, seria melhor não permitir a observação não-supervisionada de nossas atividades."[108] Lênin concordou.

Adolf Ioffe, outro diplomata altamente considerado por Lênin, a despeito de suas freqüentes diferenças com Chicherin, deixou fragmentos não-publicados de suas instrutivas memórias. Nos primeiros anos, escreveu ele, a política externa de Lênin foi totalmente "condicionada pela revolução mundial." Antes de enviar Ioffe como embaixador em Berlim, Lênin disse-lhe que a embaixada na Alemanha deveria preparar e distribuir material de agitação sobre criar uma situação revolucionária, que ele teria que usar dinheiro com tal objetivo e que deveria "reservar uma gorda fatia para a intelligentsia russa local que concordasse em trabalhar para nós."[109]

Ioffe, que se suicidou em 1927, não era do círculo íntimo de Lênin, embora eles se encontrassem amiúde e trocassem volumosa correspondência. Suas memórias pintam Lênin como um político cínico, porém pragmático, para quem nada era sagrado a não ser o poder e a revolução. Como disse o menchevique Fedor

Stepun: "O que é essencial na psicologia de Lênin é que ele não viu os objetivos da revolução, mas apenas a *revolução como um objetivo*."[110]

Entre os auxiliares de Lênin, pré como pós-revolucionários, um importante papel nos bastidores desempenhou Jacob Stanislavovich Ganetsky, conhecido também como Hanecki, Fuerstenberg, Borel, Hendricek, Frantiszek, Nikolai, Marian Keller e Kuba. Questões envolvendo Ganetsky foram discutidas pelo Politburo mais de duas dúzias de vezes. Sobre seus novos postos, suas viagens às capitais ocidentais com propósitos financeiros, revisões de sua remuneração e financiamento, jornadas ao exterior para tratamento médico e para recuperar documentos que pertenceram a Lênin. A despeito de não ser um político da primeira linha, suas reputação e influência eram consideráveis. Nas questões de dinheiro, ele foi por certo o mais íntimo e confiável agente de Lênin. Juntamente com Parvus, Ganetsky ficou responsável pelo repasse de quantias alemãs para os cofres bolcheviques com a finalidade de "propaganda da paz," e entrou em negociações financeiras com delegações estrangeiras, assim como tratou de assuntos financeiros privados de Lênin. Em mais de uma ocasião, foi acusado de maquinações por seus colegas do Politburo e seu dossiê pessoal foi examinado, mas Lênin sempre se pôs ao seu lado. Como escreveu Lênin a Ioffe no verão de 1918: "Krasnin e Ganetsky, por serem homens de negócios, o ajudarão e tudo dará certo."[111]

O "caixa" Ganetsky executou as missões mais delicadas no exterior assim como ficou encarregado da compra de alimentos e bens para Lênin e Krupskaya.[112] Ganetsky conhecia o estado das finanças bolcheviques tanto antes como depois da revolução e foi surpreendente o fato de ter sobrevivido por tanto tempo depois da morte de Lênin. Tendo processado quantias milionárias, quando foi finalmente preso em julho de 1937 estava de posse de apenas dois dólares e de uma coleção de revólveres antigos, seu hobby. A acusação contra ele foi aquela padronizada de ser "um agente de informações alemão e polonês." Contudo, tão logo Ganetsky começou a revelar os fatos de sua ligação cerrada com Lênin e da atitude do chefe para com ele, o termo "alemão" foi cancelado da folha de acusação, pois se percebeu que seria muito perigoso levantar tal conexão quando o nome de Lênin fosse mencionado.

Ganetsky, sua mulher e seu filho foram fuzilados durante o terror stalinista. Sua filha Anna foi presa e, ainda usando um leve vestido de verão, enviada diretamente para um campo de concentração no norte, onde suportou muitos e longos anos. O tenente Shavelev da NKVD deixou uma breve anotação no prontuário do pai de Anna: "A sentença de morte de Jacob Stanislavovich Ganetsky (também conhecido como Fuerstenberg) foi executada em Moscou em 26 de novembro de 1937. A informação sobre a execução está registrada no Arquivo Especial da

1ª Seção Especial da NKVD da URSS, vol. 2, página 395."[113] A maior parte dos membros da coorte de Lênin de 1917 seguiu o caminho de Ganetsky.

Como regra, o papel dos camaradas-em-armas de Lênin, seja no epicentro das disputas internas do partido, seja na revolução e na guerra civil, foi parte da evolução, da consecução e do drama do experimento bolchevique. Entretanto, Lênin foi uma figura histórica tão grandiosa que seus seguidores jamais puderam ser mais que apêndices dele. Sem Lênin, apenas Trotsky e Stalin tiveram significado histórico independente. A galeria de retratos dos aliados mais próximos de Lênin, à medida que desaparecem nas trevas do passado, é uma longa fileira de sombras de homens que acreditaram nas ilusões do chefe bolchevique.

Revolução mundial

Lênin não foi, como Thomas More, Robert Owen ou Campanelli, um filósofo utópico, na acepção usual da expressão, porém, de qualquer forma, foi o pai da Utopia que sobreviveu por grande parte do século XX. E ela não ficou apenas na cabeça de gente: em seu nome, Lênin despendeu esforços sem precedentes e, por algum tempo, a miragem de uma conflagração revolucionária mundial teve contornos sólidos – Rússia, Alemanha, Hungria, Itália, Pérsia, China, Espanha.

Incessantemente, Lênin fez referências a esse efeito desejado. Discursando em 17 de julho de 1921 no Comitê Executivo do Komintern, declarou: "Só muita estupidez pode impedir a vitória do comunismo na França, na Inglaterra e na Alemanha."[114] Seu discurso permaneceu sem qualquer registro nos arquivos, mas não ficou claro se por razões táticas ou porque seus camaradas consideraram a afirmação rematada tolice.

Lênin chegou em Petrogrado em março de 1919 para o funeral de Mark Yelizarov, marido de sua irmã Anna, e, na noite de 13 de março, discursou no Salão de Ferro da Casa do Povo, quando deu às suas idéias conteúdo mais nítido. Declarou que o Tratado de Versalhes levaria ao açodamento das contradições entre os vitoriosos:

> A França está pronta para invadir a Itália, e as duas não partilham seus espólios; o Japão se arma contra a América (...) As massas operárias de Paris, Londres e Nova York verteram as palavras soviéticas para seus próprios idiomas. Temos a garantia da vitória completa porque os imperialistas de outros países estão dobrados, os trabalhadores já despertaram da euforia e da desilusão. O regime já ganhou a batalha pelos corações e mentes dos operários do mundo. Mais uma vez, dizemos a nós mesmos e dizemos a vocês que a vitória está assegurada em âmbito global (...) Em breve veremos o nascimento de uma república soviética federativa mundial.[115]

Afora uma reportagem daquela época publicada no jornal *Severnaya Komuna* [Comuna do Norte], esse despropósito jamais foi visto em outra publicação.

Lênin não foi, é evidente, o autor da idéia da revolução mundial. O slogan "Proletários de todas as terras, uni-vos!" foi formulado pelos fundadores do "socialismo científico" no *Manifesto Comunista*. Só no fim de seu exílio de tempo de guerra, na Suíça, Lênin se preocupou com a idéia da revolução em âmbito global. Ele estava sem vínculos com a Rússia, tratando das questões triviais da vida num país neutro, implicado como sempre em rixas e bate-bocas, e engajado numa interminável correspondência com Inessa Armand, Ganetsky e outros, apenas a alguns meses de sua sensacional partida de Berna, via Alemanha, para Estocolmo.

Fosse por falta de ação, por alguma aberração de visão política ou pelo distanciamento da realidade, Lênin voltou sua atenção para a democracia social suíça. Em cartas, teses ou declarações para os líderes socialdemocratas suíços, com o objetivo de promover apoio ao derrotismo entre os governos beligerantes, concitou-os à agitação por "uma imediata revolução socialista na Suíça."[116] Percebendo quão pouco prática era a idéia, raciocinou então: "Mas é claro que as grandes potências não tolerarão uma Suíça socialista, e os primeiros tiros de uma revolução socialista na Suíça serão abafados pela força avassaladoramente colossal dessas potências." Por outro lado, prosseguiu: se as grandes potências interferissem nas questões de um pequeno país, então "isto seria o prólogo de uma revolução se alastrando por toda a Europa."[117]

Mesmo no início de 1917, quando publicamente anunciou em Zurique que, como outros idosos – ele tinha quarenta e seis anos – não viveria para testemunhá-la, Lênin continuou a insistir na teoria da revolução iminente. Em longa carta a seu oponente suíço H. Greulich, de meados de janeiro de 1917, sustenta que o proletariado suíço tinha dois caminhos. O primeiro era permanecer sob a ameaça de ser arrastado para a guerra, "para experimentar 100 mil mortes e meter ainda mais bilhões de lucros da guerra no bolso da burguesia suíça." O segundo era "trazer à tona a revolução socialista."[118] Não surpreende que tais exercícios pseudo-revolucionários, que envergonhavam seus camaradas, não tivessem sido publicados durante seu tempo de vida.

Não havia muita gente capaz de promover a Suíça a país detonador da revolução mundial. Lênin, no entanto, acreditava piamente que expressava a opinião da esmagadora maioria, não apenas a de um punhado de seguidores, mas a dos "mourejadores" de todo o planeta. Em dezembro de 1916, ele escrevera que deveriam ser feitos "os maiores sacrifícios pelo socialismo. Em prol dos interesses de nove décimos de toda a humanidade."[119] Como esse emigrado político podia saber que 90% de toda a população do mundo estava sedenta por esse tipo particular de socialismo e pronta a fazer por ele grandes sacrifícios, é difícil de perceber.

Lênin foi homem de extremos: era capaz de ver ameaça mortal na mais ínfima das trivialidades, e vice-versa. Num primeiro e débil sinal, discernia o início do maior dos eventos. Com freqüência estava errado, mas continuava a profetizar. Depois da tomada do poder, acompanhou praticamente todos os seus discursos da afirmativa de que o proletariado mundial estava "chegando para ajudar os bolcheviques," que a solidariedade de classe "garantiria a vitória sobre a burguesia." Mas generalizações dessas não produziam resultado concreto. O que era necessário era uma organização comunista internacional sobre a qual falou pela primeira vez em 1914, na Suíça, e para cuja criação, depois de 1917, mostrou-se bastante ativo. Mas quem iria constituir tal organização? O partido bolchevique só se estabelecera na Rússia, se bem que tivesse afinidades com a Spartakus Bund na Alemanha. Lênin, tendo decidido formar esse "partido mundial da ditadura do proletariado," por vezes perdia as esperanças: a quem congregar? A revolucionária Angelica Balabanova recordou que Lênin, sonhador da idéia de tal partido, subitamente anunciou: "Provavelmente nada resultará dela."[120] E recrutou o efervescente Zinoviev para dar vida ao projeto.

Foi assim que, em fevereiro de 1919, diversos convites foram difundidos pela rádio de Moscou para que "todos os que compartilhassem das visões dos socialistas russos então no poder" comparecessem a uma conferência internacional comunista. Essa convocação revolucionária, pouco mais audível que o zumbido de um mosquito, não foi captada por quase ninguém – não que houvesse muita gente a quem fosse endereçada. Eugen Leviné e Hugo Eberlein, do Partido Comunista Alemão, deixaram Berlim com destino à Rússia, mas só o primeiro chegou a Moscou. No meio-tempo, Zinoviev organizara os partidos comunistas da Áustria e da Hungria com simpatizantes entre os prisioneiros de guerra. Foram também "formadas" delegações de Rússia, Ucrânia, Bielo-Rússia, Letônia, Polônia, Finlândia, Armênia, dos alemães do Volga, dos vagamente chamados "Povos da Rússia Oriental," e de vários "grupos internacionais" ainda mais nebulosos. Cinqüenta e dois delegados foram "arrebanhados" – apenas trinta e quatro destes com delegação para assinar alguma coisa.

Além de Lênin, as únicas figuras conhecidas do movimento internacional socialista eram Eberlein (Alemanha), Kuusinen (Finlândia), Platten (Suíça), Skrypnik (Ucrânia) e Sadoul (França). O encontro, aberto em 2 de março de 1919, teve a mesa diretora constituída por Lênin, Vorovsky, Chicherin, o chekista Unshlikht, e pelo assassino do czar, Mikhail Yurovsky. Não podia haver dúvida de que aquele órgão "internacional" seria dominado e, na verdade, dirigido pelos comunistas russos. Foi bolchevique a proposta – aprovada por aclamações pelos outros "partidos" – para denominar o encontro de Terceira Internacional Comunista. A partir de então, o partido bolchevique e seu comitê central passaram a contar com um tributário internacional.

Abrindo o congresso, Lênin declarou que "nossa reunião tem enorme significação histórica mundial. Ela demonstra o colapso de todas as ilusões da democracia burguesa (...) Na Alemanha, por exemplo, a guerra civil é um fato."[121] O proletariado, prosseguiu, tem de "entender sua supremacia" por meio do "sistema soviético com a ditadura do proletariado." O sistema soviético, declarou ele, "venceu não só na Rússia atrasada, mas também no país mais avançado da Europa, a Alemanha, e no mais antigo capitalista, a Inglaterra."[122] Sinais de que conselhos de trabalhadores de diversos países estavam tentando funcionar como organizações econômicas foram interpretados por Lênin como uma "vitória do sistema soviético."

Zinoviev foi nomeado presidente da nova organização, com Balabanova como secretária. Se as repetidas declarações de Zinoviev merecessem crédito, a impressão era de que o planeta já estava consumido pelas chamas da revolução mundial. "A vitória do comunismo em toda a Europa é de todo inevitável. O movimento progride com velocidade tão estonteante," alardeou ele, "que já se pode dizer com certeza que daqui a um ano começaremos a esquecer que certa vez houve uma batalha pelo comunismo na Europa, porque em um ano toda a Europa será comunista. A pressão no baluarte do capitalismo já começou. A revolução chegou!"[123] Aos fanáticos pareceu que bastava lançar a idéia no espaço para que ela se transformasse em realidade.

Em seu discurso de abertura com uma hora de duração, em 4 de março, Lênin atacou brutalmente o que chamou de "pura democracia," com sua liberdade de reunião, de expressão e de imprensa, descartando tudo isso como sem sentido. E fez jus às suas palavras: a partir de outubro de 1917, os russos não mais teriam de agüentar "os slogans vazios da democracia." Para Lênin, contudo, isto era apenas o início: a mesma ordem precisava ser criada em todo o mundo. Quando fechou o congresso, em 6 de março, repetiu que a vitória da revolução proletária estava assegurada e que a fundação da república internacional soviética despontava no horizonte.[124]

Lênin acreditava que a Alemanha era o primeiro país, depois da Rússia, em que a revolução estava às portas, onde a derrota militar levaria à radicalização do proletariado exaurido pela guerra. Um ano depois do golpe na Rússia, em 9 de novembro de 1918, Karl Liebknecht proclamou a República Soviética Alemã. Marinheiros se rebelaram em Kiel, milhares de trabalhadores foram às ruas em

Berlim. A impressão era a de que Liebknecht faria na Alemanha o que Lênin fizera na Rússia. Todavia, as cabeças mais frias dos socialdemocratas Friedrich Ebert e Philipp Scheidemann prevaleceram e a "corrente revolucionária" foi redirecionada para um canal mais pacífico. Em vez de linchar generais, como aconteceu na Rússia, os comunistas alemães buscaram apoio deles para preservar a venerável "ordem" alemã. Uma aliança foi feita. O governo foi chamado, à moda de Moscou, de Soviet de Comissários do Povo. Porém, a influência socialista amainou e, apesar de Berlim ter experimentado em janeiro de 1919 alguns embates armados, os discípulos alemães de Lênin foram incapazes de transformar a guerra imperialista em guerra civil.

Os historiadores russos têm silenciado sobre o fato de que a embaixada soviética em Berlim, chefiada por Adolf Ioffe, era, nas palavras do próprio Ioffe, o quartel-general da revolução alemã. Ioffe recordou, em conversa particular com Louis Fischer, que tinha centenas de milhares de marcos à sua disposição para comprar armas para os revolucionários. "Toneladas de literatura antimonarquista e antiguerra foram impressas e distribuídas às expensas de minha embaixada (...) Quase todos os dias, após o anoitecer, socialistas independentes esgueiravam-se para dentro da embaixada a fim de me consultar."[125] Mas foi tudo em vão. O povo alemão não se rendeu ao palavrório de levantar as massas – naquela ocasião. O assassinato brutal de Rosa Luxemburg e Karl Liebknecht na prisão em 1919 marcou a derrota da variedade radical "russa" de revolução. A ajuda financeira de Moscou, as compras de armas para os operários e os "instrutores" bolcheviques enviados à Alemanha pouco ajudaram.

Moscou, naturalmente, acusou os socialdemocratas de traição, mas a causa do fracasso foi bem outra: nem os trabalhadores alemães nem a intelligentsia consideraram adequado o modelo leninista, ao mesmo tempo que o exército, a burocracia e o campesinato eram claramente hostis à idéia de revolução. O exército alemão derrotado, diferentemente do russo, não foi destruído. Os alemães razoáveis e de bom senso começaram a defender a República de Weimar de Friedrich Ebert e Philipp Scheidemann com mais eficiência do que os liberais e o exército na Rússia defenderam Kerensky. Além do mais, a situação interna da Alemanha era muito diferente da russa. As "condições objetivas" para a transferência do capitalismo ao socialismo, trombeteadas pelos ideólogos comunistas bem depois de Lênin, eram extremamente superficiais na Alemanha. Onze meses de ditadura bolchevique na Rússia," realçou com razão Louis Fischer, "mataram qualquer gosto que o Partido Socialdemocrata e [seu líder Karl] Kautsky pudessem ter pela revolução. O bolchevismo precisava de uma Alemanha comunista, mas ajudou a torná-la impossível."[126] Não foi "o renegado Kautsky," como Lênin o chamava, o responsável pela derrota da revolução alemã.

Mesmo assim, quando o regime bolchevique passava pela sua situação mais difícil, Lênin continuou atento à Alemanha, onde acreditava que, se fosse possível esmagar os socialdemocratas "traidores," a revolução pegaria fogo. Foi então no contexto da "idéia alemã" que uma das mais audaciosas aventuras de Lênin teve lugar. Em 1920, sentindo que ia ganhar a guerra civil na Rússia, ele insistiu em desviar seu objetivo para a revolução mundial. Como Trotsky lembrou, "assumimos um risco – dessa vez por iniciativa de Lênin – de testar a burguesia polonesa com a ponta da baioneta."[127] Os documentos mostram claramente que Lênin foi de fato o principal arquiteto da "Campanha de Varsóvia" que teve como propósito a "sovietização da Polônia" e a "revolucionação da Alemanha." Nas reuniões do Politburo, ele se portou como um jogador que tendo ganho uma grande aposta quisesse dobrar sua bolada. Levando-se tudo em consideração, o restante do Politburo ofereceu apenas resistência simbólica. Lênin, que pouco entendia de estratégia, conduziu sozinho a campanha, e ela redundou em derrota ignominiosa.

Em 17 de março de 1920, ele avisou Stalin, então no sul: "Não demore a operação na Criméia (...) Acabamos de saber da Alemanha que há uma batalha em Berlim e que os spartakistas ocuparam parte da cidade. Não sabemos quem irá ganhar, mas temos que acelerar a ocupação da Criméia a fim de ficar em condições de ajudar os comunistas da Alemanha com um deslocamento para oeste, caso a guerra de lá assim o exija."[128] Tal mensagem foi inspirada pelo chamado *Putsch* de Kapp de 10-17 de março; ele foi desbaratado, e seu organizador, Wolfgang Kapp, fugiu para a Suécia.

Entre as muitas ordens e notas que Lênin expediu enquanto, cheio de excitação, preparava-se para "testar a burguesia polonesa com a ponta da baioneta," houve um conjunto de propostas para Unshlikht, seu representante para as questões polonesas, então no front ocidental:

> Dê-me sua avaliação e a de outros camaradas poloneses sobre a seguinte tática:
>
> 1. Declaramos com grande pompa que garantiremos aos camponeses e operários poloneses uma fronteira mais a leste do que a oferecida por Curzon e pela Entente;
>
> 2. Reunimos todas as forças possíveis para acabar com Pilsudsky;
>
> 3. Entramos em território polonês pelo menor tempo possível para armar os operários e nos retiramos imediatamente;
>
> 4. Qual a probabilidade e em quanto tempo vocês acham que uma revolução soviética teria lugar na Polônia?[129]

Esse documento é tão franco quanto cínico. Lênin estava disposto a fazer mais concessões territoriais à custa da Rússia para ganhar o apoio dos "operários e camponeses" poloneses. O Exército Vermelho invadiria a Polônia apenas para armar "os operários," porém, mesmo assim, ele era capaz de perguntar quando a revolução soviética teria lugar. O avanço sucessivo sobre a Alemanha não foi ressaltado naquela ocasião.

Lênin enviou insistentes, por vezes incoerentes, instruções aos sovietes e quartéis-generais militares. Ordenou ao vice de Trotsky, Nikolai Sklyansky, que dissesse a Smilga, um comissário político no Exército Vermelho, "que (depois da colheita dos grãos) ele tem que recrutar todo e qualquer homem adulto para as forças. (...) Todo camponês bielo-russo tem de ser mobilizado. As forças, então, esmagariam os poloneses mesmo sem Budyonny [e a Cavalaria Vermelha]."[130]

Com Varsóvia agora muito próxima, o triunfo parecia à vista. Lênin prosseguiu mandando instruções que desbordavam o Comitê Revolucionário Militar e os chefes de estado-maior, algumas vezes nem se preocupando em codificá-las, e a maioria para Sklyansky. Quanto à questão da transferência de divisões da área de Petrogrado para Brest, Lênin instou: "Se é possível do ponto de vista militar (esmagaremos Wrangel de qualquer forma), então do ponto de vista *político* é arquiimportante subjugar a Polônia." Mas Sklyansky já pressentira desastre iminente fora de Varsóvia: o comandante-em-chefe Mikhail Tukhachevsky já estava deslocando tropas descansadas para Varsóvia "não bem para esmagar os poloneses, mas para evitar que eles aproveitassem o êxito e nos empurrassem de volta." Lênin recusou-se a ouvir isto, e continuou convencido de que era possível "despedaçar" os poloneses. Deu ordem a Sklyansky para "aumentar a pressão: temos que tomar Varsóvia a qualquer preço no prazo de três a cinco dias."[131] Como nunca antes, Lênin estudou o mapa operacional que mandara instalar em sua sala no Kremlin e viu que a Cavalaria Vermelha se aproximava da fronteira alemã. Em 17 de agosto de 1920, mandou um cabograma a Sklyansky: "Os alemães estão escrevendo que o Exército Vermelho está próximo a Graudenz. Não poderíamos aumentar a pressão e começar a cortar a Polônia a partir de Dantzig?"[132]

Milhares mais de comunistas foram enviados para o front por ordem de Lênin. Em 19 de agosto de 1920, o Kremlin telegrafou ao comitê do partido em Petrogrado: "O front Polônia-Wrangel requer a mais alta pressão da força. Sugerimos que sejam concentrados todos os combatentes e meios por um longo tempo à frente (...) Milhares de homens e mulheres comunistas são necessários (...) Não desperdice uma hora sequer. Dê um exemplo estimulante às organizações do partido de todo o país." O telegrama foi assinado por Lênin, Krestinsky, Trotsky, Stalin e Bukharin.[133]

No entender de Lênin, Varsóvia era um marco de passagem para a Alemanha.

A aventura custou ao Exército Vermelho mais de 120 mil vidas de camponeses. As divisões que foram deslocadas para as fronteiras polonesa e prussiana partiram virtualmente sem munição, sem reconhecimentos feitos e sem serviços de transporte e de engenharia. Naquilo que os poloneses descreveram como "o milagre de Varsóvia," muitos russos morreram, dezenas de milhares caíram prisioneiros, e o destino deles é desconhecido até hoje.

Lênin nunca se preocupou muito ou mostrou arrependimento em relação àquele episódio. Nem jamais se referiu aos homens do Exército Vermelho que pereceram no cativeiro polonês. "Sentimentalismo," escreveu ele, "é crime tão grande quanto cuidar só de si numa guerra."[134] O líder SR Viktor Chernov, que bem conhecia o chefe, confirmou que, "para Lênin, nada podia ser pior que o sentimentalismo." Lênin rejubilou-se, juntamente com Trotsky, quando conseguiu transformar a guerra mundial em guerra civil. O fato de ela ter custado treze milhões de vidas russas e ter espantado para o exterior dois milhões de concidadãos não teve importância. A insensível filosofia do bolchevismo libertou-o dos tormentos de consciência. Nas palavras de Chernov, "ele se permitiu transcender a consciência."[135]

Tampouco Lênin se envergonhou de ter humilhado a Rússia ao perder a guerra contra uma ex-província e ter que pagar reparações de dezenas de milhões de rublos-ouro. Ele simplesmente rubricou notas rotineiras de remessas de dinheiro para Varsóvia como a que, por exemplo, certificou que outros 5.010.900 de rublos-ouro haviam sido remetidos.[136]

Depois do Tratado de Riga de 1920, a Polônia ganhou da Rússia 15 distritos inteiros e mais 11 em parte. A população dessa área era de 6,75 milhões de pessoas, das quais cerca de 400 mil polonesas.[137] Foi assim que Lênin "testou" os poloneses com a ponta da baioneta. Em nome da revolução mundial, ele sacrificou muitos milhares de vidas, lançou ao vento vastas somas da riqueza do país e causou uma humilhação sem precedente.

O dinheiro para Lênin era menos um elemento do mercado, que os bolcheviques tinham destruído por completo, do que uma arma política, um meio para a consecução dos objetivos do Komintern. Logo depois da criação deste órgão, Lênin teve a idéia de utilizar as reservas de ouro e de dinheiro deixadas pelo estado czarista para criar novos partidos comunistas, para minar os social-democratas da Europa Ocidental e para provocar atividade revolucionária entre o proletariado e os povos coloniais contra seus opressores. Dinheiro vivo e pedras preciosas tornaram-se, na prática, os instrumentos principais para revolucionar países e mesmo continentes inteiros. O ouro confiscado em grandes quantidades do antigo regime, da burguesia e da Igreja foi diretamente para o Komintern, com freqüência passando às mãos de empresários empreendedores que adejavam em grandes quantidades em torno do pote de mel soviético. Muitos milionários e bilionários de fora da Rússia ganharam seus capitais iniciais de Lênin.

Lênin com freqüência questionava o Depositário do Estado, o Comissário do Povo para o Comércio Exterior e o Conselho Principal da Indústria de Ouro, Platina e Diamante sobre a disponibilidade, movimento e venda de ativos, grande parte destinada às necessidades do Komintern. Foram-lhe relatadas, por exemplo, em junho de 1920, as quantidades que ele vinha remetendo para o exterior "com propósitos revolucionários": Moedas de ouro: 383.448.144 – suplementares: 101.000.000 – diamantes:140.006.036 quilates. Incerto sobre o significado de tais quantidades, ele escreveu ao vice-comissário do exterior Maxim Litvinov: "Dê sua opinião sobre este documento e o envie de volta a mim como ultra-secreto." Na sua resposta, Litvinov sugeriu que, além do comércio de objetos preciosos no estrangeiro, o governo vendesse também fundos e quotas, e acrescentou que mais controle era necessário sobre as extrações de ouro das minas de Bodaibo e Irkutsk.[138]

Existem numerosos documentos mostrando a extensão da manipulação bolchevique do tesouro estatal. Num período de dez dias, por exemplo, o Depositário do Estado reportou para Lênin que tinha preparado para uso, expedição, reserva e transferência para as reparações polonesas, apoio aos partidos comunistas, "compra de agentes," e assim por diante: diamantes no valor de 55.887.000 de rublos-ouro; 160 mil pedras preciosas; 91.827 puds (3.305 toneladas) de sobras de ouro; 1.362.087 objetos de ouro; 309.224 puds (11.132 toneladas) de prata. E a lista prosseguia.[139]

Quando os bolcheviques tomaram o poder, descobriram que o Banco Estatal possuía 1,0643 bilhão de rublos-ouro em lingotes e moedas, sem contar os 117 milhões em ouro que eram do governo romeno[140] ou a larga quantidade de ativos mantidos fora do banco, ou a platina, o ouro e as pedras preciosas que começaram a esbanjar com tal extravagância. Foi com tal riqueza à sua disposição que Lênin pôde assinar o acordo de Brest-Litovsk pelo qual a Rússia – que, é bom lembrar, não tinha perdido a guerra para a Alemanha – se obrigou a pagar seis bilhões de marcos à Alemanha, na forma de 245,5 toneladas de ouro.

Sete meses depois da tomada do poder, em 20 de maio de 1918, o Sovnarkom ordenou a transferência de reservas significativas de ouro de Moscou, Tambov, Nizhni, Novgorov e Samara para Kazan, no Volga. Temendo que os alemães pudessem se apossar do ouro da capital, espalharam-no pela periferia sem qualquer preocupação com sua segurança. Com isso, 1.440 toneladas de lingotes de ouro e platina e 1.080 toneladas de prata logo caíram nas mãos de ex-prisioneiros de guerra tchecos e de forças brancas.[141] Em fevereiro de 1920, quando o líder branco, almirante Kolchak, foi finalmente derrotado, as forças soviéticas trouxeram ostensivamente de volta para "o povo revolucionário" dezoito vagões ferroviários repletos de valores, mas um terço do transporte inicial havia desaparecido sem deixar vestígio.[142]

Em curto tempo, os bolcheviques desperdiçaram uma parcela quase inacreditável da riqueza do país. Não é fácil rastrear a forma como todo esse dinheiro foi usado para o Komintern, em especial porque grande parte foi distribuída por ordem de um simples bilhete ou uma palavra de Lênin a uma ou outra das muitas comissões do Comitê Central. Por exemplo, em 16 de outubro de 1919, Lênin escreveu a S. Yelyava, presidente do Comitê do Turquestão, para suprir "os povos do leste" com armas: "Temos que ajudá-los na luta contra o imperialismo." Acrescentou que era "essencial, claro, efetivar a empreitada nas condições de ultra-sigilo (como estávamos acostumados a fazer nos dias do czar)" e observou que "dinheiro não é o caso, enviaremos suficiente ouro e moeda estrangeira também em ouro." E concluiu: "Conte-me qualquer coisa de importante que aconteça e me avise sobre suas necessidades."[143]

Lênin frisou a importância de se proporcionar assistência financeira para espalhar a propaganda através da Europa. Escrevendo para Jan Berzin, embaixador soviético na Suíça, em outubro de 1918 (mesmo antes da existência do Komintern), ele instou para que Berzin "não hesitasse em gastar milhões nos contatos ilegais com a França e na agitação entre franceses e ingleses."[144] Poucos dias depois, insistiu para que Berzin devotasse três quartos de seu tempo para "organizar a agitação" usando alemães, italianos e franceses com esse propósito: "Quanto aos idiotas russos, distribua tarefas para eles: enviar recortes de jornais, não de números esparsos como eles vêm fazendo até agora." Recomendou fossem convidados esquerdistas de vários países: "Nomeie agentes dentre eles, pague-os com generosidade pelas viagens e pelas ações. Para o diabo com o trabalho oficial: dê-lhe o mínimo de atenção. Dedique a máxima atenção possível a publicações e às viagens ilegais."[145]

A secretária do Komintern, Angelica Balabanova, relembrou em suas memórias publicadas após ela deixar a URSS que, quando estava na Suécia como emissária do Komintern, Lênin exigira dela e de outros representantes soviéticos no exterior: "Não poupem dinheiro. Gastem milhões, muitos milhões." Foi-lhe dito que usasse o dinheiro para apoiar as organizações de extrema esquerda, para minar os grupos de oposição, para desacreditar determinados indivíduos e coisas do gênero.[146] Balabanova cumpriu as instruções ao pé da letra. Em 18 de dezembro de 1919, Lênin foi informado que ela tinha "dado meio milhão em objetos e cinqüenta mil em moeda estrangeira a Grunzberg," um agente do Komintern.[147]

A partir do momento em que o Komintern – uma operação totalmente gerida por Moscou – passou a existir, ficou sob influência direta dos serviços especiais de Lênin e, no devido tempo, a Administração Política Estatal (a GPU) e a NKVD iriam controlar a direção central desse "partido comunista mundial." Alguns partidos comunistas nacionais, ou mais precisamente os chefes deles, entraram de imediato na folha de pagamento do Comitê Central Russo assim que foram fundados, embora isso não fosse tornado público. Num telegrama a Stalin, Litvinov alertou que "os números de série das notas bancárias que retiramos do banco foram registrados. Não podemos usar esse dinheiro para atividades do Komintern. Apesar disso, quando Bordiga [um chefe comunista italiano] foi preso, encontraram libras esterlinas de Londres com ele."[148] Um dos comunistas finlandeses de Helsinque, E. Rakhia, informou a Lênin que precisava de dez milhões de marcos finlandeses para pagar "salários" de seus funcionários. Lênin despachou "De Acordo" no pedido.

Muitos partidos eram, de outras formas, totalmente dependentes de Moscou. De férias na estação de repouso de Sukhumi, no Mar Negro, Zinoviev, em janeiro de 1923, escreveu a Moscou dizendo que era hora "de começar a preparar por escrito os programas para os partidos porque eles não tinham nenhum."[149] Tais partidos foram praticamente criados como marionetes de Moscou. Mesmo as decisões mais rotineiras e inofensivas tinham que passar pelo crivo do Kremlin. Em agosto de 1921, o "pequeno bureau," ou grupo organizador, ou Comitê Executivo do Komintern-ECCI, presidido por Mátyás Rákosi, um refugiado da República Soviética Húngara, decidiu que as seções nacionais deveriam realizar uma "semana do partido" no início de outubro e perguntou ao Politburo se tal evento poderia também ter lugar na Rússia. Em nome do Comitê Central, Zinoviev respondeu que "a 'semana' seria adiada para 7-15 de novembro e limitada apenas à propaganda."[150]

Até mesmo a ração destinada aos funcionários do Komintern em Moscou era mais pobre que a destinada aos trabalhadores do Comitê Central. Por diversas vezes, funcionários do Komintern solicitaram a Lênin e aos colaboradores mais próximos do chefe uma melhora na ração em termos de farinha, carne, peixe, manteiga e outros artigos.[151] O ECCI endossava quaisquer instruções que viessem da chefia bolchevique: para aumentar o ataque aos mencheviques, sobre socialdemocratas no parlamento, e sobre táticas revolucionárias a aplicar a leste e oeste. O Comitê Central bolchevique tinha controle completo sobre a chamada "organização comunista mundial." Por exemplo, foi o Politburo presidido por Lênin que determinou a data, local, agenda, lista de oradores e nomeações de funcionários para o Segundo Congresso do Komintern, que teve lugar no verão de 1920.[152] Desde sua concepção, o órgão fantoche nada mais foi que uma seita internacional de agentes, agitadores e operadores especiais bolcheviques dentro de partidos e sindicatos "fraternos."

Lênin, em particular, favorecia a agitação. Acreditava que era necessário apenas explicar os objetivos do Komintern às "massas oprimidas," recontar as lições dos sovietes na Rússia, realçar a natureza universal da ditadura do proletariado, e milhares, seguidos de milhões, de mourejadores tomariam o caminho da revolução mundial. Os mais variados planos foram traçados com essa finalidade. Por iniciativa de Lênin, Lev Karakhan, um funcionário categorizado do Comissariado do Exterior, preparou uma proposta segundo a qual o Comitê Central deveria alocar regularmente grandes somas para os agitadores bolcheviques enviados aos países do Oriente. Os vencimentos – a serem pagos, prudentemente, no retorno – por uma viagem à Coréia e China eram de dez mil rublos-ouro; para o sul da China, vinte mil. Pérsia, Índia e outros países da Ásia tinham suas tabelas especiais de pagamento.[153]

No Segundo Congresso do Komintern, Lênin insistiu que era importante começar a organizar "o movimento soviético em países não-capitalistas. Há a possibilidade de sovietes lá; não serão sovietes de operários proletários; sovietes de camponeses e de mourejadores."[154] O objetivo final era o mesmo: a criação de uma república soviética universal. A inabalável crença de Lênin na agitação quase o levou em certa ocasião a ser logrado. Um agente do Komintern nos Bálcãs, conhecido apenas como "E," reportou para Moscou: "Podemos tomar Constantinopla empregando as forças de Wrangel, em meio às quais fizemos muita propaganda e entre as quais o prestígio soviético está muito alto. Poderíamos depois entregar a cidade aos kemalistas. Os wrangelistas teriam então a fácil possibilidade de tomar Adrianopol e Salonika, nossos comissários iriam para lá e o cambaleante governo balcânico seria derrubado, o que teria enorme efeito em toda a região dos Bálcãs." "E" pediu mais dinheiro. Lênin hesitou; e se a revolução mundial pudesse realmente começar por local tão inesperado? Conferenciou com Chicherin e Trotsky. Este último, embora consumado revolucionário, alertou que a proposta era um risco inaceitável. Lênin, relutantemente, concordou.[155]

Por que Lênin se comprometeu tanto com a idéia de revolução mundial? Por que, nos primeiros anos do regime soviético, era tão literalmente obcecado com a questão e por que, não muito antes da morte, tinha esfriado a respeito dela? O fato é que, por muito tempo, ele não acreditou que seu regime sobreviveria. Viu na revolução mundial uma ajuda para a revolução russa, uma defesa para ela e, com o tempo, isso foi escrito entre os objetivos futuros dos comunistas russos. Lênin acreditava sinceramente, como disse em Petrogrado em março de 1919, que a Rússia soviética "ganharia um sentimento de apoio e de atenção de todo o mundo," o que significava que "nossa vitória completa está assegurada."[156]

Nos anos de 1919 a 1921, Lênin comportou-se de novo como jogador, lançando os dados da luta de classes, dinheiro, ouro, agitadores e sua própria autoridade para acender a conflagração mundial. A campanha polonesa teve o efeito de refreá-lo, mas a idéia subsistiu por trás muitas décadas após sua morte, mudando do ataque frontal ao capitalismo para a tática de cerco de longa duração. Quando Lênin já estava seriamente doente, leu com satisfação a minuta de um discurso que Chicherin pronunciaria na Conferência de Gênova de março de 1922 e sublinhou as seguintes passagens: "Nós comunistas encaramos como inevitável a derrubada violenta e o uso da luta sangrenta (...) Nós, para quem o conceito histórico inclui o emprego da força (...) Nós, para quem o conceito histórico pressupõe a inevitabilidade de novas guerras mundiais (...)"[157]

No final das contas, o "movimento comunista mundial" era uma ficção. Em lugar nenhum houve algum sucesso na construção de partidos da massa, a não ser na China, na Itália e na França. Noutros países, surgiram algumas dúzias que mais pareciam pequenas e definhadas seitas. Como regra, os chefes desses tais partidos viviam com o dinheiro enviado por Moscou, e foram preparados para fazer pronunciamentos escritos nos escritórios no Comitê Central sediado na Praça Staraya, em Moscou. A aparência de um movimento de massas era importante para a chefia soviética por muitos motivos: para criar uma ilusão de apoio à URSS, para mostrar que o antigo sistema estava condenado e para demonstrar que o leninismo era inexaurível. Os serviços especiais soviéticos mantiveram um envolvimento cerrado com muitos dos partidos comunistas estrangeiros até o colapso do sistema todo.

Nos bastidores

A vida pessoal de Lênin não apresenta muitos enigmas. Até 1909, sua esposa, Nadezhda Konstantinovna Krupskaya, foi a mulher que amou e sua camarada mais próxima de partido. Na prática, sua devoção fanática ao partido e à política concedeu-lhe pouco tempo para engajamento nas esferas sutis das relações humanas, inclusive o amor e o atrativo das mulheres. Até seu casamento com Nadezhda, em julho de 1898, em Shushenskoe, na Sibéria, só se tem notícia de ele ter cortejado apenas uma outra mulher, a amiga de Nadezhda e, como ela, socialista e professora, Apolinaria Yakubova. Já não muito jovem – tinha vinte e seis anos – Ulyanov tentou conquistar Yakubova, mas foi polidamente rechaçado. Tudo indica que o fato não foi um grande evento em sua vida. Mais tarde, ambos no exterior, Lênin e Yakubova, então casada com o socialdemocrata K. Tekhtevev, mantiveram uma correspondência, porém estritamente sobre questões do partido.

Sabe-se também que Lênin conheceu uma jovem francesa em Paris, uma escritora, se bem que até agora ela não tenha sido identificada. Nos anos 1930, quando Stalin desejou colocar todos os manuscritos de Lênin sob seu próprio controle, o ex-bolchevique emigrado Grigory Aleksinsky permitiu que emissários de Stalin lessem diversas das cartas que Lênin enviara a essa mulher. Elas eram de natureza extremamente pessoal e íntima. Entretanto, a mulher não venderia as cartas a Moscou enquanto Krupskaya fosse viva.

Quando Krupskaya passou a viver com Lênin em Shushenskoe na virada do século, levou consigo a mãe, e a decidida Yelizaveta Vasilievna insistiu para que o par se casasse imediatamente, seguindo o "completo costume ortodoxo." Ulyanov, então com vinte e oito anos de idade, e Nadezhda, um ano mais velha, agüentaram pacientemente os rituais e deram início a uma pacífica e estabilizada vida matrimonial. Alexander Potresov, que conheceu bem o casal nos primeiros anos de vida em comum, recordou-se de que Lênin "em sua vida doméstica era um homem de família modesto, despretensioso, virtuoso e agradável, numa batalha diária com a sogra que não deixava de ter seus momentos cômicos. Ela era a única pessoa do círculo íntimo que o enfrentava e pagava na mesma moeda."[158]

Os Ulyanovs não eram dados a bate-bocas escandalosos ou arrufos prolongados. Para o observador externo, tratava-se de um casal de camaradas do partido que serviam à causa, enquanto Nadezhda se encarregava, conscientemente, dos afazeres domésticos sempre que ingressavam na vida nômade de revolucionários. Tampouco jamais discutiram com alguém o doloroso fato da incapacidade de Nadezhda ter filhos, já que sofria do mal de Basedow, entre outras enfermidades. Em 1900, Lênin escreveu à sua mãe: "Nadya precisa descansar; o doutor disse (como ela escreveu há uma semana) que sua doença (de mulher) requer tratamento intensivo e ela tem que descansar de duas a seis semanas. Eu enviei a ela mais algum dinheiro (100 rublos de Vodovozova) porque o tratamento vai ser caro."[159]

Todavia, com o tempo, a tristeza que Nadezhda sentia por não poder ter filhos começou a transparecer em suas cartas e memórias. Falando sobre a revolucionária das primeiras horas Vera Zasulich, Nadezhda comentou: "Ela precisava muito de uma família. Era de se ver o amor com que mimava um bebê lindo mesmo [filho de uma amiga]."[160]

Krupskaya escreveu muito esparsamente sobre sua vida doméstica, preferindo em vez disso falar sobre amigos e conhecidos, a causa, as cidades estrangeiras em que viviam e sobre as questões do partido ao qual ela e o marido devotaram toda a sua existência. Tornou-se um pouco mais aberta sobre os últimos anos de vida de Lênin, sua doença e sua morte em Gorki. Em suas sinceras memórias *Os últimos seis meses da vida de Vladimir Ilyich*, ela relatou o curso de seu declínio. Depois do terceiro derrame, em 1923, só ela podia decifrar seus gestos, sons e murmúrios. "A adivinhação só é possível," escreveu ela, "quando se tem toda uma vida em comum e se reconhecem as associações que são evocadas. Se eu dissesse, por exemplo, alguma coisa sobre Kalmykova, sabia que se ele murmurasse *quê?* estaria indagando sobre Potresov e sua posição política presente."[161] (Alexandra Kalmykova e Alexander Potresov tinham sido muito próximos durante os primeiros anos de Lênin como revolucionário.)

No final de dezembro de 1909, depois de muita hesitação, os Ulyanovs se mudaram para Paris, onde Lênin iria conhecer Inessa Armand, uma vivaz franco-russa. Krupskaya não pôde deixar de reconhecer que seu marido de quarenta anos de idade foi assaltado por sentimentos amorosos, que foram correspondidos. De acordo com Alexandra Kollontai, Krupskaya estava disposta a conceder a liberdade ao marido, mas Lênin persuadiu-a a permanecer.[162] É possível supor-se que o caso amoroso estava em sua cabeça quando se lembrou dos anos de emigração em Paris como os mais difíceis. Deve-se creditar-lhe o fato de não ter armado cenas emocionais e mantido para fins externos relações cordiais com a bela Inessa. Lembrou-se até de que sua própria mãe ficou muito ligada a Inessa e que se tornava "mais gentil, mais alegre, quando Inessa aparecia."[163]

Mas a moralidade bolchevique não podia permitir que a biografia de seu santificado chefe contivesse quaisquer características dúbias. As cartas de Lênin para Inessa e as daquela francesa desconhecida para ele só foram publicadas em suas obras coligidas com extensos cortes. Muito da correspondência jamais foi publicado, embora sejam precisamente essas cartas que mostram Lênin um homem que experimentou paixões e sofrimentos íntimos. Evidente, Lênin foi também extremamente cauteloso consigo mesmo e, sem dúvida, destruiu muitas das cartas de Inessa endereçadas a ele. Em julho de 1914, escreveu a ela: "Quando você vier, por favor traga (quero dizer, traga com você) todas as nossas cartas (não é uma boa idéia enviá-las por correspondência registrada: carta registrada pode muito bem ser aberta por amigos. E assim por diante...). Por favor, traga todas as cartas, venha e conversaremos sobre isso."[164] Ele não queria as cartas para relê-las, mas para assegurar-se de que ninguém mais conheceria a ligação.

A intensidade do sentimento entre Lênin e Inessa é melhor documentada numa longa carta que ela lhe escreveu de Paris, em dezembro de 1913, quando ele e Krupskaya estavam em Cracow:

Sábado pela manhã.

Meu querido
Aqui estou na Ville Lumière, e minha primeira impressão é ruim.
Tudo sobre este lugar irrita – o cinzento das ruas, as mulheres exageradas no trajar, as conversas que se ouve de passagem, até mesmo a língua francesa. (...) Uma pena que Arosa estivesse tão perto de Cracow, enquanto Paris é, digamos, tão final. Estamos separados, separados, você e eu, meu querido! E dói tanto. Eu sei, sinto mesmo, que você não virá para cá. Enquanto olho para os lugares familiares, entendo claramente, como nunca antes, que espaço enorme você ocupou na minha vida em Paris, de modo que toda a nossa atividade por aqui fica ligada por milhares de fios ao pensamento a seu respeito. Eu não estava então absolutamente apaixonada por você, embora gostasse muito. Mesmo agora, eu poderia passar sem seus beijos, caso pudesse vê-lo, falar ocasionalmente com você seria uma grande alegria – e não feriria ninguém. Por que desisti de tudo? Você me perguntou se estou com raiva de ter sido você quem "consumou" a separação. Não, eu não acho que você o fez.
Existia muita coisa de boa em minha relação com N.K. em Paris. Em uma de nossas últimas conversas, ela me disse que apenas recentemente eu me tornara próxima e cara a ela. (...) Só em Longjumeau e, então, no último outono, por ocasião das traduções e assim por diante. Fiquei muito acostumada a você. Adorava não apenas ficar lhe ouvindo, mas olhando para você enquanto falava. Em primeiro lugar, porque sua face é muito vivaz e, em segundo, porque era fácil ficar olhando porquanto você não percebia...
Bem, meu querido, basta por hoje. Quero logo despachar esta carta. Não recebi ontem carta sua! Receio que as minhas não estejam chegando a você – enviei-lhe três (esta é a quarta) e um telegrama. Há possibilidade de você não as ter recebido? Passam-me pela cabeça os maiores despropósitos sobre isso. Também escrevi para N.K., para seu irmão e para Zina [Zinaïda Lilina, esposa de Zinoviev]. Será que ninguém recebeu coisa alguma? Envio-lhe um grande beijo. Sua Inessa.[165]

Esta carta é testemunho eloqüente do tipo da ligação entre Inessa, a mãe de cinco filhos, e Lênin, o "moralista bolchevique." Lênin enfrentou difícil escolha entre seus sentimentos e aquilo que percebia como seu dever. Conseguiu encontrar um meio-termo, como o faria em sua vida política em mais de uma ocasião. Preservou sua família e manteve Inessa.

Foi na primavera de 1912 que os Ulyanovs se mudaram para Cracow. Inessa juntou-se a eles no ano seguinte. Krupskaya relembrou que, em Cracow, Inessa contou-lhe muita coisa sobre si mesma, e os Ulyanovs, na companhia da amiga inseparável, fizeram longas caminhadas juntos.[166] As Obras Completas de Lênin contêm uma carta dele para Inessa com grande corte no final, mas cujo conteúdo está preservado nos arquivos: "Nunca, nunca escrevi que respeito apenas três mulheres! Jamais!! Escrevi a você que minha experiência da mais completa amizade e absoluta confiança se limitou a apenas duas ou três mulheres. Essas foram completamente mútuas, completamente mútuas relações negociais."[167] Está claro que Krupskaya e Inessa eram duas dessas mulheres.

Quando Inessa não estava próxima a Lênin, ele lhe escrevia, por vezes longas cartas. Em julho de 1914, escreveu à exaustão sobre diversos assuntos: uma palestra que ela iria proferir em breve, sobre o ministro socialista belga Emile Vandervelde, Rosa Luxemburg, Kautsky e outros socialdemocratas. Entrelaçadas com essas questões "negociais," existem passagens muito íntimas. Depois de uma apreciação, por exemplo, sobre sindicatos e fundos de segurança, ele escreve em francês: "Oh, como eu gostaria de beijá-la mil vezes, vê-la e desejar-lhe boa sorte. Estou totalmente seguro do seu sucesso." E prossegue: "Minha querida, minha mais querida amiga, esqueci de falar sobre dinheiro. Nós pagaremos as cartas e telegramas (por favor, mande telegramas com mais freqüência), sua passagem ferroviária, despesas de hotel, e assim por diante. Lembre-se disto."[168] Os "beijos" foram cortados na versão publicada.

Se Inessa se tornou parte da vida de emigrado de Lênin, uma vez de volta à Rússia, depois da famosa jornada no "trem lacrado" – ela, evidentemente, fazia parte do grupo – passou a vê-lo cada vez menos, de vez que ele foi arrastado pelo vórtice dos eventos.

Quando foi levantada a questão de sair da Suíça para voltar à Rússia, Lênin escreveu a Inessa em 19 de março de 1917: "Você diz que talvez os alemães não nos proporcionem um vagão ferroviário. Vamos apostar, acho que providenciarão!"[169] Sabia que Berlim partilhava com ele e seu partido o objetivo de, nas palavras de Ludendorff, "derrubar a Rússia" e abrir caminho para a revolução. Essa revolução, todavia, logo começou a minar as energias de Lênin, e as de Inessa também. Ela empenhou-se com fervor em todas as tarefas que o partido lhe confiou, mas não possuía a energia necessária àqueles tempos febris. Em três anos, viu-se exaurida. No diário que manteve sobre os últimos meses de vida, escreveu:

> Agora, estou indiferente a todos. O principal é que estou enfastiada de quase todos. Só me restam sentimentos afetuosos pelas crianças e por V.I. Em todos os outros aspectos, é como se meu coração estivesse morto. É como se, tendo oferecido toda a minha força, toda a minha paixão por V.I. e pela obra, todas as fontes de amor tivessem secado em mim, todas as simpatias pelo povo que sempre alimentei. Nada restou disso, salvo por V.I. e pelas crianças e umas poucas relações pessoais, mas só no trabalho. E as pessoas podem perceber essa letargia em mim, e me pagam com a mesma moeda da indiferença e mesmo da antipatia (e as pessoas me amavam). (...) Sou um cadáver ambulante, e isso é terrível![170]

Em Petrogrado, e depois em Moscou, Lênin passou a ver Inessa cada vez menos. Já não era dono de si mesmo. Pertencia à sua divindade, a revolução. Porém, enviava freqüentes bilhetes a ela perguntando por sua saúde e a dos filhos, mandando consertar seu telefone e enviando-lhe médicos particulares quando adoecia. No outono de 1920, Inessa esteve perto do colapso total. Em 9 de setembro, confidenciou ao seu diário:

> A mim parece que quando me movimento entre as pessoas estou tentando não revelar a elas meus segredos, que sou morta entre vivos, um cadáver ambulante. (...) Meu coração permanece inerte, minha alma está silenciosa e não posso esconder completamente meu triste segredo. (...) Como não tenho mais afeto algum, como não mais irradio cordialidade, não posso dar mais felicidade para ninguém.[171]

Ela queria voltar para sua nativa França, livrar-se nem que fosse por breve tempo do abraço da revolução e recuperar sua força. Telefonou a Lênin, mas ele estava ocupado e lhe enviou depois um bilhete:

> Querida amiga, fiquei muito triste em saber que você está exausta e infeliz com seu trabalho e com as pessoas que a cercam (ou seus colegas de trabalho). Posso fazer alguma coisa por você, conseguir-lhe uma casa de repouso? Farei qualquer coisa com grande prazer. Se você for para a França, ajudarei, é evidente, nisso também. Estou um pouco preocupado, na verdade estou com medo, realmente com medo, de você se meter em alguma dificuldade. (...) Eles prenderão você e a manterão lá por muito tempo. (...) Você tem que ser cuidadosa. Não seria melhor ir para a Noruega (onde muitos falam inglês), ou para a Holanda? (...) É melhor não ir para a França onde eles poderiam detê-la por muito tempo e provavelmente não queiram trocar você por ninguém. Não para a França. (...) Se você não gostar de uma casa de repouso, por que não ir para o Sul? Estar com Sergo [Ordzhonikidze] no Cáucaso? Sergo providenciará descanso, luz do sol, trabalho interessante, ele pode arranjar tudo. Ele manda um bocado por lá. Pense sobre isto.[172]

Inessa decidiu rapidamente. Ela confiava plenamente no homem que amava e telefonou em 17 de agosto de 1920 para dizer-lhe que iria para o Sul. Lênin ditou imediatamente uma requisição oficial para as autoridades da região "a fim de que ajudassem de todas as formas possíveis a conseguir as melhores acomodações e tratamento para a escritora Camarada Fedorovna Armand e seu filho mais velho. Solicito que dediquem todo os possíveis cuidado e assistência a esses camaradas do partido aos quais sou pessoalmente ligado."[173]

Um mês mais tarde, apenas dois dias depois de Ordzhonikidze ter reportado que Inessa estava bem e feliz, Lênin recebeu um telegrama: "Alta prioridade. Moscou. Para Comitê Central RKP, Sovnarkom, Lênin. Incapaz salvar Camarada Inessa

Armand doente com cólera PT Ela morreu 24 setembro [1920] PT Enviando corpo Moscou assinado Nazarov."[174]

Lênin ficou profundamente abalado com a morte de Inessa. Alexandra Kollontai, amiga dela, disse a outra amiga: "Ele não poderia sobreviver sem Inessa Armand. A morte dela precipitou a doença que se revelou fatal."[175]

O traslado do corpo de Inessa levou cerca de três semanas até Moscou, onde ela foi enterrada na Muralha do Kremlin. Alexandra Kollontai lembrou-se de que, em 12 de outubro de 1920, "enquanto participávamos do cortejo funerário, Lênin estava irreconhecível. Caminhava com os olhos fechados e, a todo momento, pensávamos que ele ia cair."[176] Inessa foi enterrada próximo ao local em que, passados pouco mais de três anos, Lênin iria também descansar, se bem que com menos pompa; foi seu destino ficar sempre à sombra dele.

O costume do sigilo, compreensível quando o partido era uma organização ilegal clandestina, foi embebido na prática soviética pelo próprio Lênin. As questões de governo, em sua maioria, eram tratadas confidencialmente até que fosse julgado adequado as tornar públicas. No caso de Lênin, as referências constantes ao sigilo e à necessidade dele, mesmo em assuntos rotineiros, traem aquilo que pode ser descrito como fobia.

Copiando Lênin, sucessivos chefes soviéticos levaram áreas inteiras da vida soviética para o domínio do segredo: os salários dos membros do Politburo, as quantidades de grãos compradas no exterior ou de ouro extraído na URSS, o número de prisioneiros, o resultado dos censos, o total dos expulsos do partido, a quantia em dinheiro enviada para organizações amigas no estrangeiro, a taxa de criminalidade, e muito mais. Essa constante pressão por sigilo foi um produto do impulso totalitário requerido pela espécie de controle total que se torna impossível sem a regra do segredo.

Um exemplo da obsessão de Lênin pelo confidencial ocorre numa nota para Stalin, de maio de 1918, na qual ele pergunta se não seria uma boa idéia estabelecer "uma ou duas casas-modelo de repouso distantes no mínimo 600 quilômetros de Moscou. Gastaremos ouro com isso; também usaremos ouro, e por longo tempo, em viagens necessárias à Alemanha. Mas as casas de repouso só serão modelares se pudermos mostrar que elas têm os melhores doutores e administradores, não os usuais parvos e borra-tintas soviéticos." E continua: "Em Zubalovo, onde foram construídas dachas para você, Kamenev e Dzerzhinsky, e uma vai ser construída bem próximo para mim, temos que organizar e reparar o ramal ferroviário, por volta do outono, e a operação regular do trole automático. Assim, teremos uma conexão rápida e secreta durante o ano todo."[177]

A prática de criar privilégios reservados para a elite do partido começou com a declaração de "guerra aos palácios" e, na primavera de 1918, Lênin e seu entourage transformaram o Kremlin em instalações para morar. Ao mesmo tempo, determinaram a construção de casas de campo fabulosas, adquiriram seus sanatórios privados, suas fontes próprias de suprimento e instalações médicas especiais, e outros ornamentos "desprezíveis" da vida capitalista. Tudo isso só podia ser do conhecimento dos iniciados nos segredos do partido.

Em fevereiro de 1921, Lênin recebeu notícia de Viktor Kopp, o enviado soviético a Berlim, de que os alemães, contrariando a letra do Tratado de Versalhes, estavam propondo colaboração militar com a Rússia soviética para o benefício dos dois países. Kopp reportou que, "sob condições do mais estrito segredo, as empresas Blohm e Voss (submarinos), Albatross Werke (aviões) e Krupp (armas comuns) estavam engajadas." Lênin repassou a proposta para Sklyansky: "Escreva-me um bilhete sobre a forma com que você responderia a isso. Acho que a resposta é sim. Mande-me de volta. Lênin. Secreto."[178]

Foi como se Lênin tivesse esquecido de que, como uma das condições dos acordos de Versalhes, a Alemanha tivera que devolver aos seus donos anteriores o milhão de quilômetros quadrados que ele tinha dado de mão beijada àquele país em Brest-Litovsk. Agora, estava de novo disposto a embarcar num jogo confidencial com Berlim que, no final, levaria ao Pacto Molotov-Ribbentrop de 1939, com seus protocolos secretos e de "amizade" com a Alemanha nazi.

Mesmo no campo humanitário, o viés conspirador de Lênin esteve presente. A horrenda fome de 1921-22 compeliu os bolcheviques a comprometerem sua "pureza ideológica" e aceitarem ajuda dos capitalistas. O auxílio dos Estados Unidos foi particularmente substancial. Milhões de russos foram salvos da inanição graças à Administração Americana de Assistência. Mas Lênin farejou perigo. Escreveu ao secretário Molotov do Comitê Central, em 23 de agosto de 1921: "Secreto: Em vista do acordo com o americano Hoover, haverá um influxo de muitos estrangeiros. Temos que pensar em supervisão e em nos manter informados. Proponho que o Politburo ordene a constituição de uma comissão para preparar, organizar e operar uma vigilância intensificada e as informações conseqüentes sobre os estrangeiros, por intermédio da Cheka e outros órgãos."[179] Já em junho de 1919, ele havia ordenado que "qualquer membro da burguesia, entre as idades de 17 e 55 anos, cidadão de qualquer país estrangeiro que conduza ações hostis e militares contra nós, deve ser aprisionado em campos de concentração." As únicas exceções eram "os indivíduos que tinham provado sua lealdade ao regime soviético."[180]

Tratava-se de típica abordagem bolchevique: vigie até mesmo seus hóspedes e amigos, e veja todos os estrangeiros como espiões – "o alerta de classe" deve vir em primeiro lugar. Não demorou para que a suspeita, o informante e a colaboração secreta com os "órgãos" passassem a ser marcas registradas do sistema leninista. No ano da morte de Stalin, 1953, o número de colaboradores oficiosos, isto é, secretos, os *seksots*, chegariam a não menos que onze milhões, virtualmente um estado dentro do estado. Na sua origem, estava Lênin, que encarava a Cheka como "o cérebro, a honra e a consciência da época."

Lênin não era de pronunciamentos freqüentes no Politburo, mas quando o fazia, sua palavra era lei, e suas idéias eram geralmente radicais. Na véspera de uma reunião do Politburo, em 27 de agosto de 1921, ao saber que o general branco barão von Ungern-Sternberg havia sido capturado na Mongólia, ele propôs: "Temos que partir para uma acusação sólida, e caso exista abundância de provas, como parece não haver dúvida, devemos organizar um julgamento público, proceder com a máxima velocidade e fuzilá-lo."[181] Após um debate de dois minutos, um telegrama foi enviado a Novonikolaevsk, na Sibéria, e, ao meio-dia de 15 de setembro, diante de uma grande multidão no cinema local, o julgamento começou. Ao alto e magro general, de trinta e cinco anos de idade, cujo histórico como cabeça militar branco na Mongólia era suficientemente sangrento, foi perguntado: "Como o clã dos Ungern-Sternbergs se distinguiu a serviço da Rússia?" Ele respondeu concisamente: "Setenta e dois membros da família morreram nas guerras pelos interesses da Rússia." Porém, como Lênin demandara, foi amealhada a prova para uma "acusação sólida," o julgamento foi feito com grande rapidez – três horas – e a sentença, preparada em Moscou três semanas antes, foi recebida pela multidão no cinema com "uma tempestade de aplausos." Assim, apesar de o julgamento ter sido "público," seu resultado havia sido predeterminado nos bastidores.

As questões financeiras também foram tratadas, no autêntico estilo leninista, por trás dos cenários. A assinatura de Lênin está em incontáveis ordens para o emprego de milhões de rublos-ouro no estabelecimento e apoio de novos partidos comunistas e para a execução de operações sigilosas no exterior. Em 15 de outubro de 1921, por sua iniciativa, o Politburo decidiu que "nenhum gasto das reservas de ouro deveria ser procedido sem resolução especial do Politburo."[182] No verão de 1921, Lênin aprovou a proposta de transferência para o Kremlin de 1.878 cofres contendo a reserva-base de ouro, à qual foram adicionados valores avaliados em 458,7 milhões de rublos-ouro que pertenceram à família Romanov.[183] Em novembro de 1921, Chicherin sugeriu a Lênin que 1,1 milhão de rublos-ouro fosse dado aos turcos. Lênin escreveu a Stalin: "Secreto: Na minha opinião, devemos dar."[184] Karakhan sugeriu que agitadores bem pagos fossem enviados à Índia, China e Paquistão para difundir o comunismo.[185]

Algumas vezes, Lênin não discutia tais iniciativas com o Politburo, mas aprovava ele mesmo os gastos. Por exemplo, escreveu a Karakhan em 1918: "Acho que 500 mil rublos devem ser dados ao Camarada Roth [provavelmente um comunista alemão que trabalhava para Moscou]. Gerencie isto com extremo cuidado e fale primeiro com Sverdlov."[186] Da mesma forma, o Politburo apenas carimbava decisões prévias, como aconteceu em 1º de setembro de 1920, quando aprovou formalmente uma solicitação "para a venda de 200 puds [3.600 quilos] de ouro no estrangeiro."[187]

O relato do malbaratamento da riqueza da Rússia poderia continuar por muitas páginas. Uma parte significativa dessa riqueza foi parar nos cofres de negociantes e intermediários que não tinham qualquer interesse pelas aventuras de Lênin. E o dinheiro que conseguiu chegar aos partidos comunistas estrangeiros não conseguiu tornar mais próximo o objetivo de Lênin.

O último ano da vida de Lênin foi passado nos bastidores. Sobrecarregado com a montanha de trabalho como líder do partido e chefe de governo, sua saúde se deteriorou rapidamente. Diversos sintomas de enfermidade séria apareceram já em 1921, e uma série de derrames posteriores reduziu-o à condição de criança dependente. O estágio terminal começou no fim de 1922. Como o neuropatologista, professor V. Kramer, que o atendeu, registrou em suas anotações:

> paralisia transitória das extremidades, verificada no final de 1922, e dificuldade de fala, mais pronunciada e prolongada dia a dia, levaram no dia 6 de março de 1923, sem qualquer outra causa visível, a um ataque que durou duas horas e que resultou em perda total da fala e paralisia completa dos membros do lado direito. Um ataque semelhante teve lugar em 10 de março e levou, como é sabido, à estabilização das mudanças tanto em relação à fala quanto aos membros do lado direito. (...) No período entre 10 e 21 de março, (...) ele sofreu outro derrame (...) produzindo sintomas da chamada afasia sensorial, ou seja, dificuldade de entendimento do que lhe era dito.[188]

Os boletins regulares sobre a saúde de Lênin tornaram impossível a correta avaliação do que na verdade se passou. Por exemplo, em 17 de março de 1923, o Boletim nº 6, assinado pelo professor Kramer, o Dr A. Kozhevnikov e o comissário da saúde Nikolai Semashko, declarou: "Juntamente com uma melhora na fala e no movimento do braço direito, existe uma perceptível melhoria no movimento da perna direita, Seu estado geral de saúde continua bom."[189] Os rumores, no entanto, contavam uma situação diferente. Chefes regionais questionavam o Comitê Central sobre a verdadeira condição de Lênin. Chegaram telegramas do estrangeiro. Quando o Boletim nº 6 foi publicado, o enviado soviético em Londres mandou uma mensagem cifrada para Moscou: "Todos que o desejam aqui estão soltando boletins sobre a saúde de Lênin. Por exemplo, hoje foi reportado que, tendo perdido o poder da fala, Lênin foi mandado para um hospício e substituído por uma *troika* composta pelo liberal Kamenev, Rykov, o pai da NEP, e pelo turco Stalin. Na ausência de informação, estamos incapacitados de dizer qualquer coisa. Solicito que me mantenham informado sobre o estado de saúde de Lênin."[190]

Em 17 de março, dia em que Semashko e os médicos assinaram o boletim, ratificado pelo Comitê Central e descrevendo as condições de Lênin como "boas," Stalin, como secretário-geral, escreveu uma nota para o Politburo dizendo que Lênin solicitava urgentemente uma dose letal de cianeto de potássio. Krupskaya estava "insistindo obstinadamente para que o desejo de Ilyich não fosse recusado." Ela tentou "administrar pessoalmente a dose ao marido, mas perdeu a coragem," daí a razão de ter pedido a ajuda de Stalin. O secretário-geral concluiu dizendo que, embora acreditasse que a administração do cianeto a Lênin era "uma missão humana," ele mesmo se achava incapaz de concretizá-la.[191]

Os fatos da enfermidade fatal de Lênin, que envolveu mais de vinte médicos russos e estrangeiros, ficaram encerrados por décadas nos arquivos do Comitê Central. O clima de sigilo que cercou o tratamento chegou a fazer com que alguns dos médicos fizessem observações sobre a natureza especial da doença. Por exemplo, depois que Lênin faleceu, Kramer anotou em seu diário: "É uma crença firmemente enraizada que qualquer coisa associada com pessoas fora de série é inusitada: suas vidas e suas enfermidades caminham de forma diferente daquelas dos mortais comuns."[192] Não surpreendeu, portanto, que, depois da morte de Lênin, o Politburo tivesse decidido que seu cérebro deveria ser examinado a fim de se buscar "evidência material da genialidade do líder." Antes que qualquer experimento fosse conduzido, os professores A. Demin, V. Bunak, B. Veisbrod, L. Minor, A. Abrikosov, V. Kramer e O. Focht tinham dado uma opinião positiva,[193] sabendo perfeitamente bem que resultado o todo-poderoso Politburo queria obter.

As memórias "ultra-secretas" de Krupskaya sobre os últimos dias de Lênin não são enevoadas por tais considerações oficiais:

> Na segunda-feira [21 de janeiro de 1924], o fim chegou. Às onze, ele bebeu café preto e dormiu de novo. Perdi um pouco o sentido do tempo. Quando ele acordou novamente, não conseguia falar coisa alguma; foi-lhe dado caldo de carne e mais café, que ele bebeu avidamente e sentiu-se algo melhor, mas então começou a emitir gorgolejos do peito. Seu olhar ficou perdido, [o enfermeiro e o chefe da segurança] estavam praticamente levantando seu corpo, ele, por vezes, gemia quietamente, um tremor percorreu seu corpo, de início, segurei sua mão quente e úmida, mas então percebi que a toalha se tornara rubra de sangue, e a máscara da morte ficou

> estampada em sua face pálida e encovada. O professor Foerster e o doutor Yelistratov esfregaram cânfora e tentaram a respiração artificial, mas em vão; era impossível salvá-lo.[194]

Como os eventos que envolveram a morte de Lênin, o Politburo continuaria para sempre tomando decisões em sigilo. Ao povo só era dado o direito "de demonstrar iniciativa e patriotismo soviético." Lênin foi o fundador de uma sociedade fechada onde a opinião pública, se é que podia ser assim chamada, era totalmente formada e guiada pelo partido. O partido conspirador de 1917 transferiu seus métodos antidemocráticos para a administração do estado, que consistiu de dois níveis: o nível superior, onde os chefes executavam as "sábias, leninistas e corretas" políticas; e o nível inferior, onde as massas laboravam. Tal arranjo só poderia sobreviver enquanto prevalecessem os métodos ditatoriais. Quando se tratou de competição mundial, de comparações econômicas ou de conquistas de direitos humanos reais, a estrutura se revelou profundamente viciada e inviável. Quando as mentiras começaram a ser pressionadas depois de 1985, ficou claro que a criação de Lênin não podia continuar a existir.

Criador do sistema

Em 18 ou 19 de outubro de 1923, Lênin chegou inesperadamente a Moscou vindo de Gorki, onde convalescia. A viagem não fora planejada nem autorizada por seus médicos. Debruçando-se sobre o pescoço do enfermeiro ele conseguiu de alguma forma indicar que queria ser colocado em seu automóvel. Uma vez instalado no banco traseiro, demandou, como a equipe já adivinhara, que seguissem para Moscou, e não houve como dissuadi-lo. A viagem demorou duas horas e terminou no Kremlin, onde Lênin foi empurrado na cadeira de rodas por todos os cômodos vazios de seu apartamento. Incoerentemente, murmurava *vot, vot*, sim, sim, com evidente prazer. Seus médicos e outros conjeturaram que, ou ele quis se despedir da capital, ou quis mostrar aos outros chefes que ainda estava vivo, ou ainda quis ver como Moscou ficara depois do vendaval da revolução.

No dia seguinte, depois de levantar-se às onze, pediu para ser conduzido à biblioteca onde selecionou perto de uma dúzia de livros. Foi levado em seguida a passear de automóvel na chuva pelo Kremlin e pelas ruas da cidade. Do carro, Lênin observou os pedestres que deslizavam sombrios e as placas que indicavam as instituições pelas quais passavam.

Que o teria levado a fazer aquela viagem à capital do novo império que criara sobre as ruínas do antigo? Sua enfermidade cerebral dificilmente poderia proporcionar uma resposta. Nenhum de seus camaradas-em-armas foi vê-lo, embora por certo lhes tenha sido dito que o líder aparecera de repente na cidade. Todos sabiam não ser mais possível manter uma conversa normal com Lênin e nenhum deles imaginava que, um dia, ele retornasse à vida política. Aos seus olhos, o chefe já estava morto.

A visita a Moscou foi altamente emblemática. A cidade era a capital do estado "revolucionário" com o sistema bolchevique que ele havia criado. Tratava-se de um sistema que incorporava a própria personalidade de Lênin. O partido era criação sua e o estado que ele governava era expressão de sua mente e de sua vontade. É impossível separar-se a história de um da biografia do outro.

Aderindo aos preceitos marxistas sobre nacionalidade, entre os primeiros atos de Lênin veio a abolição das antigas províncias que eram a base do Império Russo. Essa iniciativa iria se mostrar fatal. Quando assumiram o poder pela primeira vez, os bolcheviques não puderam resistir ao esfacelamento do império. Em março de 1917, o Governo Provisório proclamou a independência da Polônia, e a própria Rússia foi declarada República Democrática em setembro de 1917. Ao derrubarem o Governo Provisório em outubro de 1917, os bolcheviques também derrubaram a nova república.

Em dezembro de 1917, o Sovnarkom reconheceu a República Popular da Ucrânia e a República da Finlândia, o que foi ratificado em 4 de janeiro de 1918. Na véspera da guerra, em Cracow, Lênin manteve contato com a União para a Libertação da Ucrânia, por trás da qual estava a Áustria. Não foi o amor pela Ucrânia que o motivou: ele entraria em acordo com quem se opusesse ao regime czarista, inclusive a Alemanha.

Em dezembro de 1918, Moscou reconheceu a independência de Estônia, Letônia e Lituânia; em 1920, reconheceu as repúblicas soviéticas da Bielo-Rússia, do Azerbaijão e da Armênia; e em fevereiro de 1921, a da Geórgia. O reconhecimento era fácil quando os bolcheviques estavam simultaneamente instando seus aliados a "sovietizar" esses países, a estabelecer governos de trabalhadores e camponeses e a confiar no "centro proletário" em Moscou. Tendo destruído o antigo estado, Lênin se propôs a reconstruí-lo sobre uma nova fundação bolchevique. Ao ler a carta de Ioffe ao embaixador soviético na Alemanha, Nikolai Krestinsky, Lênin sublinhou a frase: "O que é realmente necessário é a subjugação de fato da Ucrânia enquanto ela retém sua independência formal."[195] Não tardou para que a República Soviética da Rússia começasse a fazer tratados bilaterais com esses novos estados "independentes," até que a Declaração sobre a formação da União das Repúblicas Socialistas Soviéticas foi assinada em 30 de dezembro de 1922.

Fora uma estranha política: primeiro, a destruição do império russo com base em províncias e, depois, sua recriação com uma base "internacional" soviética. Da separação à reunificação. Todavia, a nova "estrutura nacional" logo causou fricção. Em 30-31 de dezembro de 1922, Lênin ditou de seu leito de enfermo um artigo "Sobre Nacionalidades ou sobre 'Autonomização'," no qual tentou excluir manifestações de chauvinismo de grande potência e nacionalismo regional do processo de reunificação. O artigo apareceu pela primeira vez no *Sotsialisticheskii vestnik*, em Berlim, publicado por emigrados mencheviques que o conseguiram por meio de contatos na Rússia soviética. Mas não foi publicado na União Soviética até 1956, quando saiu no jornal *Kommunist*.[196]

Defendendo a criação e a consolidação da União das Repúblicas Socialistas Soviéticas, Lênin argumentou que a maneira de reduzir a fricção era "fazer concessões a outras nacionalidades," e reduzir "a desconfiança, a suspeita e os insultos infligidos a elas no passado pela nação "grande-potência." Esta abordagem aparentemente razoável era, no entanto, destituída de significado. Sua demanda para que Trotsky "assumisse a defesa da questão georgiana,"[197] seus esforços para escrever "notas e discursos" em defesa dos bolcheviques georgianos que tinham se tornado vítimas dos métodos pesados de Stalin[198] e a escaramuça entre Stalin e Trotsky a respeito do artigo[199] não mudaram coisa alguma. A abolição das antigas províncias fora decidida e o processo de criação de entidades nacionais estava transferindo o problema para um plano inteiramente novo. Sob o disfarce de "internacionalismo," a destruição das províncias, únicas unidades capazes de reduzir as diferenças nacionais a um mínimo, prosseguiu. O exemplo dos Estados Unidos da América imensamente multinacional mostrou que foram precisamente os estados que facilitaram a emergência de um povo americano. Contrariamente à muito louvada "nova comunidade histórica," povo soviético algum jamais emergiu, como os eventos que se seguiram a agosto de 1991 mostraram. Tão logo as condições permitiram, as forças centrífugas do nacionalismo se fizeram sentir e a união criada por Lênin se desmantelou. Os vínculos intranacionais formados entre as repúblicas se revelaram bem mais fracos do que os que existiam no sistema provincial. A estrutura de Lênin era profundamente defeituosa.

Lênin destruiu o sistema do estado russo e perseguiu seu programa marxista, se bem que, quando se tratou de questões puramente nacionais, ele, por vezes, teve outras idéias. Em 18 de novembro de 1920, por exemplo, respondeu a um telegrama de Stalin sobre a "necessidade de ocupar a Geórgia," dizendo: "Temos que pensar cuidadosamente se vale a pena lutar contra a Geórgia se vamos ter que alimentá-la depois disso."[200] Em última análise, entretanto, ele foi vitorioso na substituição da antiga ordem por uma nova e soviética. Enquanto a URSS permanecesse um estado unitário, o que ela indubitavelmente era, sua forma nacional era irrelevante: os laços que mantivessem a união dependiam do poder totalitário do Partido Comunista da União Soviética-PCUS.

Lênin acabou com quaisquer possíveis aliados quando se livrou dos mencheviques e dos SR. Seus documentos estão repletos de instruções sobre as maneiras de "desentocar" todos os socialistas russos que não aceitassem a autoridade bolchevique. Em junho de 1921, por exemplo, por ordem de Lênin, Unshlikht reportou ao Politburo que "a Cheka propõe continuar a destruição sistemática das organizações SR e mencheviques, abatendo igualmente um por um os operadores e líderes. Operações maciças têm que ser conduzidas contra essas organizações em escala estatal."[201] Cedo, o Politburo estava ordenando a deportação de mencheviques para as províncias ou sua expulsão para o exterior.[202]

Lênin optara por confiar em seu "partido de ferro" e ganhara a batalha política. Em 20 de novembro de 1922, a última vez que se dirigiu em público a seus seguidores, ele pronunciou um discurso franco para o Soviet de Moscou, no Teatro Bolshoi – discurso que só foi mencionado num relato de jornal contemporâneo, enquanto o texto permaneceu sem publicação.[203] O socialismo, disse ele, "é a tarefa a que nos propusemos executar. Existe um pequeno grupo, na verdade diminuto, que se autodenomina partido, que pôs mãos à obra. Este partido é um núcleo insignificante de toda a massa de trabalhadores da Rússia. E foi este caroço insignificante que estabeleceu para si mesmo a tarefa de mudar realmente tudo, e o fez."[204] Ele atingiu seu objetivo; seu partido sozinho foi responsável por virar tudo de cabeça para baixo. Consciente de que, talvez, não mais fizesse discursos para platéias tão grandes, foi categórico: "Criamos essa estrutura de estado em três anos de trabalho para provar e para mostrar que mudaríamos o antigo curso da vida internacional a qualquer custo, e fizemos isto. Nas nossas presentes circunstâncias, nunca tivemos tempo para pensar se estamos apertando demais, jamais tivemos tempo para determinar se as vítimas são demasiadas, porque têm sido muitas as vítimas."[205]

Naquela noite úmida, falando pela última vez numa reunião bolchevique, Lênin pôde reivindicar que a nova ordem estatal tinha sido, de fato, implantada. Dali por diante, seus sucessores teriam apenas de reforçá-la, desenvolver e "defender" suas iniciativas. Sobretudo, ele havia estabelecido a supremacia do partido bolchevique. O Politburo e o Comitê Central representavam uma nova forma de absolutismo ideológico e político que controlava cada aspecto da atividade pública e estatal. Quando Lênin deixou seu posto em 14 de junho de 1923, o Partido confirmou o Politburo como órgão supremo do poder.

Não tardou para que as notórias *nomenklaturas* fossem entronizadas, com o controle de todos os cargos importantes por toda a administração, dos ministros da área econômica e do Gosplan ao serviço diplomático, Corte Suprema, exército e órgãos de segurança.[206] No decorrer de todo o período soviético, de Lênin a Gorbachev, todos os funcionários do estado e do partido seriam nomeados por um pequeno grupo do topo, e o poder seria simplesmente transferido de mão em mão dentro de um "clã." Esse acerto autolimitado e de autopromoção foi uma das causas principais do colapso final do sistema.

Outro elemento do sistema leninista foi o que Stalin delicadamente chamou "os órgãos punitivos." Com o passar dos anos, eles tomaram proporções enormes de modo que, quando da morte de Stalin, existiam onze milhões de pessoas empregadas de uma forma ou de outra no trabalho de espionar o restante da população. Jamais houve algo parecido na história, e o próprio Lênin deu o exemplo ao demonstrar sua preocupação com o bem-estar dos chekistas. Numa nota para Unshlikht, de 21 de setembro de 1921, escreveu: "Estive hoje com Radek; ele acabou de chegar de [Petrogrado]. Diz que a cidade está fervilhando. Trata-se de um porto. Estrangeiros estão subornando todo o mundo, inclusive famintos e maltrapilhos chekistas. O perigo é muito grande. Crie uma comissão do partido (Cheka de Toda a Rússia + Cheka de Petrogrado + organização do partido em Petrogrado + Comitê Central), consiga algum dinheiro (daremos certa quantidade de ouro) e alimente e vista os chekistas em Petrogrado, Odessa, Moscou, e assim por diante. Isto tem que ser feito rapidamente."[207] Unshlikht agiu com presteza. Requisitou de Lênin 4.356.690 rublos-ouro "para confeccionar uniformes para 105 mil chekistas."[208] Lênin liberou a quantia e, mais tarde, adicionou 1.132.000 rublos-ouro para outras necessidades do braço mais confiável do partido.[209]

Por todos os cantos e na linha de frente das ações mais impopulares do partido, a Cheka fazia jus à confiança. Acompanhado de vibrantes aplausos dos chefes sindicalistas, Lênin disse, em 12 de janeiro de 1920, referindo-se às medidas duras tomadas durante a requisição de grãos: "Não hesitamos em fuzilar milhares de pessoas, e não hesitaremos, e salvaremos este país."[210]

O Politburo deu liberdade de ação à Cheka quando a autorizou a empregar "execuções extrajudiciais," bem como "exílio e campos de concentração."[211] Tudo em nome da "legalidade revolucionária." É difícil conciliar essas opiniões com a noção de que menos de vinte anos antes Lênin fora um socialdemocrata. Pior ainda, o povo se acostumou com a violência perpetrada pelo estado em prol de um futuro brilhante.

É verdade que os bolcheviques fizeram várias tentativas para abolir a pena de morte. Falando em 1º de fevereiro de 1920 para chefes de sovietes distritais e provinciais, Lênin garantiu que o Sovnarkom faria o que pudesse para "tornar impossível o emprego na Rússia da pena de morte."[212] No entanto, depois de esmagar, um ano mais tarde, o levante antibolchevique entre soldados e marinheiros de Kronstadt, ele iria asseverar que quem fosse encontrado dentro da fortaleza ou a bordo de um navio seria executado. Em 20 de março de 1921, uma comissão especial sentenciou à morte 167 marinheiros do encouraçado *Petropavlovsk*, no dia seguinte, outros trinta e dois foram fuzilados e, em 24 de março, ainda mais vinte e sete.[213] O comandante do VII Exército, Tukhachevsky, ordenou um ataque aos couraçados *Petropavlovsk* e *Sevastopol* com o emprego de "gás asfixiante e granadas com agentes químicos"[214] (as granadas não chegaram a tempo). Além das execuções da época, 6.459 foram aprisionados ou exilados, para serem fuzilados mais tarde por Stalin.

Em dezembro de 1919, houve uma crise de combustíveis no país. Lênin encarregou A. Eiduk de resolver o problema, e toda a mão-de-obra "burguesa" foi mobilizada para reunir madeira e carregá-la em vagões ferroviários: serventes, intelectuais, oficiais czaristas – qualquer "ex-pessoa" empobrecida pela nova ordem e, como regra, sem direito a cartão de ração. Era comum a visão de pessoas esquálidas, enroladas no que restara de capotes outrora elegantes, carregando desajeitadamente toras congeladas sob o olhar vigilante de algum camarada "autorizado." Mais tarde, já atormentados pela ordem de 20 de abril de 1921 que determinou que seus apartamentos podiam ser apinhados com pessoas pobres e sem teto, ou totalmente requisitados, esses indivíduos desolados buscaram todas as desculpas para evitar os trabalhos maçantes e manuais. Os feriados religiosos foram algumas dessas desculpas. Em 25 de dezembro de 1919, Lênin escreveu a Eiduk: "É um absurdo tolerar-se o 'Nikola' [isto é, o Dia de São Nicolau]; todos os chekistas têm que ficar alerta para atirar em quem não se apresentar ao trabalho por causa de 'Nikola.' Medidas especiais são necessárias de imediato: 1) aumentar os carregamentos, 2) alertar contra as ausências no Natal e no Ano-Novo. Reporte hoje para mim que medidas especiais você está tomando."[215]

Na diligente perseguição a esse objetivo, Lênin encarou como descartáveis não só as vidas de "burgueses" como também as de bolcheviques. Num discurso de 12 de janeiro de 1920, disse: "Abrimos mão das vidas de dezenas de milhares dos melhores comunistas em troca de dez mil oficiais dos Guardas Brancos, e isso salvou o país."[216] Tais métodos, Lênin alertou, não deveriam ser esquecidos; deveriam ser aplicados. E aplicados foram. Em novembro de 1920, Dzerzhinsky informou a Lênin que "a república tem de organizar o internamento em campos de cerca de 100 mil prisioneiros do front sul e grandes massas de pessoas expelidas dos assentamentos [cossacos] rebeldes do Terek, do Kuban e do Don. Hoje, 403 cossacos homens e mulheres, com idades entre 14 e 17 anos, chegaram em Oryol para internamento em campos. Eles não puderam ser aceitos porque Oryol já estava superlotado."[217] Cerca de um terço da população cossaca foi exterminado por ordem de Lênin.

Em fevereiro de 1920, Lênin passou um cabograma para Ivan Smilga e Grigory Ordzhonikidze, no front do Cáucaso Setentrional: "Como necessitamos desesperadamente de petróleo, divulgue um alerta à população que massacraremos quem quer que incendeie os poços ou as instalações de petróleo e, ao contrário, pouparemos as vidas de todos se Maikop e, especialmente, Grozny forem entregues intactas." Ao mesmo tempo, ele quis que Saak Ter-Gabrielyan, um membro do Comitê Principal do Petróleo, fosse avisado para "fazer todos os preparativos para incendiar Baku completamente se houver uma invasão, e para anunciar isso na imprensa de Baku."[218]

A selvageria da guerra civil instilou de alguma maneira no povo russo um sentimento de que a morte, a prisão e a coerção eram condições normais da vida. Para conseguir tal estado de espírito, os bolcheviques tiveram que abandonar os slogans de liberdade com os quais chegaram ao poder. As primeiras providências de Lênin depois de outubro de 1917 foram para o fechamento da imprensa não-bolchevique. Com o devido tempo, a idéia de imprensa livre bem como a de direitos dos indivíduos passaram a ser vistas como profundamente heréticas e contra-revolucionárias. Numa carta de agosto de 1921 para Gabriel Myasnikov, um crítico bolchevique da supressão da democracia, Lênin chamou a liberdade de imprensa de "uma arma nas mãos da burguesia mundial."[219] Foi portanto natural que, em abril de 1919, quando os "Gráficos Vermelhos" entraram em greve por melhores condições, Lênin e Kamenev minutassem rapidamente um decreto para o Comitê do Partido em Moscou a fim de que fosse aprovada a convocação da Cheka de Moscou "para efetuar prisões de todos os grevistas e de seus delegados, impiedosamente e sem levar em conta considerações passadas."[220]

Myasnikov escrevera dois artigos nos quais defendeu liberdades democráticas de base para os trabalhadores, sobretudo a liberdade de expressão e a de imprensa. Lênin, de imediato, percebeu o perigo e respondeu numa longa carta, que foi publicada em forma de livro sob o título *Materiais de Discussão*. Como sempre, foi enfático: "A 'democracia pura' é uma piada." Estava certo ao afirmar que "não há outro país no mundo que tanto tenha feito, e esteja fazendo, para emancipar as massas da influência dos padres e dos proprietários de terra quanto a RSFSR [a Federação Socialista Russa de Repúblicas Soviéticas]. Cumprimos o papel da "liberdade de imprensa" e estamos nos saindo tão bem quanto qualquer outro lugar do mundo."[221] Todavia, é surpreendente a facilidade com que Lênin era capaz de abandonar até mesmo o uso cosmético dos antigos slogans democráticos. Myasnikov foi, é evidente, expelido do partido. Fugiu para o exterior, mas em

1945, como muitos outros ex-cidadãos soviéticos, voltou à URSS com a promessa de imunidade, porém morreu num campo de concentração no ano seguinte.

O leninismo foi a teoria e a prática do controle total de todos os aspectos da vida russa. É duvidoso se qualquer outro regime na história manteve a população tão completamente sob seu jugo. Num de seus artigos, Lênin escreveu: "Homens ricos e trapaceiros são os dois lados da mesma moeda, dois dos principais elementos nutridos pelo capitalismo, dois dos principais inimigos do socialismo. Tais inimigos têm que ser mantidos sob observação especial por toda a população, e têm que ser tratados sem clemência pela menor transgressão das regras e leis da sociedade socialista."

Como sugeriu Lênin que esse controle fosse exercitado? "Num determinado lugar, uma dúzia de homens ricos, uma dúzia de trapaceiros e meia dúzia de operários, que descuraram de seus deveres no trabalho, devem ser colocados na prisão. Num outro lugar, eles devem ser postos para limpar as latrinas. Num terceiro, devem receber um cartão amarelo depois de cumprido seu tempo de prisão, de modo que a população mantenha sobre tais indivíduos nocivos um olho vigilante até que melhorem seus procedimentos. Num quarto lugar, um em cada dez acusados de parasitismo deve ser executado na hora."[222] Tais propostas foram colocadas em prática por um decreto de 14 de maio de 1921 do Politburo, que ampliou os poderes da Cheka na aplicação da pena de morte.[223] E tudo em nome da "legalidade revolucionária."

Da mesma forma que a palavra "liberdade," os vocábulos e idéias ligados à "propriedade privada" também caíram vítimas do teste leninista da intenção contra-revolucionária. Lênin queria acabar com eles o mais cedo possível e, já em outubro de 1918, ordenou ao Comissário do Povo para a Justiça Dmitri Kursky que destruísse todos os documentos relacionados à propriedade privada que pudesse encontrar nos arquivos. Isso tinha que ser feito "secretamente e sem publicidade." Falando ele mesmo como ex-proprietário de terra, Lênin aconselhou Kursky a começar pelas "escrituras de posse de terra, fábricas e propriedades reais, e daí por diante."[224]

Entretanto, o sistema não funcionou de início sem a propriedade privada. A nacionalização descuidada, os constantes confiscos e requisições foram incapazes de alimentar a Rússia faminta. Rilhando os dentes, por conseguinte, Lênin reconheceu as conseqüências desastrosas da prática bolchevique, buscou aconselhamento das cabeças mais sóbrias de seu entourage e abrandou a política referente à propriedade privada. Todavia, deixou perfeitamente claro que a Nova Política Econômica era "um gesto definitivo, um movimento definitivo. Estamos agora recuando como se estivéssemos nos retirando, mas o fazemos para dar depois uma corrida e um salto mais forte para o futuro. Só sob tais circunstâncias foi que recuamos com a introdução da nossa nova política econômica. (...) A NEP está se tornando o principal e todo-poderoso slogan do dia."[225] O ponto de vista de Lênin sobre a NEP era puramente tático. Escreveu a Kamenev em 3 de março de 1922: "Seria o maior dos erros julgar que a NEP daria um fim ao terror. A ele voltaremos e ao terror econômico."[226] A NEP salvou o sistema leninista. Mas é preciso creditar ao líder o fato de, ao enfrentar o colapso total de sua política de Comunismo de Guerra, ser capaz de demonstrar invulgar capacidade tática para rejeitar – temporariamente – o que tinha como sagrado.

Outra idéia que Lênin se dispunha a abandonar era a do autogoverno dos camponeses, que sempre advogou como preferível no lugar da administração burocrática da produção. Contudo, o próprio Comunismo de Guerra fora uma forma de ditadura impiedosa. Os sovietes, comissões e juntas que espocaram depois de outubro, logo deram lugar ao autoritarismo severo e à burocracia estatal. Em seu discurso de 12 de janeiro de 1920, Lênin zombou de Georgy Lomov, Alexei Rykov e Mikhail Larin por suas defesas do colegiado na indústria e da descentralização da administração. "Toda essa 'conversa' sobre centralização e descentralização," disse, "não faz sentido, é tolice lamentável, e é uma vergonha e uma desgraça perder tempo discutindo isso." Concluiu num tom mais conciliador: "Em determinadas ocasiões, empregaremos o autogoverno e, noutras, a administração de um só. Deixaremos o autogoverno para os mais fracos, os piores, os atrasados, os subdesenvolvidos; deixemos que falem, eles acabarão cansando e pararão de falar."[227] Ele sabia que os bolcheviques tinham ganho a guerra civil porque concentraram todo o poder cruel num par de mãos que não teve medo de utilizar o terror e os métodos mais selvagens de governo.

O mesmo sistema permaneceu por muito tempo depois da morte de Lênin. Ainda existiram sovietes, comissões e juntas, e muitas outras espécies de unidades administrativas, mas todo o conglomerado foi dirigido pelo partido com o chefe no seu topo. Em tais circunstâncias, conceitos como poder do povo, liberdade e direitos humanos se tornaram simplesmente "desnecessários."

Lênin acreditava mesmo que seu sistema se tornaria contagiante em todo o mundo. Disse no Nono Congresso dos Sovietes de Toda a Rússia: "o capitalismo vai perecer, e sua morte causará para dezenas e centenas de milhões de pessoas sofrimentos inimagináveis, mas não há força que possa impedir sua queda."[228] Ao esposar objetivo tão distante, Lênin adiou mais e mais os interesses das pessoas comuns. Ele pode ter demonstrado interesse por algum peticionário individual, escrevendo um bilhete dando a algum visitante um passe para a cafeteria, garantindo que o vagão ferroviário que conduzia seus familiares fosse conectado a uma locomotiva militar no momento azado, mas as necessidades comuns das pessoas comuns não estavam em sua agenda.

Em 1921, o Exército Vermelho foi reduzido em meio milhão de homens. Foi entendido que, se eles fossem todos enviados para casa de imediato, as ferrovias não dariam conta, mas se a desmobilização fosse gradual, eles teriam que ser alojados, alimentados e vestidos enquanto esperassem. Lênin escreveu a Zinoviev em 5 de abril: "A política precisa ser alterada fundamentalmente: pare de dar a eles qualquer coisa. Nem pão, nem roupas, nem botas. Diga ao homem do Exército Vermelho: ou ele vai embora de imediato a pé e "sem nada," ou vai esperar um ano à base de um oitavo de libra de pão e sem roupa ou botas. Ele sairá por conta própria e a pé."[229] No dia seguinte, o Politburo expediu um decreto: "A taxa de desmobilização tem que ser profundamente alterada. Com esse objetivo, homens desmobilizados não devem ser transportados por ferrovias, mas deve ser permitido que se dispersem a pé."[230] Como se a vitória bolchevique não devesse nada a eles, os "heróis" vermelhos vagaram pelos caminhos de volta aos vilarejos.

Ao lidar com as massas camponesas, Lênin usava psicologia aplicada. Quando as requisições de grãos foram substituídas por taxas em espécie, já sob a NEP, preocupou-o o fato de que os mesmos comissários, com pistolas na cinta, não fossem às vilas coletar os grãos. Disse ao Comissário do Povo para a Produção de Alimentos, A.D. Tsyurupa, que era "politicamente essencial fazer um rodízio no pessoal dos comitês de alimentos antes do início da nova campanha. Os camponeses devem ver caras novas. A nova política não deve ser executada pelos antigos funcionários dos comitês de alimentos, que são odiados pelos camponeses, mas por novos. Pense em como fazer isto e me escreva um bilhete tão logo puder."[231]

O rodízio do pessoal fez pouca diferença. A burocracia se multiplicaria por leis próprias. Embora combatesse "papelório, burocracia e sabotagem," Lênin não percebeu que o sistema que criara era organicamente permeado desses males. Em vão, ameaçou funcionários negligentes com julgamentos públicos, prisões e execuções. Veio a detestar aquilo que chamou de "arrogância comunista," que culpou como uma das tendências da Rússia soviética. Escreveu a Zinoviev em dezembro de 1919 para pedir que as provas de seu trabalho escrito fossem a ele enviadas para correção e demandou que fossem tomadas medidas rigorosas contra quem causasse retardos: "A menos que você faça isso, esses porcos soviéticos continuarão retardando as coisas!"[232] Em fevereiro de 1922, expressou sua exasperação com a inépcia russa: "Na minha opinião, não deveríamos apenas pregar, 'Aprendam com os alemães, seus nojentos preguiçosos russos!', deveríamos é trazer os alemães para cá como instrutores. Caso contrário, tudo se resumirá a palavras."[233]

Em poucos anos, Lênin pudera fazer coisas difíceis de imaginar feitas por um só homem. O partido se tornou um estado dentro do estado, sua ditadura um fato. A religião foi substituída pela áspera ideologia bolchevique do leninismo. O absolutismo do partido tomou o lugar da autocracia czarista. A coação passou a ser característica permanente. Democracia e direitos civis se transformaram em "manifestações burguesas," e a vida humana, numa unidade estatística sem alma. Mesmo alguns do entourage de Lênin se preocuparam com o crescimento dos escritórios e dos apêndices burocráticos. Numa carta a Trotsky, o qual a mostrou para Lênin, o Comissário do Exterior Chicherin queixou-se: "A 'Junta dos Negócios' é um estado dentro do estado. Karakhan e eu fomos ejetados da gerência. Havia 'falta de sistema,' agora temos 'o sistema,' isto é, cada pequeno detalhe tem que subir e descer cinco ou seis níveis de hierarquia, é gerada uma montanha de papéis e, nesse meio-tempo, enquanto as delegações visitantes não têm onde dormir e todos os jornalistas fogem para o estrangeiro por causa da fome, eu, que não posso escapar para o exterior, estou agora extremamente fraco e entrando em pane para a grande glória do 'sistema'."[234]

Chicherin era indispensável para Lênin, com quem partilhava forte crença de que a Alemanha tinha papel especial a desempenhar no interesse da Rússia. Sua carta a Trotsky pegou Lênin de surpresa, que escreveu imediatamente ao Chefe da Junta dos Negócios Nikolai Gorbunov: "Estou lhe enviando a carta anexa secreta e pessoalmente. Devolva-me quando a tiver lido. E diga-me: 1) Não podemos conseguir melhor comida para Chicherin? Ele não consegue sua alocação de etapa do exterior? Como você fixa essa etapa? Não poderia Chicherin, como exceção, recebê-la por completo como dieta de alta caloria?"[235] Gorbunov respondeu que a culpa era sua porque colocara alguns líderes numa "ração diplomático-estrangeira ligeiramente reduzida." Garantiu a Lênin que Chicherin "receberia hoje uma remessa de produtos comuns, mas que, a partir de amanhã, serão regularmente enviados a ele leite, ovos, chocolate, frutas etc."[236]

Mais surpreendente do que a "alocação de etapa do exterior" é a observação de Chicherin sobre o controle cerrado da hierarquia. Não tardaria para que todos na União Soviética se tornassem prisioneiros de tal hierarquia. O sistema cuidaria dos suprimentos, do tratamento médico, das acomodações e da segurança para um grande número de funcionários dos altos escalões do partido. Seus privilégios eram tão consideráveis que o Comitê Central iria tratá-los como segredos da mais alta importância. Até o colapso do sistema, todos os documentos referentes a esses assuntos foram mantidos em "Pastas Especiais" nos arquivos do partido. O tíquete gratuito distribuído a um inspetor provincial de nível baixo para a estada numa casa de repouso, o dinheiro adicional e vários outros extras estavam registrados nas prateleiras das "Pastas Especiais." O aparato do partido mantinha tudo sob controle, e tal arquivo tinha que ser mesmo muito bem cuidado.

O próprio Lênin deu início a esse tratamento privilegiado para os funcionários do topo, e ao sigilo que o envolveu. Quando soube por exemplo, em maio de 1921, que outra casa de repouso tinha sido organizada para o Sovnarkom, escreveu a Molotov: "Temo que isso provoque recriminações. Vou solicitar que o Orgburo examine o caso com cuidado. Talvez seja mais racional dar-se simplesmente um número ao estabelecimento: 'Casa de Repouso nº 9.' Caso contrário, receio que ela provoque reclamações."[237] Os futuros funcionários do Comitê Central aprenderiam como esconder melhor do olhar público suas casas de repouso, hospitais, clínicas, estúdios, restaurantes e lojas especiais.

O sistema de Lênin não poderia ter sobrevivido sem o estado de extrema tensão que criou, sem as campanhas constantes e as "novas revoluções" – na indústria, agricultura, cultura, vida social e ideologia. Dogmas de classes justificaram a violência e a coação e, portanto, o sistema estava condenado desde o começo. O fato de ele ter sobrevivido por setenta anos se deveu mais ao autoritarismo severo e à manipulação da mente pública do que às suas virtudes inerentes. Em tempo de guerra, o sistema exibiu certa eficiência, mas isso não disfarçou a fenda crescente que foi se abrindo entre ele e o povo.

Destino do leninismo

Além das milhões de cópias das Obras Seletas de Lênin em cinco edições separadas – uma sexta estava prometida, mas foi graças a Deus abortada com o fracasso do golpe de 1991 – o país foi inundado de monumentos, museus, fábricas, fazendas coletivas, bibliotecas e instituições educacionais que levavam seu nome. Proliferaram medalhas, prêmios, bolsas de estudos e condecorações com o título Lênin. Todo livro didático escolar abria e fechava com referências a ele como uma autoridade; cada reunião científica, congresso do partido ou outro qualquer era aberto com o ritual mágico de um juramento de fidelidade a seus "ensinamentos." Lênin e o leninismo se transformaram na religião estatal para ateus.

Os mitos sobre ele foram fabricados, e sua canonização não foi meramente um dever do partido, era política estatal. Mesmo assim, o povo ficou tão familiarizado com sua imagem e seu nome como características do ambiente em que vivia que uma certa repulsa foi também criada. Era contada uma piada sobre a distribuição de recompensas a trabalhadores das fazendas: "Pelo trabalho no campo, a Camarada Ivanova ganha um saco de cereal. Pelo trabalho na fazenda, a Camarada Petrova recebe um saco de batatas. E pelo excepcional trabalho social, a Camarada Sidorova é agraciada com as Obras Completas de Lênin." A multidão ri e alguém grita: "Bastardos! Isso é tudo que a pobre vaca precisa!"[238]

Lênin mudou muito depois que chegou ao poder. Seu caráter político tornou-se impulsivo, seco, imoral. Sem qualquer peso na consciência, podia, por exemplo, ordenar "a execução de cabeças da oposição no clero" em 1922,[239] e, não muito depois, expedir um decreto estipulando que "a pena de morte deveria ser aplicada aos padres."[240] Escarnecendo dos esforços de autogoverno, ele garantiu que a democracia e a autonomia dos trabalhadores – por mais ineficientes que pudessem ter sido sob o Comunismo de Guerra – estavam desenraizadas e destruídas na União Soviética.

O controle do partido chegava a todos os lugares, estendendo-se aos arranjos mais triviais. Por exemplo, em 15 de outubro de 1920, o Politburo determinou que as reuniões do Diretório dos Sindicatos fossem realizadas às onze da manhã e que sua agenda circulasse entre todos os membros do Politburo.[241] O Profintern, organização internacional dos sindicatos controlada por Moscou, era tratado da mesma forma. Seu presidente, Jan Rudzutak, foi nomeado pelo Politburo, e não pelos membros da organização.[242] Os órgãos sociais eram estritamente controlados pelo partido, e qualquer funcionário que não andasse na linha era simplesmente removido.

O Comunismo de Guerra, disse Lênin, tinha a intenção de efetuar a imediata transição para a produção e distribuição comunistas: "Decidimos que os camponeses irão suprir a quantidade suficiente de grãos através das requisições e que nós os distribuiremos para fábricas e empresas, e assim teremos a produção e a distribuição comunistas."[243] O resultado foi, na realidade, o colapso total da economia. Espremido contra a parede pelo desastre que se auto-impôs, Lênin foi compelido a introduzir a NEP, uma meia-volta apresentada a gerações sucessivas de estudantes da história soviética como exemplo brilhante da dialética revolucionária em ação.

A paz em separado com a Alemanha, meio ano depois de ter declarado que ela não aconteceria; a dispersão pela força da Assembléia Constituinte, apenas semanas depois de vergastar Kerensky por retardar sua abertura; a coalizão de vida curta com os SRs, a liberdade de imprensa; as relações com os aliados da Rússia – as significativas mudanças procedidas por Lênin não foram a grande "dialética" em ação nem mesmo a força das "novas circunstâncias," e sim a manipulação bolchevique de princípios.

Trotsky escreveu: "Marx estava todo no *Manifesto Comunista*, no prefácio do seu *Crítica* e no *Capital*. Lênin, ao contrário, estava todo na ação revolucionária. Mesmo que não tivesse escrito um único livro, teria passado à história como passou, ou seja, como líder da revolução proletária e fundador da Terceira Internacional."[244]

Trotsky estava certo. Não foram seus escritos, mas sua capacidade de converter o conceito de Marx da luta de classes numa ferramenta para a consecução de seu objetivo principal, a conquista do poder, que fez de Lênin um gigante na história. O mundo mudou no século XX em grande parte por causa da intervenção de Lênin. Enquanto um pedaço da humanidade passou a "viver segundo Lênin," o outro recolheu-se horrorizado e temeroso de repetir ele também o experimento. Para evitar que isso acontecesse, muitos países buscaram reformas e mudanças sociais aceitáveis, e concentraram seus esforços no crescimento econômico e nos direitos de seus cidadãos. Não foi a força armada ou o arame farpado que salvaram os povos dos países capitalistas das tentações da revolução. Foram seus incomparavelmente mais elevados padrões de vida e a garantia de seus direitos civis.

2
Iosef Stalin

Em 25 de novembro de 1936, o secretário-geral do Partido Comunista da União Soviética, o segundo chefe do Império Soviético, Iosef Vissarionovich Stalin, discursou no VIII Congresso Extraordinário dos Sovietes de Toda a União. Enquanto ele caminhava lentamente para a tribuna, a platéia prestou-lhe verdadeira consagração. De pé e batendo palmas, os delegados bradavam: "Hurra! Camarada Stalin!" "Longa Vida ao Camarada Stalin!" "Hurra ao grande gênio que é o Camarada Stalin!" "*Vivat!*" "O Front Vermelho!" "Glória ao Camarada Stalin!"[1]

Stalin passeou o olhar pela platéia arrebatada, fitou por um instante a mesa-diretora, esperou um ou dois minutos e, com um gesto mínimo e dominador, silenciou a audiência. Seu discurso foi, como de hábito, dividido em diversas seções, sendo a terceira parte devotada aos "aspectos básicos da constituição." Com tom suave, ele declarou que "a nova Constituição não se restringe a fixar os direitos formais do cidadão, mas muda o centro de gravidade para a questão da garantia desses direitos." Calmamente, respondeu às "críticas da burguesia" sobre a Constituição Soviética: "Tenho que admitir que ela, de fato, fortalece a ditadura da classe trabalhadora da mesma forma que preserva sem alteração a presente posição de liderança do Partido Comunista da URSS [*tempestade de aplausos*]. Não há lugar na URSS para a existência de vários partidos, nem, portanto, para a liberdade de tais partidos. Só um partido pode existir na URSS, e este é o partido dos comunistas. (...) Daí porque acho que a Constituição da URSS é a única completamente democrática no mundo."[2]

É evidente que ele não chamou a atenção dos ouvintes para o fato de que, contra esse pano de fundo, Nikolai Yezhov e Lavrenti Beria estavam lhe fazendo relatórios regulares das Câmaras Especiais da NKVD sobre centenas de milhares de homens e mulheres condenados sem qualquer espécie de julgamento. Para aliviar o "centro" desse trabalho assassino, em maio de 1935, Stalin estendeu os direitos das Câmaras Especiais às infames *troikas* da NKVD nas regiões e repúblicas. De início, esses órgãos tinham competência para sentenciar cidadãos a não mais do que cinco anos em campos de trabalho corretivo ou de exílio, mas logo receberam poderes adicionais. Pelo final dos anos 1940, por exemplo, relatórios semanais como o que se segue do ministro do interior S.

Kruglov para Stalin eram típicos: "Em 2 de setembro, a Câmara Especial do MVD [Ministério do Exterior] examinou 179 casos. As sentenças promulgadas foram: 10 pessoas a 25 anos, duas pessoas a dez anos, 30 pessoas a 25 anos de trabalhos forçados."[3]

Stalin, ocasionalmente, sublinhava os números com lápis azul. Observou que o MVD enviara cinqüenta e duas pessoas para campos de trabalhos forçados em 10 de setembro de 1949, trinta e duas em 16 de setembro, e setenta e seis em 24 de setembro.[4] E as listas continuam até 1º de setembro de 1953, quando a Câmara Especial foi liquidada como instituição, em seguida à morte de Stalin no começo daquele ano.

O sistema projetado por Stalin foi montado por ele mesmo e pelo partido. A ditadura do proletariado tinha-se, bem antes da adoção da "mui democrática" Constituição de Stalin, transformado na ditadura de um só partido, a qual, por sua vez, acabara ditadura de um só chefe. Pelo fim de sua vida, Stalin personificava o regime e simbolizava um modo de pensar e de agir. O povo russo acreditava em tudo o que as autoridades bolcheviques lhe diziam. Submetia-se a enormes privações, suportava sofrimentos sem precedentes e aceitava monstruosos sacrifícios em nome de um futuro nebuloso. Acreditava em Stalin, ou pelo menos muitos acreditavam.

A uniformidade de pensamento, a regra de uma única força política e o sistema dos mitos ideológicos obrigatórios gradualmente tomaram conta da população. O stalinismo, como materialização das idéias de Lênin, surgiu não só das peculiaridades da história russa – as especificidades do marxismo plantadas em solo russo, as tradições do czarismo, o populismo e o jacobinismo – como foi também, em considerável medida, manifestação de fé ideológica. A Rússia sempre foi um país de fé, e a URSS, não menos, se bem que uma fé anticristã. Stalin foi a incorporação da impulsão do sistema pela fé ideológica.

A batalha pela "pureza" dos ensinamentos de Lênin levou a uma absoluta falta de escolha sobre a forma do desenvolvimento da Rússia. Até a expressão "evolução social" passou a ser vista pelos bolcheviques como heresia. A abordagem unidimensional especificada por Lênin condenou historicamente o stalinismo. Criado como teoria e prática dos "preceitos de Lênin," ele, desde sua origem, se revestiu de dogmatismo ossificado. Ao soldar a organização do partido à do estado, o stalinismo transformou legiões de "revolucionários" num exército de burocratas. Ao adotar métodos revolucionários para acelerar o curso natural dos eventos, ele levou, por fim, o país a um atraso real.

A demagogia totalitária, o medo constante, a pressão social e uma recém-nascida pseudocultura política criaram uma espécie de fé irracional em milhões de pessoas. Elas acreditavam no partido, no leninismo, e acreditavam em Stalin. Ele sabia disso e, cinicamente, tirou proveito do fato.

Pouco se sabe sobre a infância de Stalin, e ele não gostava de prestar muita informação sobre si mesmo. Nasceu em 21 de dezembro de 1879 (Novo Estilo) e seus pais, Yekaterina e Vissarion Djugashvili, camponeses georgianos pobres, viraram habitantes pobres da cidade de Gori. Dois de seus filhos morreram crianças e só Iosef – ou Soso – sobreviveu, embora tenha quase falecido aos cinco anos de idade em virtude de uma varíola cujas marcas características iriam figurar em suas biografias e dossiês policiais.

Na antiga Rússia, era típico o apelido de "remendões bêbados" para os sapateiros, e Vissarion, sem dúvida, fazia jus ao qualificativo. Espancava de maneira contumaz mãe e filho antes de cair no sono dos alcoólatras, e deixou a criação e a educação de Soso totalmente nas mãos da esposa sofredora. Foi ela quem batalhou por uma vaga para o filho numa escola teológica e depois num seminário, esperançosa de que ele escapasse da degradação daquela vida familiar e encontrasse um lugar de respeito na sociedade como padre ortodoxo. Como era esperado, os pais de Stalin se separaram. O marido mudou-se para Tiflis, capital da Geórgia, onde morreu sozinho num albergue para mendigos e foi enterrado pelo estado como indigente.

O jovem Djugashvili saiu-se bem na escola em Gori e no seminário em Tiflis, onde entrou em 1894. Demonstrou um talento fenomenal para memorizar textos religiosos e também acentuada curiosidade pelo Antigo e o Novo Testamentos. Como muitos outros estudantes de seu tempo, interessou-se pela idéia da revolução socialista, e o estudo da teologia arrefeceu à medida que ele se envolveu mais com as atividades ilegais. Foi expulso do seminário em 1899 e se tornou "revolucionário profissional." Dois anos mais tarde, foi eleito membro do Comitê Social Democrático de Tiflis. Preso pela primeira vez em 1902, casou-se no ano seguinte com Yekaterina Svanidze – segundo alguns, seu único e verdadeiro amor – antes de ser deportado para a Sibéria Oriental.

Ao escapar do exílio em 1904, Djugashvili retornou a Tiflis onde se tornou bolchevique e adotou o codinome "Koba," nome do herói do romance *O patricida*, do escritor georgiano Alexander Kazbegi. Seu primeiro filho, Yakov, nasceu naquele mesmo ano.

Em 1905, Djugashvili compareceu a uma conferência bolchevique em Tammerfors, na Finlândia, onde conheceu Lênin, e no ano seguinte tomou parte no Quarto Congresso do Partido Social Democrata, em Estocolmo. Durante aquela época, engajou-se na organização de roubos a bancos – as chamadas "expropriações" – na Geórgia, em nome de Lênin e de seu Centro Bolchevique secreto.

Em 1907, foi novamente ao exterior, dessa vez para o Congresso do partido em Londres e, no mesmo ano, sua esposa faleceu vítima da tuberculose, golpe de que, segundo se diz, jamais se recuperou. De 1907 a 1909, foi membro do Comitê do Partido em Baku, operando no meio do operariado etnicamente misto da indústria do petróleo.

Preso de novo em 1909 e exilado para Solvychegodsk, no norte da província de Vologda, escapou ao fim de quatro meses e voltou a Baku. Em 1912, foi preso novamente, dessa vez em São Petersburgo, e deportado para a Sibéria Ocidental, de onde fugiu mais uma vez e voltou à capital. Naquele ano, encontrou-se de novo com Lênin em Cracow, foi a Viena, onde conheceu Bukharin e Trotsky, e escreveu um ensaio sobre a questão nacional. Foi em 1912 que adotou o nome "*Stalin*" – de aço – e, afora os codinomes que utilizou na correspondência durante a Segunda Guerra Mundial, Stalin foi o nome ao qual aderiu pelo resto da vida. Na Décima Segunda Conferência do Partido Bolchevique de Praga, em 1912, foi eleito *in absentia* para o Comitê Central.

Em 1913, foi preso de novo e exilado por quatro anos para Turukhansk, na Sibéria Ocidental, de onde só sairia depois da queda do czar em março de 1917. Dez anos de formação teológica e muitos de prisão e exílio, assim como suas atividades criminosas em prol de Lênin, combinaram-se para formar em Stalin uma mente dogmática, uma personalidade autoprotetora e um forte sentimento de que tinha conseguido uma posição entre as chefias do partido. Quando retornou a Petrogrado, em março de 1917, não hesitou em reabrir, juntamente com Lev Kamenev, o jornal bolchevique *Pravda*, e em promover uma política de apoio ao Governo Provisório, enquanto tal governo perseguisse objetivos revolucionários, ao mesmo tempo em que deu suporte a uma política de guerra que defendia a revolução de uma derrota contra o militarismo germânico.

Era uma política que transtornava Lênin, ainda exilado na Suíça: não deveriam existir gestos de conciliação para com o novo regime liberal nem alianças com outros partidos. Tendo conseguido, com a ajuda dos alemães, retornar a Petrogrado em 13 de abril, Lênin foi capaz de persuadir o partido, no período de quatro semanas, a manter-se distante e fiel à sua própria política.

Entre a revolução de março e a tomada do poder em novembro, Stalin não foi visto com freqüência. Seu papel desenvolveu-se nos bastidores. Com efeito, no relato popular de John Reed sobre o golpe bolchevique, *Dez dias que abalaram o mundo*, o nome de Stalin não aparece uma só vez – omissão que custou ao livro um longo período de supressão quando a história de 1917 estava sendo reescrita. No entanto, quando, depois do fracasso da tentativa de levante de julho, Lênin decidiu-se pela clandestinidade, foi Stalin quem raspou a barba do chefe e o acompanhou à noite até a estação ferroviária. Com Lênin temporariamente fora de cena, Stalin, a despeito de seu aparente anonimato, fez o relatório político no VI Congresso do partido em agosto, foi eleito para o novo Comitê Central e tornou-se responsável pela linha política do *Pravda*.

Em seguida à tomada bolchevique do poder, Stalin se tornou Comissário do Povo para as Nacionalidades, com a principal tarefa de evitar que o antigo império se desmanchasse em suas costuras étnicas. A política, que Lênin ajudara a formular, era a de prometer o direito à autodeterminação nacional, mas apenas aos países considerados proletários pelo regime bolchevique. Uma vez que, sob a perspectiva de Lênin, um estado autenticamente proletário não optaria de moto próprio pela secessão da nova república dos trabalhadores, qualquer estado que tentasse fazê-lo seria por definição antiproletário e anti-soviético. A constituição soviética de julho de 1918, que Stalin ajudou a minutar, refletiu essa abordagem ao definir o novo estado como federal.

Durante a guerra civil, Stalin desenvolveu grande atividade como comissário político em diversos fronts. Nesta qualidade, entrou em freqüente conflito com Trotsky, o principal arquiteto do Exército Vermelho e, como Comissário da Guerra, o mais proeminente comandante militar de todos os chefes.

Stalin foi eleito para o Politburo e para o Orgburo em março de 1919 e, no final da guerra civil, tinha experiência mais ampla que qualquer outro chefe, provavelmente maior até que a de Lênin. Por volta de abril de 1922, ele já estava bem cotado para preencher a nova função de secretário-geral, cargo que, de fato, lhe entregou as chaves das posições estrategicamente mais importantes do topo do partido e que, dessa forma, o colocou na rota da virtual onipotência.

Em 11 de dezembro de 1937, o enorme auditório do Teatro Bolshoi estava apinhado de votantes e candidatos à eleição para os sovietes locais. Stalin, como o restante dos chefes, era candidato num sistema eleitoral que só era democrático e representativo no nome. Não havia opositores aos candidatos e todos tinham que ser aprovados pelo partido. Além do mais, os sovietes haviam perdido muito poder passados alguns meses da Revolução. No lado de fora, um grande cartaz proclamava "Stalin, o Lênin de Hoje." Um em cada dez daqueles "eleitores" era empregado – sigiloso ou ostensivo – da NKVD. Sem ser esperado, de repente surgiu Stalin. A platéia pôs-se de pé num só movimento quando ele assomou à tribuna. Os aplausos demoraram alguns minutos. Hesitante, como se procurasse as palavras corretas e produzindo grande efeito teatral, Stalin começou a falar:

> Camaradas, tenho de admitir que não tencionava falar. Mas nosso respeitável

> Nikita Sergeevich [Khruschev, o chefe do partido em Moscou] me trouxe até aqui, devo dizer, pela força: faça-nos um bom discurso, disse ele (...)
>
> É claro que eu poderia dizer algo leve sobre qualquer coisa ou sobre tudo [*risos*]. (...) Reconheço que existem mestres nesse tipo de comportamento não apenas nos países capitalistas, mas aqui, também, em nosso país soviético [*risos, aplausos*]. (...) Ainda assim, como estou aqui agora, devo realmente dizer alguma coisa [*aplausos entusiasmados*]. Fui apresentado como candidato a deputado e a Comissão Eleitoral do Distrito Stalin da capital soviética registrou minha candidatura. (...) Bem, não é dado a nós bolcheviques fugir das responsabilidades. Aceito a candidatura com muito prazer [*aplausos estrondosos e demorados*]. De minha parte, camaradas, quero assegurar-lhes que podem contar com o Camarada Stalin [*uma ovação estrepitosa e prolongada*].
>
> Jamais houve antes no mundo eleições tão genuinamente livres e tão genuinamente democráticas, jamais! A história não conhece outro exemplo [*aplausos*] (...) nossas eleições são as únicas genuinamente livres e genuinamente democráticas em todo o mundo [*aplausos entusiasmados*] (...)[5]
>
> Eleitores, o povo espera que seus deputados sejam ativistas tão claros e tão precisos quanto Lênin [*aplausos*], que não tenham medo no combate e sejam impiedosos com os inimigos do povo, como Lênin foi [*aplausos*], tão imunes a qualquer espécie de pânico como Lênin [*aplausos*], tão sábios e ponderados na decisão de questões difíceis que exijam visão ampla e percepção multifacetada dos prós e dos contras como Lênin [*aplausos*], que sejam corretos e honestos como Lênin [*aplausos*] e que amem o povo como Lênin amou [*aplausos*].[6]

Stalin sabia perfeitamente bem que todos os candidatos já tinham sido designados para seus cargos; ele próprio havia assinado a lista dos futuros "servidores do povo." Mas era necessário um espetáculo político para demonstrar quão "democráticas e livres" as eleições eram. Iludido com a lavagem cerebral bolchevique a respeito da justiça e da igualdade que teria conseguido com a revolução de fevereiro de 1917, o povo estava então firmemente preso nas mãos de Stalin, como este demonstrou brilhantemente no seu discurso no Bolshoi.

Depois da morte de Stalin, muitos russos incorreram no erro de acreditar que os problemas do país advinham do fato de se ter "esquecido Lênin," cuja mensagem, acreditavam eles, havia sido distorcida pelo déspota Stalin. Mikhail Gorbachev, quando lançou a *perestroika*, disse: "Quando se relê Ilyich, e isso realmente tem de ser feito, chega-se à conclusão de que se tem de começar por ele e também ir [de volta] a ele."[7]

No início dos anos 1980, decidi escrever um livro sobre Stalin. Todos, exceto minha esposa, tentaram dissuadir-me de fazê-lo. Quando solicitei ajuda de M. Zimyanin, secretário do Comitê Central, para acesso aos arquivos de Stalin, ele ficou silencioso por algum tempo e depois começou a me dar uma lição: "Não é trabalho para um só homem. Chegará a ocasião em que o Comitê Central decidirá que instituição deverá realizá-lo. Sua empreitada não é necessária."

Apesar disso, terminei o livro em meados dos anos 80. O que escrevi sobre Lênin e sobre a Revolução de Outubro estava na forma tradicional, porém, mesmo assim, extratos do livro só começaram a aparecer na Rússia em 1988. Nem tudo naquele livro está desatualizado e, para mim, ele é prova do despertar gradual da desilusão bolchevique que esteve conosco por tanto tempo. O marechal D. Yazov, depois de lê-lo, disse-me: "Você não está apenas desancando Stalin, está também desancando o sistema que Lênin criou. Não posso concordar com isso." De fato, eu ainda era um "leninista," conquanto encare agora minha emancipação dos dogmas leninistas como a maior vitória de minha vida. Fomos todos enganados. Lênin foi, afinal de contas, o pai espiritual de Stalin. A vida parecia mais fácil quando alguém tomava todas as decisões por nós: a quem devíamos amar ou odiar, o que ler e o que dizer, o que saber e o que não saber.

Para ser justo, deve ser dito que sempre existiram ilhas minúsculas de pensamento livre, de dignidade e de perspectiva histórica. Algumas vezes isso era expresso de formas absurdas, como por exemplo nas piadas políticas que proliferaram nos tempos mais duros e cuja repetição era um perigo. Uma dessas piadas típicas circulou nos anos 30: "A ocasião é a da parada comemorativa de outubro. O idoso pensionista Rabinovich [essas piadas normalmente tinham origem entre os judeus] aparece com um cartaz que diz: 'Agradecemos ao Camarada Stalin Nossa Infância Feliz.' Um chekista e organizador do partido corre para Rabinovich e exclama, 'Está maluco? Que infância, velho? Quando você era criança, o Camarada Stalin nem era nascido!' 'É exatamente o que quero agradecer a ele.'"[8]

Esses protestos poucos e fracos, como o dos poetas e escritores emigrados, não tiveram efeito na supremacia do sistema durante setenta anos, mas sublinharam o fato de que quando a consciência sobrevive há uma chance.

Aluno destacado de Lênin

Em 1939, para comemorar seu sexagésimo aniversário, uma biografia resumida de Stalin – a sétima – foi publicada numa edição de dezoito milhões de exemplares. O próprio Stalin corrigiu escrupulosamente a segunda edição com seu usual lápis azul. Na página 93, lemos: "O estandarte de Lênin, o estandarte do partido, foi empunhado mais alto e levado mais adiante por Stalin, o aluno destacado de Lênin, o melhor filho do partido bolchevique, o valioso sucessor e grande continuador da causa de Lênin." As palavras "aluno destacado de Lênin" foram inseridas de próprio punho por Stalin. Muitos panegíricos autogerados podem ser encontrados ao longo de todo o livro. No final, Stalin escreveu na margem da página 240: "Stalin é o valoroso continuador da causa de Lênin ou, como dizemos no partido, Stalin é o Lênin de hoje."[9]

Isto era indubitavelmente verdade. Stalin foi de fato o Lênin de seus dias. Com criatividade diabólica, aplicou e desenvolveu as idéias de Lênin sobre a ditadura do proletariado, a guerra de classes, o controle total, a cultura esterilizada e homogeneizada, a revolução mundial, e assim vai.

Para que se entenda o papel de Stalin na história soviética é importante compreender a evolução e a característica da relação entre ele e Lênin. Por que foi Stalin quem herdou o cetro? O que fez dele um vitorioso na luta interna pelo poder no partido? Houve uma relação cerrada entre ele e Lênin?

Até outubro de 1917, Djugashvili era, para Lênin, apenas um dos muitos bolcheviques. Em 1915, o líder escreveu para Zinoviev: "Você consegue lembrar o nome de Koba?" Zinoviev não foi capaz. Lênin perguntou então a Vyacheslav Karpinsky: "Tenho um grande favor a lhe pedir: descubra para mim (seja com Stepko, com Mikha etc.) o nome de 'Koba' – (Iosef Dj...? Nós esquecemos)."[10] Evidentemente não havia grande amizade entre os dois àquela época. Uns poucos encontros e correspondência esporádica tinham ocorrido antes de outubro de 1917. Em novembro de 1912, Djugashvili visitou os Ulyanovs em Cracow, quando ele disse a Lênin que trabalhava num artigo sobre "A Questão Nacional e a Democracia Social." A julgar pela carta que Lênin escreveu a Maxim Gorky no início de 1913, Djugashvili causou uma boa impressão: "Sobre o nacionalismo, concordo inteiramente com você que o assunto tem de ser estudado com mais seriedade. Temos um georgiano maravilhoso que se dispôs a escrever um artigo longo para o *Prosveshchenie* [Iluminismo]."[11]

Depois que Lênin retornou à Rússia em abril de 1917, encontrou-se com Stalin com bastante freqüência, e após a tomada do poder, especialmente durante a guerra civil, ele tornou-se um dos mais assíduos companheiros-em-armas de Lênin. No total, o líder enviou-lhe cerca de 180 telegramas, cartas, bilhetes e documentos semelhantes. Em abril de 1922, Lênin concordou com uma proposta de Zinoviev e Kamenev, e Stalin passou a ser o primeiro secretário-geral do Comitê Central do Partido. Dali por diante, ele iria, nas palavras de Lênin, concentrar enorme poder nas mãos.

A escolha de Lênin recaiu sobre o pouco notado Stalin, que não fizera grandes coisas no golpe de outubro, mas que executara diligentemente as ordens da chefia da guerra civil, porque era necessário que alguém organizasse o trabalho do Comitê Central e servisse como instrumento propenso à concretização de seus próprios desejos. E parece que foi exatamente isto que conseguiu, salvo pelo fato de Stalin não ficar satisfeito com a tarefa de simples executante e, em mais de uma ocasião, ter discordado de Lênin, provocando acaloradas discussões. Quando ficou claro que Lênin estava seriamente enfermo, Stalin se tornou ainda mais independente em suas ações.

Stalin não confrontou com Lênin, porém, repetida e gradualmente, agiu a seu modo e expressou opiniões próprias, como por exemplo na formação da União Soviética, que Stalin viu como um grande estado unificado. Por intermédio de Kamenev, Lênin, então doente, enviou uma nota ao Politburo especificando os princípios da estrutura federal do estado. Stalin desconsiderou as propostas de maneira altamente desrespeitosa: "Na minha opinião, o Camarada Lênin precipitou-se ao exigir a fusão dos comissariados do povo nos comissariados federais. (...) Sua pressa dará munição aos 'independentistas.' (...) A emenda de Lênin ao parágrafo 5 é, no meu ponto de vista, desnecessária (...)"[12]

Lênin recusou a acusação de ser apressado demais e arremessou-a de volta ao acusador. Sua carta "Sobre as Nacionalidades ou sobre 'Autonomização'," ditada em 30-31 de dezembro de 1922, expressou preocupação quanto ao "incidente georgiano" no qual Stalin e outros emissários de Moscou recorreram à força física para compelir os bolcheviques locais a seguirem a linha de Moscou: "Um papel fatal foi desempenhado pela tendência de Stalin a apressar-se e posar de administrador contra o infame 'nacionalismo social.' A animosidade na política normalmente piora as coisas."[13]

No entanto, o problema não estava na "pressa" de Lênin ou de Stalin quanto à questão das nacionalidades, mas no fato de que ela estava sendo decidida no centro do partido, que destruiu o antigo e testado sistema administrativo das províncias e começou a fazer experiências descuidadas, expedindo diretrizes de cima para baixo e ignorando as profundas necessidades nacionais e sociais das populações locais. Numa das muitas reuniões da chefia no Kremlin, quando o fortalecimento da União estava em debate, o chefe sindicalista Mikhail Tomsky rabiscou uns versos e os mandou para Stalin, esses que resumiam seu entendimento de União, das repúblicas individuais e do papel do Comitê Central:

> Ninguém pode sozinho
> Ensinar as crianças, julgá-las e curá-las,
> Batalhamos juntos – este é um dever!
> Temos o direito de governá-las![14]

Stalin, evidentemente, gostou da rima pobre de Tomsky, pois guardou o bilhete entre seus documentos. Tomsky, aliado declarado de Bukharin e defensor dos direitos dos trabalhadores, foi um dos que escaparam da guilhotina de Stalin dos anos 1930 cometendo o suicídio.

A fricção entre Lênin e Stalin estendeu-se às suas relações pessoais. No início da carreira, Stalin era uma pessoa rude, pouco social e demasiadamente franca. O escritor emigrado Mark Aldanov escreveu dele: "O que falta a Stalin? Cultura. Ora, para que essa gente precisa de cultura? Sua mentalidade de tudo endossar e aprovar funciona por si mesma – acontece o mesmo com praticamente todos eles."[15] Nas relações com os colegas, Stalin era inconstante, irritadiço e inflexível, embora fosse em geral constante em sua hostilidade. Antipatizou com Krupskaya e achava que Lênin era indulgente demais com seu trabalho nas questões culturais e educacionais. Depois que Lênin ditou o conhecido pós-escrito de 4 de janeiro de 1923 à sua "Carta ao Congresso" de 24 de dezembro de 1922, o chamado "Testamento," no qual disse de Stalin: "Temos que achar alguém mais paciente, mais leal, mais respeitador e mais atencioso com seus camaradas, menos caprichoso, essas coisas,"[16] Stalin ofendeu Krupskaya numa torrente de abuso pelo telefone, exigindo saber por que ela permitira que o líder enfermo escrevesse aquilo.

Um ano antes, Stalin escrevera a Lênin a respeito de uma proposta que Krupskaya, como chefe da propaganda política, apresentara ao Politburo para separar mais claramente as responsabilidades da organização dela do próprio departamento de agitação e propaganda do Comitê Central. Irritado, Stalin acusou Krupskaya de ser demasiado inconseqüente, e acrescentou: "Ou se trata de um caso de mal-entendido ou de petulância. Entendo que sua nota de hoje significa o desejo de que eu largue o *agitprop*. Você bem se recorda que a tarefa de *agitprop* foi a mim imposta sem que eu pedisse. Segue-se que eu não deveria apresentar objeção ao fato de abrir mão da missão. Porém, se você levanta o problema agora, exatamente no momento do acima citado mal-entendido, então está se colocando numa situação desconfortável, e a mim também. Trotsky e os outros pensarão que você está agindo assim 'por causa de Krupskaya,' que você está exigindo um 'sacrifício.'"[17]

Dez anos depois da morte de Lênin, V. Adoratsky, diretor do Instituto Marx-Engels-Lênin, pediu permissão a Stalin para publicar seu discurso em homenagem ao qüinquagésimo aniversário de Lênin, em 1920, no qual ele falara sobre a capacidade de Lênin para "corrigir seus próprios erros." A anotação de Stalin nas cartas de Adoratsky é eloqüente: "O discurso é de uma maneira geral correto, embora necessite de alguma edição. Mas eu não gostaria de vê-lo publicado: é desagradável falar sobre os enganos de Ilyich."[18]

Se Lênin tivesse gozado de mais alguns anos de boa saúde, talvez Stalin não o tivesse sucedido, embora a natureza do sistema em si permanecesse inalterada, e ainda terminaria por achar o seu "Stalin." Porém, mesmo o pouco tempo que Stalin passou ao lado de Lênin ensinou-lhe muita coisa e permitiu que fizesse muito. Lênin fora um modelo de como batalhar pelo poder, e Stalin dele absorveu o pragmatismo e a astúcia. Ele viu como Lênin, nos momentos cruciais, não se deixava deter por coisa alguma, fosse o terror maciço, empurrar seu próprio país para a derrota ou fazer a paz com o inimigo. Lênin mostrara que era possível mudar os slogans políticos da noite para o dia, organizar ações monstruosas, como o assassínio dos Romanovs, sem deixar vestígio algum de sua cumplicidade, ou o descarte decisivo dos SR, "aliados revolucionários." Stalin foi aluno diligente.

Reconhecendo a descomunal autoridade de Lênin sobre o partido, Stalin sentiu que a chave para seu próprio sucesso estava em se ligar da forma mais cerrada possível ao chefe adoentado. Percebeu que os dias de Lênin estavam contados e que o partido já se preparava para canonizar seus ensinamentos, seus "preceitos" e seu estilo operativo. Convenientemente, Stalin começou a aparecer em Moscou, vindo de Gorki, trazendo cumprimentos para o Politburo de um Lênin que estava no limite de sua capacidade de entender a situação e de dar instruções. Pouco a pouco, foi criada a impressão de que o moribundo Lênin depositava particular confiança no seu "georgiano maravilhoso." Com a ajuda dos então aliados Zinoviev e Kamenev, Stalin foi capaz de enfraquecer, bloquear e, com efeito, neutralizar o "Testamento" de Lênin. As outras figuras venerandas foram convencidas de que Stalin envergara o manto de "protetor de Lênin." Tal manto iria servir de armadura ideológica e o tornaria inatingível na acirrada luta pelo poder que estava por vir.

A primeira vitória importante de Stalin aconteceu quando ele informou Trotsky erradamente sobre a data do funeral de Lênin, fazendo com que o rival não comparecesse e, em conseqüência, enfraquecesse sua posição. Aquela não seria a última ocasião em que a batalha por posicionamento no funeral de um chefe morto do partido assumiria enorme importância, tal posicionamento iria se transformar em indicador-chave num sistema que carecia de qualquer meio ostensivo, muito menos constitucional, para estabelecer a sucessão.

Foi, na verdade, durante o funeral de Lênin, em 26 de janeiro de 1924, que Stalin deu o passo crucial para se transformar em seu sucessor. Ele fora muito meticuloso no preparo do seu discurso daquele dia para o Segundo Congresso dos Sovietes de Toda a União, reescrevendo-o e polindo-o até que adquirisse a forma semicatequética e semi-religiosa que desejava. Recitou-o para uma audiência imóvel como um juramento sagrado ao chefe morto: "Ao nos deixar, o Camarada Lênin legou-nos a tarefa de manter elevada e pura a grande convocação da filiação ao partido. Juramos para você, Camarada Lênin, que executaremos honradamente seus mandamentos!" Sete vezes ele repetiu o verbo "Juramos." Não recebera procuração para falar em nome do partido, mas seu juramento deu exatamente essa impressão: "Preservaremos e fortaleceremos a unidade de nosso partido (...) preservaremos e fortaleceremos a ditadura do proletariado (...) fortaleceremos com nossa energia a união dos trabalhadores e camponeses (...) fortaleceremos e ampliaremos a união das repúblicas (...) fortaleceremos nosso Exército Vermelho, nossa Armada Vermelha, fortaleceremos e estenderemos a Internacional Comunista."[19] O discurso estabeleceu o precedente para o ritual das exéquias ao líder falecido cujos "preceitos" todos deveriam seguir. Em grande parte devido aos esforços de Stalin, Lênin e o leninismo se tornaram uma pseudo-religião, um cânone de dogmas revolucionários, cuja violação seria punida com a morte nos anos 1930.

As fundações do edifício da idolatria foram lançadas com a morte de Lênin e com a construção do templo que iria abrigar seus restos mortais mumificados, seguida por milhares de monumentos e milhões de livros. Tudo isso foi premeditado para enevoar a mente pública russa com o dogma. Stalin monopolizou a exploração dessa herança, esforçando-se nessa tarefa não por amor a Lênin – nos anos 30 ele fez observações extremamente desairosas sobre Lênin, observações que só ele podia fazer em segurança – mas porque o culto póstumo ao líder era útil a ele como uma arma do poder. Uma só citação da herança florescente de Lênin seria suficiente para granjear apoio a uma argumentação sobre o acirramento da luta de classes, sobre a necessidade da coletivização ou sobre qualquer outra posição.

Enquanto Lênin viveu, Stalin soube manipular expressões como "conveniência revolucionária," "consciência revolucionária," e "legalidade revolucionária." Em julho de 1922, ele enviou um telegrama a Gusev, chefe do Comitê Central do Birô Asiático Central, em Tashkent, e a Sokolov, seu representante em Bukhara: "Recebemos seus relatórios sobre as prisões de conspiradores e chefes de gangues de bandoleiros. O Comitê Central sugere que vocês não os deixem escapar, mas que os entreguem para julgamento por tribunal revolucionário e penalidade suprema, caso sejam encontradas provas. O Comitê Central está seguro de que essa espécie de punição, nas presentes circunstâncias, é a única maneira de ensinar aos inimigos do povo em Bukhara e de limpar o terreno para o estadismo soviético e para a legalidade revolucionária em Bukhara."[20]

Stalin entendeu que, como "intérprete" chefe, tinha que desenvolver o leninismo. Que espécie de chefe seria ele se não fosse também um teórico? Foi uma atitude que se tornou tradição. Todos os secretários-gerais, por mais despreparados que fossem, consideraram um dever publicar grossos volumes de suas "obras," mesmo que eles próprios não encontrassem tempo para lê-los antes da publicação. É evidente que os volumes foram preparados por numerosos escribas. Stalin se transformou em teórico escrevendo comentários e exegeses sobre Lênin. Dois dos mais característicos foram *Fundações do Leninismo* e *Questões do Leninismo*.

Lembro-me de que, quando cadete numa escola de blindados, li de capa a capa um volume de seiscentas páginas sobre os discursos e artigos de Stalin, coligidos sob o título de sua obra principal, *Questões do Leninismo*, com todo o material suplementar que ele incluía. Tínhamos que preparar sinopses desses trabalhos, às quais os instrutores prestavam considerável atenção. Quanto mais extensas as sinopses e quanto mais numerosas as passagens-chave sublinhadas com lápis coloridos, melhores eram as nossas notas. Essa foi a forragem ideológica que alimentou milhões de pessoas: revolução – contra-revolução; socialismo – imperialismo; amigo – inimigo; branco – preto. Se bem que, depois da morte de Stalin, não fosse mais necessário copiar seus pensamentos em espessos livros de exercícios, o "alimento" espiritual mudou pouco. "Retornamos" a Lênin.

Não era só o conhecimento político que a gente absorvia, era também a pseudo-cultura bolchevique, a intolerância para com qualquer coisa considerada anti-socialista, antimaterialista ou anti-soviética. Milhões acreditavam genuinamente que a URSS era "o estado mais avançado do mundo em todos os aspectos," que "a vitória do comunismo em todo o mundo seria inevitável," e que "quanto maiores os sucessos da URSS, mais insidiosos se tornariam os inimigos do povo." O sistema leninista criou um povo que acreditava cegamente em dogmas de pseudo-religião como os seguintes: "O ensinamento de Marx é todo-poderoso porque verdadeiro," "A política é a expressão concentrada da economia," "O leninismo é o marxismo da era do imperialismo." Era possível dizer que a genética e a cibernética eram ciências falsas, que a guerra era inevitável, o capitalismo estava condenado, e que não havia exploração do homem pelo homem na URSS.

Até o XX Congresso do partido, de 1956, o povo russo acreditava que Lênin e Stalin eram indissolúveis em sua unidade bolchevique; e, estranho como possa parecer, estávamos certos. Mesmo Nikolai Bukharin, enquanto esperava em vão, confinado na solitária, pela clemência de Stalin, foi capaz de escrever sobre o vigésimo aniversário do golpe de outubro:

> A época de transição para o socialismo coube ao gênio de Lênin, e ele personificou aqueles tempos tumultuosos com seus movimentos fortes. (...) Porém, cada época produz as pessoas de que necessita, e outros passos da história puseram Stalin no seu lugar, cujo centro de gravidade do pensamento e da ação constitui a nova fase da história, quando o socialismo foi conquistado para sempre sob sua liderança. Todas as funções ativas foram simbolizadas nas conquistas vitoriosas no grande e stalinista Plano dos Cinco Anos, e a teoria se alia à prática em gigantesca escala social.[21]

Pouco antes de sua prisão, Bukharin esteve em Paris cumprindo ordens de Stalin para encontrar e recuperar os arquivos de Marx, Engels e outros. Depois de muita hesitação, ele decidiu visitar a família do líder menchevique Fedor Dan. A esposa de Dan, Lydia Tsederbaum, lembrou-se da visita. Falaram sobre Stalin. Bukharin ficou excitado e disse: "Vocês dizem que não sabem muita coisa sobre ele, mas nós com certeza sabemos. Infelizmente ele não é capaz de convencer a todos, inclusive a si próprio, de que é maior que qualquer um. Se alguém pode falar melhor que ele, esta pessoa está condenada, pois ele não deixará que viva, já que seria constante lembrança de que ele não era o primeiro, de que não era o melhor. (...) Não, não, Fedor Ilyich [Dan], trata-se de um pequeno e diabólico homem, não um homem, um demônio."[22] Assim falou Bukharin, um dos mártires da falsa idéia, quando, por um instante, se viu livre do temor pessoal que é o produto psicológico inevitável de qualquer despotismo.

Deve ser ressaltado que muitos cidadãos soviéticos tinham, àquela época, uma espécie de "porão" da consciência onde mantinham um refúgio secreto para seu pessimismo político, um protesto silencioso contra a falta de liberdade pessoal. Com freqüência, a consciência política se escondia no subconsciente e lá se abrigava contra o medo. Depois da morte de Stalin, esse temor começou a amainar e emergiu uma fieira de piadas que seriam fatais se contadas enquanto ele viveu: Kozlovsky, sabedor de que Stalin gostava de ouvi-lo cantar, pediu um favor: "Jamais estive no exterior. Gostaria de fazer uma viagem ao estrangeiro." "Você escaparia?" "Camarada Stalin, como pode pensar uma coisa dessas? Minha vila natal é mais querida para mim que qualquer outro lugar no exterior." "Bom! Muito bem dito! Vá então e faça uma viagem à sua vila natal."[23]

Os principais trabalhos de Stalin sobre o leninismo não são longos. *Fundações do Leninismo* totaliza perto de oitenta páginas, enquanto *Questões do Leninismo* vai pouco além de cinqüenta. Mesmo assim, Stalin conseguiu comprimir tudo de Lênin nesse espaço: as raízes históricas do leninismo, a luta de classes, a ditadura do proletariado, a questão camponesa, a questão nacional, estratégia e tática na revolução, idéia do socialismo num só país, a revolução socialista mundial, o ensinamento de Lênin sobre o partido, e mais, tudo em 130 páginas. Pelo menos ele merece crédito pela capacidade de simplificar e de condensar as matérias mais complexas em frases curtas e telegráficas. Todavia, ele não fez isso para torná-las mais acessíveis, mas porque esse era seu modo de pensar: em termos esquemáticos, binários.

Toda a "teoria da revolução proletária" foi encapsulada em "primeira proposição," "segunda proposição" e "terceira proposição." O conceito do partido foi definido com algumas características: "o partido como formação líder da classe trabalhadora," "o partido como unidade organizada," "o partido como forma mais elevada de organização de classe," "o partido como arma da ditadura do proletariado," "o partido como unidade de vontade." Naturalmente, condimentou a definição de Lênin para ditadura do proletariado como "a supremacia do proletariado sobre a burguesia baseada na força e não limitada pela lei," mas também preservou a idéia utópica de Lênin – e de Marx – de que a ditadura do proletariado "é capaz de preparar a dissolução do estado" sob o comunismo. Os camponeses eram, usando-se a formulação de Lênin, simplesmente "proletários reservas," enquanto a questão nacional, "nada mais que parte da questão da revolução proletária, parte da questão da ditadura do proletariado."

O pensamento de Stalin sobre a estratégia e tática do partido na luta de classes é digno de nota. Até fevereiro de 1917, escreveu ele, o ataque principal foi para "isolar a burguesia liberal-monárquica"; de março a outubro de 1917, "a direção do ataque principal foi para isolar a pequena burguesia democrática (os mencheviques e SRs); e depois de outubro "o ataque principal foi para isolar os partidos da Segunda Internacional." Assim, parece que apenas os liberais e outros defensores da liberdade na Rússia foram alvos dos bolcheviques.

Quanto à reforma, tanto Stalin quanto seu mentor ensinaram que "o revolucionário aceita a reforma para usá-la como um gancho para combinar trabalho legal e ilegal, para utilizá-la como cobertura para a intensificação do trabalho ilegal." Stalin escreveu em seu bloco de anotações antes de se encontrar com Palmiro Togliatti, chefe do partido comunista italiano: "O reformismo despacha para o esquecimento o objetivo final e os meios básicos para a conquista do objetivo final, isto é, a ditadura do proletariado."[24]

Stalin fez bom uso da definição de Lênin de partido como "uma arma da ditadura do proletariado." Quando, no fim dos anos 1920, grande quantidade de cidadãos soviéticos fugiu para o exterior e representantes soviéticos cada vez mais se recusavam a retornar para casa temerosos de serem presos, Stalin propôs: "Os indivíduos que se recusarem a retornar à URSS se colocarão fora da lei. Pôr-se fora da lei implica: a) o confisco de todas as posses da pessoa condenada; b) a execução da pessoa condenada vinte e quatro horas depois da confirmação de sua identidade. Esta lei tem força retroativa." Em 21 de novembro de 1927, o governo soviético pôs em vigor a nova lei praticamente com o palavreado original de Stalin, e ela foi invocada para a execução de assassinatos secretos no exterior de quem quer que fosse considerado perigoso para o regime. A NKVD usou suicídios bem planejados, acidentes de automóveis e desaparecimentos misteriosos.

É raro encontrar-se nas obras de Stalin qualquer escrito imaginativo. Um exemplo está numa seção sobre "Estilo de Trabalho" no seu *Questões do Leninismo*, onde ele, subitamente, afirma que um "tipo particular de trabalhador leninista tem duas qualidades: a audácia revolucionária russa e a eficiência americana. A eficiência americana," informa ao leitor, "é a espécie de energia infatigável que não conhece limites e que, pela persistência eficiente, varre de sua frente todo e qualquer obstáculo, que não pode deixar inacabada qualquer tarefa que começou, mesmo a menor delas, e que, sem ela, qualquer trabalho construtivo sério é inimaginável."[25] A décima primeira edição do "trabalho de gênio" de Stalin saiu em 1945, numa ocasião em que eram permitidos sentimentos pró-aliados, mas só proferidos pelo próprio Secretário-Geral, e quando a eficiência era muito necessitada em casa.

Stalin desenvolveu e "enriqueceu" de outras formas as idéias de Lênin. Discursando no pleno do Comitê Central de fevereiro-março de 1937, sobre "Inadequações do Trabalho no Partido e Métodos para a Liquidação dos Trotskistas e de Outros Agentes Duplos," ele formulou uma argumentação teórica que iria custar milhões de vidas. O Ponto 7 do "Nossas Tarefas" do seu relatório especificou: "Quanto mais progredirmos, quanto mais sucesso tivermos, mais enraivecidos ficarão os remanescentes das classes exploradoras destruídas, mais cedo recorrerão a formas mais agudas de luta, piores se tornarão os truques sujos empregados contra o estado soviético, mais cedo eles se valerão de meios desesperados para o combate como último recurso dos fadados à derrota." E concluiu: "Esses indivíduos terão que ser esmagados e desenraizados impiedosamente. Isto é o que a história nos ensina. Isto é o que o leninismo nos ensina."[26]

Como um dos mais antigos camaradas-em-armas de Stalin, Anastas Mikoyan, escreveu num artigo intitulado "Stalin é o Lênin de Hoje": "O Camarada Stalin, como pupilo ortodoxo de Lênin, tem demonstrado, por todos os pensamentos e ações, estar no terreno do marxismo criativo e também que tem enriquecido e elevado a níveis sem precedentes a ciência teórica do marxismo-leninismo."[27] Na qualidade de "leninista ortodoxo," Stalin era particularmente talentoso no uso da propaganda, como mostra um evento esquecido de sua vida. Em setembro de 1927, uma delegação de seis sindicalistas americanos chegou a Moscou. Foram bem recebidos e bem tratados, já que se achava que, por intermédio de tais delegações, seria possível ao Komintern exercer influência sobre o movimento sindical nos EUA. A visita provocou reportagens do *Pravda*, do *Izvestiya* e da rádio. O próprio Stalin recebeu a delegação no Kremlin em 9 de setembro. Durante a conversa que durou quatro horas, Stalin perguntou persistentemente por que "não havia um partido especial para a massa dos trabalhadores [isto é, leninista]" dos EUA. De sua parte, os americanos fizeram perguntas que Stalin não foi capaz de responder satisfatoriamente sem recorrer ao clássico jargão leninista.

Quando foi perguntado se o partido comunista controlava o governo soviético, Stalin replicou que, na URSS, não havia "grandes senhores financeiros" nem "ricaços," e que controles por parte deles "sobre o governo era impensável." Porém, acrescentou, o partido controlava o governo. E essa espécie de controle, prosseguiu, funcionava porque o partido desfrutava da confiança da maioria dos operários e dos que mourejam de sol-a-sol, e tinha o direito de controlar os órgãos do governo em nome da maioria. Os americanos perguntaram de imediato: "Como o senhor sabe que as massas são simpáticas ao comunismo?"

Stalin deu então aos visitantes uma aula de meia hora, asseverando que, durante o golpe de outubro e a guerra civil, como também no período de paz que atravessavam, os comunistas tinham conquistado a vantagem e detinham as posições-chave em todos os órgãos governantes estatais. "Poderia isto ter acontecido por acidente?" – perguntou. Os comunistas dirigiam os sindicatos e as organizações da juventude. "Poderia isto ter acontecido por acidente? Poderia ser acidental a tão grande influência do partido comunista nas conferências e reuniões? Aí está como sei que as grandes massas de trabalhadores e camponeses são simpáticas ao partido comunista." É claro que ele não podia dizer aos seus hóspedes que, sob uma ditadura irrestrita, não fazia diferença se os trabalhadores e os camponeses apoiavam de fato o partido, ou que milhares de pessoas tivessem sido fuziladas ou exiladas para campos de concentração por demonstrarem falta de tal apoio.

Os americanos perguntaram a Stalin o que havia substituído no sistema soviético o incentivo ao lucro que motivava a produção nos Estados Unidos. Stalin respondeu sem piscar: "A consciência que os trabalhadores têm de que não estão trabalhando para um capitalista e sim para seu próprio estado." Perguntaram-lhe, então, se o partido estava enviando dinheiro para ajudar o partido comunista americano e seu jornal, o *Daily Worker*. Sua resposta foi categórica: "Tenho a declarar que não conheço uma só ocasião em que representantes do partido comunista americano tenham pedido ajuda ao partido comunista da URSS. Vocês podem achar isso estranho, mas é um fato que fala pelo escrúpulo excessivo dos comunistas americanos."[28]

Ele dificilmente esquecera que, desde 1919, o Politburo vinha enviando grandes quantias em rublos-ouro, e depois em dólares, para a América por meio de diversos indivíduos: só em 1919-20, Kotlyarov recebeu 209 mil rublos, Khavkin, 500 mil rublos, Anderson, 1 milhão e 11 mil rublos, e o jornalista John Reed, 1 milhão e 8 mil rublos. Dezenas de grupos em outros países receberam injeções semelhantes em dinheiro ao longo dos anos, a fim de que dessem início aos movimentos revolucionários e fundassem partidos, e a prática continuou até 1991. Stalin ainda respondeu a uma dúzia de perguntas e o fez no mesmo tom mentiroso.

Mentiras e força foram as duas armas principais do totalitarismo. Falando no XVIII Congresso do partido, em 10 de março de 1939, Stalin disse: "Em 1937, Tukhachevsky, Yakir, Uborevich e outros monstros foram sentenciados ao fuzilamento. Depois disso, tiveram lugar as eleições para o Soviet Supremo da URSS. Tais eleições deram ao regime soviético 98,6% de todos os votos. No início de 1938, Rozengolts, Rykov, Bukharin e outros monstros foram sentenciados ao fuzilamento. Depois disso, vieram as eleições para os Sovietes Supremos das Repúblicas da União. As eleições deram ao regime soviético 99,4% de todos os votos computados." Isto mostrou, exclamou ele, que "o expurgo dos espiões, assassinos e sabotadores das organizações soviéticas" levou ao fortalecimento do estado soviético.[29] Mas o que de fato mostrou foi que, sem as mentiras e a força, o regime soviético não poderia existir. As eleições sem seleção de candidatos e contra um pano de fundo de maciço derramamento de sangue criavam um clima permanente de medo em que os votos de aproximadamente 100% constituíam o resultado natural das "eleições" soviéticas.

O terror não surgiu com Stalin. Foi o primeiro recurso de Lênin após a tomada do poder em 1917. Este quis "transformar o estado numa instituição que forçará o cumprimento da vontade do povo. Queremos organizar a coerção em nome dos interesses dos que labutam."[30] Stalin não se esquecera das palavras de Lênin aos representantes das comissões de alimentos do Soviet de Petrogrado, em 27 de janeiro de 1918: "Se não aplicarmos o terror contra os especuladores – fuzilando-os na hora – nada conseguiremos. (...) Temos que agir também decisivamente contra os ladrões – fuzilando-os de pronto."[31] Lênin deixou absolutamente claro: "A ditadura – e levem isso em conta de uma vez por todas – significa poder ilimitado com base na força, não na lei."[32]

Como vimos, quando editou sua autobiografia, Stalin descreveu a si mesmo como "aluno destacado de Lênin" e grande continuador de sua obra.[33] Depois de sua morte, o partido se viu obrigado a fazer algumas correções na relação entre o primeiro chefe e seu sucessor. Num relatório para uma sessão fechada do XX Congresso, em 25 de fevereiro de 1956, Khruschev destronou impiedosamente o "pupilo" e atribuiu todos os seus malefícios ao "culto à personalidade." Entrementes, o "professor," Lênin, era enaltecido a níveis ainda mais elevados.

Ao longo dos trinta anos seguintes, todos os secretários-gerais dedicaram-se à tarefa de Sísifo de "ressuscitar os princípios de Lênin,"[34] de "voltar a Lênin." O professor, no entanto, fazia jus ao aluno, e vice-versa. Lênin e Stalin foram consistentes na aplicação da mais rigorosa linha bolchevique ortodoxa, que deificava o objetivo mais elevado e o chefe. O partido foi o instrumento, e os seres humanos meros meios do movimento social. Graças a Lênin, a humanidade aprendeu que o comunismo é uma estrada que não leva a lugar algum. Todavia, sem a falsa utopia de Lênin é impossível se conceber o século XX. O sistema que ele e Stalin criaram provou ser tanto desumano quanto incorrigível.

Sistema stalinista

Como secretário do Comitê Central e, a partir de 1922, secretário-geral, bem como por ocupar o cargo de Comissário do Povo para as Nacionalidades e por exercer controle executivo sobre todas as funções do topo do partido, Stalin detinha enorme poder, exatamente como Lênin dissera. Na batalha pela sucessão, nenhum outro bolchevique poderia convocar tantos aliados na hierarquia para garantir a maioria ou a aclamação necessárias para que permanecesse no vértice do poder. Por volta de 1930, Stalin já tinha eliminado Trotsky como rival e emasculado todos os possíveis contendores. Isto não significou que não enfrentasse oposição, quis dizer, isto sim, que, como chefe supremo, ele era praticamente invulnerável.

Como seu predecessor, Stalin raciocinava em termos de classes e massas. Enquanto as expressões "fileiras comunistas," "trabalhador" e "camponês pobre" apareciam com bastante destaque nos discursos e escritos, não eram mais que tijolos para o edifício do comunismo nas mentes de seus chefes. Os indivíduos, se não fossem da liderança comunista, figuras culturais, comandantes militares ou "inimigos do povo," só interessavam a Stalin como objetos de sua demagogia, de sua propaganda ou de suas "demonstrações" de amor pelos camaradas.

Numa formatura da academia militar, ocorrida no Kremlin em 4 de maio de 1935, Stalin abriu seu discurso dizendo: "ainda não aprendemos a apreciar as pessoas, a dar valor ao pessoal e aos quadros." Relembrou um incidente de seus dias de exílio na Sibéria. Durante as enchentes da primavera, os camponeses recolhiam a madeira que as correntezas levavam. "Certa noite, eles voltaram para a vila, mas um deles estava faltando. Quando perguntamos onde se encontrava o trigésimo homem, responderam despreocupadamente, 'Ele ficou por lá,' 'Deve ter se afogado,' e um dos homens logo se afastou resmungando, 'Tenho que alimentar a égua.' Quando os censurei por se preocuparem mais com os animais do que com as pessoas, um deles respondeu, com visível aprovação do restante, 'Por que nos preocupar com as pessoas? Sempre podemos fazer mais. Mas uma égua? Experimente.'" Stalin então declarou: "De todos os ativos do mundo, gente constitui o capital mais valioso e decisivo."[35] Nos cinco anos anteriores, a coletivização mal planejada da agricultura que ele havia dirigido custara 9,5 milhões de vidas. Mais de um terço delas havia sido fuzilado ou torturado, pereceu em longas e penosas marchas para o exílio ou morreu nas vastidões geladas da Sibéria e no norte distante. O restante morreu de inanição.

Stalin configurou um sistema fundamentado numa ideologia infalível e fundamental, num partido que consistia de legiões de burocratas, num chefe único e infalível que era um deus terreno, numa grande máquina militar e na vigilância política total exercitada pelos "órgãos punitivos." A multidão anônima e amorfa era enrolada num cobertor ideológico e usada como ferramenta obediente. Quanto ao partido, ele era, como Stalin se expressou num discurso de julho de 1921, "uma espécie de ordem de espadachins dentro do estado soviético"[36] que, com a ajuda das "alavancas e correias de transmissão" proporcionadas pelos sindicatos e outras organizações, mantinha as massas controladas com pulso forte. Segundo Stalin: "Nenhuma questão política ou organizacional importante é decidida por nosso soviet ou por outras organizações de massa sem instrução orientadora do partido."[37] Os indivíduos, em outras palavras, nada mais eram que pequenas engrenagens da máquina que executava a vontade do ditador.

As vontades de Stalin eram concretizadas por um gigantesco aparato de secretários locais do partido, a respeito do qual ele gostava de pensar em termos militares. Num longo discurso pronunciado no pleno de fevereiro-março de 1937 sobre as formas para liquidar os inimigos do partido ele declarou: "No nosso partido, se olharmos para a camada do topo, existem de três a quatro mil chefes de topo. Isto é o que chamo alto-comando do partido. Descendo, encontramos de trinta a quarenta mil chefes intermediários. Eles constituem nosso corpo de oficiais. Por fim, estão os 100-150 mil das fileiras inferiores. São nossos sargentos, por assim dizer."[38] A tendência de vestir com uniformes militares os burocratas é um princípio bem estabelecido dos sistemas totalitários. Slogans partidos da ditadura e promulgados pela burocracia são traduzidos em "ordens diretas"[39] para as massas. Entre as mãos que seguravam as rédeas e a sociedade que era guiada existia a pirâmide intervencionista da estrutura do partido. Em cada nível dessa estrutura, o olhar sempre atento da onipotente NKVD atentava para a confiabilidade das "engrenagens," para sua lealdade em relação à idéia e ao chefe.

Da mesma forma que os órgãos estatais, também as instituições industriais e agrícolas se tornaram instrumentos de coerção. Numa sessão conjunta do Comitê Central e da Comissão Central de Controle, Stalin declarou, em 11 de janeiro de 1933: "Do ponto de vista leninista, e apreciados como forma de organização, os *kolkhozes* [fazendas coletivas], como os sovietes, são uma arma, e apenas uma arma."[40] Dali por diante, a coação passou a ser característica permanente da vida nos vilarejos.

Em adição à idéia "absolutamente verdadeira" do comunismo, o sistema também tinha o Plano. Aprovado pelo chefe, tal plano era lei para todos, dos comissários do povo e membros do Politburo descendo até os prisioneiros políticos. O mais importante foi o Plano Quinqüenal – o *pyatiletka*. Mesmo que não fosse concretizado, em todos os jornais, estações de rádio e encontros era declarado que o Plano Quinqüenal fora "concluído com sobra." Em janeiro de 1933, por exemplo, Stalin anunciou que o primeiro *pyatiletka* fora "concretizado em quatro anos e três meses." O plano era tudo. O planejamento da economia e de toda a vida socialista assumia prioridade máxima dentro do sistema.

Apesar disso, o chefe tinha o direito de introduzir mudanças mesmo nos planos mais audaciosos. Em 10 de março de 1939, no XVIII Congresso do partido, Stalin declarou:

> Sobrepujamos os principais países capitalistas em tecnologia de produção e no ritmo do desenvolvimento industrial. Isto é muito bom. Mas não é suficiente. Temos que ultrapassá-los também no aspecto econômico (isto é, na produção de bens que a população necessita). Podemos e vamos fazê-lo (...) precisamos ter abundância de bens e ficar numa posição para nos deslocarmos da primeira para a segunda fase do comunismo. Para isso, será necessário desejo inquebrantável de progredir e disposição para fazer sacrifícios.[41]

O "grande expurgo" mal terminara. Mais de cinco milhões de pessoas tinham sido presas e perto de um milhão, fuziladas; ainda assim, Stalin falava em sacrifícios. As realidades econômicas eram totalmente desconsideradas, já que a precedência era para a "linha geral," a qual, é claro, só ele podia definir. Para garantir que as massas bem entendessem essa linha geral, Stalin deu particular atenção à função de lavagem cerebral do trabalho do partido. No XVIII Congresso, disse: "Como demonstramos capacidade para preparar ideologicamente nossos quadros, temos todas as razões para supor que nove décimos de nossos problemas estão agora resolvidos."[42] Na realidade, havia crença difundida de que as coisas não estavam indo nada bem. Alexander Solzhenitsyn relembrou conversas no campo de concentração com amigos próximos que estavam convictos de que o bolchevismo entraria em colapso no final. Os arquivos confirmam que as autoridades recebiam cartas de todo o país e de todos os tipos de pessoas expressando rejeição e condenação à política do partido. Portanto, não causou surpresa o fato de que, ao fim da Segunda Guerra Mundial, mais de um milhão de pessoas fizeram de tudo para não retornar à terra natal, muitos deles, sem dúvida, temerosos de punição, porém a maioria em busca de liberdade do "paraíso" de Stalin. Em maio de 1946, o chefe da inteligência, F.I. Golikov, reportou que 300 mil cidadãos soviéticos estavam sob administração americana ou inglesa nos campos da Europa Ocidental.[43] Por volta de 1952, existiam 452 mil cidadãos soviéticos na Europa Ocidental.

O sistema stalinista surgiu como uma espécie de pseudocultura para a qual o destino do indivíduo não tinha importância e o poder do estado era avassalador. Por anos, ele inculcou idéias de justiça social e de proteção dos pobres e do proletariado, invocando utópicas obras escritas do passado que prometiam uma era dourada. O leninismo e o stalinismo retiraram do marxismo um de seus aspectos menos salientados, qual seja, a idéia do poder ditatorial.

Malgrado a natureza monstruosamente desumana e fechada da sociedade stalinista, sem dúvida ela despertava um certo fascínio em muitos intelectuais e pessoas comuns do Ocidente. A propaganda sobre o "estado dos operários e camponeses" insuflada pelos partidos comunistas dependentes de Moscou sustentava confiança na URSS entre vários grupos ocidentais. Durante os anos de Stalin, o regime, a um só tempo, alarmava e atraía os observadores externos. Escritores estrangeiros difundiam o falso mito da genialidade de Stalin. O escritor francês Henri Barbusse, por exemplo, escreveu: "Seja você quem for, a melhor coisa para sua vida está nas mãos daquele que é vigilante e trabalha para todos, um homem com mente de cientista, rosto de trabalhador e roupas de simples soldado."[44]

Em 1935, Stalin começou a providenciar uma nova constituição para substituir a adotada em 1924, ano da morte de Lênin. Explicou que a carta refletiria a nova base industrial do estado, a destruição dos kulaks e a vitória do sistema de fazendas coletivas, e a liquidação completa da propriedade privada.[45] Tendo eliminado os elementos "antagônicos" da sociedade, o governo propunha então um sistema eleitoral democrático, com fundamento no voto universal, direto e secreto, para substituir o sistema baseado em classes da antiga constituição. Todas as liberdades estariam agora incluídas e o cidadão só poderia ser aprisionado com a sanção de um tribunal. Mais importante – já que pervertia todos esses direitos – o papel do partido comunista como o "núcleo líder de todas as organizações e do povo trabalhador, tanto públicos como privados" e, como órgão que julgava a correção política de todos os aspectos da atividade pública e privada, estava entronizado na nova constituição, no Artigo 126.

Stalin deixou de mencionar duas coisas. Primeiro, que queria reconhecimento internacional de seu poder. Os encontros e as longas conversas que manteve com escritores estrangeiros como Emil Ludwig e H.G. Wells objetivaram a criação de uma imagem mundial atraente do chefe soviético. Ludwig disse na ocasião: "Por mais de vinte anos, venho estudando as vidas e atividades das grandes figuras históricas,"[46] enquanto Wells anunciou que "acabara de ter longa conversa com o presidente Roosevelt. (...) Agora, estou na sua presença para perguntar o que o senhor está fazendo para mudar o mundo."[47] Como qualquer ditador, Stalin desejava popularidade em escala mundial, mas também queria que o sistema soviético encantasse e inspirasse os trabalhadores do planeta. A nova constituição – a sua constituição – tinha a intenção de ajudar nesse propósito. Discursando para o Oitavo Congresso dos Sovietes, em dezembro de 1936, declarou: "Ela será um documento certificador de que aquilo que milhões de pessoas honestas no mundo capitalista sonharam, e ainda sonham, já foi conseguido na URSS. Será um documento certificador de que aquilo que já foi conseguido na URSS pode ser também alcançado por completo em outros países."[48] A nova constituição foi devidamente aprovada.

A segunda coisa que Stalin deixou de mencionar aos seus ouvintes foi que, enquanto preparava a nova constituição, estava também maquinando um enorme e sangrento expurgo. Por que ele sentiu necessidade de assim proceder ainda é assunto de controvérsias. Seu poder era inabalável, toda a oposição ostensiva fora esmagada, e a população fitava, intimidada e embevecida, os onipresentes retratos do chefe marcado pela varíola. Para entender o porquê de Stalin ter desencadeado o grande expurgo é importante cogitar sobre o fato de que ele era motivado por uma poderosa necessidade de vencer, por uma idéia obsessiva de "sobrepujar" a todos, pela vontade de "avançar" cem anos em dez. Disse ao partido em fevereiro de 1931: "Ou fazemos isto, ou eles [os capitalistas] nos esmagarão." Tentava correr mais rápido que o curso natural dos eventos. Mas gente muda devagar. A sociedade soviética, afirmava Stalin, ainda abrigava incontáveis membros da antiga classe média, ex-oficiais czaristas, integrantes não convertidos dos partidos políticos pré-1917, espiões e sabotadores disfarçados, e estava na hora de "aguçar a luta de classes."[49] O sistema precisava de uma "limpeza" geral, da qual emergiria mais forte e mais homogêneo, de modo a acelerar "a transição para a segunda fase do comunismo." A criação de uma nova constituição e o ato de "aprimoramento" do campo social para a operação de tal constituição estavam, assim, fortemente entrelaçados.

É um erro supor que o grande terror teve lugar apenas nos anos de 1937-38. Para que o sistema stalinista funcionasse em todos os níveis, para que alcançasse suas metas econômicas, sociais e políticas, um expurgo permanente se fez necessário. Todo o período do mando de Stalin foi sangrento, embora os anos 1930 tenham assistido os piores excessos, pois foi quando Stalin tentou garantir "maior unidade política e moral na sociedade." A população, que só não era silenciosa na hora de mandada bradar o slogan do dia, foi obrigada a revelar e "desenraizar" uma sucessão aparentemente interminável de grupos hostis.

Em 1932-33, a OGPU agiu contra a chamada "União de Marxistas-Leninistas," liderada por M. Ryutin, V. Kayurov e A. Slepkov. Esses marxistas "românticos" haviam dito que a crise do Partido só seria superada se ele "voltasse para Lênin" e removesse Stalin do cargo de secretário-geral. Seguiram-se detenções, torturas e aprisionamentos. Homem excepcional em muitos aspectos, Ryutin demonstrou coragem extraordinária. Escreveu na sua última carta ao governo que "não tinha medo da morte," embora estivesse "completamente indefeso, sem direitos, com pés e mãos amarrados, e absolutamente isolado do mundo exterior." Sua resistência, como a de seus camaradas, foi afinal quebrada por uma bala na nuca em 10 de janeiro de 1937. Quando Stalin foi informado de que "o caso estava encerrado," disparou: "Já deveria ter sido há muito tempo."[50]

Sob Lênin, e em certa medida sob Stalin, foram preparados casos contra os chamados "desvios nacionais." Georgianos, bielo-russos, cazaques, bashkires, ucranianos, bukharianos e outros chefes republicanos foram fuzilados apenas por tentarem preservar a cultura e a consciência nacionais de seus povos. Foram executados porque sua lealdade à política de Stalin de "fusão das nações" foi posta sob suspeita. O sistema nivelou por baixo todo mundo e transformou as gentes em cidadãos equalizados, mas isso foi muito mais difícil de conseguir na esfera das relações étnicas.

Os "órgãos punitivos" começaram com casos "ideológicos" na indústria e na agricultura. Os militares ficaram praticamente intocados até que, no verão de 1937, Stalin não só deu início a um caso contra eles como o conduziu em pessoa. Brincando com sua vítima como gato e rato, convidou o marechal da URSS Mikhail Tukhachevsky a visitá-lo no Kremlin na tarde de 13 de maio. O encontro durou quarenta minutos e foi presenciado por Molotov, Yezhov, Voroshilov e Kaganovich. Tukhachevsky saiu do encontro silencioso e lívido. Em 22 de maio, Stalin ordenou sua prisão e de outros chefes militares dos altos escalões. No período de uma semana, o mais jovem marechal soviético do exército foi dobrado. Confessou espionagem; um encontro com Lev, filho de Trotsky, em Londres; ter se vendido aos nazis; e várias outras acusações. Foi organizado um tribunal especial da Corte Suprema, e Stalin instruiu pessoalmente os promotores, Vyshinsky e Ulrikh, em diversas ocasiões. O julgamento começou em 11 de junho de 1937. Antes da promulgação da sentença, Ulrikh foi convocado por Stalin.[51] A troca de palavras foi rápida: "Ele confessou tudo, exatamente como os outros." Stalin aprovou a sentença que Ulrikh anunciou às 11h35 daquela mesma noite. Todos os réus foram fuzilados. Uma semana depois da execução de Tukhachevsky e de seus sete "cúmplices," vinte e um comandantes de corpos, trinta e sete comandantes de divisões, vinte e nove comandantes de brigadas e dezenas de comandantes de regimentos, bem como de comissários do exército, foram presos. Nos dois anos que se seguiram, mais de quarenta e cinco mil oficiais e funcionários políticos do exército foram aprisionados, dos quais cerca de quinze mil fuzilados. Dos oitenta e cinco membros do Conselho Militar do Exército só nove escaparam da prisão, enquanto sessenta e oito foram executados. Stalin decapitara o exército às vésperas de uma guerra mundial.

A guerra diminuiu a velocidade da máquina do terror, se bem que, no outono de 1941, os germano-soviéticos foram deportados para a Sibéria e o Cazaquistão, e a suspeita de deslealdade entre outras pequenas nacionalidades, inclusive chechênios, ingushes e tártaros da Criméia, levou a deportações por atacado.

Há evidências a indicar que, pouco antes da morte, Stalin planejava um novo e importante expurgo. Por sua iniciativa pessoal, em maio-junho de 1952, o Conselho Militar da Corte Suprema da URSS reviu o caso do Comitê Judeu Antifascista, organizado na primavera de 1942 a fim de amealhar suporte entre os judeus do mundo – especialmente dos EUA – para o esforço de guerra soviético. Como sempre, a acusação foi de espionagem, e todas as considerações sobre o grande trabalho que o comitê fizera pelo país foram esquecidas. O julgamento foi conduzido sem advogados de acusação ou de defesa, e Stalin havia resolvido de antemão que todos os réus deveriam ser executados, salvo a acadêmica Lina Shtern, a única mulher.

A exemplo da notória "Trama dos Médicos" que iria logo se seguir, na qual diversos médicos de proa que trataram de chefes do Kremlin, inclusive de Stalin, foram acusados de arquitetar a morte dos ilustres pacientes, o caso do Comitê Judeu Anti-Fascista lançou nova onda de terror e agitou o tradicional anti-semitismo do regime soviético. Como resultado do julgamento, muitos judeus foram presos e fuzilados ou exilados para o Gulag por períodos de quinze a vinte e cinco anos.

Apesar de o sistema lançar mão de todos os recursos disponíveis para se manter, os arquivos mostram que nem todos os esforços do regime pela uniformidade de pensamento foram bem-sucedidos. A nova constituição foi recebida com aclamação, porém, a seção de polícia secreta do ramo de segurança da NKVD reportou centenas de respostas negativas ao Politburo. Um relatório sobre a região de Ivanovo é típico. O fazendeiro coletivo Ya Loginov disse: "O que sua constituição nos dá? O que Stalin escreveu, assim seja, mas não é o que queremos (...) veja só, chegamos ao ponto onde não temos absolutamente nada para viver. (...) Nada temos para comer, porém, ainda assim, eles nos dizem para dar tudo ao estado." Na Tecelagem M. Gorky, foi promovida uma reunião para debater a minuta de constituição. "Para deixar os trabalhadores concentrados, as portas foram fechadas. O aprendiz Skurikhin, juntamente com um grupo de outros, conseguiu burlar a guarda, abriu a portas com um grito e deixou quarenta pessoas abandonarem o recinto. (...) Aqueles que não conseguiram escapar, dormiram até a reunião acabar."[52] Para todos esses casos, a reação do regime foi a mesma: "Incrementar a batalha contra os elementos hostis."

Nessas circunstâncias, a linha entre a verdade e a mentira, entre a força e a autoridade, foi obliterada. Em dezembro de 1936, teve lugar um pleno para discutir as organizações trotskistas e anti-soviéticas de direita,[53] e outro, em março de 1937, debateu "as inadequações do trabalho no partido e métodos para a liquidação dos trotskistas e de outros agentes duplos."[54] Os registros dos procedimentos nesses encontros criam a desanimadora imagem de um mundo irracional onde o abuso contumaz serviu como substituto de qualquer coisa que, remotamente, se assemelhasse ao debate político. Foi como não se tratasse de convocação para assembléia dos líderes de um grande estado, mas de uma horda de criminosos sem senso algum dos valores civilizados ou das normas fundamentais das relações humanas, mesmo daquelas que eles proclamavam em sua "mui democrática constituição."

O bastão de generalíssimo

Cerca de seis semanas antes da invasão alemã da URSS, em 4 de maio de 1941, Hitler discursou para o Reichstag, repetindo triunfalmente que a Polônia fora esmagada, França, Noruega, Bélgica e Holanda ocupadas, e que as forças germânicas venciam na Grécia. Como sempre, endereçou suas ameaças ao "capitalismo judeu," aos "instigadores ingleses e americanos da guerra," e a Winston Churchill.

Não disse uma palavra sequer sobre a Rússia. Poderia ter frisado que, em agosto de 1939, ao intervir nas conversações entre os soviéticos e as potências ocidentais, "pescara" Stalin, que não só assinou um pacto de não-agressão quase de imediato como também, no período de um mês, concordou com um tratado de amizade e de fronteiras. Em 20 de agosto de 1939, Hitler havia enviado um ultimato áspero de seis pontos a Stalin, terminando assim: "Julgo que, se os dois governos desejam entrar em novas relações mútuas, seria prudente não perder tempo. Por conseguinte, sugiro uma vez mais que o senhor receba meu ministro do Exterior na terça-feira, 22 de agosto, ou, o mais tardar, na quarta-feira, 23 de agosto."[55] Já com a noite avançada em 23 de agosto, um Ribbentrop agitado telefonou da sala de Molotov ao seu Führer para dizer: "Está no papo." Ele havia assinado um tratado "sobre a demarcação de esferas de interesse mútuo na Europa Oriental," significando na realidade a divisão da Polônia entre a Alemanha e a URSS. Em janeiro de 1941, ao abrir mão da posse de um pedaço da Lituânia, a Alemanha recebeu de Moscou a garantia assinada da compensação no valor de 31.500.000 marcos-ouro alemães.

Como foi que os dois ditadores entraram num acordo tão rapidamente? Stalin vinha negociando por muitos meses com ingleses e franceses, mas não chegara a bons termos nas conversações, e com Hitler tudo ficou ajustado em dois ou três dias. Ambos tinham planos de âmbito mundial, ambos detestavam a democracia, eram comprometidos com o super-rearmamento e estavam acostumados com a manipulação das armas do totalitarismo: mentira e força. Stalin era um racista social, Hitler, um racista étnico.

No discurso de 4 de maio de 1941, o Führer nada disse sobre Stalin nem sobre seu tratado de amizade, salvo sob a forma de ameaça velada quando ressaltou: "As forças armadas alemãs intervirão sempre que se fizer necessário (...) para o soldado alemão, nada é impossível."

No dia seguinte, estava programado no Kremlin o pronunciamento de Stalin para os formandos da academia militar. Meia hora antes do previsto para o início do banquete, foi-lhe entregue um telegrama de Berlim com rápido extrato do discurso de Hitler.

"Por que," perguntou Stalin no discurso aos novos oficiais, "a Alemanha está ganhando?" Respondeu, apontando o alto nível da organização alemã e de sua tecnologia para o combate, e fez significativa referência ao fato de a Alemanha ter aliados. Porém, acrescentou em resposta direta ao discurso de Hitler, em conseqüência de suas vitórias, o exército alemão "já demonstra arrogância, presunção e vaidade. Seu pensamento militar não progride, sua tecnologia combatente se atrasa em relação à nossa."

Muitos brindes foram levantados e congratulações dadas durante o banquete. Só Stalin propôs três deles. Quando um oficial general dos blindados já sob efeito da vodka sugeriu um brinde à "pacífica política externa stalinista," Stalin se levantou lentamente e interveio: "Permitam-me fazer uma correção." Escolhendo cuidadosamente as palavras, declarou: "Política pacífica é uma coisa boa. Até aqui, e enquanto nosso exército não se rearmava, seguimos uma política defensiva. (...) Mas agora que reorganizamos nosso exército, desenvolvemos tecnologia suficiente para a guerra contemporânea, que nos tornamos mais fortes – agora é hora de passar da defensiva para a ofensiva. Para promover a defesa de nosso país, estamos comprometidos a agir de forma ofensiva. [Temos] que ir da defesa para uma política militar de ataque. Temos que reestruturar nossa instrução, nossa agitação e propaganda, e nossas publicações para um espírito ofensivo. O Exército Vermelho é um exército moderno, e um exército moderno é um exército ofensivo."[56]

Poderia parecer que tal discurso apoiava a tese (apresentada por Viktor Suvorov em seu livro *Icebreaker*) de que Stalin se preparava para invadir a Alemanha. Jamais foi segredo que Stalin e os bolcheviques sempre se aprestaram para uma guerra ofensiva – isso estava explícito e implícito na idéia leninista de revolução mundial. É claro que Stalin se preparava para uma guerra com a Alemanha. É possível até que estivesse alertando Hitler, embora, é claro, não desse qualquer pista de cronograma. Mas ainda não surgiu qualquer documento que prove isto. Pode-se, contudo, conjeturar sobre tal possibilidade pelo fato de o comissário da defesa Timoshenko e o chefe do estado-maior Zhukov terem enviado em 14 de maio de 1941 ordens "de importância especial" aos comandantes dos distritos militares do Báltico, de Kiev e Ocidental. Suas missões foram assim definidas: "Em 20 de maio de 1941, você pessoalmente, com a ajuda dos seus chefe do estado-maior e chefe de operações do QG, deverá preparar: um plano detalhado para a defesa da fronteira do estado." Nada foi dito sobre o planejamento de um ataque contra os alemães, ou sobre uma invasão soviética preventiva da Alemanha. Além do mais, era impossível contemplar uma ofensiva em larga escala contra aquele país sem um estudo de situação detalhado e documentado, sem que fossem organizados os necessários agrupamentos de exércitos, e tomadas muitas outras providências. Seria possível enviar uma unidade para o combate apenas com ordens verbais, mas nunca um exército com efetivo de alguns milhões de homens. Se Stalin tencionava atacar Hitler primeiro, possibilidade que não devemos descartar, estava preparando o ataque para mais tarde.

A assertiva de Suvorov de que Stalin planejou o ataque à Alemanha em 6 de julho de 1941 não encontra suporte em documento conhecido algum. Consciente talvez das acusações que poderiam ser imputadas quanto às suas reais intenções, Stalin declarou num discurso pelo rádio de 3 de julho: "Nosso país amante da paz, não desejando tomar a iniciativa de quebrar o pacto, não poderia adotar o caminho da perfídia."[57] Mesmo Hitler, numa carta franca a Mussolini de 21 de junho de 1941, não classifica sua invasão de "preventiva." "A colaboração com a União Soviética," escreveu, "era extremamente atraente para mim. Porque significava uma quebra com todo o meu passado, com minha visão do mundo e com minhas circunstâncias prévias."

No começo da manhã de 22 de junho de 1941, tropas da Wehrmacht alemã e de seus aliados desfecharam uma ofensiva contra a União Soviética, violando o pacto de não-agressão assinado entre os dois países. Se Stalin tivesse tomado algumas medidas, como foi instado por seus generais, por suas fontes de informações e por Winston Churchill,[58] a guerra terrível que se seguiu poderia ter sido encurtada e muito menos custosa em termos de vidas. Se as forças à disposição de Stalin tivessem ficado em prontidão total em suas posições planejadas de defesa, mesmo só uma semana antes da invasão, o golpe da máquina de guerra de Hitler teria sido absorvido em medida considerável. Talvez o Exército Vermelho se visse obrigado a recuar cerca de 150 km para dentro do território soviético, mas os invasores jamais teriam chegado a Moscou, muito menos ao Volga. O erro de

Stalin teve proporções tão grandes e tão catastróficas que é difícil encontrar-se coisa comparável na história. Numa mensagem enviada de Tóquio, em 15 de junho de 1941, pelo agente do Komintern Richard Sorge, alertando que Hitler atacaria em 22 de junho, Stalin rabiscou: "Desinformação alemã." Em 16 de junho, chegou um relatório de Fitin, chefe da 1ª Seção do Comissariado da Segurança Estatal, que dizia: "Os preparativos para uma invasão armada da URSS estão definitivamente completos e o ataque pode ser esperado para qualquer hora."[59] Stalin respondeu com uma nota para o comissário Merkulov da defesa estatal. "Você pode mandar sua 'fonte' no QG da força aérea alemã se foder. Ele não é uma 'fonte,' é um desinformante."[60]

Imerso como estava numa atmosfera maníaca de espionagem, que ele próprio criara, Stalin ficava incapacitado de avaliar as várias espécies de informações que chegavam ao Kremlin na véspera da guerra. Nem havia a possibilidade de um julgamento coletivo sóbrio já que ele, Stalin, era alvo de adulação tão generalizada. O "homem de aço" acreditava piamente que seu juízo de valor e seus desejos coincidiam com as necessidades reais do partido e do país que ele governava como monarca absoluto.

O tremendo sofrimento infligido ao povo soviético durante a guerra foi em igual medida resultado da força e da traição alemãs e também dos erros importantes cometidos pela chefia soviética. Afora os danos causados pelo descarte de informações vitais e, como mais tarde ficou provado, corretas, o pensamento estratégico imperfeito concorreu igualmente para o desastre. O Estado-Maior preparou-se para defender o país de um ataque do ocidente ou do leste. Com base em todas as campanhas vitoriosas de Hitler, que indicavam um assalto direto à capital do país atacado, os estrategistas soviéticos anteviram que o ataque principal inimigo viria pelo eixo Minsk-Smolensk. E foi precisamente o que ocorreu. Stalin, entretanto, considerou o sudoeste como região mais provável para o ataque principal germânico. Ele ainda raciocinava em termos do período da guerra civil, quando o carvão da bacia do Don, os cereais da Ucrânia e "uma linha direta para o petróleo" dominaram a estratégia. O comando militar, treinado para não contrariar as opiniões de Stalin, concordou de imediato, e ficou decidido o reforço do sudoeste com vinte e cinco divisões vindas do front Ocidental.

Foi imaginado que o primeiro escalão estratégico seria desdobrado em profundidade, com cinqüenta e sete divisões na frente, cinqüenta e duas na segunda linha e sessenta e duas em reserva. Isto permitiu uma fácil penetração aos alemães, já que as principais posições defensivas soviéticas não estavam mobiliadas com grandes concentrações de forças, e os germânicos puderam, portanto, resolver as formações soviéticas unidade por unidade. Stalin iria depois culpar os militares por tais erros. Dez anos depois da guerra, o coronel-general Leonid Sandalov escreveu: "A derrota de nossas tropas nos distritos ocidentais foi decorrência do equipamento técnico mais fraco e da instrução militar deficiente tanto da tropa como dos estados-maiores de QGs do Exército Vermelho quando comparados com os do exército da Alemanha nazi."[61] Sandalov ainda não estava em condições de denunciar o papel da chefia em Moscou.

O início catastrófico da guerra exigiu bodes expiatórios, e não poucos. Dúzias de generais foram presos. Um destino típico daquela ocasião foi o do comandante do front ocidental, general Dmitri Pavlov, de apenas quarenta e quatro anos de idade, um Herói da União Soviética outrora muito apreciado por Stalin. Em suas últimas palavras durante um julgamento organizado às pressas só um mês após a invasão, em 22 de julho de 1941, Pavlov disse: "Estamos no banco dos réus não porque cometemos crimes em tempo de guerra, mas porque nos preparamos inadequadamente para ela em tempo de paz." Pavlov comportou-se com dignidade, rejeitando resolutamente as acusações padronizadas de intenção maliciosa e de traição. Houve esforços persistentes para forçá-lo a admitir que tomara parte numa "trama do exército" para "abrir o front ao inimigo." Os investigadores Pavlovsky e Komarov conseguiram arrancar do general, em 7 de julho, a "confissão" de que "atividade hostil" estivera presente em suas ações, porém, durante o julgamento, ele repudiou desafiadoramente o depoimento que fora conseguido à base de espancamento. Poucas horas depois dos procedimentos jurídicos, juntamente com os outros "conspiradores", generais V. Klimovskikh, A. Grigoriev e A. Korobkov, Pavlov foi fuzilado.

A mesma sorte teve o marechal da União Soviética G. Kulik, conhecido de Stalin desde a guerra civil. Nos primeiros meses da guerra, contudo, o Secretário-Geral desiludiu-se com Kulik, incapaz de cumprir adequadamente uma só ordem do Comandante Supremo. A desgraça de Kulik veio quando ele foi enviado por ordem de Stalin para manter Kerch, na Criméia. Em 11 de novembro de 1941, o marechal chegou à cidade sitiada, onde as divisões 271ª, 276ª e 156ª de Infantaria estavam reduzidas aos seus números de identificação uma vez que não contavam com mais de duzentos ou trezentos combatentes disponíveis. Foi natural que esses remanescentes desmoralizados do Exército Vermelho não oferecessem resistência ao poderoso 42º Corpo de Exército alemão.[62] Tampouco poderia Kulik, com sua limitada capacitação marcial, fazer alguma coisa, e Kerch caiu em 15 de novembro.

Em 16 de fevereiro de 1942, por determinação de Stalin, foi organizada uma sessão especial da Corte Suprema que retirou de Kulik o posto de marechal e todas as suas condecorações. Como Pavlov, Kulik recebeu a sentença de morte, mas, no último momento e de modo pouco característico, Stalin demonstrou "clemência." Seu diário de trabalho para aquele dia registra: "Hoje. Problema de Kulik – para a Sibéria?"[63] Aconteceu que Kulik também escapou da Sibéria. Foi rebaixado a major-general e recebeu uma comissão de importância secundária. Durante seus últimos anos de serviço no Distrito Militar do Volga, ele se queixou sobre seu destino com o também em desgraça coronel-general V. Gordov, de quem era vice. Isso foi suficiente para que os dois, e um infeliz terceiro, o chefe do QG do distrito, general F. Rybakchenko, fossem presos e fuzilados em 24 de agosto de 1950.[64]

Graças aos "órgãos punitivos," que não tiveram descanso um momento sequer, todos os oficiais que serviam no front corriam perigo mortal, não só por parte do inimigo como também da incansável vigilância das "seções especiais." A atmosfera da época é muito bem descrita num relatório do comandante do XLIII Exército, major-general K. Golubev: "O exército parou de recuar e vem há cerca de vinte dias dando socos nos dentes do inimigo. Durante a fase mais ativa da luta, trinta homens foram fuzilados, enquanto aqueles que o deveriam ter sido foram tratados amavelmente. Solicito que a política do açoite não seja mais aplicada a mim, como oficial comandante, como o foi nos primeiros cinco dias. No dia seguinte ao de minha chegada, eles prometeram fuzilar-me, no dia seguinte, levar-me a julgamento, e no quarto dia, ameaçaram executar-me diante da tropa."[65]

O próprio Stalin esteve entre os primeiros a desabar em confusão e choque. Pelo final de junho de 1941, estava arrasado e não apareceu no Kremlin por alguns dias. Isso foi desmentido e argumentou-se que Stalin não largou as rédeas do governo nem por uma hora. Na verdade, é agora possível provar com evidências documentais que não foi esse o caso.

Stalin chegou ao Kremlin em 28 de junho antes da hora do almoço. Entre esse momento e 12h50 do dia 29 de junho, recebeu vinte e uma pessoas, em grande maioria militares. Timoshenko e Zhukov estiveram com ele das 21h30 às 23h10, Golikov, o chefe da Diretoria Principal de Inteligência, retirou-se meia hora mais cedo. Os chefes militares relataram que os carros-de-combate alemães tinham sido avistados a leste de Minsk. "Por certo não de Minsk, não é? Vocês devem ter entendido errado." Os chefes da força aérea, Zhigarev e Suprun, confirmaram os fatos. Stalin recebeu então A. Mikoyan, membro do Politburo, e V. Merkulov, Comissário do Povo para a Segurança Estatal.

Por volta de uma da madrugada, ele saiu para a dacha de Kuntsevo e não retornou ao Kremlin até 1º de julho.[66] Bem cedo naquela manhã, Molotov, Beria, Malenkov, Kaganovich e Mikoyan chegaram a Kuntsevo. Stalin recebeu-os com aparência assustada na face. Por certo pensou que seria preso. Em vez disso, eles fizeram diversas propostas de organização da resistência contra o agressor. Stalin foi se recompondo gradualmente e saiu do estado de choque psicológico em que se encontrava. Por três dias esteve prostrado e incapaz de conduzir as questões de estado.

Stalin exacerbou a já violência extrema da guerra com seus costumeiros métodos de governo. Desembaraçou-se de seus desastrosos erros de cálculo não só pelo auto-sacrifício sem precedentes do povo soviético, mas também pelo terror maciço que aplicou aos que hesitaram, desanimaram ou demonstraram aturdimento temporário, o que ocorreu com mais freqüência com aqueles que perderam o controle sobre seus combatentes. A Diretoria Principal de Política do Exército Vermelho recebia relatórios diários sobre a execução da Ordem Nº 227, que Stalin ditara, corrigira e assinara em 28 de julho de 1942. De acordo com essa ordem, foram rapidamente organizados batalhões penais constituídos por oficiais dos postos superiores e intermediários que tinham "demonstrado pânico," e companhias penais com oficiais modernos e outras graduações. Os oficiais que tivessem experimentado cercos germânicos foram enviados para campos especiais em Lyubertsy, Podolsk, Ryazan, Kalach, Kotluban, Stalingrado, Belokalitva, Georgiev, Ugol, Khonlar e noutros locais. Os regimentos de fuzileiros formados com oficiais que tinham escapado dos cercos tinham efetivo de 929 homens.[67]

Stalin esperava impacientemente pelos relatórios de que sua ordem, apelidada no front de "nem um passo atrás," estava sendo cumprida. Vociferava termos ásperos aos oficiais comandantes de tropas exigindo que fossem impiedosos no tratamento dos semeadores de pânico e os conclamava a serem mais ativos no emprego das "unidades de bloqueio," nas quais soldados ameaçados de punição eram posicionados na retaguarda da infantaria em progressão com ordens para deter, de qualquer forma, os combatentes que tentassem recuar. Os comandantes atendiam as chamadas telefônicas na linha direta de Moscou com o coração apertado, sabendo de antemão que tipo de instruções Stalin estava prestes a dar. Ninguém estava certo se a chamada telefônica terminaria ou não de maneira infeliz para a própria pessoa. As fitas telegráficas de tais chamadas mostram que a mesma pergunta era invariavelmente feita: "Por que você não está cumprindo minha ordem nº 227? O que você fez pessoalmente a respeito?"

Toda a administração política, no escalão quartel-general ou exército, preparava relatórios diários para Moscou. O seguinte é exemplo de muitos: "Entre 1º e 10 de agosto, 2.099 homens foram capturados por unidades de bloqueio, dos quais 378 procuravam fugir da frente de combate, 713 tinham escapado de cercos, 94 eram casos de automutilação e os restantes 914 estavam ausentes de suas unidades. Dos capturados, 517 foram enviados para companhias penais, 111 para campos especiais, 82 para postos de triagem, 104 foram presos e 83 foram fuzilados diante da tropa por covardia, por semear pânico e por automutilação."[68]

Durante esse período, só no front de Stalingrado foram fuzilados 140 homens pelas unidades de bloqueio, enquanto no total de 1941 e 1942, por "semear pânico, covardia e abandono não-autorizado do campo de batalha" não menos que 157.593 homens – dezesseis divisões completas – foram sentenciados à morte por tribunais de QG ou de exército.[69] Stalin pessoalmente chamou a atenção dos órgãos de segurança no front para oficiais que, a seu ver, precisavam ser observados. Uma entrada em seu caderno de anotações para o período diz: "Duvidosos: Skulsky, Pinchuk, Germuni, Matveishin, Kamynin, Kochetkov."[70] É agora possível dizer que a maioria dos que foram executados se encontrava numa situação de retirada em desordem por causa da falta de estruturas de comando em diversos escalões, e o sacrifício deles serviu para "corrigir" os enganos do próprio Stalin.

Casos de "covardia, etc." na retaguarda não foram tratados com menor aspereza. No outono de 1941, muita gente em Moscou perdeu a fé no regime e tentou deixar suas fábricas e sair da capital. A administração militar reportou que, em outubro e novembro, 6.678 pessoas, em sua maioria militares da ativa ou homens em condições de prestar o serviço militar, haviam sido presas, 32.599 enviadas para companhias de recompletamento, 357 sentenciadas por tribunais militares e executadas, e 15 fuziladas no ato.[71]

O efeito da selvageria de Stalin nos primeiros meses do conflito foi o de fazer com que as pessoas fincassem pé, reunissem toda a coragem e sobrepujassem a covardia pelo medo da punição mortal que sabiam que ele daria. A ordem de Stalin, na realidade, expressava a idéia que Trotsky havia vocalizado em 1918 quando criou as unidades de bloqueio: "Elas proporcionam a chance de morrer com honra no front ou de vergonha na retaguarda." Isso não apequena o fato de que as prisões de pessoal militar, em particular, foram meios terríveis para compensar os importantes e imperdoáveis erros estratégicos do próprio Stalin.

A tarefa das unidades de bloqueio ficou sensivelmente reduzida assim que o avanço inimigo foi barrado e a contra-ofensiva deslanchada. Inevitavelmente, o sucesso levantou o moral e a determinação da tropa. E foi exatamente com isso que Stalin contou. Não apenas convocou os fantasmas do passado de glórias da Rússia, as honrosas tradições dos eslavos e o serviço da Igreja, como também começou a conferir recompensas e a tomar medidas pouco comuns. Por exemplo, por iniciativa sua, em 12 de novembro de 1942, o Comitê de Defesa Estatal resolveu distribuir cem gramas de vodka para todos os homens engajados no combate e cinqüenta gramas para as reservas. E a liderança do partido também não foi esquecida. Quando Leningrado estava sitiada, instruções secretas foram expedidas pelo Kremlin e executadas por Zhdanov, relativas "ao suprimento especial de artigos alimentícios para as equipes das lideranças soviética e do partido" daquela infeliz e heróica cidade.[72]

Sob o sistema soviético, muita coisa dependia das decisões do homem que estava no topo da pirâmide. Stalin, se bem que tivesse outorgado a si mesmo o posto de Marechal da União Soviética e, em junho de 1945, o título de Generalíssimo, não foi um chefe militar na verdadeira acepção da palavra. Era um chefe político que teve que lidar bastante com questões militares. A guerra ensinou-lhe muita coisa, e as lições foram tenebrosamente sangrentas; porém, por tentativa-e-erro, pouco a pouco chegou a captar, pelo terceiro ou quarto ano da guerra, boa dose de conhecimentos sobre a preparação e execução de operações estratégicas importantes com o envolvimento de diversos grupos de exércitos. Por vezes, ele precisava de muito tempo para entender ou aceitar uma idéia original, como aconteceu com o plano para cercar as forças alemãs em Stalingrado. Zhukov e Vasilievsky tiveram que lhe explicar três vezes antes que entendesse o original e audacioso plano para uma contra-ofensiva num momento crucial, ou seja, quando outra derrota de vulto parecia possibilidade real.

Logo depois do começo da guerra, Stalin criou um estilo de comportamento que melhor se adaptava às suas capacitações. Raramente tomava uma decisão sem consultar seus chefes guerreiros e, geralmente, concordava com as propostas deles, embora adicionasse com freqüência um toque de sua autoria, tal como "empregar mais efetivamente a aviação e a artilharia." Se a decisão por ele aprovada fosse bem-sucedida, recebia aclamações generalizadas. Se fracassasse, inevitavelmente encontrava "culpados," acusando os que estavam no comando de pobre utilização da aviação e da artilharia, ou de pouca determinação. Qualquer que fosse o caso, sua reputação de guerreiro permanecia intacta.

Stalin inspirou-se particularmente no contra-ataque soviético do final de 1941 nas cercanias de Moscou. Numa reunião do Quartel-General Central do início de janeiro de 1942, estavam sendo discutidas as missões estratégicas para o ano que começava. Os chefes concordaram que a performance de Moscou deveria ser sustentada e desenvolvida, e foram propostas diversas operações consecutivas para tirar a iniciativa do inimigo. Uma "carta diretriz," fundamentada em debates transcorridos dentro de um círculo fechado constituído por Vasilievsky, Molotov, Malenkov e uns poucos outros, foi lida em voz alta. Todos esperaram em silêncio pela aprovação ou desaprovação de Stalin. Como de praxe, o Secretário-Geral andou de lá para cá na sala atapetada mergulhado em seus pensamentos. O silêncio tornou-se opressivo. De repente, Stalin parou e, apontando com o cachimbo apagado para o texto, declarou: "Escrevam isso: 'Nossa tarefa é não dar aos alemães pausa para fôlego, persegui-los sem parar na direção oeste, forçá-los a empregar as reservas antes da primavera, quando então estaremos com reservas descansadas e eles sem nenhuma, e, desta forma, garantir a destruição completa das forças nazis em 1942.'"[73]

Esse texto desajeitado e repetitivo substituiu todos os planos previamente acordados. Ninguém queria contradizer Stalin, e quem faria objeção ao objetivo distintamente atraente de destruir o agressor no prazo de um ano? A falta de realismo de Stalin lançou as bases para as perdas pavorosas que o Exército Vermelho iria experimentar na primavera e no verão de 1942. Seguindo suas instruções, ficou essencialmente decidido partir para uma ofensiva geral, numa larga frente do Mar Negro ao lago Ladoga, sem interrupção nas operações depois do contra-ataque de Moscou. Entre 7 de janeiro e 30 de abril, doze fronts tentaram operações ofensivas decisivas. Como A. Volkov assinalou, todas as doze "permaneceram inconclusas."[74] Algumas dessas ofensivas incompletas foram impressionantes em si mesmas: o rompimento do cerco de Leningrado; a retomada da Criméia; a libertação de Kursk, Stara Russa, Oryol, Kharkov, Rzhev e muitas mais, mas o propósito principal, o de esmagar o Grupo de Exército Principal inimigo, o do "Centro" e outras formações, não foi concretizado. O Exército Vermelho perdeu mais de 2.350.000 combatentes,[75] inclusive mais de meio milhão só no front ocidental.[76] As forças alemãs tiveram menos que um quarto das baixas soviéticas.

O custo em vidas humanas não preocupava Stalin, como ilustra a anotação que ele acrescentou a um telegrama de 1942 para Stalingrado: "O Comando Supremo ordena tanto ao coronel-general Yeremenko como ao tenente-general Gordov que não poupem suas forças e não parem, sejam quais forem as perdas."[77] Esse era o modo de pensar e de combater que Stalin instilou em seus comandantes. Ele não os censurava por perdas importantes ou sacrifício desnecessário, mas não perdoava asneiras operacionais e ordens não-cumpridas.

Pouco antes da notável ofensiva de novembro de 1942 em Stalingrado, o serviço de inteligência soviético no exterior transmitiu para Beria, como chefe da NKVD, uma matéria de importância crucial. Em 6 de novembro, Beria levou ao conhecimento de Stalin que: "Começou a pesquisa nos países capitalistas sobre o emprego do poder atômico com fins militares." Descreveu o estágio atingido na Inglaterra e nos Estados Unidos e propôs, depois de consultados os físicos soviéticos: "Devemos debater a criação de um corpo assessor científico, subordinado ao Comitê de Defesa Estatal e constituído por autoridades no assunto, para coordenar, estudar e dirigir o trabalho nesse importante campo da energia atômica. Por intermédio da NKVD temos que conhecer os especialistas renomados com o objetivo de avaliar e fazer uso apropriado desses materiais." Por recomendação dos assessores científicos, Beria propôs a convocação de Skobeltsin, Kapitsa e Slutsky, e "alguns outros." Desses "outros," M.P. Bronshtein e A.A. Vit já tinham morrido no Gulag, enquanto os acadêmicos I.V. Obremov, L.D. Landau, V.A. Kok e outros ainda definhavam por lá.

Stalin ficou altamente animado com as possibilidades da nova arma, tal como descritas para ele: "Não poderíamos acelerar seu projeto para emprego na guerra contra os fascistas?" Seu ardor foi um pouco esfriado por um telegrama de I. Kurchatov para o Comitê de Defesa: "A pesquisa soviética sobre os problemas do urânio está consideravelmente atrasada em relação à dos ingleses e americanos. Não temos materiais suficientes para avaliar a possibilidade ou a impossibilidade prática da produção de bombas de urânio. No estrangeiro, eles já fizeram tais julgamentos definitivos. A possibilidade de introdução na guerra de arma tão terrível quanto a bomba de urânio não está excluída. Mas é essencial promover em larga escala o trabalho necessário ao estudo do problema do urânio." Kurchatov sugeriu que um grande grupo de físicos fosse criado para trabalhar no projeto.

Stalin expediu uma ordem para que fossem intensificadas as investigações da inteligência, e logo o projeto assumiu proporções completamente estatais. Quando Stalin perguntou quanto custaria tal bomba foi informado de que, pelas estimativas inglesas, cada uma era orçada em 236 mil libras. Os alemães estavam no Volga, mas Stalin, vivamente impressionado pelas possibilidades devastadoras da energia atômica na guerra, ordenou a organização de um laboratório especial com a missão de produzir cem toneladas de urânio em 1944-45.

Longe de consumar a "destruição completa" dos exércitos germânicos, a estratégia improvisada de Stalin para 1942 conduziu a perdas soviéticas gigantescas na primavera e verão daquele ano. Isto não evitou que, depois da derrota final dos alemães, fosse trombeteada a mensagem de que Stalin era "o maior chefe militar de todos os tempos." O jornal teórico oficial do partido – o *Bolshevik* – num artigo intitulado "O Grande Líder e Professor do Partido Comunista e do Povo Soviético," publicou em dezembro de 1949:

> Com força jamais vista na História, o gênio militar de Stalin emergiu em boa hora durante a Grande Guerra Patriótica [NT: *nome russo da Segunda Guerra Mundial*]. Um talento militar do comandante é demonstrado pela importância das batalhas que vence, pela escala e natureza das tarefas em que tem de decidir, pela magnitude das dificuldades que precisa ultrapassar, por sua capacidade para encontrar e usar todas as possibilidades disponíveis de modo a organizar a vitória. Nesses aspectos, o Camarada Stalin, comandante militar do estado soviético, não tem igual na história.[78]

Foi como se Stalin tivesse provado que poderia se sair perfeitamente bem sem o

Conselho Militar que eliminara no final dos anos 1930 e que incluía a fina flor da elite militar soviética. Uma nova geração de oficiais substituiu os quarenta mil que foram presos ou executados nas vésperas da guerra. É impossível calcular o número de baixas adicionais que isso custou. Mais da metade dos 26,452 milhões de soviéticos que morreram na guerra eram civis. Stalin e a liderança militar foram responsáveis não apenas pelo início catastrófico da guerra, pela derrota em muitas operações importantes e pela impulsão para a conquista de objetivos "sem considerar as perdas," como também pela cessão de vastas extensões de território ao inimigo, assegurando assim a morte de milhões de pessoas indefesas. Durante décadas, os habitantes das regiões ocidentais da União Soviética tiveram que se lembrar desse vergonhoso fato em virtude de uma pergunta rotineira que era feita na maioria dos requerimentos, e que parecia implicar culpa dos solicitantes: "Você viveu em território ocupado?"

Diálogos secretos

Pouco antes da meia-noite de um gélido dia de fevereiro de 1938, Stalin, seu primeiro-ministro Molotov e o ministro da defesa Kliment Voroshilov receberam Sung Fo, enviado especial de Chiang Kai-shek, na sala de Molotov. Por meio de um intérprete, Stalin fez as perguntas de praxe: Sua viagem para Moscou fora agradável? Como estava Chiang Kai-shek? Sung Fo estava pronto para as discussões? Instalaram-se nos dois lados da longa mesa de reuniões, obrigatória em todos os escritórios dos funcionários de alto escalão.

Depois de uma breve introdução formal, Stalin chegou ao ponto essencial ao perguntar o que estava preocupando Chiang Kai-shek e como o Kremlin podia ajudar. Sung Fo respondeu que trouxera uma mensagem especial de seu líder, e o intérprete começou a ler em voz alta um longo texto que já tinha sido vertido para o russo. Chiang pedia assessores e armas – muitas armas – mas sobretudo que a URSS declarasse guerra ao Japão, que ocupava vastas extensões da China. Isso ajudaria tanto a China como a URSS, acrescentou.

Stalin interrompeu: "Não seria conveniente para nós declarar guerra ao Japão. Acima de tudo do ponto de vista político. Isso não deve ser feito agora," disse enfaticamente. "Quanto às armas, trata-se de questão fundamental. Cederemos o que pudermos. Mas vocês têm que montar uma ou duas indústrias de aviões e uma ou duas fábricas de canhões. Nós ajudaremos."

A conversa continuou nessa linha por longo tempo. Sung Fo fez perguntas e Stalin respondeu. Ocasionalmente, Molotov e Voroshilov assessoravam Stalin com fatos e números. Às três da madrugada, Molotov declarou: "Sugiro que jantemos em minha casa. Minha esposa já está esperando há algum tempo..." Tudo, é claro, ensaiado de antemão, inclusive o jantar tardio. O grupo se levantou e seguiu para a casa de Molotov onde a eles logo se juntaram o ministro do comércio exterior, Mikoyan, e o chefe da NKVD, Yezhov. A refeição foi até as 5h15 da manhã e muitos brindes foram levantados – "Ao Camarada Stalin," "Ao líder do povo chinês, Chiang Kai-Shek," "À amizade entre nossos dois grandes estados," para citar apenas alguns. Yezhov logo ficou bêbado e resmungou alguma coisa sobre "a importância do fortalecimento dos órgãos punitivos." Stalin e Voroshilov exaltaram Chiang como chefe guerreiro, embora o Secretário-Geral tivesse feito uma referência à liderança dele no conflito com os comunistas chineses, que ele causara muitas mortes desnecessárias.

O intérprete, única pessoa sóbria na sala, conseguiu dar um jeito no brinde de despedida de Stalin: "A história gosta de pregar peças. Algumas vezes escolhe um tolo e o usa para forçar o progresso histórico. A facção guerreira do Japão é o tolo do momento. O Japão não conquistará a China. Saúdo uma China forte que inclua Sinkiang e a Mongólia Exterior."[79]

Quando Stalin encontrou-se com Sung Fo três meses mais tarde, em 23 de maio de 1938, estava disposto a dar a Chiang armas, equipamento para a produção de material bélico e um empréstimo de muitos milhões de dólares. Esse era o método bolchevique preferido para a condução da política internacional: não por intermédio de congressos internacionais ou da Liga das Nações, mas com conversações secretas, acordos fechados e obrigações mútuas contratadas com países que o Kremlin julgava que poderiam ser úteis para seus planos globais.

A questão da China é importante para que se aquilate Stalin como chefe. Ele se considerava uma espécie de especialista no assunto e fez discursos nos anos 1920 no Comitê Executivo do Komintern sobre a "Revolução na China e as Tarefas do Komintern." Nas décadas seguintes, teve que manobrar constantemente entre o Kuomintang e o Partido Comunista Chinês tirando a máxima vantagem da "questão chinesa" para esmagar Trotsky, Zinoviev, Kamenev e Bukharin. Dez anos depois da visita noturna de Sung Fo, o *Pravda* iria publicar: "Com a visão penetrante de um gênio estratégico," Stalin tinha mostrado "que os círculos reacionários do Kuomintang chegaram havia muito tempo a acordo com inimigos jurados do povo chinês, isto é, com os capitalistas americanos e ingleses." Chiang estava então no lado contra-revolucionário.[80]

Com o objetivo de inflamar a revolução mundial, os bolcheviques mudaram do ataque frontal à fortaleza do imperialismo para a estratégia do cerco prolongado. Stalin acreditava que "a revolução mundial se desenvolveria com a saída de diversos países novos do sistema de estados imperialistas." Nessas circunstâncias, a União Soviética "se transformaria numa base para o desenvolvimento ulterior da revolução mundial e numa alavanca para a desarticulação do imperialismo."[81] Chegou a essa formulação em dezembro de 1924 e permaneceu fiel a ela até o fim de sua vida. No entanto, quando em dezembro de 1924 o americano Roy Howard, proprietário da cadeia de jornais Scripps-Howard, perguntou-lhe se a União Soviética tinha planos ou intenções de promover uma revolução mundial, ele respondeu sem pestanejar: "Jamais tivemos tais planos ou intenções."[82]

Por duas décadas, Stalin tentou utilizar ao máximo o Komintern, o qual, virtualmente desde sua criação, foi um instrumento da liderança do Kremlin e da NKVD. A resistência dos "partidos fraternais" a tal exploração sempre foi débil e de curta duração. No começo, os que tentaram protestar se viram expelidos sem cerimônias, e, nos anos 1930, fisicamente destruídos. Em dezembro de 1928, os aliados de Bukharin no ECCI-*Executive Committee of the Communist International*, o suíço Jules Humbert-Droz e o italiano Serra (A. Tasca), protestaram contra os efeitos da influência de Stalin no Komintern e foram condenados ao ostracismo, perdendo também seus postos no Instituto dos Professores Vermelhos. Depois de deixar a URSS, Tasca escreveu ao secretariado do partido comunista italiano: "Stalin é o porta-bandeira da contra-revolução. (...) Para ele, não são os princípios que importam, mas o monopólio do poder."[83] Ao intensificar a luta contra o fascismo, Stalin lançou uma cruzada sangrenta contra seu próprio povo e contra os funcionários da Internacional Comunista, de há muito subjugada. A NKVD dirigia o ECCI como se ele fosse um comitê provincial do partido. Os expurgos sanguinolentos de 1936-37 varreram todas as estruturas do Komintern.[84] Em outubro de 1937, Dimitrov, o secretário-geral do Komintern, e Manuilsky, o secretário do ECCI, solicitaram a ajuda do Comitê Central do partido: o comitê executivo estava paralisado porque a NKVD havia "descoberto diversos inimigos do povo e desmascarado uma organização de espionagem no aparato do Komintern."[85] Eles precisavam de mais pessoal.

Tendo rompido irrevogavelmente com o movimento social-democrata europeu – os "fascistas sociais," como ele os denominava – e emasculado o Komintern, Stalin usou métodos estritamente totalitários para as questões internacionais e comunistas. Acordos sigilosos, que fortaleceram as agências da NKVD em casa e no exterior, e que deram início a procedimentos pelos quais as tendências antiimperialistas pudessem ser identificadas, tornaram-se seu estilo preferido de "atividade revolucionária," especialmente depois da dissolução formal do Komintern em junho de 1943.

Stalin e seus serviços especiais tentaram desfrutar de uma imagem mais civilizada nos anos 1930, e se tornou altamente improvável que memorandos oficiais como o abaixo, dos anos 1920, debatendo a motivação e a disposição dos diplomatas soviéticos, circulassem de novo:

> Uma missão diplomática, a exemplo de uma fortaleza militar, deve estar tão preparada externamente e tão organizada internamente que nem uma só pessoa inconfiável, suspeita ou estrangeira permaneça dentro do prédio, e os estrangeiros só tenham acesso mediante condições precisas que protejam a missão contra a espionagem do exterior e a traição interna. (...) Todo integrante permanente da missão deve ser encarado como traidor potencial, e cada "convidado," como espião potencial. Um diplomata soviético, como qualquer honesto representante soviético no estrangeiro, é inimigo implacável e desapiedado de todas as autoridades oficiais e de todos os particulares que tenham a propriedade de terras ou de meios de produção. É seu inimigo mesmo quando ele assina um tratado ou outro, ou fecha um acordo que é claramente vantajoso para o outro lado naquela oportunidade. Então, mais do que em outra ocasião qualquer, a mão que assina o tratado ou o acordo tem que ficar preparada para o momento em que pegará "o outro lado pela garganta" e o estrangulará, o estrangulará até a morte, como uma aberração, uma perversão das leis da natureza e da verdade.[86]

Stalin pode ter continuado a pensar dessa forma até o fim de sua vida, mas não permitiria a publicação de um documento com tal conteúdo. Seus diplomatas pareciam se comportar como diplomatas, porém, na essência, o serviço era motivado por atitudes expressas no memorando.

A forma preferida de Stalin para a democracia era a dos entendimentos secretos, em especial com as organizações e países que pensavam da mesma maneira. De há muito esquecera o romantismo de 1917, quando os bolcheviques gritaram contra a "diplomacia secreta" do czarismo e do Governo Provisório, e demandaram a publicação dos tratados secretos. Agora, ele era um ditador absoluto que tomava decisões sobre política interna e externa, e amava, ele mesmo, fazer a tecedura de tratados, acordos e negociações. Adotou um ritual de conversações fechadas, normalmente sigilosas, e recebeu inúmeras solicitações de audiências da parte de Mao Tse-tung a Tito, de Kim Il-sung a Dolores Ibarruri. Normalmente concordava com elas.

O visitante chegava em Moscou e geralmente tinha que esperar alguns dias ou semanas, de modo a ficar "maduro" para o grande evento. Era instalado numa dacha suntuosa, conhecia seus guarda-costas dos serviços especiais e vários funcionários do aparato do Comitê Central e esperava, esperava. Então, com apenas algumas horas de antecedência, era-lhe dito: "O Camarada Stalin o receberá hoje." A audiência, de hábito, tinha lugar às 11h da noite, à meia-noite, ou mesmo mais tarde. O visitante iria se encontrar com o deus na Terra, nas horas mortas da noite, em meio a grande sigilo. Ficaria encantado com a hospitalidade e modos simples de Stalin e, como regra, conseguiria tudo o que desejasse.

O chefe albanês Enver Hoxha escreveu em suas memórias que não teve, em absoluto, que esperar muito para seu primeiro encontro com Stalin. Hoxha foi transportado para Moscou num avião soviético especial em 14 de julho de 1947 e foi recebido à meia-noite do dia 16. Ficou impressionado com o que viu, desde as grandes dimensões da sala de Stalin e da cortesia delicada do Generalíssimo até a precisão dos julgamentos do chefe soviético, os brindes que levantou, e, não menos, com os comentários que fez sobre o filme "O Tratorista," passado para os visitantes no cinema particular. Stalin aproveitou o encontro para repassar instruções sobre, por exemplo, como lidar com inimigos internos, como estabelecer controle do partido sobre a agricultura, como proteger o litoral albanês e como empregar os assessores soviéticos. Hoxha ficou especialmente satisfeito com a decisão de Stalin de entregar as armas que ele solicitara, sem quaisquer custos.[87]

Stalin sempre deu algo aos visitantes estrangeiros: presentes pessoais como sabres de ouro, automóveis, vasos, armas (com freqüência), dinheiro (algumas vezes), bem como especialistas soviéticos e equipamentos para manufatura. E conseguia algo em troca, em geral a independência do convidado. As audiências tomavam, invariavelmente, a mesma forma. Os auxiliares de Stalin solicitavam com antecedência uma nota sobre as questões que o convidado pretendia levantar, e Molotov, por vezes Malenkov ou um militar dos altos escalões, se fazia presente. Pouco se sabe do que ocorreu na maioria desses encontros secretos. Os jornais, ocasionalmente, publicavam uma linha ou duas dizendo que houvera uma reunião, quase sempre sem especificar a data, e era tudo.

Alguns partidos comunistas atraíam mais a atenção de Stalin que outros. Sempre esteve atento, por exemplo, a Palmiro Togliatti e seu partido italiano. Interessou-se igualmente, se bem que menos favoravelmente, pelos poloneses, em particular durante os anos 1920 e 1930. Pode ser que a pesada derrota infligida ao Exército Vermelho pelos poloneses em Varsóvia, em 1920, tenha deixado seqüelas em Stalin, especialmente porque ele estava entre os chefes soviéticos derrotados no front. Há muitos sinais da antipatia persistente de Stalin pelos poloneses e seu partido e, ao mesmo tempo, da admiração relutante por sua resiliência e bravura. Por exemplo, quando, depois da guerra civil, a Rússia soviética quis quebrar seu isolamento internacional, ele promoveu manobras diplomáticas complicadas com seus vizinhos ocidentais. Numa reunião do Politburo de 18 de outubro de 1923, Stalin escreveu um bilhete, provavelmente para Chicherin: "Acho que seria melhor evitarmos sondar os poloneses e o fazermos com os letões. Você pode amedrontar os letões, colocá-los contra a parede, etc. Mas não pode fazer isso com os poloneses. Eles têm que ser isolados; com eles, você tem que lutar. Não descobriríamos coisa alguma deles e teríamos mostrado nossas cartas. (...) Os poloneses têm que ser isolados. Você pode comprar os letões (e assustá-los). Você pode comprar a Romênia. Mas com os poloneses você tem que vencer sua resistência."[88]

Esse bilhete ilustra eloqüentemente o cinismo extremo de Stalin e sugere que a humilhação imposta em 1920 ainda causava ressentimento. Nos anos 1930, ele lançou selvagem perseguição aos funcionários poloneses do Komintern. O secretário do ECCI, M. Moskvin, uma figura do topo da NKVD, apoiou acusações fabricadas por Yezhov de que o partido comunista polonês estava "cravejado de espiões e sabotadores" e assim deu motivo para que Dimitrov declarasse que existia "uma organização ramificada de espionagem" dentro do Komintern.[89] Quando o ECCI tomou a vergonhosa decisão de dissolver o partido polonês em dezembro de 1937, Stalin anotou no decreto: "A dissolução está dois anos atrasada. Ela tem que ser feita, mas não acho que deva ser difundida pela imprensa."[90]

Ocasiões houve que Stalin utilizou para consumo público e para propósitos de propaganda. Exemplificando, em 5 de novembro de 1927, ele se encontrou com representantes dos partidos comunistas dinamarquês, francês, alemão, inglês, chinês, belga, tchecoslovaco e outros. Naquela oportunidade, as conversações nada tiveram de secretas, e a franqueza das perguntas dos representantes estrangeiros é um lembrete eloqüente de que, em 1927, o pensamento comunista estava longe de ser monolítico:

> PERGUNTA: Por que a União Soviética condena partidos social-democratas?
>
> STALIN: Eles são banidos porque os contra-revolucionários são banidos. Eles constituem o partido da contra-revolução ostensiva.
>
> PERGUNTA: Por que não há liberdade de imprensa na URSS?
>
> STALIN: Só não existe liberdade de imprensa para a burguesia.
>
> PERGUNTA: Quem detém o poder na URSS?
>
> STALIN: Nosso poder é o poder de uma única classe, o poder do proletariado.
>
> PERGUNTA: Por que os mencheviques não foram libertados das prisões?
>
> STALIN: Só os mencheviques ativos estão afetados.
>
> PERGUNTA: Como você pretende executar a coletivização na questão camponesa?
>
> STALIN: Gradualmente, usando métodos do tipo econômico, financeiro e cultural-educacional.[91]

A reunião prosseguiu por quase seis horas, durante as quais Stalin submeteu os comunistas estrangeiros a essa barragem de propaganda.

Não menos surpreendente do que as respostas mentirosas foi o fato de a audiência ter se mostrado disposta a engoli-las. Ele era, no entanto, experiente mestre da mentira. Poucos meses antes de morrer, declarou: "A burguesia tinha o hábito de posar como liberal. Agora, não existe um vestígio de liberalismo. Não há mais a chamada 'liberdade do indivíduo': direitos individuais são reconhecidos apenas para os que possuem capital e os outros cidadãos são apenas matéria-prima humana."[92] Ele era capaz de falar sobre a ausência de direitos dos indivíduos nos países capitalistas quando de 4 a 5 milhões de cidadãos soviéticos, que não tinham cometido crimes, definhavam em seus campos de concentração.

Em particular, Stalin não perdia tempo com a espécie de mentiras que espalhava nos congressos do partido ou pela imprensa. Em particular, ditava a lei, dava aula e fanfarronava, e dizia aos vassalos como agir e mentir. Suas conversas com os comunistas estrangeiros depois da guerra, a maioria das quais havidas em sigilo, tornaram-se importante parte de sua estratégia para o alastramento do marxismo-leninismo-stalinismo pelo mundo.

Por diversas vezes fez declarações no Politburo sobre a questão do movimento comunista. Afora a China, depois da guerra restaram apenas, disse ele, dois partidos comunistas fortes no mundo capitalista: o italiano e o francês. Em 30 de novembro de 1947, ele enviou um telegrama cifrado a Togliatti por meio do embaixador soviético em Roma. Era assinado por "Fillipov," um dos pseudônimos que usava em tais comunicações:

> Um encontro aconteceu recentemente em Moscou por solicitação de Nenni [chefe do partido socialista italiano e ministro do governo]. Nenni descreveu a situação atual na Itália e fez uma série de perguntas sobre as quais recebeu respostas. Reportamos o conteúdo do encontro para sua informação. Unidade entre os comunistas: isto seria fortalecido. Ambos os partidos entrariam nas eleições como um bloco unificado e com uma só cédula. Mas Nenni acha que a criação de um partido trabalhista unitário na Itália é prematura, já que poderia repelir os tradicionais elementos do centro que normalmente apóiam os socialistas. Os comunistas e os socialistas perderam uma oportunidade quando as forças de ocupação deixaram o país. Devem-se culpar mais os comunistas porque não quiseram criar uma situação grega. Ajudaremos Nenni, como ele deseja, com um empréstimo em papel de baixo valor. Na eventualidade da tomada do poder na Itália pelo bloco de esquerda, a URSS poderia garantir o suprimento de cereais ao país. Carvão é mais difícil. A Polônia pode ajudar.[93]

Stalin via uma assunção do poder da esquerda na Itália – com os socialistas desempenhando o papel de mencheviques companheiros de viagem – como uma possibilidade séria, e reprovava Togliatti, por meio de Nenni, por ter perdido a chance logo depois da guerra. Podia, no entanto, prometer alimentar os italianos, enquanto seu próprio povo sobrevivia à base de rações miseráveis.

Duas semanas mais tarde, em 14 de dezembro de 1947, Stalin recebeu o chefe comunista italiano Secchi em uma de suas sessões da meia-noite. Aconselhou veementemente seu visitante a montar recursos de inteligência na Itália que ajudariam na "infiltração nos quartéis-generais e agências do inimigo." Secchi devia ter em mente, continuou Stalin, "que existem sempre espiões no partido," e que o comitê central deveria "ter seus próprios guardas de segurança, uma pequena guarda com gente experimentada." Perguntando pela saúde de Togliatti, ele ofereceu aconselhamento sob a forma de uma homilia banal: "O coração é uma máquina. Precisa de lubrificação; é necessário cuidar dela. Afinal de contas, pode um avião voar sem motor? Lênin costumava dizer que são necessários de dez a quinze anos para se formar um bom trabalhador e que se pode perdê-lo em uma hora. É claro que não devemos tratar o material humano dessa forma, não é?"

Contudo, havia mais naquele encontro que vã filosofia. Sem que houvesse qualquer conexão, subitamente Stalin anunciou: "Podemos lhe dar 600 mil dólares. O próprio Secchi pode ser o portador."

Secchi, um pouco confuso, mas satisfeito, agradeceu a Stalin e então, como se pensasse alto, perguntou: "Mas como eu entraria com isso na Itália?"

Stalin replicou que o dinheiro seria acondicionado em duas bolsas pesando não mais que cinqüenta ou sessenta quilos. Secchi sugeriu que a quantia fosse enviada através da embaixada soviética e solicitou que o fosse com notas de grande valor. Ele ainda estava formulando os agradecimentos quando Stalin o interrompeu: "Não precisa me agradecer. É nossa classe trabalhadora que está ajudando vocês."[94]

A classe trabalhadora, é evidente, não tinha a menor idéia de que seu chefe estava cedendo fundos do estado para partidos comunistas estrangeiros, e que o fazia com razoável freqüência. Em 5 de agosto de 1948, num de seus encontros de altas horas da noite, ele recebeu Dolores Ibarruri, Francisco Anton e Santiago Carrillo, chefes do partido comunista espanhol que passaram a viver em Moscou desde a derrota de sua causa na Guerra Civil Espanhola. Sentados ao lado de Stalin estavam Molotov e o ideólogo do partido Mikhail Suslov, que fizera carreira meteórica. Quando os espanhóis se queixaram do estado desanimador de suas finanças, Stalin interveio: "Podemos ajudar. Quanto e em que moeda?"

Ibarruri respondeu: "Melhor seria em dólares americanos."

Stalin alvitrou: "600 mil dólares seriam suficientes?

Os comunistas espanhóis agradeceram a ele profusamente e solicitaram que o dinheiro fosse enviado para a Tchecoslováquia, onde tinham suas contas.[95]

No mesmo encontro, Stalin instruiu os comunistas espanhóis sobre como unir as forças antifascistas e sobre como "chegar a todos os cantos." Conclamou-os a formar um movimento clandestino contra o governo, justamente como o tinha feito em janeiro de 1937, quando escreveu ao chefe do governo republicano na Espanha, Largo Caballero, a quem aconselhou "organizar unidades clandestinas de camponeses na retaguarda do exército fascista."[96] Talvez uma nova tentativa saísse vitoriosa. Os convidados registraram diligentemente as palavras do chefe em seus blocos de anotações.

A despeito do fato de o mundo ter entrado na era nuclear e de o Komintern ter sido formalmente dissolvido em 1943, Stalin se recusava a abandonar seu modo "Komintern" de pensar, se bem que o tivesse modificado em certa medida. Não buscou um confronto direto com o capitalismo, em vez disso tentou criar o máximo de dificuldades promovendo choques e sublevações e organizando ataques clandestinos. No final de sua vida, falou do partido como uma "brigada de choque" e previu que formações semelhantes emergiriam "da China, da Coréia, da Tchecoslováquia e da Hungria."[97] Acreditava que as "Brigadas Vermelhas" espocariam com a ajuda de Moscou no Ocidente e em países com governos impopulares.

Suas conversas de março de 1951 com uma delegação comunista indiana são ilustrativas a esse respeito. Os membros da delegação haviam lhe pedido, em questões pré-formuladas, para comentar sobre a guerra subterrânea e ele respondeu enfaticamente que ela era uma maneira de "ação revolucionária" que tinha que ser empregada. "Os comunistas," disse, "têm que ser favoráveis às ações terroristas por parte das massas, mas contra as atividades terroristas de indivíduos revolucionários que ajam fora do movimento de massas."[98] A discussão sobre o terrorismo continuou na reunião seguinte. Molotov, Malenkov e Suslov murmuraram sua concordância com cada palavra pronunciada pelo mestre, e apesar de as minutas descreverem o encontro como "uma conversa entre o Camarada Stalin e os Camaradas Rao, Dange, Ghosh e Punnaya," ele foi, na realidade, um longo monólogo de Stalin. Sentados ao longo da mesa comprida e voltando as cabeças em conjunto enquanto Stalin caminhava em torno da imensa sala, cachimbo na mão, os indianos absorviam suas sábias palavras: "O terrorismo individual não leva a nada. (...) A guerra clandestina pode começar sempre que o povo o quiser. Não tentem ser espertos. Simplesmente retirem as terras das mãos dos proprietários e, se tirarem demais, sempre poderão depois ajustar as coisas. Como dizem os russos: quando se corta madeira, cavacos voam. (...) Vocês podem organizar um ótimo regime em seu país. (...) O importante é estar disposto a renunciar aos interesses pessoais."[99]

De todos os lados do "campo socialista" e das "democracias populares," os chefes iam a Stalin como se fossem a Meca. Tinham poucas escolhas. Afora seu primeiro e único vôo para a conferência dos aliados em Teerã, no inverno de 1943, e de sua jornada de trem cuidadosamente coreografada para Potsdam, em 1945, Stalin jamais teve a intenção de cruzar a fronteira da URSS.

A Iugoslávia ocupou lugar especial em seu pensamento. Tratava-se de um vasto país com amplo acesso ao Mediterrâneo e em ótima situação para promover um levante bem-sucedido liderado pelos comunistas gregos e, a partir disto, criar uma poderosa federação socialista nos Bálcãs. Se os Bálcãs "se tornassem vermelhos," então quase a metade da Europa entraria na órbita soviética, e sem a ajuda de uma "revolução mundial." Era hora de falar com o líder iugoslavo, o marechal Tito, que esperava havia muito tempo por uma audiência. Os dois tinham se encontrado em setembro de 1944 e abril de 1945, mas então, em 27 de maio de 1946, Tito chegou como estadista e com uma grande delegação. Ficou por duas semanas, desfrutando da pródiga hospitalidade de seu generoso anfitrião.

Contrariando o habitual, Stalin recebeu Tito e sua delegação às 11 da noite do mesmo dia da chegada a Moscou. Os dois lados competiram para encontrar as mais adequadas expressões de admiração e louvores mútuos. Debateram maneiras de aprimorar as relações econômicas e de ampliar a cooperação militar entre os dois países, e discutiram também as relações iugoslavo-albanesas. Como sempre, quando percebia uma oportunidade, mesmo indiretamente, para fortalecer a posição soviética, Stalin era liberal com ofertas de dinheiro, ferramentas, grãos e armas. Tito, que tinha um exército com efetivo aproximado de 400 mil homens, já recebera armamento e equipamento para trinta e duas divisões completas.[100] Agora, Stalin concordava com quase todas as solicitações dos iugoslavos, do embarque de armas ao estabelecimento de uma indústria de material bélico própria.

A conversa voltou-se para a inclusão da Bulgária e da Albânia na Federação Iugoslava. Tito concordou que a Albânia podia ser anexada, mas acrescentou que "nada acontecerá no que tange à Bulgária."

Stalin replicou abruptamente: "Mas isto tem que ser feito. O primeiro passo pode se limitar a um pacto de amizade e assistência mútua, mas é preciso que, na realidade, mais seja feito."[101] Ele via a possibilidade de criação de um satélite poderoso que iria facilitar a sovietização dos Bálcãs.

As conversações foram concluídas cedo e Stalin convidou seus hóspedes à dacha de Kuntsevo "para uma refeição ligeira."[102] Vinte minutos mais tarde, todos saltaram de limusines enormes na famosa residência. A "refeição ligeira" durou diversas horas e consistiu principalmente de pratos georgianos acompanhados por vinho servido em taças de prata. Tito presenteou relógios de ouro e platina, anéis de diamantes e outras prendas para serem dadas à filha de Stalin, à esposa e à filha de Molotov, e às esposas de Mikoyan, Zhdanov, Beria, Bulganin, Vyshinsky e Dekanozov. Ele também tinha condecorações para distribuir a diversos comandantes militares soviéticos, de cuja lista o lado soviético insistiu para que Zhukov fosse retirado.[103] (Stalin tomou providências para que a grande popularidade granjeada por Zhukov no final da guerra não se traduzisse em poder político de um rival potencial.)

Stalin tocou no gramofone baladas russas e as acompanhou cantando e marcando o ritmo com batidas dos pés. Houve grande quantidade de tapinhas nas costas e brindes abundantes. Ele aconselhou seus convidados a plantarem eucaliptos na Iugoslávia, questionou-os sobre Enver Hoxha e brincou com Rankovic, o chefe da segurança iugoslava, indagando-lhe quem recrutaria quem primeiro, se ele a Beria, ou se Beria a ele? Quando sondou Tito sobre um novo Komintern, o líder iugoslavo respondeu que "não via possibilidade," mas que, em vez disso, eles deveriam pensar na criação de algum outro tipo de órgão de coordenação para os partidos comunistas. Ficou finalmente decidido, em meio a uma profusão de brindes, não forçar a questão de a Albânia se juntar à Federação Iugoslava, já que isso "poderia complicar a situação internacional da Iugoslávia e da Albânia."[104]

Quando o amanhecer se aproximava, Stalin começou de repente a falar copiosamente sobre os chefes dos vários partidos comunistas. Num tom tolerante porém preocupado, discorreu sobre Palmiro Togliatti, Maurice Thorez, José Diaz, Dolores Ibarruri, Wilhelm Pieck, Klement Gottwald, Georgy Dimitrov, Jacques Duclos e Harry Pollit, ressaltando um defeito comum a eles: eram todos muito brandos, não tinham "pulso firme com as pessoas." Observou do líder francês Thorez, por exemplo: "Mesmo um cão que não morde quando quer assustar alguém mostra os dentes. Thorez é incapaz de fazer até isso."[105] Então virou-se para Tito e disse com um sorriso: "Cuide-se... Não viverei por muito tempo... é a lei da natureza... mas você estará, para a Europa."[106]

Stalin encontrou-se com Tito diversas vezes antes que o chefe iugoslavo partisse em 10 de junho de 1946. Continuaram a discutir principalmente as questões balcânicas – numa das vezes, na companhia de Dimitrov, que viera para o funeral do chefe de estado nominal soviético Mikhail Kalinin – e também falaram sobre a criação do Kominform, como passou a ser chamada a idéia de Tito sobre um centro de informações. Parecia inconcebível que, na segunda metade de 1947, os dois chefes e seus partidos estariam com espadas desembainhadas. Belgrado estaria salpicada de acusações de "pressa" no estabelecimento de uma estrutura federativa, de "apequenar" a experiência soviética, de trotskismo entre seus chefes, de "teimosia," de "degeneração," e de muito mais. Bem antes do Informburo ou de o Cominform se reunirem no antigo palácio real em Bucarest, no final de junho de 1948, para debater uma resolução sobre o Partido Comunista da Iugoslávia, o resultado final já era óbvio. Zhdanov declarou: "Temos fatos à nossa disposição que mostram que Tito é um espião estrangeiro."[107]

Tito era um ditador com uma independência de pensamento que advinha de sua capacitação e qualidades, e o rompimento com Stalin era, portanto, inevitável. Depois que ele aconteceu, Stalin, de início, decidiu sentar e esperar um pouco, como mostra seu telegrama para o líder tcheco Gottwald, com cópia para Togliatti:

> Recebi o relatório de Silin da conversa com você a respeito da questão iugoslava. Fiquei com a impressão de que vocês estão contando com a derrota de Tito e seu grupo no Congresso do Partido Iugoslavo. Vocês sugerem a publicação de material comprometedor sobre os líderes iugoslavos. Nós, moscovitas, não estamos contando com derrota tão prematura do grupo de Tito. O Congresso foi cuidadosamente selecionado (...) Tito contará com a maioria. Conseguimos o isolamento do Partido Comunista Iugoslavo. De agora em diante, os grupos marxistas irão gradualmente se afastando de Tito. Isso exigirá tempo e paciência para esperar. Parece que vocês não têm paciência para tanto. (...) A vitória do marxismo-leninismo na Iugoslávia, depois de um certo tempo, não causa dúvida.[108]

Mas Stalin também não teve a paciência para sentar e esperar. Irritado e surpreso por Tito permanecer no poder, ordenou que Beria "se livrasse" dele. Foram montadas diversas tentativas de assassinato, mas nenhuma deu certo. Stalin não era tão onipotente quanto pensava. Foi sua primeira derrota pós-guerra.

Ainda com seus objetivos globais em mente, Stalin voltou a atenção para a China. Esperava o sucesso do Kuomintang e batalhou então pela cooperação entre Mao Tse-tung e Chiang Kai-shek. Qualquer que fosse o resultado, ele faria tudo para que o governo de Pequim fosse antiimperialista e amigo de Moscou. Stalin precisava da China como aliado estratégico, e quem governasse o país era de importância secundária. Em dezembro de 1941, depois do ataque japonês a Pearl Harbor, passou um cabograma para Chiang: "Eu lhe pediria muito que não insistisse para que a URSS declarasse de imediato guerra ao Japão. A União Soviética terá que lutar contra o Japão porque, sem dúvida, aquele país quebrará o tratado de neutralidade, e teremos que estar preparados para isso. Mas a preparação leva tempo, e precisamos primeiro acabar com a Alemanha. Por isso, peço-lhe mais uma vez para que não insista na declaração imediata de guerra da URSS ao Japão."[109] De fato, a URSS só declarou guerra ao Japão em 8 de agosto de 1945.

Em 1946, Stalin ainda contava com Chiang Kai-shek. Numa conversa no início do ano com o emissário de Chiang, Chiang Ching-kuo, ele anunciou que o governo soviético chamara seu representante no QG de Mao em Yennan porque não concordava com a política comunista chinesa. O governo soviético reconheceu o governo de Chiang Kai-shek como o legítimo da China: "Não podem existir dois governos e dois exércitos no país."[110] Chiang Ching-kuo observou que os chineses estavam preocupados com a possibilidade de o Japão crescer de novo, ao que Stalin deu uma resposta animadora: "A União Soviética garantirá que o Japão fique privado de qualquer possibilidade de renascer como potência agressiva. Para fazer isso, o Japão tem que ser despojado de sua força militar pelo aprisionamento de 500 a 600 mil oficiais e de cerca de 12 mil generais japoneses." Na reunião de despedida, Chiang Ching-kuo sublinhou que Chiang Kai-shek e Mao não confiavam um no outro, ao que Stalin respondeu de forma conciliadora: "A coexistência entre o Kuomintang e o Partido Comunista Chinês pode durar muitos anos."[111]

Estava errado. No final de 1949, teve que receber Mao como um vencedor. O líder chinês enviou um telegrama cifrado a Moscou realçando que as recentes vitórias comunistas tinham reduzido as forças de Chiang Kai-shek a 170 divisões e frisou que um milhão e duzentos mil chineses vermelhos cercavam então as tropas do general Tu Yu-ming. É tentador pensar-se que a observação final de Mao era irônica: "Por favor, entregue este telegrama ao patrão camarada-chefe e ao Comitê Central."[112]

A pedido de Mao, Stalin mandou um avião buscar a esposa do líder chinês, Jiang Qing, e sua filha, Li La, que queriam ter um tratamento médico em Moscou.

Na noite de 16 de dezembro de 1949 ocorreu o encontro entre Mao e Stalin. Com Molotov, Malenkov, Bulganin e Vyshinsky do lado, Stalin levantou-se para cumprimentar o chefe chinês e durante vinte minutos eles conversaram sobre trivialidades, trocando cumprimentos e se avaliando mutuamente. O movimento de abertura de Mao foi surpreendente: "A China precisa de pausa de três a cinco anos de paz para fôlego. (...) O Comitê Central do Partido Comunista da China instruiu-me para perguntar-lhe como e em que medida a paz mundial está garantida."

Stalin replicou dizendo que não havia no momento ameaças diretas à China: "O Japão ainda não se pôs de pé novamente. A América esbraveja sobre guerra, mas a teme (...) na Europa, eles têm pavor da guerra. (...) Ninguém quer lutar contra a China." E adicionou com um sorriso: "É certo que Kim Il Sung não irá invadir a China, não é?"

Falaram sobre um tratado de amizade, aliança e assistência mútua, sobre Port Arthur, controlado pelos dois países, um grande empréstimo à China, a ajuda soviética para a construção da Marinha Chinesa, sua indústria de armas, suas comunicações. Stalin prometeu ajuda generosa.

Mao então desviou a conversa para a dificuldade enfrentada pelo Exército de

Libertação do Povo para tomar a ilha de Formosa (Taiwan). "Será que não seria possível," cogitou, "usar pilotos soviéticos voluntários ou unidades secretas do exército para acelerar a captura de Formosa?" Stalin esquivou-se do tópico desconfortável lembrando a Mao que "isso poderia dar aos americanos uma desculpa para intervir." Sua solução preferida, disse, seria "formar uma companhia de comandos, desembarcá-la em Formosa e, por meio dela, organizar um levante na ilha."[113]

Abruptamente, ofereceu então a Mao a oportunidade de publicar suas obras em russo, ao que o chefe chinês agradeceu de pronto, solicitando apenas que fosse dada a um marxista experiente a tarefa de editá-las. Em abril de 1950, o Kremlin enviou o sociólogo Pavel Yudin a Pequim. Stalin lera a tradução de alguns trabalhos de Mao, principalmente o artigo "Stalin, Amigo do Povo Chinês," escrito por ocasião do sexagésimo aniversário do chefe soviético, em 1939. O "patrão camarada-chefe" sublinhou com lápis azul as frases: "Celebrar Stalin significa posicionar-se em sua defesa, posicionar-se por sua causa, pela vitória do comunismo, pelo caminho que ele aponta para a humanidade. (...) A esmagadora maioria da humanidade vive ainda atormentada, e só a rota mostrada por Stalin, só a ajuda de Stalin, pode livrar a humanidade dessa aflição."[114] Mao retribuiu prontamente a gentileza enviando a Stalin uma proposta oficial do Comitê Central chinês para publicar os trabalhos dele em chinês, oferta que Stalin aceitou com satisfação.[115]

Mao representou para Stalin o difícil problema de tentar entender alguém de civilização, cultura e modo de pensar completamente diferentes. Os diálogos filosóficos do chinês eram enigmáticos, obscuros e pouco familiares a Stalin. Notou a tendência de Mao para falar por aforismos e para aludir a filósofos antigos, enquanto Stalin se contentava geralmente em citar a si próprio como única autoridade requerida para qualquer assunto. A linguagem de Mao era literária, vívida e, conquanto tortuosa, bem mais rica que a de Stalin. Mao fazia referências aos quatro livros de Confúcio e a uma série de antigos poetas chineses, enquanto Stalin tentava compreender as alegorias e excursões históricas daquele homem que tão evidentemente já crescera acostumado ao papel de "grande chefe."

Mao permaneceu em Moscou até meados de fevereiro de 1950, e os dois se encontraram diversas vezes. Os detalhes concretos de seus acordos foram acertados pelo primeiro-ministro chinês Chou En-lai, que para isso fez algumas viagens a Moscou. Por exemplo, em agosto de 1952, Stalin e Chou acertaram a execução de 151 projetos importantes na China. Em 3 de setembro daquele ano, Stalin disse a Chou: "Seria bom se existisse um governo pró-China na Birmânia. Há uns escroques no governo birmanês tentando passar por estadistas." Quando soube que os chineses tinham suprimido uma rebelião no Tibet, Stalin aconselhou: "Vocês deveriam construir uma estrada para o Tibet. Sem uma estrada, será difícil manter a ordem necessária. Os lamas tibetanos se venderão a qualquer um – americanos, ingleses, indianos, a quem oferecer o preço maior."[116] Em 22 de janeiro de 1950, quando Mao expressou o temor de que seus acordos "colidissem com [os entendimentos da] a Conferência de Yalta, Stalin replicou: "Seguro que sim, mas ao diabo com isso! Uma vez decidido alterar tratados, temos que fazer tudo."[117]

Stalin estava disposto a quebrar qualquer acordo ou tratado se achasse que isto serviria aos seus interesses e fortaleceria a posição da URSS. Numa de suas reuniões noturnas com os chefes da Alemanha Oriental Wilhelm Pieck, Walter Ulbricht e Otto Grotewohl, a conversa desviou para a questão se "deveríamos ou não tomar medidas para a criação de um exército para a RDA." Stalin interveio. "Nada de medidas. Simplesmente criamos o exército. O que vocês querem dizer com 'medidas'?" Os chefes germânicos tinham ido principalmente pleitear grãos, minérios, ferro fundido, chapas de ferro, latão, chumbo, algodão e crédito, mas a aula de Stalin tratou da necessidade de organizar fazendas coletivas, de ter uma boa força policial e de se encenarem julgamentos públicos de sabotadores do Ocidente. No fim da conversa, Pieck agradeceu a Stalin o envio de uma orquestra a Berlim. Stalin, levantando-se da cadeira, replicou com um sorriso malicioso que a música era coisa boa, "porém mais importante é ter um exército."[118]

A abordagem de Stalin da política externa se baseava nos pilares gêmeos do internacionalismo comunista e no status soviético de grande potência, com ênfase para o primeiro. Dedicou seu último discurso público importante, no XIX Congresso do partido, em 14 de outubro de 1952, à questão da revolução mundial sob nova forma, embora não pronunciasse essas palavras exatas. Em sua obra escrita principal, *Problemas Econômicos do Socialismo na URSS*, expôs a tese de que a luta pela paz se transformaria na luta "pelo socialismo," pela "derrubada do capitalismo. (...) Para eliminar a inevitabilidade das guerras, o imperialismo tem que ser destruído."[119] A batalha pela paz, disse no Congresso, era uma luta pela emancipação, e concluiu com o slogan "Abaixo os papa-guerras!"[120] Em outras palavras, a batalha contra os fomentadores de guerras era a batalha pelo socialismo. As conversas da meia-noite no Kremlin tinham por objetivo criar mais e mais "brigadas de choque" para levar a cabo o combate no terreno inimigo.

Quanto ao segundo pilar de seu pensamento, Stalin não tinha a intenção de aceitar a situação como ela se encontrava depois de seus ganhos territoriais de 1939. A Federação Balcânica com que sonhou, com o tempo, seria parte da URSS. Na verdade, o crítico de Tito sobre o conflito com Moscou, S. Fujovic, declarou ao comitê central do partido iugoslavo, em abril de 1948: "Creio que nosso objetivo é que o país venha a se tornar parte da URSS."[121] Fujovic só se retratou no final de 1950.

Os papéis de Stalin

As marcas que Stalin deixou na face da terra não podem ser facilmente apagadas. Sejam os milhares de prédios no estilo "stalinista" de arquitetura, os canais, as estradas de rodagem, altos-fornos, minas e fábricas – construídos, em grande medida, com o trabalho escravo de milhões de internos anônimos do seu Gulag – sejam armas nucleares, seus vestígios estão embebidos de sangue. Entre 1929 e 1953, o estado criado por Lênin e posto em ação por Stalin privou 21,5 milhões de cidadãos soviéticos de suas vidas. Ninguém na história jamais travou guerra semelhante contra seu próprio povo.

Muito do que se sabe das ações de Stalin advém de pessoas que passaram anos em seus campos, ou de histórias de suas famílias. Mas existe também a grande prova de seus próprios escritos, leitura obrigatória para milhões. Da mesma forma que artigos e relatórios, treze volumes das suas "*Obras*" contêm respostas a cartas e mensagens pessoais e oficiais. Por exemplo, respondendo ao dilúvio de cumprimentos por ocasião do seu qüinquagésimo aniversário, em 1929, ele publicou na imprensa: "Atribuo os parabéns e congratulações ao grande partido da classe trabalhadora que me fez surgir e permitiu que eu crescesse à sua imagem e semelhança. Jamais duvidem, camaradas, de que ainda desejo dedicar à causa da classe trabalhadora mundial toda a minha força, todas as minhas capacidades e, se preciso for, todo o meu sangue, gota por gota."[122] Pronunciadas dez anos mais tarde, essas palavras soariam ainda mais vazias aos ouvidos soviéticos. A publicação de mais dois volumes de "*Obras*" só não aconteceu por causa da morte de Stalin.[123] O volume 14, cobrindo o período de 1934 a 1940, estava pronto em 1946, porém Stalin, por razões que só ele soube, deu instruções para que não fosse "ainda" publicado. Será que se preocupava com o tom repressivo e punitivo do conteúdo?

Numerosas coleções e miscelâneas dos escritos e discursos de Stalin acabaram publicados, mas foram seu *Curso Resumido* da história do partido e sua breve biografia que freqüentaram praticamente todos os lares soviéticos. Lembro-me de ter recebido a biografia como prêmio escolar em 1943. Ela inclui frases como a seguinte: "O *Curso Resumido* (...) contém uma exposição de gênio, na forma mais clara e mais compacta, das fundações do materialismo dialético e histórico, e é um genuíno ápice do pensamento filosófico marxista-leninista."[124]

Stalin se considerava entendido na questão nacional e escreveu diversos artigos sobre o assunto. Ele não poderia ter evitado a questão da assimilação dos judeus, importante tópico de debate daquela época, especialmente no Partido Socialdemocrático dos Trabalhadores Russo de pré-guerra, no qual muitos revolucionários eram de origem judaica. Escreveu em 1931 que "a questão da autonomia nacional para os judeus russos é de natureza curiosa: a autonomia é proposta para uma nação cujo futuro está sendo repudiado, e cuja própria existência ainda precisa até ser estabelecida!" Quanto à "autonomia cultural-nacional," que era então a plataforma de certos grupos políticos judeus, ela ainda "era mais nociva quando vinculada a uma 'nação' cuja existência e futuro estavam abertos à dúvida."[125] No devido tempo, ele iria encorpar tais noções pelo encorajamento a qualquer espécie de anti-semitismo encoberto. Além do mais, podia reivindicar que sua maneira de lidar com o anti-semitismo era altamente eficiente. Quando, em janeiro de 1931, a Agência Telegráfica Judaica pediu seu ponto de vista, sua resposta foi clara e inequívoca: "Os anti-semitas ativos são punidos na forma da lei na URSS com a pena de morte."[126]

Durante o mando de Stalin, e especialmente depois de sua morte, a enorme quantidade de seus escritos passou por repetidas "capinas." Ele próprio ordenou com freqüência a destruição de peças que havia escrito, e um grande número de documentos desapareceu após sua morte.[127] Quando Beria foi preso em 1953, Khruschev também ordenou "o recolhimento" de seus documentos, os quais continham uma massa de notas de Stalin para a NKVD. A comissão criada para administrar o problema achou conveniente, mesmo sem efetuar a leitura, queimar onze sacos de documentos. Os membros da comissão, todos altos funcionários do partido, recearam, sem dúvida, que os papéis de Stalin pudessem conter material comprometedor para eles mesmos.

A.N. Shelepin, ex-chefe da KGB, disse-me que uma grande "limpeza" nos arquivos de Stalin foi promovida pelo chefe do órgão na época, general I. Serov, por ordem pessoal de Khruschev. A ordem foi dada na presença de Shelepin: "Procure todos os papéis com listas de 'sentenças de morte' onde exista mais coisas do que simplesmente a assinatura de Stalin," Khruschev instruiu Serov. "Encontre-os e faça um relatório para mim." Os próprios registros referentes a Serov apareceriam de pronto em qualquer busca, mas Khruschev se preocupava é com sua própria responsabilidade no que tange aos horrores dos anos 1930; horrores nos quais praticamente todas as figuras de proa do partido estavam implicadas.

Segundo Shelepin, dois ou três meses mais tarde, Serov despachou diversos arquivos volumosos para Khruschev. Perguntei-lhe onde eles poderiam estar agora. "Acho que não existem mais," foi a resposta.

O próprio Stalin determinou que documentos, manuscritos e outros materiais escritos fossem entregues a ele pela NKVD. Pouco depois da invasão alemã de 1941, providenciou para que os documentos mais importantes do Comitê

Central, totalizando quase cinco milhões de pastas, fossem evacuados de Moscou para Chkalov (antiga e agora de novo Orenburg) e Saratov, uma operação que requereu duzentos vagões ferroviários.[128] Após a guerra, quando soube que um gigantesco arquivo de emigrados russos fora encontrado em Praga, ordenou que toda a coleção fosse despachada para Moscou. No início de janeiro de 1946, a NKVD supervisionou diligentemente o transporte da carga de nove vagões ferroviários de valiosíssimos documentos, e os departamentos dos arquivos principais receberam a missão de "triagem e utilização."[129] Muito desse material evaporou-se no ar rarefeito do curso desse processo.

Os membros do Politburo de Stalin comportavam-se de diversas maneiras nas sessões. Molotov estava sempre concentrado, fazendo apenas anotações esporádicas. Voroshilov parecia apático, só voltando à vida quando Stalin falava. Beria raramente participava dos debates, a não ser para responder às perguntas do chefe, e permanecia inerte salvo quando, ocasionalmente e de repente, pegava sua pasta e procurava documentos. Malenkov era todo ouvidos, sempre pronto para fatos e números. Voznesensky, Bulganin e Zhdanov tomavam parte quando as discussões tocavam suas esferas de responsabilidades. Kalinin de hábito permanecia totalmente calado, como Andreyev e Shvernik. Em qualquer ocasião, prontos para intervir com opiniões próprias, ficavam Kaganovich, Khruschev e Mikoyan.

Stalin sentava-se à cabeceira da longa mesa, lápis azul sempre a postos, rabiscando nomes, números e – aos olhos inocentes – frases aparentemente sem sentido. Numa reunião do Orgburo da OGPU de 3 de maio de 1933, por exemplo, ele anotou: "1) Quem pode realizar prisões? 2) O que devemos fazer com os ex-militares brancos nas nossas agências econômicas? 3) As prisões precisam ser esvaziadas (...) 4) O que deve ser feito com vários grupos que foram aprisionados?" A reunião tratou da questão dos kulaks que haviam sido deportados para o norte e para a Sibéria, e da "deportação suplementar." Stalin registrou:

Ucr[ânia] – 145 mil
Cáu[caso] Set[entrional] – 71 mil
Reg[ião] Mos[cou] – 58 mil
Reg[ião] Len[ingrado] – 44 mil
Reg[ião] Ocid[ental] – 23 mil
Urais – 50 mil
Reg[ião] Cen[tral] Ter[ra] Neg[ra] – 34 mil
Trans[caucásia] – 23 mil
Reg[ião] Gor[ki] – 29 mil
Cri[méia] – 5 mil

Bach[kiria] – 11 mil
Rep[ública] Tár[tara] – 12 mil
Iv[anovo]-Vozn[esensk] – 21 mil[130]

A vida de mais de meio milhão de pessoas inocentes estava reduzida a alguns rabiscos durante os debates de um dos itens de uma sessão.

Foi provavelmente em meados dos anos 1930 que Stalin fez as anotações seguintes referentes à lei para restringir a migração da mão-de-obra: "A ser resolvido hoje: 1) Uma lei sobre trabalhadores que largaram a fabricação e sobre a tomada de seus apartamentos pelo fato de terem abandonado as fábricas. Combinar tal lei com outra que os prive de seus cartões de racionamento. 2) Excluir Moscou, Leningrado e o sistema de passaporte."[131] O autor dessas leis draconianas contra os trabalhadores foi o próprio Stalin. Foi quem pensou em fazer da permissão de residência nas cidades um instrumento de controle da NKVD, e foi sua a idéia de privar os camponeses de seus passaportes internos, transformando-os de uma vez por todas numa casta de servos sem direitos.

Os órgãos de segurança e punitivos figuram em quase todos os blocos de anotações de Stalin, ao lado de provas de seu interesse com a nomeação das pessoas certas para as funções superiores no campo cultural, e com o acompanhamento do cronograma de produção de material bélico. Ele ficava evidentemente satisfeito por encontrar-se com os chefes das fábricas de armamento e com os inventores e projetistas de novas tecnologias militares. Sabia de cor os números de identificação de quase todas as plantas industriais da defesa e os nomes dos responsáveis pelo desenvolvimento das armas principais. As anotações que fez numa reunião com Nikolai Polikarpov, que projetara diversas aeronaves de treinamento e o I-16, um dos principais caças da União Soviética no início da guerra, indicam que devotava muita atenção às questões técnicas, conhecesse ou não precisamente o que estava sendo descrito: "1) Turbo-compressor; 2) Propulsores ruins; 1) Radiador de avião; 2) Compressor de dupla velocidade; 3) Turbo-compressor; 4) Drenagem Central." A lista era seguida de notas sobre os motores americanos e soviéticos, sobre quem deveria "solicitar" assistência, como reduzir o tempo de entrega de produtos, sobre a necessidade de "aumentar a responsabilidade," etc. assim por diante.[132]

Por vezes, o apontamento tinha um sabor distintamente pessoal: "É uma boa idéia brigar com mais freqüência; faz com que você se sinta subitamente melhor (depois de uma luta); se sinta mais respeitado, melhor que qualquer coisa."[133] São encontrados também pensamentos teóricos dispersos entre suas notas, tais como: "Reformismo é a supressão do objetivo final e dos meios básicos pela consecução do objetivo, isto é, a ditadura do proletariado." "O meio-termo, ou seja, oportunismo, pertence à esfera da 'tática.'"

Essas anotações não eram lembretes vazios, já que, por sublinhá-las com cores diferentes, Stalin mostra que se referiu a elas subseqüentemente, como, por exemplo, no caso de uma nota com o título "Liderança Estratégica": 1) Não perca o rumo; 2) Não perca o andamento, o *tempo*; 3) Fixe cuidadosamente o momento para passar de um plano tático a outro; 4) Faz sentido manobrar."[134]

Registros com o título "Para a reunião do birô" indicam o esboço de alguma agenda futura. Um deles para reunião do final de 1935 inclui: "Criar uma competição para as boas peças – Prêmios para Vishnevsky [provavelmente David Vishnevsky, projetista de armas] e Dzigan [diretor de filmes] – Um livro didático sobre a história do [partido] – Discutir os historiadores (Yaroslavsky) [o historiador semi-oficial do partido] – Mandar 50-60 oficiais de artilharia (no momento) à França (que tal Savchenko [antigo oficial de informações militares]? Tukhachevsky?) – O Canal Volga-Moscou (Yezhov, Berman, Zhuk)."[135]

É de notar o fato de Stalin jamais registrar o que seus colegas disseram, ou mesmo mencioná-los. Durante um debate sobre a entrega de carros-de-combate ao exército, ele anotou que Voroshilov fez uma pergunta, mas é inútil procurar por ela. O chefe não tinha interesse pelo que era dito por seu entourage. De há muito entendera que, com exceção de Molotov, eles simplesmente tentavam ler seus pensamentos e prever suas decisões. Estavam lá para captar suas intenções e, então, providenciar para que elas fossem expeditamente implementadas.

Quando necessário, Stalin dava aos camaradas-em-armas instruções concretas, algumas por escrito. Em notas endereçadas a "Molotov" e intituladas "Algumas diretrizes para a viagem a Berlim," datadas de 9 de novembro de 1940, orientou seu ministro do Exterior a esclarecer objetivos e intenções do Pacto Tripartite entre Alemanha, Itália e Japão, e avaliar a possibilidade de a URSS associar-se a ele. O fato de o Pacto Tripartite ser também conhecido como "Pacto Anti-Komintern" revela o surpreendente grau do cinismo de Stalin, mitigado talvez apenas pelo conhecimento de que ele já estava no seu pacto de 1939 com Hitler. Parece que o chefe soviético só discutiu estratégia desse calibre com Molotov, porém, à medida que a guerra foi levando a Rússia para a beira do precipício, começou a dar mais atenção a seus chefes militares, tais como Shaposhnikov, Zhukov, Vasilievsky e Antonov, normalmente concordando com eles.

Os blocos de anotações oferecem material interessante para a análise psicológica do seu dono. Participando das sessões do Politburo, coisa que se tornou cada vez mais rara nos seus anos derradeiros, Stalin desenhava combinações de triângulos e círculos ligados por ovais estranhas. Também esboçava animais misteriosos e sem formas com traços angulares, alguns deles parecendo lobos, coloridos de vermelho.

Tais movimentos do lápis sobre o papel podem lhe ter ajudado na concentração e na manutenção do foco, ou podem indicar um esforço para se apegar a uma imaginação deficiente.

Stalin mostrava uma preocupação constante com os fundos do estado, e com o ouro e os ativos estatais. Tão logo teve conhecimento de infração numa fundição de ouro, anotou perguntar a Yezhov, chefe da NKVD, ou ao seu vice, sobre o caso, acrescentando "um comissário tem que ser nomeado na fundição, sem cuja assinatura a marca de pureza não seja gravada nem o ouro liberado."[136] As notas freqüentemente se referem à necessidade de maiores reservas de ouro para cobrir os custos do movimento comunista e, depois de 1940, ele pessoalmente fixou as quantias que dar a determinados partidos. Quando as "Democracias Populares" surgiram no período pós-guerra, delas se esperou que fizessem sua parte. Numa carta a Mao Tse-tung de fevereiro de 1953, menos de um mês antes de sua morte, Stalin escreveu: "O trabalho dos partidos comunistas da Europa Ocidental, como o francês, o italiano e o inglês, está difícil. Eles precisam de mais ajuda que antes. O Partido Comunista da União Soviética decidiu aumentar sua contribuição para o fundo e acha necessário levantá-lo de 800 mil para 1,3 milhão de dólares por ano. Se o Partido Comunista da China (PCC) contribuísse com 1,3 milhão de dólares para 1953, poderíamos atender os pleitos dos partidos acima mencionados. Esperamos sua resposta." Mao concordou de imediato: "Entregaremos o dinheiro a Panyushkin [embaixador soviético na China]."[137]

Todos os anos, Stalin estudava atentamente os relatórios sobre as reservas de ouro do país a ele submetidos pelo ministério das Finanças, e acabou se convencendo de que o ministério não estava em absoluto fazendo bem seu trabalho. Em novembro de 1946, transferiu a responsabilidade pela indústria do ouro e da platina para o MGB, ou Ministério da Segurança Estatal (novo nome da NKVD naquele ano, quando também os comissariados do povo viraram ministérios). Grandes quantidades de infelizes foram postos na mineração de ouro nos locais mais inacessíveis e em condições desumanas, e a produção cresceu acentuadamente.[138] Enquanto Stalin viveu, milhões de pessoas foram escravizadas e passaram necessidades para aumentar as reservas de ouro. No ano de sua morte, o erário possuía mais metal precioso que em qualquer outra ocasião na história soviética, inclusive 2.049,8 toneladas de ouro e 3.261 toneladas de prata. No intervalo de um ano após sua morte, as reservas começaram a cair inexoravelmente e, quando, no início dos anos 1960, o ouro começou a ser trocado por grãos, aquelas reservas se evaporaram numa velocidade catastrófica.

Os relatórios que Beria enviava ao Politburo sobre a fome no país não eram lidos pelos membros do órgão, salvo por Stalin. As condições na República Tártara, em Khabarovsk, Amur e nas Regiões Autônomas dos Judeus do leste eram terríveis. Numa vila, uma menina de doze anos chamada Natasha Maximova roubou comida de um vizinho. Ela foi espancada impiedosamente, amarrada como uma trouxa e puxada pelas ruas do vilarejo, uma pedra foi amarrada ao seu pescoço e estava prestes a ser jogada no rio quando foi decidido, em vez disso, atá-la a uma carroça e deixá-la exposta à chuva; finalmente, prenderam-na num porão frio.[139] Outro relatório que chegou ao Comitê Central em 21 de dezembro de 1949, no septuagésimo aniversário de Stalin, deu conta da descoberta de cadáveres de três crianças assassinadas na Fazenda Coletiva Sun Yat-sen, na Província Marítima. As crianças tinham sido mortas pela mãe trabalhadora da fazenda. Ela depôs dizendo que fora levada ao desespero pelas condições de miséria extrema, depois que o marido foi sentenciado em 1946, de acordo com a lei dos passaportes de 1932, e desde que perdera o emprego de professora escolar, sendo despejada do apartamento.[140] Mas as reservas de ouro continuavam crescendo.

Soube-se em 1995 que Molotov havia se apoderado de oitenta e cinco cartas de Stalin enviadas a ele entre 1925 e 1936. Molotov as retirara dos arquivos do partido quando caiu em desgraça em 1957 e, evidentemente, destruíra as evidências mais incriminadoras contra si próprio, já que não restou praticamente nada dos anos 1930. Ele as devolveu em 1969 depois que Khruschev saiu de cena e o partido ficou de novo em mãos "seguras."[141] Afora essas cartas, embora os arquivos de Stalin contenham pastas de correspondência sobre questões internas, elas não são propriamente "correspondência" no sentido que conhecemos. Numerosos documentos eram diariamente levados a ele por Poskrebyshev – relatórios, notas de membros do Politburo, de ministros, de chefes de departamentos e de velhos bolcheviques – mas ele só fez observações escritas em alguns deles. Normalmente, disparava uma rápida ordem verbal ao assistente, despachando nos mais importantes apenas "De acordo" – "Devem reportar de novo"– "Por que perdem tempo com isso?" – "Discutiremos o assunto no Politburo" – "Isso já deveria ter vindo há meses." Poskrebyshev acrescentaria orientações e repassaria a decisão aos escalões apropriados.

Stalin só teve uma correspondência mesmo com comunistas estrangeiros como Mao Tse-tung, Kim Il-sung, Togliatti, Thorez, Dimitrov, Pieck, Gomulka e Tito. A mais interessante foi com Mao. Ela mostra o contato e a fricção entre dois estilos de pensamento, dois estilos de ação – o do *partisan* e o do imperialista estatal. Em maio de 1951, Mao enviou instruções a Peng Du-hue, o comandante-em-chefe das forças chinesas e coreanas na Coréia, com uma cópia para Stalin: "No momento, temos oito corpos em posições avançadas. Se cada corpo destrói um batalhão, o inimigo perderá, no todo, oito batalhões regulares. Só isto será pesado golpe para o adversário. Se cada corpo destrói dois batalhões, isso totalizará dezesseis batalhões perdidos. Cada operação deve ter a missão de destruir um batalhão. No curso de três ou quatro operações, quatro batalhões regulares serão destruídos de cada vez, e isso causará uma queda no moral do inimigo e abalará sua autoconfiança." Stalin deve ter encarado tal "estratégia aritmética" com algum pessimismo, mas sua resposta dificilmente pode ser considerada menos simplista: "Esse plano me parece arriscado. Pode funcionar uma ou duas vezes. Mas os anglo-americanos logo se aperceberão disso. Você não está lidando com forças de Chiang Kai-shek."[142]

Do mesmo modo que com seus subordinados em casa, Stalin também revelava nas suas relações com aliados e satélites a inclinação natural de dar conselhos quase sob a forma de ordens. No começo de 1952, enviou um telegrama a Mao insistindo que, para não depender mais dos imperialistas quanto a um artigo tão elementar como a borracha, os chineses "deveriam plantar seringueiras na China em quantidade suficiente para garantir ao menos 200 mil toneladas de borracha natural por ano. A ilha de Hainan deveria ser o centro para a borracha. Ajudaremos com tecnologia."[143]

Algo como correspondência autêntica houve também entre Stalin, Churchill e Roosevelt durante a guerra. Esquecidos todos os agravos anteriores, ou pelo menos temporariamente enterrados, a parte de Stalin teve o tom predominante de pedidos, fosse da mais inacreditável lista de suprimentos essenciais, fosse, com maior insistência, pela abertura de uma segunda frente na Europa. Já no início de 1942, escreveu a Churchill que "1942 será o ponto de inflexão decisivo para os eventos no front" e, no verão do mesmo ano, quando o Exército Vermelho estava em situação crítica no front sul, teve o tom francamente interpelante: a segunda frente não podia ser mais protelada, e Churchill, queixou-se, prometera que ela seria aberta em 1942. Sereno, Churchill replicou: "Nem a Inglaterra nem os Estados Unidos quebraram promessa alguma; de fato, em todas as conversações entre os lados, em Moscou, Londres e Washington, fora repetidamente dito aos russos que as potências ocidentais não podiam fixar uma data final para a abertura de uma segunda frente, e que todo o esforço seria feito para tornar isso possível. Depois da vitória soviética em Stalingrado, Stalin arrefeceu as demandas, dizendo a seus correspondentes ocidentais que "nosso sucesso em Stalingrado foi também ajudado pelas tempestades de neve e neblinas que impediram o desdobramento da aviação alemã."[144]

Na primavera de 1943, houve um episódio de conseqüências potencialmente perigosas para as tênues boas relações entre os aliados. Os corpos de grande número de oficiais e de outros cidadãos poloneses foram descobertos enterrados na Polônia

Oriental. O general Sikorski, chefe do governo polonês no exílio em Londres, já tinha, em 3 de dezembro de 1941, perguntado a Stalin sobre o destino de quatro mil oficiais poloneses feitos prisioneiros quando o Exército Vermelho ocupou o leste da Polônia no final de outubro de 1939 e que estavam então internados nos campos soviéticos. Sikorski chegou mesmo a entregar ali e na hora uma lista dos oficiais. Stalin respondeu que era impossível: "Eles fugiram." "Para onde poderiam ter fugido?" – perguntou o acompanhante de Sikorski, general Anders. Resposta de Stalin: "Bem, para a Manchúria."[145]

O fato de, na realidade, eles terem sido amarrados e fuzilados com tiros na nuca em seu próprio país e enterrados sob grande sigilo precisava ser esclarecido. Enquanto os alemães afirmavam que tinha sido a NKVD a autora da atrocidade, e os russos devolviam as acusações aos nazis, os poloneses em Londres achavam que Stalin era o responsável. O chefe soviético respondia que os nazis estavam usando a história para incendiar os sentimentos poloneses e solapar a boa vontade aliada para com a URSS.[146] Stalin se aferrou a essa versão, sabendo muito bem que os poloneses tinham sido executados por ordens pessoais suas. A Minuta do Politburo nº 13 (P13/14), de 5 de março de 1940, registra que 14.700 oficiais, funcionários civis, proprietários de terras e outros poloneses, como também 11 mil poloneses em prisões nos distritos ocidentais da Ucrânia e da Bielo-Rússia deveriam ser fuzilados. As vítimas não seriam submetidas a julgamento nem informadas de quaisquer acusações contra elas. O ato seria supervisionado pelos oficiais Merkulov, Kabulov e Bashtakov da NKVD.[147] Stalin era um mestre em simular indignação, e a raiva contra a "campanha anti-soviética" polonesa pareceu autêntica. Os poloneses teriam que esperar quase cinqüenta anos para que suas suspeitas ficassem comprovadas.

Stalin tinha consciência aguda de sua imagem de líder de guerra. Depois de visitar um setor do front no verão de 1943, apressou-se em informar disso os líderes aliados, escrevendo ao presidente Roosevelt: "Só agora, depois de retornar do front, posso responder sua última mensagem. (...) Estou tendo que realizar mais visitas pessoais aos vários setores do front e que subordinar tudo o mais às necessidades do front. (...) Nessas circunstâncias, o senhor sem dúvida entenderá que, no momento, não posso sair em qualquer pequena viagem que seja (...) a fim de cumprir minha promessa [de encontrar-se com Roosevelt na região do Estreito de Bhering]."[148]

Não podia admitir para o presidente dos Estados Unidos que voar o aterrorizava. O único vôo que fez na vida, para Teerã, absorvera cada grama de sua energia psicológica. Ele não esquecera o desastre aéreo de março de 1925, no norte do Cáucaso, quando três conhecidos pessoais seus morreram. Estava convencido de que não fora acidente e que dois dos mortos, "os chekistas Mogilevsky e Atarbekov, estavam marcados para morrer como vingança pelas execuções que tinham procedido," e o terceiro, Myasnikov, "porque era armênio." Ele propusera "uma estrita proibição de voar aos funcionários dos altos escalões."[149] A sugestão mostrou-se impraticável já àquela época e, no devido tempo, praticamente impossível.

Stalin temeu perpetuamente atentados contra sua vida e tomava medidas extremas de proteção pessoal. Em 1944, um certo P.I. Tavrin e sua esposa L.I. Shilo foram acusados de uma trama para assassiná-lo. Eles nem chegaram perto de cumprir o plano, mas, no fim da vida, Stalin demonstrou medo constante de um atentado real. As acomodações soviéticas na Conferência de Potsdam, no verão de 1945, foram guardadas por não menos que sete regimentos da NKVD e 1.500 agentes.[150] Quando Stalin ia em férias, a estrada que percorria pela costa da Criméia e sua villa eram protegidas, literalmente, por milhares de soldados e agentes. Antes de partir para Solchi, no outono de 1945, ele foi informado de que tinham sido tomadas providências contra elementos anti-soviéticos locais e de que "as prisões estão seguindo o curso de sempre."[151]

Pelo fim da guerra, as relações entre a URSS e os Aliados Ocidentais estavam esfriando e, depois da guerra, pioraram drasticamente. Stalin não concordou nem com a proposta de Roosevelt para um quadro conjunto dos "Três Grandes" a ser posto no Capitólio, e respondeu assim a uma solicitação do sucessor de Roosevelt, Harry Truman, para que posasse para Douglas Shandor, um pintor americano: "Infelizmente, seria difícil para mim encontrar tempo para Mr Shandor. Sem dúvida, terei o maior prazer em enviar a ele meu retrato, caso o senhor o julgue útil ao propósito."[152]

Na Conferência de Potsdam de julho-agosto de 1945, durante os debates sobre emendas nos documentos sobre reparações e fronteiras, muitos dos comentários de Stalin foram negativos: "Isto é um mal-entendido," "Não vejo relevância aqui," "Não podemos concordar com isso," "Não há como eu possa concordar com semelhante interpretação," "Isto está muito errado." No entanto, descreveu a conferência como "bem-sucedida," e quando Truman, como *chairman*, a encerrou com as palavras "Até nosso próximo encontro, que espero para breve," Stalin murmurou: "Queira Deus."[153] Ele sabia que o antagonismo profundo entre a URSS e os aliados, que ficara submerso pelos interesses comuns da guerra, viria de novo à tona depois dela, e de forma mais aguda. Quando ficou claro que a vitória estava próxima, Stalin, que até então mostrara disposição para colaborar e chegar a meios-termos, mudou gradualmente de tom. Suas ambições territoriais, sua abordagem de classes e sua ideologia comunista tinham sido temporariamente postas de lado, mas a guerra, que começara desastrosamente por causa de seus erros grosseiros de cálculo, finalmente o convenceu de sua "correção histórica."

Depois da guerra, como acontecia antes, foram os órgãos de segurança e as forças armadas seus instrumentos principais de política, tanto fora do país quanto internamente. Como de hábito, grossas pastas das várias agências de Beria eram diariamente depositadas em sua mesa, e ele as estudava cuidadosamente, marcando cada uma no canto superior esquerdo seja com o "I.St" seja com o "I" de Iosef.

Uma dessas pastas continha o relatório do ministro do Interior Kruglov de que toda a Ucrânia Ocidental estava num movimento nacionalista. Só em março de 1946, "8.360 bandidos foram liquidados (mortos, capturados ou se renderam)." Chegavam relatórios dando conta de vitórias sobre os nacionalistas clandestinos na Lituânia, Letônia e Estônia, e mesmo na Bielo-Rússia, onde mais de cem pessoas foram liquidadas e perto de trinta soldados soviéticos morreram. Stalin, por alguma razão pessoal, sublinhou a quantidade de "kulaks e suas famílias, bandidos, nacionalistas e outros" deportados das repúblicas bálticas: "Da RSS da Lituânia – 31.917; da RSS da Letônia – 42.149; da RSS da Estônia – 20.713."[154] A Guerra Mundial acabara, mas outra guerra continuou. Stalin deu ordem a Poskrebyshev para empregar mais tropas a fim de acabar com os "bandidos" o mais depressa possível.

Um ano mais tarde, em março de 1947, Kruglov informou que só nos campos e colônias de trabalhos forçados, sem contar as prisões, existiam 2.188.355 prisioneiros, e que vinte e sete novos campos haviam sido construídos.[155] Outro relatório mostrou que, no fim dos anos 1940, na Sibéria, nos Urais, no Cazaquistão e noutros locais, existiam 2.572.829 pessoas "reassentadas ou especialmente instaladas," inclusive étnicos alemães, chechênios, ingushes, tártaros da Criméia, gregos [do Mar Negro], armênios, turcos, curdos. Uma ordem do Presidium do Soviet Supremo da URSS, de 26 de outubro de 1948, estipulou que toda essa gente tinha sido deportada para sempre.[156]

Por certo com esses deportados em mente, Stalin emitiu uma lei impondo vinte anos de trabalhos forçados a quem tentasse escapar do exílio. Em dezembro de 1934, ele insistira numa emenda ao código penal pela qual as investigações não poderiam durar mais de dez dias, e que tais casos deveriam prosseguir em julgamento sem promotoria ou defesa. Ele próprio acrescentara: "Não é permitido recorrer de sentenças nem submeter petições por clemência." E embora Kalinin e Yenukidze tivessem assinado a emenda, Stalin foi o responsável por ainda outra: "A pena de morte tem que ser executada imediatamente após a sentença ser promulgada." Ele assinou o documento com uma observação a lápis: "Para publicação, I.St." Um pouco mais abaixo, Molotov também o assinou, e a nova lei foi devidamente publicada nos principais jornais em 4 de dezembro de 1934.

Dos documentos de Stalin, fica a impressão de que não havia campos especiais suficientes. Em 5 de março de 1950, ele aprovou um pedido do MGB para expandir a capacidade de 180 para 250 mil.[157] Com uma sentença mínima de vinte anos, nenhum interno jamais esperava retornar ao mundo exterior. A sentença de trabalhos forçados foi estabelecida na URSS por Stalin em 1943. De início, parece que se destinava apenas à categoria especial dos espiões e traidores, mas logo passou a ser aplicada a qualquer suspeito da menor inconfiabilidade política. Perto de 200 pessoas foram sentenciadas a vinte anos de trabalhos forçados só em setembro de 1949.[158] A esteira continuou em movimento levando suas vítimas para o desconhecido. Sob o governo de Stalin houve, a um só tempo, mais de cinco milhões de internados em campos e exilados. O espaço dado para um interno de campo, segundo Kruglov, não deveria ultrapassar 1,8m^2, ou seja, o tamanho aproximado de uma sepultura. E para organizar um campo era necessário apenas lona para as barracas, arame farpado para definir a "área" e prisioneiros. Nenhuma outra agência era capaz de construir habitações, minas, fábricas e estradas com a rapidez e eficiência do Ministério da Segurança Estatal. E tudo funcionava com economia também. Um bloco de apartamentos com muitos andares de Kotelnicheskaya, na margem terraplenada do rio, em Moscou, ficou pronto exatamente dentro do cronograma ao preço de 154 milhões de rublos, quando o orçamento fora de 162,9 milhões.

O beco sem saída coreano

Nos últimos anos de vida, Stalin sofreu derrotas políticas nas mãos de Tito, e numa outra empreitada conseguiu apenas um empate onde esperava vencer. No sentido moral, foi também uma derrota: na Guerra da Coréia de 1950-53. O custo daquela guerra, concebida pela mente de um punhado de políticos, foi enorme, mais de um milhão de vidas.

Stalin estava muito satisfeito com suas marionetes na Mongólia e na Coréia do Norte. Kim Il-sung, levado da URSS para a Coréia do Norte pelo exército soviético, em 1945, e assiduamente nutrido por assessores soviéticos, crescia a olhos vistos e adquiria experiência como estadista do tipo comunista. Kim era o arauto em seu país dos sucessos da "construção socialista" e, em 1949, perguntou a Stalin se poderia visitar Moscou. O chefe soviético estava querendo estreitar a proximidade com seu *protégé* e, seis semanas mais tarde, em 5 de março, o ministro do Exterior Vyshinsky e Terenti Shtykov, embaixador soviético na Coréia do Norte, levaram a delegação coreana à presença de Stalin. Kim estava acompanhado por seu ministro do Exterior Pak Heon Young e por diversos funcionários dos altos escalões.

Vyshinsky era famoso por ter sido o chefe dos promotores nos vergonhosos julgamentos dos expurgos ocorridos nos anos 1930, mas Shtykov não era tão bem conhecido. Camponês de Lyubko, na província de Vitebsk, ele se tornou comissário nos anos 1930 e progrediu rapidamente na hierarquia. Foi membro do soviet militar do VII Exército na inglória guerra finlandesa, e nos fronts de Leningrado, Volkhov e da Karelia durante a Segunda Guerra Mundial. Foi responsável pelas questões políticas no 1º Front do Extremo Oriente na curta guerra contra o Japão e um dos poucos funcionários políticos promovidos ao posto de coronel-general por Stalin. Em 1946-47, chefiou o lado soviético da comissão conjunta EUA-URSS sobre a Coréia, o que, sem dúvida, concorreu para sua nomeação como embaixador em Pyongyang em 1948. Na prática, era o principal assessor de Kim Il-sung.

A conversa no Kremlin durou uma hora e cinqüenta minutos e foi quase inteiramente entre Stalin e Kim, com Pak e Shtykov dando informações quando solicitados. Stalin chegou rapidamente ao ponto focal e perguntou que ajuda a Coréia do Norte necessitava:

KIM: Ratificamos um plano de dois anos para a recuperação e o desenvolvimento da economia. Necessitamos de maquinaria, equipamentos e sobressalentes para a indústria, comunicações, transportes e outros ramos da economia. Precisamos de especialistas soviéticos para planejar novas fábricas e instalações industriais, e para executar pesquisas geológicas.

STALIN: Nós lhe daremos assistência, e especialistas também.

KIM: As exportações coreanas não compensam nossas importações, de forma que o país necessita de crédito do governo soviético.

STALIN: Que montante de crédito precisa?

KIM: Entre 40 e 50 milhões de dólares.

STALIN: Concederemos crédito de 200 milhões de rublos, ou seja, 40 milhões de dólares.

A conversa prosseguiu nessa linha, com Kim pedindo favores e Stalin, quase sempre, concedendo. Só relutou uma vez, quando Kim solicitou cinqüenta e oito quilômetros de ramal ferroviário a ser construído de Kraskino na URSS até Aouji na Coréia do Norte, dizendo: "Temos que pensar a respeito." Kim desviou o assunto para as questões militares:

KIM: Existem ainda tropas americanas no sul que estão alastrando as intrigas contra a Coréia do Norte, que tem um exército terrestre, mas não tem defesas navais. Contamos com a ajuda da União Soviética.

STALIN: Quantos soldados americanos há na Coréia do Sul?

KIM: Cerca de vinte mil.
SHTYKOV: Entre quinze e vinte mil.
STALIN: Há um exército nacional da Coréia do Sul?
KIM: Sim, com cerca de sessenta mil homens.
STALIN (*sorrindo*): E vocês têm medo deles?
KIM: Não, não temos medo deles, mas gostaríamos de ter algumas unidades navais.
STALIN: Qual exército é mais forte, o do norte ou o do sul?
PAK: O do norte é mais forte.
STALIN: Daremos apoio em todas as questões militares. A Coréia tem que ter aviação militar.

Stalin quis saber então se o Norte tinha conseguido infiltração no exército do Sul.

PAK: Nossa gente penetrou lá, mas ainda não se mostrou.
STALIN: Está muito certa, nem deveria se mostrar. Seria errado revelar-se no momento. Porém o Sul, provavelmente, mandou gente também para o Norte, logo, cautela e atenção são essenciais.

A discussão voltou-se então para a assistência militar, instrução de oficiais coreanos na URSS, aumento de relações econômicas e para outras questões.[159] Nenhuma menção foi feita a uma possível reunificação das duas Coréias, embora Stalin soubesse por intermédio de Shtykov que o governo da Coréia do Norte não pensava noutra coisa.

Ao longo do ano de 1949, a União Soviética enviou armas e equipamento militar para a Coréia do Norte num ritmo intenso, sendo cada distribuição pessoalmente aprovada por Stalin. O Norte testava a força das defesas do Sul. Seus soldados cruzavam a fronteira num "reconhecimento em força." Depois de uma dessas sortidas, Shtykov recebeu telegrama ameaçador de Stalin datado de 27 de outubro de 1949: "Você está proibido de aconselhar o governo da Coréia do Norte a executar operações ativas contra os sul-coreanos sem permissão do Centro. (...) Você errou em não reportar a preparação para ações ofensivas importantes por parte de duas brigadas de polícia e, na prática, permitiu que nossos assessores militares tomassem parte nessas ações. (...) Exigimos uma explicação."[160]

Um documento chave é o relatório especial de Shtykov para Stalin, datado de 19 de janeiro de 1950:

Na noite de 17 de janeiro, o ministro do exterior Pak Heon Young organizou uma recepção para a despedida do embaixador coreano em Pequim. Durante a recepção,

> Kim Il-sung me disse: "Agora que a libertação da Coréia está quase completa, surge a questão de como libertar o sul do país. (...) Os partisans não resolverão o problema. Não consigo dormir à noite por ficar pensando em como tratar a unificação de todo o país." Kim declarou então que, quando estivera em Moscou, o Camarada Stalin lhe dissera que ele não deveria invadir a Coréia do Sul; se o exército de Syngman Rhee atacasse o Norte, então seria válida uma contra-ofensiva no Sul. Porém, até agora, Syngman Rhee não deu início a operações ofensivas, o que significa que a libertação da parte meridional continua sendo retardada. Ele, Kim Il-sung, precisa ver Stalin a fim de pedir permissão para atacar o Sul de modo a liberá-lo. Kim Il-sung disse que não poderia começar uma ofensiva porque é um comunista, um homem disciplinado, e as instruções do Camarada Stalin para ele são ordens. Mao Tse-tung prometeu ajudar Kim Il-sung e irá também se encontrar com ele. Kim Il-sung insiste num contacto com Stalin sobre a permissão para atacar o Sul a partir do Norte. Kim Il-sung estava ligeiramente alterado pela bebida e num estado de agitação.[161]

Stalin ponderou a respeito do relatório de Shtykov por mais de uma semana. Mao estava em Moscou para tratamento médico e repouso, e Stalin visitou-o. Parece que não existem registros sobre esse encontro. Os dois foram cautelosos. A julgar por suas ações posteriores, tudo indica que concordaram em responder a Kim depois de um encontro posterior e após o estudo do assunto por parte de seus especialistas militares. Em 30 de janeiro de 1950, Stalin finalmente respondeu a Kim via um telegrama a Shtykov: "Recebemos sua mensagem de 19 de janeiro. Um evento dessa magnitude requer preparação. Tem que ser organizado de modo a não incorrer em grande risco. Gostaríamos de receber 25 mil toneladas de chumbo por ano. Estamos preparados para dar assistência técnica."[162]

Em Pyongyang, o relatório do próprio Shtykov foi considerado praticamente uma aprovação da operação, desde que o Norte pudesse dar garantia de sucesso. Em 4 de fevereiro, Shtykov enviou outro telegrama a Moscou com uma solicitação de Kim para que fosse acelerado o pagamento do empréstimo e concedido crédito adicional para a compra de armas. Pediu também permissão para aumentar o efetivo da infantaria de sete para dez divisões.[163]

Depois de consultas adicionais a Pequim, Stalin finalmente autorizou em 9 de fevereiro o início de preparações em larga escala, aprovando assim a intenção de Pyongyang de "unificar" a península por meios militares. As entregas soviéticas de carros-de-combate, artilharia, fuzis, suprimentos militares e de saúde, bem como de combustíveis foram intensificadas. Em troca, Stalin quis chumbo, prata e ouro. Kim concordou prontamente.[164]

As evidências existentes quase nos dão a certeza de que Kim visitou Stalin de novo no começo de abril de 1950, dessa vez sigilosamente. Nenhuma prova documental do encontro foi encontrada, porém, dois meses antes, em 30 de janeiro, Stalin concordou com a visita de Kim e, em diversos telegramas depois de abril, há referências a acordos celebrados em conversas pessoais "no início de 1950."[165]

Com as preparações a todo vapor, Stalin decidiu consultar Pequim novamente. Na correspondência com Mao, como fazia na guerra e com outros chefes comunistas, ele se assinava como "Fillipov." Dia 14 de maio de 1950, ditou um telegrama para Mao:

> Em conversa com camaradas coreanos, Fillipov e seus amigos expressaram a opinião de que, em vista da cambiante situação internacional, concordavam com a proposta coreana de caminhar para a unificação. Condicionamos isso dizendo que deveria ser resolvido, no final, conjuntamente pelos camaradas chineses e coreanos e que, se os camaradas coreanos não concordassem, o assunto deveria ser adiado até discussões ulteriores. Os camaradas coreanos podem lhe contar detalhes de nossa conversa.[166]

Pequim concordou. Em 30 de maio, Shtykov informou Moscou:

> Kim Il-sung reporta que (com seu assessor soviético Vasiliev) o chefe do estado-maior terminou o planejamento da decisão operacional de um ataque. Ele, Kim Il-sung, o aprovou. As preparações operacionais estarão completas por volta de 1º de junho. Das dez divisões, sete estão prontas para ações ofensivas. O período de chuvas começará em julho. Os generais Vasiliev e Postnikov informaram que, então, a concentração levará mais tempo. O estado-maior recomenda o início no final de junho. Os norte-coreanos tencionam esconder seus propósitos oferecendo ao Sul a unificação pacífica do país "em nome da Frente Patriótica." (...) Minha opinião: Como Kim Il-sung deseja deslanchar as operações no final de junho, e a tropa tem possibilidade de estar preparada naquela oportunidade, podemos concordar com tal cronograma. Os coreanos estão pedindo gasolina e suprimentos médicos. Solicito urgentemente suas instruções.[167]

Stalin escreveu no telegrama: "A Instância [isto é, o Comitê Central, ou seja, Stalin] aprova suas propostas. As entregas de suprimentos médicos e de combustíveis serão aceleradas." Não era raro Stalin assinar comunicações não só com pseudônimos, mas também com o nome de seus subordinados, para aumentar o sigilo. Nessa oportunidade, ele assinou como "Gromyko," depois rabiscou; "Reportado ao Camarada Gromyko para transmissão ao Camarada Shtykov."[168] Gromyko era então vice de Vyshinsky.

Stalin se preocupava em não deixar que os americanos soubessem de sua cumplicidade para o começo da guerra. Mas isso ficou mais difícil em 20 de junho de 1950, às vésperas das hostilidades, quando recebeu um telegrama urgente de Shtykov endereçado pessoalmente a ele: "Kim Il-sung solicitou a seguinte transmissão: navios são necessários para invasão e desembarques. Chegaram dois navios, mas não houve tempo para treinar suas tripulações. Ele pede dez assessores soviéticos a bordo dos navios. Acho que o pedido deve ser atendido."[169]

Uma resposta foi enviada em 22 de junho e assinada "Gromyko": "Solicitação indeferida. Ela proporciona desculpa para intervenção." O próprio Stalin dirigiu o desenrolar dos acontecimentos. Afora os telegramas de Shtykov, ele recebeu diversos relatórios sobre o progresso da "unificação" do chefe do estado-maior do Exército Soviético.

Em 25 de junho, a Rádio Pyongyang difundiu uma notícia preparada com bastante antecedência: "Bem cedo na manhã de hoje, tropas do governo fantoche da Coréia do Sul lançaram um ataque repentino contra território da Coréia do Norte ao longo de toda a linha do Paralelo 38. O inimigo chegou a penetrar dois quilômetros." As instruções anteriores de Stalin determinavam que Kim Il-sung só invadisse se o Sul atacasse primeiro. Contudo, o Conselho de Segurança das Nações Unidas, reunido no mesmo dia, concluiu que "tropas norte-coreanas efetuaram uma invasão armada da República Coreana."

Iniciadas as hostilidades, Kim solicitou assessores soviéticos adidos diretamente às unidades do front. Shtykov prometeu que persuadiria o Kremlin a concordar. Em vez disso, foi severamente admoestado por Stalin, dessa vez assinando como "Fyn Si": "Você está claramente agindo com impropriedade ao prometer assessores aos coreanos sem mesmo nos consultar. Não esqueça que você representa a URSS, não a Coréia. Nossos assessores podem, nas quantidades solicitadas, ficar adidos a quartéis-generais do front e de grupo de exército em trajes civis, como se fossem correspondentes do *Pravda*. Você é pessoalmente responsável perante o governo soviético pela garantia de que eles não serão feitos prisioneiros."[170]

Depois que os norte-coreanos tomaram, nos primeiros dias da guerra, a capital da Coréia do Sul, Seul, Stalin não permitiu que o general Vasiliev entrasse na cidade capturada para auxiliar o comando das forças desdobradas no front próximo. Ainda o inquietava ser visto como diretamente implicado na guerra, mesmo que fosse pequena a dúvida a respeito. Queria preservar o mito da natureza "defensiva" da guerra e do papel puramente "técnico" da União Soviética.

Segundo as versões oficiais soviética e norte-coreana, como consta na *Enciclopédia Militar Soviética*:

> A Guerra da Coréia foi deslanchada pelos círculos militares dominantes da Coréia do Sul e dos EUA com o objetivo de liquidar a República Popular Coreana e de transformar a Coréia em cabeça-de-ponte para o ataque à República Popular da

> China e à URSS. O plano de ataque foi preparado pela missão militar americana e pelo comando do exército sul-coreano em maio de 1949. (...) No início do verão de 1950, o governo fantoche de Syngman Rhee conseguiu, com a ajuda dos EUA, preparar um exército de mais de 100 mil homens, armados com material bélico e equipamento americanos.[171]

Continua a Enciclopédia: "em 25 de junho, tropas sul-coreanas passaram à ofensiva. Foram bem-sucedidas em sobrepujar as unidades de segurança e penetraram um ou dois quilômetros em território norte-coreano."[172] Tal afirmação não responde à seguinte pergunta: se os sul-coreanos planejaram e iniciaram a "agressão," como foi que, depois de apenas três dias, perderam sua capital?

Kim, inspirado por suas primeiras vitórias, criou "comitês do povo" nas áreas "libertadas." Seus assessores o aconselharam a aproveitar rapidamente o êxito e a mobilizar todas as suas forças para um triunfo militar completo. Afinal de contas, tinham garantido a Stalin uma vitória certa. Cada vez mais recursos foram pedidos à URSS. Em 30 de junho, Shtykov enviou um telegrama "extremamente urgente" a Stalin com uma longa lista de necessidades militares, inclusive quinze milhões de cartuchos de fuzil, 21,5 milhões de tiros de pistola, quarenta e três mil tiros de revólver, munição para defesa antiaérea e granadas de diversos calibres, morteiros, munição para carros-de-combate e granadas de mão, tudo em quantidades muito grandes, equipamento de comunicações, sobressalentes para a aviação, combustível e óleos lubrificantes. Shtykov fechou assim sua mensagem: "Apóio as solicitações de Kim Il-sung. Solicito suas instruções quanto à entrega de pelo menos 50 por cento das quantidades indicadas para 10 de julho de 1950."[173]

Stalin aprovou a lista sem fazer consultas ulteriores. Desse modo, vê-se que, pouco depois da Segunda Guerra Mundial, a URSS tinha mais que suficiente equipamento militar para manter a Coréia do Norte abastecida. Ele fez o que pôde para transferir um pouco da carga aos chineses, ordenando, por exemplo, que a solicitação do embarque de equipamento para duas divisões da força aérea fosse enviada à China, de modo a proporcionar cobertura aérea aos transportes soviéticos para a Coréia.[174]

A guerra oscilou de lá para cá, de um lado para outro. Na primeira fase, até meados de setembro, os norte-coreanos, contando com o elemento surpresa, conseguiram triunfos importantes. Tomaram Seul e muitas outras cidades, e pareceu que a vitória completa era conclusão lógica. Em 28 de agosto de 1950, Stalin escreveu a Shtykov: "Transmita verbalmente a Kim Il-sung o seguinte. Se ele quiser por escrito, redija, mas sem minha assinatura. O Comitê Central do [PCUS] parabeniza o Camarada Kim Il-sung e seus amigos pela grande batalha de libertação do povo coreano, que o Camarada Kim Il-sung está efetuando com sucesso brilhante. O Comitê Central do [PCUS] não tem dúvida de que em breve os intervencionistas serão jogados com ignomínia para fora da Coréia."[175] Três dias depois, Kim respondeu: "Profundamente sensibilizados com seu interesse. Oferecemos ao senhor nossa gratidão, querido professor nosso, por sua participação e aconselhamento calorosos.(...) Estamos firmemente decididos a lutar até a conclusão vitoriosa de nossa luta contra os intervencionistas americanos que tentam de novo escravizar a Coréia. (...) Desejamos ao senhor muitos anos de vida e boa saúde. Seu devotado Kim Il-sung (por instruções do Conselho Político do Comitê Central do Partido Trabalhista da Coréia)."[176]

A despeito da euforia na mensagem de Kim, em 16 de setembro, o Sul, com apoio americano, lançou poderosa contra-ofensiva. A operação envolveu um desembarque naval do 10º Corpo de Exército dos EUA na região de Inchon, simultâneo com um rompimento e um avanço a partir do perímetro de Pusan. A ofensiva americano-sul-coreana foi varrendo na direção norte. As forças de Kim tiveram derrotas pesadas, com muitos mortos e prisioneiros, e a destruição de grande parte de sua artilharia e de seus blindados. Os americanos tinham supremacia aérea e destruíam qualquer coisa que se movesse em terra. Cedo ficou claro que, sem o envolvimento direto de tropas chinesas e soviéticas, o Norte não sobreviveria.

Stalin não captou por completo a gravidade da situação. Ditou um telegrama para Pequim: "O fim do novo perigo pode ser conseguido com o deslocamento de forças significativas do front principal para a região de Seul e com a criação de uma frente firme ao norte e a leste de Seul."[177] Em virtude da posição catastrófica, as ordens de Stalin eram totalmente irrealistas.

Em 1º de outubro, o ministro do exterior norte-coreano entregou a Shtykov uma longa carta de Kim para Stalin. Escrita com a ajuda de assessores soviéticos, ela descrevia o desenrolar da batalha:

> Sofrendo derrota atrás de derrota, o inimigo foi encurralado numa pequena área na ponta meridional da Coréia do Sul, e tivemos uma boa chance de triunfos nas últimas batalhas decisivas. Mas os EUA, mobilizando quase todas as suas forças aéreas, navais e de infantaria localizadas no Oceano Pacífico, efetuaram desembarques na região de Inchon, em 16 de setembro de 1950. Tendo tomado Inchon, o inimigo vem empreendendo guerra urbana em Seul. (...) A aviação inimiga, por não encontrar resistência de nossa parte, tem controle total do ar. (...) Parte de nossas forças foi cercada pelo inimigo.
>
> Estimado Camarada Stalin! Se o inimigo for capaz de operações ofensivas na Coréia do Norte, não poderemos resistir por conta própria. Portanto, caro Iosef Vissarionovich, nos vemos obrigados a solicitar sua ajuda especial. Em outras palavras,

> a partir do momento em que o inimigo cruzar o Paralelo 38, precisaremos contar urgentemente com assistência militar direta da União Soviética. Se, por qualquer razão, isso não for possível, ajude-nos na criação de unidades de voluntários internacionais na China e em outras democracias populares para que tenhamos auxílio militar em nossa luta.[178]

Stalin foi informado sobre o apavorado telegrama de Kim às duas horas da manhã de 1º de outubro enquanto desfrutava de descanso de feriado em uma de suas numerosas vilas no Mar Negro. Respondeu, como "Fillipov," no prazo de uma hora: "Para Mao Tse-tung ou Chou En-lai. Estou longe de Moscou, em feriado, e algo longe dos eventos na Coréia. Entretanto, segundo informações a mim enviadas de Moscou, entendo que os camaradas coreanos estão em situação desesperadora. Pelo menos cinco ou seis divisões deverão ser deslocadas para o Paralelo 38. As divisões chinesas poderiam figurar como voluntárias."[179]

Em telegramas enviados mais tarde naquele mesmo dia para os representantes soviéticos em Pyongyang, Stalin criticou seus "erros importantes" na direção das forças e ditou toda uma página de instruções sobre operar em vanguardas e onde desdobrar os tanques, sempre lembrando a seus representantes que "não permitissem que um só dos assessores militares caísse prisioneiro."

A guerra deslocou-se para o norte e, com ela, o prestígio de Kim como guerreiro e libertador, juntamente com os de Stalin e Mao, foi posto em xeque. Stalin fez uma carta forte para Mao falando, inclusive, sobre a possibilidade de uma terceira guerra mundial:

> Para o bem de seu prestígio, os EUA podem se envolver numa grande guerra; a China será arrastada a ela juntamente com a URSS, países ligados por um pacto de assistência mútua. Devemos temer isso? Acho que não, porque, juntos, somos mais fortes do que os EUA e a Inglaterra, ao passo que os outros países capitalistas sem a Alemanha, que não pode proporcionar no momento qualquer tipo de assistência aos EUA, não representam força militar séria. Se a guerra é inevitável, que venha agora e não daqui a vários anos, quando o militarismo japonês estiver restaurado como aliado dos EUA.[180]

A resposta de Mao foi imediata: "Fiquei muito satisfeito por ter o senhor falado, em sua resposta, de uma luta conjunta da China e da URSS contra os americanos. (...) Sem sombra de dúvida, se tivermos de lutar, que seja agora. (...) Seria sensato enviar não apenas cinco ou seis divisões, mas pelo menos dez."[181]

Este telegrama foi seguido por nova informação dando conta de que Pequim estava então considerando a possibilidade de intervenção militar. Stalin ficou muito preocupado, ainda mais quando outro telegrama chegou de Pequim referindo-se ao risco "de conflito aberto com os EUA." Mao abria a possibilidade: "mesmo que Coréia do Norte seja derrotada, poderá transformar o conflito numa guerra de *partisans*." Estava enviando Chou En-lai e o marechal Lin Piao a Moscou para discutir a situação.[182] Pequim pesava os prós e os contras do emprego direto de suas próprias forças, enquanto Stalin esperava ansiosamente mais notícias da parte de Mao. Os chineses tinham condições para remediar a situação. Stalin só lançaria suas forças no prato da balança no último momento e caso não houvesse outra alternativa, se bem que já estivesse disposto a operar aviões soviéticos a partir de aeródromos chineses.

Finalmente, chegou o telegrama muito esperado. Mao concordava em dar apoio ostensivo aos norte-coreanos. De imediato, em 13 de outubro, Stalin ditou sua resposta via Shtykov: "Acabei de receber o telegrama de Mao Tse-tung no qual afirma que o [Comitê Central Chinês] debateu novamente a situação e afinal decidiu dar assistência militar aos camaradas norte-coreanos, malgrado o poderio armado inadequado das forças coreanas. Espero detalhes de Mao Tse-tung. Desejo-lhe sucesso."[183]

Intermináveis colunas de soldados chineses cruzaram a fronteira coreana em direção ao front. Segundo informações de Pequim, doze divisões constituíram o primeiro escalão, com outras doze em aprestamento na China, e ainda outro escalão disponível. Os aliados de Stalin poderiam contar com o apoio de nove exércitos e cerca de trinta divisões. Quando Chou En-lai solicitou 10 mil toneladas de combustíveis, Stalin respondeu: "17 mil toneladas serão supridas."[184]

Stalin deve ter suspirado de alívio com o envolvimento chinês. Não seria uma guerra fácil e ele podia ver que não emergiria um vencedor, mas que a derrota seria também evitada. O peso principal da guerra cairia então sobre os ombros chineses, aos quais apoiaria com cobertura aérea, armamento, equipamento e combustível – tudo, menos pessoal. É óbvio que não estava preocupado com a perda de vidas soviéticas; temia, isso sim, que os americanos o acusassem de cumplicidade e envolvimento direto. A despeito do manifesto desejo de Stalin de se engajar numa guerra de vulto, a Rússia estava apenas começando a produção de armas atômicas, e ele sabia que lhe faltavam os meios para lançá-las sobre os EUA. Também experimentava freqüentes ataques de fraqueza e de tontura, e estava cansado de lutar.

Quando, em 25 de outubro de 1950, os chineses lançaram uma poderosa contra-ofensiva ao longo de toda a frente, Stalin logo percebeu que uma estabilização aceitável ocorreria. A ofensiva maciça de tropas descritas na imprensa socialista como "voluntárias," foi longa e poderosa, opondo-se à supremacia aérea americana com uma luta de túneis e trincheiras, na qual companhias, batalhões e regimentos inteiros se abrigaram de tal forma que nem o bombardeio direto nem o napalm foram tão eficientes quanto tinham sido na primeira fase da guerra. A luta começou a se deslocar para o sul, mas as forças sulistas contra-atacaram e a frente mais ou menos se estabilizou no Paralelo 38.

Com a experiência da Segunda Guerra Mundial, Stalin compreendeu que nem a vasta superioridade numérica dos "voluntários" chineses seria suficiente para a vitória sem cobertura aérea confiável. Em 14 de novembro de 1950, depois de consultas a seus assessores militares, ordenou a formação de um corpo aéreo especial para proporcionar tal cobertura. Ele deveria ter a designação de 64º Corpo Aéreo de Caças e ser, inusitadamente, constituído por duas divisões de caças, duas divisões antiaéreas e uma divisão de tecnologia de aviação. O 64º Corpo foi constantemente recompletado; as divisões permaneceram em combate por períodos de oito a dez meses, algumas chegaram a um ano, com apenas pequeno descanso. Durante os três anos da Guerra da Coréia, cerca de quinze divisões aéreas soviéticas e diversas divisões antiaéreas ganharam experiência de combate.

O Corpo baseou-se em vários aeródromos do norte da China. Quando os esquadrões de caças recebiam um alerta de que bombardeiros americanos tinham sido vistos, ficavam em condições de atacar súbita e rapidamente. Por sua vez, os pilotos soviéticos tinham ordens para não se aproximar demais do front, definitivamente para não cruzá-lo, e para não sobrevoar o mar. Stalin expediu as ordens mais estritas para que nenhum assessor ou piloto soviético caísse em mãos inimigas e, desse modo, pusesse o jogo a perder. Os sinais de identificação nos aviões MiG-15b eram em chinês e os pilotos usavam uniformes chineses ou coreanos e portavam até pequenos distintivos com o rosto de Mao. Surpreendentemente, parece que nem um só militar soviético foi capturado pelos americanos, enquanto diversos aviões americanos, forçados a aterrar em território chinês, foram enviados para a URSS a fim de serem examinados por projetistas aeronáuticos.

O 64º foi constituído quase que totalmente por tripulações com experiência da Segunda Guerra Mundial e, portanto, a qualidade dos pilotos de caça era bastante elevada. O coronel E.G. Pepelyaev, abateu dezenove aviões americanos, e outros pilotos soviéticos tiveram desempenho semelhante. Do final de 1950 até a cessação das hostilidades em julho de 1953, o 64º derrubou 1.309 aeronaves dos EUA, das quais cerca de 18% foram abatidas pelas baterias antiaéreas do Corpo. No mesmo período, as perdas soviéticas foram de 319 aviões.

O Corpo foi sucessivamente comandado pelos generais I.V. Belov, G.A. Lobov e S.V. Slyusarev. Seu efetivo esteve entre dez e quinze mil homens, todos convencidos de que combatiam um "agressor." Só depois da guerra Stalin permitiu a concessão de condecorações, pois receava que as notícias vazassem na União Soviética. Alguns milhares de homens foram condecorados, um punhado de pilotos foram feitos Heróis da União Soviética.

Depois dos maus resultados do outono de 1950, Stalin expandiu o papel soviético. Com a concordância de Mao e Kim, o comando das forças terrestres foi transferido para os chineses – "os coreanos não cumprem ordens," observou Stalin num telegrama. O general Vasiliev perdeu a função de assessor militar, diversos generais coreanos foram demitidos de seus cargos e alguns enfrentaram tribunais militares. Até meados de 1951, quando um equilíbrio instável se estabeleceu no front, Stalin tomou providências pessoais para que suas ordens fossem cumpridas. Os telegramas que trocou com Mao, Chou e Kim são bastante reveladores e mostram que, enquanto discutia questões militares com seus aliados, Stalin não perdia oportunidades para acertar negócios próprios ao longo do processo.

Assim é que, em outubro de 1950, quando a guerra na Coréia pendia por um fio, Stalin lembrou a Chou En-lai a promessa chinesa de transferir 10 milhões de dólares para Moscou "a fim de apoiar as organizações de esquerda na Europa e na América."[185] Parece que até o fundo especial operado por Stalin, que fora capaz de doar em determinada ocasião 600 mil dólares a seus "devotados colegas," precisou de reforço de tempos em tempos. Noutro telegrama, informando os chineses sobre o envio de suprimento suplementar de gasolina, ele exigiu em troca receber 50 mil toneladas de borracha natural. Stalin recebeu borracha e dólares americanos dos chineses, e ouro e prata da Coréia do Norte.

Gradualmente, Stalin foi perdendo o interesse pela Guerra da Coréia, à medida que ficava evidente que não haveria um claro vencedor. Ele ainda aconselhou Kim em diversas oportunidades "a empregar aviação e artilharia em escala maciça," "a esmagar a reação com medidas impiedosas e imediatas, enquanto restaurava a ordem na retaguarda," e "a manter pulso militar firme e confiável à disposição do governo,"[186] mas cada vez agia mais pela inércia. Disse a Vyshinsky para não se opor às propostas de paz, mas também para não forçá-las: "Os americanos precisam mais de paz do que nós," afirmou.

Numa reunião com Chou En-lai de 19 de dezembro de 1952, Stalin debateu a questão da preservação da posição da China e da Coréia do Norte na guerra, e também a troca de prisioneiros. Alertou Chou que "os americanos tentariam aliciar alguns prisioneiros para utilizá-los como espiões. (...) Foi isto que aconteceu com nossos prisioneiros de guerra na última guerra, e agora prendemos todos os dias diversos elementos que os americanos mandaram para nosso lado."[187] Também confirmou sua disposição em suprir armamento para sessenta divisões chinesas de infantaria. Negociações de paz tinham lugar na Coréia, porém Stalin não excluiu a possibilidade de a guerra continuar. No término das conversações, o chefe soviético presenteou a delegação chinesa com novas limusines Zim, juntamente com o envio de seus respeitos à liderança em Pequim.

Num encontro anterior com Chou em Moscou, em 20 de agosto de 1952, Stalin perguntara se deveriam tentar a paz ou continuar a guerra. Chou replicara que, de acordo com Mao, "a continuação da guerra é boa para nós." A China estava preparada para continuar combatendo por mais dois ou três anos. Stalin concordara que "a guerra está desgastando os americanos," acrescentando: "Os norte-coreanos só perderam vidas nessa guerra. Eles só precisam de paciência e resistência. Tem que ser explicado a eles que sua causa é grande. Faremos qualquer coisa pela Coréia." (Num telegrama a Kim Il-sung em abril de 1952, ele dissera: "Ouvi dizer que há restrições de cereais para o povo coreano. Temos cinqüenta mil toneladas de farinha de trigo. Podemos enviar isso como um presente ao povo coreano." Kim ficou extremamente tomado pela gratidão e desejou a Stalin "muitos anos de vida e de saúde para júbilo da humanidade."[188])

O diálogo com Chou continuou numa linha interessante:

> CHOU: Se os americanos não querem a paz, então temos que ficar preparados para continuar a guerra por pelo menos um ano.
>
> STALIN: Correto. Os americanos não têm condições para uma grande guerra. Todo o seu poderio está nas incursões aéreas, na bomba atômica. Os americanos são mercadores. Os alemães só levaram vinte dias para conquistar a França; os EUA há dois anos não conseguem vencer na Coréia. Que espécie de força é essa? Não se pode ganhar uma guerra com a bomba atômica...

Talvez tenha sido essa a fonte para a opinião de Mao de que a bomba atômica era um "tigre de papel."

Os chineses informaram Stalin que a Coréia do Sul tinha 116 mil prisioneiros de guerra, inclusive vinte mil chineses. As negociações de paz na Coréia não se revelaram muito preocupadas com tal questão e Stalin apenas perguntou quantos americanos haviam sido capturados. Chou consultou suas anotações e respondeu que dos doze mil "sulistas" em cativeiro na Coréia do Norte, 7.400 eram coreanos e o restante, americanos ou militares da ONU.

Olhando para o futuro, Chou disse que, após a guerra, a China pretendia ter 102 divisões, ou um exército de 3,2 milhões de homens. Stalin franziu o cenho: "Mas isso é o mínimo. Vocês falam em 150 regimentos aéreos. Não é muita coisa. Vocês precisam de duzentos regimentos aéreos."[189]

As palavras amistosas e de consideração mútua trocadas entre Stalin e seus correspondentes ocidentais na Segunda Guerra Mundial estavam então, é evidente, completamente esquecidas. Em 7 de abril de 1945, ou seja, poucos anos antes, Stalin escrevera a Roosevelt: "Jamais duvidei de sua honestidade e confiabilidade, nem da honestidade e confiabilidade de Mr Churchill."[190] Palavras semelhantes foram endereçadas ao presidente Truman, que as retribuiu à altura.

Mas Stalin tinha motivos para se lembrar tanto da amabilidade de Truman quanto de sua rispidez. Depois da derrota do Japão em 16 de agosto de 1945, o chefe soviético enviou ao presidente americano um telegrama no qual sugeriu "a inclusão da metade setentrional da ilha de Hokkaido na região entregue pelas forças armadas japonesas às forças soviéticas. (...) Esta proposta é de particular importância para a opinião pública russa que ficaria muito ofendida se as forças soviéticas não ficassem com um pedaço específico do território japonês em sua área de ocupação. É grande a esperança de que meu modesto desejo, acima descrito, não enfrente objeção alguma." Dois dias depois, Stalin recebeu uma recusa curta e grossa de Truman, sem quaisquer palavras que a justificassem. Ao mesmo tempo, o presidente dos EUA anunciou que "o governo dos Estados Unidos deseja ter o direito de usar bases aéreas para aeronaves provenientes de terra ou de porta-aviões numa das ilhas Kurilas, de preferência no grupo central."

Cheio de indignação, Stalin replicou: "Tenho a dizer que eu e meus colegas não esperávamos essa resposta. (...) Demandas de tal tipo são normalmente feitas ou a um estado derrotado ou à espécie de estado aliado incapaz de defender uma parte ou outra de seu território. (...) Não acho que a União Soviética deva ser incluída em qualquer dos dois modelos. (...) Nem eu nem meus colegas entendemos as circunstâncias pelas quais tal solicitação está sendo feita à União Soviética."[191] Stalin manteve sua dignidade, a despeito de ter abandonado a idéia de um assalto sobre Hokkaido quando as tropas já estavam parcialmente embarcadas.

A Guerra da Coréia iluminou alguns novos ângulos de Stalin: revelou sua capacidade para explorar aliados dependentes, mostrou que estava disposto a arriscar uma guerra de vulto sem, ao mesmo tempo, queimar todas as pontes, e demonstrou sua habilidade para transformar cinismo político em princípios de estado. Todavia, aquela guerra sinalizou a proximidade da derrota histórica de Stalin, mesmo enquanto desfrutava do zênite de seu poder.

Morreu o stalinismo?

Pouco antes de falecer, Stalin quis saber como ia a tradução das obras de Mao para o russo. No dia seguinte, V.N. Malin, que por artes de Beria substituíra o antigo secretário particular Alexander Poskrebyshev, deixou uma série de artigos traduzidos sobre a mesa do mestre. Parece que apenas uma passagem despertou-lhe suficiente atenção para que a sublinhasse: "O povo chinês está diante de dois caminhos, o da luz e o da escuridão. A China tem dois destinos – um brilhante e um sombrio."[192] A frase de Mao fazia eco para o próprio pensamento de Stalin. De há muito acreditava num futuro fulgurante para a União Soviética e achava que o impulso que dera seria duradouro. Nada em suas notas, observações e resoluções dos últimos anos indica outra coisa que não a inabalável confiança na eternidade de sua obra.

Ele considerava ter levado a sociedade soviética diretamente para o limiar da entrada do povo no radiante mundo do comunismo. Seu último trabalho teórico, *Os Problemas Econômicos do Socialismo na URSS*, fora devotado à questão do que estava por vir. Evidentemente, acreditava que, depois da consecução de suas condições para a mudança, aquelas pelas quais milhões de pessoas haviam morrido, o comunismo estaria implantado.

Tendo proposto que sua própria variante "modesta" de leninismo fosse chamada de "stalinismo," declarou que "a mudança do socialismo para o comunismo e o princípio comunista de distribuição de acordo com a necessidade acaba com a troca de bens e, conseqüentemente, com a conversão dos produtos em bens e com sua conversão em valor."[193] O que visualizava era um gigantesco quartel, uma comuna enorme, uma sociedade distributiva de uma só dimensão, onde seria impossível distinguir o indivíduo da multidão, as chamadas "massas." Stalin acreditava na chegada desse paraíso na Terra. O povo soviético, com graus diversos de convicção, também acreditava. O comunismo era especialmente associado, num nível de dia-a-dia, com a idéia da abundância e da suficiência, malgrado a pobreza dos padrões de vida na União Soviética.

Como Churchill lembrou a Stalin numa mensagem de 22 de novembro de 1941, abordando a organização do mundo pós-guerra, a batalha comum contra o nazismo não alterara o fato de que "a Rússia é um estado comunista e a Inglaterra e os Estados Unidos não são, nem pretendem ser."[194] Foi essa verdade que levou a um esfriamento nas relações entre aliados ao final da guerra. A coalizão fora um cálculo oportunista e premeditado de todos os lados. A viabilidade do sistema stalinista dependia em grande medida do isolamento do povo soviético dos valores ocidentais e das instituições democráticas do mundo livre, cujos atrativos os propagandistas soviéticos fizeram tudo para destruir.

Em 15 de novembro de 1944, Stalin recebeu uma delegação de Varsóvia chefiada por M. Spychalski. Durante a suntuosa recepção, Stalin disse: "a União Soviética, nós, o povo leninista, sempre nos notabilizamos pela honestidade e sinceridade de nossa política. Vejam vocês, recebi Churchill aqui. Ele achava que um aliado inexperiente poderia ser enganado. Ao passo que eu acho que ele estava errado."[195]

Naquela ocasião, a correspondência com Churchill era muito intensa, cada um procurando ultrapassar o outro em cumprimentos e frases de efeito. Ainda assim, quando os comandantes nos fronts começaram a mandar relatórios da atmosfera amistosa nos pontos de encontro entre soldados soviéticos, americanos e ingleses, Stalin ditou imediatamente uma ordem: "O comandante de maior escalão no setor onde tenha havido um encontro desses deve, antes de mais nada, fazer contato com o comandante mais alto da força americana ou inglesa e com ele demarcar uma linha divisória aprovada pelo QG. Nenhuma informação sobre planos e ordens de operações de nossas forças deve ser dada a quem quer que seja. Não tomem qualquer iniciativa de organizar encontros amistosos."[196]

Embora não fosse admitido àquela época, Stalin temia "a influência corruptora do Ocidente." A força de seu sistema repousava na manutenção incólume da idéia leninista-stalinista, na inabalável fé no chefe soviético e na infalibilidade e absoluta verdade do caminho pelo qual ele conduzia seu povo. Isso ajuda a explicar não só a necessidade de "triar" traidores e espiões, como também o fato de, logo depois dos dias triunfais de maio de 1945, Stalin ter assinado uma diretriz que estabelecia: "[Ordeno] aos conselhos dos fronts do exército que organizem campos nas áreas de retaguarda para recolher ex-prisioneiros de guerra e cidadãos soviéticos repatriados, 10 mil em cada campo. No total, o 2º Front Bielo-Russo deve organizar quinze campos, o 1º Bielo-Russo, trinta, o 1º Ucraniano, trinta, o 4º Ucraniano, cinco, o 2º Ucraniano, dez, o 3º Ucraniano, dez. Antigos integrantes do Exército Vermelho precisam ser triados pelos órgãos de contra-informação da "Smersh" [Morte aos Espiões], os civis, por comissões da NKVD e NKGB, e pela "Smersh."[197]

Essas centenas de campos "profiláticos" peneiraram por completo dezenas de milhares de pessoas que tinham sido libertadas de campos de concentração nazis para serem imediatamente confinadas nos de Stalin. Do total do 1,9 milhão dos que passaram pelo crivo, 900 mil terminaram nos campos ou nos chamados batalhões de trabalhos forçados espalhados no sistema Gulag da NKVD.

Depois da guerra, Stalin deu um rápido fim ao contato com os líderes ocidentais. Para ele, tais líderes eram o que sempre foram: implacáveis inimigos de classe. Ainda não tinham recebido os nomes que viriam mais tarde, como os surgidos no XIX Congresso do partido, de outubro de 1952, quando foram tachados de "inimigos principais do movimento de libertação" e "mercadores de guerras."[198] Por enquanto, ele simplesmente começou a distanciar-se. Voltou-se a preservar o sistema. Talvez, então, fosse o único a entender que a estabilidade dependia da imutabilidade dos postulados bolcheviques do poder: mando de um só partido, status especial de uma só classe, uma só ideologia "correta," hostilidade absoluta para o que fosse não-comunista e crença fanática nos "preceitos de Lênin" e nele mesmo por parte de milhões.

Nos últimos dois ou três anos de vida, Stalin perdeu a antiga energia. Por certo ainda despendeu forças com Tito, a Guerra da Coréia, encontros com chefes comunistas estrangeiros, raras reuniões do Politburo (ou Presidium, como passou a ser chamado em 1946). Continuou lendo relatórios, recebendo militares e cientistas engajados no programa nuclear, e freqüentando o Teatro Bolshoi. Mas suas forças claramente o abandonavam. A vida cobrava seu preço. Ainda tinha satisfação pessoal em lançar esquemas monumentais como o sistema da represa hidrelétrica do Volga ou a construção de uma ferrovia dos Urais Setentrionais ao Yenisei. Com o pequeno gesto de um só dedo, ainda era capaz de provocar o deslocamento de milhões de pessoas de um local para outro. Embora as ordens emanassem do Comitê Central e do governo, era ele a mola da máquina. Porém, sem sombra de dúvida, enfraquecia a olhos vistos. O discurso de cinqüenta minutos que pronunciou no XIX Congresso quase foi superior às suas forças.

Stalin começou a despachar com mais freqüência os documentos importantes na dacha de Kuntsevo. Quando os membros do círculo mais íntimo eram convocados, costumavam encontrá-lo sentado numa cadeira de braços, imóvel, olhando pela janela. Podia ficar assim por uma hora ou mais. Desde algum tempo, passara a ficar três meses do inverno no sul do país. Ocasionalmente, podia sair da *villa* e vaguear lentamente pelas cercanias, ou sentar-se na varanda e observar o mar.

Seus documentos e as lembranças das pessoas com quem teve contato nessa época, bem como seus últimos escritos teóricos, mostram que seus pensamentos viviam voltando para certas idéias. Pensava muito sobre a infância, sobre sua mãe, sobre a Geórgia. Em diversas cartas a ele enviadas por políticos georgianos presos, escreveu: "Beria – Examine isso. Se estiverem dizendo a verdade, solte-os." Começou também a procurar alguns de seus amigos georgianos de juventude e a mandar dinheiro para eles. Depois do septuagésimo aniversário, uma pequena fotografia da esposa Nadezhda Alliluyeva, que cometera o suicídio em 1932, apareceu na sua escrivaninha, e ele trouxe a filha Svetlana Alliluyeva para perto, passando o verão de 1951 em sua companhia em Borzhomi; também fez uma infrutífera tentativa de livrar seu filho Vasili do alcoolismo. Talvez fossem sinais de que tentava, se bem que apenas em pensamento e por vezes de forma muito débil, restabelecer os laços da família dispersa que sacrificara pela causa.

Pouco chegado ao sentimentalismo, no entanto, releu em determinada oportunidade cerca de quinze cartas e bilhetes que sua esposa lhe enviou do sul. É provável que tenha se deixado levar pela imagem por ela criada: "Moscou parece melhor, mas em determinados lugares parece uma mulher que passou maquiagem para encobrir seus pontos fracos, em especial na chuva, quando as cores mancham."[199] Talvez tenha ficado intrigado com passagens como a seguinte: "Vou lhe mandar no próximo malote, se você ainda não tiver voltado, um livro de Dmitrievsky (um não-retornado) intitulado *Sobre Stalin e Lênin*, que não posso mandar agora porque Dvinsky ainda não o conseguiu; li sobre ele na imprensa branca, onde existe matéria das mais interessantes sobre você. Curioso?"[200]

Khruschev, como outras figuras políticas, citou em suas memórias que Stalin, no ocaso da vida, começou a especular sobre o que aconteceria com toda a sua obra quando se fosse. À mesa dos jantares da meia-noite, ele tinha o costume de perguntar aos companheiros mais próximos como se arranjariam sem ele, e com a mesma freqüência dizia: "Eles vão esmagá-los como gatinhos."

De suas anotações nos livros, infere-se indiretamente que buscou análogos seus na história. Suas simpatias recaíam sobre Ivan, o Terrível, em quem via um déspota inteligente e poderoso, e cuja crueldade ilimitada considerava virtude de estado. A conquista do khanato tártaro de Kazan, a abertura de uma saída para o Báltico e a criação de uma coorte impiedosa, os chamados *oprichniks*, tornavam Ivan ainda mais atraente aos olhos do chefe soviético.

Stalin não conseguia ver um sucessor à altura, e isso o irritava muito, se bem que, se existisse um, não teria sobrevivido por muito tempo. No entanto, o sistema exigia um chefe. Mas as dúvidas que tinha a respeito do entourage adulador não abalavam em absoluto sua certeza de que os objetivos ideológicos do regime seriam alcançados.

Por muitos anos, Stalin dera preferência a Molotov, promovendo mais reuniões com ele do que com os outros e aconselhando-se apenas com ele sobre as decisões mais importantes. Molotov, provavelmente, era o único membro do Politburo capaz de se opor a Stalin e expressar opinião própria. No entanto, em 1949, Stalin não fez coisa alguma para livrar a esposa judia de Molotov da prisão como suposta sionista e da tortura, em janeiro de 1953. Destituído do cargo de ministro do Exterior, em 1949, Molotov continuou vice-primeiro-ministro e membro do Presidium, mas, em 1952, Stalin esfriara na relação com ele e, no pleno do Comitê Central, depois do XIX Congresso, sujeitou-o – e a Mikoyan – a severa, porém infundada, crítica. Khruschev tinha certeza de que "se Stalin tivesse vivido mais, as vidas de Molotov e Mikoyan teriam terminado tragicamente."[201]

Stalin não levava Khruschev a sério, vendo nele um "chefe camponês" franco e prático, mas não um candidato ao cargo mais alto. Nos seus últimos anos, pôs-se em guarda em relação ao colega georgiano Beria, e é possível que só estivesse aguardando a hora certa para acusá-lo de todos os sofrimentos infligidos à organização partidária no período pós-guerra.

Quanto a Voroshilov e Kaganovich, Stalin de há muito estava farto deles, enquanto Mikoyan, Shvernik, Bulganin, Pervukhin e os demais não eram encarados por ele como chefes em potencial. Restava Malenkov, mentalmente alerta, eficiente e obsequioso, e um homem de organização até a raiz dos cabelos. Quando Poskrebyshev foi dispensado, Malenkov assumiu todas as questões pessoais de Stalin, triando e encaminhando sua correspondência. Entretanto, o chefe o tachou de sem personalidade, de maleável demais, de imperdoável "brandura," em mais de um dos repastos da meia-noite. Stalin não pode ter concebido aquele funcionário pálido, rechonchudo, de rosto redondo como seu sucessor. Sentiu que o fim se aproximava e achou que seria seguido por um vácuo, o que, na realidade, ele próprio já era.

No final de 1952, o chefe soviético experimentou uma série de desmaios, caindo por duas vezes em seu estúdio. Sua pressão arterial elevou-se a níveis alarmantes. Tinha parado de fumar, mas ainda gostava de vinho e dos banhos a vapor russos, que não podiam fazer bem no estado dele. Khruschev relembrou que, de tempos em tempos, Stalin "tinha um bloqueio mental ou lapsos de memória. (...) Certa vez, começou a dizer alguma coisa a Bulganin, mas foi incapaz de lembrar do nome do auxiliar, e disse, 'Olhe, como você se chama?' 'Bulganin.' 'É, é isso mesmo. É o que eu ia dizer.'"[202] A deterioração era visível, exatamente como acontecera com Lênin, e, se o derrame tivesse sido menos grave, provavelmente repetir-se-ia o cenário de Lênin em Gorki, desta vez em Kuntsevo. A despeito da aparência monolítica, um sistema totalitário, em que todo o poder fica concentrado nas mãos de um homem, é tão vulnerável quanto esse homem. E todos os ditadores são mortais.

Depois da guerra, Stalin começou a dar mais atenção à saúde. Confiava menos nos médicos, muitos dos quais terminaram na prisão, e mais nas infusões de ervas preparadas por Poskrebyshev, até que este também foi posto de lado. Stalin achava que teria a longa vida dos caucasianos que, normalmente, chegavam aos cem anos ou mais. Com freqüência, dizia que o Cáucaso sempre renovava suas energias, e passava longos períodos de relaxamento no Mar Negro no mês de agosto de todos os anos. Entre 1950 e 1952, gozou de três a quatro meses por ano de repouso por lá. Mas ao retornar a Moscou, queixava-se a Beria e a Molotov de tontura, de náuseas e de não se sentir bem. O enfraquecimento do chefe soviético vazou de alguma forma para o círculo diplomático, e rumores de sua morte surgiram em janeiro de 1948, em Estocolmo e Londres. Mas como ele continuava aparecendo nos ballets do Bolshoi, tais boatos rapidamente desvaneceram.

Em 1º de março de 1953, os camaradas mais próximos de Stalin deixaram a dacha às quatro da manhã, depois da costumeira refeição de altas horas. Tinham bebido, conversado, e bebido novamente. O chefe vinha então bebendo pouco, se bem que Khruschev afirme que ele ficou "um bocado bêbado" naquela noite.[203] No início da noite, Stalin estava bem-humorado, mas foi-se irritando e começou a repreender todo o mundo, em particular Molotov e Beria. Enfureceu-se com todos eles, dizendo-lhes que, se não fosse o Gulag, nem a indústria, nem a exploração de madeiras e a mineração, tampouco os transportes e as estações geradoras de potência, jamais teriam atingido suas metas. O que os membros do Presidium tinham em mente? As pessoas que ocupavam cargos de liderança pareciam pensar que podiam dormir sobre os louros da vitória. Estavam erradas, definitivamente erradas!

Um pesado silêncio desabou sobre a mesa farta. Stalin jamais fazia ameaças vazias.

Eles não tinham conseguido manter a Iugoslávia como aliada, continuou encolerizado, perderam a oportunidade e, com ela, a possibilidade de vitória na Coréia, e agora havia indícios alastrados no país de sabotagem renovada. Havia a Trama dos Médicos, outro sinal claro. Por que tinha ele que pensar em tudo?

Nos intervalos daquela arenga, Beria, Malenkov e Bulganin tentaram tranqüilizar seu chefe: "Tomaremos providências. (...) Suas ordens serão cumpridas, Camarada Stalin. (...) Equacionaremos a situação." Stalin passeou o olhar lenta e pesadamente sobre os circunstantes, jogou na mesa o guardanapo e deixou a sala sem mais palavra. Os outros também se levantaram e saíram em silêncio.

Era comum para Stalin dormir até tarde, mas quando não se teve notícia dele depois do meio-dia do dia seguinte, 1º de março, os serviçais começaram a ficar preocupados. Beria, no entanto, dera instruções para que ninguém entrasse nos aposentos do chefe sem ser chamado. Ao anoitecer, a luz foi acesa no estúdio de Stalin, depois na sala de jantar, e a equipe respirou aliviada. Na realidade, o chefe sofreu o derrame fatal entre 8 e 9 da noite quando foi à sala de jantar tomar um copo de água mineral.

No jantar da noite anterior, Stalin falara sobre o Komintern, como o partido despendera quantias vultosas no esforço de criar partidos comunistas, mas ainda não conseguira inflamar a chama da revolução mundial. Em 1922, quando eles pensaram que o Japão estava às portas da revolução, ordenaram a montagem de uma estação de rádio próxima a Vladivostok para difundir propaganda na região. Em maio de 1923, Adolf Ioffe, que estava em negociações com os japoneses, foi instruído pelo Politburo a não fazer objeção à venda da ilha de Sakalina, no Pacífico, pelo preço de um bilhão de dólares, 90% em dinheiro vivo. Nada resultou dessa iniciativa. A questão de Sakalina voltou à baila em 12 de abril de 1941, nas conversas com o ministro japonês do exterior Matsuoka, que, de súbito, ofereceu a Sakalina do Norte para venda. Stalin reagiu prontamente: "Mas assim vocês serão capazes de nos confinar e sufocar. Para que iríamos querer uma Sakalina fria?" "Para sua paz de espírito," replicou Matsuoka.

Sem permissão, por volta das onze da noite, os seguranças de Stalin e sua governanta, Matryona Petrovna, entraram nos aposentos do chefe e o encontraram caído no chão, inconsciente e respirando mal em meio a muitos sibilos. Beria, localizado com dificuldade, chegou e sussurrou para os membros da equipe, "Será que vocês não vêem que o Camarada Stalin dorme profundamente? Saiam todos daqui e não o acordem!" Foi só no amanhecer de 2 de março que Beria, já sóbrio, voltou acompanhado de um grupo de médicos. Perplexos membros do Politburo aguardavam na sala ao lado. Beria demonstrou agitação caminhando de lá para cá. Os assustados médicos examinaram Stalin e comunicaram o diagnóstico:

> Durante o exame, que teve lugar às sete da manhã, o paciente estava deitado de costas num divã, cabeça virada para a esquerda, olhos fechados, com hiperemia moderada da face; o paciente urinara involuntariamente (roupas ensopadas de urina). Seu pulso era sentido na artéria radial esquerda, distúrbios motores ocorriam no braço e perna esquerdos. A respiração não era irregular. A pulsação estava em 78 com prolapsos raros. À ausculta cardíaca batimentos fracos. A pressão sangüínea era de 190 por 110. Não havia sibilo nos pulmões quando auscultados frontalmente. Sinais de contusão na área do cúbito direito (escoriações e pequeno inchaço). O paciente está em estado inconsciente. Sulco nasolabial direito ligeiramente caído. Os globos oculares movem-se para a direita e para a esquerda quando as pálpebras são levantadas. As pupilas estão de tamanho médio e respondem pouco à luz. Não há movimento nas extremidades do lado direito e há distúrbio ocasional nas do lado esquerdo.
>
> Diagnóstico: enfermidade hipertônica, aterosclerose generalizada com lesão dominante dos vasos sangüíneos cerebrais, hemiplegia do lado direito como resultado de hemorragia arterial na porção mediana esquerda do cérebro; cardiosclerose e nefrosclerose aterosclerótica. O estado do paciente é extremamente sério.
>
> Tratamento: repouso absoluto, deixar o paciente no divã, sanguessugas atrás das orelhas (oito em posição agora); compressas frias na cabeça; microclínio hipertônico (um copo com 10% de sulfato de magnésio); remoção das próteses dentárias. Nenhum alimento hoje. Um neuropatologista, um terapeuta e um enfermeiro de serviço em tempo integral. Uma colher de chá pode ser usada cuidadosamente para ministrar líquidos quando não houver risco de sufocação.

O relatório foi assinado pelo médico-chefe do Kremlin I. Kuperin e pelos professores P. Lukomsky, I. Glazunov, P. Tkachev e V. Ivanov-Neznamov.[204]

Kuperin entregou o relatório batido à máquina a Beria e Malenkov, que conversavam em voz baixa. Lá mesmo, na sala ao lado, ocorreu ao meio-dia uma reunião do Presidium sob a direção de Malenkov. Kuperin leu o relatório enquanto Tkachev mostrava os documentos. O médico-chefe estava terrivelmente nervoso. Além de se dirigir àquele grupo especial de indivíduos, Kuperin dificilmente podia tirar da cabeça que, dois meses antes, Stalin assinara uma nota para o ministro da Saúde E. Smirnov "sobre o término das deficiências sérias no trabalho da administração dos serviços clínicos do Kremlin," relacionada com a "Trama dos Médicos." Mais prisões eram esperadas.

O Presidium ouviu a leitura do relatório e esperou em silêncio. Ninguém estava preparado para um debate sobre o que deveria ser feito em seguida, ou sobre o que aconteceria quando ocorresse o inevitável. Então Beria virou-se para Kuperin e disse: "O senhor é responsável pela vida do Camarada Stalin. Entendeu? O senhor tem que fazer o possível e o impossível para salvar o Camarada Stalin!" Kuperin, já pálido, ficou lívido.

Malenkov leu a seguir a minuta de um decreto aprovando as medidas tomadas pela equipe médica, estabelecendo vigilância constante do chefe por parte de membros do Presidium e fixando uma nova reunião para as oito horas daquela noite.[205] Como no caso de Lênin, foi de fato a liderança do partido que administrou o tratamento do chefe, nomeando e dispensando médicos, e decidindo *regimen*. Uma hierarquia totalitária do poder, que controlava todos os aspectos da sociedade, não podia conceber a gerência de uma crise, mesmo como aquela, de outra maneira que não fosse pelo sigilo e pelas ameaças.

Naquela noite, Kuperin informou que o estado de Stalin piorara. Ainda estava inconsciente, respirava com dificuldade, pulsação mais rápida, batimentos cardíacos irregulares e pressão sangüínea em 210 por 120. Ele tinha que permanecer na cama. De seis a oito sanguessugas seriam postas como antes, o sulfato de magnésio teria que ser administrado por injeções intramusculares e por clister, as compressas frias tinham que continuar e chá doce poderia ser dado caso possível. O Presidium aprovou as providências e ordenou que mais quatro especialistas fossem acrescentados à equipe: A. Myasnikov, E. Tareyev, N. Konovalov e I. Filimonov.[206]

A partir das sete da manhã de 2 de março, os médicos de serviço começaram a manter um registro sobre o progresso da enfermidade de Stalin. Com uma nota a respeito de sua condição a cada vinte ou trinta minutos, o registro chegou a dúzias de páginas. Khruschev asseverou em suas memórias que, num dado momento, Stalin reconheceu os membros do Presidium e chegou mesmo a apertar suas mãos, mas as anotações dos médicos não mencionam isso. Elas registraram que, às 12h35, ele ainda estava inconsciente, a respiração era profunda e regular, enquanto a pulsação e a pressão se mantinham satisfatórias. Uma hora e um quarto mais tarde, a situação não se alterara, exceto pelos espasmos na perna esquerda que se tornaram mais freqüentes. Nenhum dos médicos se mostrava disposto a declarar com todas as letras que não havia esperança para o estado de Stalin.

Os membros do Presidium sentaram-se em cadeiras de braço dispostas na sala vizinha, exaustos pela espera e pela incerteza. Ocasionalmente, levantavam-se para esticar as pernas ou para trocar algumas palavras uns com os outros, ou mesmo deixavam a sala para fazer um telefonema. Alguém trouxe sanduíches. Apenas Beria saiu das instalações da vila para passar duas ou três horas no Kremlin. Voltou agitado.

A equipe médica era etnicamente "impecável," ou seja, não incluía judeus, ainda que rostos novos continuassem a chegar. Cochichavam entre si, colocavam mais sanguessugas e continuavam aplicando injeções e enemas. Às quatro da tarde, notaram que o estado do paciente havia piorado. Um segundo relatório foi formalmente recebido durante a noite e ficou decidido que a cabeça e o tronco superior de Stalin deveriam ser levantados com um pequeno travesseiro, que ele só poderia receber glicose e suco de limão pela boca, que bolsas de água quente deveriam ser colocadas em suas pernas, particularmente na esquerda, por uma ou duas horas, e que penicilina numa solução de novocaína deveria ser ministrada três vezes ao dia. Cinco outras providências foram listadas.

Se bem que àquela altura os camaradas-em-armas do chefe estivessem todos pensando nisso, ninguém iria realmente perguntar quem assumiria. Era terrível demais sequer imaginar que Beria, o monstro do pincenê brilhante, pudesse ocupar a cadeira de Stalin, porém, como a filha do chefe, Svetlana, relembrou, Beria quase estourava de ansiedade.[207]

É bem possível que Beria pudesse ser responsabilizado pela condição de Stalin. Desde o exílio do chefe na Sibéria, ele se acostumara com um banho a vapor russo por semana. Quando sua pressão sangüínea começou a aumentar perigosamente, o acadêmico Vinogradov persuadiu-o a deixar de fazê-lo e, por cerca de dois anos, Stalin seguiu a prescrição médica. Então, duas semanas antes do derrame, Beria disse-lhe que não deveria acreditar em tudo o que os doutores diziam, pois havia muitos sabotadores entre eles. Stalin voltou aos banhos.

Às 10h15 da manhã de 3 de março, os médicos se reuniram de novo com o Presidium e reportaram um agravamento no estado de Stalin. Suas pupilas respondiam preguiçosamente à luminosidade, a bochecha direita inflava com a respiração, não havia movimento nos membros do lado direito e as extremidades do lado esquerdo por vezes se movimentavam desordenadamente.

O filho Vasili apareceu diversas vezes, bêbado e vociferando: "Os bastardos mataram meu pai!" Khruschev botava o braço em seus ombros e o levava para a sala ao lado onde ele, gradualmente, se acalmava.

Os relatórios médicos continuaram. A partir das 2h30 da tarde de 4 de março, a respiração de Stalin passou a falhar com maior freqüência, e ele recebeu oxigênio. Os membros do Politburo concordaram em se reunir às oito horas da manhã seguinte e expediram um decreto especificando que "na ausência de Stalin, é crucialmente importante que o partido e o governo garantam a governança do país sem solução de continuidade, o que requer o esforço coletivo mais acurado possível da liderança, e que se evite qualquer desordem ou pânico."

Às 23h30, os médicos notaram que Stalin dava mostras de ânsia de vômito. Seu rosto e o torso superior ficaram mortalmente pálidos, a respiração débil e com longas pausas. Sua pulsação tornou-se rápida e fraca, tiques nervosos no lado esquerdo do rosto e espasmos na perna esquerda passaram a ocorrer com freqüência. Kuperin informou calmamente aos chefes reunidos que a situação era crítica. Todos permaneceram em silêncio, salvo Beria, que disse mais uma vez em tom bastante alto, "Tome todas as providências para salvar o Camarada Stalin!"

Em 5 de março, malgrado a desesperança quanto ao estado de saúde do chefe, os médicos continuaram a empregar cânfora, cafeína e massagens no peito, na tentativa de deter o declínio de Stalin. Em vão. Às 3h35 da tarde, registraram que a respiração estava parando por quatro a cinco segundos a cada dois ou três minutos. Os espasmos no braço e perna esquerdos vinham e cessavam.

Beria outra vez saiu para o Kremlin, onde vasculhou mais uma vez os cofres com os documentos pessoais de Stalin, agora seguro de que não seria perturbado por uma súbita recuperação do chefe. Ele, Malenkov e Khruschev haviam sido instruídos para providenciar que todos "os documentos e papéis de Stalin, correntes e arquivados, fossem adequadamente organizados,"[208] mas ele deixou Malenkov e Khruschev para trás na dacha. Tinha razões para suspeitar de que o chefe deixara um testamento, pois certa vez dissera que "deveria escrever alguma coisa com vistas ao futuro," e como Stalin havia esfriado a relação que mantinha com o auxiliar, Beria não alimentava grandes expectativas. Provavelmente, jamais saberemos se Stalin deixou ou não um testamento, já que Beria teve acesso aos cofres antes de qualquer um.

Milhares de telegramas e cartas inundaram Moscou expressando votos de rápido restabelecimento para Stalin. Outra consulta teve lugar na qual os médicos declararam que o chefe vomitara sangue à noite e sofrera o que chamaram um sério colapso. Seus lábios e mãos ficaram azulados, e a cabeça tremia. Malenkov e Beria afastaram-se do grupo e começaram a conversar em voz baixa; às vezes, Khruschev juntava-se a eles. Havia a próxima reunião conjunta do Presidium, do Conselho de Ministros e do Presidium do Soviet Supremo a considerar.

Todos se dirigiram à noite para o Kremlin, deixando Bulganin ao lado do chefe, crentes de que Stalin tinha apenas pouco tempo de vida. A conferência conjunta começou às 20h40, retardada em quarenta minutos enquanto Malenkov, Beria e Khruschev esperavam o telefonema de Bulganin anunciando que Stalin morrera. A chamada não veio.

Às 21h30, os médicos anotaram que Stalin começou a suar. Seu pulso era mínimo, ele estava cada vez mais azulado, as batidas do coração tornaram-se mais fracas, sua respiração mais difícil. Dez minutos depois, quase não se percebia pulsação. Cânfora e adrenalina foram injetadas, e aplicada respiração artificial, mas às 21h50 os médicos declararam que Stalin estava morto. Os chefes voltaram às pressas do Kremlin. Beria foi o primeiro a se inclinar e beijar a face ainda quente do falecido, os outros o seguiram. A longa e agonizante espera terminara, a maioria deles experimentou tristeza e alívio, e uma profunda ansiedade. Sentiam a incerteza do futuro enquanto retornavam ao Kremlin. A equipe doméstica que ficou para trás também não sabia o que a esperava; enxugava as lágrimas enquanto a governanta Valentina Istomina gemia de dor abertamente.

Seja notado que, naquela sessão inacabada que durou apenas uma hora e dez minutos, a liderança chegara a um acordo, antes mesmo da informação de que ele havia morrido, para tirar Stalin do cargo de presidente do Conselho de Ministros e nomear Malenkov para a função. Reduziu também o tamanho do Presidium de vinte e cinco para onze membros, deixando curiosamente Stalin como um deles. Khruschev foi instruído a "concentrar-se no trabalho do Comitê Central," o que, na verdade, o fez primeiro-secretário do Partido (antes chamado secretário-geral). Os ministérios da Segurança Estatal e do Interior foram fundidos num só – o do Interior – chefiado por Beria, e todos os postos mais importantes foram definidos em dezessete artigos de um decreto.[209] A reunião organizou também um comitê do funeral constituído por Khruschev como presidente e mais Kaganovich, Shvernik, A. Vasilevsky, N. Pegov, P. Artemiev e M. Yasnov.

Entrementes, na seção de propaganda do Comitê Central, sediada na Praça Staraya, grande equipe trabalhava sobre o texto de um "Discurso para Todos os Trabalhadores." Telegramas secretos foram expedidos para as localidades, e os "órgãos" foram postos em prontidão extraordinária para a eventualidade de o inimigo aproveitar-se da situação para seus sombrios propósitos. O dia ainda não tinha raiado em 6 de março quando se reuniu a comissão do funeral. Khruschev leu a minuta de decreto: "A comissão considera conveniente que a autópsia e a embalsamação do corpo do Camarada STALIN sejam realizadas no laboratório especial do mausoléu de V.I. Lênin."

Várias outras tarefas foram também definidas: segurança, preparação do Salão das Colunas para que o corpo fosse velado em cerimonial, máscara mortuária a ser feita pelo escultor Manizer. Ficou decidido que Stalin deveria ser enterrado em seu uniforme de generalíssimo. Haveria guarda de honra militar.[210] Duas decisões mais, contudo, exigiram outra reunião do Presidium, que ocorreu na manhã de 6 de março. A primeira foi "o sarcófago com o corpo de I.V. Stalin será colocado no mausoléu da Praça Vermelha ao lado do sarcófago de V.I. Lênin." A segunda, que "um Panteão será construído para a glória eterna das grandes personalidades da terra soviética." Depois do funeral, o Presidium estabeleceu termos mais precisos para esse projeto: "O Panteão será construído em Moscou, 3,5 quilômetros ao sul do novo prédio da Universidade Estatal de Moscou, na área do Instituto Vorontsov"[211] Tal projeto ainda seria emendado antes que a concorrência fosse anunciada para um projeto que jamais foi executado.

A comissão batalhou para pensar em novas formas de imortalizar o líder falecido. No seu septuagésimo aniversário, ocorrido em 1949, o próprio Stalin tinha cautelosamente mencionado que gostaria muito de ver um Prêmio Stalin ser instituído após sua morte. Selecionou um projeto, similar à Ordem de Lênin, dos nove submetidos pelos artistas N. Moskalev, A. Kuznetsov e I. Dubasov, mas ninguém na comissão se lembrava a quem Stalin desejou distribuir a honraria.

A autópsia, que teve lugar em 6 de março, demorou sete horas. Foi executada por nove especialistas, todos eles com nomes russos, pois ninguém ainda se dera conta de que a "Trama dos Médicos" morrera com Stalin. O relatório da autópsia com onze páginas ficou amontoando poeira, já que uma versão simplificada de uma página, se tanto, foi publicada.

Todo o país mergulhou em consternação. Os trabalhadores afligiram-se em função de sua tradicional "consciência proletária," os camponeses, de sua dependência servil, a intelligentsia, de sua liberdade pilhada, e os militares, de suas custosas vitórias. Somente os milhões de internos no Gulag não lamentaram o ocorrido, em vez disso, deleitaram-se com a idéia de uma anistia imediata, em especial os prisioneiros políticos. Suas esperanças eram infundadas. Naquela ocasião pelo menos, não havia a idéia de se deixar os "inimigos do povo" soltos na comunidade.

Algum tempo depois do funeral, o procurador da Justiça Estatal, R. Rudenko, informou a Malenkov: "No campo (especial) de Rechny, que abriga criminosos especiais do estado, desordens maciças ocorreram, prisioneiros se recusaram a trabalhar. Estão resistindo ativamente à administração do campo. Demandam revisão de seus casos e uma anistia depois da morte de Stalin. Houve emprego de armas. Quarenta e dois internos foram mortos e 138 estão feridos." A ordem foi restabelecida com métodos stalinistas típicos.

Foi decretado um período de luto oficial de quatro dias, e uma salva de artilharia determinada para o meio-dia de 9 de março, quando tudo no país parou por cinco minutos e as sirenas das fábricas foram acionadas por três minutos. Todos os chefes do mundo socialista se dirigiram a Moscou, como também gente menos importante de outros lugares.

Quatro figuras dominaram a reunião do Presidium alusiva ao funeral: Khruschev, Malenkov, Beria e Molotov. Todos juraram fidelidade à "causa de Stalin." Como se ele ainda não estivesse imortalizado de maneira suficiente, o nome de Stalin foi dado a mais ruas, vilas e fazendas coletivas, na Rússia e em todo o mundo socialista. Já em 7 de março, Varsóvia decretava que a cidade de Katowice fosse redenominada Stalinogrod, enquanto o Palácio da Ciência e da Cultura deveria exibir o nome de Stalin, com um monumento em sua homenagem na parte externa. A liderança do Kremlin decidiu fundar um Museu Stalin na dacha de Kuntsevo. Foi nomeado um diretor, salários foram fixados e grandes quantias de dinheiro alocadas, antes que mudassem de idéia ao se aperceberem de que existiam muitos museus, institutos e monumentos que levavam o nome de Stalin, para não falar no de seu antecessor.

A morte de Stalin encerrou um capítulo sombrio da história da Rússia. Mas a história não é inerte. Não demoraria muito para que o stalinista Khruschev desferisse um golpe arrasador e fatal em seu antigo ídolo.

3
Nikita Khruschev

COM O DESAPARECIMENTO DOS DOIS GIGANTES do bolchevismo, ficou logo evidente que seus sucessores eram, em comparação, pigmeus. Diferentemente de Lênin, Stalin não deixou "Testamento." Deixou um poderoso e enigmático império.

Os ditadores jamais gostam de indicar um sucessor, quando mais não seja porque acham que viverão eternamente. A ausência de um mecanismo democrático para a transferência do poder invariavelmente conduz a uma batalha entre os que permanecem. A despeito dos protestos de "unidade," de "liderança leninista monolítica," de "lealdade à causa de Lênin-Stalin," foi isso que aconteceu depois da morte de Stalin.

Na ausência de um sucessor óbvio, e apesar de o povo tradicionalmente não se manifestar, os herdeiros de Stalin julgaram que para manter o curso leninista, como também manter seu controle sobre o vasto país, era necessário reforçar o prestígio e o papel do partido. Durante décadas, fora o encanto mágico do nome de Stalin que movimentara as alavancas do poder. Agora, ele não estava mais em cena. A "liderança coletiva," como todos bem sabiam, era uma ficção. Quem dirigisse o partido governaria então o país. Khruschev fora presidente do comitê do funeral, uma posição de grande significado – e encarregado de "se concentrar no trabalho do Comitê Central," mas ainda não se tornara chefe do partido.

Nikita Sergeevich Khruschev não tinha semelhança alguma com o ditador típico. Era ostensivamente afável, com a franqueza dos camponeses, nariz diminuto e grandes orelhas, humor genuíno e energia ilimitada. Os membros do Presidium viveram tanto tempo assaltados pelo medo que naturalmente desejaram ser dirigidos por alguém mais complacente e mais amável que Stalin. De março a setembro de 1953, Khruschev foi meramente um dos secretários do Comitê Central, se bem que com a tarefa especial de administrar suas questões de organização. Em 8 de setembro, em seguida à prisão de Beria na qual desempenhou papel destacado, ele se tornou primeiro-secretário. Foi a Questão Beria que fez com que Khruschev sobressaísse entre os demais membros do Presidium, e foi dela que ele derivou seu destemor posterior.

Khruschev tinha cinqüenta e nove anos quando ascendeu ao trono do partido. Pertencia à geração de bolcheviques que surgiu depois da revolução de 1917, principalmente na década de 20 e no início dos anos 30. Ele entrou no lugar dos homens que tinham sido executados, mas seus escrúpulos morais nesse particular não foram de monta. Foi um dos afortunados cuja carreira progrediu de forma meteórica em função da selvageria da ditadura de Stalin e dos expurgos.

Os bolcheviques da geração pós-1917 não tinham, em geral, grande preparo; muitos freqüentaram apenas por curto tempo as chamadas faculdades "dos trabalhadores" que eram, na realidade, cursos para adultos de aulas diurnas e noturnas destinados a preparar trabalhadores e camponeses para a educação superior. No caso de Khruschev, foi a Faculdade para Trabalhadores na Mineração de Yuzovka, na Ucrânia. É fato que também freqüentou por algum tempo a Academia Industrial de Moscou em meados dos anos 1920, mas isso pouco acrescentou à sua capacitação acadêmica, e segundo Shepilov, amigo chegado, ele jamais foi capaz de uma redação bem escrita.

Muitos dos chefes regionais de posições intermediárias vieram dessa segunda geração de bolcheviques, porém, ao final dos anos 30, eles estavam reduzidos a um punhado, já que a maioria desaparecera nos expurgos de Stalin. Mas Khruschev jamais correu esse risco. Nem o mais fanático dos chekistas poderia acusá-lo de coisa alguma. Ele personificava o tipo particular de chefe "camponês" proveniente do seio do povo, e isso ajudara a criar uma atmosfera de confiança em torno dele aos olhos das pessoas simples. Era o chefe clássico do modelo stalinista: pouco instruído – "dois invernos de escolaridade" – vigoroso, diligente, que nunca duvidava da correção de uma diretriz do partido. Também um dos mais zelosos executores das vontades de Stalin.

Khruschev foi membro do comitê central de 1934 até ser destituído de todos os seus postos em 1964 – trinta anos no "quartel-general leninista do partido." Tornou-se membro-candidato do Politburo (isto é, sem direito a voto) em 1938 e membro pleno no ano seguinte. Por breve período, foi presidente do Soviet de Ministros da Ucrânia e, entre 1958 e 1964, ocupou o mesmo cargo para a URSS. Em geral, o chefe maior do partido era também Supremo Comandante-em-Chefe das Forças Armadas Soviéticas e, em abril de 1957, Khruschev foi também confirmado nesse posto. Isso não completa a lista de seus cargos. Basta dizer que, ao se tornar primeiro-secretário, passou a deter enorme poder.

No período que passou como primeiro-secretário do Comitê do Partido de Moscou de 1935 a 1938 e como primeiro-secretário do Comitê Central Ucraniano a partir de 1938, Khruschev contribuiu pessoalmente para a diabólica inquisição stalinista. Discursando numa reunião do partido em Moscou, em 22 de agosto de 1936, disse: "Da mesma forma que o Camarada Stalin, com sua acurada visão leninista, sempre apontou com correção o rumo para nosso partido, bem como para o todo da construção, ele também mostrou os desvãos de onde os vermes podem emergir rastejando. Precisamos não só exterminar totalmente essa corja, mas Trostsky tem que ser fuzilado também." Fazendo uma pausa para que os aplausos arrefecessem, continuou instigando a histeria: "Numa fábrica de Moscou (...) há uma jovem serpente Bakaev [o filho de I. Bakaev, que fora expurgado] trabalhando com o mesmo nome. No entanto, a organização partidária nem mesmo sabia a respeito desses nomes odiosos. (...) Com o nome Bakaev, ele deveria ter ficado sob uma lupa. (...) Vocês chamam isso de vigilância? Eles têm que aprender a organizar suas tarefas, como acompanhar alguém, como fazer um estudo rápido sobre a pessoa e como dar um fim rápido ao caso."[1]

O trabalho de Khruschev em Moscou não se restringiu ao campo político. Ele também se envolveu com a "reconstrução" da cidade, embora tivesse um entendimento particularmente bolchevique de sua tarefa. Disse em 5 de novembro de 1936 numa reunião do partido no distrito de Kirov em Moscou: "Eu diria a quem não esteve na Avenida-Anel Circular nos últimos três meses para dar uma olhada por lá; a pessoa não a reconheceria. Estivemos abrindo [os bulevares] à noite para que não percebessem nosso trabalho. Trabalhamos também durante o inverno para que não soubessem se estávamos derrubando as árvores mortas ou as verdes (*risos*). E quando tudo estiver pronto, dirão: a rua está bonita. Demolimos o Arco Triunfal. A rua ficou maravilhosa sem ele. Pusemos abaixo a Torre Sukharev e o Muro Kitaigorod, mesmo com os arquitetos nos dizendo que se tratava de um monumento histórico. Estamos afiando os machados para o ano vindouro a fim de continuar o trabalho."[2]

Tal zelo não podia deixar de ser notado. Khruschev foi mandado para Kiev, a capital da Ucrânia, onde foi capaz de aplicar o que aprendera em Moscou. Discursando como primeiro-secretário do Partido Comunista Ucraniano em seu 14º Congresso, em 13 de junho de 1938, declarou: "Aqui na Ucrânia, quase todos os membros do Politburo do partido ucraniano, com poucas exceções, se tornaram hostis. Yezhov chegou e fez verdadeiro trabalho de demolição. Penso que estamos acabando exatamente agora com os inimigos na Ucrânia."[3]

Esse era o tipo de discurso pronunciado pelos stalinistas politicamente corretos de então e, como um vasto exército de homens da organização do partido, Khruschev acreditava em cada palavra dita. No emprego do terror, Khruschev foi ardente ponta-de-lança da vontade de Stalin; por causa disso, sobreviveu, embora fosse difícil caracterizar aquela figura algo cômica e ostensivamente agradável como um espião polonês ou um sabotador trotskista.

Formado na escola stalinista, Khruschev aprendeu a acreditar nas máximas bolcheviques, a odiar quem fosse definido como inimigo e a não descansar no cumprimento das ordens do partido. Esse pensamento político e primitivismo ideológico, elementares e dissonantes, combinados com inata astúcia camponesa, energia inextinguível e otimismo singelo, garantiram para Khruschev uma posição segura nos altos escalões da chefia, se é que isso era possível na era Stalin.

Malgrado os expurgos dos anos 1930 e as baixas gigantescas provocadas pela Segunda Guerra Mundial, o partido comunista ainda era chefiado por homens da velha escola "leninista-stalinista." Após a morte de Stalin, o Presidium passou a ser formado por Bulganin, Beria, Voroshilov, Kaganovich, Malenkov, Mikoyan, Molotov e Khruschev, mais Pervukhin e Saburov, promovidos por último por Stalin. Estava claro que, destes, Beria, Malenkov e Khruschev pleiteariam o cargo superior. Como disse Shelepin, uma dúzia de anos mais tarde: "Depois de Stalin veio Khruschev. Era também um chefe. De modo que a psicologia da chefia continuou." Khruschev, como os outros, percebeu que era o temido Beria, chefe do poderoso ministério do Interior, quem detinha os trunfos mais fortes. Decidiu então tomar uma atitude corajosa.

Khruschev foi a princípio motivado pelo desejo de salvar sua pele, como foram os outros membros do Presidium: é impossível encontrar-se em suas palavras e ações um vestígio de protesto contra o sistema stalinista como tal. A batalha política no Kremlin, todavia, adquiriu lógica própria. O Khruschev que pegou em armas contra Beria não foi o que passou à história como o primeiro chefe soviético a desafiar a memória de Stalin. Mas a "trama" contra Beria proporcionou a plataforma original de onde se tornou possível desferir os primeiros e devastadores golpes contra o totalitarismo stalinista.

Encontro com um monstro

O corpo embalsamado de Stalin foi posto no Mausoléu num nível ligeiramente mais alto que o de Lênin, ao lado do qual iria permanecer até 1961. Juramentos de lealdade ao "grande continuador da causa de Lênin" ecoaram por todo o país. A chefia do Kremlin entendeu que o sistema ainda se apoiava em três grandes pilares: o partido, a ideologia bolchevique e o grande aparato repressor. Não existia um chefe dominante, porém o sistema não poderia existir sem um. Ele tinha que emergir, mas quem seria?

Dada a igualdade prática que prevalecia no Presidium, Malenkov, como presidente do Conselho de Ministros, parecia ter cada vez mais autoridade. A impressão foi de que se tornaria o sucessor de Stalin, mas ele carecia das necessárias qualidades de chefe. Como Roy Medvedev observou corretamente, Malenkov era "homem sem biografia. Personificava departamentos especiais e conselhos privados. Não tinha imagem própria nem mesmo estilo característico."[4] Não era capaz de se aferrar ao pináculo do poder: fora criado por Stalin como um chefe de segundo escalão, mesmo sendo funcionário de alto nível do partido. Na verdade, o fato de ter sido o favorito de Stalin trabalhava contra ele.

Os herdeiros de Stalin ainda não se preocupavam com a existência de mais de quatro milhões de internos nos campos, a deportação de nações inteiras, a vigilância cerrada que os "órgãos punitivos" ainda exerciam sobre todos. Permanecia ativo o infame Conselho Especial da NKVD que condenara 442.531 pessoas à morte ou a longas penas de prisão.[5] Os herdeiros estavam mais preocupados com a própria sorte – como preservar suas posições de destaque, como proteger suas carreiras futuras e, sobretudo, como garantir sua segurança pessoal.

A possibilidade de Beria vir a ser o próximo chefe causou profunda inquietação. Nas suas notas pessoais sobre Khruschev, Fedor Burlatsky, que foi um de seus assessores, lembra do chefe dizer-lhe: "Ficamos ao lado do corpo [no funeral de Stalin], praticamente silenciosos, cada um pensando em si mesmo. Depois, saímos. Dois em cada carro. Os primeiros a partir foram Malenkov e Beria; a seguir, Molotov e Kaganovich. Ali mesmo Mikoyan virou-se para mim e disse: 'Beria foi para Moscou assumir o poder.' Retruquei: 'Enquanto esse bastardo estiver vivo, nenhum de nós poderá se sentir seguro.' E a idéia de que a primeira coisa a fazer seria livrar-se de Beria não mais saiu de minha cabeça."[6]

Os muitos relatos sobre o que ocorreu depois concordam que o papel de Khruschev no caso foi capital. Ele mostrou extraordinária coragem ao promover a organização de um pacto com os outros membros do Presidium, todos primordialmente motivados pelo medo e pelo senso de autopreservação. Não é que vissem em Beria a odiosa encarnação do sistema ou as características mais repelentes do stalinismo; viam nele a ameaça a suas pessoas. Nos encontros secretos de Khruschev com os outros integrantes do Presidium – inclusive com Malenkov, o mais chegado a Beria – houve consenso de que aquela ameaça tinha de ter um fim, mas havia o medo geral de que a trama desse errado. Os conspiradores conseguiram o apoio de uma dúzia de oficiais-generais do exército, inclusive Zhukov, Moskalenko, Batitsky, Zub e Yuferov.

Khruschev contaria a história da prisão de Beria em numerosas ocasiões subseqüentes, acrescentando a cada vez novos detalhes e floreios, sempre frisando seu próprio papel. Nas reveladoras reminiscências ditadas por ele e publicadas no Ocidente como *Khruschev Remembers*, relata o que se passou numa reunião conjunta do Conselho de Ministros e do Presidium do Partido. "Tão logo Malenkov abriu a sessão, disse: 'Vamos debater questões partidárias. Existem assuntos que temos que apreciar de imediato.' Como fora combinado de antemão, pedi a palavra ao Camarada Malenkov e propus que discutíssemos o problema de Beria. Ele estava sentado à minha direita. Logo reagiu assustado, pegou-me pela mão, olhou-me com expressão de espanto e disse: 'O que está havendo, Nikita? Que é isso que você está resmungando a meu respeito?' Respondi: 'Preste atenção. Logo vai descobrir.'"

Khruschev fez então um breve e confuso discurso, ridiculamente acusando Beria, entre outras coisas, de espionagem para a oposição muçulmana do Cáucaso, de colaboração com a intelligence inglesa e de intrigar com Tito, de atitude negativa em relação às perspectivas do socialismo na Alemanha Oriental e, mais realisticamente, de interferência nas questões partidárias das repúblicas nacionais e de procurar minar a unidade do povo soviético. Concluiu, de maneira também ridícula, declarando que "Beria não é comunista."

Todos então expressaram suas concordâncias. Malenkov, segundo Khruschev, estava em estado de pânico. Khruschev propôs que Beria fosse dispensado de todas as funções. Sem pôr a proposta em votação, o aterrorizado Malenkov apertou um botão e, ato contínuo, Zhukov e outros marechais adentraram no recinto. "Malenkov," continua Khruschev, "num tom de voz nervoso e débil, dirigiu-se ao Camarada Zhukov: 'Como presidente do Conselho de Ministros, solicito que o senhor prenda Beria para que sejam investigadas as acusações levantadas contra ele.' 'Mãos ao alto!' – mandou Zhukov a Beria."[7]

Durante a tarde, Beria ficou detido no Kremlin. À noite, foi removido para um quartel na capital e então, finalmente, para o quartel-general subterrâneo do comando do distrito militar de Moscou. Os outros chefes ainda tinham tanto medo dele, mesmo quando estava preso, que mais de uma vez tiveram que dar a ordem de "fim de alarme" para as forças locais postas em prontidão.

Quando Beria recobrou mais ou menos seus sentidos, começou a esmurrar a porta. De pronto, o comandante da guarda, nada menos que um coronel, e vários outros oficiais armados se apresentaram. "O que há? Por que todo esse barulho?" Beria replicou: "Exijo um encontro imediato com Malenkov, ou pelo menos caneta e papel." Poucos minutos depois, após permissão obtida do Kremlin, foram-lhe entregues um pacote de papel, caneta e tinteiro. Antes do início da investigação, Beria escreveu incessantemente. Malenkov, Khruschev, Bulganin e, de forma coletiva, todos os outros membros do Presidium receberam cartas. Em 23 de junho de 1953, Beria escreveu a Malenkov:

> Eu estava convencido de que poderia tirar todas as conclusões necessárias das sérias críticas do Presidium, e de que eu seria útil ao coletivo. Mas o Comitê Central decidiu de outra forma, e penso que agiu corretamente. Acho necessário dizer que sempre fui infinitamente fiel ao Partido de Lênin-Stalin e à mãe-pátria, e sempre diligente

> em meu trabalho. (...) Tentei selecionar os quadros de acordo com seus atributos para os assuntos. (...) Isso se aplica ao Comitê Especial e ao Primeiro e Segundo conselhos principais que lidam com as questões atômicas e os mísseis guiados. (...) Peço aos Camaradas Georgy Malenkov, Vyacheslav Molotov, Klementi Voroshilov, Nikita Khruschev, Lazar Kaganovich, Nikolai Bulganin, Anastas Mikoyan e aos outros que me perdoem. Prezados Camaradas, almejo-lhes todos os grandes sucessos na causa de Lênin-Stalin. (...)
>
> Georgy, peço-lhe, caso ache possível, que não abandone minha família (minha esposa e minha velha mãe) e meu filho Sergei que você conhece.
>
> Assinado *Lavrenti Beria.*[8]

Por duas semanas, Beria escreveu todos os dias a seus antigos camaradas, até que Khruschev mandou que não lhe dessem mais papel.

Os membros do Presidium decidiram que Beria deveria ser julgado, embora com o desejo mais ardente de que ele fosse exterminado com a devida presteza. Pareciam recear que, mesmo encarcerado, ele ainda misteriosamente tivesse alguma parte da autoridade que exercera como chefe do Gulag e de todo o sistema de punição e controle. Ficou resolvido que se recorreria à prática de 1937-38, repassando-se o caso para uma *troika* que em meia hora resolveria tudo. No entanto, muitos temeram que esse procedimento desencadeasse um recrudescimento do antigo terror, e só em pensar nele o sangue gelava. Khruschev contrapôs alegando que, em 29 de junho de 1953, o Presidium aprovara resolução que determinou uma investigação das "criminosas ações antipartido e anti-estado de Beria." Concordara também que o caso deveria ser encaminhado pelo Procurador Geral, que a equipe de investigação seria constituída no prazo de vinte e quatro horas e que sua composição deveria ser reportada ao Presidium.[9]

A investigação tinha também que abranger as ações dos vices e dos assistentes de Beria, B. Kobulov, A. Kobulov, P. Meshik, R. Sarkisov, S. Goglidze, P. Sharia e outros.

Ficou acordado que o caso deveria ser debatido por uma reunião do Comitê Central pleno. A sessão durou cinco dias e o caso foi apresentado por Malenkov. Khruschev desempenhou papel menos ostensivo, abrindo o pleno e presidindo as sessões.

A apresentação de Malenkov foi minuciosa, mas contraditória. Ressaltou o fato de que Beria tentara colocar o Ministério do Interior acima do partido – o que, de fato, fora a prática desde o tempo de Lênin – e de que exercera vigilância sobre as atividades, conversações e correspondência de todos os membros do Presidium. Descreveu como Beria se esforçara para normalizar as relações com a Iugoslávia passando por cima do partido, como se a tentativa de promover um encontro entre funcionários iugoslavos e soviéticos depois da morte de Stalin fosse obra de um criminoso comum. Com efeito, na ocasião os dois estados ensaiavam movimentos para a melhoria das relações, mas o Presidium estava disposto a utilizar qualquer arma possível, e aquela parecia ser poderosa.

A acusação de Beria ter-se oposto a forçar a construção do socialismo na Alemanha Oriental era igualmente tendenciosa. Malenkov definiu a posição de Beria nesse assunto como a de um "burguês degenerado." Sem qualquer lógica, ele foi culpado, enquanto trancafiado em sua cela subterrânea, de ter causado a explosão da bomba de hidrogênio soviética: "Foi sua decisão pessoal." Da mesma forma, a anistia que se seguiu à morte de Stalin tinha sido, acusou-se, "ampla demais."[10]

Depois do discurso introdutório de Malenkov, Khruschev falou durante uma hora. Por abandonar com freqüência o texto escrito, o que não era incomum, seu discurso foi desconexo e enleado, embora arrancasse aplausos e risos da platéia. Como os outros que falaram, ele não fez a mais leve menção a que um fenômeno como Beria, cuja marca registrada era o terror e a desconsideração completa da lei, era exemplo clássico do sistema bolchevique em ação. A cerrada ligação de Beria com Stalin ficou perfeitamente clara para o plenário, mas Khruschev pôs-se a desviar qualquer suspeita que pudesse recair sobre o ex-chefe: "Enquanto o Camarada Stalin ainda era vivo, nós percebemos que Beria era um grande maquinador. Ele é um carreirista esperto e manhoso. Enterrou profundamente suas garras afiadas na alma do Camarada Stalin e foi capaz de impor suas opiniões ao falecido chefe." Explicando o porquê de Stalin ter permitido que aquilo acontecesse, continuou: "Todos respeitamos o Camarada Stalin. Mas o tempo cobra seu preço. Nos últimos anos, o Camarada Stalin não lia documentos nem recebia gente, já que sua saúde não era boa. E foram tais circunstâncias que Beria, o canalha, explorou muito astutamente."[11] Dessa forma, Khruschev reduziu a natureza criminosa do regime a uma questão do mau estado da saúde de Stalin.

Foi Khruschev quem, pela primeira vez, levantou o problema do poder exagerado do Ministério do Interior e de sua capacidade para engendrar acusações falsas, e o primeiro a pôr em dúvida a legitimidade dos chamados Conselhos Especiais daquele ministério. Eles foram criados por um decreto do governo e do partido datado de 5 de novembro de 1934 como órgãos extrajudiciais com amplos poderes penais.[12] Furioso, Khruschev lembrou que só tinha visto um gendarme czarista aos vinte e quatro anos de idade, mas que agora os funcionários do Ministério do Interior pululavam e recebiam os salários mais altos, superiores aos de um secretário de distrito. Tendo erguido até certa altura a cortina que encobria os serviços secretos, Khruschev, entretanto, foi incapaz de refrear a declaração da ritual fórmula bolchevique: "Temos que fortalecer ainda mais os órgãos de informações e contra-informação. Temos que colocar nessas tarefas bolcheviques honestos."

Como Malenkov e os demais membros do Presidium, Khruschev não conseguia ver os defeitos fatais do sistema leninista, que se baseava na repressão e no ilimitado monopólio do poder pelo partido. Tampouco enxergava que, como todos os "bolcheviques bons e honestos," eles próprios viviam num mundo de mentiras e coerção.

Com aquele humor tosco que o alçara à posição que ocupava, mesmo num encontro tenso como aquele, Khruschev conseguiu fazer com que os delegados sorrissem. Ao descrever a reação de Beria quando foi preso, comentou: "Ele deitou carga nas calças." A transcrição oficial modificou a tirada para: "Virou geléia, e possivelmente mais que isso." A reunião foi agitada por situações divertidas. Khruschev relembrou a última ocasião em que vira Beria na véspera de sua prisão. "Apertei-lhe 'calorosamente' a mão pensando comigo, muito bem, seu porco, este é seu último aperto de mão, amanhã às duas da tarde nós lhe apertaremos realmente!" Isso também provocou boas risadas.

Khruschev não lembrou para a platéia que ele próprio dera apoio ostensivo a Beria. Discursando para agentes ucranianos da NKVD, em 13 de dezembro de 1938, declarara: "O novo chefe é agora Lavrenti Pavlovich Beria. Ele passou a vida toda trabalhando para o partido. Revelou-se um bolchevique-stalinista que defendeu a organização do partido e a Geórgia em geral dos elementos hostis. Uniu a Geórgia em amor pelo povo soviético e amor pelo Camarada Stalin (*aplausos estrepitosos*). Vocês têm que se unir e, com o Camarada Beria no comando, esmagar nossos inimigos."[13]

Outros acrescentaram seus próprios detalhes à lista de acusações contra Beria. Apesar de todos saberem que Malenkov tinha relação estreita com o acusado, como ele era então presidente do Conselho de Ministros, tal ligação não podia ser citada; não que tal fato impedisse que o mesmo Malenkov comentasse com certa dose de sadismo, quando o secretário do Comitê Central do Partido no Azerbaijão levantou-se para falar: "Camarada Bagirov, você era íntimo de Beria, mas essa questão não será considerada no presente."[14] O estilo de Andreyev assemelhou-se ao do próprio Beria quando disse: "Temos que apertar bem esse porco para que tenhamos um quadro completo de suas relações com estrangeiros, exatamente quando e como ele os serviu."[15] A qualquer menção de que houvera culto à personalidade, Andreyev reagia: "Por que foi levantada a questão de um culto à personalidade? É jogo sujo de Beria. Não devemos solapar os ensinamentos do Camarada Stalin, que são eternos e imutáveis."[16] Os outros delegados murmuraram: "Apoiado."

A. Poskrebyshev, ex-secretário particular de Stalin, tinha sido penteado e escovado para fazer um discurso no pleno, mas quando seus membros leram o que havia escrito perceberam que ele fora além de meramente desmascarar Beria e se posicionara como um intérprete de muitos ditos e declarações até então desconhecidos do seu antigo mestre. Foi decidido tirá-lo da pauta e apenas anexar a minuta de seu pronunciamento aos testemunhos para a Audiência Judicial Especial.[17] Quanto ao próprio Poskrebyshev, ele pelo menos foi reabilitado depois de passar por poucas e boas nos últimos meses de vida de Stalin.

O Pleno em si não foi de particular importância. Serviu principalmente de plataforma para a liderança na emergente luta pelo poder, um meio para fazer com que seus membros se dissociassem do carrasco universalmente detestado. Ninguém viu a necessidade de examinar as raízes do sistema que produziu e nutriu Beria: bastava substituir aquele "mau" bolchevique por um "bom," e tudo estaria resolvido.

Inesperadamente, o discurso de encerramento proferido por Malenkov adquiriu certa importância. Ele não criticou o sistema ou a gênese do stalinismo como tal, mas condenou a tentativa de delegados como Andreyev e Tevosyan de "defenderem" Stalin. Malenkov foi provavelmente a primeira pessoa a afirmar que havia um culto à personalidade de Stalin. Declarou: "nada justifica o fato de não termos convocado um congresso do partido no período de treze anos, ou o Comitê Central por anos, e de o Politburo não vir funcionando normalmente, sendo substituído por *troikas* e *pyaterkas* [comitês de três ou cinco], e assim por diante, sob as ordens diretas de Stalin e de maneira pouco coordenada, em diferentes questões e tarefas diversificadas." Antecipando de certa forma o que Khruschev diria no XX Congresso do partido, Malenkov acrescentou: "Não temos o direito de esconder de vocês o fato de que um culto à personalidade assim deformado levou a decisões individuais arbitrárias e começou, nos anos recentes, a causar prejuízos sérios à missão de conduzir o partido e o país." A solução que aventou foi, caracteristicamente, "aumentar a vigilância revolucionária dos comunistas e trabalhadores como um todo."[18]

No fim de 1953, o julgamento de Beria teve lugar *in camera* na sala de um dos membros do Conselho Militar do Ministério da Defesa. A Audiência Judicial Especial foi presidida pelo marechal Konev, e contou, entre outros, com o ex-chefe de estado e então chefe dos sindicatos N. Shvernik, com E. Zaidin, M. Kuchava (um migreliano [NT: *com origem na costa do Mar Negro, na Geórgia*] como Beria), marechal K. Moskalenko e o chefe do partido em Moscou, N. Mikhailov. Ficou "provado" que Beria e seus auxiliares estabeleceram contatos com serviços burgueses de informações com o objetivo de "destruir o sistema soviético trabalhador-camponês, restabelecendo o capitalismo e ressuscitando o mando da burguesia."[19]

Durante dias, os integrantes da audiência examinaram em detalhes minuciosos o contato íntimo que Beria mantivera com uma multidão de mulheres em Moscou e em outros lugares. Estudaram com muita atenção o depoimento extraído do ex-chefe da segurança de Beria, coronel R. Sarkisov, no qual o militar admitiu que "fornecera" dúzias de meninas menores, assim como moças mais velhas e mulheres feitas, ao seu superior. Longas listas foram apresentadas contendo os nomes das mulheres que Beria estuprou, assediou indecentemente ou forçou de todas as formas para que consumassem atos sexuais. Entre elas, estavam algumas bem conhecidas, inclusive a esposa de um Herói da União Soviética, atrizes e outras.

A filha do escritor Maxim Gorky, N. Peshkova, apelou para Khruschev em relação à própria filha, Marfa Peshkova, que se casara com Sergei, filho de Beria, em 1946. Depois que Beria foi preso, Marfa, seu marido e os dois filhos pequenos foram, na melhor tradição bolchevique, também aprisionados e sumiram,[20] e sua mãe queria saber agora o que tinha acontecido com eles. Khruschev providenciou para que fossem soltos. Sergei Beria recebeu novo nome e a família foi enviada para Sverdlovsk, onde ele conseguiu emprego numa fábrica. Marfa separou-se de Sergei no final dos anos 1950, retornou a Moscou e lá ainda vive.[21]

O julgamento se arrastou. Em dezembro, Khruschev disse a Konev e Rudenko para "acabarem com aquilo." Na ocasião da leitura da súmula preparada pela promotoria e do pronunciamento da sentença, o escritório no Kremlin ficou de novo apinhado de membros do Presidium. Beria admitiu tudo e implorou apenas para que sua vida fosse poupada.

Konev leu as acusações e, depois, o veredicto: "Beria, L.P., Merkulov, V.N., Dekanozov, V.G., Kobulov, B.Z., Goglidze, S.A., Meshik, P.Ya., Vladzimirsky, L.E. são sentenciados à suprema pena capital, morte por fuzilamento." Segundo o marechal Moskalenko, Beria caiu do banco no chão e, choramingando de mansinho, rastejou de quatro até a mesa onde Konev e os outros estavam sentados e suplicou incoerentemente por clemência. Konev deu então uma ordem brusca: "Levem-no daqui!" O Kremlin já havia expedido as diretrizes, a sentença tinha que ser cumprida imediatamente.

No fim de uma escada que descia para um abrigo reforçado, um grande painel de madeira já estava fixado à parede, ao qual Beria seria amarrado antes de ser executado. Há numerosos relatos sobre o que se passou a seguir. Um general que era membro da equipe disse em 1961: "Quando trouxeram Beria para baixo, um bom número de generais e de outros oficiais o acompanhavam à retaguarda. Não sei se foi dada ordem ou se os guardas entraram em pânico, o fato é que, quando todos estavam a poucos passos do abrigo, ouviu-se um tiro e, então, outros foram disparados. Beria foi atingido nas costas. Em segundos, tudo estava acabado."

Uma das longas e confusas cartas que Beria escreveu ao Presidium termina assim:

> Sou um genuíno filho de nossa pátria, um autêntico filho do partido de Lênin e Stalin, e fiel amigo e camarada de vocês. Mandem-me para onde desejarem, para trabalhar no que quiserem, descubram a tarefa mais modesta para mim, que eu ainda sou capaz de produzir uns bons dez anos de serviços com todo o meu coração e toda a minha energia. (...) Vocês verão que em dois ou três anos estarei totalmente na linha e lhes serei ainda muito útil. Até meu último suspiro serei leal ao nosso amado partido e ao nosso governo soviético. Peço aos camaradas que me perdoem por escrever tão mal e de forma tão desconexa por causa de minhas condições e também em função da pouca iluminação e da falta do pincenê.[22]

Perdão não fazia parte da natureza dos bolcheviques da escola leninista, ainda mais porque os membros do Presidium conheciam perfeitamente bem a extensão da ilegalidade, do terror e da selvageria que as agências de Beria haviam praticado, com efeito, em nome deles mesmos, pois constituíam a instituição suprema do partido. Mais surpreende que eles tenham demorado tanto tempo para executá-lo depois da prisão.

Enfim, Khruschev podia respirar aliviado: o perigo pessoal para ele e para os outros não mais existia. Sua posição estava finalmente segura. Em 7 de setembro de 1953, fora nomeado primeiro-secretário do Comitê Central, tornando-se chefe do partido e, efetivamente, o homem com o posto mais elevado do país, o Terceiro Chefe.

Acima de todos, Khruschev deveu muitíssimo aos comandantes militares, em especial ao papel decisivo que foi desempenhado pelo Marechal da União Soviética Zhukov. Em 7 de julho de 1952, Khruschev propusera que Zhukov fosse promovido do status de membro sem direito a voto a membro pleno do Comitê Central. O general do exército I. Serov tornou-se também um dos favoritos do chefe. Tratava-se de um militar desagradável que fora feito Herói da União Soviética por ter organizado a deportação de nações do Cáucaso Setentrional, da Criméia e de outras regiões, como também atrocidades similares. Participara de 150 infames troikas que enviaram milhares de pessoas para a morte. Foi igualmente responsável pela destruição dos arquivos de Beria em julho de 1954. Seu relatório afirmou que tais arquivos incluíam "documentos contendo fatos provocativos e difamatórios."[23]

A liderança do partido simplesmente deu um fim às provas do envolvimento de Serov com o terror. Khruschev o protegeu por tempo bem longo (ele foi despojado das condecorações em dezembro de 1963 quando algumas de suas atividades criminosas como assistente de Beria foram desvendadas), ao passo que quase todos os generais que participaram da prisão e execução de Beria foram promovidos e condecorados. Moskalenko disse que, depois que Beria foi "liquidado," Bulganin, membro do Politburo, diligenciou, por ordem de Khruschev, para que todos os generais participantes "fundamentais" do caso se tornassem Heróis da União Soviética. Quando Batitsky e Moskalenko souberam da medida, instaram junto a Khruschev para que não os envergonhasse com uma honraria em virtude daquela tarefa. Mesmo assim, aceitaram a distinção quando Khruschev ignorou seus pleitos.

A exterminação física de Beria foi um passo significativo, mas não enfrentou o problema principal – a desestalinização do país. Referências elogiosas a Stalin não mais apareceram na imprensa, porém, para qualquer aspecto que o Presidium voltasse sua atenção, fosse a agricultura, a defesa ou a melhora do padrão de vida material da população, que estava reduzida à pobreza, se via manietado pelas algemas de chumbo do sistema.

A esse respeito, Khruschev foi ajudado pela torrente de cartas que chegaram dos campos da Sibéria e de outras áreas, e que expressavam a esperança de que os casos dos missivistas seriam revistos. Khruschev sabia que os internos dos campos especiais não podiam receber visitas dos familiares, que trabalhavam em condições árduas dez horas por dia, e que apenas os mais fortes podiam aspirar sobrevivência aos vinte e cinco anos de sentenças que a maioria cumpria. Também sabia que a menor infração significava confinamento na solitária por vinte dias e não duvidava de que, como Abakumov informara Stalin em julho de 1947, "afora a banqueta aparafusada no chão e o catre sem colchão, uma cela não possui qualquer outro mobiliário; o catre (que fica preso à parede e desce à noite) apenas pode ser utilizado para seis horas de sono por dia. Um prisioneiro na solitária só ganha 300 gramas de pão ao dia e água fervida. A cada três dias, recebe refeição quente. É proibido fumar na cela."

A agitação era grande e crescia nos acampamentos, à medida que os pedidos de revisão de penas aumentavam. Centenas de milhares de pessoas, de qualquer forma, deveriam ser libertadas em 1955, já que as categorias que tinham recebido penas de dez anos após a guerra chegariam ao fim de suas sentenças. Entre elas estavam os vlasovitas (isto é, homens do Exército Vermelho que haviam se alistado no Exército Alemão), ex-prisioneiros de guerra, cidadãos bálticos e outros em situações semelhantes. Algumas decisões precisavam ser tomadas. Malenkov, Molotov, Kaganovich e Serov sugeriram o repasse do problema ao MGB: quando os presos terminassem as penas, não teriam que fazer coisa alguma. Havia cerca de quatro milhões de pessoas nos campos e prisões quando Stalin faleceu, assim como 2.572.829 "deportados" e "deportados especiais"[24] que haviam sido condenados à deportação "em perpetuidade" na Sibéria e no Cazaquistão por uma ordem do Presidium do Soviet Supremo datada de 26 de novembro de 1948.[25]

Khruschev chegou à conclusão de que não era mais capaz de assinar um documento daqueles. Passara o tempo em que, como um jovem secretário, pôde declarar para uma platéia entusiasmada de membros do partido: "Um bolchevique é alguém que se julga bolchevique mesmo quando está dormindo!" e adicionou: "O golpe tem que ser impiedoso, mas bem-dirigido!"[26]

O "golpe" que aplicou em Beria e sua gangue foi o último que Khruschev pôde desferir, uma vez que representava a continuação da linha do terror stalinista. O XX Congresso do partido encabeçava a agenda; não a libertação de milhões de prisioneiros, tampouco a liberdade do povo soviético. O sistema stalinista alcançara o apogeu do autoritarismo e, para que sobrevivesse, mudanças se faziam necessárias. Tarefa que o comunismo estava muito pobremente preparado para realizar.

Criméia – um presente de Khruschev

Hoje está muito claro que Beria não era mais culpado que o restante do Comitê Central de Stalin. Ele fora simplesmente escolhido para agir como inquisidor profissional e, por causa disso, era temido por todos, inclusive pelos chamados camaradas. Sabia de tudo sobre todos e podia montar um libelo contra qualquer um. Se Beria não tivesse sido indicado para a tarefa, outro a teria realizado. Porém, como antes da morte de Stalin suas vidas estavam nas mãos do chefe e do carrasco, depois dela, só Beria foi levado a julgamento, ou assim os outros pensavam.

Nos anos mais recentes, Beria vinha escrevendo quase como um reformador frustrado, um precursor das coisas que estavam por vir. Alguns de seus atos, como as tentativas após o falecimento de Stalin para limitar o terror, para desarticular o Gulag, deslocando alguns de seus elementos estruturais para a agricultura, para melhorar as relações com a Iugoslávia e não compelir a Alemanha Oriental a adotar o socialismo, estavam muito próximos dos de um político sensato. Beria tinha motivos para achar que depois que Stalin saísse de cena poderia sucedê-lo. Já tinha até idéias para as mudanças no sistema, mas nenhuma delas teria sido fundamental. Simplesmente desejava "aprimorá-lo." Qualquer concepção de que ele foi um reformador autêntico está definitivamente errada.

No entanto, está hoje igualmente claro que Khruschev não encarava Beria como a praga do sistema e sim como uma espada que pendia sobre sua cabeça e a de seus camaradas. Khruschev não podia aceitar que Beria tinha sido um mero instrumento da liderança do partido. Quando ele foi executado, o país ficou por algum tempo governado por um arranjo dual do poder com base no partido e no estado representados, respectivamente, por Khruschev e Malenkov.

Por dois ou três anos antes de Stalin morrer, Malenkov fora a segunda pessoa mais importante dos aparatos do partido e do estado. Não constituía segredo o fato de ele ser não só o favorito do chefe como também o provável sucessor, e não houve surpresa quando foi nomeado presidente do Soviet de Ministros depois da morte de Iosef Vissarionovich, ou que continuasse presidindo as reuniões do Presidium e fosse o primeiro a discursar no funeral de Stalin. Além do mais, era bem sabido que Malenkov era confidente de Beria. Assim, a vitória de Khruschev ao afastar Beria também significou acentuado declínio na posição de Malenkov. Pelo fim de 1953, todas as decisões importantes requeriam não só a aprovação de Malenkov como também a de Khruschev. Malenkov tinha poucos amigos no Presidium. Pelas costas, Molotov e Kaganovich zombavam dele, apelidando-o de "Malanya" (Melanie), debochando de sua aparência feminina.

Khruschev percebeu que Malenkov estava cercado por um vácuo e explorou o fato para fortalecer sua própria posição. Não mais disfarçava o pleito pela liderança suprema que ornava em termos de "necessidade de fortalecimento do papel do partido" em todas as esferas do estado e da vida social. Já estava tomando decisões unilaterais em uma série de assuntos. Um deles foi a transferência da Criméia – passou da Federação Russa para a República Soviética da Ucrânia. Ostensivamente, Khruschev chegou de repente a tal decisão. Conversou sobre ela com Malenkov em dezembro de 1953 e, não encontrando objeção à sua idéia, adicionou, praticamente sob forma de ordem: "Não vamos retardar a questão. Debateremos sobre ela na próxima reunião do Presidium." Malenkov, para quem ficara claro que Khruschev o relegara a segundo ou terceiro plano, concordou incontinenti.

A razão pela qual, tão próximo à morte de Stalin, Khruschev quis alterar o mapa administrativo do país não pode ser definitivamente determinada. Como secretário do partido de distrito e depois de cidade, ele sempre sentiu uma proximidade física com a liderança. Nunca passou dos limites, e foi executivo obediente e meticuloso das ordens do Kremlin. Despachado como primeiro-secretário do partido para a Ucrânia, logo se conscientizou das diferenças entre a capital e as províncias. Enquanto a autoridade de Moscou parecia aos comunistas de Kiev absoluta e autocrática, na verdade existiam maiores oportunidades para o homem do topo na Ucrânia do que para alguém dos escalões mais baixos da hierarquia em Moscou.

De volta a Moscou em 1939, Khruschev, mentalmente, ainda estava na Ucrânia já que jamais perdia a oportunidade de se referir à experiência e sucesso ucranianos. Em suas memórias, relembrou aquele tempo com carinho especial: "Sou um russo e não quero menosprezar o povo russo, mas tenho que creditar nossa vitória na restauração da agricultura ucraniana e na reconstrução da indústria ucraniana ao próprio povo da Ucrânia."[27]

No início de 1954, o tricentésimo aniversário da reunificação da Criméia à Rússia iria ser celebrado. Nos dias que antecederam os eventos, Khruschev esteve reunido diversas vezes com chefes ucranianos. Discutiram em particular como comemorar o aniversário com a devida solenidade, e foi nesse pequeno círculo e dentro desse contexto que surgiu a idéia de transferir a Criméia para a Ucrânia, embora não se saiba quem a sugeriu. Khruschev não viu nessa iniciativa nada de ofensivo para a dignidade dos russos, uma vez que todo o estado soviético era uma só entidade política, mesmo que se chamasse "união."

Tendo se tornado o chefe maior no final de 1953, Khruschev começou a levantar, com persistência, a questão da Criméia junto a seus camaradas. Não citou razões ou motivos convincentes, e também ninguém os solicitou. Havia decidido, e ponto final. É possível que já tivesse prometido a Criméia a Kiev. Não se requeriam argumentos racionais do chefe supremo, porém, de qualquer forma, que diferença isso poderia fazer?

Khruschev também adorava a Criméia, a "estância de repouso de Toda a União," e isso era bem sabido. Na Conferência de Yalta de fevereiro de 1945, as delegações soviética, americana e inglesa ficaram, respectivamente, hospedadas nos palácios Yusupov, Livadia e Vorontsov. Abrigos antiaéreos reforçados foram especificamente construídos para a ocasião e centenas de canhões antiaéreos deslocados para a área como também um bom número de aviões de caça. Os palácios foram guardados por quatro regimentos especiais da NKVD, muitas outras unidades e destacamentos especiais. Stalin transformou o lugar em fortaleza inexpugnável.

No final de fevereiro de 1945, após o término da conferência, Stalin aprovou a transferência de todos os palácios, com equipes de serventes recrutadas nas fazendas coletivas, para a subordinação ao Ministério da Segurança Estatal. Agora, Khruschev insistia para que aqueles tesouros do passado da Criméia passassem para o Conselho de Estações de Repouso dos Sindicatos.[28] Tendo libertado os palácios das garras dos ministérios da segurança, Khruschev foi mais longe e entregou a própria Criméia à nova proprietária, a Ucrânia.

O procedimento normal para as questões importantes consistia primeiro na aprovação pelo Presidium e depois na convalidação pelas agências interessadas. Dessa forma, "a transferência da Criméia, passando da República Socialista Soviética Federada Russa (*RSFSR-Russian Soviet Federated Socialist Republic*) para a República Socialista Soviética da Ucrânia (RSSUcr)" foi o item 11 da agenda de uma reunião de rotina do Presidium sob a presidência de Malenkov, em 25 de janeiro de 1954. Não houve debates. Uma minuta de resolução do Presidium consistiu de dois pontos que foram devidamente lidos: "Confirmar a minuta de decreto do Presidium do Soviet Supremo da URSS para a transferência do *oblast* da Criméia da RSSFR para a RSSUcr."[29] A reunião do Presidium do Soviet Supremo, que supostamente aprovou o decreto, na verdade não tinha sido ainda realizada, o que só aconteceu mais tarde naquele dia. Tal decreto também estipulava a realização de "uma sessão especial do Presidium do Soviet Supremo para rever a representação conjunta dos Presidiums dos Sovietes Supremos da RSSFR e da RSSUcr sobre a transferência do *oblast* da Criméia."[30] Toda a questão ficou resolvida em quinze minutos. O decreto foi assinado por Khruschev. O restante era só "mecânica" do partido. Não é necessário dizer que ninguém pensou em perguntar o que a população da Criméia, em sua maioria constituída de russos, poderia desejar. Todo o território da União Soviética estava à disposição dos chefes do PCUS para fazer o que lhes aprouvesse.

Khruschev embarcou naquele projeto sem conhecer a história da Criméia. Não sabia que, no processo de criação do estado centralizado russo, Moscou tivera uma batalha feroz e prolongada contra os khans tártaros da Criméia no século XVIII. A expropriação militar daquele fragmento de território das Hordas Douradas foi sempre uma grande preocupação e constante fonte de ameaças ao sul da Rússia. No curso das guerras russo-turcas de 1771-91, quando o khanato da Criméia era vassalo do Império Otomano, a Criméia, a Taurida e a região entre os rios Bug e Dniester foram conquistadas pela Rússia. Foi durante esse tempo que a Rússia organizou a Esquadra do Mar Negro e criou as cidades portuárias de Sevastopol, Odessa, Kherson e Nikolaev. A Criméia e, em particular, Sevastopol eram símbolos do poder e glória do império. As vitórias da esquadra transformaram-se em questões de orgulho nacional russo, como também os nomes dos grandes almirantes. Khruschev nada sabia disso. Tampouco podia-se esperar dele a antevisão de que, um dia, a Ucrânia se tornaria potência independente e tiraria proveito de seu generoso presente. A ignorância iria ser responsável pelo fato de Khruschev, em mais de uma oportunidade, fazer papel de bobo. Suas relações com a China, a Crise de Suez e a Crise dos Mísseis Cubanos vêm-me à mente, e sua decisão sobre a Ucrânia encaixa-se no mesmo molde.

Em seguida à reunião do Presidium de 25 de janeiro, os eventos foram rapidamente desencadeados. Em reuniões programadas pelos dois governos, ficou decidido que "em vista da atração do território do *oblast* da Criméia na direção da RSSUcr," e "levando-se em conta a comunhão de suas economias e os estreitos laços culturais e econômicos," a Criméia deveria fazer parte da Ucrânia.[31] É óbvio que não houve "decisão" por parte dos obedientes funcionários que assinaram o decreto: fizeram o que Khruschev mandou fazer.

Em 19 de fevereiro, o Presidium do Soviet Supremo da URSS reuniu-se no Kremlin, sem quórum total, sob a presidência de Voroshilov. Khruschev estava lá como um de seus membros, observando o desenrolar da cena armada por Suslov e Pegov. Os discursos de todos os participantes haviam sido preparados pelo departamento de propaganda do Comitê Central. O deputado do *oblast* de Ufa no Soviet Supremo, Mikhail Tarasov, declarou que a Criméia era "como uma extensão das estepes do sul ucraniano" e, dessa forma, sua transferência "serviria para fortalecer a amizade entre os povos da grande União Soviética." Como chefe de estado ucraniano, Demian Korotchenko expressou seu "agradecimento de coração ao grande povo russo por aquele ato singularmente admirável de liberalidade fraternal."

Dois oradores, sem querer, saíram do script. Nikolai Shvernik declarou que "a transferência de tão importante *oblast*, rico em recursos minerais, com indústria desenvolvida e valiosos ativos terapêuticos naturais, só podia ser concretizada nas condições de nosso país socialista." Otto Kuusinen desenvolveu o tema: "Só em nosso país é possível que um grande povo como o russo, sem qualquer hesitação, entregue num ato de magnanimidade um de seus mais ricos *oblasts* a outro povo irmão. Só em nosso país, questões tão importantes, como o vínculo territorial de um determinado *oblast* a outra república, são decididas sem a menor dificuldade."[32]

Voroshilov encerrou o "debate" declarando: "Apenas nas condições da União das Repúblicas Socialistas Soviéticas é possível uma tal resolução justa de todas as questões territoriais. No passado remoto e no não tão distante, nossos inimigos tentaram repetidamente arrancar da Rússia a península da Criméia, usá-la para a pilhagem e a ruína das terras russas e ucranianas, criar lá uma base militar para ataque à Rússia e à Ucrânia." Acrescentou que a "doação" da península era muito importante na ocasião "em que os povos soviéticos celebravam a esplêndida data histórica do tricentésimo aniversário da reunificação da Rússia com a Ucrânia."[33]

A notícia da reintegração da Criméia, quando publicada uma semana depois da reunião, foi recebida com indiferença até mesmo na Ucrânia. A população estava acostumada com decisões tomadas no Kremlin sem aviso prévio, e mais ainda sem consulta pública. A exemplo de seus predecessores, Khruschev agiu com decisão e sem-cerimônia. Como Stalin – e como seus próprios sucessores – usou as palavras de Lênin para apoiar suas ações, distribuindo feitiçarias ritualísticas tais como "Temos que lembrar o que Lênin nos ensinou" – "As normas leninistas da vida partidária têm que ser regeneradas" – "Assim era no tempo de Lênin." O conhecimento de Khruschev sobre os escritos de Lênin, como o da maioria da liderança soviética mais elevada, era extremamente limitado. Todos possuíam as *Obras Coligidas de Lênin* em suas prateleiras, mas raramente a consultavam, se é que alguma vez o fizeram. A idolatria a Lênin foi característica comum de todos os secretários-gerais. Na realidade, sem ela dificilmente teriam mantido suas posições no cimo do poder.

Desestalinização

O ataque de Khruschev ao chamado "culto à personalidade" foi, em muitos aspectos, falaz e superficial, e não tocou nas fundações do sistema stalinista. Ainda assim, nos setenta anos de história soviética, seria difícil encontrar-se outro ato político de tal importância para o futuro do país, e não apenas isso. O corajoso assalto de Khruschev a essa característica peculiar do bolchevismo teve conseqüências de longo alcance. Ele se concentrou em demolir o papel de Stalin, acreditando piamente que bastava desenraizar o culto, restaurar os "princípios leninistas" para a vida interna do partido e reparar o dano infligido à "legalidade revolucionária" para que o país voltasse aos trilhos da "democracia socialista soviética." Sonho destemido, mas ingênuo.

Quando sentiu segurança para sua posição, Khruschev começou a tomar uma série de iniciativas ousadas, como dar partida no projeto das "terras virgens" na Ásia Central e a instituição de algumas mudanças efetivas na agricultura, enquanto dava início ao programa de reabilitação de centenas de milhares de gente que mourejava nos campos. Ao fazê-lo, também reforçou sua imagem de novo chefe. Em relação à política externa, conquistou a amizade de diversos países árabes ao decidir-se pelo apoio ao presidente Nasser do Egito. Uma iniciativa bem recebida pelo povo russo.

No entanto, embora tivesse atingido o pináculo do poder, era atacado pela sensação permanente de que a sombra de Stalin pairava sobre ele. O sistema penal ainda funcionava, se bem que com maior circunspeção que antes; ainda era impossível dizer a verdade sobre os julgamentos políticos dos períodos pré-guerra e pós-guerra; e o tabu stalinista continuava funcionando em muitas questões de política interna e externa. Khruschev sabia muita coisa sobre o passado soviético, já que fora partícipe atuante nele, e isso agora o assustava. Suas opções eram: revelar a verdade ou deixar as coisas como estavam.

O XX Congresso do partido, marcado para fevereiro de 1956, se aproximava. Seria o primeiro fórum comunista de âmbito nacional a ocorrer desde a morte de Stalin. Khruschev organizou uma série de grupos de trabalho para preparar o conclave e não encontrou oposição. Mas quando propôs também uma comissão para "investigar as atividades de Stalin," os antigos aliados no Presidium do falecido chefe, Molotov, Kaganovich e Voroshilov, protestaram ferozmente. Molotov ficou particularmente inflamado. "Investigar as atividades de Stalin," vociferou, "significaria revisar os resultados de toda a caminhada do PCUS! Para que remexer o passado?" Kaganovich fez eco: "Stalin personifica um rol de vitórias do povo soviético. Examinar as possibilidades de erros do sucessor de Lênin seria colocar em questão a correção de todo o nosso curso. E também o povo diria: 'E onde estavam vocês? Quem lhes deu o direito de julgar um homem morto?'"

A discussão foi acalorada e não arrefeceu com a promessa de Khruschev de que só seriam consideradas as "violações da legalidade socialista" pelas quais Beria fora o principal responsável, e apenas sob condições de grande sigilo. Instou para se permitir que a comissão trabalhasse e sugeriu que o Presidium só decidisse como proceder depois de ver os resultados. Houve concordância sobre isso em 31 de dezembro de 1955.

A comissão foi composta com um grupo muito pequeno que consistiu do acadêmico e membro do Comitê Central P. Pospelov, do secretário daquele comitê A. Aristov, do chefe dos sindicatos N. Shvernik, e de P. Komarov, um funcionário da comissão de controle do Comitê Central do Partido. O presidente da comissão era Pospelov, que possuía particular conhecimento sobre Stalin, pois fora co-autor da segunda edição da *Breve Biografia* untuosamente hagiográfica sobre o chefe falecido, publicada em 1951 com uma tiragem aproximada de sete milhões de exemplares.

Khruschev convocou os membros da comissão investigadora sobre as prisões em massa e levantou o caso de uma série de figuras categorizadas do partido que haviam sido executadas, mas não incluiu os principais acusados nos julgamentos-shows como Kamenev, Zinoviev, Bukharin, Radek e outros. Tampouco tocou na questão do assassinato de Trotsky no México. A intenção era criar uma imagem do mando arbitrário e ilegal de Stalin.

A comissão trabalhou praticamente dia e noite, vasculhando arquivos e tentando encontrar citações adequadas de Lênin para condenar o culto à personalidade e as violações da "legalidade socialista" cometidas por Stalin. O plano concebido por Pospelov foi primitivo, mas amplo: de um lado, tudo que constituísse a sabedoria, a modéstia, a humanidade e as normas de comportamento de Lênin, do outro, as infrações de Stalin a essas normas. O relatório asseverou que tudo quanto Lênin sempre fez foi autenticamente marxista: "Vladimir Ilyich exigiu tratamento duro para os inimigos da revolução e da classe trabalhadora e, quando houve necessidade, aplicou tais métodos impiedosamente. (...) Mas Lênin utilizou esses métodos contra genuínos inimigos de classe, não contra os que tinham cometido erros."[34] Exatamente quais tinham sido ou não os inimigos genuínos de classe, Pospelov e sua comissão não se aventuraram a sugerir. Todo o propósito do relatório foi mostrar que o sistema, criado por Lênin, nada tinha em comum com o terror arbitrário resultado do culto à personalidade de Stalin.

O relatório foi inteiramente aprovado por Khruschev e, quando apresentado ao Presidium, muitos de seus membros se mostraram satisfeitos. Mas outros o consideraram altamente objetável. Em primeiro lugar, não gostaram da afirmativa de que fora Stalin quem introduzira a idéia de "inimigos do povo." E estavam certos: Lênin usara a expressão, pegando-a emprestado do vocabulário da Revolução Francesa. O relatório especificava: "Essa expressão eliminava a necessidade de provar que alguém com quem se discutia estava ideologicamente errado: permitia que quem discordasse de Stalin sobre qualquer coisa, ou fosse suspeito de intenção hostil, ou estivesse sendo simplesmente caluniado ficasse sujeito a severa repressão, e que todas as normas da legalidade revolucionária fossem violadas."[35]

Os oponentes do relatório foram veementes a respeito dos expurgos, pela óbvia razão de que eles mesmos estavam profundamente implicados com tais expurgos e não tinham a coragem para a publicação da verdade ou para a aceitação da responsabilidade. Ademais, o relatório incluía documentos endereçados por Stalin a Kaganovich, Molotov e outros. Em 25 de setembro de 1938, por exemplo, enquanto repousava em Sochi, Stalin enviou um telegrama ao Politburo – do qual Khruschev não era um membro – que dizia: "Consideramos absolutamente essencial e urgente a nomeação do Camarada Yezhov como Comissário do Povo para o Interior. Yagoda visivelmente não está cumprindo a missão, em especial no que concerne ao bloco trotskista-zinovievista. A OGPU está quatro anos atrasada nesse caso..."

Kaganovich lembrou aos outros que todos tinham aprovado a circular de Stalin aos secretários do partido no país inteiro, em 10 de janeiro de 1939, a qual dizia que a permissão para o uso da violência física contra prisioneiros dada em 1937 continuava em pleno vigor: "A pressão física," dizia a ordem, era correta e "tem que ser agora empregada sem desfalecimento contra os ostensivos e não-desarmados inimigos do povo, como método perfeitamente aplicável e adequado."

"Que devemos dizer agora?" – quis saber Kaganovich.

Além disso, o Politburo tinha sancionado resoluções em diversas oportunidades – por unanimidade, é claro – sobre "elementos anti-soviéticos" que elevaram muita gente à "primeira categoria." Em 31 de janeiro de 1938, por exemplo, aprovou uma ordem para a execução de quarenta e oito mil pessoas "adicionais" em vinte e dois *oblasts*.[36]

Foi só com o apoio de Saburov, Pervukhin, Bulganin e Kirichenko que Khruschev conseguiu a decisão para o prosseguimento do trabalho sobre o relatório. Quanto ao que devia ser feito depois de terminado o trabalho, não ficou idéia clara. Kaganovich propôs que o assunto fosse debatido no XXI Congresso (programado para 1961, mas que na verdade teve lugar em 1959), e Molotov sugeriu que os enganos cometidos no passado fossem gradualmente "corrigidos" sem publicidade. Shepilov recebeu ordem para dar continuidade ao relatório.

O XX Congresso do partido foi aberto em 14 de fevereiro de 1956 no Gran Palácio do Kremlin. Transcorreu tranqüilamente ao longo dos costumeiros relatórios, aprovação do "curso de Lênin," aplausos, aclamações de pé, juramentos ideológicos e conclamações pelo fortalecimento "da unidade do partido e do povo." Tudo, como de hábito, programado de antemão aos últimos detalhes, e o Congresso caminhava para uma conclusão harmoniosa enquanto nenhuma decisão era tomada sobre o que fazer com o relatório de Pospelov. Os colegas de Khruschev sabiam que ele jogara todas as suas fichas naquele relatório e que estava disposto a torná-lo do conhecimento dos delegados a qualquer preço. Em diversas noites, no curso do Congresso, convocara Pospelov e inserira novo material no relatório como resultado de documentos que havia consultado.

Em 19 de fevereiro, por exemplo, suas inserções incluíram: "Os inimigos do povo não precisavam ser exterminados, podiam ter sido mantidos na prisão ou exílio" – "Citar o caso de Zinoviev e Kamenev; eles traíram a revolução, mas Lênin não os fuzilou" – "Como as confissões foram arrancadas? Só de uma forma, pelo espancamento, tortura, privação da consciência, privação da razão, privação da dignidade humana, por meio da violência física e da intimidação" – "Smirnov tratou Stalin (...) e tais pessoas estavam sendo presas. (...) Ele [Stalin] disse: 'Algeme Smirnov, algeme fulano e sicrano,' e eles o fizeram" – "Sobre o caso mingreliano. O governo georgiano foi acusado de querer unir a florescente Geórgia ao empobrecido estado turco que estava faminto, despojado e com população analfabeta (dar números)" – "Os membros do Politburo viram Stalin com diferentes olhos em diversas oportunidades. De início, o glorificaram de maneira consciente porque o chefe era genuinamente grande e capaz. Foi um dos mais poderosos marxistas, e sua lógica, força e determinação desempenharam papel positivo no partido. Porém, mais tarde (...) depois das execuções, surgiu a sujeição a esse homem, não só intelectual mas fisicamente."[37] Algumas dessas observações entraram no relatório literalmente, outras apenas em parte, e ainda outras não constaram.

Khruschev fez referência ao caso de Zinoviev e Kamenev e ao fato de Lênin não os ter fuzilado. No entanto, em 22 de agosto de 1936, o próprio Khruschev disse a um grupo de animados ativistas do partido: "Os bandidos incitadores,

Zinoviev, Kamenev, Smirnov, Mrachkovsky, Ter-Baganian e muitos de seus cúmplices fascistas estão na prisão. (...) Não apenas esses salafrários, mas também Trotsky, deveriam ser fuzilados."[38] E dois dias depois disso, como chefe do partido na Ucrânia, disse: "Só começamos a limpeza na Ucrânia. (...) Faremos devassa completa e concluiremos o trabalho."[39]

É evidente que não teria sido fácil para Khruschev opor-se à tirania de Stalin, ainda mais porque ele e seus colegas tinham exaltado o ditador, como nenhum outro na história russa fora louvado. Em três breves discursos eleitorais que Khruschev fez em 1937, conseguiu chamar Stalin de "gênio," um "grande líder" e um "grande criador" nada menos que cinqüenta e quatro vezes. Conclamara não apenas por "mais ódio aos nossos inimigos de classe," como também por "mais amor ao nosso líder, o grande Stalin."[40]

Não obstante, se bem que jamais pudesse esquecer as desilusões dos primeiros anos, Khruschev teve a coragem de ultrapassá-las e a força para exorcizar a obsessão pelos métodos terroristas. Seus camaradas, contudo, não estavam dispostos a perdoar ou esquecer o fato de que Khruschev estava tão implicado quanto eles próprios com os crimes do passado. Molotov e Kaganovich foram particularmente insistentes. "O que você vai dizer sobre si mesmo, Nikita?" – quiseram saber. – "Afinal de contas, estamos todos envolvidos. (...) E o que vão fazer se você contar-lhes o que ocorreu? Temos que corrigir os erros sem pressa, e não saboreá-los."

Khruschev replicou: "Alguns de nós desconhecíamos muitas coisas porque fazíamos parte de um regime em que só nos era dito aquilo que devíamos saber e nós não metíamos o nariz no resto. (...) Outros sabiam o que se passava, e ainda outros sujaram suas mãos nos eventos sobre os quais estamos falando. Porém, enquanto o grau de responsabilidade varia entre nós, estou preparado para, como membro do Comitê Central a partir do VII Congresso [o de 1934; aqui Khruschev sublinhava que *não* era membro do Politburo durante os piores anos do terror], assumir minha parcela de responsabilidade perante o partido, mesmo que o partido ache adequado censurar todos aqueles que participaram da chefia sob Stalin."[41]

Embora esse argumento enfraquecesse seus oponentes, eles, apesar disso, fizeram de tudo para moderar a apresentação da matéria, pois achavam, com toda a razão, que ela teria força aterradora. Finalmente, durante um intervalo quase no fim do congresso, Khruschev sugeriu que fosse perguntado a todos os 1.436 delegados se eles queriam ouvir o relatório: "Eu lhes direi quem no Presidium é a favor e quem é contra. Deixemos os delegados decidirem. O que eles votarem será o que faremos." Os outros permaneceram silenciosos. Khruschev estava então pronto para dar seu momentoso passo na direção da tribuna.

Na manhã de 25 de fevereiro, Khruschev leu seu sensacional relatório "sobre o culto à personalidade e suas conseqüências" numa sessão fechada, sem convidados estrangeiros ou jornalistas. Não foram feitas atas e, por sugestão do primeiro-ministro Bulganin, ficou decidido que o assunto não seria aberto ao debate. Por mais de quatro horas, os delegados, atônitos, ouviram. Como Khruschev anotou mais tarde: "O silêncio era tão grande no enorme salão que se podia ouvir o vôo de uma mosca. Deve-se tentar imaginar quão chocadas as pessoas ficaram com as revelações das atrocidades às quais membros do partido (...) foram sujeitados. Era a primeira vez que a maioria deles ouvia sobre a tragédia que nosso partido tinha experimentado – uma tragédia que provinha do doentio caráter de Stalin contra o qual Lênin nos alertou no Testamento e que o próprio Stalin confirmara numa confissão a Mikoyan e a mim – 'Não confio em ninguém, nem em mim mesmo.'"[42]

No seu discurso – que permaneceu como segredo enterrado nos arquivos da Rússia até 1989, décadas depois de o mundo ter conhecimento de cada palavra dele – Khruschev deu o melhor de si para elevar Lênin, o partido, o sistema bolchevique e as "massas." Citou Lênin a respeito da liderança coletiva e sobre o comportamento insultuoso de Stalin em relação a Krupskaya, e lamentou o fato de o partido ter ignorado os alertas de Lênin. Todos os infortúnios do período tiveram origem na circunstância de que o comportamento intimidante de Stalin se transformou gradualmente em "terror maciço contra os quadros do partido."[43] A importância principal do discurso, escreveu Khruschev em suas memórias, "foi que disparou o processo de purificação do partido quanto ao stalinismo, e de restabelecimento no partido daquelas normas leninistas de vida pelas quais os melhores filhos de nosso país haviam batalhado."[44]

O paradoxo estava claro: Khruschev repudiava um dos aspectos da heresia para ressuscitar sua forma básica leninista. Era Khruschev ao seu melhor estilo. Mas nem ele nem seus colegas, tampouco, na verdade, as fileiras comunistas, puderam ver que o stalinismo nascera do leninismo, cuja máxima fundamental era a violência sem peias de classe.

Um exemplo da cruzada de Khruschev para "ressuscitar as normas leninistas" veio logo em seguida. Em suas memórias, ele relembra que o chefe comunista polonês, Boleslaw Bierut, faleceu durante o XX Congresso e que logo espocaram distúrbios importantes e prolongados na Polônia.[45] Finalmente, em setembro de 1956, Khruschev, Molotov, Mikoyan, Bulganin e o marechal Konev voaram a Varsóvia, sem serem convidados e contra a vontade da chefia polonesa. As conversações entre os dois "fraternais" lados foram acrimoniosas. Khruschev acusou Ochaba, Gomulka e Cyrankiewicz de voltarem as costas para a URSS, inclinaremse pelo Ocidente e deixarem de lado o embaixador soviético, marechal Rokossovsky, permitindo que comentários anti-soviéticos aparecessem na imprensa e não aceitando consultores soviéticos no exército polonês.

De sua parte, os poloneses se defenderam bravamente e acusaram Moscou de usar métodos stalinistas em suas relações. As conversações ficaram tensas quando, segundo as notas ditadas por Mikoyan em 28 de maio de 1960, "um dos camaradas poloneses entregou um bilhete a Gomulka. O chefe polonês empalideceu e, voltando-se para Khruschev, disse: 'Fui informado de que suas unidades na Polônia Ocidental estão, neste momento, deslocando tanques na direção de Varsóvia. Peço-lhe que barre esse movimento e faça com que retornem à origem.' Khruschev e eu trocamos olhares. Khruschev disse: 'Está bem.' E deu a ordem ao marechal Konev para que parasse o deslocamento e mandasse de volta as tropas para seus quartéis."[46]

Esse comportamento era característico em Khruschev: tendo viajado para "normalizar" as relações com os aliados poloneses da Rússia e para pôr um fim nas desordens, ele precisou apoiar a iniciativa com uma demonstração de poderio militar. Não entendia que, para libertar o sistema do stalinismo, tinha primeiro que repudiar o leninismo. O alvo selecionado por ele no XX Congresso era essencialmente secundário. Não fora apenas um ditador individual o responsável pelas atrocidades, e sim o sistema e a ideologia fundamentados em princípios leninistas. Não ficou claro em 1956, mas o tempo iria mostrar que o ataque a Stalin jogou luz sobre Lênin. Quanto a Khruschev, ele morreu sem perceber que ao defender Lênin estava preservando Stalin.

Mesmo no seu próprio relatório, Khruschev sentiu necessidade de realçar os serviços prestados por Stalin ao partido e ao povo, e não foi suficientemente ousado para falar abertamente com o povo sobre os crimes de Stalin. Concluiu assim seu discurso: "Temos que encarar a questão do culto à personalidade com toda a seriedade. Não podemos tratar dessa questão fora do âmbito do partido e muito menos na imprensa. Daí a razão de a informarmos em sessão secreta. Temos que manter um senso de proporção, não dar munição aos inimigos, não expor nossas feridas a eles."[47] Na realidade, o carimbo de "Ultra-Secreto" seria em breve retirado e substituído pelo mais leniente de "Não-Publicação." O relatório foi impresso sob a forma de livreto e distribuído a todos os comitês do partido como informação. Mas seu conteúdo havia muito era conhecido no Ocidente, onde causou sensação. Os partidos comunistas estrangeiros, em particular os da Europa Ocidental, começaram a rebuscar suas consciências e a rever muitos aspectos da ideologia marxista-leninista.

Khruschev temeu a publicidade, acreditando ser possível, como no passado, colocar para sempre uma tampa sobre a verdade. O segredo, afinal de contas, vinha sendo o verdadeiro sangue vital do leninismo, e Khruschev se considerava um "verdadeiro leninista." O fecho de seu discurso contra Stalin foi: "Vida longa para o vitorioso estandarte de nosso partido, o leninismo!" O stalinismo foi atingido recebeu um rombo, mas permaneceu flutuando porque o leninismo parecia difícil de ir a pique.

Reformador impulsivo

Em 18 de outubro de 1961, no segundo dia do XXII Congresso do partido – seu terceiro e último como chefe do partido – Khruschev pronunciou longo discurso sobre o programa do partido depois de igualmente interminável leitura do relatório do Comitê Central. Acompanhando o texto com o dedo para não se perder e fazendo pausas nos momentos adequados para provocar aplausos, chegou à seção intitulada "Comunismo, o Grande Objetivo do Partido e do Povo," e concluiu com as seguintes palavras: "A taça do comunismo é a taça da fartura; ela deve estar sempre cheia até a borda. Cada um de nós tem que servir nela nossa própria contribuição e nela beber. Somos orientados por cálculo estritamente científico. E nossos cálculos mostram que em vinte anos teremos essencialmente construído a sociedade comunista."[48] As atas publicadas da reunião registram que essas observações foram saudadas com "estrondosa ovação." Na verdade, os delegados – fundamentalistas comunistas sem exceção – tinham muitas dúvidas sobre os cálculos "estritamente científicos" de Khruschev.

Ele apresentou o programa do partido que descrevia o comunismo em detalhes, explicava porque as classes desapareceriam juntamente com o término da exploração, e porque todos seriam iguais. Mais uma vez, na melhor tradição da utopia leninista, declarou que "o desenvolvimento histórico levaria inevitavelmente ao total definhamento do estado" e concluiu assegurando aos delegados que "a geração presente do povo soviético viverá sob o comunismo."

Khruschev sabia que muitos se opunham à sua política, mas achava que o certo estava ao seu lado. Esse sentimento tornou-se mais forte depois que se livrou de seus principais rivais – Malenkov, Kaganovich e Molotov – numa escaramuça feroz durante o pleno de junho de 1957, e ficou em condições de promover numerosas reformas no estagnado país. O estado e a sociedade ossificados atolaram na burocracia e no dogmatismo, adaptados pobremente à cascata de mudanças, mas o país soltou-se da antiga âncora. A década de mando de Khruschev demonstrou seu potencial como inovador, artista da demolição, experimentalista, oportunista e inventor. Foi como se tivesse subitamente despertado. Seguiram-se iniciativas uma atrás da outra e, na origem de cada uma delas, postava-se a atarracada figura do primeiro-secretário, gesticulando energicamente, um verdadeiro manancial de idéias e atividades. Alexander Alexandrov-Agentov, um funcionário que passou grande parte de sua vida bem próximo aos chefes de pós-guerra, descreveu Khruschev como "autoritário, exaltado, sem controle, tosco, autoconfiante e suscetível à bajulação na relação com os colegas mais íntimos. Ao mesmo tempo, era impetuoso, intolerante, arrebatado, possuído pelo espírito de inovação, porém sem conceito sério."[49] Para um homem assim, existiam muitas oportunidades naquele país que começava a perder a rigidez.

Sua primeira tarefa foi na agricultura. As safras de 1949 a 1953 haviam sido catastroficamente ruins, algo como 800 quilos por hectare, quando em 1917 fora de 700. As estatísticas, que eram segredo de estado, mostram que a produção total de grãos caiu de 36,4 milhões de toneladas em 1940 para 31,1 em 1953 enquanto, no mesmo período, as reservas do estado cresceram de 4,1 para 17,8 milhões de toneladas.[50] Para sobreviver, o povo roubava cereais e, em junho de 1946, o Comitê Central e o Ministério das Finanças determinaram penalidades rigorosas contra isso. O ministro do Interior Kruglov reportava regularmente a Stalin o cumprimento daquela ordem. Em dezembro de 1946 e janeiro de 1947, por exemplo, "13.559 e 9.928 pessoas, respectivamente, foram acusadas de responsabilidade criminal pelo roubo de grãos."[51] Stalin não tinha medo de levar seu país à fome e jamais se "rebaixaria" comprando cereais de imperialistas.

Já em setembro de 1953, Khruschev declarara num pleno do Comitê Central que, caso se desejasse revivificar o campo, era necessário levar em conta a receita, os custos e a lucratividade. Em fevereiro de 1958, ele tomou diversas providências para aumentar a eficiência da agricultura. Convidado a visitar os Estados Unidos pelo presidente Eisenhower, fez questão de reservar algum tempo para observar a agricultura dos EUA. Queria ver em especial Iowa, a "capital do milho" da nação. Mostraram-lhe uma grande fazenda de milho de Mr Roswell Garst. Andrei Gromyko, acompanhante de Khruschev como ministro do Exterior, lembrou que o secretário "inspecionou os campos e fez muitas perguntas ao proprietário, enquanto tentava sondar como aquele homem ganhara tanto dinheiro explorando uma terra que não parecia muito diferente em termos de fertilidade de diversas regiões de seu próprio país." Entre os seus, Khruschev mais tarde admitiu que, embora tivesse visto muita coisa interessante, "ainda não vejo como a experiência de Garst pode ser transferida para as condições soviéticas."[52]

Aquilo não deveria ter-lhe surpreendido: as disparidades fundamentais entre os dois sistemas socioeconômicos haviam criado condições completamente diferentes para a produção e a comercialização. O sistema de fazendas coletivas reduzira o interesse pessoal do cultivador da terra na sua safra a um mínimo, e a simples transferência da prática de qualquer outro sistema teria sido impossível. Contudo, a viagem americana persuadiu Khruschev de que a alta produção de milho aumentaria expressivamente o rebanho de gado, embora a aplicação superdiligente de tal política tivesse levado com freqüência a resultados ridículos, como a plantação do cereal em locais totalmente impróprios.

As medidas introduzidas por Khruschev na agricultura resultaram, sem dúvida, numa grande produção de grãos, mas também em acentuado aumento do consumo. A escassez se tornou crônica, e a conseqüente queda nas reservas foi tão drástica que, finalmente, compeliu a compra de grandes fornecimentos do exterior. Esse passo desesperado foi prova, se é que ainda fosse necessário provar, que o sistema agrícola soviético estava falido. A compra de cereais no estrangeiro continuou por mais de trinta anos, enquanto o país ia literalmente comendo suas reservas de ouro, que declinaram de 13,1 milhões de toneladas em 1954 para 6,3 milhões em 1963.[53]

A "campanha do milho" de Khruschev, que durou diversos anos, não o salvou, e ele teve que buscar outros modos de melhorar a produção na pecuária. Ordenou a compra compulsória de gado pelas fazendas coletivas, mas veio o inverno e, com ele, a carência de forragem e abrigo. Sobrevieram pragas animais. Alguns alegaram que os cavalos estavam comendo forragem demasiada, e grandes quantidades deles foram levadas ao matadouro.

Da mesma forma, a idéia de Khruschev sobre as *agrogorods*, ou cidades-granjas, entrou em colapso. As vilas perderam habitantes, as fazendas coletivas cresceram desproporcionalmente e ficaram, em grande parte, além da escala humana; os indivíduos viram-se perdidos em meio àquelas imensas e impessoais conurbações rurais.

As intermináveis propostas e novas regulações de Khruschev produziram muito pouco em termos de resultados positivos. Nem poderiam, já que não se entendia que a possibilidade de reformas no sistema leninista era extremamente limitada. O povo ficou descontente, e proliferaram piadas sobre o "Nikita." Seu corajoso discurso no XX Congresso dera às gentes um gosto da liberdade, e elas queriam mais, mas Khruschev não desejava alterar o fundamento do sistema ou as fundações econômicas do país.

Como Stalin, Khruschev atribuiu todos os seus fracassos aos "quadros fracos," aos erros pessoais e à herança do passado stalinista. E, em certa medida, foi isso mesmo. Como Stalin, ele raciocinou em termos de "alcançar e sobrepujar." No XXII Congresso, em 1961, proclamou: "Nos anos recentes, nosso país, como antes, sobrepujou os EUA em ritmo de produção e começou a ultrapassá-los no que tange ao crescimento absoluto em muitas das mais importantes formas da produção. (...) A concretização do Plano Septenal levará nossa mãe-pátria ao ponto em que pouco será necessário para superar os Estados Unidos em termos econômicos. Executada essa tarefa, a União Soviética alcançará uma vitória universalmente histórica em pacífica competição com os Estados Unidos da América."[54] A perspectiva ideológica de Khruschev sobre a economia e seu futuro era a igual à de Stalin, baseada em lutar pela "vitória" sobre o imperialismo.

As reformas na agricultura foram acompanhadas por mudanças no sistema administrativo. Em fevereiro de 1957, ficou decidido abolir as ramificações ministeriais e fundar conselhos econômicos territoriais, ou *sovnarkhozy*, em cada república, região ou província, todos subordinados ao Conselho Superior Nacional Econômico da URSS. No prazo de quatro anos, Khruschev decidiu que essa nova estrutura também necessitava de reforma na administração do partido, e propôs que os conselhos provinciais e regionais fossem divididos em seções industriais e agrícolas. A alteração causou descontentamento sempre crescente entre os funcionários do partido. Como lembrou o vice-presidente do Conselho de Ministros de 1960 a 1963, Ignati Novikov: "A esmagadora maioria dos ministros e suas equipes não recebeu bem essas mudanças. A maior parte dos gerentes de fábricas ficou igualmente contra elas. Como diversos outros funcionários ministeriais, achei que gerentes qualificados seriam desperdiçados, o que poderia pôr em risco o progresso tecnológico. Os ministros encarregados da produção de material de defesa ficaram particularmente desapontados com a transferência das fábricas para os conselhos econômicos."[55]

Khruschev, não obstante, estava convencido de sua própria infalibilidade bolchevique e continuou tomando decisões importantes sem consulta. Os que trabalhavam próximo a ele sabiam de sua susceptibilidade à adulação. Novikov afirma que "um novo culto à personalidade entrou em ação, o de Nikita Sergeevich. Infelizmente, a criatura sempre parece com o criador."[56] Evidente exagero, porém, sem dúvida, houve uma glorificação organizada ao terceiro chefe.

O slogan de Khruschev em 1957 – "É da responsabilidade moral da população alcançar e ultrapassar os Estados Unidos na produção de carne, manteiga e leite" – naturalmente transformou-se em fantasia, e não apenas porque planejou atingir tal meta por volta de 1960. Ele e seus conselheiros decidiram erroneamente que, reduzindo-se a produção pecuária nos tratos de terra privados das fazendas coletivas e aumentando-se os investimentos nas fazendas criadoras de gado do estado e coletivas, aquela meta seria atingida. A política foi implementada com o suporte do Pleno de junho de 1957 e, em agosto de 1958, o Comitê Central expediu uma ordem "banindo a propriedade privada de gado por cidadãos que vivessem em cidades ou assentamentos de trabalhadores." Essa ordem totalmente absurda teve sérias conseqüências. Houve pronunciada queda na produção de carne e de laticínios e considerável aumento do ressentimento público. Só em 31 de maio de 1962, o Comitê Central e o Conselho de Ministros aprovaram um regulamento aumentando o preço da carne e dos laticínios. Em vez de sobrepujar os Estados Unidos, o regime comunista registrava sua própria falência.

Entrementes, o descontentamento público começou a assumir formas mais ativas. Das cidades e vilas de toda a União Soviética, a KGB reportou convocações para greves em protesto contra o aumento de preços, evento totalmente desconhecido na URSS. Cartazes feitos em casa apareceram e panfletos manuscritos circularam secretamente, mas com grande divulgação. A demonstração mais impressionante contra as políticas do governo teve lugar em Novocherkassk onde, em junho de 1962, os trabalhadores de uma indústria de locomotivas elétricas promoveram um levante. As autoridades locais do partido, evidentemente, convocaram tropas e tanques, mas a greve recebeu o apoio dos trabalhadores de outras fábricas.

O chefe da KGB, V. Semichastny, informou ao Comitê Central: "Às 9h50, todos os vadios (cerca de 5 mil) deixaram a zona da fábrica, infiltraram-se através da primeira linha de tanques e estão se dirigindo para a cidade de Novocherkassk. A coluna principal carrega um retrato de V.I. Lênin e flores na vanguarda."[57] Os serviços de segurança reportaram que incitadores e elementos criminosos distribuíam o slogan "provocador" *Carne, leite e aumento de salários!* Khruschev despachou imediatamente para Novocherkassk o membro do Presidium Frol Kozlov, o qual divulgou para a população local: "No discurso que fez ontem em Moscou e que foi transmitido pelo rádio, N.S. Khruschev explicou com grande convicção e com a franqueza habitual porque o partido e o governo tomaram a decisão de aumentar os preços da carne e dos laticínios." Prosseguiu falando sobre a necessidade de recursos para investimento na indústria, na construção de habitações e na defesa. "Nem deve ser esquecido que os imperialistas estão de novo nos ameaçando com a guerra."[58]

Ocorreram choques com a milícia no lado de fora do escritório do comitê partidário da cidade. A multidão "rasgou retratos," presumivelmente de membros do Presidium, e uma manifestação, que teve lugar sob a bandeira vermelha e um retrato de Lênin, foi descrita pela KGB como "provocação." As tropas atiraram contra os manifestantes, matando vinte e um e ferindo dezenas, todos trabalhadores e estudantes. Semichastny relatou para Khruschev que os enterros foram procedidos em cinco cemitérios do distrito e que os órgãos de segurança tomaram providências para identificar e prender os participantes mais ativos na desordem.

Quarenta e nove foram presos.[59]

A KGB organizou um julgamento público na cidade que durou uma semana. Cinco dos "criminosos" foram sentenciados ao fuzilamento e os demais receberam penas que variaram entre dez e quinze anos de prisão. O vice-chefe da KGB, P. Ivashutin, afirmou que as sentenças "receberam aprovação dos trabalhadores" os quais, supostamente, bradavam: "Que se dê aos cães morte de cão!" – "Bem feito para os vermes, que sirva de lição aos outros!" – "As sentenças estão corretas, essa gente deve ser fuzilada!"[60] O relatório foi seguido de outro, do vice-chefe do Departamento de Agitação e Propaganda do Comitê Central, Vladimir Stepakov: "O julgamento teve grande papel educativo e acautelador. (...) Ouviram-se repetidos aplausos da galeria sempre que o tribunal anunciava sentenças severas."[61]

Esse foi o acompanhamento stalinista das reformas de Khruschev. Depois do XX Congresso, o povo sentiu um certo enfraquecimento do regime e começou a expressar seus sentimentos mais livremente. Uma greve espontânea, no entanto, tinha que ser reprimida a qualquer custo. Khruschev não entendeu que a semiliberdade era uma desilusão e uma decepção. Mas não foi apenas ele que caiu na cilada dos dogmas leninistas: os trabalhadores grevistas carregaram o retrato de Lênin à testa da manifestação. Stalin, o ditador odioso do sistema, podia estar desmascarado, mas o sistema em si permanecera intacto.

Desnecessário dizer que o país todo não soube coisa alguma sobre a tragédia de Novocherkassk por cerca de três décadas, como também não teve conhecimento de diversas outras ocorrências "indesejáveis," como um importante desastre radioativo próximo a Chelyabinsk e uma catástrofe no centro de lançamento de satélites de Baikonur, para citar apenas duas.

Outro evento semelhante teve lugar em 29 de outubro de 1955 quando, em função de inexplicável explosão, o encouraçado *Novorossiisk* afundou no porto de Sevastopol e causou a perda de 603 vidas. Khruschev ficou furioso e ordenou ao ministro da Defesa que investigasse rigorosamente o acidente. O resultado do inquérito foi que o comandante-em-chefe naval, almirante-de-esquadra Nikolai Kuznetsov, que estava em licença para tratamento de saúde na ocasião da explosão, foi rebaixado (pela segunda vez em sua carreira) a vice-almirante, e outros almirantes da Esquadra do Mar Negro foram similarmente demitidos de seus comandos.[62] Característica do bolchevismo, mesmo quem estivesse indiretamente envolvido tinha que ser punido.

Noutro acidente, em 24 de outubro de 1960, um foguete experimental explodiu na plataforma de lançamento e as chamas engolfaram quem estava próximo. Entre estes, o marechal Mitrofan Nedelin, comandante-em-chefe da força de mísseis, e diversos cientistas de proa no campo dos foguetes. No dia seguinte, a imprensa publicou que Nedelin havia morrido num desastre aéreo. Mais uma vez, a influência da tradição bolchevique impôs: a mentira fazia parte intrínseca do sistema leninista.

A despeito de sua originalidade, coragem e desejo de inovação, Khruschev era fruto de sua época, e décadas de trabalho sob o mando de Stalin obrigatoriamente tiveram efeito. Ele possuía todos os traços de um ditador totalitário: peremptório, dogmático, arbitrário, preocupado com as aparências e áspero quando necessário. Diagnosticou com acerto a desesperada necessidade de reformas profundas na economia, mas só estava preparado para alterar a forma de administração e gerência, mal tocando em sua natureza essencial. Persistiram o estilo ditatorial e as práticas anteriores, pelos quais as ordens do chefe não eram questionadas. Khruschev acreditava ter o direito de rebaixar qualquer funcionário que o desagradasse pelo motivo que fosse, e a fazê-lo sem consultar ninguém. Acertadamente, também avaliou o clima do momento, que demandava reformas, mas tentou executá-las por meio de métodos burocráticos.

Era capaz de dissertar sobre qualquer assunto em qualquer lugar. Sem mais aquela, dava uma aula sobre a importância de cultivar o milho, o futuro da pesquisa espacial, arquitetura e mísseis, arte, problemas internacionais correntes – sempre assertivo e professoral, ensinando e pregando. Pegou o hábito de se afastar do texto escrito para dar colorido aos seus pronunciamentos com aforismos picantes e, freqüentemente, com impenetráveis provérbios do folclore russo. Seu estilo era o de interromper um orador, importunando-o e disparando todos os tipos de perguntas para desestabilizá-lo. Podia-se dele esperar surpresas de diversas espécies em qualquer fórum – o incidente na ONU em que tirou o sapato e passou a bater com ele próximo ao microfone foi apenas um dos que receberam mais publicidade.

Khruschev sempre foi impulsivo, como ilustram as minutas de uma reunião do comitê do partido em Moscou em 1950, convocada para debater modos de aperfeiçoar a administração da agricultura. O secretário do partido em Moscou, S. Morsin, havia lido um relatório e apenas dois membros demonstraram desejo de falar. Khruschev admoestou os outros rispidamente: "Inscrevam-se para falar. Se não o fizerem, nomearemos oradores. Não vamos deixar que fiquem aí sentados em silêncio. Se for preciso, ficaremos aqui uma semana, mas vamos ouvir aqueles que deveriam se pronunciar."

O diretor de uma estação de serviços de tratores motorizados, de nome Zolotov, respondeu. Ele estava preocupado com a enorme quantidade de esterco em sua região infectada com a bactéria da brucelose. "Com as enchentes do momento, a doença poderia ser arrastada até o próprio Cáspio..."

Khruschev interveio: "Isso não é o principal, camarada gerente. Se há um perigo de transmissão da doença, vamos tratar dele fora dos termos do debate presente. De outra forma, afundaremos no esterco com brucelose e acabaremos sentados em cima de um monte dele."

Zolotov, cautelosamente, fez objeção – impertinência inusitada – e foi devidamente premiado com uma chuva de perguntas e observações insultuosas. Afinal, Khruschev fechou a discussão triunfalmente, desarmando Zolotov com uma trivialidade, coisa que adorava fazer: "Você veio aqui para falar bobagens sobre brucelose e um monte de esterco. Escreva um relatório. Quer fazer um discurso? Nós também somos capazes de discursar. Somos oradores treinados."

Sem dúvida, Khruschev foi um orador, e daqueles inexauríveis. Seus discursos e entrevistas coletivas apareciam quase que diariamente na imprensa. Não eram lidos com muito entusiasmo, mas ele acreditava que podia influenciar as "massas" e promover as reformas que queria introduzir mediante toda aquela atividade. Quando seus inimigos o derrubaram em 1964, citaram o fato de que seu retrato aparecera na imprensa mais de mil vezes num só ano. Por outro lado, os observadores ocidentais anotaram rapidamente que as aparições de Khruschev na mídia diminuíram dramaticamente nos dias que antecederam sua morte política.

Uma das prioridades de Khruschev foi dotar as forças armadas com mísseis nucleares. Convocou ao Kremlin projetistas e fabricantes de armamento, bem como cientistas de renome. Não houve economia de recursos para experimentações e testes e para o programa espacial. O chefe demonstrou seu júbilo pelo que tinha conseguido na esfera militar quando declarou no XXII Congresso do partido, em 17 de outubro de 1961: "Como saí do texto, posso também dizer a vocês que os testes com a nova bomba de hidrogênio caminham muito bem. Terminaremos os testes, aparentemente, no fim de outubro. No final, é provável que detonemos uma bomba de hidrogênio de [equivalente a] 50 milhões de toneladas de TNT [*aplausos*]. Já dissemos que tínhamos uma bomba de 100 milhões de toneladas de TNT. E isso é verdade. Mas não iremos detoná-la porque, se o fizéssemos, mesmo nas áreas mais remotas, poderíamos estilhaçar nossas próprias janelas [*aplausos estrepitosos*].[63]

Khruschev não viu que a segurança não devia ser buscada pelo caminho da monstruosa corrida armamentista. Disse orgulhosamente ao Congresso que "o rearmamento do Exército Soviético com a tecnologia de mísseis nucleares está concretizado. Nossas forças armadas têm agora armas suficientemente poderosas para esmagar qualquer agressor," embora tenha moderado a afirmação adicionando que esperava jamais ser necessário jogar tais bombas sobre país algum.[64]

É evidente que Khruschev não mencionou o custo do programa nuclear, que foi decisivamente responsável pela penúria do padrão de vida do cidadão soviético mediano. Tampouco algo se disse sobre os acidentes ocorridos nas fábricas que produziam armas nucleares. Ele silenciou, por exemplo, sobre a grande explosão acontecida em 29 de setembro de 1957 na Planta nº 817 de Chelyabinsk. Uma comissão de sindicância concluiu que o acidente foi causado por imperdoável negligência em relação aos regulamentos de resfriamento. A nuvem radioativa poluiu grande área, inclusive instalações de pessoal de unidades do exército, um grande campo para prisioneiros e, entre outras, as vilas de Berdyaniki, Saltykovo, Golikaevo, Kirpichiki, Yugo-Konevo e Bogoryak. O ministro da Fabricação Geral de Máquinas, Ye. Slavsky, reportou: "todas as instalações naquele complexo industrial mantiveram a produção depois da explosão."

Khruschev e o Presidium não debateram sobre a explosão até 19 de outubro, num total de vinte dias, até que instruíram o Conselho de Ministros para que tomasse as devidas providências. O governo, por seu turno, não discutiu a questão até 12 de novembro, quase seis semanas depois da ocorrência. Sua solução foi ordenar que, por volta de 1º de março de 1958, todos os habitantes de quatro vilas deveriam estar transferidos para outro distrito. O sino sinistro de Chernobyl badalava, mas ninguém tinha permissão para ouvi-lo. Os gerentes e engenheiros da fábrica receberam sentenças de prisão, porém a principal preocupação do Presidium foi a de abafar o assunto. Toda a documentação foi escondida em "Pastas Especiais" com o carimbo de "Ultra-Secreto" que foram enfiadas nos Arquivos Presidenciais.[65]

O sistema continuou a operar pelas normas stalinistas. A vida humana permaneceu uma questão de estatística, e Khruschev, a despeito de seu corajoso desafio ao passado ditatorial, não alterou sua opinião de base sobre o valor dos indivíduos ou de seus direitos e liberdades. Para ele, resultados e conquistas de metas políticas e econômicas eram tudo; direitos humanos ficavam em segundo plano.

Só isso, por certo, pode explicar sua aprovação do plano do marechal Zhukov para fazer o experimento da explosão de uma bomba atômica, em 14 de setembro de 1954, na base de Totsk, num distrito com população relativamente densa da região de Orenburg. O objetivo era ver se animais mantidos em tanques, trincheiras e abrigos subterrâneos sobreviveriam a uma detonação nuclear; testar a resistência de equipamento de engenharia instalado numa seção de desenvolvimento urbano especialmente construída; e medir a extensão da poluição radioativa na área, bem como seus efeitos sobre gente que ia trafegar embarcada em carros blindados pela zona do teste, uma hora depois da explosão.

Poucos dias depois da detonação, Zhukov informou que os resultados foram altamente satisfatórios. O artefato nuclear explodira a 350 metros de altura. Eu mesmo visitei Totsk algum tempo mais tarde, e o cenário de devastação, de terra estorricada e intumescida, de trincheiras desabadas e de restos despedaçados de grandes árvores, pareceu-me verdadeiramente apocalíptico. A necessidade daqueles testes já era questionável, fazê-los então virtualmente no centro da Rússia foi o ápice da irresponsabilidade.

Khruschev deu muita atenção à pesquisa espacial, cuja mola impulsora veio das forças armadas. Convidava os cientistas mais destacados naquela área à sua dacha e os admirava bastante por levarem a URSS ao espaço, pondo assim o país na liderança nessa esfera. Despesas não foram poupadas. Os melhores engenheiros e técnicos foram engajados na tarefa, e suas conquistas resultaram em benefícios tanto militares quanto de propaganda.

Khruschev se impacientou com o primeiro vôo espacial tripulado e telefonava constantemente para os construtores e organizadores do projeto. Em 11 de abril de 1961, ditou uma nota para transmissão aos membros do Presidium a partir de Pitsunda, no Mar Negro: "Fui informado que amanhã, se tudo correr bem, às 9h07, uma espaçonave tripulada será lançada. Ela ficará em órbita da Terra por uma hora e meia e deverá então aterrar. Gostaríamos que tudo desse certo. [O cosmonauta] será levado a Moscou depois de amanhã. O vôo foi originalmente planejado para o dia 13, mas isso foi mudado por causa da superstição. Nós o receberemos no aeroporto de Vnukovo com as devidas honras. (...) Este é um evento para marcar época (...)"

Ditou então suas principais idéias para uma declaração do Comitê Central ao povo, que incluíam a frase: "Essa realização é uma conquista não apenas para nosso povo, mas para toda a humanidade."[66]

No dia seguinte, Korolev telefonou a Khruschev e, explodindo de fadiga e excitação, bradou: "O pára-quedas abriu, ele está descendo para aterrar. A nave está em boas condições!" O genro de Khruschev, Alexei Adzhubei, recordou que o sogro não parou de perguntar: "Ele está vivo? Está enviando sinais? Está vivo? Está vivo?" Afinal, soube da boa nova: "Ele está vivo!"[67]

A recepção ao primeiro homem no espaço, Yuri Gagarin, teve lugar no Kremlin em 14 de abril. No final da homenagem, Khruschev, ligeiramente embriagado, levantou seu copo para um último brinde: "Bem, Yurka! Todos aqueles que estavam afiando suas garras contra nós agora sabem. Sabem que Yurka esteve no espaço, viu tudo, sabe tudo [*aplausos*]. Se tivermos que fazer isso de novo e se ele necessitar de apoio, levará um camarada com ele para que veja mais. Proponho outro brinde a Yura, a quem já brindamos! Proponho um brinde ao Camarada Yuri Gagarin, a todos os cientistas, engenheiros, trabalhadores, agricultores coletivos, a todo nosso povo, e aos senhores, caros convidados, embaixadores de países acreditados junto ao nosso governo. A vossa saúde!"[68]

O período de mando de Khruschev foi marcado por uma série de eventos históricos importantes, em todos os quais pode ser vista a marca de sua personalidade. Além do primeiro vôo espacial tripulado, a lista inclui a crise de Berlim, a de Suez e a Crise dos Mísseis Cubanos, uma gama de reformas econômicas domésticas, a reconciliação com Tito e a rixa sino-soviética, a súbita queda em desgraça do herói nacional marechal Zhukov, a acelerada construção de prédios de cinco andares para a habitação de milhões de pessoas e o incidente com o avião-espião americano U-2.

Em 30 de outubro de 1961, Khruschev reforçou seu ataque ao culto à personalidade de Stalin. Na véspera do encerramento, o XXII Congresso do partido aprovou a seguinte resolução: "A continuada preservação do sarcófago de I.V. Stalin no mausoléu é inadequada, já que as sérias infrações de Stalin às máximas de Lênin, seu abuso do poder, suas prisões em massa de honestas pessoas soviéticas e outras ações no período do culto à personalidade tornam impossível a permanência de seu corpo no mausoléu de Lênin."[69]

Ao mesmo tempo, Khruschev despendia ativos esforços para garantir que alguns dos atos monstruosos de Stalin continuassem profundamente enterrados nos mais secretos repositórios do partido. Em 3 de março de 1959, o chefe da KGB, A. Shelepin, escreveu a Khruschev sugerindo que "os registros e outros documentos relacionados com o fuzilamento de 21.857 oficiais, milicianos, policiais, colonos e outros poloneses em 1940" deveriam ser destruídos. "Nenhum desses arquivos," escreveu Shelepin, "tem qualquer interesse operacional para as agências soviéticas, nem tem valor histórico. (...) Ao contrário, algum evento imprevisto poderá levar à exposição da operação, com todas as conseqüências indesejáveis para nosso estado. Em especial porque a versão oficial atribui o fuzilamento dos poloneses na floresta de Katyn aos invasores alemães fascistas."[70] Khruschev optou por deixar os documentos escondidos. Em 1987, dentro do novo espírito da *glasnost*, uma comissão conjunta soviético-polonesa de historiadores foi organizada para tirar esse e outros "esqueletos do armário" e, em fevereiro de 1990, a imprensa soviética, recém-libertada da censura, publicou as descobertas sobre Katyn. Dois meses mais tarde, em 14 de abril, Mikhail Gorbachev declarou publicamente que o regime soviético havia cometido a atrocidade.[71]

O selo da contraditória personalidade de Khruschev estampou-se em tudo que ele tocou. Em julho de 1956, recebeu uma delegação de comunistas italianos composta por Giancarlo Paieta, Celeste Negarvile e Giacomo Pellegrini. A conversa, ou melhor, o monólogo de Khruschev durou seis horas e meia e tratou à exaustão das decisões do XX Congresso e de uma série de outros assuntos.

De repente, sem qualquer motivo, Khruschev começou a falar de judeus. "Libertamos grande número de comunistas judeus poloneses de nossas prisões e os enviamos para a Polônia," disse ele. "Estão se comportando de maneira altamente inconveniente na Polônia e muito ativos na colocação de seus adeptos em órgãos de chefia do partido e do estado." Eram, continuou, "bastante audaciosos." Disse aos italianos que, quando a sucessão de Bierut estava sendo debatida num pleno do partido polonês do início do ano, ao qual ele próprio, Khruschev, havia comparecido, os poloneses estavam querendo Zambrowski. Dissera-lhes na ocasião que "embora Zambrowski seja um camarada bom e confiável, em nome dos interesses da Polônia, vocês deveriam escolher um polonês." Caso contrário, concluiu, "os postos fundamentais da liderança serão ocupados por judeus." Os italianos ouviram tudo aquilo em silêncio constrangedor.

Khruschev voltou-se então para a questão das eleições na URSS e para o motivo pelo qual um só candidato era apresentado para cada assento. "Somos de opinião," disse, "que devemos continuar indicando apenas um candidato. Não temos outros partidos e criá-los significaria fazer concessões à burguesia."[72]

Este foi Khruschev. Audaz e incoerente, impulsivo e imprevisível, disposto a mudanças e reformas em todos os campos. Tampouco resistiu à tentação de "educar" a intelligentsia criadora. Em 1957, fez a primeira reunião com figuras exponenciais no campo da cultura, seguida por mais dois encontros. Os encontros revelaram sua ignorância em assuntos culturais, mas também sua crença de que, a exemplo de Stalin e como chefe do partido, ele era o melhor juiz sobre o que os artistas e escritores deveriam fazer. É típica a minuta de um discurso, escrita em 8 de março de 1963, que declara: "Abstracionismo e formalismo são uma forma de ideologia burguesa."[73]

As tentativas de Khruschev para alinhar a intelligentsia custaram-lhe o apoio de muitos de seus integrantes, porém foram os funcionários do partido e os burocratas do estado que, sobretudo, pegaram em armas contra ele. Seu nome, invariavelmente, provocava discussões, e ninguém ficava neutro, se bem que, no final, contasse com suporte muito pequeno em qualquer seção da população. Sua paixão pela mudança e pela experimentação constantemente esbarrava numa parede de não-aceitação e insatisfação.

Diplomacia revolucionária

Lênin passara grande parte de sua vida adulta no exterior, mas quando se tornou chefe do governo soviético, jamais saiu de novo do país. Stalin, que fora à Europa duas vezes antes de 1917, também só saiu da Rússia Soviética em duas oportunidades e, em ambas as ocasiões, para encontrar-se com líderes ocidentais durante a guerra. Mas Khruschev fez muitas visitas a capitais estrangeiras e logo levantou sobrancelhas entre diplomatas e jornalistas com suas extravagantes e excêntricas observações com fins de propaganda. O Ocidente espantou-se quando ele decidiu viajar a Nova York, em setembro de 1959, para a 14ª Sessão da Assembléia Geral da ONU, a bordo do cruzador *Baltika* em vários dias de viagem, acompanhado de 100 pessoas, inclusive sua esposa Nina e família, e a esposa e família do ministro do Exterior Andrei Gromyko. Surpreendeu de novo o mundo ao passar duas semanas mais nos EUA dando divertidas entrevistas coletivas e fazendo declarações espontâneas num roteiro costa-a-costa que o levou até a Hollywood.

Apesar de, invariavelmente, justificar seus ataques aos imperialistas como defesa da paz, na verdade, a diplomacia de Khruschev foi tipicamente bolchevique, militante e agressiva. Houve um exemplo em 16 de maio de 1960, em Paris, numa reunião preliminar das quatro potências. No início daquele mês, a União Soviética abatera sobre seu território um avião-espião americano U-2 e exigira desculpas. A despeito da confissão pública do piloto Gary Powers, os EUA negaram a responsabilidade. Quando o presidente Eisenhower estendeu a mão para cumprimentar Khruschev em Paris, o chefe soviético não ofereceu a sua, declarando com indignação: "Esta reunião só pode começar seu trabalho se o presidente Eisenhower se desculpar com a União Soviética pela provocação de Gary Power." Gromyko, que estava presente, lembrou-se de Eisenhower responder "num tom de voz quase imperceptível," "Não tenho a intenção de pedir desculpas, já que nada tenho do que me desculpar." Depois de um silêncio nervoso de uns poucos minutos, os líderes mundiais deixaram a sala. De Gaulle tentou remediar a situação dizendo a Khruschev que, embora Eisenhower tivesse se comportado erradamente, deveria ser perdoado. Khruschev não cedeu e o encontro não foi realizado.[74]

Khruschev, então, concedeu uma entrevista à imprensa e, em resposta à agitação e ao barulho comuns nessas oportunidades, saiu-se com longa e inesperada tirada:

> Cavalheiros, por favor perdoem-me, mas quero dar uma resposta imediata às pessoas que estão promovendo toda essa vaia aqui. Fui informado de que o chanceler Adenauer enviou agentes à União Soviética, os que não foram derrotados por nós em Stalingrado, para promover algazarras. Mas nós corremos com eles e os empurramos para três metros de profundidade na terra. Portanto, abram os olhos enquanto nos vaiam. Nós os derrotamos em Stalingrado, na Ucrânia e na Bielo-Rússia, e acabamos com vocês. Se os que restaram vão continuar as vaias e preparar nova invasão, nós correremos tanto com eles que... Essas pessoas entendem russo perfeitamente bem, sem necessidade de tradutor. São predadores hitleristas que estiveram em

> território soviético, conseguiram fugir e escaparam. (...) Eu represento o grande povo soviético; o povo que fez a grande revolução socialista de outubro construindo uma sociedade comunista, e que caminha a passos largos para o comunismo. (...) Se vocês me apupam, só estão me dando mais coragem para minha luta de classes. (...) Cavalheiros, não esconderei minha satisfação dos senhores, rejubilo-me em lutar contra os inimigos da classe trabalhadora. Gosto de escutar os lacaios imperialistas rosnando de raiva e incapazes de fazer coisa alguma...[75]

Era o Khruschev "internacional" no seu melhor estilo: militante, ignorante, irreconciliável e agressivo. Os jornalistas, empolgados, receberam o discurso com aplausos, gargalhadas e um misto de aprovação e hostilidade. Tendo vergastado sua platéia, Khruschev solicitou que fossem feitas perguntas. Suas respostas foram recheadas de propaganda crua: "Acertamos bom soco no olho dos imperialistas. (...) Quando o gato lambia escondido o creme, minha mãe o pegava pelas orelhas, aplicava-lhe uns bons safanões e enfiava o nariz dele no pote. Será que não temos que pegar os imperialistas americanos e dar-lhes bons safanões? (...) O presidente Eisenhower sugeriu que chamássemos um ao outro de "meu amigo." (...) Porém algo não cheira bem nesse "amigo," algo como gatunagem. (...) A classe trabalhadora de vocês é obviamente favorável ao socialismo, mas está oprimida e tiranizada. (...) Os americanos, com o avião de Powers, deram uma olhada no quintal dos outros, os imperialistas meteram o focinho, mas nós acertamos bem no focinho. (...) Por volta de 1965, nem um só trabalhador ou empregado na União Soviética pagará quaisquer taxas."[76]

Khruschev podia ser espirituoso, mas seu humor quase sempre era direto e vulgar. O exemplo mais amplamente conhecido teve lugar durante sua viagem seguinte aos Estados Unidos, em setembro de 1960, quando discursou na Assembléia Geral das Nações Unidas cerca de uma dúzia de vezes, discursos que preencheram quase trezentas páginas datilografadas. Em determinado momento, quando o primeiro-ministro inglês Harold Macmillan ocupava a tribuna, Khruschev, depois de importunar o orador com perguntas e gestos, acabou descalçando um sapato e com ele começou a bater em sua mesa. O impassível Gromyko, sentado ao seu lado, forçou um sorriso conveniente e passou a bater também na mesa com os punhos numa demonstração desanimada de solidariedade – ou prudente bom senso. O imperturbável Macmillan roubou o show ao solicitar, pausadamente, uma tradução.

Na recepção organizada pela embaixada americana em Moscou para comemorar o Dia da Independência, em 4 de julho de 1961, Khruschev, diante da imprensa mundial, começou a falar sobre a tecnologia de mísseis. O veterano correspondente americano, Henry Shapiro, disse que a arma secreta que possuía era a caneta, ao que Khruschev respondeu: "E minha arma secreta é a língua." Alguém do aglomerado em volta disse que o cérebro era a melhor arma. Khruschev aproveitou o mote e começou a falar animadamente sobre uma recente visita que fizera a Alma-Ata, no Cazaquistão, onde, como convidado de honra em um jantar, foi-lhe trazida, como era costume na região, a cabeça de um carneiro. Cabia ao convidado oferecer pedaços dela aos demais. "Cortei uma orelha e um olho," disse ele, "e os dei aos chefes cazaques." Então perguntei: "Aqui estão os miolos! Quem os quer?" Ninguém disse nada. Então, o acadêmico Lavrentyev, sem se perturbar, disse, "Dê-me os miolos." "Um acadêmico precisa de cérebro," disse Khruschev, "enquanto minha tarefa é ser presidente do Conselho de Ministros, de modo que posso passar muito bem sem quaisquer miolos." Shapiro perguntou, não pela primeira vez, por que os jornalistas não tinham permissão para visitar certos locais. Sorrindo, Khruschev respondeu em tom alto: "Provavelmente, porque você é um caluniador, um caluniador e agente capitalista!"[77]

Mais séria era a elementar percepção de Khruschev a respeito do mundo, sua crença de que o sistema que representava era superior. Sua retórica grosseira e seu cinismo moral ajudaram o Ocidente a mobilizar forças extras na Guerra Fria. Declarações como "enterraremos vocês" e "a liquidação do sistema capitalista é questão de tempo," horrorizaram a opinião mundial e deram munição aos abastecedores da propaganda anti-soviética. Quando, nos EUA, ele declarou que os mísseis estavam saindo "como salsichas" das esteiras de montagem soviéticas, o cidadão americano comum ficou estupefato. Ninguém concorreu tão zelosamente para a idéia da "ameaça militar soviética" do que Khruschev, e isso deve ter contribuído para a derrota de Richard Nixon nas eleições de 1960, uma vez que seu oponente democrata John F. Kennedy frisou com persistência que a América estava se atrasando em relação à URSS na produção de mísseis. Na URSS, ao contrário, os pronunciamentos de Khruschev eram parodiados com piadas como: "Os EUA estão à beira do abismo. Nós vamos ultrapassá-los."

A política externa de Khruschev derivou dos princípios simples do Komintern para todos os efeitos defunto, a saber, apoio para o "lado socialista" e para todos os países que pudessem se juntar a ele. Quanto aos países em desenvolvimento, eles deveriam ser ajudados a adotar posição antiimperialista e, gradualmente, a se conscientizar de suas perspectivas socialistas. Tal abordagem custou à União Soviética dezenas de bilhões de dólares, sem qualquer vestígio de sucesso. Finalmente, apesar de as relações com os países capitalistas deverem se basear na noção de coexistência pacífica, para o Kremlin isso não passava de outra forma específica de luta de classes, um instrumento tático para se ganhar tempo. Bem perto da era da *perestroika*, a política do Comitê Central continuava sendo "a inevitável vitória do socialismo numa escala mundial."

Esse foi um tema ao qual Khruschev retornou com freqüência nas suas coletivas com a imprensa ocidental. Por exemplo, em 18 de maio de 1960, em Paris, declarou: "Nossa causa é a verdadeira, nosso caminho foi muito bem assentado. Manteremos o curso da construção do comunismo e marcharemos sob o estandarte marxista-leninista, e vocês nos seguirão, mas no fim da fila. Não os reprovaremos por isso, e sim os ajudaremos e partilharemos com vocês nossa experiência de construção do socialismo."[78]

Na famosa viagem oceânica para Nova York a bordo do *Baltika*, Khruschev foi acompanhado por chefes de três países socialistas, Janos Kadar da Hungria, Gheorghe Gheorghiu Dej da Romênia e Todor Zhivkov da Bulgária, e juntos poliram as idéias que ele iria expor nas Nações Unidas. Khruschev quis que a ONU refletisse sobre a natureza tripolar do mundo em sua própria estrutura e propôs que a Carta da organização fosse alterada de modo que em vez de um só Secretário-Geral existisse um para o campo socialista, um para o capitalista e um para os países em desenvolvimento.

Em 14 de setembro, ainda a bordo do navio e auxiliado por Podgorny, Mazurov e pelo ministro do Exterior Andrei Gromyko, Khruschev ditou mais notas para o discurso que pronunciaria em 23 de setembro:

> Dizer que forçar a vontade da maioria sobre a minoria não é permitido. (...) Registrar melhor a unilateralidade das ações das agências da ONU. (...) O secretário-geral Mr Hammarskjold alimenta a ONU com política colonialista (...) É válido considerar a transferência da ONU (sede) para a Suíça, Austrália, ou União Soviética. (...) Em resposta à nota dos EUA, temos que agir ao contrário: eles querem nos prejudicar, enquanto queremos o bem deles. Socar seus dentes e, então, dizer: desculpem-me, foi sem querer, mas ponham-se em meu lugar, tive que fazê-lo porque vocês arreganharam os dentes...[79]

O restante das notas tratava de seu tema favorito do triplo secretariado que, se tivesse sido adotado, teria paralisado o trabalho da organização.

O texto inicial minutado em Moscou foi substancialmente alterado durante a viagem, para horror de Gromyko. Mazurov e Podgorny se mantiveram calados na maior parte da preparação do discurso de mais de duas horas, e as sugestões de Gromyko foram esporádicas. Em vista da tendência de Khruschev pelo improviso, ninguém podia garantir que ele não reformulasse o pronunciamento até mesmo no pódio. E foi precisamente o que ocorreu. Tendo escutado o discurso do presidente Eisenhower no dia anterior ao do seu, ele fez observações ainda mais cáusticas sobre o incidente do U-2.

Sobre a decisão americana de ajudar a minorar a fome no mundo, Khruschev disse maliciosamente: "Só podemos saudar a iniciativa – afinal de contas, tanta riqueza foi roubada pelos Estados Unidos nos países onde o povo agora passa fome, que é correto mesmo um pouco do que foi surrupiado retornar para quem o possuía. Mas a quantia de 100 milhões de dólares é muito pequena. Se a soma for dividida igualmente pelos que passam fome, não será suficiente para o café da manhã de um deles. Então, acontece que se faz muito barulho, mas tudo isso não vale um ovo."[80]

Khruschev estava disposto a causar impacto nas relações mundiais com todas aquelas medidas quase sempre mal preparadas e pouco refletidas de política externa. Em 1955, ele foi o primeiro estadista soviético a visitar a Iugoslávia. Lembrou em suas memórias que a chefia iugoslava o recepcionou com reservada frieza na primeira vez que foi àquele país e que, num giro que fez organizado pelos anfitriões, as aglomerações não pareceram mais amistosas: "O que mais entoavam era 'Vida longa para Tito, Tito, Tito!'"[81]

A recepção na segunda viagem, em setembro de 1956, foi mais calorosa. Durante as conversações, Tito disse a Khruschev que os americanos não estavam felizes com aquela reaproximação, que os dois precisavam fazer o possível para arrancar a Grécia das potências imperialistas ocidentais e que na última edição de seus discursos ele tinha mandado apagar todas as antigas declarações anti-soviéticas. Então, como para compensar suas concessões ideológicas, Tito pediu a Khruschev 250 mil toneladas de trigo.

Khruschev ficou feliz. Parecia que tinha forçado o herege a confessar seus pecados e a regressar ao seio da ortodoxia moscovita. No fim das reuniões, disse a Tito que ele "tinha que acertar o passo com o restante da companhia. (...) Pense sobre isso." Queixou-se de que os iugoslavos ainda estavam julgando em tribunais os oficiais que haviam voltado para casa vindos da URSS, onde tinham sido forçados a passar diversos anos. Tito prometeu rapidamente, "Não julgaremos mais nenhum."[82]

Como quer que se julguem as medidas práticas que Khruschev tomou no conflito iugoslavo, ele merece crédito por ter, no final, normalizado as relações entre os dois países. Khruschev não se acanhava em enfrentar até mesmo problemas internacionais aparentemente insolúveis. A disputa territorial entre URSS e Japão a respeito de diversas ilhas foi uma dessas questões. Em 16 de outubro de 1956, no curso de longa conversação, Khruschev deu a entender ao ministro japonês da agricultura e florestas, Itiro Kono, que a URSS poderia modificar sua posição. No mesmo dia, numa reunião do Presidium, ele anunciou inesperadamente: "A URSS tem que concordar com a entrega das ilhas Habomai e Shikotan ao Japão, com a condição de que a entrega seja efetuada depois da assinatura de um tratado de paz entre os dois países, e depois que a ilha de Okinawa e outras que pertencem ao Japão, mas que se encontram sob controle dos EUA, sejam devolvidas ao Japão." Depois de sugestiva pausa, acrescentou: "Talvez a URSS aceda em entregar as ilhas de Habomai e Shikotan ao Japão sem esperar pela libertação de Okinawa."[83]

Mas Khruschev julgara mal a questão. Era mais fácil transferir uma grande península que pertencia a outra república – a Criméia para a Ucrânia – do que resolver o problema de pequenas ilhas remotas. Os outros membros do Presidium fincaram pé. Gromyko, um membro sem direito a voto, sugeriu que a questão das ilhas fosse vinculada a outros assuntos mais difíceis e não-resolvidos. Khruschev fez um gesto de desinteresse com a mão.

Os passos que deu no Oriente Médio foram igualmente corajosos e tiveram efeitos de maior alcance. Ao decidir apoiar o presidente Nasser do Egito, quebrou o molde da política regional pelo qual o papel desempenhado pela URSS vinha sendo mínimo. Foram líderes nacionalistas como Nasser que deram aos ideólogos de Moscou a oportunidade de falar sobre países "com orientação socialista" e sobre o caminho não-capitalista para o desenvolvimento.

A despeito de consideráveis dúvidas expressas por grande parte do Presidium, Khruschev respondeu de imediato, em 1955, à solicitação egípcia por uma ampla gama de armas. Seu papel na Crise de Suez de 1956 foi importante e, graças à ajuda soviética, o Egito conseguiu se recuperar da pesada derrota militar infligida por Israel. Grande parte do equipamento militar suprido pela URSS – e países ocidentais – ao Egito foi capturado pelos israelenses, e as forças armadas egípcias tiveram de ser reorganizadas praticamente do zero, mas dessa vez só com ajuda da URSS. Milhares de assessores e especialistas soviéticos se encarregaram da missão.

A assistência soviética na esfera econômica foi também considerável. A política proativa de Khruschev custou à União Soviética muitos bilhões de dólares, mas ele a encarou como investimento para fortalecer a influência soviética na região às expensas do Ocidente. No entanto, sua diplomacia revolucionária nem sempre produziu os resultados esperados. O relatório apresentado no pleno do Comitê Central em 14 de outubro de 1964, que acabou por derrubá-lo, sublinhou que, nos dez anos em que ele esteve no poder, a URSS se envolveu em cerca de seis mil projetos. Os beneficiários incluíram Egito, Iraque, Indonésia, Índia e Etiópia, para citar apenas alguns. Só na Guiné os projetos eram de um aeroporto, uma fábrica de conservas e uma serraria, uma usina geradora de energia, uma indústria de refrigeração, um hospital, um hotel, uma escola politécnica, pesquisas geológicas e vários outros programas de pesquisas. Mas quando o "amigo" de Khruschev, Sekou

Touré, solicitou a retirada do pessoal soviético da Guiné, foi proibido até o uso do aeroporto que esse pessoal havia construído como escala na rota para Cuba. Em Jacarta, a URSS construiu um estádio para cem mil espectadores, em Rangoon um hotel, um centro de pesquisa atômica em Gana, um complexo desportivo em Mali – a lista é interminável. Todas essas empreitadas caras só serviram para fundamentar a rixa quando a chefia quis se ver livre de Khruschev.

Depois do XX Congresso, as questões internacionais despertaram mais atenção que as internas, e isto também foi atirado ao rosto de Khruschev em 1964. Foi-lhe lembrado, com dados meticulosamente pesquisados pelo aparato do Comitê Central, que, por exemplo, nos primeiros nove meses de 1964, ele passara 150 dias em viagens ao exterior. Quando teria realizado algum trabalho, quiseram saber? Ele se encontrara com Mao Tse-tung diversas vezes, com de Gaulle, Macmillan, Eisenhower, Nasser e muitos outros líderes mundiais.

A energia de Khruschev era prodigiosa, e ele tentou se envolver em tudo, dando opiniões geralmente superficiais e desencontradas sobre qualquer assunto, a despeito de se cercar em suas viagens de um exército de especialistas e assessores. Sua capacidade de prestar atenção era muito curta e ele interrompia os oradores tão grosseiramente que seus auxiliares reviravam os olhos e lançavam as mãos para cima – mentalmente, é claro. Quando compareceu à reunião das quatro potências em Paris, em maio de 1960, levou vinte e um assessores, quatro oficiais da KGB, oito intérpretes, cinco funcionários de codificação, dez estenógrafos, quatro radioperadores, quatro motoristas, vinte e oito seguranças, diversos assessores financeiros e alguns médicos.[84] Entretanto, havia decidido de antemão o que iria dizer e não pretendia receber mais assessoramento. Tudo o que demandava da equipe eram os textos dos discursos a fazer, que alterava substancialmente na hora de pronunciá-los. Era um chefe que queria fazer tudo e decidir sobre qualquer assunto por si só, o que era prova de personalidade forte. Mas aí residia o perigo da incompetência e de importantes erros de cálculo.

A década de Khruschev no poder testemunhou repetidos fracassos em vários aspectos de sua política externa. Ele foi particularmente insistente nas suas tentativas para afastar o Japão dos EUA, oferecendo concessões territoriais repetidas vezes aos japoneses e encontrando-se, no espaço de dois anos e meio, de 1962 a 1964, não menos que em seis ocasiões com várias delegações, estadistas e diplomatas do governo nipônico.[85]

Deu-se pior ainda nas suas relações com a China. Desde a era de Stalin, Khruschev se acostumara a considerar Moscou não apenas como coração político do movimento comunista internacional, mas também como centro de controle para a coordenação dos esforços internacionais dos países socialistas. Pegara o hábito de olhar de cima as outras nações socialistas, inclusive a China, tratando-as como "irmãos mais moços."

Khruschev encontrou-se com Mao diversas vezes e, em cada ocasião, a tensão foi maior que na anterior. Quando Stalin faleceu, os chineses relutaram em reconhecer a URSS como líder inconteste do campo socialista. Pequim assumiu posição visivelmente desfavorável em relação ao resultado do XX Congresso. A união monolítica das duas grandes potências acabou revelando que fora pessimamente cimentada. Cada uma tinha seus próprios interesses nacionais, que não coincidiam necessariamente.

Quando Khruschev chegou a Pequim, em 29 de setembro de 1954, para o quinto aniversário da República Popular da China, a impressão foi de que nada poderia toldar a amizade sino-soviética. Ao deixar o avião, ele felicitou "o povo chinês pela aceitação de sua constituição socialista e por escolher o grande filho e chefe do povo chinês, Camarada Mao Tse-tung, como presidente. Os povos amantes da paz de todo o mundo vêem na indestrutível amizade das duas grandes nações, a União Soviética e a República Popular da China, poderoso bastião para a paz, uma grande e invencível força que está exercendo crescente influência na solução dos problemas internacionais."[86]

Quinze anos mais tarde, Khruschev iria escrever sobre Mao: "A política é um jogo, e Mao o praticou com astúcia asiática, seguindo regras próprias de bajulação, traição, vingança selvagem e fraude. Enganou-nos por vários anos até que descobrimos seus truques."[87] Nas suas memórias, Khruschev culpou seu embaixador em Pequim, Pavel Yudin, pelos desencontros entre os dois países: "Devo observar, com alguma justificativa, que certamente encontraríamos discordância com qualquer país para o qual Yudin fosse enviado como embaixador. Yudin foi para a Iugoslávia e tivemos desavença com Tito. Foi para a China e nos desentendemos com Mao. Não foi coincidência."[88]

É claro que as causas da disputa foram bem mais profundas. Depois da morte de Stalin, Mao não se contentou em continuar vassalo da União Soviética, e dessa causa seguiram-se outras. O discurso no XX Congresso, que criticou Stalin, foi particularmente ofensivo aos chineses, pois estavam exaltando Mao em escala stalinesca. A chefia chinesa ofendeu-se também quando a URSS, inicialmente, desacelerou e, depois, parou a cooperação no campo das armas nucleares. Mao podia ter chamado a bomba atômica de "tigre de papel," mas queria ter a sua. Khruschev comentou sobre tal intenção em público e privadamente, deixando clara sua intranqüilidade.

Em outubro de 1964, apenas uma semana antes de ser afastado do poder, Khruschev recebeu o político japonês Fujiyama. Quando a conversa enfocou a

China, Khruschev levantou subitamente o véu das relações sino-soviéticas. "Os chineses são capazes de detonar uma bomba de hidrogênio," disse ele. "Ao tempo de nossas cerradas relações fraternais, permitimos que cientistas chineses tivessem conhecimento de muitos de nossos projetos secretos e vissem o que estávamos fazendo. (...) Nós lhes fornecemos o equipamento para a produção de combustível nuclear." Mikoyan, que estava presente, acrescentou: "Construímos fábricas para os chineses e lhes proporcionamos outros tipos de ajuda." Khruschev continuou: "De qualquer forma, eles conseguiram muitas coisas de nós e sabem muito bem o que fazer."[89] A URSS, com efeito, fizera muito para ajudar o programa nuclear chinês, e mesmo com a interrupção da assistência depois de 1958, a contribuição deu resultados sólidos.

A convite de Mao, no fim de julho de 1958, Khruschev fez uma visita que os chineses solicitaram que fosse sigilosa, embora o evento fosse tornado público num *communiqué* publicado depois das conversações. A primeira reunião ocorreu em 31 de julho e durou várias horas. Só participaram os dois chefes e seus assessores Boris Ponomarev e Deng Xiaoping, mais dois soviéticos encarregados das anotações, Nikolai Fedorenko, futuro embaixador soviético na ONU, e A. Filev, e, presumivelmente, seus equivalentes chineses. A principal área dos debates foi a militar.

Houve considerável discussão sobre a montagem de uma esquadra poderosa. Os chineses tinham entendido de Yudin que seria uma armada conjunta sino-soviética e se opuseram à idéia. Khruschev anunciou que a URSS daria ênfase à organização de uma esquadra de submarinos nucleares, lanchas torpedeiras e aviões armados com foguetes. No meio-tempo, a China colocaria seus portos à disposição da Marinha Soviética quando necessário. Mao replicou: "Em caso de guerra, a União Soviética pode utilizar qualquer região da China, os marinheiros russos poderão chegar a qualquer porto da China."

O assunto Stalin veio à baila diversas vezes.

MAO: A crítica aos erros de Stalin é correta. Só discordamos com a falta de um limite preciso para a crítica. Consideramos que dos dez dedos de Stalin, só três eram ruins.

KHRUSCHEV: Penso que mais de três.

MAO: Não está certo. A base de sua vida foi o mérito.

KHRUSCHEV: Stalin foi e é Stalin. Criticamos a escória, a sarna, que se formou especialmente quando envelheceu. Mas é outra coisa quando Tito o critica. Daqui a vinte anos, as crianças terão que procurar em seus livros escolares para saber quem foi Tito, ao passo que todos conhecerão o nome de Stalin.

MAO: Quando fui a Moscou, ele não quis assinar um tratado de amizade conosco e não

> desejava denunciar seu tratado com o Kuomintang. Lembro-me que Fedorenko e Kovalev transmitiram-me o conselho dele de que eu devia fazer um giro pelo país. Disse-lhes que só devia fazer três coisas: comer, dormir e defecar. Não tinha ido a Moscou apenas para desejar feliz aniversário a Stalin. Então eu disse: se vocês não quiserem fazer um tratado de amizade, não façam. Vou continuar nas minhas três funções.

Houve longa discussão sobre o número necessário de mísseis para varrer esse ou aquele país, na eventualidade de uma guerra. "Exatamente agora," disse Khruschev, "com nossos mísseis intercontinentais, estamos segurando os americanos pela goela." Discutiram também a localização de estações de radiogoniometria que a URSS desejava montar na China. Khruschev propôs que os chineses enviassem seu pessoal à União Soviética para treinamento. Mao não concordou, e Moscou logo chamou de volta todos os seus muitos milhares de assessores e especialistas que estavam na China. Não houve conversações sobre questões nucleares como tais, salvo pela significativa observação de Khruschev de que "estamos continuando a aperfeiçoar as bombas atômica e de hidrogênio."

A despeito das aparentes provas de amizade, as relações já estavam se esgarçando. Por exemplo, Mao declarou que "em relação ao nosso próximo encontro, pode haver problema. O senhor trabalha de dia, e eu durmo de dia." Apesar disso, outras reuniões tiveram lugar durante a visita.[90]

Os dois chefes se encontraram novamente em 2 de outubro de 1959, mais uma vez em Pequim. Khruschev acompanhado de Mikhail Suslov e Andrei Gromyko, e Mao flanqueado por toda a chefia chinesa. Discutiram Taiwan, o conflito sino-indiano, relações com os EUA, prisioneiros americanos de guerra e outras questões, mas durante todo o tempo ficou claro que os dois lados eram irreconciliáveis.

Khruschev zombou da versão chinesa para o conflito com a Índia: "Na nossa opinião, cinco quilômetros aqui ou ali não fazem diferença. Tomo Lênin como exemplo. Ele abriu mão de Kars, Ardagan e Ararat para a Turquia. E até hoje ainda há gente no Cáucaso descontente com as medidas de Lênin. Mas acho que ele fez o certo."

Criticou os chineses por terem permitido que o Dalai Lama deixasse o Tibet. "Teria sido melhor," disse, "ele ser posto no seu caixão." Concluiu: "Os acontecimentos no Tibet são culpa de vocês."

Os chineses explodiram e acusaram Khruschev de submissão aos americanos. Mao declarou: "O senhor pregou dois rótulos na gente: o conflito com a Índia foi nossa culpa e a partida do Dalai Lama foi erro nosso. Nós, no entanto, só colamos um rótulo nos senhores: oportunistas. Aceitem isso."

Khruschev replicou raivosamente: "Não aceitamos. Nós temos uma posição comunista de princípios."

No fim do encontro, a atmosfera era incandescente. "Os senhores querem nos submeter," disparou Khruschev, "mas não conseguirão."

O marechal Chen Yi interveio e declarou: "Fico indignado com sua declaração de que a piora das relações é culpa nossa."

Khruschev respondeu: "E fico indignado com sua declaração de que somos oportunistas. Temos que dar apoio a Nehru e ajudá-lo a se manter no poder..."

Quando a reunião se aproximava do fim, Khruschev e Chen Yi tiveram outro entrevero:

> KHRUSCHEV: Só mencionei alguns de seus enganos, não fiz acusações políticas fundamentais, enquanto os senhores lançaram acusação política precisamente fundamental sobre nós. Se o senhor acha que somos oportunistas, Camarada Chen Yi, então não me ofereça a mão porque não a apertarei.
>
> CHEN YI: Nem eu. Estou lhe dizendo, sua ira não nos amedronta.
>
> KHRUSCHEV: Não tente cuspir em nós do alto de sua posição de marechal. Falta-lhe o cuspe. O senhor não cuspirá sobre nós. Está tudo muito bem: por um lado, o senhor emite a fórmula "O campo [socialista], chefiado pela União Soviética," mas depois não me deixa dizer uma só palavra.[91]

Com essa nota ácida terminou o último encontro de Khruschev com a chefia chinesa. No avião de volta a Moscou, olhando pela janela, ele resmungou: "É difícil fazer um acordo com o diabo. Ele não nos perdoa por causa de Stalin."

Duas abordagens para a "diplomacia revolucionária" colidiram em Pequim, e Khruschev não demonstrou flexibilidade nem tato. Mais tarde, ele descreveu Mao como um nacionalista, "e, pelo menos quando o conheci, explodia de desejo impaciente de governar o mundo." Aduziu: "Mao pode ser um nacionalista, mas não é tolo. (...) Os slogans dos chineses são sedutores. Incorre-se em erro caso se pense que as sementes dessas idéias não encontrarão solo fértil em nosso país."[92]

O radicalismo bolchevique está gravado em toda a política externa de Khruschev, mesmo que seja indiscutível que ele desejou a paz e lutou por ela à sua moda. Isso não evitou que embarcasse em políticas arriscadas ao exercitar os músculos e se intrometer nas questões de países soberanos.

Falando com o secretário-geral do Partido Comunista Italiano, Luigi Longo, em 22 de janeiro de 1957, perguntou retoricamente: "Teremos feito o certo na Hungria? Achamos que foi absolutamente certo. Quanto ao povo soviético, o esmagamento da contra-revolução na Hungria foi por ele recebido com alívio generalizado, especialmente pelo exército."[93] Ele acreditava ter o direito de decidir o que era bom para outra nação, e de tomar as medidas necessárias. A intervenção na Hungria não foi exceção. A diplomacia, com a ameaça do emprego da força como pano de fundo – como no caso da Polônia, em outubro de 1956 – era a forma preferida de argumentar dos chefes soviéticos. Paradoxal e contraditório, Khruschev foi um expoente exemplar dessa abordagem. Iniciador de reduções unilaterais e importantes no armamento soviético, ele era capaz de falar sobre a produção de mísseis como se fossem salsicha e sobre o "enterro" do Ocidente, e ainda imaginar que seus oponentes políticos se tornariam mais complacentes.

Jamais falou de "revolução proletária mundial," mas acreditava que a vitória do socialismo em escala global era possível sem guerra. Até o fim da vida, permaneceu stalinista, embora inconscientemente, mesmo tendo sido quem desferiu um golpe mortal contra aquela forma de totalitarismo. O paradoxo foi visível o tempo todo em sua atividade diplomática. Suas idéias por vezes deixaram seus diplomatas perplexos, assim como seus adversários.

Em 1955, os chefes de governo de URSS, EUA, França e Inglaterra reuniram-se em Genebra. Khruschev teve a companhia de Bulganin, Molotov e Zhukov. A delegação soviética surpreendeu os estadistas reunidos com a provocadora declaração de desejo de filiar-se à OTAN. Mais tarde, junto apenas de seus colegas, Khruschev não escondeu a satisfação com o desconforto que provocou entre as potências ocidentais. Suas descuidadas iniciativas na diplomacia, todavia, mais de uma vez empurraram o mundo para a beira do conflito nuclear. Uma dessas ocasiões foi a crise dos mísseis cubanos de 1962.

Operação Anadyr

Foi uma surpresa geral quando Khruschev não apressou sua volta à URSS depois da visita às Nações Unidas, em setembro de 1959. Ele transformou a viagem em evento ideológico. Em qualquer lugar que fosse levado nos Estados Unidos, dava aulas e fanfarronava, fosse nos encontros com a imprensa ou entrevistas coletivas, fosse com homens de negócios e figuras públicas, acusando a América e seus "criados" de imperialismo. Achou que deu boa impressão, porém, na realidade, o efeito foi justamente o contrário. Apesar de toda a retórica pacifista, só fez reforçar as suspeitas do Ocidente.

Passados dois anos, os americanos veriam por si próprios que suas suspeitas eram fundadas. O governo dos EUA logo entendeu que a política externa soviética não havia mudado nos fundamentos a despeito da morte de Stalin e do descrédito em relação à sua figura. A incompatibilidade entre os campos capitalista e socialista ou, como Khruschev preferia, entre os mundos imperialista e não-imperialista, foi transferida para a arena recém-criada da política internacional pós-guerra, para a ONU e para a imprensa, devido ao estilo demonstrativo do chefe soviético. O refrão constantemente repetido por Khruschev da "liquidação do sistema capitalista, como requisito fundamental para o desenvolvimento social," pelo alastramento mundial do marxismo-leninismo e pelo apoio aos países em desenvolvimento, era reforçado pelo crescimento do poder econômico soviético e de sua capacitação nuclear.

A revolução cubana de 1959, liderada por Fidel Castro, então com trinta e nove anos de idade, não foi esperada pela chefia soviética, porém aquele pequeno país, tão próximo aos EUA, cedo se tornaria objeto de intenso interesse de Moscou. A chefia gostou da posição antiamericana de Castro e foi especialmente encorajada pelo erro estratégico cometido pelo governo americano: em vez de tentar exercer influência sobre o regime infante, adotou atitude hostil declarando um bloqueio econômico e, assim, atirou Castro nos braços da União Soviética. O desembarque de dissidentes cubanos na Baía dos Porcos, em 17 de abril de 1961, só deu mais força ao processo. No dia seguinte ao desembarque, numa reunião do Presidium, Khruschev propôs uma série de medidas para ajuda a Cuba.[94] O chefe soviético se convenceu cada vez mais de que aquela ilha distante era um porta-aviões inafundável com potencial para se juntar ao lado socialista.

Em agosto de 1961, um dos assessores de Castro, Bras Roca, levou uma carta importante a Moscou. Khruschev leu a tradução e assinalou diversas passagens significativas. Havana propunha proclamar o caráter socialista da revolução cubana e a formar um partido marxista, e pedia à União Soviética que expressasse solidariedade a Cuba "contra ataques e ameaças de ataque militar em nosso país por parte dos Estados Unidos." Castro queria também discutir "maneiras de coordenar nossa produção de açúcar com a demanda no campo socialista."[95]

Quanto mais Cuba mostrava desejo de relações estreitas com a União Soviética, mais militante se tornavam os EUA. A inteligência soviética alertou sobre a possibilidade real de intervenção militar dos Estados Unidos e tais relatórios, sem dúvida, tiveram papel importante na formulação de um esquema inusitadamente audacioso na mente de Khruschev. Gromyko lembrou-se de que, num vôo de volta da Bulgária para Moscou, em 1962, Khruschev levantou a questão de Cuba: "A situação que está se formando em torno de Cuba é perigosa. É essencial que desdobremos lá uma certa quantidade de nossos mísseis nucleares para sua defesa como estado independente." Depois de uma pausa, Gromyko replicou: "Devo dizer muito francamente que levar nossos mísseis nucleares para Cuba causará uma explosão política nos Estados Unidos."[96]

Em abril de 1962, durante um de seus regulares e freqüentes despachos com o ministro da defesa Malinovsky sobre os futuros testes com novo sistema de mísseis, Khruschev interrompeu o relato do ministro sobre a última plataforma de lançamento de mísseis com uma pergunta inesperada: "Que tal enfiar um de nossos ouriços nas "calças" dos americanos?" E continuou: "Segundo nossa inteligência, estamos quinze anos atrasados em relação aos Estados Unidos em termos de ogivas de guerra. Não podemos reduzir a diferença nem no prazo de dez anos. Mas nossos foguetes na soleira da porta americana mudariam drasticamente a situação e fariam muito para compensar o atraso no tempo. Que pensa o marechal disso?"

Malinovsky respondeu que ele e o chefe do estado-maior, marechal Zakharov, haviam discutido exatamente essa questão em duas ocasiões. Mas achava tratar-se de questão mais política que militar. Khruschev, não desejando adiantar mais nada na ocasião, disse a Malinovsky para debater de novo o assunto num círculo fechado e reportar as conclusões ao Presidium no prazo de um mês.

A reunião teve lugar em 24 de maio de 1962. Não foram feitas minutas do encontro, afora uma página de notas registradas pelo coronel-general S. Ivanov, chefe da seção de operações do Estado-Maior e secretário do Conselho de Defesa. Suas notas revelam: "a questão da ajuda a Cuba foi debatida. (...) N.S. Khruschev fez o relatório. Os camaradas Kozlov, Brejnev, Kosygin, Mikoyan, Voronov e Polyansky falaram, todos os outros membros do Presidium apoiaram a decisão. 1. Aprovação completa e unânime da *Operação Anadyr* (dependendo da concordância de F. Castro). 2. Envio de uma comissão para conversas com Fidel Castro."

Os integrantes da reunião concordaram que não era apenas estrategicamente sensato dar assistência militar a Cuba, como também o era fixar uma cabeça-de-ponte nos degraus da porta de entrada da América, de onde, virtualmente, todo o território dos EUA ficaria ao alcance dos mísseis soviéticos na eventualidade de um conflito.

Para avaliar a reação de Castro a essas noções, uma delegação composta por S. Rashidov, o marechal S. Biryuzov e diversos funcionários do Ministério da Defesa seria enviada a Havana. Às 11h do dia seguinte, a comissão, como dizem essas notas, estava no gabinete de Khruschev para receber instruções e, no fim do mês, chegou a Cuba. Depois de se encontrar com Castro e seu irmão Raul no primeiro dia, a delegação soviética teve outra reunião no dia seguinte com os dois chefes cubanos, dessa vez acompanhados por Che Guevara, Osvaldo Dorticos e Ramiro Valdez. Foi um encontro breve, e a chefia cubana anunciou que estava desejosa de receber os mísseis soviéticos em seu país.

A concordância foi relatada ao Presidium em 10 de junho, após o retorno da delegação. Khruschev não queria arcar com toda a responsabilidade e, portanto, assegurou que se tratasse de uma decisão de todo o Presidium. Como de hábito em tais reuniões, não houve objeções. Numa página singela de notas, Ivanov escreveu: "10.6.62. Sessão do Presidium. (...) Ouvidos os Camaradas Rashidov e Biryuzov sobre os resultados da viagem, foram discutidos os aspectos essenciais do problema e então R.Ya. Malinovsky leu uma nota sobre a qual todos votaram 'a favor.'"[97]

A nota de Malinovsky dizia: "Ao presidente do Soviet de Defesa Camarada N.S. Khruschev (de importância especial, cópia única). De acordo com suas instruções, o Ministro da Defesa propõe: sediar um grupo de forças soviéticas na ilha de Cuba, consistindo de armas combinadas sob comando único de um QG de Grupo subordinado ao Comandante-em-Chefe das forças soviéticas em Cuba." As forças de mísseis (uma divisão com cinco regimentos de mísseis) formariam o núcleo, e foram especificados o cronograma, o transporte, o financiamento e até o uniforme.[98] Khruschev insistiu para que o deslocamento desse grande efetivo de forças soviéticas através do oceano fosse em absoluto sigilo, e passou a acompanhar o progresso das preparações quase diariamente. O estado-maior sugeriu que a operação fosse denominada *Anadyr*, um assentamento na região ártica de Magadan, para disfarçar seu destino verdadeiro. Diversos navios foram ostensivamente carregados com esquis e peles de carneiro para dar mais efeito.

Já em 26 de maio, Malinovsky confirmara a lista de generais e oficiais que estariam envolvidos na operação. Apenas dez pessoas foram totalmente informadas da escala da futura expedição. Khruschev estava radiante. Não se sentia assim desde os dias em que foi chefe do Soviet Militar em Stalingrado e Kursk durante a guerra. Naquelas ocasiões, contudo, cumpria a vontade de Stalin, enquanto agora era ele quem gerava as idéias e exercitava a vontade decisiva para a consecução de tão vasta empreitada, que requeria recursos gigantescos e grande concentração de forças. Envolveu-se em cada fase, preocupou-se com todos os detalhes e despachou com Malinovsky duas ou três vezes por semana. Em 4 de junho, um destacamento avançado de reconhecimento constituído de 161 homens seguiu para Cuba a fim de formar a espinha dorsal da equipe do futuro quartel-general. Na última hora, Khruschev substituiu Pavel Dankevich como comandante-em-chefe do Grupo pelo general Issa Pliev, o qual conhecia muito bem e que, incidentalmente, fora o responsável pelo Distrito Militar do Cáucaso Setentrional ao tempo dos eventos em Novocherkassk. O escalão de reconhecimento recebeu ordem para cumprir sua missão dentro "do mais estrito segredo." Seus integrantes seriam "transportados de avião como especialistas em agricultura, à guisa de engenheiros e tecnólogos de irrigação e de melhoria da terra."

Khruschev confirmou a composição do Grupo: a 51ª Divisão de Foguetes (constituída de 5 regimentos com instalações de R-14 e R-12), a 10ª e a 11ª Divisões de Mísseis Antiaéreos, um regimento de aviões de caça, 2 regimentos de mísseis guiados, um regimento de helicópteros, 4 regimentos de infantaria motorizada, um regimento de mísseis de costa, um regimento de minas e torpedos e várias unidades de retaguarda e de apoio. A intenção era enviar também um esquadrão de submarinos e um de navios de superfície, mas no curso das operações tal decisão foi modificada. No cômputo total, o plano previa o desembarque de 50 mil militares soviéticos em Cuba. Os transportes teriam início em meados de julho a partir de diversos portos soviéticos. Foram embarcados tratores e outros implementos agrícolas, e mais de oitenta navios mercantes entraram na operação.

O manifesto dos navios declarava que a carga seria desembarcada na África e na América Latina. Em pontos fixos do oceano e na presença de pessoal especialmente selecionado, os mestres dos navios deveriam abrir os invólucros selados que revelariam o destino real. As embarcações só deveriam atravessar estreitos na escuridão, e as guarnições deveriam permanecer a maior parte da viagem nos alojamentos abafados apenas saindo para tomar ar no convés à noite. As ogivas de guerra para todos os tipos de mísseis seriam transportadas pelos navios *Indigirka*, *Lena* e *Alexandrovsk*. Sessenta mísseis estratégicos R-12 e R-14, com seus complementos, seriam despachados e, na verdade, quarenta e dois deles chegaram a Cuba antes de os Estados Unidos imporem o bloqueio.

Khruschev acompanhava a operação de onde estivesse. Em 5 de outubro, telefonou de Tashkent ao coronel-general Ivanov pela linha segura para perguntar como ia o transporte. Ivanov respondeu: "O *Indigirka* chegou em 4 de outubro. Não houve sobrevôo de aeronaves. Vinte e dois [navios] ainda vão zarpar. Vinte estão no mar. O transporte *Alexandrovsk* está carregado e pronto para partir. Peço permissão para que ele zarpe." "O transporte *Alexandrovsk* pode partir. Onde estão o *Lena* e o *IL-28*?" "No mar." "Permissão concedida. Obrigado. Desejo-lhe sorte."

O substituto de Khruschev quando ele estava fora de Moscou era Frol Kozlov. Em 5 de outubro, Malinovsky reportou a ele: "De acordo com o plano para a *Operação Anadyr*, ratificado pelo Presidium do Comitê Central do PCUS, o segundo lote de material bélico especial está pronto para transporte. São sessenta e oito unidades desse material especial: vinte e quatro ogivas de guerra para mísseis R-14 e quarenta e quatro ogivas para mísseis FKR foram carregadas no *Alexandrovsk* em Severomorsk. Três canhões automáticos de 37mm, com 1.200 granadas cada, foram adaptados ao *Alexandrovsk* para autodefesa. O comandante do navio recebeu permissão para só abrir fogo – ou para afundá-la – no caso de uma gritante tentativa para capturar a embarcação."[99]

Khruschev aprovara a instalação de canhões co-axiais antiaéreos de 23mm em cada navio para autoproteção, e "na eventualidade de ameaça ostensiva de captura de nossos navios, o capitão e o comandante dos fuzileiros têm que tomar providências para o abandono organizado das embarcações por parte das tripulações, utilizando-se todos os recursos salva-vidas disponíveis, e [então] afundá-las."[100]

A atenção da inteligência soviética estava de há muito tempo voltada para Cuba. Em 23 de junho de 1961, antes que a idéia de sediar mísseis na ilha amadurecesse na mente de Khruschev, a inteligência militar soviética baseada em Havana reportou que uma ação terrorista, denominada "Condor," havia sido organizada contra Castro e seu irmão pelos cubanos Nelson Gutierrez e Marcelino Balida, ajudados por um porto-riquenho chamado "Negrete." A ação teria sido tentativamente agendada para 26 de julho. Sabedores de que Castro usava colete à prova de balas, a intenção era atingi-lo na cabeça.[101] Khruschev reportou tudo isso na reunião seguinte do Presidium, que ocorreu em 24 de junho de 1961, e ficou decidido que o embaixador soviético em Havana deveria de imediato alertar Castro.[102]

Os relatórios de Malinovsky sobre a *Operação Anadyr* cobriam não só a logística como também as questões operacionais e estratégicas. Foi dito ao general Pliev que as "tarefas das forças soviéticas em Cuba são: evitar que o inimigo desembarque em território cubano, seja por mar ou pelo ar, e transformar a ilha numa fortaleza inexpugnável. As forças de mísseis, que constituem a base da defesa para a União Soviética e para Cuba, têm que estar prontas para, a um sinal de Moscou, lançar ataques de mísseis nucleares sobre alvos importantes nos Estados Unidos. Submarinos com mísseis nucleares têm que estar prontos para, a um sinal de Moscou, lançar ataques de mísseis nucleares sobre alvos importantes no litoral dos EUA." O marechal Zakharov sugeriu que Pliev recebesse autonomia para empregar armas nucleares táticas mesmo sem permissão de Moscou. Mas Malinovsky objetou, e Pliev não recebeu essa competência.

A situação, por conseguinte, mostrava que Khruschev estava totalmente disposto a executar ataques nucleares contra os Estados Unidos. Ele deveria saber que isso desencadearia uma guerra nuclear. O que esperava ganhar? Os EUA, afinal de contas, tinham quinze vezes mais ogivas de guerra que a URSS.

Talvez não devamos julgá-lo pelos padrões de hoje. Desde 1917, a chefia soviética pensava com base em idéias do Komintern tais como "a inevitável morte do capitalismo" e "a certeza histórica do comunismo." Khruschev acreditava piamente que a União Soviética era o sistema mais democrático, que era axiomática a ultrapassagem dos EUA e que a data precisa para a consumação definitiva da sociedade comunista era tão certa que poderia ser incluída no programa do partido. Até suas propostas sobre desarmamento foram totalmente irrealistas. Na 15ª Sessão da Assembléia Geral das Nações Unidas, em setembro de 1960, ele propôs que todos os arsenais nucleares e de outras armas de destruição em massa fossem demolidos dentro do prazo de quatro anos – iniciativa claramente inspirada em termos ideológicos e não baseada em cálculo racional. A rejeição do Ocidente era esperada, de modo que a máquina de propaganda soviética pôde mais uma vez "desmascarar os círculos imperialistas agressivos."

O marechal Zakharov reportou em 25 de setembro que tudo corria de acordo com os planos. Até então, 114 navios haviam zarpado para Cuba, alguns duas vezes, 94 tinham chegado e 35 ainda iriam. Os cronogramas de carregamento haviam sido apertados e estariam terminados por volta de 20 de outubro, com o desembarque em Cuba completado entre 3 e 5 de novembro. Em vista do fato, continuou o relatório, de uma esquadra de superfície de navios de guerra poder despertar a atenção de todo o mundo, o que não seria do interesse da União Soviética, sugeria-se que a esquadra não fosse enviada a Cuba naquele presente momento. Por outro lado, prosseguiu Zakharov, não menos de sessenta e nove submarinos, carregados com oitenta e oito torpedos, inclusive quatro ogivas nucleares, seriam despachados. Um submarino com torpedos nucleares escoltaria o transporte *Alexandrovsk*, postando-se imediatamente abaixo do navio durante os trechos mais sensíveis da travessia para manter o sigilo. O envio de submarinos e o das esquadras dos mares Báltico e Negro, no entanto, foi adiado no dia desse relatório. As alterações foram anotadas e aprovadas por Khruschev.[103]

A maior parte das forças soviéticas em Cuba estava instalada quando fotografias tiradas de áreas centrais e do oeste da ilha pelo avião-espião U-2 dos Estados Unidos produziram a informação sensacional. Os especialistas concluíram, ao analisarem as imagens, que mísseis soviéticos de alcance médio estavam instalados em Cuba. Foi imediatamente feito um relatório ao presidente Kennedy. Durante alguns dias, os chefes americanos da segurança avaliaram a informação e tentaram formular uma resposta efetiva. Moscou só soube em 22 de outubro que o plano secreto de Khruschev havia sido descoberto, quando quarenta e dois mísseis nucleares já estavam em Cuba.

O discurso de Kennedy, transmitido pelo rádio e pela TV em 22 de outubro, alarmou a opinião pública americana: "No curso da semana passada, houve provas incontestes do fato de que, no presente, naquela ilha cativa, diversas plataformas de lançamento de mísseis ofensivos estão sendo montadas."

Pela primeira vez, os americanos tiveram o arrepio do medo. Separados do resto do mundo por grandes oceanos e cercados de vizinhos amigos e fracos, não tinham até essa ocasião um senso real sobre o perigo nuclear. Abrigos subterrâneos e porões fundos foram construídos, estocados alimentos enlatados e desidratados. A imprensa jogou lenha na fogueira apontando metrópoles e cidades dentro do alcance dos mísseis de Cuba. A histeria resultante ajudou a empurrar o governo para tomar providências decisivas.

Em 24 de outubro, Kennedy impôs a Cuba um bloqueio naval, de forma eufemística chamado de "quarentena." No mesmo dia, Moscou replicou com uma declaração afirmando que, se os EUA desencadeassem uma guerra nuclear, a URSS "executaria o mais poderoso ataque de retaliação." Khruschev rejeitou as acusações de Kennedy e acusou os EUA de prepararem o desencadeamento de empreitada perigosa. Os diplomatas soviéticos em Washington continuaram a garantir que não havia armas ofensivas em Cuba. Começou uma guerra de nervos.

O Pentágono considerou seriamente um ataque aéreo aos locais dos mísseis. Se isso tivesse ocorrido, é possível que Moscou, não totalmente consciente a respeito da escala de tal bombardeio, viesse a aprovar a retaliação. De 20 a 25% dos mísseis soviéticos poderiam ter atingido seus alvos, e no primeiro – e provavelmente último – assalto, dez ou doze artefatos nucleares teriam desabado sobre cidades americanas.

Os governantes dos dois países mais poderosos estavam preparados para decisões pavorosas. Khruschev não saiu de sua sala por vários dias. As forças armadas dos dois países ficaram em prontidão total. O irrevogável poderia ocorrer a qualquer momento. Kennedy permaneceu impassível e, à 1h25 de 25 de outubro mandou uma carta à embaixada soviética endereçada a Khruschev. Ela foi de pronto transmitida para Moscou:

> Respeitável Senhor Presidente
>
> Recebi sua carta datada de 24 de outubro e muito lamento ver que o senhor parece não entender o que vem nos motivando nesse caso [i.e., o bloqueio]. Nosso governo recebeu garantias claras de seu governo e de seus representantes, tanto publicamente como através de canais oficiosos, de que não estão sendo enviadas armas ofensivas para Cuba. Se o senhor examinar de novo a declaração publicada pela TASS em setembro, verá quão clara tal garantia foi. Todas essas afirmações públicas foram falsas e suas forças começaram recentemente a montar um complexo de bases de mísseis em Cuba. Espero que seu governo tome as medidas necessárias para restabelecer a posição anterior.
>
> Atenciosamente, *John F. Kennedy*[104]

Khruschev convocou imediatamente uma reunião do Presidium. Os membros sentaram-se em silêncio e um primeiro-secretário, externamente calmo, começou a ler uma comunicação urgente da inteligência soviética em Washington especificando que "o presidente aparentemente decidiu invadir Cuba hoje ou amanhã à noite."[105]

O Presidium permaneceu silencioso. Khruschev leu então a carta de Kennedy e, percorrendo a mesa com o olhar, perguntou: "Que devemos fazer?"

Foi decidido não ceder à pressão americana e dar uma resposta dura. Nas primeiras horas da manhã de 26 de outubro, a réplica de Khruschev ficou pronta. Preenchia oito páginas e consistia das próprias idéias ditadas do chefe soviético. Ingenuamente, ele ainda tentava doutrinar o presidente americano em termos ideológicos. Algumas de suas afirmações são simplesmente espantosas:

> Respeitável Senhor Presidente
> Recebi sua carta de 25 de outubro. Dela, infiro que o senhor tem algum entendimento da situação existente e um senso de responsabilidade. Muito o apreciei (...) acho que o senhor me entende perfeitamente e está na verdade preocupado com os benefícios da paz. Todos precisam de paz: tanto os capitalistas, se não perderam o senso, e mais ainda os comunistas, que são pessoas que dão valor não só às suas próprias vidas, como, mais que isso, à vida dos outros. Nós comunistas somos contra quaisquer tipos de guerras entre estados e vimos defendendo a causa da paz desde que chegamos a este mundo.

Isso quanto à argumentação moral. Quanto ao aspecto militar:

> Seus argumentos quanto à existência de armas ofensivas em Cuba são completamente infundados. Senhor Presidente, o senhor é militar e deveria saber que dificilmente seria possível o lançamento de uma ofensiva, mesmo que se possua vasta quantidade de mísseis de todos os alcances e poder no próprio território. (...) Empreender uma ofensiva com esses mísseis, mesmo mísseis nucleares de 100 megatons, é impossível, porque só gente, tropas, podem executar uma ofensiva. (...) O senhor por certo não acredita que Cuba possa avançar sobre os Estados Unidos ou que nós, juntamente com Cuba, possamos progredir contra os senhores a partir de território cubano? Seguramente o senhor não acredita nisso? O que poderia ser então? Não entendemos.

Surpreendentemente, nenhum membro do Presidium, nenhum marechal ou general, observou que a carta de Khruschev o exporia ao ridículo. A tradição bolchevique ainda estava em vigor: ninguém podia contradizer o chefe. Se Khruschev decidiu que as armas nucleares não eram ofensivas, ponto final. Quanto ao que disse ao presidente americano, foi o mesmo que afirmar que o preto era branco: "Garanto-lhe que os navios a caminho de Cuba estão transportando as mais inocentes e pacíficas cargas."

Khruschev, em seguida, ofereceu a si mesmo uma saída para o impasse ao declarar que, se os EUA afirmassem que não enviariam suas tropas a Cuba, "a necessidade de nossos especialistas militares em Cuba perderia o significado."

Talvez para salvar as aparências ou como bravata pura, fechou a carta rejeitando as medidas de Kennedy como agressivas, e acrescentou: "Se o senhor fez isso como primeiro passo para o desencadeamento de uma guerra, bem, está certo, evidentemente não há nada que possamos fazer senão aceitar seu desafio."[106] Khruschev comunicou por meio dos canais diplomáticos que a URSS retiraria os mísseis se os EUA prometessem não invadir Cuba, e uma fórmula para remediar a situação foi encontrada pela qual o chefe soviético descreveu uma retirada humilhante como vitória absoluta.

Depois que a carta de Khruschev foi enviada, Malinovsky recebeu uma mensagem cifrada de Pliev – codinome "Pavlov" – declarando que era esperado um ataque de forças aéreas estratégicas americanas "na noite de 26 ou no amanhecer de 27 de outubro." Pliev reportou: "Foi tomada a decisão de que, no caso de ataques às nossas instalações por aviões americanos, deveremos empregar todos os meios disponíveis de defesa antiaérea." Malinovsky – assinando como "Diretor" – escreveu no relatório: "Enviar ao Camarada N.S. Khruschev. Sugiro que a decisão de Pliev seja ratificada." O relatório foi logo mandado para Khruschev, mas parece que ele só o aprovou seis dias mais tarde, em 27 de outubro. Poucas horas depois, outro memorando de Malinovsky aterrissou em sua mesa relatando que às 18h20, hora de Moscou, um avião U-2 de reconhecimento fora abatido por dois mísseis antiaéreos 507 sobre a península Chukotka, no extremo leste da URSS.

Os americanos estavam perto da histeria. Generais exigiam um ataque imediato às instalações soviéticas de mísseis. Aquele sábado foi agourento para todo o mundo. Se Kennedy tivesse se deixado levar pelo clima e ordenado o ataque, teria ocorrido a maior catástrofe jamais testemunhada pela história humana. Contudo, com a intermediação do irmão Bob, o presidente entrou em contato com o embaixador soviético Dobrynin e lhe disse que se os mísseis fossem removidos de Cuba não haveria invasão.

O Presidium passou toda a noite de 28 de outubro na sala de Khruschev. O chefe, tendo decidido efetuar a retirada, leu cabograma atrás de cabograma da inteligência soviética dos quais pôde-se inferir que o retardo representaria a guerra, já que os americanos estavam prestes a lançar um ataque. Novamente, uma carta coletiva foi composta lá mesmo. Não ficou bem articulada, uma vez que nenhum dos chefes do partido jamais escreveu seus relatórios e discursos, e só sabiam formular diretrizes.

O país dormia, totalmente desconhecedor de que seus chefes o haviam levado quase ao desastre e agora, fervorosamente, tentavam resgatá-lo da beira do abismo. Não houve tempo para codificar a carta a Kennedy, e ela foi sendo enviada em texto claro pelo rádio enquanto as páginas finais ainda eram corrigidas na longa mesa.

A passagem vital da desconjuntada mensagem foi a seguinte:

> Para completar a liquidação o mais breve possível do perigoso conflito para a causa da paz, para dar garantia a todos os povos amantes da paz, para pacificar o povo americano que, estou seguro, também deseja a paz da mesma forma que o da União Soviética, o governo soviético, em aditamento às ordens dadas anteriormente para a cessação de qualquer trabalho adicional de construção de plataformas para o desdobramento de armas, expediu nova ordem para a desmontagem das armas que o senhor considera ofensivas, de modo que sejam acondicionadas para envio de volta à União Soviética.

A carta estava repleta de propaganda patética, como o seguinte trecho: "Nosso povo está jubiloso com os frutos de seu labor pacífico. Ele chegou a grandes conquistas desde a Revolução de Outubro e criou os maiores tesouros materiais, espirituais e culturais."[107] Mesmo enquanto os segundos se esvaíam, a retórica ideológica tinha que ter seu lugar.

O Kremlin recuou. Anos mais tarde, Khruschev iria dizer para si mesmo que havia conseguido "uma grande vitória (...) fomos capazes de arrancar de Kennedy a promessa de que nem a América nem qualquer de seus aliados invadiriam Cuba."[108] Para Gromyko, mais objetivo, o ganho para os soviéticos foi a promessa dos americanos de retirarem seus foguetes da Turquia.[109]

Seguiram-se a raiva de Castro por ser posto de lado e não ter sido informado previamente do recuo soviético; as discussões detalhadas sobre a retirada das forças soviéticas; o desmantelamento e destruição das plataformas de lançamento; e a humilhante inspeção dos EUA nos navios que transportavam os mísseis de volta à URSS.

O general Ivanov passou a receber uma fieira de cabogramas que ninguém sonhou em mostrar a Khruschev. Por exemplo, do comandante do navio-transporte *Volgoles*:

> Às 8h de 9 de novembro, o destróier americano nº 878 navegava em nossa esteira. Aproximou-se para cerca de trinta metros por estibordo, assumiu rumo paralelo ao nosso e indicou que removêssemos as lonas que cobriam os mísseis situados a estibordo no convés da proa. As lonas foram retiradas completamente segundo as instruções, depois do que o destróier exigiu que removêssemos parcialmente as lonas dos cinco mísseis na cobertura da popa. Às 8h25, o destróier cruzou para bombordo, observou as ogivas de mísseis parcialmente expostas a bombordo na cobertura da popa, solicitou que retirássemos completamente a lona que cobria um míssil localizado a bombordo no convés da proa, o que fizemos. As identificações de mísseis nos invólucros herméticos haviam sido preliminarmente seladas nos

> mísseis da cobertura da popa, os estabilizadores de mísseis foram escondidos pela tripulação [que se postou à frente deles] durante a inspeção visual e as fotografias tiradas pelo destróier. Durante todo o tempo, um avião americano, LR 143176, circulou a baixa altitude sobre o navio. A inspeção visual terminou às 9h25, o destróier içou a bandeira de "Obrigado" e, pelo sistema de alto-falantes, transmitiu-nos em russo: "Desejamos feliz retorno à pátria." O destróier postou-se de novo em nossa esteira e acompanhou-nos até que guinamos do litoral cubano. A tripulação do navio-transporte *Volgoles*, tanto durante o ápice da crise cubana como ao longo da viagem, esteve em suas obrigações no navio, cuidando dele e mantendo a honra do marinheiro soviético.[110]

No final, tanto Khruschev quanto Kennedy demonstraram bom senso e concordaram em evitar o pior. Aquelas duas semanas de outubro de 1962 passaram à história como clímax da confrontação entre dois mundos diferentes. Talvez a crise tenha servido para aumentar a conscientização mundial sobre a fragilidade da vida na era nuclear e sobre a precedência dos valores humanos sobre os mitos ideológicos.

Em outubro de 1964, no entanto, quando Khruschev foi afastado do cargo de primeiro-secretário, o relatório apresentado ao pleno do Comitê Central sobre suas atividades declarou: "Num de seus discursos, o Camarada Khruschev afirmou que se os EUA tocassem em Cuba lançaríamos um ataque sobre eles. Insistiu para que nossos mísseis fossem enviados a Cuba. Isto provocou séria crise levando o mundo às portas da guerra nuclear; o próprio organizador dessa aventura extremamente perigosa ficou por demais alarmado. Não havendo outra saída, fomos forçados a aceitar todas as exigências e condições impostas pelos EUA que chegaram à humilhante inspeção de nossos navios por parte dos americanos."

É claro que a ordem para o despacho de mísseis para Cuba foi assinada por todos os membros do Presidium, mas a idéia partira de Khruschev e se fundamentara em sua autoridade, por conseguinte, seus "camaradas-em-armas" consideraram apropriado que só ele devesse saborear a taça da vergonha.

Em seguida à crise cubana, surgiu um crescente, embora silencioso, descontentamento em relação a Khruschev entre os outros integrantes do Presidium, entre os círculos dos altos escalões militares e entre os comunistas ortodoxos. Piadas circularam sobre sua ignorância, os novos cortiços que construiu – apelidados *khrushchoby*, trocadilho com *trushchoby*, palavra que, em russo, significa cortiço – sua grande campanha do milho, sua promessa de ultrapassar os EUA, as três medalhas de Herói do Trabalho Soviético que outorgara a si próprio, seu programa hidropônico, sua vergonhosa retirada de Cuba, e mais, muito mais. É normal que um chefe seja temido, xingado ou criticado, mas quando se ri dele ou ele se torna motivo de pilhérias, está acabado. Depois dos dois gigantes sinistros – Lênin e Stalin – pareceu que, no final, Khruschev foi uma espécie de figura peso-pena para o público, um líder insuficientemente padronizado. Como reformador não foi entendido, ao passo que muitos simplesmente não o perdoaram por desvendar o culto à personalidade.

Durante dois anos, após a crise cubana, Khruschev tentou acelerar o ritmo das reformas, mas o motor não deu partida. Ele sabia que eram necessárias mudanças na sociedade, mas tentou executá-las com os velhos métodos bolcheviques, embora seus camaradas vissem seus atos como afastamento dramático do marxismo-leninismo. Ficou completamente isolado, apesar de cercado por grande massa de "leninistas."

Derrota do reformador

Com exceção de Khruschev e Gorbachev, todos os chefes da URSS permaneceram no poder até que a morte os levou – Lênin, desamparado e quase reduzido ao estado de infância; Stalin com a mente embotada; Brejnev, que veio a parecer um boneco embalsamado; Andropov, ligado por meses ao rim artificial; Chernenko, que perdeu a capacidade de juntar palavras coerentemente. Nenhum deles estava disposto a abandonar voluntariamente as rédeas do mando.

Khruschev foi a primeira exceção: afastado por uma conspiração do Partido e forçado a se aposentar, mas não exilado, fuzilado ou jogado numa prisão – um tributo à sua própria condenação de tais métodos. Apesar de os colegas terem-no esfaqueado pelas costas em outubro de 1964, pelo menos, para fins externos, deram uma demonstração de decoro democrático.

A primeira tentativa para se verem livre dele teve lugar em 1957. Os velhos stalinistas no Presidium encararam com crescente alarme e fúria a ascensão de Khruschev. Sobretudo, não perdoavam seu ataque a Stalin. Eles tinham progredido no sistema stalinista e, em maior ou menor medida, estavam implicados nos expurgos sangrentos e também acostumados ao regime como ele era.

No verão de 1957, Molotov, Malenkov e Kaganovich promoveram encontros secretos com Voroshilov, Bulganin, Pervukhin e Saburov para debater modos de remover Khruschev do poder. Na abertura de uma reunião de rotina do Presidium, em 18 de junho, Molotov e depois Malenkov interromperam a marcha normal dos procedimentos e apresentaram uma moção para o afastamento de Khruschev do cargo de primeiro-secretário. Acusaram-no de ignorar o Presidium, de ignorância econômica e de inclinação por cometer atos impulsivos e mal planejados.

Seguiu-se feroz discussão, com insultos e recriminações arremessados de lá para cá. Khruschev foi apoiado por Kirilenko, Mikoyan, Suslov e pelos membros sem direito a voto. Molotov, no final, conseguiu efetuar uma votação e sua moção foi aprovada por sete votos contra quatro. Khruschev então anunciou: "Não aceito essa decisão. Fui nomeado por um pleno do Comitê Central e só um pleno pode me afastar. Vamos convocá-lo." Molotov se contrapôs: "Fomos também nomeados por um pleno, mas temos o direito de tomar decisões sobre mudanças na liderança em nome do pleno."

A sessão prosseguiu no dia seguinte. Molotov propôs então que o cargo de primeiro-secretário fosse abolido. Afinal de contas, alegou, entre março e agosto de 1953 não houvera secretário-geral nem um primeiro-secretário. O debate continuou pelos dias 19, 20 e 21 de junho. Durante todo esse tempo, não foram feitas atas.

Entrementes, o chefe da KGB, general A. Serov, muito relacionado com Khruschev e bem pouco menos sinistro que a figura do próprio Beria, Frol Kozlov, primeiro-secretário do Comitê Regional do Partido em Leningrado e diversos outros em Moscou informaram à periferia do partido o que estava acontecendo. Membros antigos do partido convergiram então sobre Moscou. Seguindo instruções de Molotov e Malenkov, Bulganin, que presidia o Presidium, recebeu um grupo de membros do Comitê Central, que Serov trouxera ao Kremlin, e tentou convencê-los de que "a questão está resolvida e não há necessidade de retê-los aqui."

Entretanto, Zhukov e Serov, que juntos representavam a base do poder real, exigiram que a matéria fosse debatida e resolvida numa sessão plenária do Comitê Central, como Khruschev queria. Os conspiradores viram-se compelidos a aceitar e, ao meio-dia de 22 de junho, foi aberto um pleno extraordinário daquele comitê. Singularmente, ele durou toda uma semana, de 22 a 29 de junho, e contou com a presença de 121 membros do Comitê Central, noventa e quatro membros sem direito a voto e cinqüenta e um membros do Comitê de Revisão. Dos mais de duzentos participantes que desejaram fazer uso da palavra, não menos que sessenta o fizeram, a maioria em apoio a Khruschev, pois perceberam que a moção apresentada por Molotov e seu grupo significaria a restauração da velha ordem, um retorno ao mando policial.

O pleno começou com áspera troca de palavras entre Khruschev e Molotov sobre as regras para a reunião. No final, Suslov assomou à tribuna. Para quem era um dos principais guardiões da pureza do marxismo-leninismo, ele fez um pronunciamento bastante desconexo, mas serviu para suprir a chave que o pleno precisava para prosseguir. Suslov deu muita ênfase às atividades antipartidárias de Molotov, Kaganovich e Malenkov, enquanto elogiou Khruschev pelo "trabalho vasto, intenso e original" que vinha fazendo como primeiro-secretário.[111]

O plenário demandou uma explicação de Molotov e de outros "facciosos." As sessões viraram um bazar oriental, com oradores interrompidos, apupos e zoadas partidos de todas as direções, perguntas disparadas e juízos mortíferos arremessados ao "grupo antipartido." As minutas mostram que Malenkov foi interrompido 117 vezes, Kaganovich, 112, e Molotov – o único veterano de 1917 que restava na chefia – 244 vezes. Só Molotov permaneceu fiel à sua posição conservadora e pró-stalinista, enquanto os outros, gradualmente, desmoronaram, recuaram, arrependeram-se e confessaram o pecado do facciosismo.

Foi especialmente difícil para a oposição responder à espécie de questões a ela propostas por Zhukov, que perguntou por que Molotov silenciara a respeito de determinados fatos: "Entre 27 de fevereiro de 1937 e 12 de novembro de 1938, a NKVD recebeu aprovação de Stalin, Molotov e Kaganovich para que o Colégio Militar da Corte Suprema sentenciasse à morte por fuzilamento 38.697 pessoas. Em apenas um dia, 12 de novembro de 1938, Stalin e Molotov sancionaram a execução de 3.167 pessoas. Em 21 de novembro de 1938, a NKVD recebeu a aprovação de Stalin e Molotov para fuzilar 299 pessoas, inclusive vinte e três membros e candidatos a membro do Comitê Central, vinte e dois membros da Comissão de Controle do Partido, doze secretários regionais do partido, vinte e um Comissários do Povo e 136 funcionários dos comissariados, 15 integrantes das forças armadas..."[112]

Perfeitamente consciente acerca de seu próprio passado, Khruschev tentou passar despercebido enquanto os expurgos eram debatidos, embora fizesse observações ocasionais. A uma dessas, Malenkov retrucou: "É claro que você está totalmente limpo, Camarada Khruschev!" O salão ressoou com insultos quando a oposição tentou falar: "Horrores ... Carrascos ... Mentiras ... Não tentem jogar tudo sobre o morto [Stalin] ... Não enganem ... Que discurso repugnante ... Vergonha!"

A oposição teve dificuldade também para esconder sua simpatia por Stalin e o stalinismo, e pelos velhos tempos, quando tinha as vidas de milhões de pessoas em suas mãos e não respondia por suas conseqüências. Ocasionalmente, seus membros deixavam escapar alguma coisa que os caracterizava melhor que qualquer confissão ou expiação. Kaganovich declarou: "Em outubro de 1955, quatro meses antes do [XX] Congresso, Khruschev apresentou uma proposta sobre Stalin. Cinco meses antes do mesmo congresso, Khruschev falou sobre Lênin e Stalin como os grandes chefes que tinham garantido nossa vitória. Apenas cinco meses antes do Congresso! Falamos na ocasião sobre os ensinamentos de Marx-Engels-Lênin-Stalin e dissemos que Stalin foi o grande continuador da causa de Lênin. Não mais que de repente, começou-se a questionar Stalin. Nem todos podem aceitar isso com facilidade. Alguns vêem de uma forma, outros de forma diferente. Eu recebi tudo aquilo com pesar. Amei Stalin, e nele havia algo que se podia amar. Ele foi um grande marxista."[113]

Khruschev não podia dizer coisa alguma em resposta àquela tirada, salvo resmungar baixinho: "Esta não foi uma declaração da verdade."

O que o pronunciamento de Kaganovich deixou claro, embora implicitamente, foi que a oposição não combatia Khruschev por causa de suas campanhas, ou sua reforma na administração industrial, ou sua reorganização constante; lutava para restaurar, pelo menos parcialmente, a antiga ordem stalinista das coisas.

O longo pleno terminou com uma condenação à ortodoxia stalinista e a expulsão do Presidium de Molotov, Malenkov e Kaganovich, bem como de Shepilov, que passara para eles na confrontação. Cinco membros sem direito a voto foram recompensados pelo apoio com sua promoção à filiação plena. O "grupo antipartido" permaneceu formalmente no partido e recebeu novas funções nas províncias, mas não por muito tempo. Khruschev não era de esquecer e perdoar e, pouco a pouco, todos se viram obrigados a viver com suas parcas pensões.

O vice-primeiro-ministro Novikov lembrou-se de um incidente em 1960, quando Khruschev estava de partida para Paris e o Presidium acompanhou-o até o aeroporto. Reunidos na ante-sala governamental em Vnukovo, ouviram Khruschev descrever brevemente o que pretendia dizer aos líderes franceses. Tudo sinalizava um novo estilo, com o chefe do partido realmente consultando seus colegas. Quando terminou, solicitou comentários, aparentemente esperando apoio. Com efeito, todos começaram a manifestar aprovação e a exaltar as idéias do chefe.

O secretário do Comitê Central A. Aristov, todavia, coçou as bochechas e como se pensasse alto, disse: "Não poderia você, talvez, pensar em falar alguma coisa, sabe, um pouco mais interessante?"

Khruschev bufou, enrubesceu e perguntou raivosamente: "Muito bem, o quê, o quê, o quê?"

Aristov não tinha nada a dizer, exceto gaguejar, "Talvez, talvez..."

Quando Khruschev voltou da França, ao descer os degraus do avião, olhou para Aristov e gritou: "E aí, Aristov, comportei-me direitinho por lá?"

Em uma só voz, os membros do Presidium que foram recepcioná-lo responderam: "É claro, Nikita Sergeevich, tudo correu bem." Aristov apressou-se também em cumprimentar ostensivamente o chefe, mas um mês depois foi demitido do cargo e enviado como embaixador à Polônia.[114]

O pessoal do entourage de Khruschev que se desiludiu e se decepcionou com ele começou a crescer. Entre esses, Brejnev, Podgorny, Ignatov, Suslov, Ustinov, Semichastny e Shelepin, ao mesmo tempo que outras figuras de proa mal podiam esconder seu desapontamento. Naturalmente, culparam Khruschev pela série de fracassos econômicos, embora sem entender que o afastamento do sistema totalitário e burocrático só era possível com mudanças profundas. Ninguém duvidava à época do "caminho socialista para o desenvolvimento." Provavelmente o próprio Khruschev não percebia que o monolito comunista não era suscetível a reformas. Mesmo assim, ele realizou o praticamente impossível: nascido no ninho de Stalin, processou sensível mudança em si mesmo e, de forma fundamental, também modificou a sociedade. Por mais que seu sucessor, Brejnev, simpatizasse com aspectos do stalinismo, não foi capaz de restaurá-los: os obstáculos jogados no caminho por Khruschev se revelaram intransponíveis. Essa foi a obra histórica concretizada pelo reformador frustrado em seus intentos.

No início de outubro de 1964, Khruschev gozou férias de duas semanas em Pitsunda. Não adotou a rotina dos chefes do partido quando em descanso, continuou o trabalho de sempre, recebendo funcionários, ministros e hóspedes estrangeiros, e acompanhando de perto o progresso do vôo da nave espacial soviética tripulada por três astronautas. Mostrava-se, como de hábito, pleno de energia e de idéias. Com ele, estava Anastas Mikoyan, provavelmente seu aliado mais próximo.

O genro de Khruschev, jornalista Alexei Adzhubei, escreveu que o sogro "sabia que determinado camarada de nível, em viagem pelas regiões, andava dizendo às claras que Khruschev tinha que ser afastado. Ao deixar Pitsunda, o primeiro-secretário disse a Podgorny, que o acompanhava na ocasião: 'Descubra com Ignatov do que se trata essa tagarelice. Quais são todas essas intrigas? Quando eu voltar, teremos que investigar isto a fundo.' Não era da sua natureza levar a sério as conversas de Ignatov, o presidente do Soviet Supremo, menos ainda acreditar que Ignatov as tinha originado."[115]

Uma nova conspiração partidária havia se formado. Com Khruschev em Pitsunda, os membros do Presidium se reuniram na sala de Brejnev para discutir detalhes. Concordaram que, acima de tudo, deveriam agir em estrita união; não poderiam existir "opiniões separadas." Acabaram por persuadir Brejnev a telefonar para Pitsunda e solicitar que Khruschev viesse para uma reunião do Presidium, ostensivamente para debater questões que não poderiam ser resolvidas sem ele. Por diversas vezes, Brejnev pegou o telefone mas não fez a ligação. Os outros o provocaram. Não se mostrava muito animado; sabia que estava se transformando no cabeça do conluio, e que a trama era extremamente imprópria. Como tudo aquilo acabaria?

Finalmente, Khruschev foi contatado. Suslov falou primeiro e, depois, Khruschev ouviu a voz trêmula de Brejnev. Reclamou: "Para que tanta pressa? Vou voltar e acertaremos tudo." Após refletir, acrescentou: "Está certo. Vou pensar no caso."

Na manhã seguinte, 13 de outubro, estava de volta a Moscou. No aeroporto, foi recebido apenas por V. Semichastny, chefe da KGB, e pelo chefe da segurança, Chekalov.

"Onde estão os outros?"

"Nikita Sergeevich," replicou Semichastny, "estão no Kremlin."

Khruschev percebeu rapidamente que o Presidium lançara um novo ataque contra ele. O que não sabia era que, enquanto voava de volta a Moscou no dia anterior, Brejnev presidira uma reunião com todos os membros e membros-candidatos do Presidium, juntamente com grande número de secretários do Comitê Central. A agenda fora curta, cobrindo não mais que página e meia: discutir certas questões do novo Plano Quinqüenal com a participação de N.S. Khruschev; delegar a Brejnev, Kosygin, Suslov e Podgorny a missão de falar com Khruschev e transmitir para Pitsunda a agenda da reunião. O encontro decidiu também recolher das províncias uma nota que Khruschev fizera circular em 18 de julho de 1964 "com sua confusa regulamentação 'sobre a administração da agricultura no contexto da mudança para a intensificação,'"[116] que propusera a introdução de agências reguladoras ainda mais incômodas, além das que já existiam.

Khruschev foi direto do aeroporto para a reunião. Não houve anotações. Estava combinado entre os conspiradores que cada um e todos os membros do Presidium falariam. Grande ênfase foi posta na maneira como Khruschev ignorou a liderança coletiva e confiou apenas em si mesmo, em sua imprevisibilidade e em seus numerosos erros. Muito do que foi dito era verdade. Como previamente acertado, cada um dos discursos exigiu, inequivocamente, a remoção de Khruschev. Mikoyan, que foi o único membro presente a falar em seu favor, propôs que lhe fosse solicitado deixar o cargo de primeiro-secretário, mas que ele mantivesse o posto de chefe de governo. A grita foi muito grande em oposição a essa proposta.

No início, Khruschev interrompeu cada orador e tentou barrar a direção para a qual seguia o debate. Mas ficou espantado com a muralha de pedra que encontrou pela frente. Achava que poderia, como em 1957, administrar a situação. Tentou protestar, fez objeção e contra-atacou, porém sua voz soava amortecida em meio ao gélido silêncio. Todo o cenário havia sido previamente armado.

Mas o drama não tinha acabado. Khruschev recusou-se a renunciar e a reunião terminou sem que se chegasse a um resultado. O chefe entrou silencioso no carro e dirigiu-se à sua dacha. Semichastny tomara providências prévias para trocar toda a equipe de segurança pessoal de Khruschev e instruíra suas agências para que não cumprissem ordens ou instruções dele sem ter primeiro a aprovação do Presidium. Se bem que ainda retivesse formalmente o título de primeiro-secretário, na realidade as rédeas do poder tinham sido retiradas de suas mãos. Estava isolado e abatido, fora traído por aqueles que outrora o cortejavam com o maior entusiasmo – Brejnev, Suslov, Podgorny, seguidos pelo restante.

Na manhã seguinte, quando Khruschev chegou para o prosseguimento da sessão, foi-lhe apresentada uma carta de renúncia já pronta, preparada pela organização do Comitê Central, na qual solicitava seu afastamento dos cargos de primeiro-secretário, membro do Presidium e presidente do Conselho de Ministros por "motivos de saúde." O documento dizia também: "Prometo ao Comitê Central dedicar todo o resto de minha vida e de minhas forças ao trabalho pelo bem do partido, pelo povo soviético e pela construção do comunismo."[117] Khruschev assinou prontamente a carta. Brejnev e os outros não puderam disfarçar o contentamento.

Outra resolução foi aprovada por unanimidade – Khruschev não votou – declarando que ele "começou a operar fora do controle do Comitê Central e deixou de levar em conta a opinião dos membros do Presidium. Em vista das qualidades negativas surgidas em seu trabalho, de sua idade avançada e da saúde combalida, o Camarada Khruschev não tem condições para corrigir os enganos que cometeu, tampouco os métodos anti-Partido que empregou em seu trabalho" e, por conseguinte, ficou decidido "aceitar a solicitação do Camarada Khruschev para ser dispensado de suas responsabilidades."[118]

Khruschev permaneceu sentado com a cabeça entre as mãos. Então, levantou-se e saiu em silêncio. Ninguém o acompanhou. Sua carreira no partido havia terminado subitamente. Por cerca de duas décadas, seu nome quase não seria pronunciado.

Abrindo o pleno do Comitê Central no dia seguinte, 14 de outubro, Brejnev declarou: "A situação no Presidium se tornou anormal, e a culpa por isso recai, sobretudo, sobre o Camarada Khruschev, que embarcou num caminho de transgressão aos princípios leninistas de liderança coletiva da vida do país e do partido, realçando o culto à sua própria personalidade."[119]

O relatório principal foi apresentado por Suslov, o inquisidor oficial do partido. Principal defensor do status quo, armador de esquemas e marxista ortodoxo, fez progresso constante no Comitê Central e se tornou um de seus membros mais temidos. Seu pronunciamento foi trabalho de demolição em escala total:

> Khruschev engajou-se sistematicamente em intrigas e fez o que pôde para provocar desentendimentos entre os membros do Presidium [*brados de "Horrível!"*]. Mas essas intrigas não poderiam continuar por muito tempo. E, no final, todos os membros do Presidium perceberam que o Camarada Khruschev praticava um jogo indigno. (...) Com grande teimosia, durante um ano, o Camarada Khruschev tentou, infelizmente, desarticular a Academia Timiryazev alegando apenas que a maioria de seus cientistas não partilhava suas opiniões em uma série de aspectos do

> sistema agrícola [*brados de "Vergonha!"*]. Devemos acrescentar, em nome da precisão, que o Camarada Khruschev não levantou a questão de suspender as atividades da academia, mas propôs o exame de sua transferência para alguma região agrícola.

Suslov aproveitou a oportunidade para alvejar o genro de Khruschev, Alexei Adzhubei, declarando que "o Presidium tem também de tomar providências para neutralizar o mexerico fácil, livre e irresponsável promovido por esse artista de cabaré." Seu anúncio de que Adzhubei havia sido retirado do cargo de editor do *Izvestiya* foi saudado com muitos aplausos.[120]

Brejnev foi devidamente nomeado primeiro-secretário e aclamado com a ritualista ovação de pé, enquanto Khruschev caminhava de lá para cá na dacha que antes pertencera a Molotov, até que Mikoyan chegou para contar-lhe o que se passara na reunião. "Eles me pediram que lhe dissesse que esta dacha e o apartamento na cidade são seus por toda a vida." Brejnev escrevera pessoalmente um memorando concedendo a Khruschev uma pensão anual de quinhentos rublos e a permissão para continuar tendo acesso ao restaurante do Kremlin, à 4ª Diretoria Clínica e à sua dacha, além de oferecer-lhe um apartamento em Moscou e um automóvel. Não era necessário Brejnev escrever que, a partir de então, cada passo de Khruschev seria vigiado pelos serviços especiais, que reportariam regularmente quando ele deixasse a dacha ou fizesse passeio pela vila, fosse de carro a Moscou (ocorrência rara) e as visitas que recebesse.

Assolado pela tristeza, Khruschev ouviu o relato de Mikoyan e disse rispidamente, "Estou disposto a viver onde eles disserem que devo."[121] Em 1965, ele seria transferido para outra vila em Petrovo-Dalnee, no rio Istra.

O chefe em desgraça não recebeu bem sua aposentadoria forçada. Ficava sentado por longos períodos num banco que havia na mata ou perambulava pelos caminhos no entorno da vila. A natureza inquieta obrigou-o a procurar um dreno para sua energia, e ele começou a plantar tomates, praticar a fotografia e tentar a hidropônica, indo ocasionalmente de carro à cidade para assistir a uma peça ou visitar uma exibição. Também começou a ler bastante e, tarde na vida, descobriu os encantos de Tolstoy, Leskov e Turgenev.

Como lembrou sua esposa Nina, num certo dia de agosto de 1966, ele de repente anunciou no café da manhã que iria escrever suas memórias. É possível que uma das razões para essa decisão tenha sido o fato de vir lendo um bom número de memórias publicadas por militares, políticos e figuras envolvidas com a cultura – vivia-se a estação das reminiscências. Os portões das eclusas da memória foram abertos pelo XX Congresso e, apesar de o departamento de propaganda do Comitê Central vasculhar tudo para que não houvesse crítica a Stalin, menção aos expurgos e muito, muito mais, diversas pessoas que julgavam ter alguma coisa a dizer não se deixaram cercear. Mesmo assim, nas memórias de gente que conhecera pessoalmente bem, Khruschev quase não encontrou referências ao seu nome. Parecia que o censor do partido havia ordenado que ele fosse varrido da história, desaparecesse das vistas de seus contemporâneos, ficasse para sempre escondido do mundo por trás da cerca de sua dacha. Não aceitaria isso.

Então, começou a escrever suas memórias, embora "escrever" não seja o verbo correto. Como se acostumara a fazer durante toda a vida de trabalho, ditaria o que tinha a dizer. Foi conseguido um gravador e ele passou a falar em voz baixa para a máquina, fosse fora de casa ou na cozinha. Sua mulher começou a fazer a transcrição das fitas, mas o filho assumiu a tarefa e as entregou a um datilógrafo profissional de suas relações.

É óbvio que, pelo seu comportamento, Khruschev achou que a dacha estava "grampeada," e também tinha consciência de que embarcara numa atividade que, se descoberta, o colocaria em maus lençóis. Tencionaria ele submeter o manuscrito final a um editor? Ou o escrito seria enfiado numa gaveta para a posteridade? Será que antevia uma ocasião em que o manuscrito seria publicável na Rússia?

O fato de Khruschev estar escrevendo suas memórias logo se tornou conhecido no Politburo (o antigo nome "Politburo" em vez de Presidium foi restaurado em 1966), e ele foi convocado para um "papo" com Brejnev. A experiência foi dolorosa, mas Khruschev se recusou a parar. O assunto foi debatido de novo pelo Politburo. As minutas da reunião de março de 1970 registram que Kapitonov e Andropov deveriam conversar com Khruschev "de acordo com a troca de opiniões ocorrida na reunião do Politburo."[122]

O encontro teve lugar e, em 25 de março, Andropov reportou por meio de uma nota ao Comitê Central que "as memórias contêm informações detalhadas sobre segredos exclusivamente do estado e do partido (...) mesmo um vazamento parcial de tais informações poderia causar sérios danos ao país. (...) Khruschev está empregando o filho, Sergei Khruschev, para a transcrição e edição das fitas. Não sabemos onde as fitas estão sendo processadas e, levando-se tudo em consideração, a atividade vem sendo totalmente ocultada por N.S. Khruschev e o filho (...) Os encontros que Sergei Khruschev tem mantido com estrangeiros constituem motivo de preocupação."

Não fica claro no relatório se a KGB obteve cópias das fitas ou das transcrições, ou se meramente foi informada sobre a natureza do conteúdo.

Andropov prosseguiu dizendo que os alertas dados a Khruschev pelo Comitê Central "não produziram o efeito desejado," e propôs que "vigilância operacional secreta" sobre Khruschev e seu filho fosse processada "de modo a se conseguir fatos mais acurados (...) e evitar-se qualquer conseqüência indesejável."[123]

O encontro com Andropov fez mal a Khruschev, pois, logo a seguir, ele sofreu um ataque do coração. O Politburo se mostrava inseguro. Por ordem de Suslov, Khruschev foi novamente convocado "para uma conversa" em 10 de novembro de 1970, dessa vez na Comissão de Controle do Partido. As minutas do encontro são extensas e detalhadas. O presidente Arvid Pelshe passou de imediato ao ataque declarando que um livro intitulado *Khruschev Remembers* ("*Khruschev Relembra*") estava para ser publicado nos Estados Unidos, e quis saber como isso tinha acontecido. Khruschev compreendia que toda a responsabilidade era sua?

O ex-chefe ficou confuso. Genuinamente não sabia como seus manuscritos tinham ido parar no Ocidente. Não imaginava que fosse ato de Sergei, mas talvez fosse. O editor das cópias e o datilógrafo eram também possíveis canais. Anunciou: "Jamais dei minhas memórias para ninguém, e jamais permiti que isso acontecesse. Quanto ao fato de ter ditado [minhas memórias], o encaro como direito de qualquer cidadão e membro do partido. Lembro-me precisamente do que ditei. Existe muita coisa a ser publicada na ocasião devida."

Khruschev foi fritado por longo tempo. Viu-se ameaçado e alertado sobre as possíveis conseqüências; falaram-lhe sobre o mal que estava fazendo à URSS. Finalmente, explodiu: "Por favor, prendam-me, fuzilem-me. Estou cansado desta vida. Quando me perguntam, respondo que não sou feliz por estar vivo. O rádio anunciou hoje a morte de de Gaulle. Eu o invejo. Fui um homem honesto e devotado. A partir do momento em que o partido nasceu, comecei a realizar trabalho partidário."

Foi uma conversa demorada, incômoda e confusa. Khruschev referiu-se ao falecido Ignatov como um "imbecilzinho"; pediu a pena de morte; expressou sua indignação a respeito dos monumentos que estavam sendo construídos para homenagear alguns antigos bolcheviques dos anos 1930 a quem chamou de inimigos do povo; declarou que "não foram os americanos que começaram a guerra na Coréia, e sim Kim Il-sung," e foi por aí afora. Depois da explosão emocional, reiterou que "tudo que ditei é verdade. Não inventei coisa alguma, não forcei a mão, pelo contrário, há moderação. Pensei que iria ser convidado a escrever. Afinal de contas, as memórias de Zhukov foram publicadas (...) Não consigo ler o que Zhukov escreveu sobre Stalin. Zhukov é homem honesto, um militar, mas é um estabanado."

Os membros da Comissão de Controle interrompiam-no constantemente, confundindo-o com perguntas e repetidas ameaças sobre sua responsabilidade especial. No final da entrevista, Khruschev foi forçado a assinar uma declaração previamente preparada:

> Segundo matérias da imprensa dos Estados Unidos da América e de alguns outros países, as chamadas memórias de N.S. Khruschev estão agora prontas para publicação. Trata-se de uma trapaça e estou indignado. Jamais forneci memórias ou materiais de natureza de reminiscências para quem quer que seja, tampouco à *Time* ou qualquer outra publicação estrangeira. Nem dei essa espécie de material a qualquer editora soviética. Portanto, declaro que tudo isso é coisa arranjada. A venal imprensa burguesa tem sido com freqüência culpada dessas mentiras.

O perturbado idoso apôs uma ilegível e irregular assinatura.[124]

Quando Khruschev deixou o local do encontro, saiu apertando o peito e, de fato, o resultado daquele "papo" foi outro ataque do coração. Parou de ditar. Quando se sentiu melhor, ouviu na Voz da América que seu livro fora publicado. Como tinha chegado no Ocidente, ele alegou não entender.

Na realidade, a pressão dos antigos camaradas-em-armas levou Khruschev a fazer acordo com um editor americano pelo qual ele e seu filho Sergei confiariam ao editor algumas das fitas e das transcrições, com a condição de que não seriam publicadas sem autorização expressa. Khruschev então sofreu o segundo ataque e Sergei, pressionado cada vez mais pela KGB para entregar os originais, achou que chegara a hora para a publicação do livro no Ocidente. Ele começou aparecendo em forma seriada, e o título foi mesmo *Khruschev Remembers*.[125]

O livro, com cerca de seiscentas páginas, passou pelas mãos de muitos editores e copidesques, que se preocuparam em garantir que o produto final tivesse uma clara linha política. Seu ponto fraco talvez esteja na falta de documentação, mas teria sido bastante inusitado que alguém, na posição de Khruschev, recebesse permissão para manter em sua posse particular até os mais inofensivos documentos oficiais depois de deixar a função. Os títulos dos capítulos e os comentários não foram também evidentemente produzidos pelo autor. De qualquer forma, *Khruschev Remembers* revela o caráter do ex-chefe como um político corajoso e impulsivo, tanto um marxista ortodoxo como herege, e está entre os melhores trabalhos sobre o período.

Mesmo que Khruschev tivesse acesso aos documentos oficiais, muitos ele ia querer longe da luz do dia. Por exemplo, no XX Congresso, fez questão de culpar Stalin pela catástrofe de Kharkov em maio de 1942, ainda que, em 17 de maio de 1942, tivesse reportado a Stalin que "a ofensiva em Kharkov está caminhando bem," que grandes quantidades de material haviam sido saqueadas, "trezentas áreas construídas foram liberadas, quatrocentos tanques [inimigos] destruídos e 147 aviões abatidos."[126] O relatório não fazia menção a qualquer interrupção da ofensiva que, até então, custara 240 mil homens ao Exército Vermelho.

Outros documentos não citados em *Khruschev Remembers* incluem seu relatório a Stalin de 21 de novembro de 1943 sobre a situação na recém-liberada Kiev. Nele Khruschev relatou o assassinato em massa de cidadãos soviéticos por nazis numa ravina em Babi Yar, embora não tivesse mencionado o fato de eles serem judeus.[127] Em 16 de fevereiro de 1946, como primeiro-secretário do Partido Comunista Ucraniano, solicitou permissão a Stalin para reter guarnições de tropas soviéticas na Ucrânia Ocidental "de modo a acabar de uma vez por todas com o problema dos ucranianos nacionalistas e dos grupos de bandoleiros."[128] Em 17 de janeiro de 1948, ainda na Ucrânia, queixou-se a Stalin de que "muitos granjeiros coletivos não desejam se juntar ao trabalho socialmente útil, mas se engajam no roubo, produzem bebidas ilegais e só trabalham em seus tratos privados de terra. Em 1946, 86.676 agricultores coletivos não produziram uma única unidade de trabalho [para o coletivo]." A solução que propôs foi que "uma lei deveria ser aprovada para que a assembléia geral [da vila] sentenciasse os elementos anti-sociais e criminosos mais perigosos à deportação da república."[129] Fosse porque Stalin achasse que os milhões deportados já eram suficientes, ou considerasse que as agências punitivas partidárias locais eram confiáveis para "reeducar" os camponeses ucranianos, o fato é que ele não aprovou a proposta de Khruschev.

O empenho com que o Politburo perseguiu Khruschev em função das memórias acelerou sua morte. Ele mergulhou para dentro de si mesmo, desistiu da fotografia, abandonou a plantação de tomates e passou a ler muito menos. Ficava horas sentado ao sol remoendo suas lembranças. Podia ver que seus sucessores tinham praticamente interrompido as reformas e estavam transformando o país num estado com formas burocráticas de governo plácidas e testadas. Uma lenta restauração do passado podia ser sentida, embora sem os excessos sangrentos. E, enquanto isto, ele, Khruschev, se dissolvia na obscuridade. Desde que apeara do poder, nenhum funcionário categorizado o procurara em busca de conselhos, e o único contato que tivera com a chefia se relacionou com suas memórias.

Em setembro de 1971, Khruschev visitava a filha e sentiu-se mal. Voltou à dacha, mas sua família o levou ao hospital quase de imediato, onde, no dia seguinte, 11 de setembro, faleceu pacificamente.

Em 13 de setembro, o *Pravda* publicou de novo seu nome depois de sete anos, num breve relato destituído de cor pelo aparato do partido: "O Comitê Central do PCUS e o Soviet de Ministros da URSS lamentam informar que, com a idade de setenta e oito anos, em 11 de setembro de 1971, depois de uma longa enfermidade, faleceu o ex-primeiro-secretário do Comitê Central do PCUS aposentado Nikita Sergeevich Khruschev." E nada mais.

4
Leonid Brejnev

Em 16 de outubro de 1964, a rádio soviética anunciou a nomeação de Leonid Brejnev como novo chefe. Foi preciso um golpe para derrubar Khruschev, mas Brejnev era, por natureza, um homem moderado e indeciso. Não permitiria que a imprensa demolisse o antecessor, como era instado a fazer nas reuniões locais do partido. Acima de tudo, queria paz e sossego, serenidade e ausência de conflitos. Tomar parte na remoção de Khruschev foi talvez o ato mais "heróico" de sua vida. Segundo Yu. Aksyutin, quando, no começo de outubro, os conspiradores tiveram conhecimento de que Khruschev sabia que algo estava sendo tramado, Brejnev entrou em colapso de tanto medo. Quando conseguiu se recobrar um pouco, telefonou ao amigo Nikolai Yegorychev que imediatamente o visitou.

Foi recebido por um Brejnev lívido que sussurrou um tanto de forma teatral: "Kolya, estamos acabados. Khruschev sabe de tudo."

"E daí?" replicou Yegorychev. "Não fizemos nada ilegal. Preparar-nos para um pleno do Comitê Central não fere o estatuto."

"Você não o conhece. Vai nos fuzilar a todos!"

"Mas não há coisa alguma de anti-Partido em nosso comportamento. Os tempos são outros, não são mais stalinistas."[1]

Depois que Khruschev, inesperadamente, cedeu sem lutar, foi preciso algum tempo para que Brejnev absorvesse tudo aquilo. Telefonou para líderes dos "países fraternais," agradeceu aos camaradas e organizou uma festa para os amigos chegados. Quando se assegurou de que Khruschev fora posto para pastar em sua dacha, respondeu pessoalmente às solicitações do ex-chefe por certos favores, preparando uma lista:

1. Pensão 5.000 (500 na nova moeda)
2. Restaurante do Kremlin
3. 4ª Diretoria Clínica
4. Dacha em Petrovo-Dalnee (Istra)
5. Apartamento de sua escolha na cidade
6. Um carro

Deu instruções verbais para que o carro não fosse novo, e quando Khruschev pediu que seu prévio suplemento de alimentação dietética no restaurante fosse mantido em cem rublos, Brejnev só autorizou setenta.[2]

Não ficara claro para a liderança que, ao nomear Brejnev, ela estava promovendo uma linha anti-reformista. O primeiro indício foi a atitude de Brejnev em relação a Stalin e ao stalinismo. Ele sabia que um retorno ostensivo ao antigo regime estava descartado – não que ele fosse, afinal, capaz de realizá-lo – mas não era contra a preservação ou a chamada de volta de alguns elementos dele.

As anotações (gramaticalmente desarticuladas) que Brejnev fez durante o discurso de Khruschev no XX Congresso do partido indicam isso: "O relatório é desbalanceado. É definição errada e abordagem incorreta para apresentar as conseqüências do culto à personalidade – e, portanto, o material foi selecionado para mostrar como o culto à personalidade surgiu e o dano que causou – ainda assim, tudo sobre Stalin que era elogiado e comentado era positivo."[3] A simpatia de Brejnev pela antiga ordem obviamente suplantava sua preocupação com uma abordagem "balanceada" de Stalin.

Uma oportunidade acabou por surgir para que ele mostrasse seus sentimentos com mais clareza. Em 17 de dezembro de 1969, poucos dias antes do nonagésimo aniversário do nascimento de Stalin, quando Brejnev já havia se autonomeado secretário-geral, teve lugar uma sessão do Politburo. Um dos assuntos da pauta era: deveria o *Pravda* publicar um artigo laudatório sobre Stalin que fora escrito especialmente para a ocasião? Dos vinte e dois membros do Politburo, só dois, Podgorny e Kirilenko, foram contra a publicação, o que foi surpreendente pois nenhum dos dois se sobressaía por opiniões reformadoras. Podgorny se alarmava em pensar que eles "teriam que dizer quem morreu e quantos foram liquidados pelas mãos de [Stalin]. O artigo só traria prejuízo." Kirilenko achava que "não existe partido na Europa que aplaudiria tal artigo." O restante foi a favor, muitos categoricamente.

Suslov declarou que "o país está esperando um artigo exatamente como esse." Mazarov sugeriu até que um busto fosse posto no túmulo de Stalin, e isso foi eventualmente feito. Shelepin, Andropov, Solomentsev, Kapitonov, Kunaev e Scherbitsky foram decisivamente favoráveis à publicação. Houve mesmo algum debate sobre a volta da prévia denominação de Stalingrado para a cidade de Volgogrado. Foi dito que Stalin tinha "alguns aspectos positivos que ninguém podia contestar," como também não era possível "ignorar a construção do socialismo sob Stalin."

Quando chegou a vez de Brejnev sumariar o debate, fiel à sua filosofia de vida, ele tentou abordar o assunto por seu ângulo favorito: o artigo promoveria ou não a preservação da paz e da harmonia no país? "Francamente," declarou, "de início, assumi atitude negativa. (...) Baseei-me no fato de que tudo está tranqüilo no presente, todos se acalmaram, não existe coisa alguma que instigue o povo, como antes existia. Porém, ao conversar com secretários regionais do partido, ponderar mais sobre a matéria e ouvir os discursos de vocês, acho que, no cômputo geral, haveria mais benefício com a publicação do artigo. Afinal de contas, ninguém contestaria ou contestou seus serviços revolucionários. Devemos dar divulgação ao escrito sem muita fanfarra."[4]

Começara o processo de reversão da desestalinização, se bem que longe iria ficar de completo. O culto à personalidade, as prisões e as ilegalidades do período stalinista seriam transformados em tabu do partido, enquanto o país passava pela transição da era reformista de Khruschev para a conservadora de Brejnev, que também abarcou os governos de Andropov e Chernenko.

Dos sete chefes, o de personalidade menos complexa foi Brejnev. Era homem de uma só dimensão, com a psicologia de um funcionário mediano do partido, vazio, precavido e convencional. Temia mudanças abruptas, apavorava-se com reformas, mas era capaz de torcer a linha do partido para onde a hierarquia desejasse.

De forma excepcional entre os sete chefes, salvo Lênin, Brejnev deixou, a partir de 1944, grande quantidade de seus documentos pessoais e de trabalho. Nesse período, seus blocos de anotações, cadernos de exercícios, agendas de mesa e todos os tipos de bilhetes e notas compõem uma mixórdia de rabiscos, apontamentos desencontrados, muitos deles incompreensíveis. Houve um pouco mais de sistematização em seus últimos quinze anos, porém, em sua maior parte, continuaram com informações insignificantes, registrando quase sempre não mais que seu peso, quanto tempo passara na piscina, a quem telefonara, o que comera no jantar, que medalhas acabara de ganhar, seu regime médico, seu equipamento de caça, coisas assim. Mas os decretos e resoluções que Brejnev formulou em documentos do partido e do estado são precisos, vão ao âmago da questão e não padecem de ambigüidade (diferentemente dos de Gorbachev, por exemplo). Paradoxal como possa parecer, malgrado sua mediocridade intelectual, Brejnev era uma figura. Era capaz de agradar qualquer um, desconhecendo talvez que quem tenta satisfazer a todos acaba não contentando ninguém.

Certa vez, no fim dos anos 1970, depois de um despacho rotineiro comigo, o general A. Yepishev, meu chefe na Diretoria Política, levantou-se de repente, abriu seu cofre e pegou uma pasta grossa com etiqueta "Dossiê Pessoal do Tenente-General Brejnev." Sem dizer uma palavra – sabia que todos os oficiais de seu posto estavam "grampeados" – folheou os papéis da pasta e apontou para a linha de um questionário em que a resposta dada fora "russo." Depois, folheou mais adiante e, em resposta à mesma questão noutro questionário estava escrito "ucraniano." Olhou interrogativamente para mim como se perguntasse: "Afinal, o que ele é?" Naturalmente, eu não tinha condições de responder.

Ao analisar agora o dossiê do partido sobre Brejnev noto que, durante a guerra, ele se declarou de nacionalidade "ucraniana" num documento de registro partidário. Quando foi promovido a major-general, ainda se proclamava ucraniano, e o mesmo aparece em dezenas de outros documentos. No passaporte interno, ou carteira de identidade, expedido em Zaporozhie em 11 de junho de 1947, sua nacionalidade é também "ucraniana."[5] Porém, quando ascendeu aos escalões superiores do PCUS, em todos os formulários que preencheu, descreveu-se como "russo."

A URSS, como o Império Russo antes dela, era um enorme cadinho étnico, com dúzias de nacionalidades misturadas. Como no caso de Lênin, não faria sentido ficar vasculhando a nacionalidade de Brejnev se ele não a tivesse alterado de forma tão misteriosa. O que o levou a mudar de ucraniano para russo? Talvez fosse importante para ele. Por outro lado, a exemplo de Khruschev, Brejnev não fazia segredo do que a Ucrânia significava para ele, circunstância que sempre o atraía para lá, mesmo depois de se estabelecer em Moscou. Escreveu a Malenkov, em maio de 1953:

> No que tange à reorganização da Diretoria Política Principal das Forças Armadas, gostaria de pedir-lhe um favor, Georgy Maximilianovich. Por quase trinta anos de minha vida de trabalho, vi-me envolvido com a economia nacional. [E], desde 1936, com o trabalho soviético e no partido. Amo meu trabalho; para mim, é segunda vida. Agora que estou chegando aos cinqüenta anos e minha saúde foi abalada por duas enfermidades sérias (infarto do miocárdio e trombose nas pernas), é difícil para mim desempenhar tarefa diferente ou aprender nova especialidade. Solicito-lhe, Georgy Maximilianovich, que me envie para servir na organização do partido ucraniano. Caso existam impropriedades ou erros em meu trabalho, peço-lhe que me perdoe.

Malenkov anotou, "Khruschev viu isto."[6]

Brejnev não foi mandado para a Ucrânia, e sim indicado para a vice-chefia da Diretoria Política Principal. Khruschev deve ter achado que ele seria mais útil em Moscou. Brejnev jamais iria admitir em público que Khruschev o nomeara Segundo-Secretário do Partido Comunista do Cazaquistão em fevereiro de 1954, providenciara sua promoção a primeiro-secretário e, em 1956, trouxera-o de volta a Moscou como membro-candidato do Presidium, onde tornou-se camarada-em-armas bem próximo de seu chefe.

Com Brejnev, expressões como "abordagem de classe," "intransigência com o imperialismo" e "triunfo inevitável do comunismo" tornaram-se correntes de novo. O exército, a KGB e o complexo industrial-militar retomaram a liberdade. Mais uma vez, aqueles cujo modo de pensar pudesse ser descrito como não-soviético foram perseguidos, e o espírito conservador voltou a dominar as esferas mais importantes da vida. Tendo dado total apoio verbal ao reformismo de Khruschev, Brejnev transformou-se em sua antítese completa.

A Subida

Até 1938, o jovem Brejnev foi uma espécie de pedra rolante, mudando constantemente de lugar de trabalho e de residência. Aparentemente, não se encontrou até chegar a uma função no partido. Como os meticulosos funcionários do partido registraram em seu histórico, ele começou a trabalhar em 1921 numa refinaria de petróleo em Kursk, depois, em 1923, tornou-se aprendiz de metalúrgico em Kamensk. Em 1927, completou um curso de administração da terra na Escola Técnica de Kursk; em 1927-28, esteve em Sverdlovsk como sub do Administrador de Terra Regional do Partido e, de 1929 a 1930, foi vice-presidente do comitê executivo regional de Sverdlovsk. Passou um ano, entre 1930 e 1931, no Instituto Kalinin de Maquinaria Industrial, em Moscou, e então transferiu-se para Dneprodzerzhinsk, na Ucrânia, a fim de se tornar presidente do Comitê dos Sindicatos do Instituto Arsenichev e, mais tarde, secretário de seu comitê do Partido. De 1933 a 1935, foi diretor de uma escola técnica de metalurgia e completou curso por correspondência nessa especialização em Kamensk. Em 1935, foi chefe de turno de uma usina de energia elétrica, freqüentou um curso na Escola de Blindados de Chita e se tornou comissário político do 14º Corpo Mecanizado no Extremo Oriente. Em 1936-37, estava de volta à Ucrânia como diretor da Escola Técnica de Metalurgia de Dneprodzerzhinsk e, em 1937, passou a vice-chefe do soviet da cidade. Em 1938, tornou-se gerente do departamento de comércio do Comitê Regional Dneprodzerzhinsk do Partido Comunista Ucraniano.[7] Finalmente, conseguira uma função "adequada" no partido e, como afirmava, começou sua "segunda vida." Isso aconteceu no auge dos expurgos, quando os quadros partidários viram-se dizimados em todos os escalões.

Foram tempos terríveis: enquanto alguns eram varridos para os campos, outros eram catapultados para os lugares vazios. Brejnev foi um destes que tiveram sorte. Na realidade, passou a ter uma existência encantadora. Ascendeu ao nível do comitê partidário regional graças ao seu chefe de comitê na cidade, K. Grushevoi; sobreviveu a uma triagem do partido em 1934 e jamais foi preso nem posto sob suspeita. Atravessou a guerra sem um arranhão, foi pinçado por Stalin em 1952, ingressou no Presidium e, embora fosse dele removido numa "limpeza" de pouca duração ocorrida depois da morte de Stalin, permaneceu despercebido entre os funcionários incógnitos da hierarquia superior, sendo reposicionado no alto órgão quatro anos mais tarde. A vida também foi generosa com esse homem elegante e bem posto, de sobrancelhas espessas, porque ele possuía caráter benevolente: era amável, propenso a contemporizar, sociável e nada tinha de detestável.

Às vésperas da guerra, Brejnev era membro da elite do partido no nível de república nacional, promovido por Grushevoi a chefe da seção de propaganda em Dnepropetrovsk e, depois, feito secretário encarregado da produção de defesa. Parecia uma carreira típica do partido que o poderia levar, se tivesse sorte, ao Comitê Central do Partido Comunista Ucraniano, talvez mesmo a uma função em Kiev. Não sonhava em chegar a Moscou. A guerra mudou tudo.

Brejnev começou como vice-chefe do Diretório Político do Front Sul. Seu papel na guerra foi descrito no panfleto pretensamente de sua autoria *Malaya Zemlya*, o qual, apesar do tamanho, sempre foi chamado de "livro," mas que na realidade foi escrito por Arkady Sakhnin, por encomenda de Konstantin Chernenko, Leonid Zamyatin e Vitali Ignatenko. O panfleto começa dizendo: "Não mantive diário durante a guerra."[8] Não é bem verdade; no fim da guerra, ele havia escrito o que pode ser considerado um diário. Num bloco de anotações, há um título "1944" com registros tais como: "O vice-chefe da 2ª Divisão Aérea deve ser removido por pilhagem e expelido do partido" – "Falei com o Camarada Mekhlis que concordou em retirar comunistas das unidades de bloqueio."[9]

Brejnev não foi só um escritor relutante; considerava a leitura uma atividade maçante. Gromyko relembrou uma ocasião em que estavam juntos num sanatório das cercanias de Moscou: "Recomendei-lhe um livro sobre a vida de Leonardo da Vinci e levei mesmo um exemplar para ele. Porém, uma semana mais tarde, ele me devolveu, 'Não li o livro. Para falar a verdade, perdi completamente o hábito de ler.'"[10] Quando recebia notas, relatórios ou cabogramas do exterior, geralmente determinava que alguém – quase sempre a secretária Galina Doroshina – os lesse alto para ele enquanto, reclinado numa poltrona, ouvia ou cochilava.

Brejnev passou a maior parte da guerra como chefe da seção política do XVIII Exército. Não se distinguiu muito. Todavia, há um episódio narrado em *Malaya Zemlya* segundo o qual Brejnev teria empunhado pessoalmente uma metralhadora e atirado contra atacantes alemães: "Só um pensamento passava pela minha cabeça: barrá-los."[11] Infelizmente, não há testemunhas oculares do feito heróico.

No fim da guerra, promovido a major-general e com quatro condecorações, Brejnev foi nomeado chefe da Diretoria Política do 4º Front Ucraniano, que logo seria transformado em Distrito Militar Pré-Cárpatos.

Era especial o seu orgulho por ter participado do grande Desfile da Vitória na Praça Vermelha, em 24 de junho de 1945. Muito mais tarde, como secretário-geral, no formulário que preencheu numa conferência do Distrito Militar de Moscou, respondeu à pergunta sobre que treinamento militar possuía, com vaidoso, "no front." Pelo resto da vida, suas reminiscências favoritas tinham relação com a guerra. A seu crédito deve ser dito que Brejnev jamais esqueceu dos companheiros daqueles dias, e ajudou muitos deles.

Depois da guerra, o futuro de Brejnev tornou-se rapidamente mais róseo: em agosto de 1946, já era primeiro-secretário do comitê regional do Partido (Obkom) em Zaporozhie e, em novembro de 1947, primeiro-secretário do Obkom de Dnepropetrovsk. Esses cargos eram nominalmente eletivos, mas na realidade preenchidos por indicações de plenos e órgãos do partido, que "aprovavam por unanimidade" nomeações vindas de cima. A origem das duas promoções foi Khruschev.

Naqueles anos, a União Soviética fazia esforço titânico para se recuperar dos efeitos da guerra, e as situações eram exacerbadas pela confrontação entre os mundos comunista e capitalista que surgiu ao mesmo tempo. O regime viu-se de novo isolado. O exército ainda era muito grande e o sentimento patriótico não arrefeceu com o fim do conflito. Por meio de métodos ditatoriais e ordens rigorosas partidas do centro, e da constante vigilância dos órgãos de segurança, todos eram compelidos a realizar o impossível. Brejnev era um funcionário de nível intermediário do partido cuja missão se limitava à execução das vontades do Kremlin.

Testemunhas daquela época atestam que Brejnev cumpria suas atribuições não por comandos peremptórios ou por ameaças, mas pela boa vontade e paciência. Não interferia no trabalho dos subordinados; confiava, isso sim, na prática testada pelo tempo. Fala-se muito no "Brejnev final" como uma pessoa preguiçosa, vaidoso, meio ao estilo do magnata; o "Brejnev inicial," por outro lado, era sincero e capaz no trato com as pessoas.

Em julho de 1950, ele foi subitamente convocado para ir ao edifício do Comitê Central na Praça Staraya, em Moscou, onde lhe informaram que o secretário Khruschev o estava recomendando para primeiro-secretário do Partido na Moldávia. Em potencial econômico, a República da Moldávia era, provavelmente, um terço ou um quarto da região de Dnepropetrovsk, mas o chefe do partido em qualquer república tinha bem mais poder que o secretário regional. Sem hesitação, Brejnev aceitou o cargo, em particular quando lhe disseram que "o Camarada Stalin sabe da proposta do Camarada Khruschev e a aprova."

A República Soviética da Moldávia foi proclamada em 1940 quando a União

Soviética recuperou território que havia perdido em 1918. Ao enviar Brejnev para aquela república, a chefia – em especial Malenkov e Khruschev – deixou claro que sua missão era implantar o mais rápido possível a coletivização e erradicar a influência da classe média romena. Brejnev assentiu e fez algumas anotações, mas mentalmente já estava no Dniester e imaginava que equipe levaria com ele de Dnepropetrovsk. Tornara-se prática comum quando um chefe provincial era transferido para outra localização levar consigo seus favoritos. No caso de Brejnev, a tendência era especialmente marcante. Quando trabalhei na Diretoria Política vi um relatório datado de 1942 – mais tarde retirado de seu dossiê – feito por Verkhorubov, comissário político regimental de Brejnev, declarando que ele "evita as tarefas mais árduas. O conhecimento militar do Camarada Brejnev é extremamente parco. Lida com muitas questões como se fosse um planejador econômico, não um trabalhador político. Nem é imparcial no trato com as pessoas, tendendo a ter protegidos."

Ao longo dos primeiros anos na Moldávia, Brejnev atacou com energia o problema da agricultura, sem esquecer a ideologia. No outono de 1950, diligente no cumprimento das ordens do Kremlin, disse numa reunião de secretários distritais do partido: "O fortalecimento econômico e organizacional das fazendas coletivas requer uma luta ainda mais determinada contra os remanescentes dos *kulaks* e dos nacionalistas burgueses mediante o aprimoramento de nossos órgãos [de segurança]. Temos que despertar maior ódio ainda entre os operários contra os piores inimigos do povo, os *kulaks* e os nacionalistas burgueses."[12]

A exemplo de todos, para Brejnev a única autoridade provinha de Stalin. Discursando, em dezembro de 1950, num encontro de seções femininas do partido, asseverou: "O Camarada Stalin está recomendando a ampliação das granjas coletivas. Os agricultores coletivos sabem que se o Camarada Stalin recomenda alguma coisa é porque ela é importante e valiosa."[13]

Num pronunciamento no III Congresso do partido da Moldávia, Brejnev deu ênfase particular às questões ideológicas. Zombando do dogmatismo de alguns funcionários, ofereceu o exemplo do editor do jornal distrital, um tal Novak, que foi solicitado a explicar o significado da obra-prima de Lênin *Que fazer?* "E eis o que Novak disse aos seus leitores: 'Lênin lera o livro *Que fazer?* de Chernyshevsky e escreveu seu próprio *Que fazer?* Mas não se trata do *Que fazer?* de Chernyshevsky, é um *Que fazer?* diferente, leninista. Sua importância está em ser um [livro] fundamental, organizador, guia. Outros livros de Lênin são também guias, mas este guia particularmente.'"[14]

As próprias definições dadas por Brejnev para o trabalho de alta qualidade não tinham mais sofisticação que as do infeliz Camarada Novak. Disse a sua platéia:

"O Camarada Stalin diz: eis um pedaço de madeira, removemos a casca, aplainamos, chegamos a tábua e a envernizamos. Vejam quantas operações foram feitas! Porém, para nos assegurarmos de que um ser vivente pode chefiar e não cometer enganos, muito mais trabalho é necessário. Especialmente no tipo de trabalho que fazemos."[15]

Esse era o nível da educação "ideológica" proporcionada aos executivos do partido. Aprendiam a raciocinar sobre lógicas dogmáticas, mecanizadas e pré-digeridas por fontes "orientadoras," tais como as obras de Lênin e dos "patriarcas fundadores," e servidas por chefes locais e regionais do molde stalinista, como Brejnev e milhares de outros como ele.

Um marco na carreira e na vida de Brejnev foi o XIX Congresso do partido de outubro de 1952, congresso que não era convocado havia treze anos e que foi o último a que Stalin compareceu. Foi dito a Brejnev que ele faria um discurso na qualidade de primeiro-secretário do Partido da Moldávia; em 5 de outubro, ele enviou a minuta do pronunciamento, burilado por muito tempo e arduamente pelo departamento de propaganda de Kishinev. A minuta foi devidamente editada e polida na Praça Staraya e devolvida ao autor.

O discurso de Brejnev, pronunciado no quarto dia do encontro, foi muito semelhante aos demais: continha uma louvação a Stalin, um relato sobre conquistas locais e mais panegíricos de Stalin. Mas parece que o chefe notou Brejnev. No pleno sobre organização do Comitê Central, quando propunha nomes para o Presidium, Stalin de repente pronunciou seu nome como alguém que gostaria de recomendar para Secretário do Comitê Central e membro-candidato do Presidium. Brejnev estremeceu. Ingressar no Comitê Central do PCUS, o "quartel-general do partido leninista-stalinista" era bem mais do que jamais almejara.

Contudo, cinco meses mais tarde, Stalin estava morto e seus antigos camaradas-em-armas reduziram o tamanho do Presidium em mais da metade. Brejnev mal tivera tempo para se instalar em Moscou quando os eventos tomaram esse rumo desagradável. Porém, sabemos, ele tinha boa estrela. Passou outro ano e meio na Diretoria Política, mas tomou providências para que o Comitê Central não o esquecesse. Não escondia o desejo de voltar a exercer função na organização do partido em uma das repúblicas. Como primeiro-secretário na Moldávia, tivera o gosto do poder real e dos privilégios desfrutados por esse pessoal. Nas funções mais elevadas das províncias, não era necessário sobressalto a cada instrução de Moscou, fornecer um plano para a safra ou todas as outras coisas ordenadas pelo centro. Quando Brejnev se tornou secretário-geral e passou a usar, por assim dizer, outro chapéu, deu continuidade à velha tradição stalinista de fixar cotas. Seus documentos contêm um exemplo típico de 1973: "Em 12 de agosto, de Rostov, falei pelo telefone com Bodarenko. Ele disse 270 milhões de *puds* [4,4 milhões de toneladas]. Depois de nossa conversa, prometeu aumentar para 300 milhões. Falei com Masherov. Ele disse 60 milhões. Produzirá 70 milhões de *puds*."[16]

O poder do primeiro-secretário de uma região ou província era quase absoluto. Contanto que submetesse seu plano, se mostrasse disposto a responder às novas iniciativas de Moscou e pudesse fazer um relatório que pintasse seu território como um sucesso, sua vida não tinha problemas.

Aconteceu que servi por algum tempo na mesma seção da Diretoria Política Principal em que o tenente-general Brejnev trabalhou entre 1953 e 1954. Seu assistente, tenente-coronel Sergei Mezentsev, ainda estava por lá. Ele me disse, em tom calmo de voz, que seu antigo chefe se entediava com a função. Depois que a correspondência da manhã era entregue, franzia o cenho e resmungava: "Mais palestras, reuniões, perneiras (...) Que chateação!" De acordo com Mezentsev, Brejnev passava horas no telefone interno especial falando com os amigos do Comitê Central, pedindo-lhes para intercederem "em cima" a seu favor a fim de que conseguisse "um trabalho apropriado."

O chefe da seção, coronel-general Zheltov, disse-me nos anos 1980 que sua avaliação para o Comitê Central sobre Brejnev, durante aqueles anos, havia mencionado, entre outras deficiências do subordinado, sua falta de eficiência e de dedicação. Esse documento específico desapareceu dos assentamentos de Brejnev, e os esforços para a promoção de Zheltov a general-de-exército sempre afundaram, sem deixar vestígios, no labirinto dos corredores do Comitê Central.

Brejnev esperou. Zheltov, apesar de não gostar de seu preguiçoso vice, dava-se bem com ele. Afinal de contas, o subordinado fora secretário do Comitê Central e poderia ser chamado de novo para os altos cargos. Como de fato foi. Em janeiro de 1954, numa convocação ao Kremlin, Brejnev falou primeiro com Malenkov e depois com Khruschev. Ofereceram-lhe o cargo de Segundo-Secretário do Comitê Central do Partido no Cazaquistão. "Você ficará encarregado," disse-lhe Khruschev, "das questões de estado para maior desenvolvimento das terras virgens." Brejnev aceitou sem objeção, embora sua concordância não tivesse sido solicitada.

O cultivo maciço nas terras virgens, de interesse especial para Khruschev, estava em seu ápice quando o novo chefe chegou a Alma-Ata. O Presidium esperava que de 10 a 15 milhões de hectares de novas terras fossem cultivados no prazo de dois anos, e acreditava que a medida iria resolver o problema dos cereais no país. A idéia, segundo um panfleto assinado por Brejnev, mas escrito para ele por Alexander Murzin, era arar uma área maior que a Inglaterra.[17]

Brejnev ficou no Cazaquistão apenas dois anos, antes de ser levado de volta por Khruschev para Moscou. Na realidade, virtualmente todas as suas promoções, começando depois da guerra e prosseguindo até 1960, quando se tornou presidente do Soviet Supremo (ou seja, chefe de estado formal), uma função da qual iria abrir mão em 1964 para se concentrar em sua tarefa no Comitê Central, foram iniciativas de Khruschev, que via um aliado leal no seu protégé. Em fevereiro de 1956, Brejnev foi promovido a membro-candidato do Presidium e assumiu uma das secretarias do Comitê Central. Estava então firmemente entrincheirado na "equipe do quartel-general" do partido, onde permaneceria até o dia de sua morte.

Mesmo àquela época, muitos políticos e planejadores econômicos, ao conhecerem Brejnev, se admiravam com o fato de um homem com capacitações tão medíocres e visão tão limitada tivesse chegado a tais alturas. Brando e elegante ele foi, mas seu preparo, com efeito, deixou a desejar. Seus documentos estão pontilhados de erros ortográficos. Se saía do texto escrito, seus discursos viravam um desastre. É quase impossível achar-se uma idéia interessante, muito menos original, em qualquer de seus escritos.

Ainda assim, Brejnev continuou avançando cada vez mais na hierarquia. A verdade é que, na política, a promoção de uma mediocridade óbvia pode resultar da necessidade de lados opostos para explorarem suas fraquezas. Ele pode ter sido visto como transitório (como, na realidade, o foi no início) e útil para fazer a ponte entre personalidades mais fortes, em outras palavras, uma marionete. Com efeito, no fim da vida, enquanto era oficialmente exaltado, ao mesmo tempo em que circulavam inúmeras piadas a seu respeito, Brejnev assemelhou-se muito a um fantoche, manipulado à vontade pelos dedos mais influentes de membros do Politburo como Ustinov, Chernenko, Grishin, Tikhonov e Gromyko.

Quanto mais alto Brejnev subia na direção do píncaro do poder, mais esse poder parecia escapulir entre seus dedos. E a razão de não ter perdido completamente as rédeas foi que Andropov, o chefe da KGB, e Chernenko, seu chefe de gabinete, as mantiveram em suas próprias mãos. O sistema totalitário demonstrou que podia funcionar mesmo sem a pessoa de um ditador.

Da estabilidade à estagnação

Brejnev deve ter entendido que sua mediocridade intelectual seria compensada pelo sistema, pelo aparato do partido, que era grande, experiente e influente, que chamaria a si as funções da responsabilidade dos funcionários mais categorizados. Qualquer que fosse o problema, a seção relevante do Comitê Central prepararia a documentação, minutaria uma solução, submeteria argumentos analíticos, textos de discursos a pronunciar e orientação. Os funcionários do partido desempenhavam papéis de destaque, uma vez que a preparação das decisões passava invariavelmente por um dos departamentos do Comitê Central. Qualquer idéia que tivesse origem alhures era sempre vista com maus olhos e só recebia permissão para prosseguir depois de rigoroso escrutínio por parte dos "especialistas."

Com efeito, todos os secretários-gerais depois de Lênin se tornaram prisioneiros voluntários do poderoso *apparat*. Nem mesmo Gorbachev livrou-se de sua empunhadura tenaz. Foi durante o tempo de Brejnev que a máquina se aproximou do apogeu, embora só o tivesse atingido quando Chernenko, personificação suprema do funcionário do partido, pôs as mãos no volante. O poder do *apparat* fez fantoches dos secretários-gerais, de modo que o país foi caminhando cada vez mais devagar para o futuro.

Quando o Politburo discutia uma matéria, o ato final era sempre planejado aos mínimos detalhes, participações eram designadas e o cenário cuidadosamente montado. Em diversas ocasiões, minha tarefa foi escrever os discursos de uma sucessão de ministros da defesa – Grechko, Ustinov e Sokolov – que eram membros do Politburo. Como regra, não discordavam da proposta de decreto que lhes tinha sido informada de antemão. Mesmo o secretário-geral, que podia divergir de determinado aspecto do decreto, acabava, normalmente, entrando na linha. Em 27 de dezembro de 1973, quando o trabalho do Politburo e do Secretariado era debatido no órgão supremo, Brejnev declarou: "Assino certos decretos, por exemplo, mesmo que não concorde com eles. É verdade que são poucos. Só o faço porque a maioria do Politburo votou a favor."[18]

Fosse nos congressos, plenos, ou comitês regionais e distritais, todos apoiavam a "linha geral" do Comitê Central. Críticas e opiniões divergentes só eram ouvidas em questões pessoais ou econômicas. Era comum, no governo de Brejnev, a discussão tranqüila dos problemas do partido e do estado, de modo a se evitar "movimentos súbitos" para não perturbar o transcorrer suave da vida social e partidária. Em grande parte, isso ocorria porque muitas questões eram tratadas apenas verbalmente ou mediante declarações. Os decrépitos membros do Politburo de Brejnev valorizavam a estabilidade acima de tudo – curso imutável e decisões brandas. No encontro de 27 de dezembro de 1973, Brejnev realçou como conquista de enorme importância: "Vocês e eu, camaradas, trabalhamos em acordo, dentro do espírito dos preceitos de Lênin. (...) Em nosso partido, desfrutamos de completa unidade, não há grupos de oposição e é mais fácil para nós a decisão sobre todas as matérias." Então, lamentou: "A camaradagem coletiva do Politburo tem que arcar com enorme carga de trabalho. Com freqüência, é natural, ficamos sobrecarregados, cansados, porém, camaradas, tudo é feito pelo bem do país, pela honra de servirmos ao grande partido de Lênin, ao nosso povo. Por vezes, temos que espantar a fadiga para enfrentar este ou aquele problema."[19]

Nos seus pronunciamentos, Brejnev se inclinava por ressaltar que o país estava estável, pacífico e em boas condições. Raramente visitava o secretariado do Comitê Central e restringiu seu papel de governante ao Politburo. Numa das poucas aparições numa sessão do secretariado, em 20 de novembro de 1972, anunciou: "Em geral, fico feliz ao dizer que tudo vai bem, que todos estão trabalhando abnegada e proficuamente, que as tarefas estão sendo cumpridas a tempo e com correção e que tanto os assuntos rotineiros como os problemáticos estão sendo equacionados e resolvidos."[20]

Tal observação, que tendia a embalar todo mundo num estado de aceitação e a embotar qualquer desejo de mudança autêntica, foi típica no período de Brejnev. A estabilidade, sem dúvida, é uma virtude, tanto na vida econômica e social quanto nas relações internacionais, mas o nível e a qualidade das condições de vida nos quais essa estabilidade existe são igualmente importantes como indicadores do progresso. Na União Soviética, aqueles indicadores estavam longe de mostrar situações satisfatórias.

Existiam outros fatores que predeterminavam a condição de estabilidade, sobretudo o "centrismo" que emergiu depois da derrubada de Khruschev, que teve as reformas rejeitadas juntamente com sua pessoa, mesmo que continuassem apenas formalmente mencionadas. Por exemplo, em 29 de setembro de 1965, um ano depois do afastamento de Khruschev, Brejnev disse num pleno do Comitê Central: "Para explorar todas as possibilidades do sistema socialista de produção, é proposto que adotemos métodos econômicos na direção da economia." Houve conversas sobre interesse material, aumento da eficiência no trabalho e autofinanciamento, mas foram só conversas. Persistiu o velho sistema de administração por meio de diretrizes e regulamentações do Comitê Central.

A despeito da franca simpatia que muitos membros do Politburo tinham pelo stalinismo, era impossível trazê-lo de volta. As revelações de Khruschev no XX Congresso tinham vacinado grande parte da sociedade contra a nostalgia do passado e, gostasse a chefia ou não, algo como um novo caminho entre o reformismo de Khruschev e a ditadura stalinista, passou a ser trilhado. O centrismo tentou manter alguma impulsão da era pós-stalinista ao mesmo tempo em que se esforçava para que não fossem procedidas mudanças de vulto. E, da mesma forma que as continuadas especulações sobre reformas não passaram de conversas, as ocasionais e moderadas críticas ao notório culto à personalidade jamais receberam permissão para explorar as origens da forma stalinista de socialismo.

O período decorrido entre a invasão da Tchecoslováquia em 1968 e a intervenção no Afganistão em 1979 foi o mais pacífico da história soviética. Embora tal período viesse a ser chamado de década da "estagnação," não se deve subestimar a importância da estabilidade naqueles anos. A pergunta a ser feita é a seguinte: a que custo histórico foi comprada a estabilidade relativa?

Um dos fatores que refletiram a condição de estabilidade foi a conquista da paridade militar e estratégica com os Estados Unidos. A longa perseguição aos americanos na fabricação de armas nucleares e no desenvolvimento de foguetes que pudessem lançá-las culminou nos anos 1970 com um equilíbrio militar instável. A obtenção da paridade militar, no entanto, custou tanto à URSS que ameaçou degradar mais ainda o já baixo padrão de vida. A corrida armamentista esgarçou o próprio tecido do dirigismo econômico e trouxe mais perto a crise que se avizinhava do sistema todo.

Simultaneamente, os dois lados se conscientizaram de que qualquer tentativa para resolver suas irreconciliáveis diferenças com artefatos nucleares equivalia à destruição do planeta. Na URSS, como nos EUA, proliferou a idéia de que a détente política exigia détente militar.

O programa de paz aprovado no XXIV Congresso do partido de 1971 não foi meramente um exercício de propaganda. Em Washington, em junho de 1973, Brejnev e o presidente Nixon assinaram documento histórico destinado a evitar a guerra nuclear entre os dois países, e talvez tenha sido isso que permitiu que Brejnev anunciasse na televisão dos EUA: "Estamos orgulhosos pela criação de uma nova sociedade, uma sociedade mais estável e de desenvolvimento continuado."[21]

A personalidade de Brejnev desempenhou também papel importante na conquista da paridade militar. Ao tempo de Khruschev, o Politburo delegara a Brejnev a missão de acompanhar de perto o complexo industrial-militar. Suas anotações para 1958, por caóticas e ilegíveis que sejam, contemplam itens como: "Estabelecer novo escritório de projetos," "foguetes *chalimei* (mísseis guiados)," "tarefas de Ustinov" (Ustinov era ministro da Defesa), "Novos navios a construir," "Alvos aéreos." Os nomes de centenas de especialistas em defesa com quem trabalhou aparecem em seus diários. Os registros estão misturados com notas como: "Zavidovo, alce," "Telefonei a NS [Khruschev]. Comemos juntos às 13h," "Saí às 4 para caçar com Yura," "Falei com NS sobre caça."[22]

Na verdade, a sociedade continuou estável graças ao momento adquirido no período de Khruschev, ao passo que a energia necessária ao quase imperceptível movimento para a frente advinha de ainda mais campanhas, diretrizes e resoluções de "plenos históricos." Num desses do Comitê Central, em 27 de novembro de 1978, Brejnev sublinhou algumas características pelas quais seu período de governo se tornou mais conhecido: "Três anos do 10º Plano Qüinqüenal já transcorreram. Foram anos bons. Muita coisa feita. Muita coisa mudou para melhor. (...) Muitos excedentes materiais foram produzidos no processo. Alguns tipos de suprimentos ainda são escassos. (...) A posição dos ativos para a construção melhora lentamente. (...) Situação nos transportes não é fácil, especialmente ferrovias. (...) A perda de grãos, batatas, vegetais e frutas ainda é significativa." Prosseguiu nessa linha, enumerando todos os setores da economia nacional. Porém, mais uma vez, suas assertivas foram amortecidas pelo desejo de apresentar um quadro abrandado: "As agências, ministérios e departamentos econômicos centrais estão gradualmente efetuando o desvio de toda a economia para os trilhos de desenvolvimento intensivo. Ainda não conseguiram atingir a melhora necessária nos indicadores da qualidade do trabalho, nem a aceleração do progresso científico e tecnológico."[23]

De há muito estava claro que a nave do estado comunista enfrentava calmaria, suas velas não se enfunavam. O comando do partido no centro e na periferia caracterizava-se pela aparência externa disfarçando a passividade interna. A apatia do povo crescia. A corrupção florescia em todos os níveis, mais séria nos elevados. Engodos, mentiras, informações falaciosas proliferavam. O entourage de Brejnev era uma corte infestada de numerosos favoritos, intrigas e maquinações, e ele, devido à boa índole, fingia não ver, mesmo quando os mais próximos se metiam em operações escusas. Seus amigos e conhecidos próximos começaram a ter influência importante no aspecto organizacional da vida partidária. A propensão para eleger favoritos, observada no início da guerra por seu chefe na Diretoria Política, assumiu proporções grotescas.

Também ficou evidente para todos que Brejnev não possuía determinação política, horizontes econômicos amplos ou idéias claras das possibilidades reais. Como as estruturas centrais estavam em decadência, algo como um sistema feudal se instalou nos comitês regionais partidários das repúblicas e das províncias. Os primeiros-secretários e os secretários regionais adquiriram poder virtualmente ilimitado em suas searas e isso os corrompeu, exacerbando o pessimismo social, a hipocrisia e o dualismo mental. As pessoas diziam uma coisa, mas pensavam e faziam outra.

Claro que o dualismo mental existia por muito tempo dentro da sociedade soviética. Na realidade, o próprio Brejnev não ficou imune a ele, como demonstram alguns registros de seu diário para o fim de 1959: "Bom encontro [com Khruschev] em Luzhniki (...) O discurso de NS foi muito bom."[24] Como ficou desvendado mais tarde, Brejnev àquela altura já alimentava sentimentos bastante malévolos em relação a Khruschev. Parece que fez aquelas e outras observações em seu diário contando que tão entusiasmada lealdade fosse reportada a Khruschev. Como sabemos agora, a monitoração de conversas telefônicas entre membros do Politburo e o exame não-autorizado de seus documentos pessoais continuaram

Stalin – “O Lênin de hoje”.

Uma coroa de espigas de milho para o querido hóspede, na fazenda coletiva "Radianska Ukraina," 1963.

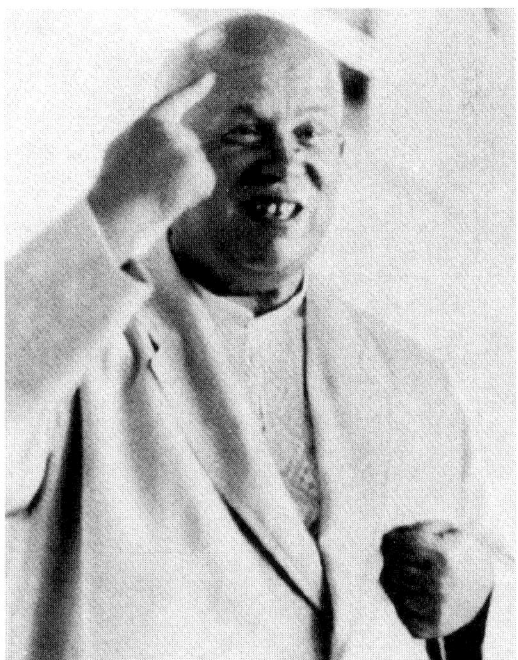

Khruschev, de camisa de camponês, arenga num encontro no campo, nos anos 1950.

Fidel Castro desfruta da cornucópia da abundância georgiana em companhia de seu anfitrião Khruschev, em Abkhazia, 1963.

Lênin em Moscou, 1918.

Lênin no Comitê Revolucionário Militar discute a tomada do poder, outubro de 1917.

Conversa com H.G. Wells, 1920.

Lênin: a tragédia do Chefe.

Funeral do cunhado de Lênin, M.T. Yelizarov, 1919. Anna, irmã de Lênin, ao lado da sepultura.

Da esquerda para a direita: Mikoyan, Khruschev, Stalin, Malenkov, Beria e Molotov a caminho de um estádio em Moscou, 1945.

O Homem de Palha encontra a Dama de Ferro: Chernenko e Margaret Thatcher, 1984.

Primeira e última aparição de Chernenko no Mausoléu como secretário-geral, 1984.

Gorbachev, chefe do partido em Stavropol, recepciona o primeiro-ministro Kossygin, 1972.

Gorbachev à vontade com o presidente americano George Bush em Novo-Ogarevo, 1991.

Brejnev recebe a Ordem da Vitória em 1976. O primeiro-ministro Kossygin aplaude.

Cercado de senis camaradas em armas, Brejnev celebra seu aniversário em 1978. Chernenko *(centro)* e Gorbachev *(segundo da direita)* esperam na linha de sucessão.

Andropov.

Andropov com seu anfitrião local, Gorbachev, em Pyatigorsk, região de Stavropol, 1974.

Chernenko em seu uniforme da guarda de fronteira, 1930.

Chernenko retornando do repouso e da recuperação, 1984.

sendo práticas normais até 1990.

Pode muito bem ter sido a insatisfação com a ausência de mudança e a continuação do padrão de vida extremamente baixo que levaram ao atentado contra a vida do Secretário-Geral em janeiro de 1969. Uma tripulação de astronautas que estivera em órbita da Terra era recepcionada em Moscou. No cortejo motorizado que os conduzia ao Kremlin ia Brejnev. No Portão Borovitsky, o segundo-tenente Viktor Ivanovich Ilyin disparou tiros de revólver contra o carro da frente, matando o motorista. Brejnev, que estava noutro automóvel, não foi ferido.

Decidiu-se que não era conveniente levar Ilyin à barra dos tribunais porque as repercussões políticas poderiam ser indesejáveis. Dois meses mais tarde, embora ainda fosse considerado mentalmente são, ele foi diagnosticado como esquizofrênico e condenado a passar os dezoito anos seguintes numa clínica especializada em psiquiatria em Kazan e mais dois anos em Leningrado. Ilyin deu alta em 1990 como curado.

Parece que Brejnev não atribuiu muita importância ao incidente. Diferentemente de Stalin, não tinha mania de perseguição. Apesar disso, a 9ª Diretoria Principal da KGB, responsável pela segurança dos membros do Politburo, triplicou suas precauções.

No crescente clima de burocratização e corrupção, os aliados mais fiéis de Brejnev estavam entre os militares. O Marechal da União Soviética Dmitri Ustinov foi um exemplo clássico. Compareci a várias reuniões no Ministério da Defesa presididas por ele e era seu costume invariável à época abrir os procedimentos com uma louvação ao Secretário-Geral: "Venho de conversar com nosso caro e amado Leonid Brejnev. Ele vos envia cumprimentos e nos deseja grande sucesso." Por certo, esperava que tais palavras encontrassem o caminho do Kremlin.

Lisonja, bajulação e protecionismo eram a regra com Brejnev. Sua "sociedade estável e pacífica" gerou tendências que conduziriam à estagnação e, por fim, à desintegração do estado totalitário. Não foi Gorbachev quem deu início à *perestroika*. As fontes de mudanças inevitáveis e impossíveis de definir estavam tramadas no próprio tecido da sociedade socialista. A era Brejnev, de fato, foi a cabeça-de-ponte para as convulsões políticas e sociais que levariam ao desmembramento da URSS.

Sob a liderança de Brejnev, o país exauriu as possibilidades da economia dirigida, o controle burocrático foi parodiado com brados de "Glória ao PCUS!" e os "valores" do comunismo viram-se erodidos. A sociedade se aproximava rapidamente dos limites do "desenvolvimento socialista." A estagnação e a decadência das fundações políticas do "socialismo desenvolvido" ficaram evidentes em muitas tendências. Acima de tudo, o repúdio forçado aos antigos métodos repressivos mostrou que a chefia do partido não tinha outros meios à sua disposição para influir sobre o crescimento econômico, a estabilidade social ou o desenvolvimento espiritual. Não obstante, a vasta máquina de coerção continuava montada. Mesmo que não pudesse ser empregada completamente como nos anos 1930 e 1940, a ameaça lá estava. Porém não produzia mais o efeito desejado sobre a economia. A taxa de crescimento em muitas esferas era nula. A agricultura vivia um estado de doença terminal. O Politburo alocava regularmente centenas de toneladas de ouro para a compra de alimentos no Ocidente para o enorme país. Mais e mais bens passaram a faltar causando crescente corrupção e criminalidade econômica.

O país debatia-se, mas Brejnev e seu Politburo pareciam não querer ver. Em 3 de janeiro de 1980, Chernenko disse a seus colegas que, nas quarenta e sete sessões promovidas no ano anterior, eles tinham analisado 450 problemas e expedido mais de quatro mil decretos. Haviam lidado com quatorze assuntos de organização do partido, quarenta e seis de ideologia, 227 de defesa, 159 de indústria, transporte e ativos da construção, 1.845 de política externa e comércio exterior, onze de planejamento econômico, 330 de pessoal, 927 de recompensas estatais, e assim por diante.

Ressaltou o fato de que "os plenos do Comitê Central do ano passado transcorreram dentro do espírito da completa unanimidade," levando Andropov a observar: "Esta é uma conclusão muito apropriada. Os plenos realmente correram em completa unanimidade" – e Pelshe a acrescentar: "E suas decisões foram também tomadas por unanimidade." Quando Chernenko mencionou que cinqüenta e uma sessões do secretariado do Comitê Central haviam sido realizadas e que 1.327 regulamentações tinham sido aprovadas, Suslov e Andropov fizeram coro: "Como o Politburo, o Secretariado também conduziu suas obrigações em total unanimidade."[25]

O país podia estar engajado numa guerra no Afganistão, a détente podia ser letra morta, a indústria e a agricultura podiam estar de joelhos, enquanto os barões do partido se tornavam mais gordos e mais poderosos, mas o Politburo permanecia tranqüilo. A tradição leninista da "manutenção da unanimidade completa" era mais importante que as estatísticas econômicas, de modo que a letargia continuava.

A estagnação foi particularmente marcada por esforços desordenados na esfera militar. A conquista da paridade com os EUA foi vista como um evento de importância histórica, porém pouco mencionou-se que o poder econômico americano era de duas a três vezes maior que o da União Soviética, ou que a América não fazia esforço especial para aumentar seu poderio militar. Washington fizera leitura correta da situação: para duelar não são necessárias dúzias de pistolas, basta uma que seja absolutamente confiável. Os EUA esgotaram a União Soviética com a corrida armamentista na qual a chefia soviética entrou impensadamente. Estrategicamente, foi alcançada a paridade militar, mas o custo determinou o destino final do sistema.

Numa carta aberta a Brejnev em 1980, o físico nuclear e prêmio Nobel Andrei Sakharov escreveu: "A perniciosa supermilitarização do país está ficando pior (ela é especialmente destrutiva nas condições de dificuldade econômica), reformas vitalmente importantes na economia do consumidor e nas esferas sociais não estão sendo processadas."[26] Brejnev nem leu a carta, repassou-a a Andropov, deixando com que os serviços especiais lidassem com aquele cliente desajeitado que já tinha sido exilado para Gorki (agora Nizhni Novgorod). Como o restante do Politburo, Brejnev era surdo para tais alertas.

Brejnev lidara com questões de defesa por algum tempo antes de se tornar secretário-geral e, inconscientemente, passou a acreditar que o complexo industrial-militar era imagem refletida da economia do país como um todo. Não atinou ao fato de que a defesa ficava com a parte do leão e que isso conduziria ao aprofundamento da crise econômica, à estagnação de toda a economia e, finalmente, às mudanças dramáticas de depois de 1985.

Nesse quadro, avanços científicos e tecnológicos extraordinários foram conseguidos no campo militar. A KGB também se tornou bem mais forte. Não apenas essa situação manteve a vida política e espiritual do país sob estrito controle, como levou a política do país para o estrangeiro. Por exemplo, no verão de 1969, houve uma explosão na mesquita Al-Aqsa em Jerusalém, provocando grande irritação não só no mundo islâmico como também em Delhi. Andropov escreveu ao Comitê Central: "O escritório da KGB na Índia tem a oportunidade de organizar uma manifestação de protesto de até 20 mil muçulmanos diante da embaixada americana na Índia. O custo de tal demonstração seria de 5 mil rupias e poderia ser coberto pelo Comitê Central no orçamento para 1969-1971 relativo às tarefas especiais na Índia. Solicito consideração." Brejnev apôs um "De acordo" no documento.[27] O Politburo não era apenas o órgão superior do partido, também governava a KGB, um órgão do estado.

Foi também durante o período de Brejnev que o movimento social dissidente ganhou força. O protesto intelectual e moral contra a perseguição policial ao pensamento heterodoxo e à liberdade de expressão foi sintoma do declínio cada vez maior do sistema comunista. Sinyavsky, Daniel, Bukovsky, Rostropovich, Solzhenitsyn, Sakharov e Grigorenko estavam entre os bravos que publicaram livros e artigos, fizeram pronunciamentos e lideraram manifestações que denunciaram os pecados humanitários, jurídicos e sociais do sistema leninista. Foram aprisionados, encarcerados em hospitais psiquiátricos, mandados ao exílio interno ou deportados.

Durante décadas, as pessoas haviam sido forçadas ao silêncio. A fase de "degelo" que se seguiu à morte de Stalin e ao XX Congresso acabou tendo vida curta. Fiel à bem estabelecida prática leninista, o Comitê Central combateu as idéias não-comunistas onde surgissem, agindo por intermédio dos órgãos de segurança. A KGB enviava regularmente suas propostas e relatórios ao QG do partido. Em 15 de novembro de 1976, por exemplo, Andropov enviou uma nota sobre "A atividade hostil do chamado 'grupo para facilitar os acordos de Helsinque com a URSS.'" O chefe da KGB denunciou que aquela organização estava tentando, com ajuda ocidental, criar a aparência de uma "oposição interna." Dos dez nomes citados por Andropov como integrantes do grupo, sete foram dados como judeus, dois eram ucranianos e um russo, indicando que se poderia desacreditar a empreitada descrevendo-a como anti-soviética e anti-russa, ao mesmo tempo em que se apelava ao latente anti-semitismo no país e entre a chefia partidária.[28]

A alta cúpula do partido aprovou medidas propostas pela KGB para que se "comprometesse e limitasse a atividade hostil dos participantes do grupo," e que fossem circuladas as devidas instruções aos comitês do partido e às agências soviéticas no estrangeiro. Em 19 de maio de 1977, Brejnev assinou um documento de vinte e duas páginas intitulado "Instruções aos Embaixadores Soviéticos Ligadas à Agitação no Ocidente a Respeito da Questão dos Direitos Humanos," instando-os a esclarecer que "a campanha anti-soviética sob a falsa máscara da defesa dos direitos humanos" buscava "desviar a atenção das massas populares dos países capitalistas das dificuldades sérias que estavam sendo enfrentadas pela sociedade burguesa. Deve ser frisado que a revolução ocorrida há sessenta anos na Rússia teve exatamente o propósito de garantir de fato os direitos humanos e as liberdades individuais, e que apenas na URSS os direitos e liberdades humanos foram alcançados por completo e com a maior consistência."[29]

Tchecoslováquia, Afganistão

Os anos externamente serenos do governo de Brejnev foram sacudidos por dois violentos eventos internacionais, um no começo e um no fim de sua chefia. O primeiro foi o esmagamento da "Primavera de Praga," em 1968, e o segundo a intervenção armada no Afganistão, em 1979. Além disso, em agosto de 1980, o Politburo azeitou as engrenagens para "dar assistência militar" à Polônia.

Apesar de ter ficado no centro dos eventos devido à sua posição, não foi Brejnev quem iniciou essas ações, apenas deu conseqüência aos desejos dos "falcões" do Politburo e da todo-poderosa KGB. Ele pode ter passado por chefe inconteste do grande império, porém, na verdade, foi mais o chefe-marionete do sistema totalitário, papel que desempenhou à perfeição.

Tendo como pano de fundo diversos fatores internos e externos, a atmosfera na Tchecoslováquia começou a passar por sensíveis mudanças em 1967. O povo falava sobre as conseqüências do stalinismo para o país e seu futuro, e a imprensa e a televisão repassavam idéias sobre a necessidade da democracia e pluralismo político, e do pé de igualdade em que deveriam estar as relações com a URSS. Os chefes comunistas tchecos vocalizaram demandas por reformas democráticas. Para grande falta de sorte deles, a "Primavera de Praga" coincidiu com o surgimento de tendências conservadoras na URSS. A partida de Khruschev significou mais que a troca de chefes: levou a alterações significativas na direção da ortodoxia comunista.

Como sempre, os chefes soviéticos basearam seu julgamento de acontecimentos domésticos e no estrangeiro primordialmente nas informações da KGB. O Comitê Central vinha recebendo constantes relatórios de Praga, via Lubyanka, sobre a "ativação de forças revisionistas" na Tchecoslováquia, as "tendências contra-revolucionárias" de Dubcek, Cernik, Sik, Smrkovsky e outros, a "perda de controle do partido tcheco sobre as massas," a "interferência dos EUA e da OTAN," e assim por diante. Talvez fosse essa a única maneira pela qual os serviços especiais podiam interpretar tais idéias pouco familiares de liberalização e democratização, apelo a valores humanos, demanda por liberdade e condenação da repressão do passado. Os óculos chekistas usados pelos chefes soviéticos desde os tempos de Lênin tinham substituído a necessidade da análise normal de eventos e requeriam em seu lugar uma abordagem de tipo Komintern para a avaliação de qualquer fenômeno político e ideológico.

Como Zdenek Mlinarz, um dos líderes da "Primavera de Praga," escreveu: "Dubcek não pensava num racha com Moscou." Suas ligações com Moscou tinham muitos vínculos, continuou Mlinarz, não apenas porque passou a infância e a juventude na URSS, mas também porque acreditava genuinamente nos ideais socialistas, apesar de querer retirar deles a sarna do stalinismo. Ingenuamente, pensava que poderia tornar democrático o comunismo. Sua decência e honestidade pessoal conferia-lhe enorme autoridade na Tchecoslováquia: "No período da 'Primavera de Praga,' o povo reconheceu em Dubcek um símbolo dos maiores ideais do socialismo democrático."[30] Aos olhos de Moscou, contudo, Dubcek era um oportunista, um revisionista pondo em prática seus sombrios planos contrarevolucionários.

Quando Dubcek se tornou líder do partido tcheco em janeiro de 1968, Moscou aplicou a bem-treinada política combinada de pressão própria com a de seus satélites. Os diários e anotações de Brejnev contêm registros como: "Telefonei a Kadar [chefe do partido húngaro] para dizer-lhe que deveria conversar novamente com Dubcek," "Zhivkov [Bulgária] prometeu botar pressão na liderança de Praga," "Gomulka [Polônia] e Ulbricht [Alemanha Oriental] estão preocupados com a marcha dos acontecimentos na Tchecoslováquia e vão exercer a necessária influência sobre Dubcek e seus aliados."

O desejo do povo da Tchecoslováquia por liberdade, independência e democracia foi interpretado pelo Kremlin como "contra-revolução," "oportunismo" e "tentativa de se bandear para o lado capitalista." O "Programa do Partido Comunista Tcheco" e "Duas Mil Palavras," que expuseram idéias sobre o socialismo democrático, foram execrados por Moscou como plataformas contra-revolucionárias. Cada medida adotada por Praga, cada palavra pronunciada por Dubcek ou Smrkosky, era lida como outro ato de traição à causa socialista. Em determinadas ocasiões, as reações de Brejnev, Suslov, Shelest e outros chefes soviéticos foram simplesmente histéricas.

Embora muito do que foi dito e feito por Dubcek e seus colegas fosse do agrado da intelligentsia tcheca e da opinião pública ocidental, eles nunca repudiaram o socialismo. Não podiam, todavia, ignorar a indignação generalizada quanto aos fatos que vinham à luz na imprensa sobre o tratamento que fora dispensado no passado a figuras tchecas bem conhecidas, inclusive o mistério que cercava a morte do grande líder do pós-guerra e da era pré-comunista Jan Masaryk, investigada então pela televisão tcheca, investigação essa que levantou suspeitas sobre a ação do serviço secreto soviético.

O trabalho do Politburo ao longo de toda a primeira metade de 1968 foi influenciado pelos eventos na Tchecoslováquia e pareceu que os chefes soviéticos não pensavam noutra coisa. O Politburo decidiu que Brejnev deveria manter constante contato telefônico com Praga e, em 14 de fevereiro, por exemplo, depois de ter abatido diversos javalis numa caçada, ele chamou Dubcek pelo seu telefone especial instalado no automóvel.

Afora a pressão pessoal, a chefia soviética levantou a "questão tcheca" numa reunião do Comitê Consultor Político do Pacto de Varsóvia, depois num encontro dos chefes da Europa Oriental, e também em conversações bilaterais entre o Politburo e o Presidium da Tchecoslováquia ocorridas na fronteira, em Cierna-nad Tisou, no fim de julho de 1968.

Em junho, Brejnev aprovou a execução de manobras das tropas do Pacto de Varsóvia que movimentariam dezesseis mil homens, inclusive unidades soviéticas deslocadas da Hungria e da Polônia. Seus blocos de anotações mostram que ele já em abril contemplava uma solução militar para o "problema tcheco." A chamada

Operação Tumor especificava que o ministro soviético da Defesa, marechal A. Grechko, deveria ir a Praga, que o próprio Brejnev deveria conversar novamente com Dubcek e que os chefes soviéticos teriam que se reunir de novo com seus congêneres tchecos.

A escalada dos acontecimentos surge das atas do Politburo de 5 de março:

> BREJNEV: Nossa confiança em Dubcek não se justificou.
> ANDROPOV: Situação séria. Lembra os acontecimentos húngaros.

Em 21 de março, Brejnev falou do encontro que estava por ocorrer em Dresden e, em 25 de março, reportou sobre seus resultados: "A desintegração do socialismo está acontecendo na RSS da Tchecoslováquia. Eles falam sobre a necessidade de libertar-se da URSS."

Em 6 de maio, o Politburo debateu os resultados da reunião de Brejnev com Dubcek. O chefe soviético deu sua opinião: "O partido está acéfalo."

A questão tcheca foi de novo discutida em 16 de maio e, em 23 do mesmo mês, o marechal Grechko fez um sombrio relatório sobre sua viagem a Praga. Brejnev resumiu: "O exército está desintegrado. A liberalização e a democratização são, na essência, a contra-revolução."

Em 27 de maio, o primeiro-ministro Kosygin relatou seus encontros com a chefia tcheca em Praga. Brejnev perguntou a Grechko: "Como estão os preparativos para a manobra?" Grechko respondeu: "Quarenta militares de responsabilidade já estão em Praga. Estamos nos aprontando."

Em 6 de junho, Brejnev leu mensagens cifradas da KGB e foram debatidas medidas a tomar para pôr mais pressão sobre a liderança tcheca.

Em 13 de junho, Brejnev falou sobre suas conversações com Kadar, que estava prestes a chefiar uma delegação de alto nível a Praga.

Em 2 de julho, Brejnev declarou que, finalmente, Dubcek e Cernik tinham enveredado pelo caminho do revisionismo. O Politburo debateu a possibilidade de retirar da Tchecoslováquia as tropas destinadas à manobra. Grechko sugeriu uma concentração militar totalmente aprestada e forte na fronteira.

O Politburo se reuniu novamente no dia seguinte, 3 de julho, para debater "a essência contra-revolucionária do [documento] Duas Mil Palavras." Brejnev relatou sua conversa com Kadar e foram aprovadas instruções para transmissões de estações-rádio móveis do exército na direção do território tcheco. Houve outras reuniões nos dias 9, 19, 22, 26 e 27 de julho e 16, 21 e 27 de agosto sendo que em cada uma delas o mesmo item esteve na pauta: a situação na Tchecoslováquia e medidas para "minimizar a contra-revolução." Ocorreram debates detalhados, mas não registrados, sobre a preparação de intervenção militar maciça. Porém, estranhamente, não se falou sobre o que as tropas do Pacto de Varsóvia fariam ao entrarem no país. Será que se pensou que os tanques fariam a população pensar de modo diferente? Alguns membros do Politburo acharam que, se fosse mesmo ocorrer a "assistência armada internacional," seria melhor que a URSS fosse "solicitada" a supri-la. A idéia foi aceita e, em poucos dias, repassada a pessoas "confiáveis" em Praga.

Num certo dia de meados de julho, uma carta confidencial de Antonin Kapek, membro-candidato do Presidium tcheco, e endereçada a Brejnev chegou através dos canais da KGB. Entre outras coisas, dizia: "Um grupo de membros destacados do Comitê Central, consistindo de Smrkovsky, Kriegel, Spacek, Simon, Cisarz e Slavik, domina todos os meios de comunicação de massas e vem conduzindo atividade anti-soviética e anti-socialista." Concluía a carta: "Apelo para você, Camarada Brejnev, com uma convocação e uma solicitação de assistência fraternal a nosso partido e a nosso povo para repelir as forças que (...) estão provocando um sério perigo para o próprio futuro do socialismo na República Socialista da Tchecoslováquia."

Brejnev leu a carta para o Politburo e a opinião geral foi que ela, embora séria, era um pretexto inadequado para a intervenção militar. Poucos dias depois, através dos mesmos canais, chegou outra missiva para Brejnev, dessa vez assinada por cinco figuras tchecas proeminentes e com termos mais decisivos e incitantes. Brejnev reuniu os membros do Politburo em sua sala do Kremlin e leu a carta, entremeando a leitura com observações do tipo: "Eles se meteram nessa confusão e agora temos que resolvê-la. (...) Que marxistas de meia-tigela..."

Esse importante documento, que permaneceu trancafiado nos arquivos do partido até 1992, falava da possibilidade de "uma revolta contra-revolucionária":

> Nessas difíceis circunstâncias, pedimos-lhes, comunistas soviéticos e representantes categorizados do PCUS e da URSS, que nos proporcionem ativo suporte e assistência com todos os meios disponíveis. Só com essa assistência a RSS da Tchecoslováquia poderá se livrar do perigo da contra-revolução. Reconhecemos que, para o PCUS e a URSS, esse último recurso em defesa do socialismo na Tchecoslováquia não será fácil. (...) Em vista da dificuldade e perigo das circunstâncias que se desenvolvem em nosso país, solicitamos o máximo sigilo sobre nossa declaração e, por causa disso, nos dirigimos pessoalmente ao senhor e em russo.[31]

Brejnev despachava com Grechko quase diariamente. Ficou decidido que, quando as tropas entrassem na Tchecoslováquia, toda a liderança tcheca deveria ser presa e levada para Moscou. "Eles mudarão o tom quando estiverem aqui. Se não entenderem assim, ditaremos o que deverão fazer," alertou Brejnev agourentamente.

"O exército barrará a contra-revolução e evitará a 'partida' da Tchecoslováquia para o Ocidente," replicou Grechko cautelosamente, "mas penso que o papel principal deve ser desempenhado pelos políticos. Seria perigoso que fôssemos vistos como ocupantes. Eles têm que nos 'convocar.' E os que fizeram a contra-revolução têm que, eles mesmos, corrigir subseqüentemente a situação."

Brejnev, como sempre, concordou. A hora-H se aproximava. Por ordem de Suslov, foi lançada uma campanha histérica pela imprensa e pela televisão soviéticas pintando o pequeno país da Tchecoslováquia como ameaça mortal para a gigantesca URSS. Num certo sentido, era verdade: a monolítica "comunidade socialista," que iria desmoronar um quarto de século mais tarde, poderia muito bem ter se desintegrado mais cedo.

Do ponto de vista militar, Moscou executou a operação com grande eficiência. A força de desembarque, a coluna de carros-de-combate, a captura de pontes, centros de comunicações e aeroportos, tudo foi feito rapidamente. Não houve resistência armada. Os tchecos se posicionaram aos milhares ao longo das rotas, olhando furiosamente ou bradando contra as colunas blindadas "aliadas." O presidente Svoboda, percebendo a inutilidade da reação armada, conclamou o povo ao exercício da sabedoria e da moderação. Os militares soviéticos estacionaram seus tanques e viaturas blindadas nas praças da cidade sem saber muito bem o que fazer a seguir. Os "contra-revolucionários" não estavam armados. O que portavam eram faixas e cartazes demonstrando descontentamento. Os "assessores" ocidentais não eram vistos em lugar algum.

Brejnev não deixou seu gabinete por vários dias, dormindo profundamente por três ou quatro horas num banheiro. Contrariando as previsões da KGB, o povo não saiu maciçamente às ruas para dar apoio à invasão das tropas soviéticas. Posicionou-se, isso sim, a favor de Dubcek.

Zdenek Mlinarz relembrou: "Pelas quatro horas da madrugada de 21 de agosto, um Volga preto da embaixada soviética chegou ao prédio do Comitê Central, que logo foi cercado por tanques e viaturas blindadas. Os militares, usando boinas cor de vinho e uma espécie de coletes de trânsito com faixas coloridas, desembarcaram portando automáticas. (...) As portas do escritório de Dubcek foram arrombadas e uns dez metralhadores invadiram a sala e nos cercaram, apontando suas armas para nossas nucas. Logo depois chegaram dois oficiais. Um deles era coronel. Alguém, acho que Dubcek, disse alguma coisa e o coronel rosnou: "Sem conversa! Todos quietos! Não falem em tcheco!"[32]

O obstinado primeiro-secretário e diversos outros membros da liderança tcheca foram retirados de suas salas. Às confusas e incompreensíveis perguntas que fizeram só houve uma resposta: "Isto está sendo feito para a segurança de vocês."

Todos foram levados em viaturas fechadas para um aeroporto e, sem a mínima cerimônia, embarcados em aviões soviéticos de transporte. Dubcek, Spacek, Cisarz, Kriegel, Smrkovsky e outros eram então prisioneiros de seu poderoso "aliado." Dubcek era fonte de irritação especial para seus captores, que o consideravam um traidor. Nos seus encontros pessoais com Brejnev fora chamado de "Sasha," mas agora, quando era jogado para dentro do avião, recebeu uma coronhada de fuzil e caiu batendo com a cabeça no chão.

As tropas soviéticas em Praga se viram completamente isoladas. Os poucos traidores tchecos recearam elevar a voz. Brejnev ficou extremamente ansioso. Segundo os planos de Moscou, "forças saudáveis" deveriam substituir de imediato os contra-revolucionários na chefia do partido, formar um novo governo, condenar os "crimes" dos revisionistas e tentar voltar rapidamente ao socialismo leninista-stalinista. Mas não havia indício algum de apoio aos invasores.

As luzes ficaram acesas durante toda a noite no prédio do Comitê Central em Moscou. A chefia perdera a cabeça. O presidente Svoboda chegou e exigiu a libertação de Dubcek e dos outros, do contrário, afirmou, não teria outra escolha senão o suicídio como forma de protesto.

Sentado num sofá ao lado do velho general, cujo histórico de guerra respeitava, Brejnev não parava de repetir: "Fique calmo, Ludwig Ivanovich. Tudo vai acabar bem... Tudo vai dar certo... Basta que Dubcek e Cernik condenem a contra-revolução."

Finalmente, depois de intermináveis consultas entre Moscou e Praga, a KGB e o Comitê Central decidiram iniciar negociações "entre delegações do PCUS e o PCT." Dubcek e seus camaradas, espantados com a invasão, a prisão e o tratamento rude, foram forçados a concordar. Acabaram também persuadidos pelo general Svoboda de que não tinham outra alternativa. Decidiram compor um acordo no qual procuraram soluções de meio-termo. Tal acordo consistiu de cinqüenta páginas datilografadas sem espaço que foi assinado em 28 de agosto de 1968.

Os dois lados sentaram-se em frente um do outro numa longa mesa. A atmosfera era tensa e as conversas difíceis. Brejnev e Dubcek deveriam ser os únicos a falar, mas Cernik abriu os trabalhos pelo lado tcheco já que Dubcek não estava passando bem.

> CERNIK: Nosso país está numa situação que não vivia desde a guerra. Nós a avaliamos como crítica e repleta de possibilidades de derramamento de sangue. (...) Forças aliadas de países amigos adentraram nosso território sem que soubéssemos. (...) O Presidium não solicitou tal assistência. (...) As ações dos governos dos países socialistas, associadas com a presença e a retirada das forças aliadas do

território tcheco, são de importância decisiva.

DUBCEK: A chegada das tropas constitui um forte golpe nos pensamentos e idéias de nosso partido. (...) Consideramos um erro a invasão das tropas, um ato prematuro que resultou e resultará ainda em grandes danos, não apenas para nosso partido, mas para todo o movimento comunista. A entrada de cinco exércitos aliados [isto é, do Pacto de Varsóvia] criará uma fonte de tensão dentro de nosso partido, dentro de nosso país, e fora dele. (...) A invasão tocou na alma do povo tcheco, e não sei como sairemos dessa situação difícil.

BREJNEV: O que o Camarada Cernik disse, e especialmente o que disse o Camarada Dubcek, nos leva de volta ao passado distante. Não pensávamos no envio de tropas quando fomos convidados para a reunião de Dresden. [Na realidade, àquela ocasião, já havia preparativos para a intervenção armada.] Vocês se lembram que lhes dissemos que, se as coisas ficassem difíceis para vocês em termos materiais, então nosso partido e nosso povo poderiam ajudar os camaradas tchecos mesmo com sacrifícios de nossa parte. Temos 13,5 milhões de comunistas e 240 milhões de cidadãos, podemos cortar 100g de pão e alguma carne que ninguém notará. Vocês dizem que não há contra-revolução, mas há elementos anti-socialistas. Chamam a isso de mel? Os elementos anti-socialistas são açúcar para a classe trabalhadora?

O estilo de trabalho de vocês é incompatível. Tal estilo só pode ajudar as forças anti-socialistas e contra-revolucionárias a se desenvolverem e se tornarem audaciosas. (...) Em Dresden, não os aconselhamos de modo algum a prender quaisquer pessoas. Mas dissemos que a remoção dos elementos inadequados de seus cargos era direito do Comitê Central do partido de vocês. Agora, sobre Pelikan. Ele é o encarregado de um serviço de televisão que está levando o PCT à desgraça com a ajuda dele. O que está querendo com tal trabalho?

Depois chegamos a Sofia. Lá, cada um de nós teve oportunidade de falar pessoalmente com você. [Brejnev dirigiu-se a Dubcek com a familiar forma de tratamento *ty*.] Você se lembra, eu estava sentado num pequeno divã e disse: "Sasha, olhe para todos os lados, o que está se passando às suas costas? Não entendemos por que a mídia de propaganda ainda não está em suas mãos." Se eu estiver mentindo, chame-me de mentiroso aqui na frente de todos.

DUBCEK: Não, foi isso que você disse.

BREJNEV: Ainda tenho alguma coisa a dizer sobre sua falta de cuidado, Alexander Stepanovich. Seu estilo de trabalho se baseia na autoridade pessoal. E isso está muito errado... Você se lembra de que, certa vez, enviei-lhe uma carta pessoal que escrevi de próprio punho? Você ainda a deve possuir.

DUBCEK: Está comigo.

BREJNEV: Quero dizer uma coisa para os que estão aqui sentados: todos vocês aceitaram o desenvolvimento da contra-revolução em seu país, quem não fez coisa alguma até a chegada das tropas tem responsabilidade pessoal. Quem mais é responsável pelo que ocorreu? – seguramente não somos nós. Ou vocês se encherão de coragem e dirão que cometeram erros? Foi o mais severo dos

> erros políticos vocês compactuarem com a propaganda contra-revolucionária. Se não tivéssemos enviado tropas, a Tchecoslováquia teria tomado a via do desenvolvimento capitalista. O que vocês disseram hoje ainda é pior, porque quiseram lançar a culpa do que aconteceu sobre nós.[33]

Brejnev falou quase uma hora e meia. Disse em muitas palavras que Moscou tinha o direito tanto de julgar quanto de ser benevolente, tinha bases "legais" para enviar tropas a um estado soberano, e que a liderança tcheca era a responsável pela situação. Estava, com efeito, exercendo a autoridade autoconferida de o PCUS aplicar sentenças sobre os "irmãos mais novos."

Mlinarz lembra-se que o clima na mesa tornou-se incandescente: "Brejnev estava genuinamente indignado com o fato de Dubcek não ter correspondido à sua confiança e não ter combinado de antemão com Moscou cada passo que dera. Recriminou o tcheco dizendo: "Acreditei em você, defendi você contra os outros. Disse que nosso Sasha, afinal de contas, era um bom camarada. E você deixou-nos todos na mão!" Em momentos assim, a voz de Brejnev tremia de autopiedade; gaguejando, falava com a voz embargada. Parecia um chefe tribal insultado que pensava estar paciente e singularmente certo, que sua posição de cacique da tribo repousava na obediência e submissão incontestes, e que apenas sua opinião e apenas sua vontade tinham valor.

A histeria tomou conta dos tchecos que passaram a bradar sobre "coexistência pacífica." Brejnev descartou tais argumentos dizendo: "A guerra não vai despencar sobre vocês. Os Camaradas Tito e Ceausescu farão discursos, o Camarada Berlinguer também. E daí? Vocês contavam com o movimento comunista na Europa Ocidental, mas isso não comove ninguém há cinqüenta anos!" Uma eloqüente admissão.

Depois de horas de conversas, pressões e ameaças, a delegação tcheca concordou por fim em assinar o protocolo marcando o fim das reformas democráticas em seu país.

"Tudo ficou pronto por volta da meia-noite," lembra-se Mlinarz. "Chegara o momento da assinatura. De repente, as portas foram abertas e a sala foi invadida por cerca de uma dúzia de fotógrafos e cinegrafistas. Foi então que, como se seguissem um script, os membros do Politburo soviético se debruçaram sobre a mesa e tentaram abraçar os membros da delegação tcheca que ainda estavam sentados. Uma cena de teatro do absurdo."[34]

A interpretação de Moscou sobre o papel do PCUS e o caráter da "independência" de seus aliados foi chamada no Ocidente "Doutrina de Brejnev." Mas não foi Brejnev o autor do conceito. Ele foi apenas seu megafone. A doutrina em si era leninista-stalinista-cominternista em sua origem, e o tratamento dado à

Tchecoslováquia teve a intenção de alertar os outros satélites de que sua soberania era secundária em relação ao seu "dever internacional."

Falando para o V Congresso do Partido dos Trabalhadores Unidos da Polônia, ou seja, para os governantes comunistas, em Varsóvia, em 12 de novembro de 1968, Brejnev declarou: "É bem sabido que a União Soviética fez muito para realmente fortalecer a independência e a soberania dos países socialistas. (...) É também sabido, camaradas, que existem princípios gerais para a construção socialista, e que o afastamento deles pode levar ao afastamento do próprio socialismo. (...) E quando surge uma ameaça à causa do socialismo num país e uma ameaça à segurança da comunidade socialista como um todo, ocorre um problema não só para o povo considerado, mas um problema geral e uma preocupação para todos os países socialistas."[35]

Na Constituição "Brejnev" de 1977, da qual tinha imenso orgulho e dizia que duraria muitas décadas, ele incluiu não apenas o notório Artigo 6º sobre o PCUS como "a força guia e orientadora da sociedade soviética," como também o hipócrita Artigo 29º que estabelecia: "As relações entre a URSS e os outros estados são fundamentadas na observância dos princípios de soberania igual; na rejeição mútua ao uso da força ou ameaça de seu emprego; na inviolabilidade das fronteiras; na integridade territorial dos estados; na solução pacífica das disputas; na não-interferência nas questões internas; no respeito aos direitos humanos e às liberdades fundamentais; na igualdade e direitos dos povos para cuidar de suas próprias questões..."[36]

Não se tratava da "Doutrina de Brejnev," mas da Doutrina do PCUS. Ela expressava a profunda continuidade das opiniões de Lênin e Stalin sobre a natureza das relações entre o partido e seus aliados na irmandade comunista.

Os chefes soviéticos foram mestres em criar problemas internacionais – Polônia, Alemanha Oriental, Hungria, Tchecoslováquia, China, Afganistão – mas pouco habilidosos para resolvê-los. Foi o que aconteceu, durante o governo de Brejnev, com o Afganistão, o vizinho ao sul da URSS com quem ela tinha assinado seu primeiro tratado de amizade e cooperação, em 1921.

Foi para o Afganistão que, em diversas oportunidades antes e depois, mandaram-se tropas soviéticas. A "revolução" de Kabul de 27 de abril de 1978 foi um típico golpe palaciano. Uma esquadrilha de aviões, um batalhão de carros-de-combate e uns poucos adeptos do Partido Popular Democrático do Afganistão, liderados por Noor Mohammed Taraki, tomaram o antigo palácio real, matando o presidente, o ex-príncipe dinástico Mohammed Daoud.

Sempre foi dito que os eventos foram surpresa para Moscou e Washington.

Talvez a Casa Branca tenha sido surpreendida, mas a inteligência soviética no exterior seguramente alertou a KGB e o Comitê Central com bastante antecedência, se bem que não tivesse participado do golpe em si, quando muito "feito recomendações." Os experientes agentes de Moscou nada mais fizeram que dar aconselhamento verbal e garantias de que, na eventualidade de um resultado vitorioso, medidas de apoio e reconhecimento soviético se seguiriam.

Um ano mais tarde, em 17 de junho de 1979, Brejnev encontrou-se com o presidente dos EUA Jimmy Carter para a assinatura do tratado de limitação de armas estratégicas. Depois das cerimônias oficiais e do fim das conversações, quando os dois ficaram sozinhos com seus intérpretes, Carter disse a Brejnev que os Estados Unidos não tencionavam permitir intervenção armada no Iran e no Afganistão, e que contava com a tomada da mesma posição por parte da URSS.

Brejnev não estava preparado para aquilo. Acostumara-se com a leitura de documentos preparados pelo ministro do Exterior e seus auxiliares, e não soube como responder; disse apenas que Moscou esperava que os EUA não facilitassem ataques ao novo regime de Kabul. Agiu como se não soubesse que o líder da "revolução" afegã, Taraki, havia declarado em 30 de abril que seu objetivo era "construir o socialismo no Afganistão," apesar de ter dito, ao mesmo tempo, que tencionava ingressar no movimento dos não-alinhados.

Em abril de 1979, fazendo parte de uma delegação, visitei Kabul e diversas outras cidades do Afganistão, quando conheci Taraki e o ministro do Exterior Hafizullah Amin. Taraki deu-me a impressão de ser um sonhador ideológico que visualizara sua meta utópica, mas não tinha idéia de como alcançá-la. Amin, ao contrário, tinha noção clara sobre os recursos da "revolução," mas não dava importância a quimeras. Para ele, a maior virtude era o poder.

Noor Mohammed Taraki, olhando para o infinito sobre nossas cabeças, asseverou calmamente que o Afganistão se tornaria um país socialista, mas não seria rapidamente. "Não temos, praticamente, um povo educado," disse. "Todas as nossas esperanças repousam no exército." Fez uma pausa. "Entre os oficiais, temos muitos inimigos e traidores, mas os soldados nos seguirão. Porém, não temos como recompensá-los. Estão quase à míngua. (...) Pediremos ajuda à URSS. Diga a Brejnev que ele conta agora com outro aliado confiável."

Houve uma reunião com jovens oficiais, muitos dos quais haviam estudado na URSS. A maioria deles iria perecer na carnificina da guerra civil. Olhando para aqueles revolucionários românticos, alarmei-me com o pensamento de meu país estar na iminência de se enrascar de novo, com poucas chances de se ver livre do imbróglio. Ouvi, espantado, depois das conversações oficiais, os afegãos dizerem ao general Yepishev que poderiam provocar uma rebelião entre os baluchis no

Paquistão e, assim, conquistarem uma saída para o mar: "Isto significa que vocês também teriam o acesso. Basta que nos ajudem."

O único comentário de Yepishev foi: "Não falem agora sobre isso. A preocupação do momento é consolidar o regime."

O regime acabou se revelando bastante fraco. Pelo verão de 1979, surgiram diferenças entre Taraki e Amin. Em 29 de junho, o Politburo decidiu enviar o secretário do comitê central Boris Ponomaryov a Kabul para "estabilizar" a situação e conversar com chefes afegãos. A visita foi precedida de uma nota a Brejnev – formalmente endereçada ao Comitê Central – assinada pelos membros e membros-candidatos do Politburo Gromyko, Andropov, Ustinov e Ponomaryov, instando que a situação no Afganistão só poderia ser "estabilizada" pela "intensificação do combate à contra-revolução e pelo fortalecimento do poder do povo." Propunham o aumento dos militares soviéticos e dos assessores "especiais" e do partido, o envio de uma força se desembarque se valor batalhão para capturar o aeroporto de Bagram, cujos integrantes se disfarçariam como técnicos em aviação, uma unidade especial da KGB com efetivo entre 125 e 150 homens e uma unidade especial da 2ª seção do Estado-Maior (GRU) de quinhentos homens.[37]

Em Moscou, em setembro, Taraki falou com Brejnev sobre o perigo que Amin representava para seu regime e pediu o envio de tropas ao Afganistão: "Sem ela, não poderemos defender a revolução afegã." Na presença de Andropov, Brejnev disse a Taraki, "tomaremos conta de Amin," mas instou que o afegão tentasse "normalizar" as relações na chefia para o bem da revolução.

Enquanto a KGB tentava "tomar conta" de Amin, Taraki decidiu resolver o problema. Brejnev logo recebeu um relatório do que ocorria em Kabul. Taraki convidou Amin, como vice, para uma conversa em sua casa. Os aliados de Amin o alertaram sobre possível cilada, mas o embaixador soviético A. Puzanov, que estava na residência de Taraki, garantiu-lhe que não havia perigo. O que se passou foi depois relatado pelo ministro afegão do Exterior Shah Wali a Gromyko, em 27 de setembro de 1979, em Nova York: "Quando Amin chegou à casa de Taraki e começou a subir as escadas na companhia de Tarun, membro do Comitê Central, de seu ajudante e de seguranças pessoais, o auxiliar de Taraki atirou em Tarun, que subia à frente, matando-o instantaneamente. Outros seguidores de Taraki também abriram fogo, ferindo o ajudante de Amin, mas não atingindo Amin." Mais tarde, surgiu a história de que os aliados de Taraki estavam no telhado da casa quando atiraram no grupo de Amin e que este tinha escapado por pura sorte.

GROMIKO: O senhor acha que isso foi deliberadamente planejado com o embaixador soviético lá, mas que ele não sabia de nada?

SHAH WALI: O que aconteceu foi que, quando o embaixador soviético garantiu

> que não havia qualquer espécie de perigo, Amin foi, mas levou consigo os seguranças pessoais.[38]

Taraki foi preso e Amin se tornou secretário-geral do partido, chefe do soviet revolucionário, primeiro-ministro e ministro da defesa. Em 9 de outubro de 1979, a rádio de Kabul fez um breve anúncio divulgando que Taraki e sua esposa haviam falecido repentinamente. Na verdade, Taraki fora estrangulado em sua cela por carrascos de Amin.

Brejnev ficou estarrecido e indignado. Nem decorriam três semanas que ele recebera Taraki com as honras devidas em sua sala, prometera-lhe ajuda de todos os tipos, exceto tropas – pelo menos naquela ocasião – e agora aquela traição! O embaixador Puzanov e o general I. Pavlovsky reportaram que os chefes da "revolução de abril" estavam começando a se devorar uns aos outros.

Amin enviou telegrama após telegrama a Moscou solicitando ser recebido e prometendo contar tudo. Fora Taraki, disse ele, quem começara a luta civil. Temendo que seus telegramas não estivessem chegando ao Kremlin, entregou uma carta pessoal ao assessor do embaixador, general V. Zaplatin, na qual jurou lealdade total a Moscou e pediu de novo um encontro com Brejnev. O Kremlin, contudo, já tinha decidido se livrar de Amin e substituí-lo por outro títere como "chefe da revolução," Babrak Karmal.

Relatórios dos serviços especiais soviéticos em Kabul insistiam junto à chefia a respeito do envio de tropas. Os generais que empurravam Brejnev e Andropov para tal política planejavam a remoção física de Amin e usavam o pretexto empregado pelo próprio Amin.

A decisão tomada no Politburo, em 6 de dezembro de 1979, foi pela aceitação da proposta de Andropov e do marechal N. Ogarnov, chefe do Estado-Maior, para o despacho de uma unidade especial do GRU "com efetivo de cerca de cinco mil homens uniformizados, sem esconder sua filiação às forças armadas," para "defender a residência de Amin." "Como a questão do envio de uma unidade a Kabul foi acordada com o lado afegão," continuou a proposta, "supomos ser possível executá-la com aeronaves de transporte da aviação militar nos primeiros dez dias do ano. O Camarada D.F. Ustinov está de acordo."[39]

A decisão sobre o envio de tropas para o Afganistão demandou algum tempo no final de novembro de 1979. Os iniciadores foram Brejnev, Suslov, Andropov, Ustinov e Gromyko, e a proposta foi formulada sob forma de decreto, em 12 de dezembro, assinado em diversas datas entre 12 e 26 de dezembro por Brejnev, Andropov, Ustinov, Chernenko, Suslov, Grishin, Kirilenko, Pelshe, Gromyko, Tikhonov, Ponomaryov e Shcherbitsky.[40]

As tropas soviéticas cruzaram a fronteira afegã em 27 de dezembro, lançando uma onda de choque por todo o mundo. Na véspera, a unidade especial do GRU, enviada para "proteger Amin," tomou de assalto o palácio dele. Eu mesmo estive no palácio alguns dias depois e vi as janelas despedaçadas, as paredes crivadas de balas ou perfuradas por granadas, os telhados marcados pelos incêndios e as dúzias de estojos de munição espalhados pelo chão. Amin, sua família e todos que estavam no palácio – seguranças, conhecidos, serventes – foram mortos. Durante o ataque, Amin tentou desesperadamente fazer contato com a embaixada soviética. Sobre o parquete valioso, havia uma grande mancha que fora pisoteada pelas botas dos soldados. Era uma poça de sangue do infeliz ditador que se tornara insatisfatório para seus chefes em Moscou.

O assalto foi curto, selvagem e executado com a maior eficiência profissional. Novos heróis surgiram e foram agraciados com condecorações. O decreto do Politburo de 27 de dezembro estabelecera que "como conseqüência de atos de agressão externa e crescente interferência nas questões internas do Afganistão, existe uma ameaça às conquistas da revolução de abril." O motivo do "dever internacional" foi invocado para disfarçar a grosseira intervenção pela força nos assuntos de um estado soberano. A URSS se envolveu com a guerra civil de outros até 15 de fevereiro de 1989 quando as forças soviéticas deixaram o país, ao preço de 13.826 vidas e 49.985 feridos soviéticos.

Minha tarefa em Kabul foi ampliar e organizar o trabalho das unidades de propaganda especial. Naquela oportunidade, eu era chefe do serviço conhecido pelos americanos como "agência de guerra psicológica." Essas unidades de agitação, geralmente acompanhadas por um pelotão reforçado, às vezes até por uma companhia, viajava pelas províncias do Afganistão, em especial nos dias que logo se seguiram à invasão. Tomei parte em uma dessas incursões. Os homens da vila tinham corrido para as montanhas de onde atiravam em nossas viaturas. Por horas sem fim, nossos alto-falantes os conclamaram a apoiar a revolução de abril e tentaram explicar por que os *shuravi*, os soviéticos, tinham vindo. Por vezes, algumas dezenas de idosos, mulheres e crianças se aproximavam de nossas viaturas blindadas de transporte de pessoal. Muito desconfiados, aceitavam um saco de farinha, chá, açúcar, balas e brinquedos dos soldados, e então voltavam silenciosos para suas cabanas de pedras. Para eles, éramos conquistadores.

Gradualmente, a hostilidade e o vazio em torno das forças soviéticas cresceram. Mesmo àquela época, muitos oficiais estavam convencidos da inutilidade de sua missão. O coronel Yu. Shershnev, que trabalhava em minha agência, falou abertamente sobre os efeitos perniciosos da intervenção militar soviética e chegou mesmo a escrever ao Comitê Central. Tive muito trabalho para protegê-lo contra conseqüências desagradáveis.

Um mês após a invasão, em janeiro de 1980, o Politburo enviou Andropov a Kabul para conversas com a nova chefia afegã. Em 7 de fevereiro, ele fez um relato aos colegas. Achava que a remoção de Amin fora uma providência positiva e julgava que a situação do país havia melhorado. Ustinov adicionou o juízo de valor que "nosso contingente limitado permanecerá um ano ou ano e meio no Afganistão, até que seja conseguida a estabilização completa." Ao sintetizar o debate, Brejnev propôs "o aumento dos efetivos no Afganistão."[41] No início de janeiro, a quantidade já chegara a cinqüenta mil.[42] A chefia caminhava a passos largos para a derrota política.

Mas Brejnev, já então, era um homem adoentado. Seu entourage, em particular Andropov, Ustinov e Chernenko, evitava incomodá-lo com notícias do Afganistão. Mesmo eles não atinavam com a armadilha em que tinham enfiado a URSS. Juntamente com outros fatores políticos, sociais e econômicos, o Afganistão foi uma das causas da crise profunda em que o sistema entrou, da qual a saída inevitável seria o desmonte da União.

Até 1985, os chefes no Kremlin acreditaram ser possível estabilizar a situação no Afganistão. Pensavam que bastava acertar as diferenças dentro do Partido Popular Democrático do Afganistão (PPDA) entre as facções "khalk" e "parcham," ativar as operações militares soviéticas, criar órgãos com autoridade nas províncias leais a Kabul, e tudo acabaria bem. O XXVI Congresso do partido, de fevereiro de 1983, chegou até a aprovar uma resolução estabelecendo que nossa missão era a estabilização completa da situação naquele país. Se tudo dependesse apenas de resoluções do partido, a URSS seria, desde sua implantação, o paraíso na Terra.

Foi nesse mesmo congresso que Brejnev, articulando as palavras com extrema dificuldade, anunciou o porquê do envio de tropas ao país vizinho. Mesmo então, tudo soou como propaganda barata: "O imperialismo desfechou a presente guerra não-declarada contra a revolução afegã. Criou assim uma ameaça direta e um perigo para nossa fronteira meridional. A situação nos compeliu a proporcionar a assistência armada que o amigo país nos solicitava. (...) Quanto ao contingente soviético, estamos prontos para retirá-lo com a anuência do governo afegão. Para que isso aconteça, tem que acabar o despacho de bandos contra-revolucionários para o Afganistão. (...) Garantias irrevogáveis têm que ser dadas de que não haverá outra intervenção."[43]

Afirmações sobre ameaças à fronteira meridional da URSS, bandos contra-revolucionários e outra intervenção foram motivo de zombaria no Ocidente e simplesmente descartadas como ridículas.

Enfrentando quase universal condenação, os especialistas do aparato do Comitê Central tentaram encontrar meios para salvar as aparências ou, ao menos, para parecer, se não respeitável, no mínimo tolerável aos olhos da opinião pública mundial. Os encarregados da propaganda de massa, o exército e os comitês do partido recebiam, periodicamente, interpretações para os problemas relacionados com mudanças na liderança afegã e para o envio de tropas soviéticas àquele país. Tinham ordens para divulgar que tal liderança "solicitara, repetidamente, pelo menos quatorze vezes, o envio de nossas tropas." Karmal, deveria ser dito, havia retornado ilegalmente ao país na segunda metade de outubro de 1979, logo após o assassinato de Taraki por Amin, e passara a chefiar organizações clandestinas contra Amin. "Na noite de 27 para 28 de dezembro de 1979," continuava a versão oficial, "a clandestinidade, ou seja, membros do PPDA, passou a agir e, em conseqüência, Amin foi derrubado." (A unidade especial do GRU não fazia a menor idéia de que desempenhara tão brilhantemente o papel de membros do partido na "clandestinidade".) Foi então que, prosseguia a mensagem, em 28 de dezembro, Karmal, já secretário-geral do comitê central do PPDA, chefe do soviet revolucionário, e primeiro-ministro da República Democrática do Afganistão, pediu assistência militar da URSS. O fato de a remoção de Amin ter ocorrido exatamente quando os contingentes militares soviéticos começavam a chegar ao Afganistão "não passou de coincidência, e não houve qualquer correlação causal. As unidades militares soviéticas não se envolveram com a derrubada de Amin e seus asseclas."[44]

Não havia uma palavra de verdade nessa "interpretação," mas os departamentos de propaganda e informação internacional do Comitê Central de há muito haviam se transformado em doutores para ludibriar o público soviético, e a maioria do povo engoliu a pílula. Paradoxalmente, a verdadeira razão para a intervenção foi revelada pelo próprio Politburo: "As forças soviéticas no Afganistão estão cumprindo seu dever internacional." Para Brejnev e seus camaradas, ainda raciocinando em termos de Komintern, o compromisso ideológico com a doutrina marxista de tornar todos os povos felizes a despeito deles mesmos justificava a tosca interferência nas questões internas de outros países.

Dois anos antes de falecer, Brejnev e seus decrépitos camaradas-em-armas quase arrastaram a URSS a outra aventura perigosa, provavelmente ainda mais perigosa. Se a Polônia não estivesse firmemente aferrada pela pinça das tropas soviéticas na Alemanha Oriental e pela própria URSS a leste, é quase certo que o regime comunista naquele país teria entrado em colapso bem antes – supondo-se que tal regime um dia existiu. Em agosto de 1980, Moscou enviou o marechal V. Kulikov a Varsóvia para evitar que a situação criada pelo movimento Solidariedade imensamente popular saísse ainda mais do controle. Como tenente-general, segui para a Polônia na qualidade de ajudante de Kulikov. A missão de nosso grupo era "explanar" para a liderança polonesa os "conselhos" e "recomendações" do Comitê Central.

Uma ou duas vezes por semana, o primeiro-ministro polonês, general Jaruzelski, ia ao Palácio Helenow, nas cercanias de Varsóvia, onde Kulikov, com as novas instruções recebidas de Moscou, conduzia a conversação. O general V. Anoskin e eu ao lado do marechal, enquanto Jaruzelski estava normalmente sozinho. As instruções de Kulikov eram sempre as mesmas: Jaruzelski tinha que controlar a mídia de massa, lançar descrédito sobre os ativistas da oposição e executar várias manobras políticas. Já se contemplava à época "uma resposta dura da parte das autoridades na Polônia socialista" às ações do Solidariedade.

Com uma fisionomia entristecida, Jaruzelski sentava-se, ouvia a lista rotineira de conselhos de Moscou e, no final, declarava que o regime polonês controlava a situação e que a intervenção direta da URSS levaria a uma catástrofe. Ele estava entre a bigorna dos problemas da Polônia e o martelo da maciça força militar soviética. Contrariando os prognósticos, logrou convencer a liderança soviética a não enviar tropas, embora não lhe tivesse sido dito claramente que tal envio era considerado. O próprio Kulikov facilitou bastante a posição de Jaruzelski e, para mim, ficou evidente que o marechal era pessoalmente contra o envolvimento da URSS em outra empreitada perigosa. Apesar disso, as tropas soviéticas na Tchecoslováquia, na Alemanha Oriental e nos distritos militares da fronteira da URSS se preparavam secretamente para uma operação.

Eu estava bastante preocupado e, quando me vi sozinho com Kulikov, perguntei-lhe se não estávamos prestes a cometer outro erro fatal. Ele respondeu em voz baixa que não seria permitido que tal "erro" ocorresse e desviou a conversa para outro tópico menos arriscado.

Se bem que não tivesse conhecimento de tudo, Jaruzelski devia ter deduzido que o Afganistão não persuadira Moscou sobre a tolice de tais operações, e que uma guerra mais terrível era uma possibilidade real. Devia também ter intuído que o seriamente enfermo Brejnev havia delegado a Chernenko e a outros membros do Politburo a missão de rever as medidas relativas à Polônia, "só como precaução."

As medidas visualizadas foram delineadas num documento de uma página preparado pelos "falcões" do Kremlin Suslov, Gromyko, Andropov, Ustinov e Chernenko, que foi entregue a Brejnev em 28 de agosto de 1980. Frisando que a situação na Polônia "continua tensa, com movimento grevista se alastrando para proporções estatais," e supondo intervenção militar soviética, o grupo recomendou que três divisões blindadas e uma divisão de infantaria motorizada entrassem em prontidão total a partir das 18h de 29 de agosto. Cem mil reservistas seriam convocados e quinze mil veículos requisitados do setor agrícola.

"Na eventualidade de um agravamento da situação na Polônia," continuava a nota, "as divisões em aprestamento permanente nos distritos militares do Báltico, da Bielo-Rússia e Pré-Cárpatos deveriam receber efetivos e equipamentos de guerra e, se o grosso das forças polonesas passasse a apoiar as forças contra-revolucionárias, nossas tropas deveriam ser ainda mais reforçadas com cinco a sete divisões."[45]

Dois ou três anos mais tarde, numa conversa confidencial, o marechal Ogarkov disse-me que ficara extremamente ansioso. "Outra guerra, dessa vez na Europa," declarou, "poderia ser sobrecarga insuportável ao país." Deixou escapar que conversara com diversos membros do Politburo e, cautelosamente, tentara convencê-los a não aceitarem aquela solução para o "problema polonês." De qualquer forma, depois de ler o memorando, Brejnev grunhiu: "Vamos esperar um pouco."

Se não entendeu a seriedade da situação ou não quis assumir outro ônus para si mesmo e para o país, o fato é que sua cautela foi providencial. A decisão de invadir ou não a Polônia pendeu por um fio.

Essa era a característica do regime criado por Lênin: mais dependia da vontade do chefe – mesmo que nem minimamente aquinhoado de inteligência pela natureza, ou terminalmente enfermo – que da vontade do povo.

Marechal, herói, laureado

Provavelmente não há outro país no mundo em que existam tantas piadas sobre seus chefes quanto na União Soviética. As pilhérias sobre Lênin e Stalin só passaram a ser ouvidas em público depois da morte do "georgiano maravilhoso," mas os outros secretários-gerais foram motivos de hilaridade ainda vivos. Não tendo a oportunidade de falar abertamente sobre "a mais eqüitativa ordem leninista," sobre a ideologia comunista ou sobre a onipotente polícia secreta, os cidadãos comuns soviéticos, no recesso do lar, zombavam de seus chefes, os quais, na realidade, proviam vasto material para tanto. Brejnev foi um alvo clássico. Com o tempo, se transformou no símbolo de toda a liderança senil, incapaz de gerenciar até mesmo as tarefas mais simples.

Quase sempre, nem havia necessidade de inventar piadas sobre Brejnev. Como disse o ex-administrador dos assuntos do Conselho de Ministros, Mikhail Smirtyukov, o autor de muitas pilhérias sobre Brejnev foi o próprio Brejnev. Ele fazia alguma coisa tola ou arriscada, um dos membros de seu entourage contava aos amigos, e a piada começava a circular.[46]

No fim da vida, Brejnev já nem podia articular algumas frases em público se elas não fossem impressas para ele. Ficou, literalmente, escravo dos textos preparados pelos auxiliares. Isso se refletiu em muitas anedotas.

Brejnev encontra-se com Margaret Thatcher no aeroporto e lê o texto preparado; "Prezada e muito admirada Senhora Indira Gandhi..."

"Leonid Ilyich," sussurra um assistente, "é Margaret Thatcher."

"Prezada e muito respeitada Senhora Indira Gandhi..." engrola novamente Brejnev ajeitando os óculos.

O assistente, desesperado, tenta de novo.

"Eu sei que é Margaret Thatcher," diz Brejnev, "mas aqui está escrito Indira Gandhi!"

Brejnev está falando numa reunião do Politburo recém-chegado de outro funeral: "O Camarada Pelshe merece ser adequadamente recompensado: ele acabou sendo um gentleman dos mais galantes no Politburo. No enterro de Suslov, quando tocaram música fúnebre, foi o único a se levantar e convidar a viúva para dançar."[47]

De todas as virtudes "simpáticas" de Brejnev, a vaidade e a propensão a outorgar a si mesmo cada vez mais condecorações estavam entre as ridículas ao extremo.

O governo perguntou ao comitê encarregado: "Onde foi o epicentro do último terremoto?" Resposta: "Debaixo do cabide de roupas onde caiu a túnica de parada de Brejnev."

A vaidade é um senão comum, mas a maioria encontra um modo de escondê-la. Brejnev era diferente. Seu histórico de guerra não registrava nada excepcional, mas quando se tornou secretário-geral passou a ser também, segundo uma lei não-escrita, comandante-supremo das forças armadas soviéticas. Em 1975, como meu chefe Yepishev me contou, ele vivia levantando a questão de seu posto com outros militares dos altos escalões do exército: "Gente me escreve e insiste em que, sendo eu comandante-supremo, devo ter um posto adequado à minha posição. (...) Um tenente-general [posto que recebeu depois da guerra] não pode ser um supremo. Não sei o que fazer. (...) A pressão da opinião pública, em particular entre os militares, é muito forte."

Por volta de maio de 1976, o ministro da Defesa providenciou para que o posto de Marechal da União Soviética fosse conferido a Brejnev. Um uniforme de marechal, no entanto, precisa de medalhas, e elas foram convenientemente aparecendo, uma atrás da outra, como se saíssem de uma cornucópia mágica. Ele recebeu as estrelas de Herói da União Soviética, a mais alta condecoração estatal, quatro vezes: em 1966, 1976, 1978 e 1981. Já fora condecorado como Herói do Trabalho Socialista por Khruschev, e o resplendor do ouro e das ordens ornamentadas com jóias em seu peito foi aumentando até o fim de seus dias. Ele jamais se apercebeu do absurdo cômico de tudo aquilo.

Em dezembro de 1966, Suslov disse a Podgorny: "Leonid Ilyich vai fazer sessenta anos daqui a uma semana. Sugiro que o tornemos Herói da União Soviética. Ele vai gostar."

Podgorny replicou: "Não faço objeção. Acho que devemos consultar os membros do Politburo."

Não tardou que um decreto do Comitê Central fosse ditado outorgando a Brejnev "o título de Herói da União Soviética e as condecorações da Ordem de Lênin e da Medalha da Estrela de Ouro."[48] Houve a proposta de um certo S. Davidyuk, em Kiev, para que uma nova e mais elevada ordem fosse criada, a de Herói do Trabalho Comunista, e Brejnev fosse o primeiro recipiendário.[49] O Politburo parece que teve o bom senso de não relatar a proposta ao Secretário-Geral porque ele teria certamente concordado. Os chefes dos países socialistas disputavam uns com os outros para ver qual iria pespegar primeiro sua mais alta condecoração no peito já sobrecarregado de Brejnev. Ele, provavelmente, ganhou mais medalhas que todos os outros chefes juntos, de Lênin a Gorbachev.

O curioso é que Brejnev acreditava piamente merecer suas condecorações e, com o tempo, também se convenceu de que desempenhara papel histórico na guerra, e que seu posto de marechal e a Medalha da Vitória eram perfeitamente justos. Até começou a alimentar uma certa rivalidade com o marechal Zhukov e suas memórias como maior comandante militar da União Soviética. O entourage bajulador de Brejnev lembrava constantemente ao chefe que suas palavras, suas decisões e sua participação em vários eventos eram de natureza a marcar época. Foi tal entourage que providenciou para que nas primeiras seis edições das memórias de Zhukov constasse a deslavada mentira de que Zhukov, quando estava com o XVIII Exército, quis "consultar o chefe da seção política da força, L.I. Brejnev," mas que isto não aconteceu porque o herói de Malaya Zemlya estava junto à vanguarda.

Livros, álbuns fotográficos, incontáveis programas de televisão e gosmentos elogios de aduladores criaram um clima louvaminheiro para aquele débil idoso tão generoso com seus velhos amigos. O desfile de sua descolorida personalidade, sua paixão por medalhas e por qualquer espécie de penduricalho, tornaram-se praticamente patológicos. Ficava encantado como uma criança quando recebia uma estatueta do Mercúrio Dourado, o Prêmio Lênin da Paz, a Medalha de Ouro Joliot Curie da Paz, o Sol Afegão da Ordem da Vitória, a Medalha de Ouro Karl Marx, o Prêmio Lênin de Literatura, uma nova carteira do partido com a inscrição número 00000002 – a primeira, é claro, expedida para o de havia muito falecido

Lênin – a carteira nº 1 do Komsomol, ou mesmo o primeiro distintivo com a inscrição "cinqüenta anos no PCUS."

A vaidade de Brejnev tornou-se tão grotesca que todo o país mal podia esconder o sorriso malicioso e quase troçava abertamente de seu desastrado chefe. A maioria de seus colegas apenas ria de leve e polidamente enquanto outra medalha era espetada em seu peito, ou procurava esconder o rosto das câmeras. Até eles se envergonhavam. Numa de suas primeiras sessões do Politburo como secretário-geral, Gorbachev, citando a carta de um comunista, declarou: "Andam dizendo que as dezenove Estrelas de Ouro de L.I. Brejnev e a terceira de Chernenko não apenas minaram sua autoridade pessoal, mas ricochetearam sobre os membros do Politburo. A queixa se justifica: 'Onde estão os olhos do Politburo? Por certo, seus membros não acham que se podem condecorar secretários-gerais quando e quantas vezes se quiser.'"[50]

Com exceção de Lênin e, em certa medida, de Stalin, os chefes do partido escreveram pouco ou nada, pelo menos enquanto estiveram na função. As montanhas de seus documentos encontrados nos arquivos do partido foram criadas por auxiliares e funcionários do aparato, e tudo que escreveram ficou registrado em resoluções e decretos, blocos de anotações e agendas de mesa. A esse respeito, a criatividade de Brejnev, como laureado da literatura soviética, é única. Seus incontáveis e grossos volumes de discursos e artigos refletem o nível da mestria do partido em relação à técnica burocrática. É impossível encontrar-se um traço pessoal em qualquer desses discursos.

Além do mais, Brejnev, que adorava fazer pronunciamentos e aparecer na televisão ou em grandes reuniões, tinha um estranho modo de falar, decorrente em algum grau da prótese dentária. Num bilhete para o embaixador soviético em Bonn, V. Falin, em outubro de 1974, Brejnev escreveu: "Por favor, diga aos médicos que espero por eles na expectativa de sucesso. É muito difícil para mim repassar em detalhes a sensação que experimento ao usar o modelo que eles me deixaram, embora o use todo o tempo. De um modo geral, eu gostaria que ele fosse mais leve – é particularmente desconfortável quando toca a minha ponte – a saliência em meus dentes de trás provoca uma sensação desagradável na língua. Falamos sobre tudo isso em Moscou, portanto, não quero fazer mais comentários." Um *postscriptum* acrescentava: "Amanhã, 23 de outubro, duas encomendas endereçadas a você seguirão de trem por malote especial do Ministério do Exterior; uma delas contém dois rifles que quero que você entregue aos médicos, a segunda [um javali] envio para você pessoalmente."[51]

Em 13 de abril de 1978, por ocasião dos "outros assuntos" da pauta de uma sessão do Politburo, Brejnev solicitou aos colegas apoio para prosseguir publicando suas "memórias." "Quando me encontro com funcionários categorizados, militares e outros camaradas," disse ele, "todos me afirmam que essas memórias são úteis à educação do povo. Se não houver objeção dos membros do Politburo, continuarei a escrevê-las com a ajuda de um pequeno grupo de camaradas." Naturalmente, houve um coro de aprovação e apoio para a "altruísta" atividade literária do Secretário-Geral.[52] De imediato, um grupo de escritores foi convocado e começou a trabalhar sob a orientação dos funcionários de Brejnev.

Os "livros" do Secretário-Geral foram lindamente produzidos e publicados em tiragens gigantescas. Porém, a despeito de terem sido coligidos por escritores profissionais, não têm brilho. Não contêm coisa alguma sobre Brejnev, nada profundamente pessoal ou desconhecido, por certo nada que denote reflexão, emoção ou inesperado. Por mais ilustradas que sejam as descrições da guerra, da reconstrução pós-guerra ou da campanha das terras virgens, não há vestígio de Brejnev nelas. E por mais medalhas e títulos que se conceda a uma mediocridade, não há como transformá-la em gênio ou mesmo em personalidade destacada. Seus livros estavam fadados a ter vida muito curta e, hoje em dia, não passam de lembranças da era Brejnev.

Embora tenhamos ressaltado a vaidade de Brejnev, vale a pena realçar que ele era altamente sentimental, traço muito explorado por seus numerosos parasitas. Gostava de gente e era muito acessível, muitas vezes ajudando pessoas de fora do círculo mais próximo que lhe tocavam o coração com uma história ou solicitação tristes. Por vezes, enquanto via um filme ou ouvia um concerto, desejava logo conferir ao artista principal uma medalha ou um título honorífico, ou manifestar de qualquer outro modo seu reconhecimento. E normalmente o fazia.

O assistente de Gorbachev, Alexei Chenyaev, lembrou em suas memórias: "Leonid Ilyich gostava de assistir a série de TV *Dezessete Momentos de Primavera*. Ele a viu cerca de vinte vezes. Certa ocasião, quando ao fim de um episódio foi dito [ao personagem] Shtirlits que ele acabara de ser agraciado com o título de Herói da União Soviética, Brejnev virou-se para os outros e perguntou: 'Já o agraciaram? Eu gostaria de tê-lo feito.' Ryabenko, seu chefe da segurança, começou a elogiar o ator Tikhonov no que foi acompanhado por outras pessoas. Brejnev interveio: 'Bem, se o caso é esse...' E, poucos dias mais tarde, ele entregou pessoalmente a Estrela de Herói da União Soviética e a Ordem de Lênin ... a Tikhonov, totalmente convicto de que ele era na realidade Shtirlits."[53]

De certa forma, Brejnev foi uma espécie de bom czar, um czar comunista, e se não fosse pela Tchecoslováquia, Afganistão e Polônia, a visão da história a seu respeito poderia ser bem diferente. Como qualquer bom czar, gostava de tornar as coisas agradáveis para os que estavam ao seu redor, distribuindo presentes e demonstrando nobre preocupação. Como Roy Medvedev escreveu, Brejnev tinha muitos amigos e deles não se esquecia na hora de presentear e promover.[54] A lista dos beneficiários é longa.

Mesmo quando criticava alguém, o fazia de modo a não deixar a pessoa magoada.[55] Cimentou as fundações do poder explorando a natureza amistosa e benevolente de suas relações pessoais – a própria antítese da tirania stalinista do medo. Gostava de refeições longas e descansadas, grandes caçadas, pescarias com grupos de amigos, dirigir a grande velocidade em carros luxuosos, dos quais tinha uma coleção com cerca de oitenta.

A exemplo de outros membros do Politburo durante o regime de Khruschev, Brejnev trabalhou de dez a doze horas por dia, cumpriu freqüentes missões, agüentou longas horas de numerosas reuniões e presidiu muitas comissões. Como secretário-geral, organizou seus dias de forma bastante diferente. O aparato do Comitê Central fazia todo o trabalho para ele, apenas demandando sua assinatura nos papéis mais importantes. Também tentou fazer a vida mais fácil para seus apaniguados.

Em 28 de julho de 1966, pouco depois de assumir o poder, o Politburo, por sua insistência, aprovou um decreto concedendo dez semanas de férias por ano aos seus membros. O trabalho deles deveria também "ter início às 9h e terminar às 17h com intervalo compulsório para o almoço."[56] Durante seus cinco ou seis últimos anos, quando ficou senil, só aparecia no escritório por duas ou três horas e passava a maior parte do resto da semana em Zavidovo, um paraíso para a caça, a centenas de quilômetros de Moscou. Quando ficou evidente para todos, dentro e fora da URSS, que Brejnev declinava, o Politburo tomou providências adicionais para proteger a saúde preciosa de seu chefe. Ele passou a ser acompanhado aonde fosse por uma ambulância equipada com ressuscitador e com médicos pessoais. Seus locais de trabalho foram apetrechados de igual maneira e, a partir de 1978, só o seu repouso de verão foi ampliado com mais dez semanas.[57]

Todo mundo sabia que Brejnev era um homem doente, mas o Comitê Central, o Politburo, e mesmo ele, fizeram de tudo para esconder o fato. Falando para chefes comunistas da Europa Oriental, em Budapest, em 18 de março de 1975, ele gastou muito tempo para dizer-lhes que estava "exausto," não enfermo em absoluto: "Com toda a veemência, eu gostaria de solicitar-lhes, camaradas, que tivessem em mente que, por determinado período, realmente não me senti bem, mas tomamos a firme decisão de não mencionar tal fato publicamente. Preciso de algum tempo e de uma dieta adequada para sobrepujar esse cansaço. Não há nada errado comigo. Sou grato a vocês, camaradas, por sua preocupação com minha saúde, e gostaria de aproveitar o ensejo para afirmar-lhes que sou um lutador e que continuarei a sê-lo até o fim."[58] Na realidade, ele já estava seriamente enfermo.

O Politburo, o ministro da Saúde Petrovsky e seu sucessor Chazov, e os chefes do serviço médico do Kremlin estavam, com efeito, num experimento para ver quanto tempo um velho terminalmente doente poderia dar a impressão de que trabalhava. Lembro-me de um incidente no fim de outubro de 1982, duas semanas antes do falecimento de Brejnev, e última vez que o vi vivo. Corria a convenção anual do Estado-Maior do Comando Supremo do Exército e da Marinha. No segundo dia, fomos informados de que a sessão do dia seguinte teria lugar no Salão Sverdlov do Kremlin. Às 10h, quando eu já ocupava meu lugar juntamente com os outros marechais e generais, Brejnev foi trazido para o palco saindo de trás das cortinas. Estava acompanhado pelo marechal Ustinov de um lado e por um jovem robusto do outro segurando uma xícara de chá com uma das mãos e amparando, com bastante firmeza, o cotovelo do Secretário-Geral com a outra. Dessa forma, o trio caminhou vagarosamente até o pódio.

Não consigo me lembrar do que Brejnev batalhou por quinze minutos para dizer. Enquanto acompanhava com o dedo as grandes letras impressas, seu olhar vagava pelo texto, pulando linhas, de modo que a platéia só pôde ouvir coisas desconexas. Ninguém prestou atenção ao que estava sendo dito, apenas houve preocupação com o fato de Brejnev poder desabar ali mesmo na presença de todos. Por que Ustinov encenou espetáculo tão patético jamais entendi. Todos sentiram piedade por Brejnev e vergonha por seu país. Quando o rapaz ajudou Brejnev a se retirar do palco, todo o salão respirou aliviado.

Nenhum dos sete chefes deixou o cargo voluntariamente, mesmo quando ficava óbvio que não mais podiam desempenhar a função. É verdade que, em mais de uma ocasião, os íntimos de Brejnev revelaram que ele estava ficando velho e que "chegava a hora do descanso." Mas o que tudo aquilo realmente significava é que ele queria ouvir mais palavras elogiosas, escutar de novo que era insubstituível e que "o povo não entenderia."

Os papéis do Secretário-geral

Malgrado toda a sua falta de cultura e de instrução, Brejnev deixou grande quantidade de documentos sobre todos os tipos de trabalhos. Eles são interessantes por lançarem luz sobre o homem que permaneceu no pico do poder por dezoito anos e também levantam a cortina para que se desvendem alguns segredos, grandes e pequenos, ligados ao governo de um vasto país. Compõem alguma coisa do ilusório tecido da história soviética.

É duvidoso se sua vaidade motivou Brejnev a fazer tais anotações. Era bastante comum os chefes do partido fazerem anotações sobre as ordens de seus superiores a fim de executá-las, para depois, anos mais tarde, anotar tudo de novo como se fossem ordens suas e, então, como secretários-gerais, arquivá-las como instantâneos de suas grandes vidas. Muita coisa objetivava a posteridade: "Para Chernenko: Provavelmente esta carta deva ser colocada em meus *arquivos pessoais* com a observação de V.A. Golikov. Mesmo agora, ainda me correspondo com gente e é difícil guardar tudo. Assinado L. Brejnev, 13 de junho de 1976."[59]

A partir de 1944, bem antes de ter se engajado na "correspondência com gente," Brejnev começou a guardar anotações de trabalho, prática comum para um oficial não-profissional e de posto intermediário do exército. Inusitadamente, Brejnev manteve todos esses pedaços de papel e os carregou consigo para todos os cantos até que foram parar em seus arquivos.

Os documentos de trabalho mostram a especial atenção que conferiu às observações de Khruschev durante as reuniões e às instruções que o ex-chefe expediu sobre tudo, da produção de armas ao modo de como e quando alimentar o gado. Até o momento em que Khruschev foi afastado do cargo, parece que Brejnev registrou todas as ocasiões em que se encontrou com o chefe, onde o chefe passou as férias, o que disse ao telefone, que papéis a preparar para sua chegada etc.

Em outubro de 1957, ele foi enviado por Khruschev para falar a um grupo do partido das forças soviéticas na Alemanha Oriental sobre a remoção do marechal Zhukov do cargo de ministro da Defesa. Seus documentos contêm anotações para o discurso: "Os fatos testemunham a inclinação do Camarada Zhukov para o poder ilimitado. Recentemente, o Camarada Zhukov sugeriu a substituição do chefe do Comitê da Segurança Estatal [KGB] e do ministro do Interior por pessoal militar. O que há por trás dessa proposta? Por que os postos mais altos desses órgãos precisam ser chefiados por sua própria gente, por oficiais que lhe devotam lealdade pessoal? Não será isso desejo de assumir controle da KGB e do MVD?"[60] Não fazia muito tempo que Brejnev, Khruschev e até Stalin (em certa medida) temiam o grande chefe guerreiro a quem agora Brejnev depreciava com tanta facilidade por ordens de seu chefe.

Como favorito de Khruschev, Brejnev recebeu muitas missões, se bem que sempre arranjasse tempo para suas queridas caçadas: "Fui com Khruschev a Zavidovo" – "Estive em Zavidovo" – "Falei com NS sobre caça" – "Saí às quatro da tarde para caçar com Yura"– "Abati três javalis em Zavidovo" – "Zavidovo – alce." A caça era um esporte excêntrico para alguém com o passado de Brejnev. Talvez lhe desse um sentimento de vínculo com a tradição aristocrática do passado distante. Nicolau I, resumindo o primeiro ano de seu reinado, anotou: "No total, abati 3 bisões, 28 cervos, 3 bodes, 8 javalis e 3 raposas = 45."[61]

A caça foi, gradualmente, se tornando a forma principal de relaxamento para Brejnev, talvez mesmo sua ocupação principal. Nos últimos dois ou três anos de vida, já não podia empunhar o rifle com firmeza – tinha uma coleção com mais de cem armas caras e de fino acabamento. Por diversas vezes em Zavidovo, machucou a testa e o nariz por não agüentar o coice das armas. Seu ex-chefe da segurança, general Vladimir Medvedev, escreveu que, embora Brejnev dirigisse e comandasse as operações, os caçadores é que realizavam o tiro por ele. Brejnev se engajou nessa atividade esportiva vinte e quatro horas por dia até falecer.[62] Amava tanto o esporte que promoveu seu caçador-mor em Zavidovo a general e, em curto espaço de tempo, condecorou-o com três graus de uma ordem recém-criada, a dos "Serviços Prestados à Mãe-Pátria." Os assistentes do caçador foram também abundantemente agraciados com medalhas.

Brejnev gostava de distribuir seus troféus de caça entre amigos e indivíduos "úteis." A exemplo do javali inteiro que mandou para o embaixador soviético em Bonn, providenciou para que sua última encomenda de Zavidovo fosse enviada de avião para o "doutor Jakob de Bon" e "para o doutor Ozinga de Diusendorf" [sic].[63]

Curiosamente, as anotações de Brejnev cessaram por um período em meados de 1964. Ele trabalhava bastante, falando e registrando as instruções de Khruschev em folhas separadas de papel, mas não anotou qualquer outra atividade. Como sabemos, a remoção de Khruschev estava sendo cuidadosamente planejada naquela ocasião e Brejnev, por conseguinte, era cauteloso ao extremo. Não escreveu coisa alguma sobre suas reuniões com outros "camaradas," não fez menção a telefonemas, ou mesmo a caçadas. Só quando Khruschev deixou de ser um perigo, a partir da segunda metade de outubro de 1964, as anotações reapareceram. São referências a discursos pronunciados por Polyansky e Suslov sobre o comportamento do ex-chefe, e reações dos comitês partidários locais ao seu afastamento; citam também uma chamada telefônica de Ignatov perguntando se deveria discursar no próximo pleno, uma vez que achava "que nem tudo estava acabado, e assim por diante." "Não partilho dessa opinião," observou Brejnev.[64]

Esse último registro é importante. Em 1964, como já foi dito, alguns membros da chefia, inclusive Ignatov, desejavam ir além da simples remoção de Khruschev. Estavam motivados pelo antigo hábito de afastar todas as pessoas que tivessem relação próxima com a vítima em desgraça, e sugeriam um pequeno expurgo na liderança central e das províncias. A despeito de toda a sua conformidade com a tradição partidária, Brejnev não queria enveredar por esse caminho, quanto mais não fosse porque havia sido o favorito do predecessor. Em vez disso, os gerentes do partido foram instruídos para seguir a política proposta por Suslov: discursar nos plenos em termos gerais sobre os danos causados pelo "voluntarismo e subjetivismo" e se esforçar ao máximo para apagar Khruschev da memória pública. A política fracassou, embora o tabu sobre o nome de Khruschev tenha perdurado por quase duas décadas.

Isso porque a memória, ainda bem, não depende de regras baixadas pelo Politburo. A maioria daqueles que concorreram para a remoção de Khruschev é completamente desconhecida pela maior parte do povo da Rússia de hoje. Ninguém expediu ordens para que fossem esquecidos, porém, ainda assim, seus nomes foram totalmente obliterados, ao passo que o de Khruschev permanece fazendo parte do discurso da história recente.

Nem bem Brejnev havia assumido o poder quando alguns dos mais próximos, notavelmente S. Trapeznikov, que se tornou chefe do setor de ciência do Politburo e, apesar de seu primitivismo, acabou acadêmico, e um de seus assistentes, V. Golikov, começaram a instar o novo chefe a reexaminar as decisões do XX e XXII Congressos do partido que haviam condenado o culto à personalidade. Entre os papéis de Brejnev se encontra a decisão do XX Congresso que alguém sublinhou – não se sabe ao certo quem – e a minuta (rejeitada) de seu discurso em Tblisi (Tiflis) que demonstra um claro viés stalinista. Outros membros do seu entourage que esposavam pontos de vista stalinistas naquela ocasião eram Chernenko e Tikhonov.

O acadêmico Georgy Arbatov escreveu em seu livro *Do passado recente* que aquela gente, "junto com os membros mais conservadores do Presidium e do secretariado do Comitê Central, foi logo capaz de pavimentar alguma coisa semelhante a uma plataforma política geral," que buscou derrubar as decisões dos XX e XXII Congressos e promover "a completa reabilitação de Stalin."[65]

Brejnev era simpático a Stalin, mas temia pô-lo de volta no pedestal. Hesitou, portanto, principalmente porque uma revisão radical de atitudes em relação ao papel de Stalin na história soviética poderia incitar fermento intelectual, protesto e uma tempestade de emoções. E isso era exatamente o que queria evitar. No final, encontrou um meio-termo. Stalin não seria mais criticado na imprensa, mas mal seria superficialmente mencionado por "serviço ao povo." Brejnev não teve estômago para rever as decisões dos congressos anti-stalinistas. Os tempos eram outros, julgou, e a reabilitação ostensiva do tirano provocaria uma grande onda anti-soviética no exterior, para não falar no que poderia resultar internamente. Em função de sua debilidade como teórico, decidiu ficar em cima do muro: entre meia-condenação e meia-reabilitação de Stalin.

Até 1968, Brejnev manteve suas anotações de forma randômica e irregular, quase sempre omitindo as datas. Como se fossem apenas para si mesmo. Por exemplo, dos registros para 1968 constam: "Fundação de uma Academia de Literatura e Arte (...) Quem vai escrever meu discurso na Tchecoslováquia? (...) Condecorações: Dar a Grechko a Ordem de Lênin, fazer Voroshilov e Budenny heróis. Yepishev ganha um Lênin, Timoshenko, Yeremenko, Bagramyan e Moskalenko ganham ordens da revolução de outubro. Dar a todos marechais uma *chaika* de serviço [limusine] (...) Legislação – deportar além das fronteiras do país (...) Khruschev e suas "memórias" (...) Sobre o acesso de qualquer gentalha aos arquivos do exército e seu uso com propósitos inadequados – endurecer."[66]

As anotações para 1973-74, escritas com caneta-tinteiro ou esferográfica e mantidas numa pasta vermelha, e que escreveu aleatoriamente até sua morte têm grande importância para o registro histórico:

> 1º de setembro. Conversa com Andropov, Yu.V. O incidente no Mausoléu [provavelmente, um dos diversos danos provocados por visitantes no túmulo de Lênin].
>
> 8 de setembro. Sakharov – devo recebê-lo ou não. Vou consultar o CC [Comitê Central] de novo. Ajuda à Índia – dar 200-250.000.
>
> 11 de setembro. Falei com Alexei Nikolaevich [Kosygin] novamente sobre receber Sakharov. Temos que pensar com mais profundidade e seriedade sobre a cooperação com [República Federal da Alemanha], para incômodo da França.
>
> 8 de outubro. Conversa com Tanaka e as pessoas que o acompanhavam. Ele fala sobre o "tratado de paz" e as ilhas. Ele diz que o povo está falando sobre isso!!!
>
> 21 de outubro. Se há uma guerra civil no Chile, temos que ajudar (com tudo e armas). Não deveríamos nós mesmos cortar relações dip[lomáticas] com esse regime fascista juntamente com os países soc[ialistas] isso nos uniria.[67]

Antes das conversas com estadistas estrangeiros, Brejnev era alimentado pelos *apparatchiks* com perguntas, respostas e comentários preparados. Entre as anotações para um encontro com Henry Kissinger o lembrete rabiscado foi: "O Oriente Médio é também um problema difícil onde nossas opiniões não são edenticas [*sic*] não significa que não concordamos com vocês sobre posições de paz."[68] Seguramente, as opiniões de Brejnev não eram "edenticas" às de Kissinger, e ele perseguiu com persistência sua política externa de forma direta e inflexível. No final, entretanto, percebeu a lógica destrutiva do fim do século XX: quem empregasse primeiro mísseis nucleares, pereceria em seguida. A ironia da história era que se poderia reduzir o inimigo a cinzas, mas não sair vitorioso.

Politicamente, Brejnev raciocinava em termos de preto ou branco. Suas anotações sobre o encontro com chefes dos partidos comunistas, de 10 a 23 de novembro de 1966, são características: "Camarada Violdi (Argentina) elogiou Khruschev,

Camarada Zhivkov (sobre serviços de Khruschev), Camarada Nuri (Iraque) bom discurso, Camarada Lonoyan (Chipre) bom, Camarada Saoue (Líbano) bom, Camarada Wensen (Suíça) bom dis[curso], Camarada ....(Uruguai) bom, Camarada .... (Dinamarca) bom, Camarada .... (México) correto, Brasil (Prestes) OK, mas um chato, Gomulka falou brilhantemente por mais de duas horas, Marrocos (chegado aos chineses e especialmente Hoxha) (...)"[69] Brejnev conseguiu esquecer alguns nomes e confundir outros, tal como quando escrevia ou dizia o nome de estadistas soviéticos. Suas respostas pouco inteligentes eram as que se poderiam esperar de um comunista provinciano durante a guerra civil que se visse de repente participando de um congresso do Komintern.

O período de Brejnev foi um tempo de luta contra dissidentes, ativistas pelos direitos civis e defensores dos direitos do indivíduo. A maior parte da população, em considerável medida, acreditava na propaganda oficial falsa contra essas pessoas, em particular contra Andrei Sakharov e o escritor Alexander Soljenitzyn.

A liberdade de pensamento e o protesto intelectual, contudo, estavam muito difundidos naqueles anos e, embora Brejnev se desinteressasse cada vez mais pelas questões de estado, sempre acompanhou o que Andropov e suas agências andavam fazendo. Soube em certa ocasião que o serviço de segurança havia "restringido as atividades de órgãos anti-soviéticos como: uma comissão de trabalhadores para o estudo do emprego da psiquiatria com propósitos políticos, um comitê para a defesa dos direitos dos crentes, um seminário religioso-filosófico e sindicatos livres. Foram identificados 1.512 autores e distribuidores de material difamador e anti-soviético." O fecho do relatório teve o tom ritualístico de sempre: "A chefia, o Conselho e o Comitê do Partido da KGB, em nome de todos os seus trabalhadores, órgãos e tropas, garante ao Comitê Central Leninista do PCUS, ao Politburo do Comitê Central e ao Camarada Brejnev pessoalmente que os chekistas permanecerão inabalavelmente fiéis à causa do Partido, à grande causa do Comunismo."[70]

Brejnev sancionou pessoalmente a expulsão da União Soviética de figuras como Soljenitzyn, Valeri Chalidze, Vladimir Maximov, Victor Krasin, Pavel Litvinov, Alexander Yesenin-Volpin e uma série de outros dissidentes. Quando tomou conhecimento que publicações em Paris denunciaram a existência de prisioneiros políticos na URSS, solicitou os fatos à KGB. Em 29 de dezembro de 1975, Andropov, obediente, respondeu com um longo memorando especificando que, por agitação e propaganda anti-soviéticas, 1.583 pessoas haviam sido sentenciadas entre 1967 e 1975 e que, no período de 1958 a 1966, 3.448 pessoas estavam nas prisões e campos pelas mesmas ofensas. "A agitação e propaganda anti-soviéticas" foram definidas por Andropov como "crimes estatais especialmente perigosos."[71]

O regime estava evidentemente correto ao encarar o pensamento político independente como pernicioso. Os eventos do final dos anos 1980 demonstraram que a verdade e a informação não tolhida eram armas contra as quais o sistema leninista não era páreo.

As notas de Brejnev mostram que ele esteve diretamente envolvido com a troca de Vladimir Bukovsky pelo chefe comunista chileno Luis Corvalán, com a deportação de Soljenitzyn, com o exílio de Sakharov em Gorky e com muitos outros casos. Quando, em 26 de dezembro de 1979, Andropov e Roman Rudenko, o promotor-chefe, submeteram ao Politburo a proposta da KGB sobre Sakharov, Brejnev deu sua aprovação. Eles reportaram que, "entre 1972 e 1979, Sakharov visitou oitenta vezes embaixadas estrangeiras em Moscou, teve mais de seiscentas reuniões com outros estrangeiros, deu mais de 150 chamadas entrevistas coletivas, e que as estações de rádio do Ocidente haviam feito mais de 1.200 transmissões anti-soviéticas com base em seu material." Para evitar o "preço político" de um julgamento, em 3 de janeiro de 1980, o Politburo concordou em retirar todos os títulos de Sakharov e, "como medida preventiva, deportá-lo de Moscou para uma região do país interditada aos estrangeiros."[72]

Inusitadamente para um estadista de proa, Brejnev não gostava de ler e não lia mesmo. Os diários de Nicolau II são com freqüência citados pela trivialidade de suas observações, porém mostram também que em quase todos os dias de sua vida adulta ele leu *alguma coisa*. Em 5 de abril de 1907, para pegar um exemplo típico, ele escreveu: "Executei a inspeção, quebrei o gelo, li, joguei bilhar."[73] Que comparação se pode fazer com os registros de Brejnev para o mesmo dia sete décadas depois?

"Falei com o Camarada Chernenko. Kosygin saiu às cinco para encontrar-se com Palme. Mais tarde dei conhecimento a Kosygin, via seu recepcionista, que não poderia ver Palme de jeito algum. Mikh. Yevstineevich mandou uma camisa azul com botões de cima embaixo, mas não é de lã."[74] Outras entradas do diário revelam o nível intelectual pateticamente baixo do funcionário de posição mais elevada no estado soviético e quarto chefe do partido comunista:

> 10 de maio de 1976. Entreguei uma grande estrela de marechal. Conversei com Camarada A. N. Kopenkin – ele falou com tom de voz de oficial, ouvi a voz de um general, agora estou feliz por ouvir a voz de um marechal.
>
> 16 de maio. Não fui a lugar algum – não telefonei para ninguém, também ninguém para mim – corte de cabelo, barba, e lavagem do cabelo pela manhã. Caminhei um pouco durante o dia, depois assisti o jogo em que o Exército Central perdeu para o Spartak (os caras jogaram bem).
>
> 30 de maio. Zavidovo com Chernenko, K.U. 8 animais abatidos.

26 de junho. Conversei com Cams. Chernenko, K.U. Rusakov sobre Polônia. Tirei medidas e recebi ternos. Noite com Muza Vladimirovna e Valentina Alexandrovna.

25 de julho. Como sempre, ninguém aqui pela manhã. Café da manhã, barba, natação. Hoje cochilei na cadeira de balanço à beira. Hoje Nikolaevna esteve limpando os dentes – e Muza examinou a prótese. Falei com Camarada Chernenko, K.U. – ele ainda não está bem, todo o possível está sendo feito.

31 de julho. Nadei uma hora na piscina 30 minutos. Barba – mastiguei a gordura com Podgorny. Presentes para Husak G.N. dados às 11h. Andropov sobre Kosygin Podgorny jogou dominó então contei-lhe sobre Kosygin.

7 de agosto. 19º dia de férias. Nadei no mar 1.30 – piscina de massagem 30 minutos Lavei cabeça – com sabonete de criança.

17 de agosto. 29º dia de férias pergunto quando Kosygin aparece no barco Chazov Ye.I., – consciente boa conversa reagiu calmamente que terá que fazer tratamento em meados de outubro. Galya [sua filha] e Yuri Mikhailovich [Churbanov, seu genro] voaram de volta a Moscou. Suslov M.A. voando para Sochi hoje.

21 de agosto. Voei para Astrakhan com N.V. Podgorny. Passei a noite caçando (noite). Matei 34 gansos.

23 de agosto. Manhã – dividi o beluga [caviar] – e preparação do caviar de esturjão. Vôo para Simferopol – eles não podiam aceitar [então] aterramos no aeroporto naval de Saki Met Blatov e Victoria Chegou na casa para jantar comeu borshch.

10 de março de 1977. Trabalhei no CC até 2.10 Chazov ortopedista esteve aqui pela manhã. Recebi e longa conversa com Chernenko. Passei no Kirilenko – foi "anunciado" que ele tinha ido trabalhar.

14 de março. Aniversário de Galochka. Falei com Gorodovikov pedi-lhe para dizer ao Camarada Chernenko o que ele necessita e ele me pediu montes de favores que foi difícil entender – ele quer vir a Moscou amanhã para visitar ministros. Recebi Cam. Ponomaryov e Chernenko sobre questões de Constituição.

18 de março. Exercício. Então falei com Chernenko depois com Cams. Gromyko A.A. Andropov Ustinov – li material sobre visita de Vance. Chamei Pavlov G.S. ao custo (sim) de 28.800. Li vários materiais com Galya Doroshina [ou seja, ela leu para ele]. Fui ao circo.

13 de abril. Manhã – coisas domésticas normais. Eles tiraram sangue de uma veia. Falei com Daoud desde 11 da manhã. Questão do encontro um a um abandonada. Descanso – bom – (almoço). Trabalho com Doroshina.

22 de abril. 86,400 [quilos – ele tinha começado a se pesar regularmente] 17h sessão sobre seu [Lênin] aniversário Falei com Grishin Gromyko – Chernenko Doroshina.

23-24 de abril. Feriados.

3 de maio. Papo com Ryabenko. Conversa sobre telef para Storozhev ... questão de sempre. Falei com Chernenko K.U. sobre agenda PB Alfaiates – Dei-lhes

o terno cinza – e a jaqueta de couro. Fiz uma caminhada. Yu.A. Andropov telefonou – veio para conversar. Trabalhei com Doroshina.

16 de junho. 86,00 Dez da manhã. Sessão do Soviet Supremo. Indicação do Cam. Brejnev como presidente do Presidium do Soviet Supremo (muitas congratulações).

2 de agosto. 85,800 nu Almoço. – Barba – nado. Caminhei pelo quebra-mar. Empatei no dominó. Almoço. Doroshina – Blatov Informe Chaushestko [Ceausescu] – recepção comigo às seis da tarde.

27 de outubro. Passado em Pburo também em Rashidov 2º Herói pelo sucesso no trabalho (algodão) e sexagésimo aniversário. Recebi Kirilenko – ele está comissionado para examinar carta anônima sobre Bodyul o critica por complexos – conseguiu seu doutorado e portanto Ele não é um creminal [sic] (...) M.A. Suslov sobre Academia de Ciências Alexandrov A. P. quer Loginov An. Alex. para vice-presidente.

21 de novembro. Estive com N.V. Lopatkin pela manhã meia dieta Recebi Cam. Ligachev Yegor Kuzmich – Tomsk sobre a melhora da situação material das crianças Recebi D.F. Ustinov Perguntas sobre o 60º aniversário do Exército. Moskalenko – dar a ele 2ª estrela Fazer Yepishev herói Karaglanov título de herói do trabalho soc[ialista] e outros prêmios e condecorações.[75]

Brejnev não fez qualquer anotação mostrando pensamento algum a respeito da nova Constituição, sobre a aprovação de novas leis, a economia nacional, os perigos da Guerra Fria, a corrida armamentista nuclear, cultura ou sobre livros que tivesse lido. Por alguma razão, achou importante consignar por escrito a quantia em dinheiro que o departamento de finanças do Comitê Central lhe deu para uma viagem a Bruxelas, quanto tinha pago por um conjunto de ornamentos em ouro e diamantes, quanto dera ao seu assistente Tsukanov para depositar em sua (de Brejnev) conta e detalhes domésticos semelhantes. No entanto, negligenciou a menção, em 1977, de que tinha se autonomeado chefe formal de estado, um cargo que já exercera de 1960 a 1964, mas que então adquirira status nas relações internacionais bem próximo ao desfrutado pelos presidentes estrangeiros.

Brejnev poderia ter sido um perfeitamente adequado – é possível que até bom – gerente de fábrica, chefe de escritório ou administrador econômico de nível intermediário. O destino, entretanto, o levou ao topo da árvore onde ficou por quase duas décadas. Só Stalin, de todos os sete chefes, ficou mais tempo no poder.

A elite do partido viu em Brejnev o instrumento mais conveniente para seus propósitos. Lênin, respeitado pelos colegas, mas fatalmente enfermo, não pôde deixar o posto porque era necessário como um símbolo. A remoção de Stalin nem poderia ser cogitada. Deve ser creditada a Khruschev a criação de uma atmosfera na qual um modelo mais flexível pôde emergir como uma ponte "autoritária" entre o totalitarismo sanguinário e alguma outra coisa.

Brejnev foi colocado na função por uma *nomenklatura* que tinha medo do novo, mas que era incapaz de fazer o relógio andar para trás. Serviu a todos e, por conseguinte, não serviu a ninguém, nem aos colegas, aos "seguidores leais," tampouco a seus aliados. Durante o regime de Brejnev, conversava-se sobre comunismo por uma questão de hábito, embora ninguém acreditasse mais nele. Sem uma grande idéia para agitar a nação, a nave do estado permaneceu tranqüila. A erosão espiritual aliou-se à estagnação econômica.

Arauto do colapso

Em 2 de novembro de 1977, uma sessão solene do Comitê Central, do Soviet Supremo da URSS e do Soviet Supremo da Rússia teve lugar no Palácio dos Congressos do Kremlin para comemorar o sexagésimo aniversário da Revolução de Outubro. Brejnev havia dito aos seus preparadores de discursos, uma ou duas semanas antes, que não queria falar por mais de cinqüenta minutos. Passara a ter aversão por textos longos.

O pronunciamento, que foi revisto diversas vezes no Politburo, era totalmente devotado ao futuro e recebeu o título de "O Grande Outubro e o Progresso da Humanidade." "Esta época," proclamou Brejnev em meio a aplausos orquestrados, "é a época da transição para o socialismo e o comunismo (...) e toda a humanidade está destinada a trilhar tal caminho."[76]

Brejnev ainda retinha pontos de vista inspirados pelo Komintern sobre o futuro do comunismo. Nos "seus" XXIII e XXIV Congressos do partido, ele expressou a crença no triunfo final da causa de Lênin. Disse no XXIV que o sistema mundial de socialismo era "o protótipo da futura comunidade mundial de povos livres," e que "a vitória completa da causa socialista em todo o mundo é inevitável."[77]

Prevendo o colapso do capitalismo e o sucesso do comunismo, Brejnev omitiu o fato de que, sem os capitalistas, a URSS não poderia sobreviver. Cerca de dois meses antes de seu profético discurso no Kremlin, em 30 de agosto de 1977, ele aprovara um relatório rotulado como "De especial importância" e "Para arquivo especial," assinado pelos gerentes econômicos e financeiros mais credenciados do país. Se tivesse deixado transparecer o que constava daquele relatório, seu discurso no Kremlin teria virado pó. Desde os dias de Lênin, os bolcheviques haviam se tornado mestres na contabilidade de dupla entrada, uma para eles mesmos e outra para "as grandes massas operárias." Kosygin e os outros autores haviam escrito:

"Em 18 de junho de 1977, o CC e o Soviet de Ministros tomaram a decisão de comprar no exterior 11,5 toneladas de cereais para entrega à URSS em 1977/78."

Agora, continuaram, "surgiu urgente necessidade de comprar no exterior com moeda conversível mais dez milhões de toneladas de grãos (trigo, milho, cevada) para entrega à URSS em 1978. A compra adicional de grãos permitirá atender a demanda na economia nacional, se bem que não completamente."

Já acostumados com as carências dos recursos nacionais, os autores do relatório levavam em conta uma série de outros fatores: supunha-se que as safras seriam fracas entre os amigos da URSS, e que Polônia, Tchecoslováquia, Alemanha Oriental e China estavam também se preparando para comprar cereais aos capitalistas. A idéia não era tanto aumentar a produtividade dos campos soviéticos, mas fazer estoques com os grãos estrangeiros ao custo de centenas e milhares de toneladas do ouro.[78]

Talvez Brejnev tivesse isso na cabeça quando declarou no seu discurso que "nossa orientação não é só para as necessidades correntes, mas também para o futuro, notavelmente para nossa política agrícola. Esforçamo-nos por uma solução para o problema dos alimentos, a fim de satisfazer a demanda crescente do país."[79] Declamando frases tão grandiosas, ele não poderia saber, tampouco o país, que era o arauto de mudanças fundamentais. Quanto mais falava em "sucesso do socialismo" e "influência decisiva da comunidade socialista no desenvolvimento da civilização," mais evidente se tornava a aproximação da crise total no sistema.

A rigor, a malfadada estagnação não era culpa apenas do incompetente secretário-geral. O sistema em si estava rachando, embora ainda imperceptivelmente. Não possuía suficientes reservas internas para funcionamento apropriado. Havia exaurido a si mesmo. Na década entre os eventos de Praga em 1968 e a entrada no Afganistão, a União Soviética pareceu desfrutar de um período de calma. As anomalias se tornaram regra: as pessoas trabalhavam menos, mas recebiam bônus substanciais; cientistas, desportistas, artistas e membros de delegações desertavam em grandes quantidades; secretários regionais do partido se assemelhavam mais a barões locais; o complexo industrial-militar fazia cada vez maiores exigências para manter a "paridade" com os EUA; o povo se acostumava a dizer uma coisa e pensar outra; Brejnev proclamava que "o futuro pertence ao comunismo," enquanto seus camaradas e assistentes enviavam ouro para os Estados Unidos, o Canadá, a Argentina e a outros países em troca de cereais, carne e outros alimentos.

O problema de vestir e alimentar a população pendia como uma maldição sobre o regime comunista desde sua concepção, e uma solução não ficara mais próxima no governo de Brejnev. Ele convocou quatro congressos como secretário-geral, do XXIII ao XXVI, e em todos, depois da ritualística descrição das conquistas históricas do socialismo, falou sobre deficiências crônicas. No XXIII: "A produção de certos bens não acompanha a demanda. Não está disponível uma variedade de carnes em local algum da rede comercial. O mercado não recebe quantidades suficientes de bens necessários."[80] No congresso seguinte, falou pouco sobre os bens cujo suprimento estava muito em falta,[81] e no outro, admitiu que não fora possível alcançar uma melhora na quantidade e na qualidade dos bens e serviços.[82] No seu último congresso, o XXVI, lendo com extrema dificuldade o texto, repetiu: "De ano para ano, os planos não se cumprem para a produção de muitos bens de consumo, especialmente tecidos, roupas de lã, calçados de couro, mobília, televisores. Não houve aprimoramento na qualidade."[83]

Razões foram apresentadas para os fracassos: safras ruins, mau planejamento, negligência, "subjetivismo" dos chefes anteriores e, é claro, "as ações agressivas dos imperialistas nos EUA que nos forçaram, nos anos recentes, a desviar recursos adicionais significativos para fortalecer a capacidade defensiva do país."[84] Entre os sucessos do regime, todavia, o XXIV Congresso ouviu que "no período 1969-70, as obras e livros de Lênin excederam 76 milhões de cópias."[85]

Dois meses antes de morrer, Brejnev voltou de férias na Criméia para presidir uma sessão rotineira do Politburo, algo que fazia cada vez menos em virtude da doença. O aparato do Comitê Central de há muito se conscientizara de que o estado não caminhava para lugar algum, já que sinais partiam de todos os lados indicando crise total. Os auxiliares de Brejnev tentaram colocar pelo menos algumas idéias críticas e construtivas em sua boca.

Sem tirar os olhos do texto que tinha diante de si, Brejnev descreveu seus encontros tradicionais com chefes dos partidos "fraternais" de outros países socialistas. "É desagradável, mas é um fato," leu, "que diversos de nossos ministros venham sofrendo da doença crônica do não-cumprimento dos contratos de bens com os países socialistas." Tomou um gole do copo de chá. "Não posso deixar de dizer que existe marcante crescimento da insatisfação com o Comecon [o Conselho de Cooperação Econômica] entre nossos amigos. Também estamos experimentando isso. A raiz do problema está no fato de que o tempo sobrepujou os modelos criados há trinta anos quando a organização foi fundada. (...) Nossos aliados tentam melhorar a coordenação das decisões gerenciais recorrendo a alavancas e estímulos econômicos, e rejeitam a extrema centralização de chefia."

Essa era a verdade que nosso secretário-geral não estava acostumado a declarar. Mas palavras eram uma coisa; atos, outra bem diferente.

"Nossa economia é gigantesca," continuou Brejnev. "Tome-se qualquer ministério – é quase do tamanho de um exército. O aparato do governo proliferou. Fizemos muitos erros de cálculo e incorremos em todas as espécies de mal-entendidos." Para uma solução desses problemas, Brejnev apelou para a velha e fiel fixação bolchevique: "Talvez nosso problema-chave de hoje seja apertar a disciplina. Tanto no estado como entre os trabalhadores. (...) O rigor com a disciplina tem que ter forma abarcante, não por campanhas [individuais]. É provável que tenhamos que formular um decreto sobre isso."[86]

Tudo aquilo que parecia indício de uma análise sóbria no início do discurso acabou escorrendo entre os dedos da chefia.

A opinião mais penetrante sobre a crise iminente foi dada pelo chefe da KGB, Yuri Andropov. Os arquivos do Comitê Central guardam em "Pastas Especiais" diversos memorandos de Andropov chamando a atenção de Brejnev para os dias difíceis que estavam por vir. O Secretário-Geral apunha sua assinatura e os documentos eram lacrados em envelopes especiais que só ele tinha autoridade para abrir. Não há sinal de reação a tais alertas que começaram por volta de 1975. Brejnev pode ter se reunido com Andropov, a quem muito apreciava, para debater suas idéias e ter decidido que não era necessário fazer comentários escritos sobre a situação. Mas isso é só conjetura. De qualquer maneira, Andropov complementava seus bem-informados alertas com nada mais construtivo que sugestões sobre medidas adicionais rigorosas nos campos da administração e da organização.

Como um dos mais inteligentes e perspicazes chefes do partido, Andropov gozava de uma relação de confiança com Brejnev que chegava à confidencialidade. Possivelmente só Chernenko, o cortesão típico que se antecipava aos desejos do mestre, fosse mais próximo. Em 8 de janeiro de 1976, Andropov escreveu uma carta estritamente pessoal com não menos que dezoito páginas para Brejnev. Começou assim: "Este documento, que eu mesmo escrevo, é endereçado apenas a você. Se você encontrar nele alguma coisa de valor para a causa, ficarei muito feliz, caso contrário, peço-lhe então considerar que ele jamais foi escrito."

A despeito do aspecto sigiloso do intróito, Andropov nada propôs além do fortalecimento rotineiro do papel do partido para a solução dos problemas do país. O partido, escreveu, precisava armar-se com princípios leninistas testados: unidade de doutrina partidária, organização rigorosa e disciplina de ferro. Ponderou sobre como fazer os quinze milhões de membros do partido trabalharem, "cada um deles," e como garantir que a filiação não fosse usada "como trampolim para subida nos degraus da carreira." Instou pelo fim do "palavrório irresponsável, da crítica destrutiva e do desperdício," realçou o perigo que via no trabalho dos partidos comunistas da Europa Ocidental e detectou "a nódoa democrático-social contra a qual V.I. Lênin lutara tão apaixonada e furiosamente."

Em diversas passagens, Andropov referiu-se a Khruschev de forma depreciativa, na verdade condenando-o pela transferência de especialistas em agricultura e industriais por profissão para o trabalho no partido, quando o necessário era "liderança política." Khruschev, segundo Andropov, era contra os "gerentes de negócios" ou "homens de negócios" que, em suas palavras, "começavam qualquer tipo de conversa rabiscando números no papel. Em que, pergunta-se, um líder desses difere, por exemplo, de um gerente americano para o qual o negócio é antes de tudo contabilidade e dinheiro enquanto as pessoas vêm em segundo plano. Nas nossas condições, esses 'homens de negócios' estariam trabalhando para eles mesmos." Andropov concluiu propondo que os secretários regionais do partido fossem transferidos depois de alguns anos para atividade diferente, de modo a se evitar a "estagnação."[87]

Tais idéias só serviam para empurrar o já conservador Brejnev na direção de um modo de pensar bolchevique ainda mais ortodoxo. Andropov e outros como ele podiam ver e sentir o aprofundamento da crise, mas só conseguiam sugerir soluções leninistas ultrapassadas e desacreditadas.

No final da era Brejnev, diversos de seus associados enxergaram a necessidade de mudanças. Mesmo assim, até o inteligente Andropov viu salvação em ressuscitar, "dentro de limites razoáveis," as antigas práticas bolcheviques de administrar o país. Ele revelou sua nostalgia em relação aos velhos métodos ao se referir ao partido por sua denominação original de bolchevique. Na sua opinião, bolchevismo significava luta implacável contra "oportunismo político, acomodação, afrouxamento e mentalidade confusa."

O regime conseguiu retardar o colapso por meio do desperdício sistemático e da liquidação de quantidades colossais de gás, petróleo, ouro e outros recursos naturais do país, mas isso não podia continuar indefinidamente. Eram essenciais decisões responsáveis para alteração de fundo. A chefia do partido, contudo, não demonstrava a menor disposição para tomar tais decisões. Os registros do Politburo não contêm uma só palavra de crítica ao Secretário-Geral por suas inatividade e incapacidade. Cada membro só se preocupava com seu bem-estar, e não com o do estado e do povo.

As reflexões de V.I. Boldin, membro antigo do Comitê Central, merecem ser citadas por serem relativamente objetivas: "É verdade, Brejnev tinha seus pontos fracos, e havia coisas surpreendentes e outras detestáveis. Por que, então, todos silenciaram, jubilosos e reverentes? Onde estavam os chefes cujo dever era falar a verdade sobre a situação tanto para o chefe decrépito como para o Comitê Central e para o povo? Não foi esse bando de covardes, que detinha o poder no centro e nas localidades, que levou nosso país ao impasse, e não deveriam eles ser responsabilizados pelo que aconteceu com nosso grande poder? Só com Brejnev morto é que todos começaram a ultrajar seu ídolo, tentando mostrar como eram corajosos. Que grande carência de princípios e pobreza de espírito eles deviam ter para permanecerem calados e esconderem a verdade do povo!"[88]

Boldin estava certo, mas a culpa não era dos velhos, e sim defeito orgânico do sistema. No cume da pirâmide esteve sempre a imagem do primeiro chefe, imune à crítica e à reprovação. Outros chefes foram expostos ao ridículo depois de mortos, mas Lênin foi tão necessário morto aos seus sucessores quanto o fora vivo. Nem Gorbachev fugiu à tradição. Num pleno do partido de 21 de outubro de 1987, o último secretário-geral não perdeu a oportunidade de alfinetar Brejnev: "Provei do estilo de trabalho de Leonid Ilyich Brejnev em seus últimos estágios. Sei de tudo, camaradas. Foi o infortúnio de nosso partido."[89] "Sabia de tudo," mas demorou bastante antes de dizer alguma coisa sobre aquilo.

De fato, a partir de meados dos anos 1970, Brejnev passou a não tomar parte ativa seja nas questões do partido seja nas do estado, mas ainda queria aparecer todos os dias nas telas da televisão. O resultado foi que todos, no país e no exterior, podiam acompanhar seu lento declínio, o esforço que fazia até para descer uma escada ou levantar o pesado volume em Viena que continha o Tratado SALT – 2.[90] De há muito sabia-se em Moscou que, na retaguarda da coluna de limusines pretas que acompanhavam Brejnev em suas cada vez mais raras visitas à capital, ia um carro com equipamento ressuscitador. O Comitê Central mandou que uma equipe de médicos pessoais altamente qualificados estivesse sempre próxima do local aonde o chefe fosse.

Mesmo assim, Brejnev continuava se considerando indispensável devido a sua "grande experiência e sabedoria." Não percebia que um sábio, com entendimento do passado e antevisão do futuro, não se vê como centro da existência, e sim tem uma idéia objetiva a respeito de si mesmo. Mas Brejnev não possuía tal capacidade. O andar arrastado, o discurso desconexo, os movimentos desgraciosos e a total inaptidão para entender qualquer coisa tornaram-se objeto de piedade nacional e motivo de anedotas cruéis.

Em 1982, ano de sua morte, Brejnev conseguiu fazer ainda algumas viagens pelo país. Quando passava sob uma plataforma, durante visita a uma fábrica de aviões em Tashkent, em março, a estrutura desabou sob o peso dos trabalhadores que estavam em cima dela. As pessoas em torno de Brejnev ainda tentaram protegê-lo das vigas que caíam, mas a clavícula do chefe resultou quebrada. Brejnev assustou-se bastante e a tensão causada em seu coração e na circulação do sangue foi considerável.

Em 28 de outubro, duas semanas antes de falecer, Brejnev ainda reuniu forças para, com grande dificuldade, "pronunciar um discurso" no Kremlin diante do Estado-Maior do Comando Supremo do Exército Soviético. E, no grande feriado do calendário bolchevique, 7 de novembro, quando a Revolução de Outubro era comemorada com a devida cerimônia, Brejnev postou-se de pé no Mausoléu durante todo o desfile militar e a parada cívica. Usando calçados aquecidos, roupas de baixo confeccionadas em lã e quase idênticos chapéus com pêlo de marta, os idosos chefes flanquearam Brejnev e acenaram debilmente com as mãos enluvadas para as "massas jubilosas" que se sucediam. Naquele dia, lá estavam de pé no Mausoléu o então incumbente e os três futuros secretários-gerais: Brejnev, Andropov, Chernenko e Gorbachev.

Nos seus últimos anos, uma das excentricidades de Brejnev foi sua preocupação com o peso. Começava o dia pesando-se e se enervava ao mais leve acréscimo, como se o controle do peso fosse a resposta para todas as suas enfermidades. Adorava caminhar e nadar, mas tais exercícios não impediram a rápida deterioração de sua saúde. Sofria de insônia e começou a tomar pílulas para dormir em doses crescentes, e acabou viciado. Como relembrou seu chefe da segurança, o general V. Medevedev, um dos membros do Politburo aconselhou certa vez Brejnev a tomar os remédios com zubrovka, uma vodca aromatizada. Segundo Medvedev, foi a zubrovka que agiu como narcótico. Brejnev não bebia muito daquela mistura, porém, no seu sistema depauperado, ela funcionou como depressivo.[91] Ele já fora acometido de ataques do coração, derrames e outras doenças. Ademais, ex-fumante, Brejnev tinha verdadeira paixão pelo cheiro da fumaça do tabaco, e o general Medvedev relata que por vezes, no meio da noite, ele e seus assistentes tinham que acender cigarros e ficar "fumigando" o adoentado chefe enquanto ele permanecia deitado.

Depois do acidente em Tashkent, o estado de saúde de Brejnev rolou rapidamente ladeira abaixo. Ele ainda fazia grande esforço para aparecer em desfiles e cerimônias, mas todas as questões rotineiras foram delegadas a Chernenko.

A véspera do falecimento foi igual à maioria dos outros dias. Ele voltou de Zavidovo depois do "tiro" e foi para a cama após o jantar, embora não tivesse assistido aos últimos noticiários como normalmente fazia. Na manhã seguinte, por volta das nove horas, Medvedev e Sobachenko foram acordá-lo e o encontraram morto na cama.

Respiração artificial, equipe de ressuscitação e ajuda do acadêmico Chazov não adiantaram. O primeiro membro do Politburo a ter notícia do fato e também o primeiro a chegar foi, é claro, Andropov. Medvedev lembrou-se de que, depois de relatar a Andropov o que acontecera, o chefe da KGB permaneceu perfeitamente calmo e fez "perguntas desnecessárias e desagradáveis."[92] A morte de Brejnev não foi surpresa para ninguém.

O país estava praticamente parado, pois a estagnação asfixiara todas as esferas da vida. No último Congresso do partido de seu período de governo, o XXVI de 1981, Brejnev começou seu discurso com as seguintes palavras: "Camaradas! O novo Comitê Central nomeado pelo Congresso acaba de reunir-se em seu primeiro pleno. Permitam-me relatar seus resultados. No primeiro pleno do Comitê Central, que transcorreu numa atmosfera de excepcional unidade e solidariedade, os órgãos diretores de nosso partido foram eleitos por unanimidade. O pleno indicou, também por unanimidade, como secretário-geral do Comitê Central do PCUS, o Camarada L.I. Brejnev."[93]

Naturalmente, todos se ergueram para a tradicional "tempestade de aplausos." Brejnev evidentemente não sentiu o menor desconforto pelo fato de, a despeito de se encontrar impotente por inteiro, ainda ocupar o cargo mais elevado do país, e fez questão de anunciá-lo pessoalmente aos delegados. Os valores morais mais elementares tinham sido totalmente desprezados. Brejnev e os outros chefes senis ao seu lado haviam se transformado em símbolos da decadência, declínio e erosão do sistema.

Dezoito meses mais tarde, ele estava morto. Enquanto muitos no país saudaram a notícia com alívio, os idosos do Politburo ficaram alarmados. A pergunta que não saía de suas cabeça era: quem assumiria o primeiro lugar dentre eles? O lobby industrial-militar também estava inquieto, já que fora o favorito de Brejnev. No país todo, alguns ousaram especular se alguma coisa positiva poderia agora começar a emergir. A nação entrou em longo período de luto. Parecia que o próprio fundador do sistema estava sendo enterrado, não apenas seu quarto chefe.

Uma sessão especial do Politburo foi convocada no dia em que Brejnev faleceu, na qual choveram os elogios usuais, rebaixando ainda mais o vocabulário da louvação: ele foi "um homem da maior autoridade (...) simplicidade encantadora (...) talento excepcional e chefe extraordinário." Brejnev morreu na manhã de 10 de novembro, porém, na melhor tradição bolchevique, foi decidido "escurecer a foto" anunciando-se que fora no dia 11 às 11 horas da manhã. O luto oficial duraria três dias, de 12 a 15 de novembro. As escolas não tiveram aulas no dia do enterro, houve salvas de canhão, sirenes soaram por cinco minutos, e assim por diante.[94]

Por uma ou duas semanas, o povo ainda falou de Brejnev por puro hábito, e então o chefe desapareceu de sua vida, sem amarguras ou tristezas. Para falar a verdade, o Politburo debateu, uma semana após a morte, a respeito de um item especial da agenda: "Sobre a Imortalização da Memória de L.I. Brejnev." Diante deles, havia uma resolução preparada. O primeiro a falar foi, é óbvio, o novo secretário-geral. Andropov fora "eleito," por indicação de Chernenko, umas dez horas depois do falecimento de Brejnev:

ANDROPOV: Tenho alguma dúvida em redenominar a cidade de Zaporozhie [Ucrânia] para Brejnev. Por quê? Primeiro, porque seria desejável dar o nome de Brejnev a uma cidade na [República Federativa Russa]. Segundo, do ponto de vista histórico, Zaporozhie não é particularmente adequada. É associada com Zaporozhian Sech [Hoste Cossaca], com os distúrbios cossacos etc. Talvez fosse melhor darmos o nome de Brejnev à cidade de Naberezhnye Chelny. Não que eu pense em dar o nome de Leonid Ilyich à estação de lançamento espacial. Não devemos associar o nome de Brejnev a foguetes, e a estação significa exatamente isso. A mim parece que o melhor é dar o nome de Leonid Ilyich à Cidade Estrela no distrito Shchelkovsk da região de Moscou.

TIKHONOV: Apóio as sugestões do Camarada Andropov, e também acho que seria certo dar o nome de Leonid Ilyich, por exemplo, à Usina Hidrelétrica de Nurek [no Tadjiquistão]. Talvez devêssemos igualmente dar o nome de Brejnev à mina de carvão de Raspad no oblast de Kemerovo?

ANDROPOV: Houve recentemente um grande acidente em Raspad, muitas pessoas morreram. Talvez não devêssemos incluir o local na lista.

TIKHONOV: Está bem. Talvez possamos dar o nome de Leonid Ilyich ao quebra-gelo *Arktika*.

ANDROPOV: Concordo.

TIKHONOV: E dar o nome de Leonid Ilyich à Siderúrgica de Oskol. (...) E, ao renomearmos praças, devemos incluir a cidade de Kiev.

USTINOV: Poderíamos também dar o nome de Brejnev para um transatlântico de passageiros e, enquanto se espera, o nome poderia ir para uma embarcação fluvial.

Uma resolução foi aprovada e ficou decidido adiar a questão das renomeações para data posterior.[95] Coisa que jamais aconteceu.

A imagem de Brejnev não foi apenas a de arauto do colapso do sistema, mas também a do declínio do poder bolchevique, em relação ao qual o povo de há muito já era indiferente. O regime não mais inspirava medo ou respeito. Se Lênin e Stalin – e, em certo grau, até Khruschev – foram capazes de "estimular" a moribunda ideologia do comunismo, tal missão ficou muito além das possibilidades de Brejnev, como, de resto, de quem quer que fosse. O menos "tumultuado" período da história soviética chegara ao fim. O país estava no limiar de mudança dramática.

5
Yuri Andropov

QUANDO BREJNEV MORREU, instalou-se no país o sentimento generalizado de que uma nova mudança precisava ocorrer. O restante da chefia, porém, tinha outras idéias. Especialmente entre os que achavam que podiam pleitear a sucessão à posição suprema, em particular Yuri Andropov e Konstantin Chernenko, embora a precedência estivesse com o primeiro dos dois, já que contava com o apoio do exército na pessoa do marechal Ustinov, de quem era também amigo, e, é claro, da todo-poderosa KGB, da qual fora chefe por quinze anos. Andropov foi o chefe da comissão do funeral de Brejnev, fato que, praticamente, indicava primazia e probabilidade de sucessão.

O Politburo reuniu-se na tarde de 10 de novembro de 1982, antes que o país fosse oficialmente informado da morte de Brejnev – embora o resto do mundo já soubesse. Vinte e um membros, candidatos a membro (sem direito a voto) e secretários compareceram, e Andropov presidiu o encontro. Todo o procedimento para a passagem do poder mais elevado durou menos de uma hora.

Andropov permaneceu calmo, sabendo que o leme do partido (e do estado) já estava em suas mãos. Depois de solicitar que os participantes "se pusessem de pé em homenagem ao querido Leonid Ilyich," leu um discurso curto:

> Toda a gente de boa-vontade recebeu o falecimento de Leonid Ilyich com profundo pesar. Nós, seus amigos chegados que com ele trabalhamos no Politburo, conhecemos o grande charme que possuía, a grande força que nos mantinha unidos no Politburo, a reconhecida autoridade, o amor e o respeito que desfrutava entre todos os comunistas, entre o povo soviético e os povos do mundo. Encantava a todos com sua simplicidade, transparência e singular talento como o chefe de um grande partido e do país. Ele foi, sem dúvida, um chefe excepcional, um amigo, conselheiro e camarada maravilhoso.

Andropov estava no desempenho de um papel. Seu pronunciamento era do ritual ditado pelas regras não-escritas da etiqueta do partido. Como chefe da KGB, tinha organizado uma unidade especial para monitorar a opinião pública e manter olhos e ouvidos atentos aos movimentos e declarações dos membros do Politburo. Sabia melhor que a maioria que, nos anos recentes, a autoridade de Brejnev caíra ao nível mais baixo, que, por motivos práticos, de há muito ele delegara a outros as questões da administração, e que tinha capacidade para pouco mais que suas excursões de caça a Zavidovo. Senil e confuso, Brejnev por anos vinha sendo motivo de anedotas e fuxicos de cozinha para milhões de cidadãos soviéticos.

No início de 1992, fiquei por dez dias em Barvikha, antiga casa de repouso "em reserva" para o Comitê Central. Uma senhora idosa da equipe disse-me sussurrando que, sempre ao terminar algumas tarefas rotineiras nos grandes quartos especialmente construídos para membros do Politburo, se tivesse visto ou conversado com qualquer deles, era obrigada a reportar o fato a determinado funcionário do sanatório. O funcionário sempre queria saber exatamente o que fora dito e sobre quem, e que atitude fora demonstrada para com os outros chefes. O mesmo procedimento era seguido em todos os lugares: tudo sobre as vidas dos membros do Politburo era do conhecimento da KGB.

Andropov também sabia que Brejnev perdera o prestígio não só em função do estado de sua saúde e da mediocridade inata, mas também devido a ajuda dele, Andropov. Como chefe da KGB, membro sem direito a voto no Politburo desde 1967 e membro pleno a partir do início de 1982, ele sempre se esforçara bastante para comprometer os amigos e parentes de Brejnev, inclusive seu próprio ex-vice, S. Tsvigun, protégé de Brejnev. A. Kirilenko, pessoa chegada ao Secretário-Geral, o ministro do Interior N. Shchelokov, favorito do falecido chefe, e mesmo a filha de Brejnev, Galina, se tornaram igualmente alvos. Foi Andropov quem propôs fortalecer a autoridade do chefe por meio de mais aparições na televisão. A exibição diária nas telas de um chefe confuso e abandonado do partido teve efeito contrário, e Brejnev estiolou-se gradativamente diante dos olhos da população e do mundo.

Nos últimos meses de Brejnev, as resenhas sobre o noticiário internacional, preparadas apenas para Andropov, vinham indagando quanto tempo Brejnev ainda duraria e quem assumiria o poder. Citavam dissidentes e repetiam pilhérias que circulavam sobre o chefe moribundo: Chernenko relata para Brejnev: "O Secretário-Geral está muito doente, e as pessoas dizem que, para não assustar a população, um boneco é que vai em seu carro." Brejnev replica raivosamente: "Que tolice! Não é verdade! Estou vivo e sou eu quem vai no lugar do boneco!"[1]

Agora, na reunião do Politburo apenas dez horas depois do falecimento de Brejnev, por trás dos bastidores e em conversas privadas, Andropov sabia que havia posto para escanteio o principal rival Chernenko. Ao longo da história, sabia muito bem, os favoritos não são queridos, a não ser por seus mestres. Os outros membros do Politburo não recebiam bem o afeto ostensivo de Brejnev por Chernenko, um cortesão sem o que recomendá-lo salvo o zelo, a bajulação e a lealdade ao chefe. A posição de Andropov foi crucialmente robustecida pelo apoio do marechal Ustinov. Acionado por Andropov, Ustinov foi a Chernenko e sugeriu que ele, Chernenko, indicasse Andropov como próximo secretário-geral. Chernenko sabia que Ustinov não assumiria tal atitude a menos que tudo já estivesse acertado com outros membros importantes do Politburo, e mesmo consciente de que seu amigo Tikhonov estava disposto a indicá-lo, concordou. Recusar significaria derrota completa.

A reunião sobre sucessão prosseguiu. Com tom de voz uniforme e calmo, Andropov leu seu discurso preparado:

> A linha traçada pelo partido nos congressos recentes aponta o caminho leninista. Foi ao longo dessa linha que o Politburo, sob a liderança de Leonid Ilyich, conduziu nosso partido e todo o povo soviético sem desvios para o comunismo. É óbvio que nossos inimigos farão o possível para destruir nossa unidade e nossa fé no futuro, para desarticular nossos quadros e nossa determinação. Tirarão conclusões da morte de Leonid Ilyich. Nenhum de nós tem condições de substituir Leonid Ilyich Brejnev como secretário-geral. Só poderemos decidir bem as questões do partido se o fizermos coletivamente.
>
> Na agenda de nossa reunião de hoje está o tópico da Secretaria-Geral do Comitê Central do PCUS. Quanto a propostas, solicito-vos, camaradas, que expresseis vossa opinião.

Apenas Chernenko "expressou-se," enquanto destacava o fato de que "Leonid Ilyich dava grande importância à liderança coletiva,"de que o partido e o país só poderiam ser governados "pela adesão a esse princípio fundamental." Continuou: "Proponho que o Camarada Andropov seja nomeado secretário-geral e que um de nós seja instruído para fazer tal recomendação num pleno do Comitê Central."

A resolução foi aprovada por aclamação e Ustinov sugeriu que se pedisse a Chernenko para apresentá-la ao Comitê Central. Isso também foi aprovado por unanimidade e Andropov, sem mais pedir indicações ou opiniões, agradeceu aos camaradas a "elevada confiança" e deu o assunto por encerrado.[2]

Um grande país tem de ter grandes planos e ideais. A URSS não teve planos verdadeiros por anos, e seus ideais tinham esmaecido havia muito tempo. Andropov fez breve e desesperada tentativa de injetar vida nova nas ossificadas políticas. No começo, pareceu que seria bem-sucedido, apoiado que estava em grande experiência na KGB, sucessora da Cheka, idéia original de Lênin. Mas o sistema havia exaurido seus recursos históricos, e os velhos métodos para a solução de problemas econômicos, políticos, sociais e espirituais não eram mais aplicáveis. Processos autoritários só poderiam preservar o sistema por um curto período. O de que o país precisava eram soluções grandes e radicais, e Andropov, antigo comunista ortodoxo, não estava à altura da tarefa, mesmo que tivesse tido mais tempo.

Para sobrepujar a crise que o país enfrentava, ele apelou para as "idéias de Lênin" sobre ordem, disciplina e organização. Tratava-se de um caminho atraente para muitos burocratas e chefes do partido, bem como para os cidadãos comuns, e foi um curso que logo se mostrou ineficaz.

Quinze anos como chefe da KGB

Já no início do século, Lênin, ponderando sobre a noção de liberdade, sabia que sua versão de "paraíso terrestre" só se alcançaria pela força e o poder de um regime ditatorial. A mola propulsora do movimento social criado na esteira de Lênin não foi a "preeminência da ordem socialista" nem a "amizade entre os povos" ou o "papel crescente do PCUS," mas a coação. A arma que controlou tal mola foi o partido e seus serviços especiais que, nos dias de Andropov, passou a ser chamada Comitê de Segurança Estatal, ou KGB.

Lênin amou sua Cheka porque entendeu que o regime que concebera não poderia sobreviver sem o emprego sistemático do terror do estado. Os chefes dos "órgãos punitivos" eram muito mais importantes que todos os presidentes, comissários do povo e ministros juntos, pois personificavam a capacidade de existência do regime. Andropov também fez leitura idêntica. Oficialmente, por vinte e cinco anos, desde 1957, ocupou cargos no Comitê Central e na KGB.

Um marxista idealista, Andropov acreditava piamente no papel messiânico da KGB e na vitalidade inexaurível do leninismo. No 106º aniversário do nascimento de Lênin, em 26 de abril de 1976, por exemplo, ele foi capaz de dizer com plena convicção: "Só o socialismo pode garantir o genuíno poder do povo. (...) Isso é a enorme conquista da sociedade soviética, o grande triunfo na criação da democracia socialista. Aquilo que foi aqui logrado há muito tempo deixou o socialismo bem à frente dos mais democráticos estados burgueses."[3]

Os que ocupavam os altos escalões eram, em grande medida, entidades desconhecidas para o público, porém de alguma forma se fazia idéia de Andropov como um "chekista liberal" que falava inglês e francês, gostava de jazz e até apreciava a arte abstrata. Quase ninguém sabia que ele era autor de alguma poesia. O homem de óculos, de aparência inteligente, sempre usando camisas imaculadamente brancas e ternos escuros, em nada se assemelhava aos antigos chekistas com suas túnicas de couro e Mausers no cinto. Bom chefe de família, Andropov não freqüentou a universidade, mas foi um autodidata extremamente bem preparado. Os que o conheceram viram um homem educado, modesto e reservado nas maneiras.

Nasceu em 1914 em Stavropol, no Cáucaso Norte. Seu pai faleceu quando ele tinha dois anos de idade, e a mãe quando tinha dezessete. Aos quatorze anos, depois de sete de escolaridade, o jovem Andropov trabalhou dois anos como ajudante de projetor cinematográfico no clube ferroviário de Mozdok, depois como empregado dos telégrafos e, mais tarde, marinheiro numa embarcação fluvial. Em 1932, entrou para a Escola Técnica de Economia das Águas de Rybinsk. No formulário de admissão, escreveu: "Solicito um quarto em albergue e algum emolumento já que não tenho como prover minha subsistência."[4]

Depois de completar os estudos, trabalhou algum tempo como marinheiro, piloto fluvial e oficial de convés de um barco fluvial. Era bom de trabalho e socialmente ativo. Seus registros pessoais contêm informações triviais como ter "distribuído tíquetes para a Osoaviakhim [Sociedade para Ajudar a Defesa e a Construção Aero-Química da URSS] e ter "feito bem seu trabalho." Também que tomou parte ativa na célula do Konsomol de Mozdok, ajudou na campanha para acabar com o analfabetismo e escreveu para o jornal *Signal*.[5] Entrou depois para a Universidade de Petrozavodsk, mas não ficou muito tempo. Mais tarde, completou a Escola Superior do Partido.

Andropov deixava boa impressão onde fosse e, inevitavelmente, resultou notado pelos caçadores de talentos do partido, sempre atentos aos jovens bem dotados. No devido tempo, tornou-se organizador do Konsomol do ancoradouro fluvial e, em 1937-38, secretário e depois primeiro-secretário do comitê regional do Konsomol de Yarislavl. Em 1944, foi feito primeiro-secretário do Konsomol na Karélia, o que o deixou rumo a uma função de realce no partido. Em 1951, tornou-se inspetor do Comitê Central, com um intervalo de quatro anos durante os quais esteve em atividades diplomáticas. A partir de 1961, passou a membro do Comitê Central e, do ano seguinte em diante, secretário do Comitê Central responsável pelos assuntos da KGB.

A nomeação de Andropov para embaixador na Hungria, entre 1954 e 1957, impressionou-o bastante e marcou sua atitude com os satélites de Moscou. Marxista ortodoxo, interpretou os eventos de 1956, que o chocaram profundamente, como "mão do imperialismo," e a partir de então foi um firme advogado de medidas duras.

Khruschev lembrou-se que, depois de um debate sobre a situação húngara no Politburo, "perguntamos ao marechal Konev, então comandante das tropas do Pacto de Varsóvia, quanto tempo precisaria se o instruíssemos a restaurar a ordem na Hungria e esmagar as forças contra-revolucionárias? Ele pensou um pouco e respondeu:

'Três dias, não mais que isso.'

'Então comece a se preparar. O senhor terá notícias nossas quando chegar a hora do início.'"[6]

O papel de Andropov foi o de fazer a preparação política para a repressão. Como embaixador, sua tarefa era extremamente importante: agindo como chekista, ele ajudou a decapitar a revolução. O primeiro-ministro húngaro Imre Nagy e o ministro da defesa Pal Maleter foram ambos aprisionados com a assistência de Andropov. Foi o embaixador soviético quem persuadiu Janos Kadar a adotar uma posição claramente pró-soviética e a chefiar um governo formado por Moscou. E ele manteve contato constante com os generais soviéticos responsáveis pela operação.

Andropov conhecia Imre Nagy muito bem e quando este último anunciou que a Hungria abandonaria o Pacto de Varsóvia, o embaixador incitou Moscou a acelerar a decisão sobre o envio de tropas. Também aconselhou sobre a maneira de retirar Nagy da embaixada iugoslava onde procurara refúgio. As "garantias" dadas ao líder húngaro quanto à sua segurança foram, é claro, inócuas, e ele terminou fuzilado seis meses mais tarde. Não se sabe como Andropov recebeu o destino do ex-amigo. Sabe-se que os dois tinham interesse pela poesia e conversavam sobre o favorito de Nagy, o poeta nacional húngaro Sandor Petöfi. Andropov deve terse perguntado como Nagy, que já havia trabalhado para a KGB, se tornou um "traidor."

As memórias do chefe do partido húngaro Mátyás Rákosi, que foi derrubado pela revolução e retornou à Rússia, foram confiscadas pela KGB quando ele morreu, temendo-se que pudessem chegar ao Ocidente. Na realidade, o manuscrito, que está nos antigos arquivos do partido, tem uma posição totalmente pró-soviética e Andropov ficou feliz em não achar nele qualquer comentário adverso sobre seu papel de embaixador.

De modo geral, a carreira de Andropov foi típica da maioria dos chefes soviéticos de sua geração. Cooptado bem jovem para a *nomenklatura*, não marcou passo nas funções inferiores e intermediárias, caminhou rapidamente para o topo. Mas dos sete chefes soviéticos ele foi o primeiro a sair da KGB para a mais alta posição do partido. A transição não foi acidental: quanto mais próximo o sistema chegava da beira do abismo, mais forte e ampla se tornava a influência da KGB. É importante notar, entretanto, que a política tinha mudado do terror físico dos dias de Lênin e Stalin para o controle espiritual e ideológico da sociedade. Chefe da KGB por quinze anos, Andropov chegara à conclusão de que o difundido emprego dos campos de concentração chegara ao fim. Tal emprego levara o partido e a URSS ao descrédito aos olhos do mundo e, pior, fora ineficaz. Nem se podia argumentar que a perfeição da máquina do terror era compatível com a afirmativa de que o socialismo era "bem mais democrático que os mais democráticos estados."

Quando Khruschev desferiu seu golpe contra os órgãos punitivos, no XX Congresso, forçou-os a procurar outros métodos para controlar e reprimir a sociedade. Andropov acabou revelando-se capaz de promover um certo grau de "liberalização" da KGB, mudando seu esforço principal do isolamento e prisão dos inconfiáveis para a monitoração da opinião pública e privada. Claro que continuaram a deter e exilar, prender e deportar gente devido às suas convicções. Mas o centro de gravidade mudou para o chamado "trabalho preventivo." A esse respeito, Andropov conseguiu muita coisa: engajou a pesquisa acadêmica no estudo de tendências e atitudes, fortaleceu a segurança nos círculos do partido e chamou a atenção para a necessidade de "purificar" o marxismo-leninismo. Sob sua chefia, a KGB emergiu como guardiã das idéias, e a maioria dos discursos que pronunciou foram, de uma forma ou de outra, sobre ideologia.

Seus artigos levaram títulos como: "O leninismo ilumina nosso caminho," "Amizade dos povos soviéticos: fonte inesgotável de nossas vitórias," "Leninismo: a ciência e arte da criatividade revolucionária," "Sabotagem ideológica: arma venenosa do imperialismo," "Leninismo: a fonte inexaurível da energia e criatividade das massas revolucionárias." Era em vão procurar nesses escritos qualquer conteúdo heterodoxo, e menos ainda qualquer toque pessoal. Mesmo no seu chamado artigo "testamental," "O ensinamento de Karl Marx e os problemas da construção socialista na URSS," publicado no *Kommunist*, na primavera de 1983, encontram-se apenas os temas antigos e tradicionais sobre a inesgotabilidade e o caráter criativo do marxismo, e sobre a necessidade de aumentar a disciplina, a ordem e a organização.

Andropov acreditava que o único modo de preservar o sistema estagnado era manter e reforçar o controle do pensamento, da opinião pública e do estado de espírito do povo. "A medida estrita e a estrita observância desse princípio" tinham grande importância para ele.[7]

Nem bem assumira seu novo cargo de chefe da KGB, em 1967, ordenou que lhe trouxessem os arquivos de alguns casos antigos. Entre eles, o "Caso nº 8355" sobre "Ramsay," codinome de Richard Sorge, a quem considerava um dos melhores agentes soviéticos. Durante a mania de espionagem dos anos 1930, a KGB rotulou Sorge de "espião germano-nipônico" e o teria aprisionado após sua convocação se ele não tivesse decidido permanecer em Tóquio, onde os japoneses, no final, acabaram de qualquer forma por enforcá-lo. Stalin escreveu comentários tão insultuosos num dos mais importantes relatórios de Sorge que nenhum de seus despachos ulteriores jamais foi mostrado ao chefe. Com Andropov na KGB, Sorge não só foi reabilitado como teve um selo postal cunhado com sua imagem.

Andropov era familiarizado com o sistema da vigilância permanente de "indivíduos perigosos" tanto na URSS como no estrangeiro. Um exemplo foi Alexander Kerensky, primeiro-ministro do Governo Provisório de 1917 e conhecido no serviço secreto soviético como "O Palhaço." Seu arquivo foi encerrado em 1963 "em virtude de sua idade avançada e de resultados serem improváveis."

Os arquivos também mostram que as regras criadas por Stalin para garantir uma operação tranqüila do terror nos anos 1930 ainda foram observadas ao pé da letra até 1950. Por exemplo, quando Kuznetsov, Voznesensky, Popkov e outras figuras de proa em Leningrado foram sentenciados, em 30 de setembro de 1950, e fuzilados em poucas horas, nenhuma apelação foi permitida e o evento foi reportado imediatamente, como determinado pelo decreto do governo de 1º de dezembro de 1934.[8]

Andropov passou longo tempo a folhear o grosso volume da Comissão de Questões Judiciais do Politburo, presidida por Kalinin, que ratificara as sentenças da Corte Suprema. Ele continha listas intermináveis de "espiões" trotskistas, japoneses, poloneses, ingleses, romenos, estonianos, letões e franceses.[9] A pasta com treze figuras de realce do Comitê Judeu Anti-Fascista pode ter interessado o novo chefe, já que diversos comentaristas ocidentais haviam afirmado que sua esposa era judia. O caso fora arquitetado por Stalin e seus partidários para inflamar sentimentos anti-semitas no país todo – e, particularmente, criar bodes expiatórios, de modo a desviar a atenção do padrão de vida dolorosamente baixo e, ainda em parte, para sustentar a histeria anti-estrangeiro na Guerra Fria. Entre as "provas condenatórias" do arquivo estava uma fotografia mostrando o presidente do comitê, o ator Solomon Mikhoels, e o poeta Itsik Fefer na companhia sorridente de Albert Einstein. Ela fora tirada na residência de Einstein em Princeton, quando uma delegação judaica soviética visitou os EUA durante a guerra a fim de levantar fundos para o esforço de guerra da URSS.[10] Um certo coronel Vorobyov anotara meticulosamente no arquivo que treze "nacionalistas judeus" haviam sido fuzilados na noite de 12 de agosto de 1952.[11]

Andropov também examinou uma pasta de documentos mostrando que as fundações físicas do comunismo haviam sido construídas com o trabalho de milhões de internos dos campos. Quando o Comitê Central expediu a diretriz de Stalin para que fosse estabelecido o complexo de mineração de Norilsk, por exemplo, foi dada simplesmente a ordem para a "organização de um campo especial."[12]

É difícil saber o que Andropov sentiu ao ler esses terríveis documentos. Ele já havia passado alguns anos nos níveis intermediários do poder e sabia de muita coisa, mas só quando se tornou chefe da KGB percebeu a escala do terrorismo stalinista de estado, tão bem escondido pela chefia do partido. O que pensou sobre a história sinistra da agência pode ser deduzido de seus discursos que condenaram as "repressões ilegais," mas ele também defendeu consistentemente o direito de a KGB monitorar toda a sociedade.

Quanto à inteligência e contra-informação, sob Andropov foram ainda mais sigilosas, a despeito do grande número de fracassos principalmente causados por defecções sensacionais. Graças à eficiência dos agentes, colheram-se informações confidenciais da maior qualidade no exterior. No seu primeiro relatório anual para Brejnev, Andropov diz que ao longo de 1967 o serviço conseguiu "recrutar 218 estrangeiros, dos quais 64 tinham possibilidades operacionais no trabalho contra os EUA." No mesmo período, a KGB logrou obter cifras e códigos de diversos países capitalistas e enviar ao Comitê Central e ao Ministério da Defesa mais de nove mil itens de inteligência, inclusive projetos de tecnologia estrangeira.[13]

O último relatório importante de Andropov como chefe, para o ano do falecimento de Brejnev, foi um documento bem menos informativo, embora pudesse relatar que a KGB conseguira atender todos os elementos essenciais de informação pedidos pelo complexo industrial-militar e pelo Ministério da Defesa.[14] Foi provavelmente durante a chefia de Andropov na KGB que o serviço secreto soviético teve seus maiores triunfos no exterior.

Está claro agora que Andropov sabia bem mais que o Secretário-Geral sobre diversos assuntos. Entre os segredos guardados a sete chaves dos quais tinha conhecimento estavam: a localização dos protocolos secretos do Pacto Molotov-Ribbentrop de 1939; a decisão da liderança soviética sobre a exterminação de oficiais e outros cidadãos poloneses em Katyn; onde os ossos de Hitler estavam enterrados; que aconteceu aos generais Miller e Kutepov, russos brancos ativistas anti-soviéticos que foram seqüestrados em Paris nos anos 1930; detalhes do plano para assassinar Tito; a localização dos restos mortais de Lin Piao, cujo avião caiu na Mongólia quando tentava fugir da China para a URSS; o vulto das reservas soviéticas de ouro; as atitudes reais do povo soviético em relação a Brejnev; quantos informantes existiam no país; os nomes das figuras sociais e políticas do Ocidente que trabalhavam para a URSS. E ele conhecia melhor e em maior profundidade que qualquer de seus colegas o verdadeiro estado do país.

De poderosa mente analítica, Andropov levava uma vida ascética e recatada. Conhecia bem seus auxiliares e exercia grande autoridade sobre a agência, bem como sobre os círculos mais elevados do partido. De certa forma, era temido, mas respeitado. Raramente fazia aparições públicas, salvo em reuniões oficiais obrigatórias; de modo geral, era visto como figura enigmática. Deixou bem menos documentos, em particular pessoais, que seus predecessores. A maioria ainda está nos arquivos da KGB em pastas rotuladas como "de especial importância." A maior parte de suas anotações foi feita em pequenos blocos, borradores e pedaços de papel que, sem dúvida, carregava nos bolsos. E, na melhor tradição chekista, só escreveu o absolutamente essencial. A exceção foi o cuidado com que registrou o nome das pessoas que recebeu e o tempo que passou com elas. O número dessas pessoas não foi grande, mas parece que as viu regularmente. Por exemplo, o diário com capa de veludo amarelado para 1982 – seu último ano como chefe da KGB – mostra que ele recebeu todos os seus funcionários dos altos escalões dos serviços especiais e que o fez com freqüência. Também se encontrou com funcionários categorizados do partido e da administração governamental tais como Gorbachev, Grishin, Pelshe e outros, bem como com figuras destacadas dos campos da comunicação de massa e da cultura. Ele havia trabalhado com muitas dessas pessoas no aparato do Comitê Central, inclusive Georgy Shakhnazarov, Arkady Volsky, Alexander Bovin e Georgy Arbatov.

Andropov foi um homem que quase não saiu do escritório e tinha um viés analítico. Raramente deixou a capital para visitar as províncias e muito pouco apareceu na televisão ou teve encontros com a imprensa. Em diversos aspectos, foi um chekista clássico da escola leninista. Os que o conheciam viam nele os modos de um intelectual ao velho estilo. Jamais alteava a voz, como Khruschev, não praguejava, como Gorbachev, não falava de si mesmo, como Brejnev. Olhava diretamente nos olhos dos interlocutores, diferentemente de Chernenko, e sua voz pausada e calma fazia com que todos ouvissem com atenção o que tinha a dizer. Expressava-se concisamente e ia direto ao âmago da questão. É claro que não gostava de frases vazias e vagas. Pôs uma condição para dar uma entrevista a R. Augstein da revista *Der Spiegel*, em 1983: que sua fotografia não aparecesse na capa da revista. "Fixando os olhos míopes nos interlocutores," escreveu Augstein, "Andropov formulou com calma, mas precisamente, frases que podiam ser publicadas sem qualquer edição." Mas tudo que disse já era conhecido; não revelou nada de novo ou sensacional.

Num relatório de onze páginas para Brejnev sobre as atividades da KGB em março de 1981, no qual, como sempre, referiu-se aos seus auxiliares como "chekistas," Andropov escreveu:

> No cumprimento das instruções do Comitê Central, [a KGB] tomou no devido tempo as medidas necessárias para garantir a segurança do estado durante a montagem do XXVI Congresso do Partido;
>
> resultados satisfatórios foram obtidos em diversos setores importantes do trabalho da inteligência para conseguir informações de caráter político, econômico, científico-tecnológico e militar;
>
> o Comitê deu especial importância aos encontros e conversações que o Camarada

> L.I. Brejnev teve com líderes da França, da República Federal da Alemanha, da Índia e de outros países estrangeiros;
>
> atos foram coligidos sistematicamente sobre os planos hostis e atividades anti-soviéticas dos serviços secretos dos EUA e de outros países estrangeiros, e sobre centros no exterior de sabotagem ideológica;
>
> o Comitê enviou à Instância [Secretário-Geral], aos ministros e aos departamentos mais de oito mil itens de informações, inclusive mais de cinco mil relatórios analíticos, e cerca de seis mil itens foram enviados ao Comitê Central e ao Soviet de Ministros da URSS;
>
> [o Comitê] saiu-se bem ao lidar com diversas tarefas importantes sobre inteligência científico-tecnológica. Materiais documentais foram conseguidos, bem como planos dos EUA e de outros países capitalistas de ponta para problemas de vulto nos campos econômico, científico e tecnológico.
>
> (...) No que tange às questões industrial-militares, cerca de quatorze mil itens e dois mil tipos de projetos foram obtidos;
>
> o trabalho de fortalecimento da inteligência ilegal continuou: o Comitê cumpriu grande número de missões e instruções especiais do Politburo e do Secretariado do Comitê Central;
>
> noventa e seis tentativas de recrutamento de cidadãos soviéticos, que provavelmente trairiam a mãe-pátria, foram interceptadas;
>
> fracassamos em evitar que vinte turistas e membros de delegações não retornassem à URSS, o mesmo acontecendo com quinze marinheiros mercantes e pescadores;
>
> um golpe perceptível foi desferido na estrutura da liderança e da base de publicações ilegais dos sectários baptistas (...) seis gráficas ilegais e locais de impressão e mais de trinta estações de reprodução foram descobertas e destruídas;
>
> foram identificados 1.512 autores e distribuidores de material difamador e anti-soviético;
>
> 15.557 cidadãos soviéticos foram advertidos, 433 presos por atividade hostil...[15]

O relatório omite o fato de que a KGB havia transferido grandes somas de dinheiro em moeda estrangeira para "partidos fraternais" através de seus próprios canais. O Comitê Central criara um fundo especial, o "Fundo Internacional para Ajuda às Organizações de Trabalhadores de Esquerda," que suplementava o dinheiro que Moscou dava a seus aliados no exterior. Em 1971, o partido depositou 14 milhões de dólares no fundo; em 1972, a mesma quantia; e de 1973 a 1977, 15 milhões a cada ano, e várias outras quantias expressivas até o fim da détente. A forma usual das intruções do Comitê Central era: "Ordenar à administração do Gosbank (Camarada M.N. Sveshnikov) para enviar $14.000.000 ao Camarada B.N. Ponomaryov para serviços especiais."[16]

Afora os romenos, que condenaram a invasão soviética da Tchecoslováquia em 1968, e, a partir de então, seguiram uma política externa mais ou menos independente, todos os partidos comunistas do Pacto de Varsóvia contribuíam com a média de meio milhão de dólares anuais para o fundo. Os partidos italiano, francês e americano foram aquinhoados com grandes somas juntamente com poucos outros. Depois de recebida uma ordem, a KGB organizava a transferência para os "partidos fraternais" por meio de contas bancárias em numerosas capitais. Chefes comunistas banidos de seus próprios países normalmente viviam em Moscou com pensão total aprovada pelo Comitê Central. Tais matérias eram administradas pelo Departamento Internacional do Comitê Central e pela própria KGB.

Foi idéia de Andropov a promoção de reuniões regulares com funcionários dos altos escalões dos serviços de segurança de outros países socialistas para tratar da luta contra a "sabotagem ideológica imperialista." Tais encontros tiveram lugar em Moscou, Havana, Budapest, Sofia e noutras capitais,[17] e foram oportunidades para Moscou dirigir os "órgãos fraternais" sobre a coordenação de atividades e a troca de experiências.

Sob Andropov, ao mesmo tempo que se encarregava do trabalho "chekista," a KGB devotou muito esforço às questões políticas, ideológicas, industrial-militares e "preventivas." Tendo repudiado a repressão em massa, o órgão, apesar disso, estava se tornando, mais que nunca, um estado dentro do estado. Mesmo o Comitê Central não tinha controle completo sobre a KGB: afora o secretário-geral, o chefe do departamento de administração e dois ou três membros do Politburo, ninguém mais tinha o direito de meter o bedelho nas questões da KGB.

Graças a Andropov, a KGB aumentou bastante as atividades de inteligência e contra-inteligência no estrangeiro, com ênfase para as informações industrial-militares. Sua principal tarefa interna era administrar o movimento dissidente ou, mais precisamente, daqueles que expressavam pensamento não-alinhado com as idéias soviéticas. Foi Andropov quem aprovou os numerosos julgamentos de ativistas dos direitos humanos como Peter Grigorenko, Natalya Gorbanevskaya, Andrei Amalrik, Alexander Ginzburg, Vladimir Bukovsky, Anatoly Shcharansky, Zviad Gamsakhurdia, Vyacheslav Chornovil e outros. Aprendera sua "lição húngara" e sabia que tais acontecimentos começavam na "tolerância com os encrenqueiros." Em 5 de dezembro de 1970, Dia da Constituição, cinqüenta ativistas dos direitos humanos, entre eles Andrei Sakharov, reuniram-se no monumento de Pushkin, em Moscou, para protestar contra o histórico da União Soviética na violação de tais direitos. Às seis da tarde, tiraram o chapéu e fizeram um minuto de silêncio pelas vítimas da repressão bolchevique. Na manhã seguinte, um relatório citando o nome de todos e assinado por Andropov aterrisou nas mesas do Secretário-Geral e de membros do Politburo.[18]

A antiga política leninista de deportação de dissidentes para o estrangeiro foi retomada por Andropov. Em 1981, por exemplo, 14 pessoas foram privadas da cidadania soviética e expulsas. Quando o Politburo debateu o problema de Alexander Soljenitzyn, em 7 de janeiro de 1974, Andropov declarou: "Camaradas, venho levantando a questão de Soljenitzyn desde 1965. Ele agora atingiu novo estágio de atividade hostil. Anda atacando Lênin, a Revolução de Outubro e o sistema soviético. Seu livro *Arquipélago Gulag* não é obra de literatura criativa, é um documento político. Isso é perigoso. Temos no país milhares de vlasovitas, ounitas e de outros elementos hostis. [Vlasov foi o general soviético que, como prisioneiro de guerra, passou para o lado nazi; OUN era a União dos Nacionalistas Ucranianos.] Todas as medidas que propus ao Comitê Central sobre Soljenitzyn devem ser implementadas, portanto, ele deve ser deportado do país."[19]

Todos os outros oradores, é óbvio, apoiaram Andropov. O *Pravda* e outros jornais começaram uma campanha de propaganda na mesma linha, e a maioria dos incautos cidadãos soviéticos acreditou nas mentiras que foram espalhadas sobre Soljenitzyn, Sakharov e outros que diziam verdades.

Andropov tinha prodigiosa capacidade de trabalho, leu e se interessou muito pelas diversificadas atividades de sua agência. Em 1976, quando se acertava a troca do chefe comunista chileno Luis Corvalán pelo dissidente soviético Vladimir Bukovsky, ele assumiu pessoalmente a operação. Em 1980, antes da abertura dos Jogos Olímpicos de Moscou, ele inundou o Comitê Central com alertas sobre "iminentes sabotagens ideológicas," "possíveis atos terroristas" e "atividade dos serviços secretos ocidentais."

Alguns observadores do Ocidente e não poucos russos consideraram Andropov um "chekista liberal." Sem dúvida, ele se distinguiu dos antecessores como chefe pela amplitude de horizonte, capacidade analítica e modéstia pessoal. Mesmo assim, foi um chekista da escola leninista até a raiz dos cabelos. Adaptou-se rapidamente às novas circunstâncias, viu mais cedo que muitos a crise que se aproximava e entendeu que a maior ameaça ao sistema provinha não apenas da estagnação econômica, mas também do aumento do estado de espírito rebelde em crescente número da população.

A despeito de toda a sua capacidade intelectual, Andropov não foi capaz de propor coisa alguma para salvar a sociedade ou o estado, além da moldura ortodoxa da doutrina leninista. Mesmo que tivesse vivido mais, com seus hábitos e perspectivas, nada teria mudado de forma fundamental. O colapso do sistema não poderia ser evitado com manobras administrativas, e Andropov não foi capaz de propor reformas profundas. Não viveria para ver a total mudança da URSS. A visão policial chekista do mundo foi uma base efêmera para as mudanças radicais que estavam por vir.

Quinze meses como chefe do partido

Andropov tinha sessenta e oito anos ao se tornar secretário-geral. Passara a primeira metade de sua vida adulta em organizações do partido e a segunda nos órgãos de segurança. Fiel à tradição bolchevique não-escrita, assegurou aos seus camaradas no Politburo que o movimento ao longo do "caminho leninista" continuaria como antes. Por outro lado, tinha que imprimir sua marca por meio de uma nova iniciativa ou da adoção de um novo conceito. Stalin se concentrara na aquisição do monopólio da herança de Lênin, tornando-se inexpugnável. Khruschev escolhera a ênfase na agricultura e o reforço gradual das posições anti-stalinistas. Brejnev dirigira a atenção do partido para um renascimento das "normas leninistas" e para a descoberta de modos a fim de que fosse mantida a estabilidade.

Cada um dos chefes, embora jurando fidelidade ao leninismo, tinha, de alguma forma, desacreditado o antecessor. Normalmente, sem falar abertamente sobre o assunto, cada secretário-geral criou sua própria política, sua maneira de governar e sua própria linha. Andropov, também, sentiu que tinha de fazer algo novo e original que desse esperança às pessoas, em especial porque o povo estava muito cansado da "estabilidade" de Brejnev e queria que o novo chefe fizesse alguma coisa palpável no seu interesse. Todos sabiam que ele fora chefe da KGB, mas era grande o desconhecimento sobre o tipo de gente que era. Seu retrato podia estar espalhado por todos os lugares públicos, mas tal fato nada dizia ao povo. Ele precisava fazer alguma coisa para se revelar.

Começou reorganizando o trabalho no partido e redistribuindo as funções partidárias entre seus membros. Uma semana depois de assumir o poder, surgiu um item na pauta: "Questões da organização do trabalho no Politburo e no secretariado do Comitê Central." Andropov abriu o debate apreciando seu próprio trabalho (referindo-se a si mesmo na terceira pessoa, hábito que podia ser retraçado aos primeiros anos do bolchevismo): "Eu consideraria essencial que Andropov lidasse com questões tais como organização do trabalho do Politburo, defesa do país, questões fundamentais de política interna e externa, bem como de comércio exterior, do PCUS, e desenvolvimento de quadros para a liderança do partido e do estado."[20]

Indicou então, inequivocamente, que seu vice seria nada menos que o favorito de Brejnev, Konstantin Chernenko. Deixara de fazer tal indicação antes, mas Chernenko tinha amigos e aliados; se Andropov não o fizesse naquela oportunidade, a atitude poderia se assemelhar muito a uma declaração anti-Brejnev. Contudo, passou de imediato a sobrecarregar Chernenko com tarefas que, possivelmente, ele não teria capacidade de cumprir. Ou foi uma trama para fazer Chernenko sair de circulação, ou Andropov acreditava mesmo que ninguém no Politburo era capaz de suportar carga tão impossível.

De qualquer forma, Andropov anunciou: "À luz das presentes circunstâncias, o Camarada K.U. Chernenko deveria, na minha opinião, pegar as questões que eu costumava administrar, mais assuntos da KGB e MVD [Ministério do Interior], mais todo o trabalho do Departamento de Administração em geral, mais o departamento dos órgãos do partido, o departamento geral e o departamento de cartas. A atenção do Camarada Chernenko deveria se concentrar em questões de ideologia no trabalho do Comitê Central: departamentos de propaganda, cultural, científico e de educação superior. Deveria também tomar a si as questões do secretariado do Comitê Central."[21] Com efeito, aquilo significava que Chernenko faria todo o trabalho do Comitê Central, afora as áreas que Andropov apropriara para si mesmo. Dois velhos doentes deteriam as rédeas principais da influência sobre as mais variadas esferas do partido e da vida nacional. Haviam dividido entre os dois a parte do leão das responsabilidades, mas evitando o controle direto da economia.

Como secretário-geral, no início, Andropov permanecia no escritório até altas horas, reunido com diversos funcionários, despachando freqüentemente com Chernenko e pedindo incontáveis informações e arquivos. Parecia então claro que procurava uma maneira de restabelecer a saúde da sociedade via curas miraculosas e modos de ressuscitar o sistema moribundo, de inspirar confiança na população, de injetar vida nova no partido e de promover a "ascensão" final do comunismo para os píncaros.

Tentava não ver que se tratava de missão impossível. Não tinha escolha. Precisava ceifar a crise antes que ela irrompesse. Como parte integral do mecanismo do partido criado por Lênin e Stalin, ele era incapaz de perceber a necessidade de reformas abrangentes e radicais, ou de revisão de certas suposições básicas do marxismo-leninismo, ou mesmo de mobilização dos recursos humanos da população para uma genuína democratização da sociedade. O dogma de classe manteve Andropov firmemente dentro da moldura do modo leninista de pensar e de agir.

Em seguida ao pleno de novembro de 1982 que o fez secretário-geral, Andropov promoveu uma série de reuniões do Comitê Central nas quais repisou uma única idéia: qualquer melhora nas condições da sociedade e do estado só seria possível com o fortalecimento no atacado da disciplina. Não era idéia nova. Desde os tempos de Lênin, o partido vinha fazendo pouca coisa além de aprovar resoluções e exigir sacrifícios cada vez mais penosos da sociedade soviética, fosse em termos de trabalho, de comportamento ou de lealdade. Nos dias de Stalin, pessoas eram presas por faltarem ao trabalho e proibidas de trocar de emprego. As horas de trabalho nas fazendas eram fixadas pelo estado, e o controle ideológico era incessante. Se bem que o regime policial tivesse afrouxado nos últimos anos, os órgãos do partido estavam sempre dispostos a "apertar os parafusos," a intensificar a vigilância e a "botar ordem" no trabalho ou na vida diária.

De modo a aferir a reação da gente comum aos éditos do Comitê Central, literalmente *milhões* de agentes secretos foram recrutados entre operários, agricultores, soldados, intelectuais, padres, figuras culturais e serventes. Por décadas, o país vinha emaranhado numa rede de informantes, "observadores" e agentes secretos, coloquialmente conhecidos como *stukachi* e *seksoty*, "dedos-duros" e ajudantes secretos. Em troca de pequenas somas de dinheiro regularmente pagas, essa gente, sempre temerosa da exposição, informava aos "órgãos" quaisquer declarações ou atos "suspeitos" que por ventura tivesse ouvido ou testemunhado.

O Politburo examinava esse assunto periodicamente. Em 20 de dezembro de 1960, por exemplo, o chefe da KGB, Alexander Shelepin, reportou que "grupos de informantes oficiosos" haviam sido formados para "ajudar na vigilância sem remuneração."[22] O controle alastrado continuou até o final dos anos 1980.

Andropov tentou mobilizar as forças espirituais, morais e físicas do país para a consecução dos programas do partido, mas, como bom bolchevique, persistiu na crença de que não deveria ser permitido que a sociedade desenvolvesse iniciativas próprias. Em vez disso, apegou-se aos métodos experimentados e testados – e inúteis – que o antecessor imediato empregara.

Ele sabia pelos relatórios do partido e da KGB que chegavam às suas mãos que a maioria apoiaria sua política de "botar ordem." Num certo sentido, a ordem é característica importante em qualquer sociedade saudável, mas o povo soviético acostumara-se por anos a ter a vida de seus cidadãos cerradamente regulamentada. A programação burocrática e administrativa os foi gradualmente tornando apáticos, obedientes, intimidados e prontos para apoiarem qualquer "iniciativa" emanada das autoridades. E Andropov, porque era ortodoxo e não desejava sair da moldura prevista, não foi capaz de pensar em nada melhor que selar de novo o desgastado rocim da disciplina bolchevique.

Seu discurso num encontro dos secretários do Comitê Central de 18 de janeiro de 1983 foi típico: "No topo de nossa agenda está a questão do fortalecimento do trabalho e a disciplina na produção, e os métodos e estilos de nosso trabalho. (...) Como se sabe, os moscovitas já se pronunciaram por mais disciplina no trabalho e na produção, e sobre a introdução urgente de ordem na produção e na cidade como um todo. Sua iniciativa foi aprovada pelo Comitê Central."[23]

No seu discurso de noventa minutos, Andropov não parou de repetir "é necessário fortalecer a disciplina na produção e no trabalho," a ponto de provocar desconforto na platéia. Ele qualificava sua ênfase nessa "nova" panacéia com floreios sobre a garantia de que "a disciplina tinha de ser consciente," para o que se fazia mister desenvolver "todas as formas de trabalho político de massa" pela mobilização "da imprensa, do partido, das organizações soviéticas e dos sindicatos."

A fala foi além de reconhecer a condição estagnante da economia e da sociedade, constituindo uma conclamação para mudança no estilo da chefia. Andropov repetiu os velhos clichês do discurso do partido ao demandar "informação concreta" e "concentração da atenção nas questões mais importantes," menos reuniões e mais "trabalho de base junto ao povo." Tais banalidades eram falação comum desde os dias de Lênin. Por trás de sua expediência, racionalidade e caráter prático estava a incapacidade de a chefia entender as causas básicas da crise permanente em que vivera a história soviética.

A uma objeção de Pelshe de que a organização do Comitê Central "por vezes lida com problemas que devem ser dos ministérios e departamentos," Andropov retrucou: "Nossa tarefa é separar as questões menos importantes das mais importantes e deixar aos ministérios e departamentos a administração dos problemas triviais." Não poderia ter dito de forma mais clara que o Politburo e o Comitê Central continuariam a operar como supergoverno, dirigindo a economia nacional e regulando a sociedade por meio de diretrizes, enquanto ao governo nominal ficava "a administração dos problemas triviais." Tais observações arrancaram murmúrios de "muito bem," e de "apoiado."

Nas suas breves intervenções, os secretários apoiaram a "linha Andropov" de apertar a disciplina. Gorbachev concordou; para ele, uma das questões mais importantes era "o fortalecimento da disciplina no trabalho e na produção." Falou em "elevação do papel do trabalho coletivo," "contratos de brigadas," "aperto nos controles da conclusão [dos trabalhos]" e em temas familiares semelhantes. Todavia, também ressaltou uma idéia que pairava no ar àquela ocasião, a de que Andropov despertara "fundada expectativa de mudanças." Depois dessa reunião, as organizações do partido começaram a debater por todos os cantos medidas para o fortalecimento de todos os tipos de disciplina: burocrática, tecnológica, militar. Foi como se Andropov tivesse descoberto o elixir de reviver a sociedade. Cansado de sua vida descolorida e insossa, o povo se aferrou até mesmo a esse tênue raio de luz como sinal de que as coisas iriam melhorar. Queria acreditar que a vida podia ser mais agradável.

Umas poucas semanas depois do encontro, Andropov apareceu de súbito na fábrica Ordzhonikidze de ferramentas industriais, em Moscou. Foi diretamente para as oficinas, examinou com olhos gerenciais o processo produtivo e bateu papo com operários e engenheiros. Não prometeu vida melhor para breve, mas frisou que a ordem e a disciplina seriam mais rigorosas e que a produção se tornaria maior e melhor. Os trabalhadores ouviram em silêncio enquanto aquele homem alto e pálido se dirigiu a eles como um capataz sobre ordem, disciplina, absenteísmo – slogans para lá de familiares da vida industrial soviética. Eles estavam mais interessados em salários, habitação, transporte local, lojas vazias e filas intermináveis.

Andropov ainda teve forças para lançar uma campanha contra preguiça, desordem e ineficiência, e para desferir diversos golpes nos abastados e privilegiados secretários das repúblicas e regiões, bem como nos funcionários de alto escalão dos ministérios, onde a corrupção, o nepotismo e a fraude corriam soltos. Os tribunais estavam abarrotados de processos contra gente que se interessava mais por lucros ilegais que pela "disciplina no trabalho e na produção." Diversas figuras de destaque foram até fuziladas "por roubo em escala particularmente grande." O gerente da loja mais importante de alimentos em Moscou chegou às manchetes acusado de delitos criminosos. A reação pública foi de plena aprovação, como se quisesse demonstrar que todos ansiavam pelos velhos tempos, quando os atos "anti-sociais" eram vigorosamente tratados pelos tribunais.

A exigência de Andropov por ordem não visava apenas ao cidadão comum. Ele mostrou que pretendia tratar também duramente as figuras proeminentes do sistema. A primeira vítima importante da "nova linha" foi o ministro do Interior, N. Shchelokov, velho amigo de Brejnev. Pouco mais de um mês após assumir o poder, Andropov afastou Shchelokov da função e abriu processo contra ele por corrupção. A morte de Andropov retardou o processo judicial, mas logo depois de Chernenko tornar-se secretário-geral, Shchelokov decidiu não esperar o resultado do julgamento: foi para casa e suicidou-se.

É difícil especularmos quão longe Andropov iria no endurecimento do sistema. Talvez persistisse por algum tempo, mas é claro que seus velhos métodos bolcheviques não sanariam coisa alguma. Sem dúvida, ele olhava para trás, em vez de para a frente, na busca de uma solução. Apesar disso, inspirou alguma esperança e bastante respeito. Pôde-se perceber que estava disposto a destituir ministros corruptos e poderosos, que não pregava medalhas no próprio peito e que lidava seriamente com o suborno e a lassidão. Relatórios que chegavam das províncias davam conta da "aprovação generalizada em relação à introdução da ordem e ao fortalecimento da disciplina."

Andropov passava rapidamente os olhos em tais relatórios. Não esperava nada diferente – instruções partidas do centro invariavelmente recebiam a "aprovação" do povo. Os visitantes que chegassem ao aeroporto de Leningrado em meados dos anos 1980, por exemplo, eram saudados por uma grande faixa acima do edifício do terminal proclamando, "Nós aprovamos a política externa do PCUS." Quem era aquele "nós" e que outras escolhas "nós" poderíamos ter realmente não interessava.

Enquanto sua saúde permitiu, Andropov se dedicou ao aperto das cravelhas. Sua preocupação com a política externa era menor que a dos antecessores; a concentração era no desenraizar da corrupção. Presidindo o Politburo em incontáveis outras reuniões, ele tentou manter a atenção dos camaradas focada na única idéia expressa ao assumir o cargo. Em 1º de julho de 1983, promoveu um encontro em seu gabinete com funcionários de destaque, tais como Mikhail Gorbachev, Grigory Romanov, Konstantin Chernenko, Vladimir Dolgikh e Nikolai Ryzhkov, para debater "a restauração da ordem no país," mas a conversa desviou para gama mais ampla de tópicos como a montanha de trabalho burocrático enfrentado pelos membros do Politburo, a péssima qualidade dos automóveis soviéticos e o desempenho pobre na venda de gás no exterior.

Andropov continuou puxando a discussão para o tema principal: como estavam sendo implementadas as decisões do pleno de novembro sobre disciplina? Dolgikh anunciou: "Enviamos minutas de instruções sobre disciplina para o Politburo. Trata-se de um bom documento." Andropov replicou com irritação: "Mas há um monte de gente flanando por aí sem fazer nada, a falta ao trabalho ainda é muito grande."[24]

Meio ano havia transcorrido desde a adoção da linha da disciplina e apenas fora preparada uma minuta de decreto para a chefia do partido. Todos sentiam, embora ninguém dissesse, que a enfermidade mais entranhada no sistema não poderia ser curada arrebanhando-se jovens desempregados ou deportando parasitas da capital. O debate sobre disciplina e ordem era coisa boa, mas não teria efeito perceptível sobre a situação econômica no todo.

Os esforços de Andropov pareciam fadados ao destino do trabalho de Sísifo. Talvez a pedra pudesse ser empurrada até o topo da montanha, mas para quê? E por que prolongar a agonia de um sistema que não tinha futuro? Andropov acreditava numa miragem, numa meta ilusória. A competição socialista, as ordens ameaçadoras do Comitê Central e as sanções administrativas não substituíam o interesse pessoal e as leis objetivas da economia. O sistema estava paralisado. As reservas nacionais de entusiasmo, das quais os bolcheviques tinham se valido por décadas, estavam esgotadas. Nenhuma quantidade de "decisões históricas" dos plenos do partido poderia vencer a apatia e a indiferença de milhões. Mais e mais gente passou a entender isso.

Andropov poderia ter sido ajudado pelas dificuldades internacionais das "intrigas imperialistas." Até certa medida, a derrubada, em 1º de setembro de 1983, de um avião sul-coreano de carreira com 269 pessoas a bordo, provocada por um caça soviético, foi usada com esse propósito. O Politburo fez o possível para utilizar o trágico incidente com o objetivo de esconder as rachaduras no sistema, referindo-se à "ameaça imperialista" e à necessidade do "fortalecimento da comunidade socialista" face às forças militaristas americanas. Mas foi exatamente aquele incidente que mostrou a obstinada e inflexível política externa soviética e se tornou símbolo infeliz do declínio de Andropov.

O secretário-geral e o Politburo

Os quatro secretários-gerais anteriores eram mais jovens que Andropov quando assumiram a função. Lênin tinha 47 anos; Stalin, 42; Khruschev e Brejnev, 59. Andropov, embora mais novo que boa parte de seus camaradas de chefia, estava bem entrado nos sessenta anos. Teve pouco tempo para acomodar-se e ponderar sobre sua posição.

Mas não careceu só de tempo: suas opções eram igualmente limitadas. Ele poderia imitar as "decisões históricas" do passado, desfilar a "superioridade do socialismo," iludir a si mesmo e a milhões que governava com a "inexaurível herança leninista." Mas nada poderia fazer para causar mudança real. Conservador convicto, não tinha como empreender qualquer reforma que pusesse em risco as "conquistas socialistas." Nem passava por sua cabeça criar uma economia de livre mercado, ou encorajar liberalismo oficialmente, muito menos dissidência. Podia ser muito inteligente, mas era prisioneiro da ortodoxia de suas certezas íntimas, das regras do "jogo do partido" e das demandas do sistema. Pouco antes da acessão ao poder máximo, dissera: "Existem muitos no Ocidente que querem desesperadamente que haja uma oposição organizada à URSS, mesmo artificial. O povo soviético jamais permitirá que isso aconteça, pois é capaz de escudar-se contra os renegados e os defensores dos valores ocidentais."

O sistema nada tinha a oferecer senão argumentos bolcheviques: mísseis, tanques, controle intelectual, diretrizes do partido e serviço secreto. Mas os contra-argumentos eram mais fortes: a bancarrota econômica do país, a completa falta de liberdade do povo, uma burocracia infernal, dogmatismo e a ausência de quaisquer soluções soviéticas aceitáveis para o impasse. Como secretário-geral e chefe de estado, Andropov detinha inteiro controle da KGB, e os registros mostram que seus mais freqüentes visitantes foram os chefes e os funcionários de alto nível da KGB.

Diferentemente de Brejnev, Andropov deu muita atenção à maneira de aumentar a influência do partido nas questões econômicas e sociais, bem como à melhora de tal influência enquanto, ao mesmo tempo, pensou muito em diminuir a interferência da chefia na economia. Falando aos secretários do Comitê Central, em 7 de dezembro de 1982, fez uma observação extraordinária: "É importante perguntar se não está havendo uma simbiose entre funcionários de alto nível do aparato do Comitê Central e ministros e outros funcionários. Infelizmente, nossos funcionários, inclusive vice-chefes de departamentos, nem sempre se conscientizam dessa impropriedade. Se o Comitê Central não tomar medidas oportunas contra esse fenômeno intolerável, o fogo se alastrará ao próprio comitê todo."[25]

Ele estava menos preocupado com a falibilidade do governo via diretrizes do que com a possível identificação dos fracassos da economia do dia-a-dia e de outros insucessos com a ação do Comitê Central. A despeito de algumas tentativas para alterar a situação, o comitê continuou trabalhando como sempre, quer dizer, como um supergoverno. Era a única maneira pela qual a sociedade e o estado soviéticos podiam funcionar.

Para ilustrar essa afirmação, em 18 de novembro de 1982, uma semana depois de Andropov chegar ao poder, o Politburo debateu treze questões e votou nada menos de *setenta e oito* resoluções. Entre as matérias tratadas, estavam: o resultado das conversas com delegações que vieram para o funeral de Brejnev em Moscou; as próximas reuniões da Comissão de Controle do Pacto de Varsóvia; congratulações para o novo presidente da Turquia; o dissidente Anatoly Shcharansky; uma minuta de decreto nomeando Andropov membro do Soviet Supremo. O Politburo tratou também de assuntos econômicos, tais como o orçamento de 1983, a produção de material nuclear e suprimentos de guerra para o 7º Plano Quinqüenal, a fabricação de implementos agrícolas da usina industrial de Ukthomsky, e muitos outros, desde os de grande importância até a concessão de medalhas aos criadores de suínos. Assim foi sob Andropov, como fora antes dele e seria depois.

É óbvio que o Politburo não tinha nem o pessoal nem o tempo, nem o conhecimento profissional para lidar adequadamente com essas matérias. Dava força de lei a minutas de decisão preparadas para ele pelo aparato do Comitê Central, o qual, por sua vez, se valia do assessoramento e conselho de especialistas. Andropov considerava anormal essa situação: mesmo que o Politburo fosse capaz de apreciar mil assuntos, outros mil ficariam sem exame. A supercentralização era uma armadilha pela qual um só órgão – não muito competente, diga-se de passagem – decidia sobre tudo, sobrecarregando o sistema com algemas burocráticas e tornando-o complicado, moroso e ineficiente.

Desde os dias de Lênin, os bolcheviques vinham prescrevendo tudo para a população silenciosa: que fazer, quem apoiar, como viver, quem respeitar, quem odiar. A partir de sua concepção, o Politburo leninista criou um modelo singular de supergoverno do partido. Tal como fizera por sessenta anos, no tempo de Andropov, o Politburo decidiu questões como o envio de tropas para Hungria, Tchecoslováquia e Afganistão e outras triviais que funcionários de escalões mais baixos poderiam administrar. Por exemplo, com Andropov na presidência, o alto órgão confirmou as normas para alimentação de animais nos órgãos do MVD,[26] examinou a manutenção de automóveis leves, pistões dos motores a diesel de carros-de-combate, a condecoração estrangeira de um ministro, e muito mais.[27]

Desde o início, o Politburo se reunia às quintas-feiras. Os não-membros cujas presenças eram requisitadas por assunto apinhavam as ante-salas. A esteira funcionava sem interrupção enquanto iam saindo resoluções atrás de resoluções. Debates eram raros. Os assuntos mais importantes não eram minutados, recebiam o carimbo de "ultra-secreto" e eram destinados para um dos "arquivos especiais." A troca de opiniões nunca acontecia sobre problemas econômicos ou sociais e sim a respeito de questões políticas, e ocorria quando se chegava ao item "outros assuntos" da pauta.

Entre as matérias sigilosas guardadas nos "arquivos especiais" durante o mandato de Andropov estavam, por exemplo: restrições de acesso aos projetos de novas armas por parte de representantes do exército romeno; envio de propriedade especial [armas] para a Nicarágua;[28] segurança de contra-informação no MVD, nos seus órgãos e nas tropas;[29] indivíduos perigosos para o estado sob condições de guerra;[30] orçamento do PCUS para 1983;[31] venda de ouro.[32]

As minutas às vezes incluíam breves anotações como "KGB," "MO" [Ministério da Defesa], "Departamento Internacional do Comitê Central," e as decisões sobre esses assuntos eram imediatamente enviadas para os "arquivos especiais." Cobriam questões como informações e contra-informações soviéticas, criação e teste de novas armas, ajuda financeira a partidos comunistas estrangeiros e remuneração dos membros do Politburo.

Deve ser realçado que, sob Andropov, o Politburo tratou bem mais de assuntos da KGB que no passado. O papel da KGB na sociedade foi crescendo com o tempo. Nem bem assumira a secretaria-geral, em 10 de dezembro de 1983, Andropov concordou em debater "no nível mais elevado" a questão de "usar cidadãos soviéticos de nacionalidade judia em participação ativa na propaganda anti-sionista." Uma nota adicionava que "gente de nacionalidade judia, com raras exceções, evita fazer julgamentos públicos sobre o sionismo." É claro que foi decidida a formação de um "grupo" apropriado sob a égide da KGB.[33]

Outras questões da KGB apreciadas pelo Politburo incluíram: suplementação da lista de itens importantes que constituíam segredos de estado;[34] medidas para aumento das defesas-rádio [isto é, interferência] contra a radiodifusão anti-soviética;[35] envio de propriedade especial [em sua maioria armas] para determinados partidos comunistas e organizações estrangeiras.[36]

Como secretário-geral, Andropov permaneceu envolvido com diversas esferas extremamente controvertidas da atividade da KGB. Não é segredo que o serviço secreto soviético teve vínculos sigilosos com organizações terroristas, algumas das quais receberam armas da URSS. Muitos terroristas tiveram cursos de treinamento especial e ideológico na União Soviética, e alguns gozaram de asilo político. O supergoverno tentou controlar tudo: sua aprovação ou desaprovação foi requisitada para uma imensa variedade, às vezes inusitada, de questões. Andropov conversou por telefone com o primeiro-ministro polonês general Jaruzelski, em 13 de abril de 1983. O Politburo registrou devidamente em suas atas que "aprovara uma conversa entre o Secretário-Geral Camarada Andropov e o Primeiro-Secretário do Comitê Central do PORP [Partido dos Trabalhadores Unidos da Polônia] W. Jaruzelski."[37]

Quando o Secretário-Geral convidou seus colegas de países socialistas para uns dias de férias na URSS, foi necessária a anuência do Politburo. Seguindo a tradição, em 1983, Andropov convidou todos os chefes comunistas, de Castro a Ceausescu, sem esquecer o velho amigo Janos Kadar, a quem escreveu pessoalmente: "Em nome de meus colegas no Politburo, e em meu próprio, tenho o prazer de convidá-lo e a Maria Timofeyevna para passarem suas férias na União Soviética, na data que lhes for mais conveniente. Caso aceitem o presente convite, terão a oportunidade de gozar férias em qualquer parte do país e visitar as repúblicas e cidades que forem de seu interesse."[38]

Desde os distantes dias de outubro de 1956, Andropov mantinha relações de amizade com Kadar. Falavam ao telefone e encontravam-se com freqüência. O próprio Andropov escolheu os presentes para Kadar e esposa – um caro fuzil de caça Tula feito sob encomenda, e xales de Orenburg – quando de sua visita a Moscou, coisa que não fez para outros convidados.[39] Kadar e a Hungria constituíram um ponto de inflexão para Andropov. Desde então, ele se tornou extremamente, até patologicamente, sensível a tudo que cheirasse a "contra-revolução," "nacionalismo burguês," ou "sabotagem imperialista." Kadar era uma lembrança viva daqueles dias.

As instruções de Andropov para "botar ordem e reforçar a disciplina" foram recebidas com aprovação pela maioria do povo soviético, embora produzissem resultados extremamente modestos, para dizer o mínimo. A sociedade e o sistema estavam doentes, e não seriam curados pela regulação de um relógio despertador ou pelo emprego de um onipresente exército de controladores. Mesmo se Andropov entendeu isso, não deu os passos necessários na esfera econômica ou política. Sua atividade voltou-se para o afastamento de funcionários corruptos. Não enfrentou o problema principal.

Não existem sistemas sociopolíticos perfeitos. Todos sofrem com a corrupção e a burocracia em algum grau, mas a experiência mostra que esses defeitos não devem ser atacados com leis mais rigorosas e sim com a garantia de liberdades e direitos para os cidadãos, com imprensa livre, com a prestação pública de contas, com mínimo sigilo e com a melhora das condições de vida. Ao encampar a antiga metodologia bolchevique, Andropov estava fadado à derrota.

Mas ele foi bastante corajoso para enfrentar ministros e chefes regionais e afastá-los de suas funções. O que fez foi por vezes considerado blasfêmia nos círculos do partido. Por exemplo, após o centésimo aniversário de nascimento de Lênin, em 1970, houve uma explosão de monumentos em homenagem ao "líder imortal." Estátuas surgiram não só nos centros das repúblicas e regiões, mas em todas as cidades, fábricas, universidades e unidades do exército, e foram submetidos à aprovação mais e mais projetos para "imortalizar o líder."

Andropov disse a um pequeno círculo de colegas que já era tempo de dar um basta naquela ruinosa e cara preocupação com aparência. Em abril de 1983, com a aproximação do sexagésimo aniversário da morte de Lênin, e, com ele, novo espasmo da mania de monumentos, o Politburo tomou uma decisão notável. Seu título era neutro: "Fim de gasto excessivo de fundos públicos e estatais com ereção de estruturas comemorativas." Mas o teor do documento foi direto e áspero: "No período 1983-85, está proibida a construção, ou prosseguimento da construção já começada, de museus, monumentos, obeliscos comemorativos, exceto os bustos de bronze encomendados pelo Presidium do Comitê Central e memoriais baratos em homenagem aos caídos na Guerra Patriótica."[40]

Andropov tentou pôr um fim na insensatez ideológica, mas já estava enfermo, e foi só baixar hospital para ter a posição enfraquecida. Os leninistas do Politburo ignoraram seu próprio decreto de abril de 1983. No início de dezembro daquele ano, uma proposta de Grishin foi apoiada por Chernenko, Tikhonov, Gorbachev, Gromyko, Romanov e outros, "Para erigir um monumento a Lênin na Praça de Outubro em Moscou,"[41] embora já existissem dúzias deles por toda a cidade. Mas era bem mais fácil levantar monumentos do que atender às necessidades da população. Por anos, as filas para tudo nas lojas tinham se transformado em visões pitorescas de Moscou e de outras cidades soviéticas.

Como não era economista nem gerente industrial, Andropov abordava as questões de reformas de qualquer tipo na indústria e na agricultura com grande cuidado. Não iria, por exemplo, concordar com o plano do Comitê Central para ampliar os direitos das empresas, dando-lhes maior independência econômica e responsabilidade, e estabeleceu que o Comitê devia "primeiro, tentar a abordagem numas poucas usinas e fábricas."[42] Ao mesmo tempo, concordou rapidamente com a idéia dos economistas do Comitê Central de fixar o conceito de brigadas ou equipes para organizar o trabalho.[43] Entendia perfeitamente bem que, se a economia soviética tivesse que ser alçada de seu baixo nível de eficiência, mudanças teriam que ser feitas para envolver o interesse pessoal dos trabalhadores com o processo produtivo, mas continuava agindo com prudência. Talvez também soubesse que a economia socialista, baseada na intransigente rejeição à propriedade privada e ao livre mercado, não estava preparada para reforma de fundo. Por conseguinte, introduziu melhoras e inovações parciais, enquanto tentava "botar ordem" na produção.

Não foi menos cauteloso na política. Já estava bastante difícil ignorar a crítica – mesmo de "amigos" – sobre a natureza extremamente não-democrática das eleições soviéticas, e já bastava a explicação de que a URSS só precisava de um partido, o PCUS, para expressar os interesses de todo o povo e que, portanto, apenas era necessário um candidato a cada eleição. Em outubro de 1983, o Politburo foi apanhado de surpresa quando Andropov apresentou um memorando sugerindo que o órgão considerasse a possibilidade de alargar determinados "procedimentos democráticos" nas eleições vindouras para o Soviet Supremo. O grau de "alargamento" que tinha em mente, todavia, era limitado e precavido. Ele sugeria que "a seleção de candidatos não fosse por profissões."

Durante muitos anos, a prática foi de apresentar candidatos ao Soviet Supremo de acordo com os ofícios. Membros do Politburo e secretários do Comitê Central podiam ser candidatos, da mesma forma que ministros, secretários dos comitês partidários regionais e das repúblicas, gerentes de grandes plantas industriais e fábricas, comandantes de distritos militares, secretários de sindicatos de escritores, compositores e artistas. Com propósitos cosméticos, o Soviet Supremo era diluído por um certo número de operários, agricultores coletivos, médicos, professores, e assim por diante. Cada minudência do processo era ponderada e registrada antes que a "eleição" tivesse lugar. Na realidade, a composição do Soviet Supremo fora determinada muito antes pelo aparato do Comitê Central.

A proposta de Andropov era que a seleção fosse além das categorias usuais do partido para incluir pessoas "interessantes" e "preeminentes." Também sugeriu que as nações perseguidas – alemães étnicos, tártaros da Criméia, ingushes e outros – fossem representados naquele órgão meramente cerimonial.[44] Essas "inovações," é evidente, não afetavam as fundações do vergonhoso sistema eleitoral, porém, de alguma forma, mostravam que a liderança começara a pensar em modos de dar mais respeitabilidade às instituições soviéticas do poder.

Este foi Andropov: comedido, circunspecto e vigilante nas questões econômicas, sociais, políticas e ideológicas, ortodoxo no pensamento. Algumas de suas medidas não passaram de imitações burocráticas de ação, por mais que freqüentemente repetisse o slogan "o futuro pertence ao socialismo."

Em um aspecto Andropov não foi hesitante, na esfera que dominava, a KGB, que continuou ganhando respaldo para todas as suas propostas. Mesmo no hospital, em novembro de 1983, por exemplo, deu anuência a que o Politburo debatesse "medidas para desvendar sabotagens de nacionalistas ucranianos no exterior." O Politburo aprovou por decreto um programa completo sobre as maneiras de combater o chamado "Bloco antibolchevique de nações," propondo, entre outras coisas, que se envidassem esforços "para semear a discórdia entre os nacionalistas."[45]

Espionagem, contra-espionagem e questões de polícia continuaram a ser as diversões principais do Politburo, que passou horas discutindo propostas de Gromyko e Chebrikov para o endurecimento na expedição de vistos soviéticos para cidadãos dos EUA; para multar mais diplomatas americanos por infrações no trânsito e nos estacionamentos; e para reduzir as imunidades diplomáticas para a embaixada americana em Moscou.[46]

Andropov jamais perdia a oportunidade de empregar armas ideológicas contra o principal rival, "o imperialismo americano." Muitas vezes, isso era feito de forma desajeitada e primitiva, mas, ocasionalmente, agia com surpreendente elegância. No início de 1983, enquanto examinava a pilha de documentos sobre sua mesa, fez uma anotação num deles: "Devemos começar a pensar imediatamente sobre o ano 2000." Seus auxiliares e redatores de discursos, bem como os integrantes do departamento de propaganda, pegaram logo a idéia, que tinha uma certa aura universal e poderia, por conseguinte, ser explorada para render consideráveis dividendos ideológicos. Longas horas e muito esforço foram devotados a um documento que, finalmente, emergiu como proposta de resolução para a consideração do Politburo: "Uma iniciativa do estado soviético em conexão com a próxima entrada da humanidade no terceiro milênio." Foi organizada uma comissão especial presidida por Chernenko e que incluía Gorbachev, Aliyev e outros. Ficou decidido que uma proposta seria apresentada às Nações Unidas para que aceitassem a minuta de declaração inspirada por Moscou e intitulada "Paz, progresso e bem-estar da humanidade (um programa para a comunidade internacional das nações para 1985-2000)."

O documento, promovido como "Um manifesto para o século XXI," foi oferecido como base para o fortalecimento da luta contra a ameaça da guerra nuclear, o dano ambiental, a pobreza, a fome e a doença. A idéia era que a União Soviética, país socialista que podia antecipar o futuro, se propunha a mostrar às nações da Terra o caminho para a paz do amanhã.

Naturalmente, esse plano ambicioso não era aceitável para a comunidade mundial. Quem daria atenção aos alertas de um estado que se encontrava às voltas com uma guerra suja no Afganistão, que apoiava o terrorismo internacional, que sujeitava dissidentes ao tratamento psiquiátrico com drogas e que era incapaz de admitir honestamente os fatos relativos à derrubada de um avião de passageiros sobre o Mar do Japão?

Símbolo da era Andropov

Três meses depois de se tornar secretário-geral, Andropov passou a ser submetido a diálise por disfunção renal. A atividade e a mobilidade de chefe ficaram severamente restritas pelo seu grave estado de saúde.

Se na política interna Andropov optou por "botar ordem" para sobrepujar a crise, na externa essa escolha não estava disponível. Teve de enfrentar uma série de problemas fora do país. Quando chegava pela manhã a sua sala do Kremlin, era recebido com uma pilha de telegramas cifrados e relatórios sobre a situação desesperançada no Afganistão, a continuada tensão na Polônia, a profunda incerteza nas relações com China e Japão, a perigosa deterioração no Oriente Médio, Etiópia e África do Sul. As relações com a Europa Ocidental não eram boas, porém, pairando acima de tudo, postava-se a disputa com os Estados Unidos e o persistente drama dos mísseis nucleares. Pelo fim do mandato de Brejnev, a um custo colossal e com tremendo prejuízo para o conjunto da economia, a URSS alcançara paridade nuclear com os EUA. A competição, na qual todos os chefes soviéticos entraram sem hesitação, solapara o sistema comunista. O chefe doente do país doente não apenas aceitara cada novo desafio dos EUA e da OTAN como também os provocara a ações perigosas.

Os secretários-gerais da URSS tinham bem mais poder que o presidente dos EUA ou outros líderes ocidentais. O presidente americano é, por exemplo, limitado pelo mandato finito, pela Constituição, pelo Congresso e pela pressão da opinião pública. Em contraste, os secretários-gerais eram mandantes absolutos, podendo ficar na função por tempo indeterminado, onde normalmente permaneciam até a morte, enquanto o Soviet Supremo de um só partido – o arremedo de parlamento do sistema – carimbava obedientemente qualquer decisão que o Politburo se dignasse de submeter à sua apreciação.

Notável no mandato de Andropov foi o fato de ele continuar conduzindo a política apesar de seriamente enfermo, mantido vivo pela aparelhagem do rim artificial, mas, ainda assim, lúcido e determinado. Sabia o que queria, embora nem sempre soubesse a melhor maneira de consegui-lo.

Deu especial atenção às comissões especiais criadas pelo Politburo. Aquelas sobre a China e a Polônia – que Andropov presidira pessoalmente antes de chegar ao poder supremo – e a do Afganistão reuniam-se com maior freqüência. Em agosto de 1983, ele propôs uma comissão permanente para o Oriente Médio e aconselhou Ustinov, Gromyko e outros membros da citada comissão a continuarem dando ajuda militar efetiva à Síria e a outros regimes árabes amigos, mas a "não permitirem que nos tornássemos diretamente envolvidos no conflito da região."[47]

Malgrado a orientação cautelosa, Andropov manteve-se em posições decididamente confrontadoras com os EUA e Israel, e não toleraria nem mesmo o pensamento de que a melhor política seria a normalização das relações entre o estado judeu e os países árabes. Ao contrário, aprovou a continuação de suprimento no valor de bilhões de dólares de ajuda a Síria, Iraque, Líbia, Iêmen do Sul, OLP, Cuba e Coréia do Norte. Milhares de carros-de-combate, viaturas blindadas de transporte de tropa, centenas de aviões de caça e de mísseis antiaéreos, sistemas de artilharia e outros equipamentos foram entregues, o que colocou aqueles países entre os mais militarizados do mundo.

Nenhum país jamais teve tantos assessores de língua russa quanto a Síria. Estive por lá em diversas oportunidades e encontrei muitos especialistas e conselheiros soviéticos numas duas dezenas de guarnições do exército desproporcionalmente grande daquele país. Ele constituía a principal força de oposição árabe a Israel. Todos viviam num estado de meia-paz e meia-guerra. A União Soviética e sua ideologia não eram desejadas por ninguém, mas os tanques, os canhões e os técnicos eram muito valorizados. Enquanto mantinha poderosa presença militar da União Soviética na região, Andropov, apesar disso, fazia de tudo para evitar um novo conflito armado.

As relações soviéticas com a China eram grande preocupação do chefe. Depois dos embates na ilha Damansky e no Extremo Oriente, em 1969, a União Soviética deslocou grandes contingentes de tropa para Transbaikal e Sibéria e dispôs diversas unidades na Mongólia, com o consentimento do governo de Ulan-Bator. As duas maiores potências da Ásia, com a mais extensa fronteira terrestre do mundo, olhavam-se com mútua suspeita. Moscou não tirava da cabeça que eram os EUA que mais lucravam com a silenciosa confrontação.

Em diversas ocasiões, Andropov deu pessoalmente instruções aos diplomatas que conduziam negociações incoerentes com a China em Moscou e Pequim. Sabia que a União Soviética era incapaz de suportar a carga de um embate armado contra a China enquanto também gemesse sob o peso inacreditavelmente alto da corrida armamentista nuclear e espacial com os EUA, com a interminável guerra no Afganistão e com o fermento na Europa Oriental, onde estavam estacionadas as principais forças terrestres soviéticas. Disse à sua comissão para a China que deveria encontrar formas de regularizar as relações com o gigantesco vizinho, mas as diferenças eram tão profundas que, praticamente, resultados positivos não eram alcançáveis. Os especialistas do Comitê Central saíram-se com propostas de assinatura de um tratado de não-agressão, e de medidas para aumentar a confiança militar mútua, mas elas foram, invariavelmente, respondidas com "três condições" do lado chinês: a URSS teria que sair do Afganistão, "forçar" o Vietnam a liberar o Camboja e retirar suas forças da Mongólia. O Kremlin não podia aceitar qualquer delas.

Emaranhada nas ciladas que armou para si mesma na confrontação global com os EUA e a OTAN e atolada nas obrigações para com os "amigos" ao redor do mundo, a União Soviética continuou minando sua já ineficiente economia. Enquanto foi possível manter o sistema nos trilhos da militarização, a URSS conseguiu pelo menos uma coisa: ser temida. Andropov sabia que em todo o mundo esse era seu trunfo principal; sabia que os ciclos sucessivos da Guerra Fria de congelamento e degelo da détente nas relações entre os dois lados tinham significado temores mútuos e uma incapacidade de vencer preconceitos arraigados. Os EUA com a desvantagem de precisarem ser o líder mundial, e a União Soviética condicionada por sua fidelidade aos conceitos de classe e ao dogma leninista.

Tão logo Andropov se tornou secretário-geral, a Editora Pública de Literatura Política apressou-se em lançar seus *Discursos e artigos seletos*. Em "Leninismo – ciência e arte da criatividade revolucionária," a frase "Nossa política é a política de classes nos seus princípios e nos seus objetivos"[48] aparece com destaque. Desde sua criação, a abordagem por classes condenou a URSS à confrontação e à luta e foi, sem dúvida, pelo menos parcialmente responsável pela desintegração final.

Como o adversário, a URSS queria obter uma vantagem unilateral. Desdobrando mísseis SS-20 de médio alcance na parte mais ocidental do território do Pacto de Varsóvia, podia ameaçar toda a Europa Ocidental. Quantias astronômicas de dinheiro foram gastas na consecução desse objetivo. Era evidente que os americanos logo teriam uma resposta, e responderam instalando seus mísseis guiados Pershing-2 na Europa. Moscou fez o que pôde para evitar que isso acontecesse. Em 1983, Andropov dedicou praticamente todo o seu limitado tempo a esse assunto. Esforços por atacado foram feitos para mobilizar a opinião mundial contra a iniciativa dos Estados Unidos, e os socialistas e partidos comunistas europeus ocidentais foram acionados com tal propósito. Andropov convocou uma reunião dos secretários dos partidos fraternais só para debater a questão dos mísseis.[49]

Em vão. A concentração de mísseis soviéticos na Europa Oriental se viu equilibrada pela montagem de mísseis americanos na Europa Ocidental. Os mísseis dos EUA podiam atingir centros populacionais importantes na URSS em sete minutos, ao passo que um míssil soviético levaria trinta minutos para alcançar os EUA. Os míopes estrategistas soviéticos haviam dado uma faca nas mãos dos americanos para que lhes cortassem a garganta. Além disso, arruinaram ainda mais sua própria economia. Na União Soviética, a chefia nunca foi responsabilizada, seja pelos erros fatais de 1939-41, pelo terror stalinista, pelas intervenções na Hungria e na Tchecoslováquia, pelo envolvimento na guerra civil afegã, seja pelo impasse dos mísseis.

Em entrevistas para a imprensa soviética e estrangeira, Andropov disse que eram os EUA que estavam bloqueando as negociações sobre mísseis de médio alcance. Em outubro de 1983, quando o chefe do partido comunista italiano, Enrico Berlinguer, propôs numa carta confidencial que Andropov tomasse a iniciativa de reduzir unilateralmente os mísseis de médio alcance a fim de evitar o desdobramento de armas americanas semelhantes na Europa, o Secretário-Geral replicou: "Mas onde estão as garantias de que isso contenha os americanos de instalar foguetes na Europa? Não existem."[50] Ele não admitiria nem mesmo a possibilidade de uma concessão parcial. Num pronunciamento de 25 de novembro de 1983, reafirmou que a URSS "tomaria medidas de resposta" para os mísseis dos EUA na Europa.

Em seu curto tempo no poder, Andropov não foi capaz nem de fazer o país retornar à breve "détente" da era Brejnev. A mentalidade de classe ditava que a luta pela paridade deveria prosseguir, e que as concessões e meios-termos só poderiam ser admitidos se houvesse chance de conseguir a supremacia. Em outubro de 1983, quando a delegação soviética se preparava para uma reunião preliminar em Helsinki sobre medidas para gerar a confiança, a segurança e o desarmamento na Europa, o Politburo – com as bênçãos de Andropov – expediu uma instrução para que a delegação apoiasse a idéia do não-emprego mútuo da força, mas "não concordasse com o desvendamento da atividade militar dos estados."[51] Da mesma forma que a liderança soviética ficara horrorizada, em 1955, com a proposta do presidente Eisenhower sobre a troca de informações militares e a permissão de ambos os lados para que fossem feitas fotografias aéreas das respectivas instalações, o que seria possível com uma política de "céus abertos," também anos mais tarde, enquanto aparentava concordar com certas medidas para implementar a confiança, a URSS não queria ir longe ao ponto de permitir inspeções conjuntas.

Entrementes, o país mergulhava cada vez mais fundo na ruína econômica. Do orçamento do estado, 70% estavam sendo aplicados em necessidades militares, embora este dado, é óbvio, jamais tivesse sido revelado. O recurso à força no lugar da razão, aos interesses geopolíticos em vez dos valores humanos, conduziu o mundo e os lados rivais para o limiar de uma catástrofe nuclear.

Andropov presidiu sua última reunião do Politburo em 1º de setembro de 1983. Como sempre, o encontro tratou de vasto elenco de assuntos, da produção de chassis para veículos autopropulsados e de televisores coloridos até o aumento da produtividade no trabalho, censos demográficos, ajuda ao Afganistão e escolha de um orador para o 66º aniversário da Revolução de Outubro.[52]

Pouco antes da reunião, Ustinov aproximou-se de Andropov e lhe disse: "Um avião foi abatido. Acontece que não era americano, era coreano do sul, e avião civil de passageiros. Vamos investigar mais e faremos um relatório detalhado."

Andropov, que claramente tinha outras fontes de informações, replicou: "Tudo bem. Mas fui informado de que havia um avião espião sobre Kamchatka. Estou voando hoje, mais tarde, depois da reunião, para a Criméia. Tenho que repousar e fazer algum tratamento. Quanto ao avião, você cuida disso."

O incidente com o Boeing sul-coreano não parecia a princípio especialmente importante. A URSS tinha abatido dezenas de aeronaves dos EUA que haviam violado o espaço aéreo no Extremo Oriente, sobre o Báltico, no mar de Bering, na Armênia e em Sverdlovsk. Não tinham sido poucos também os aviões soviéticos desaparecidos em todas as latitudes sem deixar vestígios. Nada fora dito publicamente sobre a perda das aeronaves soviéticas, em obediência à regra bolchevique de quanto menos o povo sabe mais fácil governá-lo.

Ninguém no Kremlin previu a onda de indignação e condenação no mundo inteiro com a derrubada do jumbo sul-coreano sobre o mar do Japão, na qual morreram todos os 269 passageiros e membros da tripulação. A história, até onde se pode saber, foi contada muitas vezes e não carece de recapitulação. O que interessa mais de imediato é a reação de Andropov e seus camaradas.

Cedo da manhã de 1º de setembro, enquanto ainda se encontrava em casa, nas cercanias de Moscou, o Secretário-Geral foi informado de que um avião dos EUA havia sido derrubado na metade meridional da ilha Sakalina. Ele conhecia as regras sobre a detecção de aeronave estrangeira no espaço aéreo soviético: um sinal rádio ou visual tinha que ser enviado ordenando a imediata aterrisagem em território soviético; se o piloto ignorasse o sinal, o comando de fronteira mais próximo poderia dar ordem para a destruição do avião. Em 8 de setembro de 1958, por exemplo, quando um C-130 dos EUA, com treze membros na tripulação, penetrou no espaço aéreo soviético sobre a Armênia, a guarda soviética de fronteira agiu exatamente dessa forma. Os pilotos de caça enviaram os sinais preliminares e então lançaram um ataque com foguetes, derrubando o grande avião que ficou em chamas no solo por algumas horas. Apenas cinco corpos carbonizados foram devolvidos aos americanos. De início, o ataque foi negado: "O avião caiu por si mesmo." Essa foi, quase sempre, a resposta prescrita. Em conversa com Mao Tse-tung, em 2 de outubro de 1959, Khruschev declarou: "Derrubamos mais de um avião americano, mas sempre dizemos que eles caíram sozinhos."

É difícil desculpar as autoridades americanas por mandarem aviões espiões sobrevoar o espaço aéreo soviético. Por certo, o segredo absoluto do regime soviético, sua obstinada recusa em permitir inspeções conjuntas e os receios a respeito dos desconhecidos planos do Kremlin combinaram-se para fazer com que a CIA e outras agências do serviço secreto dos EUA tomassem tais medidas, mas elas conflitavam com a lei internacional.

Em resposta às primeiras investigações japonesas e americanas sobre o Boeing 747 desaparecido, Moscou declarou que nada sabia sobre o destino da aeronave. Então, quando ficou claro para todos que o avião havia sido derrubado, foi empregada a "linha Khruschev" – "o avião caiu." No entanto, toda a troca de mensagens entre os pilotos dos caças soviéticos e os controles de terra fora monitorada e gravada pela vigilância eletrônica dos EUA, e ninguém foi enganado pela desajeitada tentativa de Moscou de turvar o incidente. As autoridades soviéticas foram incapazes de uma resposta satisfatória à pergunta simples de como fora possível confundir um enorme avião civil com qualquer outro tipo de aeronave. Relatórios começaram a chegar de embaixadas e representações soviéticas em todo o mundo dando conta de piquetes, manifestações e raiva generalizada. Até mesmo "amigos" da URSS estavam totalmente envergonhados e incapazes de qualquer coisa que apaziguasse a opinião pública.

Andropov, na Criméia, era informado pelo Ministério da Defesa, pela KGB e pelo Ministério do Exterior. Porém, sobretudo, mantinha contato com Chernenko, a quem delegara as atividades do Politburo na sua ausência.[53] Disse a Chernenko para debater o assunto no alto órgão e trabalhar uma "linha" que não concedesse nada, não fosse defensiva e que considerasse possíveis sanções contra a URSS. Tão logo recolocou o fone no gancho, Chernenko convocou uma reunião extraordinária do Politburo para o dia seguinte, 2 de setembro. Consultou então Ustinov, Chebrikov e Gromyko sobre medidas imediatas a tomar para a execução das ordens de Andropov.

Quando o Politburo se reuniu, o *Pravda* publicou a primeira notícia sobre o incidente: "Na noite de 31 de agosto para 1º de setembro, uma aeronave de origem desconhecida penetrou no espaço aéreo soviético sobre a península de Kamchatka e, depois, violou de novo o espaço aéreo soviético sobre a ilha de Sakalina. (...) Aviões de caça soviéticos de patrulha das fronteiras decolaram e tentaram ajudar a aeronave ofensora a se dirigir ao aeródromo mais próximo. No entanto, a aeronave não respondeu aos sinais de alerta dos caças soviéticos e continuou o vôo sobre o mar do Japão."[54] Nenhuma menção foi feita à derrubada da aeronave e às mortes. O relato foi indefinido e vago ao extremo.

O Politburo olhou o assunto em termos de violação do espaço aéreo soviético. Soube que o avião fora derrubado por dois foguetes disparados por um piloto chamado Osipovich, o qual justificou ter sido incapaz de diferenciar um avião de passageiros de um avião militar espião.[55]

Chernenko abriu os debates anunciando: "Medidas tomadas ontem relativas ao incidente com a aeronave sul-coreana já foram discutidas por membros do Politburo. Vocês receberam informações mais detalhadas, e Yuri Vladimirovich [Andropov] expressou o desejo de que apreciemos essa difícil matéria no Politburo. (...) Temos que examinar nossa posição em meio à orgia desenfreada de propaganda americana."

Pela regra não-escrita para o debate sobre questões complicadas, cada membro do Politburo deveria manifestar sua opinião, de modo que houvesse demonstração de unidade. Os pronunciamentos revelaram chocante falta de remorso – ou mesmo de qualquer expressão de condolência – pelas 269 vítimas do incidente. Ficou absolutamente claro que se tratava de um avião civil que transportava inocentes passageiros homens, mulheres e crianças. Se o Politburo tivesse dado qualquer sinal de pesar pelo ocorrido e feito um relato factual do evento, a reação mundial teria sido diferente. Mas isso era impossível.

GROMIKO: Reagan fez de imediato um discurso sobre o incidente com o avião sul-coreano. Como antes, seu pronunciamento teve grosseiro caráter anti-soviético e incluiu a conclamação para que "toda a comunidade mundial se unisse" contra a União Soviética. (...) O Conselho de Segurança ainda não se reuniu, mas vai ser convocado, e debaterá as resoluções mais hostis contra nós. Obviamente, teremos que usar o direito de veto. (...) Temos que ser bastante claros quanto ao incidente e, sobretudo, temos que dizer que agimos dentro da lei...

USTINOV: Posso garantir ao Politburo que nossos pilotos operaram em completa conformidade com a exigência de seus deveres militares, e que tudo nesse memorando é a verdade honesta. Nossas ações foram absolutamente corretas, uma vez que a aeronave sul-coreana, de fabricação americana, penetrou até quinhentos quilômetros em nosso território. Devido à sua forma, é extremamente difícil distinguir essa aeronave de um avião de reconhecimento. Os pilotos soviéticos são proibidos de atirar em aeronaves de passageiros. Porém, no caso, sua ação foi perfeitamente justificável. (...) O problema é, qual a melhor maneira de informar que abrimos fogo.

GROMIKO: Não podemos negar que nossa aeronave abriu fogo.

CHEBRIKOV: Os americanos admitem que o avião foi atingido sobre território soviético e que caiu no oceano em águas territoriais nossas. Na realidade, foi em águas neutras. Temos navios e uma aeronave lá neste momento. (...) Resgatamos diversos pedaços. A profundidade no local varia de oitenta a cem metros.

GROMIKO: Isso significa que eles podem encontrar a "caixa preta" do avião, e nós também podemos.

TIKHONOV: Seguramente, mais cedo ou mais tarde, eles encontrarão destroços do avião.

DOLGIKH: Se conseguirem, terão provas de que o avião foi abatido.

GORBACHEV: Eles já têm evidências de que houve disparos?

CHEBRIKOV: Não, não têm. Mas quero frisar de novo que nossas ações foram totalmente legítimas.

TIKHONOV: Se agimos corretamente, legalmente, então temos que dizer com clareza que abatemos o avião.

GROMIKO: Temos que dizer que foram efetuados disparos. Temos que dizer isso abertamente para evitar que nossos adversários nos acusem de simulação.

GRISHIN: Em primeiro lugar, eu gostaria de dizer que devemos declarar ostensivamente que o avião foi abatido (...) e, ao mesmo tempo, é essencial responder com veemência a qualquer espécie de provocação anti-soviética.

GORBACHEV: Antes de tudo, quero dizer que estou convencido de que nossas ações foram legais. (...) Temos que mostrar com exatidão em nossas declarações que se tratou de violação grosseira de convenções internacionais. Não podemos permanecer silenciosos neste momento, temos que assumir posição ofensiva. Temos que dar apoio à versão corrente e desenvolvê-la ainda mais...

Devemos lamentar que Gorbachev tenha falado sobre uma "versão" dos eventos embora todo o ocorrido estivesse bem claro. Como os outros, sua preocupação era a de achar um modo de desenredar a chefia daquele caso desagradável e de jogar a culpa sobre o outro lado. Tampouco ele expressou palavra alguma de lamento pelas vítimas.

ROMANOV: Concordo com tudo que foi dito...

OGARKOV: É bem possível que isso tenha sido uma provocação deliberada. (...) O Ministério da Defesa tem todas as gravações das conversas que tiveram lugar no ar naquele dia. Elas mostram que podemos aderir completamente à versão que foi publicada em nossos jornais.

ZIMYANIN: Em primeiro lugar, devemos refutar o irresponsável pronunciamento de Reagan. Ele foi grosseiro e desenfreado.

(O presidente Reagan dissera que a "brutal" ação soviética indicava gritante contraste entre as palavras e as ações soviéticas. "Que se pode pensar de um regime," perguntou, "que trombeteia tão amplamente sua visão de paz e desarmamento global e, ainda assim, comete, tão insensível e rapidamente, um ato de terrorismo que sacrificou as vidas de inocentes seres humanos?")

DOLGIKH: Apóio o ponto de vista de que devemos adotar uma linha ofensiva na solução deste problema.

KORNIENKO: Já temos provas suficientes para expressar nossa opinião de que tudo foi uma provocação deliberada da CIA. (...) Mas não podemos esconder o fato de que tiros foram disparados. Afinal de contas, a propaganda imperialista pode, mesmo agora, divulgar as gravações da conversa de nossos pilotos.

SOLOMENTEV: Temos que adotar uma atitude ofensiva, mas talvez seja também possível expressar condolências aos familiares daqueles que pereceram em conseqüência dessa provocação deliberada.

Foi a primeira vez que alguém mencionou as vítimas e que, possivelmente, coubesse uma expressão de pesar.

KUZNETSOV: Apóio as propostas aqui feitas. Acho também que foi uma bem planejada ação anti-soviética.

VOROTNIKOV: Gostaria de dar suporte a tudo que foi dito aqui pelos camaradas...

KAPITONOV: Não há dúvida de que as ações de nossos pilotos foram corretas. Agora, na refutação aos ataques da propaganda imperialista, temos que agir com firmeza e circunspecção. Devemos, é claro, admitir os disparos, mas enfatizar que não houve culpa no caso.

GROMIKO: [Temos que] informar confidencialmente os chefes dos países socialistas fraternais e de alguns outros estados. Quanto aos americanos, temos que lhes dar uma resposta firme e oficial. (...) Seria conveniente dizer na declaração da TASS que lamentamos as mortes.

CHERNENKO: Alegro-me em constatar que todos temos a mesma opinião, a mesma posição. Temos que passar à ofensiva, e não nos defendermos. (...) Darei conhecimento imediato a Yuri Vladimirovich Andropov dos debates de hoje.[56]

O ofegante e despercebido Chernenko vinha dedicando com afinco a maior parte de seu tempo à função de secretário-geral interino. Uma resolução condizente com as linhas do debate foi aprovada. Gaguejando e folheando seus papéis com mãos trêmulas, Chernenko disse: "Yuri Vladimirovich disse-me ao telefone para não recuarmos, para reagirmos com decisão." Leu então a declaração do Politburo sobre o incidente que não continha uma só palavra de comiseração em relação às vítimas:

1. As medidas tomadas em conexão com a violação do espaço aéreo soviético pelo avião sul-coreano, em 31 de agosto, foram aprovadas. Decorre daí que a violação foi uma deliberada provocação das forças imperialistas (...) com o objetivo de desviar a atenção das iniciativas de paz da URSS.
2. Os departamentos do Comitê Central estão instruídos a garantir uma linha ofensiva em nossa propaganda...[57]

O Politburo de Andropov trabalhou dentro do espírito stalinista de transformar uma derrota em vitória, e a vitória em triunfo. Mas não funcionou.

A mídia soviética de massa começou a promover a "versão" aprovada pelo Politburo em 2 de setembro, enquanto um surto de indignação varria os Estados Unidos, a Europa, o Japão e a Coréia do Sul. Os povos do mundo não-socialista perguntavam por que os soviéticos estavam mentindo de novo e por que não confessavam que haviam derrubado uma aeronave civil. Não entendiam a razão de Andropov, Gromyko ou qualquer outro da liderança soviética não expressarem pêsames para os familiares dos passageiros mortos.

Só uma semana depois do incidente, em 7 de setembro, uma declaração do governo soviético reconheceu que o avião fora abatido. Foi afirmado que a aeronave violara o espaço aéreo soviético com propósitos de informações. Andropov telefonou da Criméia e recomendou que Gromyko cancelasse uma viagem planejada a Nova York e Havana a fim de evitar "correr ao encontro da provocação."

O modo com que esse incidente foi tratado diz muito sobre a mentalidade da chefia soviética. O próprio Andropov silenciou sobre o assunto por mais de um mês. Quando a ele se referiu, foi para emitir um juízo de valor ainda mais insensível que o de seus camaradas. A "caixa preta" do avião foi encontrada e trazida para a superfície. Ficou decidido nada dizer sobre a descoberta, seja para a imprensa mundial seja para Seul, e os navios soviéticos permaneceram na área por mais duas semanas para dar a impressão de que a busca infrutífera prosseguia.

A versão oficial demandava que o máximo possível fosse mantido em segredo, e assim foi até 1992, quando o novo regime democrático abriu os arquivos. Em agosto de 1993, o governo russo divulgou o relatório de uma comissão organizada para investigar o caso. A comissão concluiu que a derrubada do avião resultara de uma cadeia de erros e coincidências, e não fora premeditada. A primeira causa foi que a aeronave desviou-se de sua rota normal; a segunda foi a convicção dos soviéticos locais de que ela havia deliberadamente penetrado no espaço aéreo soviético. A comissão deduziu que as forças soviéticas de defesa agiram corretamente ao disparar contra uma aeronave que não reagiu aos sinais de alerta. Mesmo os inimigos figadais do antigo regime – membros do novo governo russo – concluíram que a ação soviética foi condizente com a convenção internacional. Os descaminhos do Politburo e sua inveterada necessidade de sigilo e autoproteção foram inteiramente desnecessários.

O caso trágico do Boeing sul-coreano se tornou símbolo patético do mandato de Andropov. Quaisquer que fossem as esperanças suscitadas no seu início, elas estavam agora destroçadas. Ficou evidente que o país não poderia almejar prosperidade econômica, ou a convergência da política e da moralidade, tampouco uma elevação espiritual. O Boeing foi emblemático da incapacidade de purgar o sistema de seus métodos bolcheviques, métodos que se fundamentavam na crueldade de classes, confrontação e cultivo da mentira.

Os quinze meses de Andropov no cargo não foram ricos em eventos memoráveis na esfera da política externa. Mísseis SS-20 e Pershing-2 foram instalados, a guerra terrível no Afganistão continuou, o conflito no Oriente Médio piorou, a Polônia foi dominada, mas não subjugada, a China não reagiu positivamente às "propostas de paz" feitas pela URSS, a gélida retórica com Washington e com a OTAN persistiu, e pareceu que os ventos da Guerra Fria prevaleceriam de novo em todos os continentes.

Liderança a partir do hospital

Todos sabiam no Politburo que Andropov já estava seriamente enfermo quando assumiu o poder. Por insistência de Chernenko – não menos doente – em 24 de março de 1983, o alto órgão debateu um item da pauta intitulado: "Ajustes no trabalho para os membros e candidatos o membro do Politburo e secretários do Comitê Central." Chernenko apresentou pessoalmente a proposta: "Nossa última decisão anterior sobre o assunto foi de limitar o dia de trabalho de nove às cinco e proporcionar aos camaradas com mais de sessenta e cinco anos férias mais prolongadas e um dia por semana de trabalho em casa." Porém, continuou, essas decisões não estavam sendo observadas.

Andropov sustentou a posição de Chernenko: "Pode-se analisar a estrutura etária do Politburo de todos os tipos de maneiras. Temos uma concentração de experiência política em nosso partido, portanto uma mudança apressada e irrefletida de pessoas nem sempre pode beneficiar a causa. (...) Com um regime sobrecarregado poderemos perder mais do que ganhar. Temos que conceder a cada membro do Politburo a possibilidade de trabalhar um dia por semana em casa. A relaxação deve ter lugar nesse dia de folga."

Esta questão prática para os velhos do Politburo foi motivo de animado debate. Antes que alguém pudesse se pronunciar oficialmente, Pelshe declarou: "O principal é que você, Yuri Vladimorovich, deveria observar estritamente o regime; você tem que se cuidar e se tratar."[58] Ficou resolvido que os membros deveriam participar de menos "atividades noturnas" (isto é, recepções), que os encontros com embaixadores e delegações só deveriam ocorrer em dias de expediente e que os exames médicos seriam intensificados. Os velhos mostraram diligência na promoção de cuidados especiais para eles mesmos.

Dos quinze meses em que Andropov esteve no poder, metade do tempo foi passada no hospital, onde se esperava que o tratamento lhe recuperasse a grande capacidade de trabalho, ou que, pelo menos, resultasse em cura parcial.

Durante o recesso de inverno, em fevereiro de 1983 – todos os membros do Politburo gozavam de recessos de inverno e de verão – a saúde de Andropov entrou em franco declínio. Por toda a vida, ele tivera problemas renais e agora parecia que os rins não funcionavam mais. Consultas com especialistas soviéticos e estrangeiros confirmaram a necessidade de diálise, o tratamento em rim artificial. O prontuário médico de Andropov registrava que, em 1965 e 1966, ele teve "micro-infartações vasculares miocárdicas; enfermidade supra-renal crônica, surtos de hipertensão, pneumonia, colite crônica, artrite, arritmia, herpes e outras enfermidades."[59] Não é difícil imaginar seu estado de espírito quando teve que lidar com o novo infortúnio.

Em vista de tão sérios condicionantes orgânicos, surpreende que Andropov tivesse sido capaz de trabalhar com a intensidade demonstrada. Evidentemente, conscientizou-se de que não iria longe. Como Roy Medvedev escreve: "Ele esperava viver por uns seis ou sete anos, mas tinha que levar em consideração que poderia deixar esta terra bem mais cedo."[60]

Pelo verão de 1983, a saúde de Andropov suscitava sérias preocupações. Ele se movimentava com muita dificuldade. Chagas dolorosas apareceram em seu corpo e aumentaram os sinais de debilidade generalizada. Yevgeny Chazov, ministro da Saúde e chefe da 4ª Divisão Principal, que incluía a clínica do Kremlin, recorda que o professor A. Rubin, renomado especialista americano, foi convidado a Moscou. Rubin procedeu a exaustivos exames e concordou com o tratamento prescrito pelos médicos soviéticos. Seu diagnóstico, de um modo geral, foi animador e o tranqüilizou.[61] O filho de Andropov, Igor, conta que, a despeito da doença, seu pai não imaginou que "o destino lhe reservara apenas mais um ano e três meses de vida. E os médicos também não pintavam um quadro desolador."[62]

Nas aparições irregulares para trabalhar, Andropov galgava com extrema dificuldade os poucos degraus para chegar ao elevador. Envergonhava-se quando os seguranças ou outros o ajudavam a andar e não queria que o povo tivesse conhecimento de sua deteriorada condição clínica. Quando foi empossado chefe de estado, não caminhou até o pódio para fazer o tradicional discurso de agradecimento, pois temeu que as forças lhe faltassem e que desabasse ante os olhos de todo o país. Simplesmente levantou-se, agradeceu a todos e fez umas poucas observações de praxe.

Brejnev, que ficara senil durante o mandato, não foi capaz de trabalhar eficazmente nos últimos anos. Agora, Andropov era doente terminal e, em breve, seria a vez de Chernenko. No entanto, parece que a chefia não duvidou que essas pessoas podiam governar o país. Se bem que, depois de Stalin, não mais houvesse referência ao chefe como *vozhd* [NT: *ente poderoso e protetor*], o que lhe conferia uma aura supragovernamental, a verdade é que as atitudes pouco tinham mudado desde os dias de Lênin. Mesmo na trama contra Khruschev, os joelhos dos conspiradores tremeram até o último minuto. A santificação do ente terreno que ocupava a posição suprema era uma velha tradição bolchevique.

Quando perceberam o rápido declínio de Andropov, seus camaradas, especialmente na KGB, fizeram o possível para lhe facilitar a vida. Em 11 de maio de 1983, Chebrikov, chefe da KGB, escreveu ao Politburo: "Nos eventos político-partidários da Praça Vermelha, a caminhada entre o Kremlin e o Mausoléu de Lênin passa por uma escada na Torre do Senado. A diferença de nível entre o Kremlin e o Mausoléu é maior que 3,5 metros. Considera-se conveniente substituir os degraus existentes na Torre do Senado por uma escada rolante. Solicitamos consideração dessa proposta."[63] Em 28 de julho de 1983, o Politburo a aprovou.[64]

Andropov não foi o único a achar que os degraus eram superiores às suas forças e a recorrer à escada rolante "Lênin." Praticamente todo o Politburo, onde alguns de seus membros eram bem mais idosos que Andropov e não menos decrépitos, deve ter imaginado por que não se pensara antes naquele maravilhoso dispositivo para vencer alturas. Ficar de pé no Mausoléu, em particular durante as celebrações de novembro, exigia até o limite da resistência física deles, quando não o ultrapassava.

Em 1º de setembro de 1983, depois de presidir o Politburo por três horas, Andropov entrou em férias. Seu avião particular não o levou para Kislovodsk ou para o Cáucaso Setentrional como de hábito, mas para Simferopol, na Criméia, de onde foi de limusine para uma das muitas luxuosas vilas reservadas para os chefes. Com ele viajou não só a costumeira equipe necessária para o trabalho de férias mas também uma completa instalação médica. Ele falava com Chernenko pelo telefone quase diariamente, e também com Ustinov e Gromyko. Os documentos mais importantes eram-lhe enviados, e a impressão foi de que Andropov encontrara um equilíbrio entre as enormes responsabilidades e sua declinante saúde.

Depois dos cansativos procedimentos médicos na parte da manhã, e após conversar pelo telefone com Chernenko, o que Andropov gostava mais de fazer era sentar-se na varanda sombreada com vista para o mar. Com freqüência, em seguida a um desses períodos de contemplação, instruía seus assistentes a prepararem um memorando analítico endereçado ao Politburo, ou para conseguirem determinadas estatísticas ou um livro particular de literatura política ou sociológica sobre assunto de seu interesse.

É evidente que nunca saberemos o que se passava na cabeça de Andropov enquanto, num leito hospitalar, ficava ligado às máquinas que lhe purificavam o organismo, ou em suas curtas caminhadas pelo parque. Talvez pensasse sobre a improbabilidade de suas propostas para revivificar uma sociedade que ficara à deriva por tanto tempo sob Brejnev. Talvez lamentasse o fato de a "máfia" de Dnepropetrovsk de seu antecessor estar demorando tanto para desaparecer. Ou que sua saúde não lhe tivesse permitido aceitar um só convite para visitar país estrangeiro, um dos instrumentos mais eficientes para a política interna e externa do país.

Como chefe da KGB, Andropov conhecera uns poucos funcionários de países não-socialistas e fizera viagens à China, ao Afganistão e à Polônia, quase sempre incógnito. Agora, como chefe de estado, encontrava-se com líderes de muitos outros países.

Em dezembro de 1982, reuniu-se com Nicolae Ceausescu. Disfarçando, diplomaticamente, sua aversão pelo presidente romeno, que chantageava o Kremlin com a ameaça de abandonar o Pacto de Varsóvia, Andropov perguntou diretamente: "O que vocês ganharão se deixarem a aliança defensiva?"

"Nada perderemos," respondeu Ceausescu em russo, sem esperar pela tradução.[65]

Também teve um encontro com Samora Machel, de Moçambique, outro peso morto para a estropiada economia soviética. Andropov não tinha idéia sobre o que fazer com tais "aliados."

Um drama que não saía de sua mente era o do Afganistão. Só então pudera apreciar a catastrófica escala da decisão tomada havia tanto tempo por um Politburo que se deixara influenciar por Suslov, Ustinov, Brejnev, Gromyko e por ele mesmo, como chefe da KGB.

Não só conhecera todos os novos líderes afegãos, em Kabul e em Moscou, como fora totalmente informado sobre o complô para a execução do golpe palaciano mais tarde conhecido como "a revolução de abril," e tomara parte no planejamento do assassinato de Hafizullah Amin. O assunto "Afganistão" enche seu bloco de anotações – "salto de pára-quedas de Vakil e sua recepção no apartamento seguro," "ligação com o general Gul-Ag," "guarda-costas do palácio de Amin" e preparativos para a operação que foi precedida pelo envio de tropas soviéticas.

Um dos últimos encontros de Andropov com líderes estrangeiros foi com o chanceler alemão Helmut Kohl e seu ministro do exterior Hans-Dietrich Genscher. Foi difícil levantar-se para cumprimentar os convidados, mas ele conseguiu disfarçar a dor. Nenhum progresso se fez sobre a questão dos mísseis, mas os alemães ocidentais impressionaram Andropov pela seriedade e franqueza respeitosa. Com conhecimento de Washington, Kohl sondou o chefe soviético sobre a possibilidade de um encontro com a liderança americana. Seria uma boa oportunidade, disse ele, para debater o problema dos "euromísseis."

A resposta, num tom de voz calmo, foi dada como se a questão já estivesse resolvida: "Não vamos participar de desfile de fantasias. Se os EUA não desejam responder de modo positivo às nossas iniciativas, de que vale promover reuniões?" Deixou claro que o Ocidente não deveria ter qualquer dúvida: Pershings na Europa significaria medidas correspondentes por parte da URSS.[66] Mas Andropov aceitou o convite de Kohl para visitar Bonn, embora seja impossível determinar se o convite foi uma cortesia diplomática ou uma expectativa genuína de que sua saúde melhorasse.

Depois da visita alemã, Andropov ainda se encontrou com diversos estrangeiros. Em outubro de 1983, chegou uma carta de Enrico Berlinguer solicitando uma reunião em Moscou, à qual Andropov respondeu que, apesar de desejar o encontro, ele não seria possível no futuro próximo, mas que poderia ser considerado para data posterior.[67] Na realidade, não tinha vontade alguma de estar com os ideólogos do eurocomunismo. Sua atitude em relação a eles era semelhante à de Lênin para com os social-democratas, e temia tanto o efeito de tais ideólogos sobre a mente da classe operária ocidental quanto o dos burgueses.

Enfermo como estava, Andropov mostrou-se mais refratário que nunca ao "jogo ideológico dos inimigos de classe." Quando soube que o primeiro-ministro canadense Pierre Trudeau escrevera pedindo complacência para com o dissidente judeu Anatoly Shcharansky, disse: "Resposta ao canadense: 'Não temos necessidade de provar nossa humanidade. Ela faz parte da própria natureza de nossa sociedade.'"[68]

Essas palavras poderiam servir muito bem como divisa conveniente para um livro sobre Andropov: ele acreditava piamente na "democracia" do sistema político soviético.

Mesmo baixado à clínica de Kuntzevo, nas imediações de Moscou, Andropov queria ver os documentos importantes, nos quais escrevia comentários e instruções para o aparato do Comitê Central. Em fevereiro de 1983, aprovou uma proposta de Chebrikov para o fechamento do Mausoléu enquanto fossem realizados trabalhos no corpo mumificado de Lênin.[69] Para ele, era perfeitamente adequado que a custódia e a preservação das relíquias desses bolcheviques fossem encargos da KGB.

Também deu início "à ativação do trabalho com correspondentes estrangeiros na URSS," dos quais, declarou, existiam 341. "Podemos e temos que influenciar no tipo de informação que eles enviam para seus países."[70] Gromyko, Chebrikov e Zamyatin foram imediatamente indicados para coordenar essa operação.

Por vezes, tomou decisões inesperadas. Por exemplo, a Igreja Ortodoxa Russa, que Lênin e Stalin praticamente varreram do país, havia anos vinha solicitando a reativação de diversas igrejas transformadas em depósitos, clubes, museus e garagens para bolcheviques. Depois de receber mais uma carta da hierarquia da igreja, Andropov meditou, "Acho que devemos devolver-lhes o Mosteiro Danilov." A meditação foi, como sempre, interpretada como ordem e logo o Politburo estava aprovando um decreto para "transferir" (note-se, não para "devolver") o mosteiro "para uso do Patriarcado de Moscou."[71] Ironicamente, o Mosteiro Danilov servira como local de sepultamento para as vítimas da NKVD nos anos 1930, lançadas em covas coletivas identificadas apenas por números.

Tais atos renderam a Andropov certa reputação entre a intelligentsia e os jornalistas estrangeiros como "conservador iluminado," ou "chekista liberal." Mas ninguém o considerava um reformador. Em diversos discursos e atos, deixou patenteado que, ao mesmo tempo em que era favorável a "um aperfeiçoamento refletido" da administração da economia nacional, não via necessidade de uma reforma política. Isso porque, ponderava, nas características básicas do socialismo desenvolvido "o mundo reconhece os sonhos leninistas virando realidade palpável."[72] Na sua opinião, nada nas políticas leninistas era passível de alteração, apenas de "aperfeiçoamento." Como disse Nietzsche, o medo da mudança é uma "porta estreita através da qual a ilusão força seu caminho para a verdade."

Pouco antes de partir para a Criméia, a saúde de Andropov desabou. Segundo o acadêmico Chazov, que o tratara por vários anos, assim como a Brejnev antes dele, a causa imediata foi uma breve caminhada pelo parque. Vestido com roupas leves, o Secretário-Geral se cansou e quis recobrar o fôlego num banco de granito à sombra; seu corpo esfriou e ele começou a tremer incontrolavelmente. "Quando nosso famoso cirurgião V.D. Fedorov e eu examinamos Andropov bem cedo pela manhã," lembrou Chazov, "achamos inflamação generalizada que exigia intervenção cirúrgica. (...) A operação foi bem-sucedida, mas seu organismo estava tão enfraquecido que o local da operação não cicatrizava. (...) Sua condição foi se agravando gradualmente, a fraqueza aumentou e ele parou novamente de tentar caminhar, mas a cicatrização não progredia. (...) Andropov começou a entender que não ia melhorar."[73]

Chazov estava certo, mas Andropov não solicitou ao Politburo que o aliviasse de sua colossal carga de responsabilidades. Tal pedido não era parte da tradição bolchevique. Quando não pôde mais trabalhar no Kremlin ou freqüentar as reuniões do Politburo, adotou uma original maneira de governar: sugeria idéias aos seus assistentes e redatores, os quais preparavam "notas" analíticas para o Politburo. Essas mensagens escritas eram então debatidas, seguiam-se decisões com base nelas para inclusão no trabalho do Comitê Central e algumas circulavam por todo o partido.

Criou-se a impressão de que o Secretário-Geral ainda trabalhava tendo às mãos as rédeas da gigantesca máquina do partido e do estado. Na verdade, nem os membros do Politburo sabiam muito sobre a condição real do chefe. Os únicos que o viam regularmente eram Ustinov, Chebrikov, Chernenko e Gromyko. Mesmo nos altos escalões, corria a idéia de que "o Secretário-Geral está melhorando, fará um relatório no próximo pleno e, com a chegada do aniversário de outubro, estará definitivamente lá."

Quando era chefe da KGB, Andropov tinha o costume de enviar memorandos, quase sempre manuscritos, para debates de seus colegas no Politburo. O hábito continuou a partir da clínica de Kuntsevo, onde toda uma área foi isolada para ele trabalhar e receber tratamento. Em agosto de 1983, ocasião em que ainda aparecia para atuar no Kremlin, o Politburo estava apreciando sua áspera nota sobre os "euromísseis" e a necessidade de estimular uma campanha antimíssil mais ativa na Europa. Por sua recomendação, foi adotado um cronograma para a ação contra os planos militares americanos."[74]

Poucos dias mais tarde, chegou uma mensagem escrita ao Politburo, dessa vez sobre a situação dos mísseis no Oriente. Andropov propôs que fosse envidado esforço a fim de trazer a China para a campanha antimíssil. Talvez fosse, escreveu ele, um bom modo de aprimorar as relações sino-soviéticas.[75] Mais uma vez, foi adotado um programa de ação para atividades antiamericanas e antimilitaristas.

Andropov mal tinha chegado à Criméia quando aprovou outro memorando para o Politburo, preparado pelos auxiliares, sobre um programa de longo prazo para melhora do cultivo da terra.[76] Tendo passado a maior parte da vida no trabalho chekista de uma espécie ou de outra, tinha pequeno conhecimento sobre as sutilezas da produção industrial e agrícola e confiava aos assistentes e especialistas a formulação de propostas nessas esferas. Quase ao mesmo tempo, assinou um memorando sobre a posição no Oriente Médio e a necessidade de política mais cautelosa para garantir que a URSS não se visse diretamente envolvida.[77] Sua mente girava do internacional ao interno, e de volta ao internacional.

Quando o Politburo examinou a sugestão de Andropov para que se fizesse uma tentativa precavida de modificar, de maneira bem leve, o procedimento nas eleições vindouras para o Soviet Supremo, Chernenko e Gorbachev mostraram-se particularmente interessados. Para Chernenko, que presidia a sessão e que era um burocrata até não mais poder, a questão fundamental era que quinze mil pessoas tinham se queixado ao Comitê Central e vinte mil ao Presidium do Soviet Supremo. Isso significava que os funcionários nas províncias não realizavam suas tarefas, pois, de outra forma, as queixas seriam devidamente resolvidas lá. Mais uma comissão surgiu, sob a chefia de Gorbachev, para trabalhar sobre a proposta de Andropov.

Gorbachev apoiou a crença de Andropov de que era preciso alterar a regra de indicação de candidatos segundo as profissões para injetar sangue novo no trabalho dos sovietes.[78] Superficialmente, a sensação foi de que os colegas de Andropov "consciente e sinceramente, aprovavam por completo suas idéias, mas de fato eles estavam, hipocritamente, fazendo com que elas descessem pela escada burocrática dolorosamente familiar, através de novos planos, novas comissões, novas reuniões e novos recitados rituais para "aprofundar, melhorar, aperfeiçoar" o trabalho. Como sempre, tudo acabou num emaranhado burocrático e na inércia.

Na noite de 6 de novembro, 66º aniversário da revolução de Lênin, correspondentes estrangeiros divulgavam para suas agências que, apesar da recente notícia de Zamyatin, em nome do Comitê Central, sobre o "leve resfriado" de Andropov, ele não fora visto em qualquer das cerimônias mais importantes. De fato, malgrado os procedimentos médicos, as consultas e remédios especiais, e a atenção de mais e mais especialistas, o estado de saúde de Andropov não melhorava.

Ainda assim, logo depois das comemorações, o Secretário-Geral enviou outro memorando ao Politburo sobre "uma experiência para ampliar a independência e a responsabilidade das empresas."[79] Do leito no hospital, ele expedia nota atrás de nota ao Politburo e ao aparato do Comitê Central tentando de alguma forma, pelo esforço da mente e da vontade, focalizar aqueles órgãos burocraticamente ossificados na tomada de algumas decisões sobre os problemas reais da sociedade e do estado. É impossível não se dar grande crédito à sua coragem. Terminalmente enfermo, buscava recolher nova rajada de vento para tirar o navio daquela calmaria mortal. A nave, porém, era tão pesada e grande que as pequenas e cautelosas bafagens administrativas mal a moviam. Com as forças que lhe restavam, Andropov fez o que pôde para melhorar o país, mas deixou intocado o fundamental.

Nos últimos dois meses de vida, Andropov não saiu da cama, salvo quando era levado para um sofá enquanto a roupa de cama era trocada. Fisicamente, estava acabado, mas a mente permanecia ativa e ainda lia bastante. Sua esposa também estava enferma e todos os dias ele pedia para conversar com ela ao telefone. Chegou a fazer poesia para a mulher.

No final de novembro de 1983, seus auxiliares, em colaboração com os ministérios do Exterior e da Defesa, prepararam um dos últimos relatórios importantes que levaram a assinatura de Andropov – uma declaração sobre as conseqüências da instalação de mísseis americanos na Europa e medidas correspondentes por parte da URSS. Foi um documento duro e sem concessões, próprio do último representante da era das classes.

Andropov ainda requisitava documentos, livros e telegramas cifrados, porém mal os podia segurar. Aos poucos, apagava como uma vela, não mais consciente do burburinho que ocorria à sua volta. No meio-tempo, os colegas prosseguiam lendo seus memorandos, determinando quem seria indicado para esse ou aquele trabalho, quem deveria ser condecorado, e batendo o carimbo de aprovação na série usual de decretos, sem perceberem que a vida lá fora dependia cada vez menos de suas decisões. Enquanto Andropov descia inexoravelmente para o fim, o povo soviético ainda acreditava que ele trabalhava como antes.

A imprensa anunciou que em 9 de dezembro de 1983 teve lugar uma reunião extraordinária dos secretários de comitês centrais de países socialistas. Apreciaram-se assuntos internacionais e ideológicos. O encontro debateu as notas de Andropov de 28 de setembro e 24 de novembro sobre as medidas para resistir e responder ao desdobramento de mísseis dos EUA na Europa. Os anfitriões soviéticos disseram aos convidados que Andropov se encontrava "ligeiramente indisposto," mas ainda chefiava ativamente o trabalho do Comitê Central. Foi dito também aos participantes – na polida forma de uma recomendação – para intensificarem seus esforços no movimento antiguerra e incrementarem suas participações na oposição às "ações provocadoras da América." Eles deveriam tirar proveito da sessão extraordinária da Conferência Mundial de Paz, a ser realizada em janeiro de 1984, da Conferência Internacional para uma Europa não-Nuclear, do encontro em Bruxelas do Conselho Europeu para Segurança e Cooperação, previsto para abril de 1984, do 14º Congresso da União Internacional dos Estudantes, no mesmo mês, do 4º Congresso dos Médicos do Mundo para a Prevenção de uma Guerra Termonuclear, em Helsinki, em maio, e de fóruns semelhantes.[80]

Em 22 de dezembro, seis semanas antes de falecer, o texto do discurso de Andropov para o pleno do partido que se aproximava foi aprovado pelo Politburo. Era dirigido aos membros do partido: "Prezados Camaradas, por razões temporárias e contra minha vontade estou incapacitado de comparecer ao pleno (...) pensei bastante sobre nossos planos e me preparei para falar." Prosseguia dizendo que "certas medidas para a melhora de nossa economia e para o reforço da disciplina do estado, do trabalho e do planejamento da economia começaram a surtir efeito. (...) Esse é só o início, e não podemos perder o ritmo que conseguimos nem o efeito geralmente positivo sobre as coisas." Fazia freqüentes referências a Lênin quanto à "competição e automotivação das massas," à "aplicação dos princípios leninistas ao trabalho de todos," à necessidade de "aumentar a eficiência no trabalho" e a desgastados clichês semelhantes.[81] Foi talvez o discurso mais ortodoxo que escreveu como secretário-geral.

Embora estivesse às portas da morte, todos os dias, depois dos penosos procedimentos médicos, Andropov folheava documentos, se bem que não mais as centenas dos dias passados, mas, ainda assim, dúzias deles. Seus quinze meses na função foram totalmente assolados pelo problema dos mísseis. Informado de que os Estados Unidos pretendiam instalar nove Pershings-2 na Alemanha Ocidental em 1º de janeiro de 1984 e de que 16 mísseis guiados tinham sido postos em prontidão de batalha na Inglaterra, ele deu a resposta rápida que havia prometido. Por volta de 25 de dezembro, trinta plataformas de lançamento foram instaladas na Alemanha Oriental e na Tchecoslováquia para duas unidades de mísseis com alcance ampliado.[82] Podia se dar por satisfeito: o Ocidente vira que a chefia soviética era capaz de dar conseqüência às palavras.

Quando Chernenko visitou Andropov no hospital, em meados de janeiro, quase não reconheceu o homem que viu. Pelo rosto do Secretário-Geral, era evidente que o fim chegava. Ele mesmo em condições não muito melhores, Chernenko arquejou para dizer que o novo prédio para os plenos do Comitê Central ficara pronto no Kremlin. O decrépito mensageiro, que a mão do destino transformara em príncipe herdeiro, sugeriu que trezentos participantes da obra fossem condecorados, enquanto outras dezenas deveriam receber prêmios estatais e A. Bogomolov, do departamento geral do Comitê Central, supervisor do projeto, deveria ganhar o Prêmio Lênin.[83] Com quase imperceptível aceno de cabeça, Andropov manifestou sua concordância.

A embaixada americana solicitara permissão para que seu embaixador voasse de Moscou a Estocolmo em avião especial. No ano anterior, os americanos tinham cancelado os vôos especiais soviéticos para Nova York, de modo que Chernenko não via razão especial para concordar.[84] Chegara uma carta da Organização Mundial do Trabalho pedindo explicação das autoridades soviéticas sobre a razão pela qual os camponeses da URSS não tinham o direito de sair de suas fazendas coletivas, onde moravam cerca de 617 mil.[85] Continuando a folhear a pilha de documentos, Chernenko pediu a Andropov que assinasse cartas para Trudeau,

Castro e o presidente Tsedenbal, da Mongólia, e ainda uma carta de congratulações a Ceausescu pela passagem de seu aniversário em 26 de janeiro.[86]

Como funcionário principal do partido, Chernenko sempre teve especial preocupação em garantir que a hierarquia usufruísse dos bens e serviços, no seu modo de ver, condizentes com a elevada distinção de suas funções. Então, tirando partido da debilidade de Andropov, buscou a aprovação do chefe para um decreto conjunto do Comitê Central e do Conselho de Ministros "sobre remunerações dos primeiros-secretários dos comitês territoriais, dos secretários regionais do partido e dos presidentes dos comitês executivos dos sovietes territoriais e regionais." O decreto estabelecia pensões elevadas e o direito a serviços médicos especiais, carros, dachas, e assim por diante.[87] Andropov iniciara seu período de mando tentando acabar com o elitismo e as prerrogativas especiais, contudo, naquela oportunidade não teve forças para resistir a Chernenko. Fechou os olhos resignadamente em sinal de assentimento.

O último memorando de Andropov foi debatido pelo Politburo duas semanas antes de seu falecimento. Nele, o chefe sintetizou o trabalho da chefia em 1983, comentando em particular "o aspecto coletivo mais acentuado e o controle aprimorado da execução das decisões." Sugeriu que o Politburo deixasse de apreciar questões menores que poderiam ser administradas pelo secretariado e pelos departamentos do Comitê Central. Lênin, tempos atrás, também tinha aconselhado a liderança a se livrar dos "vermicelli" de assuntos triviais. Como de costume, Andropov acrescentou, a seleção do pessoal carecia de aperfeiçoamento.[88]

Num determinado dia do fim de janeiro, Ustinov, que era um íntimo, esteve com Andropov. Depois de conversarem sobre assuntos de defesa de maneira geral, Ustinov falou sobre a guerra no Afganistão, onde ainda acreditava que o XL Exército seria bem-sucedido em estabilizar a situação. Então apresentou uma longa, muito longa lista de militares indicados para condecorações. Andropov deu uma olhada na lista e percebeu várias observações "póstumas" ao lado dos nomes. A guerra não-declarada já se estendia por três anos, e tudo parecia se resumir a caixões estreitos e condecorações póstumas. Se Andropov teve remorso ou pesar nunca saberemos.

Até nos últimos dias, Andropov ainda trabalhou, mesmo que isso significasse nada mais que apor sua assinatura em documentos ou concordar com propostas dos assessores. Uma das últimas cartas enviadas em seu nome foi para o presidente Reagan depois da instalação dos mísseis americanos na Europa. Datada de 28 de janeiro de 1984, foi escrita em termos duros e não continha qualquer expressão de esperança que as relações entre os dois países melhorariam no futuro próximo. "Seremos francos, Senhor Presidente," escreveu ele. "Fingir que nada aconteceu não levará a lugar algum. As tensões cresceram perigosamente."[89] A missiva foi relida para ele antes que a assinasse.

A carta para K. Miamoto, chefe do Partido Comunista do Japão, de 8 de fevereiro de 1984, vinte e quatro horas antes da morte de Andropov e com um fac-símile de sua assinatura, ele não pôde ler nem ouvir, muito menos assinar. Na realidade, já perdera a consciência, mas a cínica máquina do partido não dava o menor indício de que ele estava em coma. A missiva para Miamoto seguiu para Tóquio sem o seu conhecimento.

No dia do falecimento de Andropov, 9 de fevereiro, o Politburo estava reunido como de praxe. Seus membros discutiram a semeadura da primavera, a competição socialista, o trabalho da comissão de controle do partido, o uso do espaço com fins pacíficos, ajuda adicional ao Afganistão, as relações líbio-soviéticas e muitos outros assuntos.[90]

O Politburo sabia que Andropov morria, mas, para seus integrantes, "o trabalho continuava." Uma visita de Aliyev a Damasco foi adiada: os membros já pensavam na próxima tarefa principal depois da morte de Andropov, a saber, a escolha do novo secretário-geral e, nesse ínterim, todas as viagens seriam suspensas.

Entre os papéis de Andropov há o esboço de um poema:

Somos fugazes neste mundo, sob a lua.
A vida é um instante. Não-ser é para sempre.
A Terra gira no universo,
Homens vivem e somem...

6
Konstantin Chernenko

ATÉ O XX CONGRESSO DO PARTIDO, EM 1956, o povo soviético via o futuro através de uma lente focada na ideologia oficial: a prometida utopia comunista, ameaçada por uma horda de inimigos – o "cerco imperialista." Essa visão simplista serviu para sublinhar a "perfeição, a verdade e a correção histórica" dos soviéticos. O futuro ilusório dava direção ao presente leninista-stalinista. Não era um desafio, tão-somente uma meta – meta elevada, mas não remota. Afinal, Lênin e depois Khruschev haviam montado cronogramas precisos para a chegada do paraíso terrestre.

Após o citado XX Congresso, surgiram novos toques na aparência bolchevique. Contra o pano de fundo dos descaminhos de Stalin "inesperadamente" revelados, o "bom" Lênin pareceu ainda mais genial, profeta absolutamente infalível. Natural foi a ênfase dada ao fato de que a vilania de Stalin não tivera relação alguma com o sistema ou com a ideologia leninista. Tampouco as anomalias desvendadas haviam influenciado de forma alguma a direção para a consecução da meta.

Entretanto, chegou o estágio em que mais e mais povo começou a ver que as "verdades" bolcheviques eram, com efeito, expressões de uma grande mentira dentro de um sistema de inverdades. Foi com essa base que dentro do sistema, cercado de arame farpado e criado pelos dois primeiros líderes, a crise se aprofundou e as rachaduras no monolito se alargaram. Khruschev, entretido com sua batalha contra o "culto à personalidade," pensou que tais rachaduras fossem temporárias. Brejnev nem as notou. Andropov, embora soubesse de sua existência, foi incapaz de cimentá-las. O sexto líder, Chernenko, não tinha condições para vê-las ou entender o que significavam, muito menos para fazer alguma coisa sobre elas. Mesmo assim, a despeito do paradoxo e de si próprio, foi o precursor da mudança.

O sexto chefe do partido e do estado, embora sem deixar marca visível na história soviética, deu sinais do seu destino. Com sua ascensão ao poder, mesmo os stalinistas enrustidos, os leninistas ortodoxos e os aderentes ao dogma de classe perceberam, por fim, que o sistema chegara ao término de sua trajetória. O sistema se mostrara incapaz até de escolher um líder aceitável. Chegara ao fundo do poço. Muita gente começou a prever as mudanças vindouras.

O novo secretário-geral, contudo, não foi um desses. O futuro não instigava qualquer desafio para ele, pois era um homem do passado. Sua energia, diligência, intelectualidade modesta e imaginação limitada tinham sido todas consumidas na construção de uma carreira como burocrata. Na oportunidade em que conseguiu – contra toda a lógica e probabilidade – terminar a escalada até o cimo do poder, suas forças já o haviam abandonado, fossem físicas ou espirituais. Passou a ser o símbolo consumado de um sistema que abrira mão do futuro.

Meticulosamente, por vezes quase rastejando, Chernenko subiu pela escada hierárquica do partido leninista. Finalmente, aos setenta e dois anos de idade, instalou-se doloridamente na cadeira do secretário-geral. Foi o mais idoso dos ocupantes do cargo, fechado, cauteloso, intelectualmente medíocre, resmungão e indistinto em seus pronunciamentos. Sua ascensão ao poder ocorreu ao fim do longo empurrão que Brejnev lhe dera ao tempo de ambos na Moldávia.

Chernenko estava pronto para chegar ao posto supremo quando Brejnev faleceu, mas a aliança implícita entre a KGB e os militares impediu que consumasse o intento. Depois da morte de Andropov, entretanto, Ustinov preferiu Chernenko a Grigory Romanov, ex-chefe do partido em Leningrado que tinha o suporte do complexo industrial-militar, ou a Viktor Grishin, cuja experiência provinha da chefia dos sindicatos, e considerou que Chebrikov, então chefe da KGB, ainda não era suficientemente influente. Assim, não houve aliança de "ministros poderosos" em oposição a Chernenko.

Funcionou também a seu favor o fato de, desde setembro de 1983, vir presidindo as reuniões do Politburo na ausência forçada de Andropov: por cerca de meio ano, Chernenko esteve com o leme do poder nas mãos. Os outros membros do Politburo acostumaram-se com a abertura dos encontros, a fixação da agenda, a determinação de quem deveria ocupar que alta posição, tudo feito por aquele homenzinho idoso que em nada se distinguia. Seguindo o costume, o provável sucessor de um chefe falecido recebia a missão de organizar o funeral, e todos que se pronunciaram indicaram Chernenko para a tarefa.

O Politburo reuniu-se às 11h de 10 de fevereiro de 1984, dia seguinte à morte de Andropov. Diversos membros tinham estado em conversas privadas nos dias anteriores, em particular Chernenko e Tikhonov, que eram velhos amigos. Vinte homens sentaram-se à longa mesa, inclusive membros plenos, não-votantes e secretários do Comitê Central. Chernenko levantou-se da cadeira de presidente e disse: "Camaradas, encontramo-nos ontem para debater as principais questões relativas ao funeral de Yu.V. Andropov. Temos hoje que decidir sobre outros problemas não apreciados ontem."

Dizendo isso, dirigiu-se, à guisa de demonstração, para o lugar que normalmente ocupava quando Andropov presidia. Sabedor de que o resultado estava fixado de antemão, escolheu dar aquele toque "democrático" ao seu pequeno show. Seguiu-se a cena tradicional, que ninguém escreveu, mas que todos entendiam: o papel decisivo seria desempenhado por aquele que falasse primeiro para indicar o candidato. O chairman sabia muito bem a quem convocar para se pronunciar; a partir daquele ponto, entraria em cena a "lei da unidade" com todos falando em apoio e enaltecendo o candidato proposto. Quem sugerisse nome diferente não passaria de um herege.

Dezenove rostos pétreos se voltaram para Chernenko. Ele disse:

> CHERNENKO: Hoje temos que resolver uma questão, e é sobre o Secretário-Geral do Comitê Central do PCUS. Quais as propostas que existem? Gostaria que os camaradas se expressassem.

O presidente do Soviet de Ministros, Tikhonov, já estava com a mão levantada.

> TIKHONOV: Camaradas, estamos passando por esses momentos tristes. (...) Yuri Vladimirovich não ficou no cargo de secretário-geral muito tempo. Mas todos sabemos que ele fez um grande e criativo trabalho. (...) Nosso partido tem à sua disposição quadros bem treinados. Acredito que no Politburo também existem camaradas valorosos. Por conseguinte, proponho uma resolução que recomende ao próximo pleno do Comitê Central que indique para secretário-geral o Camarada Konstantin Ustinovich Chernenko. Acho que estamos unidos quanto ao fato de que Konstantin Ustinovich Chernenko é um candidato digno a Secretário-Geral do Comitê Central do partido. (...) O Camarada K.U. Chernenko vem lidando com o trabalho do Politburo e do Secretariado do Comitê Central por longo tempo. Ele ajudou Yuri Vladimirovich Andropov substituindo-o durante a doença e as férias (...)

> GROMYKO: Apóio a proposta de N.A. Tikhonov de recomendar Konstantin Ustinovich Chernenko ao pleno do Comitê Central como secretário-geral. (...) Precisamos pensar à frente, sempre tendo em mente que o Comitê Central do partido e todas as organizações deparam-se com tarefas muito grandes...

Quão à frente poder-se-ia pensar com um homem enfermo e idoso como Chernenko no leme, Gromyko não deixou claro.

> USTINOV: (...) Chernenko operou como segundo homem do Comitê Central durante as ausências de Leonid Ilyich [Brejnev] e mais recentemente quando Yuri Vladimirovich teve que se afastar. Ele conduziu as reuniões do Politburo e do Secretariado e adquiriu grande dose de experiência ao fazê-lo.

GRISHIN: Perseguimos continuidade na transferência dos cargos de chefia em nosso partido, e isso é muito bom. Konstantin Ustinovich trabalhou com L.I. Brejnev, substituindo-o com freqüência, e recentemente trabalhou com Yuri Vladimirovich Andropov e também o substituiu várias vezes (...)

GORBACHEV: As circunstâncias demandam que nosso partido e, sobretudo, seus órgãos de chefia, o Politburo e o Secretariado, estejam unidos como nunca. (...) As sessões do Politburo e do Secretariado que [Chernenko] conduziu recentemente foram realizadas dentro de um espírito de unidade, um espírito que levou em conta todas as opiniões dos camaradas. (...) A unanimidade que vemos hoje na candidatura ao cargo de secretário-geral, quando Konstantin Ustinovich é indicado por aclamação, testemunha que o Politburo está realmente unido a esse respeito.

Quase todos falaram. Chebrikov comentou "as excepcionais contribuições de Chernenko para o fortalecimento da KGB," e todos os membros revelaram que só existia um candidato, e que era hora de se chegar a uma decisão.

Chernenko fechou o debate: "Todos [não foi bem isso!] se expressaram e indicaram um candidato para o cargo de secretário-geral, demonstrando opinião unânime que minha candidatura deveria ser recomendada..."

Seguiu-se o agradecimento usual e a garantia de que o novo chefe observaria a necessidade de "liderança coletiva e unidade."[1]

É de admirar que todos em torno daquela mesa soubessem perfeitamente bem que o homem a quem tinham acabado de entregar a liderança não tinha coisa alguma que o recomendasse, a não ser o zelo como funcionário do partido, a excepcional obsequiosidade para com os anteriores secretários-gerais e um bom conhecimento das regras da burocracia. Chernenko era uma mediocridade total, pouco instruído e sem a necessária visão para chefiar o partido e o estado. Porém, a falta de tradição democrática na chefia, a pressão de estereótipos bolcheviques como "unidade," a inexistência de transparência e o monopólio do poder predeterminaram a homogeneidade do Politburo e a carência na variedade do modo de pensar.

No funeral de Andropov, Chernenko quase não conseguiu ler o discurso ao pé da sepultura, e os presentes se esforçaram bastante para captar o significado daquilo que tentava dizer. Engolia as palavras, tossia muito e parava a todo instante para enxugar os lábios e a testa. Com muito esforço, conseguiu erguer a mão num aceno de despedida para o caixão do predecessor. Subiu ao Mausoléu utilizando a recém-instalada escada rolante e só desceu amparado por dois seguranças. O Dr David Owen, líder do Partido Social-Democrata inglês, estava presente e, do que viu, concluiu com acerto que Chernenko tinha enfisema.

Anatoly Chernyaev, que se tornaria assistente de Gorbachev, descreveu a indicação de Chernenko no pleno de 13 de fevereiro de 1984:

> O Salão Sverdlov já estava quase lotado. (...) A elite provincial toda lá. E aconteceram as coisas de sempre: pessoas se beijando e se cumprimentando de longe e aos brados pelas fileiras de assentos, conversando sobre a neve e as perspectivas da safra, todos dando a impressão de que eram donos de seus destinos. Em meio a toda aquela cacofonia, não ouvi uma só vez o nome de Andropov, tampouco alguém falar sobre sua morte.
>
> Às vinte para as onze, fez-se silêncio no salão. Começou a espera. A cada minuto que passava, aumentava a tensão e a atmosfera ficou carregada de eletricidade. (...) A tensão atingiu o clímax. Todos os olhos se voltaram para a porta. (...) Quem surgiria primeiro? Precisamente às onze, Chernenko apareceu na entrada. Era seguido por Tikhonov, Gromyko, Ustinov, Gorbachev e o restante. A reação dos delegados foi o silêncio.[2]

Alexander Alexandrov-Agentov, assistente de vários secretários-gerais, inclusive de Chernenko, escreveu mais tarde: "Com freqüência tenho me perguntado como teria aparecido na mais alta posição deste enorme estado aquele homem fraco em muitos aspectos, com conhecimento insuficiente, sem experiência real no trabalho de governo, carente de preparo na área da economia. Será que os que o escolheram, e mesmo ele próprio, não viram quão longe as coisas tinham ido?"[3]

A pergunta faz sentido. Entre as muitas e enraizadas razões históricas e sociais, deve-se ressaltar que setenta anos de bolchevismo alteraram fundamentalmente o povo e seus chefes. O fosso entre política e moralidade se tornara tão amplo que nenhum dos camaradas-em-armas de Chernenko teve, na ocasião ou mais tarde, dor na consciência. A desculpa de que "não havia outra escolha, era tradição, costume do partido e uma questão de unidade" soaram então falsas e ingênuas.

Os longos anos de mando dos leninistas distorceram a moralidade para que ela se conformasse ao principal critério do primeiro líder: tudo que servisse à causa do comunismo era moral. Ninguém, inclusive Chernenko, reuniu coragem para declarar que ele não estava à altura da função. Ninguém queria que o bedel-mor do partido se tornasse seu secretário-geral, mas não houve qualquer objeção ou proposta ostensiva de uma alternativa. Nem poderia haver. O sistema criado por Lênin e aperfeiçoado por Stalin ainda funcionava.

A indicação de Chernenko não foi acidental. Foi produto de onipotência burocrática e degeneração bolchevique. Chernenko não era capaz de dirigir o país ou o partido para o futuro. Sua ascensão significou o aprofundamento da crise na sociedade, a falta total de idéias positivas no partido e a inevitabilidade das convulsões que viriam.

O emblema da estagnação

O período de Chernenko como secretário-geral durou treze meses. Um tempo de embaciada estagnação no qual a sociedade se mostrou apática, politicamente indiferente, à espera de que alguma coisa ocorresse e, por vezes, vocalizando idéias rebeldes.

Para fins externos, quase nada mudou. Medalhas ainda eram distribuídas aos "vitoriosos" na competição socialista, longas filas esperavam pacientemente no lado de fora de lojas com quase nada a oferecer, células do partido ainda organizavam intermináveis e apinhadas reuniões, os trens suburbanos continuavam transportando pessoas esperançosas de comprar alguma coisa nos centros, a milícia interrompia o trânsito para dar passagem às longas e negras limusines – ou "membromóveis" como eram conhecidas – que levavam os "intocáveis" para suas vilas no campo depois de longo e exaustivo dia no escritório. A incompreensível guerra no Afganistão continuava. O dócil e boquirroto Karmal fora substituído por Mohammed Najibullah, protegido da KGB, mas a URSS prosseguia trazendo seus soldados para casa, todos os dias, em caixões estreitos.

No "mundo socialista," o clima também era de espera. Na Polônia, o movimento Solidariedade insistia na oposição, mas de forma amortecida; os bastante corajosos para escalar o Muro de Berlim continuavam levando tiros; não só na URSS, mas também na Tchecoslováquia, na Hungria e na Bulgária, os "dissidentes" reivindicavam liberdade e direitos humanos com maior estridência; aviões soviéticos transportavam tropas cubanas para Angola e Etiópia a fim de salvarem regimes marxistas falidos; a Coréia do Norte, se bem que cada vez mais afastada de Moscou, ainda pedia novas armas e suprimentos militares; a China só esperava, com suas "três demandas" à mão e rejeitando qualquer proposta de melhora nas relações; a URSS queria ficar no Vietnam, mas os vietnamitas desejavam apenas suporte técnico e não assessoramento político; no Oriente Médio e na África, onde regimes de "orientação socialista" tinham surgido com ajuda soviética, os arsenais ainda cresciam juntamente com a quantidade de assessores soviéticos, enquanto as economias mergulhavam mais e mais no caos.

Em Washington e nas capitais da OTAN, ficou claro que a URSS estalava sob o peso da corrida armamentista e da crise na economia dirigida, e não havia propensão a qualquer tipo de meio-termo com aquilo que o presidente Reagan chamava de "império do mal." Como se disse, alguns líderes tinham se mostrado dispostos a convidar Andropov para visitar o Ocidente a fim de participar de reuniões, mas poucos foram os convites dessa natureza feitos a Chernenko, universalmente encarado como figura extremamente passageira.

Também nada mudou no "movimento comunista e dos trabalhadores." O Kremlin ainda expedia "recomendações" para intensificar a luta contra os planos de mísseis dos EUA, o eurocomunismo e a sabotagem ideológica. Tudo como antes. Chefes de partidos estrangeiros ainda chegavam em Moscou para repouso, instruções ou, sobretudo, atrás de dinheiro. Mais de dois mil funcionários dos altos escalões de "partidos comunistas fraternais" visitaram Moscou no curso daquele ano. O departamento internacional do Comitê Central, com quase vinte subdepartamentos, avaliava as melhores maneiras de dividir seu orçamento de muitos milhões de dólares, libras e francos, só que ganhara mais experiência e descobrira as melhores formas de manter tudo em sigilo. A KGB era responsável pela transmissão dos fundos e jamais houve uma falha naquelas entregas.

O menos perspicaz visitante do Kremlin não poderia deixar de notar que o sexto líder tinha dificuldade para entender documentos, que respondia às perguntas com monossílabos e num nível decididamente elementar. Um jornal de Paris publicou em março de 1984: "A característica mais notável de Chernenko é a ausência de qualquer coisa notável."[4]

Ao contrário de Andropov, Chernenko não fez tentativa alguma para mudar nada. Já achava difícil falar, que dirá pensar. Estava acostumado a trabalhar a partir de uma lista de decisões, decretos e ordens. No primeiro encontro do Politburo como secretário-geral, frisou que "as decisões do pleno de fevereiro receberam apoio do partido, do país, dos países socialistas e do movimento comunista." Repetiu a linha de Andropov de levar questões importantes ao Politburo, da necessidade de melhorar a administração da agricultura e da indústria, de monitorar a implementação de decretos, de reduzir o dilúvio de papéis, e por aí foi.[5]

Depois redistribuiu responsabilidades entre os membros. Para si pegou as tarefas tradicionais do secretário-geral: organização da agenda do Politburo, defesa e segurança, principais matérias de política doméstica e externa, nomeações para os postos elevados do partido e do estado, propaganda externa e, a favorita, Departamento Geral e de Administração das Questões do Comitê Central, na verdade os "assuntos-de-casa" do comitê. Para ele, estava claro que "a gama de assuntos com que tenho que lidar é significativamente mais ampla."

Mikhail Gorbachev tornou-se membro pleno do Politburo em 1980, pelas mãos de Andropov, como vigoroso e relativamente jovem secretário para tratar dos assuntos da agricultura e, com o declínio da saúde do líder, de uma grande faixa de outros setores. Embora não reunisse suficiente apoio para contestar a liderança de Chernenko, as responsabilidades que assumiu tornaram Gorbachev, na ocasião, o segundo homem do Politburo, e o próprio Chernenko confirmou a posição dando-lhe a tarefa de dirigir o secretariado do Comitê Central e todas as suas questões agrícolas. Tikhonov declarou de repente: "Tenho algumas dúvidas sobre a distribuição de responsabilidades proposta para os secretários do Comitê Central. Parece que M.S. Gorbachev, que já administra o trabalho do secretariado, estará também, simultaneamente, encarregado de todos os assuntos relacionados com o desenvolvimento da agricultura. Nada contra Mikhail Sergeevich, mas não significará isso certa distorção?

Tikhonov viu que Chernenko fortalecera a posição do membro mais moço do Politburo. Chernenko emitiu alguns grunhidos que pareciam concordar com a opinião de Tikhonov, mas no final da sessão ainda deu a Gorbachev a missão de presidir a comissão sobre a Polônia.[6]

Politicamente, Chernenko era extremamente conservador. Diversas vezes e em pequenos círculos, referiu-se calorosamente a Stalin e ao tempo em que "a diretriz do partido era lei." Não pôde, no entanto, ir além de Brejnev na meia-reabilitação de Stalin. Não tinha nem a força nem a inteligência para fazê-lo. Mas um assunto que conseguiu levar a desenlace satisfatório para si mesmo foi a "questão Molotov."

Molotov fora o número dois de Stalin, co-signatário de incontáveis sentenças de morte, designado pessoalmente pelo chefe para executar diversas tarefas nos expurgos sangrentos.[7] Afastado do poder por Khruschev em 1957, vivia na oportunidade de magra pensão no subúrbio Zhukovka de Moscou. Quem o conheceu àquela época testemunha que ele não demonstrava o menor sinal de arrependimento.

Molotov enviou cartas a todos os congressos do partido solicitando reabilitação e reposicionamento no partido, e teve seguidamente o pleito recusado. Nem Brejnev se dispôs a restaurar a respeitabilidade do velho bolchevique. Molotov escreveu então a Chernenko, o qual requisitou os arquivos daquele fenomenal sobrevivente. Na pauta da reunião seguinte do Politburo apareceu o item de reinstalação de Molotov no partido. Não houve objeções e Chernenko fez questão de, pessoalmente, ser o portador das boas-novas para Molotov.

Logo ficou evidente para todos que Chernenko não tinha a intenção de promover mudanças importantes, pois as únicas que apresentou nada mais eram que continuações da sonolenta era de Brejnev. Em 5 de abril de 1984, concordou com a reivindicação de numerosos leninistas ortodoxos levantando a proibição de Andropov à construção de monumentos a Lênin e exarou um decreto "para continuar os monumentos a Lênin nos seguintes centros populacionais." A lista de cidades com essa honra preenchia duas páginas.[8]

A julgar pelos escritos e os pronunciamentos publicados, Chernenko poderia ser considerado mais leninista que seus colegas. Enfadonhos, repetitivos e hagiográficos, só os títulos já dão idéia da limitação do autor: "O papel de liderança de V.I. Lênin e do partido na formulação dos documentos principais para a construção do estado," "Alguns aspectos do estilo leninista no trabalho do partido," "O XXV Congresso do partido sobre o desenvolvimento ulterior do estilo leninista no trabalho do partido," "Por um estilo leninista no trabalho do partido," "O crescimento do papel de liderança do PCUS nas condições do socialismo desenvolvido e no estilo leninista de trabalho."[9] O próprio Chernenko era parte de tal "estilo" – ele foi a incorporação e personificação de seu declínio.

Embora os artigos assinados pelos líderes do partido, como os discursos que recitavam, fossem escritos por outros, ainda assim eles acreditavam nas idéias formuladas em seu nome. Um dos artigos absolutamente vazios de Chernenko afirma: "Nossos inimigos estão espalhando mentiras e absurdos monstruosos que tentam apresentar o presente socialismo como uma sociedade onde as iniciativas, direitos e liberdades das pessoas são pisoteados. Em nenhum país capitalista pode-se falar de qualquer espécie de participação dos trabalhadores na direção das questões da sociedade. Ao passo que, na terra soviética, o poder do povo está na própria base do sistema político do socialismo."[10]

Dificilmente ocorreu a Chernenko que, no curso da história soviética, nenhum chefe, inclusive ele, fora eleito. No entanto, a deslavada mentira no artigo era apenas uma gota d'água no mar de engodos em que o leninismo se baseava. "O trabalhador é o verdadeiro patrão da empresa socialista," "a democracia socialista é o tipo mais elevado," e "o marxismo-leninismo é o único ensinamento genuíno" – a repetição dessas e de outras mentiras ajudou a consolidar o estado totalitário.

Mesmo a gente honesta e decente foi vítima da falsidade. Por certo, a maioria da população soviética acreditou durante décadas na "superioridade histórica do socialismo, no papel salvador da ditadura do proletariado, na total ausência de direitos e liberdades para os trabalhadores dos países capitalistas, na inevitabilidade do colapso do capitalismo e no triunfo dos ideais comunistas em todo o planeta." O regime que contemplava apenas os interesses coletivos transformava os indivíduos em unidades estatísticas, algo subsidiário e secundário. Só o que estivesse em conformidade com as suposições marxistas-leninistas, com os decretos do partido e com os interesses de classe poderia ser encarado como verdade.

Quando a URSS invadiu a Hungria, a Tchecoslováquia e o Afganistão, a propaganda declarou que ela cumpria seu dever internacional; enquanto proclamava as vantagens da economia planejada, comprou por décadas cereais nos países que de fato desfrutavam de tais vantagens; enquanto esconderam em arquivos os protocolos secretos do Pacto Molotov-Ribbentrop, ou as provas do assassinato de milhares de poloneses, os chefes soviéticos afirmavam que tais documentos não existiam.

Como escreveu o pensador polonês Leszek Kolakowski, nas sociedades totalitárias a mentira tem uma função especial: "Versões são impingidas ao povo de cima para baixo e podem ser alteradas logo no dia seguinte. Não há critério confiável de verdade a não ser o que é declarado verdade em determinado momento. Dessa forma, a mentira, de fato, se torna verdade ou, o que dá no mesmo, a distinção entre verdade e mentira, na acepção normal dessas palavras, desaparece. Este é o grande triunfo do socialismo na esfera do conhecimento: na medida que consegue demolir a noção de verdade, não pode ser acusado de mentir."[11]

A partir do momento, em 1955, em que começou a reabilitação das vítimas do terror, a liderança temeu as conseqüências do conhecimento público de que muita gente havia sido fuzilada. Ficou então decidido que a KGB e o escritório da Promotoria do Estado deveriam publicar as "Instruções nº 108ss sobre Campos," estipulando que as informações prestadas aos familiares daqueles que tinham sido executados por ordens não-judiciais contivessem uma data da morte que ocorresse, aproximadamente, dez anos depois da ocasião da prisão, e que a causa da execução fosse fictícia. Mais um dos exemplos do impulso do regime para a mentira.

Quando Chernenko ascendeu ao poder, a crise social atingiu tais proporções que as mentiras não mais eram capazes de disfarçar as fendas na economia ou a verdade a respeito do padrão de vida e dos direitos humanos. Os mitos que escoraram tantas suposições leninistas estavam sendo destruídos. A população se cansou das mentiras e promessas de um futuro brilhante no próximo, mas distante, Plano Qüinqüenal. Se chegou a achar que Andropov poderia ter feito alguma coisa acontecer, nem isso pensaram de Chernenko. Muitos sentiram a aproximação da pasmaceira e a sociedade quedou-se totalmente apática, passiva, desconfiada e desiludida.

Chernenko providenciou para que seus assistentes entrassem em contato com os primeiros-secretários desta ou daquela república e com diversos secretários regionais do partido, e determinou que os representantes partidários respondessem às seguintes perguntas por ele formuladas:

1. Como vai a implementação das decisões tomadas no último pleno?
2. Que há com a campanha da semeadura?
3. Você está seriamente atrasado na produção e na entrega de carne. Que pensa fazer sobre isso?

Sem qualquer idéia a respeito da verdadeira situação da economia, ele tentou, de início, espicaçar os comitês do partido e distribuir conselhos. Os secretários lhe fizeram relatos servis sobre a posição em seus setores, porém, ao mesmo tempo, reivindicaram equipamento, dinheiro e soluções rápidas para questões particulares; ato contínuo, Chernenko dava um fim às conversas e dizia-lhes para "escrever ao departamento adequado do Comitê Central." Depois de duas ou três tentativas telefônicas para resolver problemas, em vez de ir ver pessoalmente, Chernenko optou por uma vida calma e suspendeu a prática.

Como o ex-editor-chefe do *Pravda*, um comunista ortodoxo até o fim de seus dias, escreveu após o colapso do PCUS: "Chernenko era totalmente alheio às questões terrenas." Tinha um pobre conhecimento de "economia, para não falar de ciência, tecnologia e cultura."[12] Aos setenta e dois anos de idade, o velho deveria estar cuidando dos netos e escrevendo memórias, e não tentando governar um país.

De acordo com regras estabelecidas, Chernenko lembrava regularmente aos secretários do Comitê Central a necessidade de "recompensar os trabalhadores" por ocasião dos aniversários, pelo término de um projeto de construção ou pelo alcance de quantidades anuais planejadas. É de admirar como esses secretários, mesmo no bojo de longa estagnação, não perderam o hábito de encontrar mais e mais "sucessos na construção socialista." O Politburo, naturalmente, encorajava esse cometimento. Assim, em 1° de março de 1984, Chernenko aprovou uma ordem do Politburo: "Sobre a outorga de condecorações e medalhas como recompensa para trabalhadores da agricultura por seu trabalho em 1983." Ficou acertado que 8.500 ordens iriam para trabalhadores na República Russa, 3.500 para a Ucrânia, 1.150 para a Bielo-Rússia e que "todas as suas irmãs deveriam receber brincos."[13] A paixão por medalhas foi herança de Brejnev. Chernenko conseguiu se autonomear Herói do Trabalho Socialista três vezes no breve período em que passou na função.

Nos seus discursos infreqüentes ou nas reuniões do Politburo, Chernenko raramente mencionou Andropov e ignorou por inteiro a memória de Brejnev, a quem devia sua rápida progressão na carreira. Brejnev adorava servilismo, bajulação e entusiasmo, atributos que Chernenko possuía à saciedade. Como chefe do Departamento Geral do Comitê Central, ele era, na realidade, chefe da assessoria pessoal de Brejnev. Nessa condição, conseguiu angariar gradualmente a confiança completa do Secretário-Geral, foi aceito pela família do chefe como um dos seus e encarregou-se de muitos assuntos particulares de Leonid Ilyich. E foi bem recompensado. No pleno que se seguiu ao XXV Congresso, em março de 1976, que Chernenko organizou à perfeição, Brejnev propôs – o que foi evidentemente aceito – que ele fosse nomeado Secretário do Comitê Central e recebesse o título de Herói do Trabalho Socialista. Chernenko chegara ao ápice, seu sonho era realidade.

Sem Brejnev, teria sido impossível que o funcionário do Comitê Central se tornasse chefe. Toda a sua carreira no partido fora cumprida em posições secundárias. Passara a guerra na retaguarda, estudando para se transformar em organizador do partido. Educação formal também não tinha. Conseguira um diploma do Instituto de Treinamento de Professores de Kishinev, mas sempre ficou encarregado da propaganda seja no próprio instituto seja no comitê central do partido na república. Era virtualmente desconhecido do povo quando chegou a secretário-geral.

A subida de Chernenko é o exemplo soviético mais gritante na história de alguém que alcançou o topo da chefia sem nada a oferecer salvo a proximidade pessoal do chefe que o recomendou. Não só a sociedade não tinha papel algum na seleção de seus governantes como também o próprio partido era excluído do processo pelo qual os membros do escalão mais elevado escolhiam dentre um pequeno clã de funcionários. Quando o chefe morria, o povo nada podia fazer a não ser sentar ao lado do rádio e esperar até ouvir quem seria o laureado com a denominação de "extraordinário leninista" que ocuparia a posição máxima.

A degeneração do sistema refletiu-se no aprofundamento da crise econômica, no anacronismo do sistema político, no controle cínico da vida espiritual e na própria natureza das pessoas que detinham o poder. O povo não podia depositar esperança em tais governos. O chefe do partido e do estado, bem como comandante-em-chefe de uma das mais poderosas forças armadas do globo, era um pequeno e ocupado burocrata de mentalidade limitada, funcionário de carreira sem idéias ou planos para tirar o país da crise. O povo começou a se perguntar quanto tempo continuaria o desfile de "funerais triunfantes." O selo vermelho com que Chernenko chancelava os documentos mais importantes do Comitê Central foi um emblema de estagnação.

Funcionário do partido

Certa ocasião de março de 1984, pouco depois de se tornar secretário-geral, Chernenko fez circular uma instrução por todos os comitês e órgãos políticos do partido. Ela fazia uma descrição física dos documentos que deveriam ser levados à apreciação do Comitê Central, estabelecendo a medida exata das margens, o número máximo de linhas por página e o tamanho total do documento que não deveria ultrapassar cinco páginas.

Isso aconteceu antes que eu fosse afastado do Departamento Político do Exército e me lembro muito bem da reação de meus colegas oficiais quando leram o documento: assinaram para provar que o tinham lido e foram embora, todos em silêncio. Viram que o novo secretário-geral era um funcionário até não mais poder.

O país podia estar enfrentando um mar de problemas, mas o partido tinha que saber como deixar as margens exatas nos documentos rotineiros.

E foi só a ponta do iceberg. Como Georgy Shakhnazarov, integrante do grupo de "boas cabeças" de Gorbachev, escreveu: "Ao tempo de Chernenko foi expedida uma diretriz pela qual só podiam trabalhar no aparato do Comitê Central quem tinha sido antes secretário de comitês do partido de distritos, cidades ou de escalões mais elevados. (...) As equipes do aparato eram constituídas totalmente pela elite burocrática, o acesso a tal aparato era restrito aos funcionários."[14] Engenheiros, diplomatas, financistas e outros especialistas foram excluídos pelas regras de Chernenko. Ele era secretário-geral, mas no âmago de seu ser permanecia um servidor, sabendo tudo sobre a maneira com que os documentos se originavam, o local exato em que deveriam ser apostos o selo do partido e os fac-símiles das assinaturas dos membros do Politburo, como alterar o perfil de um órgão com um simples documento, o que deveria ser reportado ao chefe de seção e ao subchefe, e mais, e mais.

Konstantin Ustinovich Chernenko nasceu em 11 de setembro de 1911 no seio de família pobre de camponeses da vila de Bolshaya Tes, no distrito de Novoselovo, região de Krasnoyarsk. Antes da convocação para o serviço militar, completou três anos numa escola para filhos de camponeses. Lá, pela primeira vez, soube do que Lênin dissera no Terceiro Congresso do Komsomol, o nome dos membros do Politburo, o significado da luta de classe contra os kulaks, a ditadura do proletariado, a inevitabilidade da revolução mundial, e adquiriu um pouco de escolaridade. Sua educação elementar básica mais a "conscientização política" de um propagandista do Komsomol foram devidamente notadas e, em 1929, ele se tornou chefe da seção de agitação e propaganda do Comitê Distrital do Komsomol de Novoselovo. Foi então que amealhou experiência sobre o trabalho ideológico das massas.

Em seguida, prestou dois anos de serviço militar em tropas de fronteira durante os quais entrou para o partido e foi designado secretário da organização partidária da 49ª Unidade de Fronteira, sediada em Taldy-Kurgan, região do Cazaquistão. Esse insignificante serviço passaria despercebido se Chernenko tivesse terminado a carreira como chefe da divisão de arquivos do Secretariado do Soviet Supremo. Todavia, contrariando toda a lógica e chegando a chefe do partido e do estado, sua biografia precisava conter um fragmento que fosse de heroísmo e, como não participou da guerra, seu breve período na Guarda de Fronteiras teria que servir para isso. Stalin terminara a guerra como generalíssimo, enquanto Khruschev e Brejnev tornaram-se generais de duas estrelas. Quanto a Andropov, que não esteve no front, uma pesquisa meticulosa acabou revelando que ele "havia formado unidades de combatentes clandestinos na Karélia."

Tudo era possível na biografia do partido de um líder soviético. Assim, "descobriu-se" que, no Cazaquistão, Chernenko recebeu seu "batismo de fogo." Um tal de N. Fetisov escrevia um livro sobre o serviço prestado pelo novo secretário-geral junto aos piquetes de Khorgos e Narynkol. O título era *Seus dias heróicos* e o autor precisava de um relato detalhado do papel de seu personagem no combate aos grupos de *partisans* nacionalistas locais – efetivos de somenos importância – assim como a descrição de sua vida como soldado de fronteira. Escreveu para Chernenko solicitando material e acrescentou: "Um divertimento interessante dos soldados em Narynkol era ficar observando os bodes, cães e gatos de estimação brincarem juntos. Você se lembra disso?"[15] Não se sabe se Chernenko respondeu, mas se pode especular que, se ele tivesse vivido mais uns três meses, surgiria com certeza um livro como o *Malaya Zemlya* de Brejnev, e Chernenko teria se tornado Herói da União Soviética. Na realidade, "A Canção das Unidades de Fronteira" foi composta em homenagem a ele durante seu mandato, mas não me lembro de tê-la ouvido uma vez sequer no rádio ou na televisão. Talvez tenha sido porque a qualidade da letra era abaixo da crítica, como se vê nesta execrável estrofe:

> Nuvens se amontoavam na fronteira, escurecia.
> A estrada para a terra dos pamirs estava bloqueada.
> Fomos chefiados na batalha por Konstantin Ustinovich Chernenko.
> O organizador do partido estava sempre no aceso da luta.[16]

Mas isso não bastava para a criação do mito e mais pesquisa foi feita sobre a vida do Secretário-Geral. Um dos pesquisadores desencavou um jornal do front, de 29 de setembro de 1942, intitulado *Na Batalha pela Mãe-Pátria*. Nele havia breve relato feito por um membro do Exército Vermelho que se assinava I. Kazakov, e que dizia:

> Em conexão com o vigésimo quinto aniversário da Grande Revolução de Outubro, nosso front foi visitado por uma delegação de trabalhadores da região de Krasnoyarsk. A delegação era chefiada pelo secretário de agitação e propaganda do Comitê Regional partidário de Krasnoyarsk, Camarada K.U. Chernenko. Os operários, os camponeses coletivos e a *intelligentsia* da região de Krasnoyarsk haviam mandado uma carta às tropas de nosso front descrevendo o heróico trabalho que realizavam na retaguarda, nas fábricas e nas granjas coletivas e estatais. A delegação trouxe consigo cinqüenta e nove vagões carregados de presentes para a tropa. Entre os presentes, carne, doces, manteiga, tabaco, mel, vodca, roupas de frio, e assim por diante. Os delegados juntar-se-ão às suas unidades nos dias vindouros.[17]

Esse notável evento na vida de Chernenko foi publicado em diversos jornais quarenta anos mais tarde, embora omitissem o fato de que o Secretário-Geral passara de 1943 a 1945 na Escola Superior de Organizadores do Partido, em Moscou. Ele não pediu para ser enviado ao front, mas seu histórico de guerra valeu-lhe uma medalha singular por trabalho excepcional. Houve outra tentativa para se criar a lenda. Logo depois de Chernenko assumir a posição máxima, chegou um pacote ao Comitê Central contendo o manuscrito de uma peça intitulada *Um homem se apresenta, um homem é famoso*. O herói era, é óbvio, Chernenko, que, supostamente, demonstrara qualidades extraordinárias de chefia enquanto ainda na Sibéria.[18] Diferentemente da "Canção das Unidades de Fronteira," a peça exaltava sua atividade nos comitês do partido, porém, como a canção, era tão ruim que foi considerada inadequada para o consumo de massa.

Chernenko passou depois três anos em Penza como secretário para a ideologia. E então, por oito e decisivos anos, de 1948 a 1956, foi o responsável pela agitação e propaganda na Moldávia. No verão de 1950, conheceu Brejnev, na ocasião o novo primeiro-secretário. Desde o primeiro encontro, simpatizaram um com o outro e se tornaram amigos pelo resto da vida.

O período de maior crescimento para a carreira de Chernenko começou em 1961, no Comitê Central, onde trabalhou por vinte e cinco anos. Destes, quase dezoito, a partir de 1965, como encarregado do Departamento Geral. Em 1976, tornou-se Secretário do Comitê Central, em 1977, membro-candidato e, finalmente, em 1978 membro pleno do Politburo.

O Departamento Geral do Comitê Central ganhou importância e influência – e tornou-se mais elitista – sob Chernenko. Entre os mais de vinte departamentos, o Geral foi sempre a chancelaria principal do partido: iniciador, guardião e intérprete de seus documentos e de seus segredos. O departamento era constituído por seis setores e nele trabalhavam cerca de 150 pessoas. Os setores dos outros departamentos possuíam denominações como Setor para Ucrânia e Moldávia, Setor dos Jornais, das Ciências Filosóficas, das Peças Teatrais, da Energia Atômica, da Segurança Estatal, dos EUA e Canadá, da Economia, e assim por diante. Os do Departamento Geral tinham apenas números.

De acordo com antiga tradição do partido, o Departamento Geral era o repositório de todos os principais segredos e arquivos confidenciais do Politburo. Numa reunião que Chernenko promoveu em junho de 1976 com os chefes de setores de seu departamento, ele disse aos participantes, lendo o habitual texto preparado, que eles "tinham que obedecer ou refrescar a memória sobre as regras existentes, que, ultimamente e por alguma razão, não vinham sendo observadas

(...) e que isso não é admissível em nosso trabalho e no de departamentos gerais." Então, citando Brejnev, disse algo que revelou a essência da tarefa do Departamento Geral: "Nunca devemos esquecer que os departamentos gerais são os sucessores dos departamentos especiais e dos setores especiais dos comitês do partido. Lembrando disso, vocês têm que ter em mente que só os nomes dos departamentos mudaram, enquanto a essência das tarefas especiais e dos métodos especiais permaneceu imutável. Ao contrário, essas características especiais de nossa abordagem no trato dos problemas enfrentados pelos departamentos gerais tornaram-se mais necessárias e de maior escala e complexidade."[19]

O Departamento Geral (leia-se, Especial) acompanhava e avaliava todas as informações que chegavam ou saíam do "Quartel-General," como o aparato do Comitê Central gostava de se autodenominar. Observava escrupulosamente o trânsito dos documentos e o uso que era deles feito, a fim de ficar, nas palavras de Chernenko, em condições de "responder às indagações dos secretários do Comitê Central, dos membros do Politburo e dos camaradas a quem era adequado fornecer tais informações."[20] Dizendo de outra forma, gerenciava todo o lado documental das funções de governo do Comitê Central e mantinha rigoroso controle sobre o material escrito, de modo que só os "camaradas apropriados" tivessem acesso a ele. Como Chernenko salientou na reunião de 1976: "Uma das mais importantes características que distingue os departamentos gerais é o sigilo de seu trabalho. (...) Já disse que a confidencialidade só pode ser garantida pela limitação, não pela expansão, da gente que lida com esse ou aquele documento secreto (...) para que se alcance cem por cento de exclusão de todas as possibilidades de falhas que levem ao vazamento de informações."[21]

Quanto à questão de o departamento ser o guardião dos selos e fac-símiles [assinaturas] dos secretários do Comitê Central, Chernenko foi mais específico, expedindo instruções para que eles "fossem mantidos em cofres especiais. Tais cofres deveriam ter duas chaves que ficariam com funcionários diferentes." Diversas páginas de normas de ação indicavam como os "documentos especialmente importantes" tinham que ser arquivados, "a permissão de quem seria requerida para que um pacote fosse aberto," como tratar os microfilmes e como exercer "uma supervisão estrita sobre todas as copiadoras e outros tipos de máquinas."[22] É difícil imaginar que esse "catador de detalhes" iria em breve ser tornar chefe do partido e do estado.

No entanto, seria um erro esquecer o fato de que a preocupação principal de Chernenko era política. "Devo chamar a atenção uma vez mais dos camaradas sobre a votação," continuou. "Ninguém – e nunca sem autorização especial – deverá jamais fornecer dados sobre quem votou e como." (Muitas questões do

Politburo eram determinadas por voto "postal" em formulários especiais.) "Documentos de votações e outros de interesse dos secretários do Comitê Central, e dos membros e membros-candidatos do Politburo são absolutamente secretos."[23] Terminou lembrando à sua equipe que, "sobretudo, representamos todo o aparato do Politburo e do Secretariado do Comitê Central. (...) O que por si só representa que os servidores dos departamentos gerais são as pessoas mais próximas a eles e em quem eles mais confiam."[24]

Chernenko apreciava muito a tradição bolchevique de sigilo que cercava o "QG" do partido. Quando foi convocado por Brejnev, em 1956, para trabalhar no Comitê Central em Moscou, ele assinou o rotineiro "compromisso dos segredos oficiais," nos seguintes termos:

> Eu, o abaixo assinado Konstantin Ustinovich Chernenko, enquanto trabalhar no aparato e mesmo depois dele me afastar, comprometo-me, por intermédio deste, a manter estrito segredo sobre todas as informações e fatos de meu trabalho e a não torná-los públicos de maneira alguma, tampouco partilhá-los com quem quer que seja. Entendo que qualquer quebra do presente compromisso representará violação da Ordem de 9 de junho de 1947 do Presidium da Corte Suprema. Comprometo-me também a informar ao Conselho das Questões do Comitê Central qualquer alteração nos dados por mim fornecidos nos questionários mais recentes e, em particular, quaisquer dados sobre parentes e amigos que tenham contato com estrangeiros ou viajem ao exterior.[25]

Em vista das relações pessoais próximas entre Chernenko e Brejnev, o Departamento Geral logo se transformou na chancelaria pessoal de Leonid Ilyich e, com o suporte do chefe, o papel dos departamentos gerais, permeando toda a estrutura partidária, cresceu acentuadamente. O próprio Brejnev reconheceu a situação falando na Quinta Convenção de Toda a União para Chefes do Departamento Geral, disse: "Não existiam departamentos, e sim setores com duas ou três pessoas. Agora eles existem, e que departamentos! Como cresceram! E isso é muito bom!"[26]

O aumento da máquina burocrática era visto pelo partido como medida de progresso, desenvolvimento e aprimoramento. A vida interna do Comitê Central sempre fora secreta, como, de resto, de outros centros do partido. Como uma casta separada da sociedade, centenas de milhares de membros do partido viviam por regras diferentes e desfrutavam de privilégios especiais negados aos seus camaradas-cidadãos. Eram os secretários, inspetores, funcionários do sistema de saúde e equipes de hospitais, acadêmicos, gerentes de restaurantes, alfaiates, editores, curadores de museus, promotores de eventos e uma série de outros que supriam ou recebiam serviços especiais. E Chernenko foi a expressão ideal para esses vastos e diversificados interesses de grupos, apresentando com freqüência propostas para melhorar ainda mais suas vantagens financeiras, médicas e habitacionais.

Dois meses antes de Brejnev falecer, Chernenko solicitou outra resolução do Politburo sobre "a criação de uma base para a organização de locais de recreação e repouso nas licenças e feriados para os funcionários do partido em Moscou e noutras localidades."[27] Clara iniciativa para aumentar a importância do Departamento Geral nas províncias, que foi seguida de encontros regulares dos servidores dos departamentos gerais das regiões. Em julho de 1978, já então como candidato a membro do Politburo, ele promoveu um desses encontros no seu território natal em Krasnoyarsk. Funcionários de vinte e duas regiões de áreas da Sibéria e do Extremo Oriente se reuniram na bela cidade às margens do rio Yenisei para ouvir Chernenko, que se dignou a fazer uma aparição pessoal para anunciar que 330 pessoas participaram dos encontros distritais de departamentos gerais.[28] Foi como se a Sibéria tivesse produzido um milhão de toneladas extras de aço ou de cereais, tal a excitação que o anúncio provocou.

Reuniões como essas dos departamentos gerais estavam longe de ser isoladas: também eram convocados encontros dos departamentos de organização do partido, de propaganda, de ciência, cultura, indústria pesada e energia, fabricação de máquinas-ferramentas, agricultura e processo de alimentos, engenharia química, indústria da defesa e demais departamentos do Comitê Central e de suas agências. Tratava-se da gigantesca máquina burocrática movimentando sem o mínimo pejo interminável quantidade de documentos, produzindo sem parar novos planos, conclamações, resoluções, ordens e relatórios. A burocracia e seu modo de pensar dominavam a mente pública.

O sistema burocrático, amalgamado pelo dogma, apresentava-se como democracia genuína e como razão da perfeição do governo. Como Chernenko escreveu: "As mais elevadas escolas leninistas de chefia e administração da construção do comunismo são os congressos do PCUS, os plenos do Comitê Central e as atividades do Secretariado e do Politburo."[29] A gente brotada nesse ambiente diariamente dizia uma coisa e fazia outra, vendo uma coisa em slogans e outra na realidade, e se acostumou com essa maneira de pensar.

Chernenko empenhava-se a fundo no seu trabalho e adorava a função, cercado por documentos que iam de lá para cá e pelo brilho das telas dos computadores. Dava expediente praticamente todos os dias, inclusive nos domingos. Esposa, filho e filha raramente o viam em casa. Em função de suas tarefas, sabia de muita coisa, mas jamais se afastava dos textos preparados para surpreender uma platéia com alguma observação pessoal ou um lampejo de imaginação. Era o mandarim implacável, o zelador dedicado da máquina. Tornou-se um gigante em seu ofício e um anão em sua alma.

Ele não foi só um burocrata. O Departamento Geral era, de fato, um "Departamento Especial." Em sua sala, dispunha de equipamento que podia monitorar as conversas entabuladas entre os funcionários de maior nível no prédio do Comitê Central situado na Praça Staraya, inclusive as do quinto andar, onde ficavam as dependências do Secretário-Geral, do "grande inquisidor" Suslov e de outros do escalão mais alto. Chernenko conhecia melhor do que ninguém todas as facetas das atividades do Comitê Central. Por conseguinte, sempre que surgia a questão da transferência de determinado funcionário, Brejnev consultava primeiro Chernenko e ficava evidentemente admirado com o conhecimento detalhado que seu auxiliar demonstrava a respeito da vida pessoal, muitas vezes com detalhes íntimos, de todas as figuras de destaque do partido.

No final do governo de Brejnev, Chernenko já estava expedindo determinações de todos os tipos em nome do Secretário-Geral. Ele alçou a máquina burocrática ao nível mais elevado. Sob sua supervisão, o aparato foi computadorizado e a informação alimentada no sistema passou a ser monitorada com mais eficiência. Por iniciativa dele, um tubo pneumático subterrâneo para circulação de papéis foi instalado entre o Kremlin, onde o Politburo se reunia, e a Praça Staraya, onde a organização do Comitê Central estava instalada, permitindo o encaminhamento de documentos em segundos. Brejnev outorgou-lhe o Prêmio Estatal pela iniciativa.

Ironicamente, foi Chernenko, ele mesmo, quem, ao se tornar Secretário-Geral, se queixou "do mar de documentos e do fluxo de papel" no partido e no país como um todo, "Inundando literalmente os órgãos centrais. Será normal? Sem dúvida, precisamos pôr ordem nisso."[30]

Pôr ordem nisso, como em muitas outras coisas, era mais fácil dizer que fazer. A economia dirigida que funcionara bastante bem em tempos extremos como os de guerra e de terror, era então um tormento. O país gastava desmedidamente seus recursos naturais ao exportá-los para o Ocidente. No curso de 1984, sob Chernenko, o governo comprou 46 milhões de toneladas de grãos e produtos dos cereais, cerca de 500 mil toneladas de carnes e seus derivados, mais de um milhão de toneladas de óleo animal e vegetal, bem como outros itens alimentícios, tudo no valor de oito bilhões de dólares.

O vice-diretor do departamento econômico do Comitê Central, B. Gostev, reportou ao Politburo que quase 60 por cento dos recursos, sob forma de moeda conversível, tinham sido aplicados na compra de comestíveis, metais ferrosos, químicos e bens de consumo, enquanto a URSS exportara petróleo, gás, madeira e outras matérias-primas. Tal relatório foi, literalmente, uma condenação da ineficiência econômica socialista.

E as compras no exterior foram extremamente mal utilizadas. Até 1º de janeiro de 1985, 506 conjuntos de equipamento adquirido no estrangeiro não tinham entrado em operação devido às suas condições, e metade das garantias havia expirado. A maior parte das empresas, criada com base em equipamento importado, deixou de atingir o potencial planejado por uma série de razões. Por exemplo, a indústria madeireira Bratsk, que produzia a viscose da celulose, não foi capaz de colocar em operação durante dez anos o valioso equipamento importado para a produção.

No entanto, a chefia, sabendo da má qualidade dos bens soviéticos produzidos, continuou importando cada vez mais. Em 1983, o Gosplan recebeu 725 solicitações para a importação de equipamentos e, em 1984, o número cresceu para 924. Muitas dessas importações permaneceram sem uso, às vezes por anos. No entanto, as propostas emitidas pelo departamento econômico em 22 de junho de 1985 nada mais foram que gentis lembretes aos funcionários de que, em 23 de outubro de 1983, o Comitê Central recomendara a eles que se esforçassem ao máximo para justificar as compras no exterior.[31]

Evidências de abusos tão gritantes chegavam à mesa de Chernenko com lamentável regularidade. Como não era versado naquelas matérias, ele, quase sempre, as examinava perfunctoriamente e as repassava a alguém para que formulasse uma resolução. Acreditava que uma ordem emanada do secretário-geral bastava para modificar a situação e chegar ao aprimoramento em qualquer área. Sua mente burocrática não atinava com a ineficácia dos mecanismos extra-econômicos e no fracasso implícito da tentativa de administrar um complexo tão vasto com os princípios da economia dirigida. E quando conseguia perceber a natureza de um problema, era incapaz de raciocinar sobre a maneira de resolvê-lo. Em conseqüência, seguia o instinto e prosseguia executando o que era antes feito.

Chernenko fracassou por completo na avaliação do dano que estava sendo provocado pelo sistema. Gostev frisou que centenas de toneladas de ouro haviam sido gastas com a importação de 46 milhões de toneladas de grãos num país com enormes recursos agrícolas. Seu memorando indicou nada menos que uma catástrofe, porém nem mesmo foi debatido no Politburo, o qual, ainda assim, achou tempo para debater sobre os tipos de presentes aos chefes norte-coreanos numa visita próxima. Decidiu que um sabre dourado, um vaso de porcelana e uma cesta com vinhos e vodcas soviéticos seriam dados a Kim Il-sung enquanto os demais membros da delegação receberiam rifles de caça, relógios de quartzo e cestas.[32] Essas eram as prioridades do alto órgão.

Chernenko sentia-se muito mais à vontade com os assuntos formais, freqüentemente triviais, do que no debate de problemas sociais, econômicos ou financeiros. Nessas ocasiões, não tomava parte, limitava-se a ler textos adrede preparados por auxiliares. Envergonho-me ao admitir que escrevi diversos discursos para Ustinov, na qualidade de membro do Politburo, quando trabalhava na Administração Política Principal do Exército e da Marinha. Embaraçado, eu ficava especulando sobre que tipo de gente nos governava.

Chernenko só se animava durante as longas e entediantes reuniões, quando os membros do Politburo faziam discursos preparados sobre ideologia. Exemplificando, nas ocasiões em que proclamações do Comitê Central sobre feriados nacionais, ou outros, eram apreciadas, Chernenko dava seus próprios retoques nos textos, alterando slogans que haviam deixado de comover corações e mentes da população por anos. Estava convencido de que a ideologia marxista-leninista injetaria novo sopro de vida na sociedade estagnada.

Favorito de Brejnev

A história soviética herdou muita coisa do império czarista: messianismo, ausência de tradição democrática, domínio do pensamento autocrático, fundamento no poder militar e falta de respeito pela liberdade humana. Mas o favoritismo político, profundamente arraigado no passado dos Romanovs, ficou menos evidente entre os soviéticos. Os principais chefes bolcheviques temeram os favoritos, preferiram o mando solitário e a manutenção dos rivais e dos "camaradas-em-armas" a uma boa distância.

A grande exceção foi Brejnev. Os que detinham posições de realce ao seu tempo sabiam que ele tinha um favorito, como também o sabia quase toda a população do país. E o favorito era, evidentemente, Chernenko. Os dois se conheceram em 1950, em Kishinev, onde Chernenko era chefe de agitação e propaganda havia dois anos quando Brejnev chegou como novo primeiro-secretário, na verdade, governador soviético da Moldávia. A relação inicial não foi, talvez, de amizade, esteve mais para aquela entre chefe benevolente e subordinado servil. Porém, depois de trocar a Moldávia pelas alturas estonteantes da política de Moscou, Brejnev lembrou-se de Chernenko, de sua aparência de submissão e discurso desarticulado, do fato de jamais o ter contestado, de ser pontual e meticuloso, sempre pronto a fornecer o item necessitado de informação, competente nas sugestões, capaz de produzir, tão logo solicitado, o texto de um discurso ou de um artigo para o jornal da república. Tampouco foi fácil para Brejnev esquecer o servidor leal que regularmente enviava cartas e telegramas de congratulações nas férias e aniversários, ou quando outra recompensa era anunciada.

Logo depois de chegar a Moscou, em 1956, Brejnev providenciou a transferência de Chernenko, evento que este último esperava ansiosamente. No mesmo ano, o propagandista da periferia tornou-se chefe de setor no departamento de propaganda do Comitê Central. A função não era muito importante, mas poderia servir de plataforma para vôos mais altos como, por exemplo, o cargo de primeiro-secretário regional ou de vice-ministro. Mas Chernenko não almejava naquela ocasião saltar para lugar algum. Bem próximo, se bem que em muitos níveis mais elevados da hierarquia, postava-se seu benfeitor. Cautelosa, mas persistentemente, Chernenko fez com que Brejnev notasse sua presença. Diversas vezes solicitou permissão para ver Leonid Ilyich e, quando os dois se encontravam, eram muitas as reminiscências sobre os bons velhos tempos na ensolarada Kishinev. Para o sentimental Brejnev, o insípido auxiliar representava algo como um companheiro do interior, antigo camarada.

Quando Brejnev se tornou, em 1960, presidente do Presidium do Soviet Supremo, ou seja, o formal chefe de estado, cedo deu um jeito de tirar Chernenko do aparato do Comitê Central e torná-lo seu chefe de gabinete. A partir de então, encontravam-se quase todos os dias e Brejnev, de novo, passou a contar com a escrupulosa atenção para o detalhe de seu assistente. Quanto a Chernenko, estava em seu elemento. Com escolaridade mínima, ele jamais poderia ser um ideólogo sério e, na função de propagandista, nunca produziu uma idéia original. Era, simplesmente, um executivo muito bom. Com freqüência, prestava serviços pessoais a Brejnev, o que os aproximou ainda mais. Mas o patronato não tem espaço na amizade, e a relação permaneceu sendo a de chefe para subordinado.

Enquanto trabalhou no Soviet Supremo, Chernenko juntou conhecimento sobre o funcionamento interno de um órgão estatal acionado pelo motor do partido. Amiúde, teve contatos com funcionários categorizados do Soviet de Ministros, do Gosplan, de agências culturais da KGB, do Ministério da Defesa, assim como com servidores das províncias. O resultado foi que se transformou no experimentado braço direito que jamais embaraçava ou enervava seu chefe. Gradualmente, Brejnev começou a achar que não podia passar sem ele.

Brejnev adorava ser adulado e mimado, e Chernenko tinha o maior prazer em fazê-lo. Freqüentemente, instava o Secretário-Geral, que nunca foi de se sobrecarregar com trabalho, a não se esforçar muito e a levar a vida com calma. Brejnev também gostava de mexericos e o auxiliar estava sempre pronto para contar-lhe o último disse-que-disse. Sabia quando os aniversários e outras datas importantes se aproximavam, e fazia com que Brejnev não se esquecesse da recompensa ou título adequado a conferir. Isso contou bastante para fortalecer a reputação de bondade e generosidade do líder para com aqueles cuja lealdade era valiosa, mas também conferiu crédito a Chernenko como diligente e prestimoso assessor.

No começo de 1965, Chernenko foi promovido para dirigir o Departamento Geral, onde permaneceria por todo o governo de Brejnev. Mesmo depois de se tornar secretário do Comitê Central, em 1976, membro-candidato do Politburo, em 1977, e membro pleno, em 1978, ele reteve a posição no departamento. Na realidade, até como Secretário-Geral, função que passou a ocupar em fevereiro de 1984, não conseguiu se desligar de seu querido Departamento Geral.

As relações mais cerradas que Brejnev mantinha no Politburo eram com Andropov, Ustinov e Gromyko, mas eram relações que se deviam realmente às funções que aquelas pessoas desempenhavam. Com Chernenko, em especial depois que ele foi elevado a Secretário do Comitê Central pelo pleno que se seguiu ao XXV Congresso, elas entraram num estágio novo e mais confidencial. Chernenko esquadrinhava então a volumosa correspondência pessoal do Secretário-Geral, minutava resoluções, examinava e preparava o material para as apresentações no Politburo, e monitorava as nomeações para os altos cargos. À época, Brejnev já tinha problemas de saúde e, com a maior satisfação, descarregava a papelada sobre Chernenko, que não se fazia de rogado. De início, Chernenko ainda buscou alguma orientação, porém, mais tarde, durante os três ou quatro últimos anos de vida de Brejnev, particularmente depois de se tornar membro do Politburo, passou a tomar decisões importantes em nome do chefe.

Brejnev conviveu com Chernenko mais intensamente do que com qualquer outro membro da chefia. Encontravam-se quase diariamente, às vezes, em diversas ocasiões no mesmo dia. Nos blocos de anotações de Brejnev, o nome de Chernenko aparece mais que o de todos os outros juntos. Entrementes, a imagem de Chernenko crescia. Os outros chefes começaram a ser cautelosos com ele, incensando-o e pedindo assessoramento enquanto, por trás, o desprezavam como verme decrépito que conseguira se insinuar e obter a confiança de Brejnev. Era comum o chefe, na presença de outros líderes, chamar Chernenko familiarmente de "Kostya," ou, se ele estivesse ausente, dizer, "Comunique a Konstantin," ou "Conversarei com Kostya." Os outros se quedavam silenciosos e assistiam à consolidação persistente da posição do favorito.

Em maio de 1976, pouco depois de se tornar secretário do Comitê Central, Chernenko organizou um encontro dos chefes de departamentos gerais para Toda a União. Ele entrou no salão acompanhado por Brejnev. Os participantes puseram-se de pé e deram uma longa ovação. Brejnev normalmente não comparecia a reuniões de especialistas econômicos, agrônomos ou químicos, e sua presença muito fortaleceu o prestígio de Chernenko. Para Brejnev, a oportunidade era de mais uma "armação," já que ele não podia viver muito tempo longe dos aplausos ao vivo, das expressões de amor e consideração. Num breve pronunciamento, ele mencionou o fato de que o Comitê Central recebia do povo cerca de 1.800 cartas por dia – embora deixasse de dizer que a maioria delas era sobre queixas de falta de residências, abusos de autoridades locais e aflições semelhantes – e exaltou os departamentos gerais por realizarem esse trabalho.

Então, declarou: "Dois eventos importantes estão acontecendo no país neste momento e o povo comenta sobre eles: a construção de uma estátua minha como Herói da União Soviética e outra como Herói do Trabalho Socialista em meu local de nascimento, e minha promoção ao posto de Marechal da União Soviética."[33] Brejnev deve ter perdido todo o senso de decência ao falar de si mesmo daquela maneira, mas sabia que o tópico seria expandido pelos outros. Não deu outra, Chernenko levantou-se de pronto e enfatizou: "Acho que você deveria estar envergando seu uniforme de marechal. Como não está, mostrarei a todos aqui seu retrato com uniforme de gala de marechal. Ato contínuo, foi alçado por trás da mesa do chairman uma pintura de corpo inteiro de Brejnev com fulgurantes dragonas douradas e incontáveis condecorações enquanto a platéia demonstrava aprovação com aplausos estrepitosos.

Chernenko continuou: "Hoje é um grande dia para nós. (...) Nos deliciamos em parabenizá-lo pelo título de marechal. (...) Seu discurso restaurou nossas energias. (...) Começamos os dias com os pensamentos voltados para suas ordens e demandas. (...) Seu pronunciamento é uma inspiração para nós. (...) Meus agradecimentos por fazer-me secretário do Comitê Central e pelo título de Herói do Trabalho Socialista."[34] Fizera seu trabalho: Brejnev estava feliz, os delegados estavam felizes, e ele tivera o prazer de saber que sua posição era elevada aos olhos de todos.

Sempre que possível, Chernenko elogiava Brejnev, e o Secretário-Geral tinha imediato conhecimento do fato. Mesmo em seus cansativos artigos, o nome do chefe era mencionado uma dúzia de vezes, fosse o assunto relevante ou não.[35] Brejnev retribuía com afeição genuína, generosas recompensas, promoções rápidas e total confiança. Quando se ausentava do Politburo, delegava a presidência a Chernenko. Os outros membros viam nisso uma anomalia, mas observavam a lei não-escrita que comandava obediência à vontade do Secretário-Geral.

Os arquivos contêm numerosas mensagens pessoais de Brejnev ao favorito. Na véspera da reunião do Soviet Supremo que renomeou Brejnev como chefe de estado, em junho de 1977 – primeiro secretário-geral a desempenhar essa função – Chernenko escreveu ao chefe para lhe comunicar que tinha checado todos os documentos necessários para a reunião e que estava em ordem, porém, infelizmente, os médicos insistiam para que passasse os próximos dias na cama, e ele lamentava muito não estar presente na ocasião histórica da elevação de Leonid Ilyich.

Brejnev ditou sua resposta em 14 de junho:

> Prezado Kostya,
>
> Recebi seu bilhete. Grato. Lamento que esteja doente. Quero dizer-lhe que qualquer um pode ficar doente. É importante, especialmente nessa oportunidade, seguir o regime que o Camarada Chazov e os médicos prescreveram. Você diz que "não é nada, que vai passar em poucos dias e que vou voltar ao trabalho." Não se ofenda, mas tenho que rir. Pensei comigo mesmo, isto é que é pressa: sua temperatura é de quase 40 graus, ele se levanta, provavelmente para ir ao banheiro, e quando volta a temperatura caiu para 36,5. Não é normal, Kostya. As coisas estão indo bem, obrigado. Tudo está organizado. Portanto, desejo-lhe melhoras do fundo de meu coração e quando você ficar bom, vamos nos ver (iremos para Zavidovo).
>
> Com sentimentos de profunda consideração, *L. Brejnev.*[36]

Depois que o Soviet Supremo cumpriu seu ato ritualístico e fez de Brejnev o novo presidente, ele escreveu a Chernenko relatando a ocasião. O datilógrafo adicionou a pontuação normalmente desprezada por Brejnev:

> Prezado Kostya,
>
> Emocionado, li suas congratulações. (...) Suas palavras (...) só poderiam atingir meu coração e tocar-me. Sua carta demonstrou uma vez mais quão fortes são nossa amizade e nossa relação.
>
> A sessão do Soviet Supremo correu bem, diria até excepcionalmente bem. Houve infindáveis ovações. O discurso de Mikhail Andreyevich Suslov foi especialmente saudado com retumbantes aplausos. Fiz meu pronunciamento de agradecimento depois dele e prometi, como um soldado, justificar a confiança de nossa mãe pátria e de nosso grande partido, e fazer de tudo para fortalecer a paz na Terra e desenvolver boa cooperação entre os povos. Os delegados receberam calorosamente meu discurso.
>
> Considere-se lá presente entre nós. Tudo o mais corre normalmente. Não se preocupe. Bem, vou dizer mais uma vez: não se apresse, não há absolutamente necessidade disso. Você deixou tudo preparado para o futuro próximo. Envio meu abraço, meu beijo e desejo-lhe rápida recuperação.[37]

O modo de falar e a natureza da mensagem, além de serem eloqüente testemunho da vaidade de Brejnev, assim como de seu temperamento humano, dão uma indicação clara da relação que se desenvolvera entre os dois.

Durante muito tempo, Chernenko não foi levado a sério pelos elevados escalões do partido. Era visto como um servidor comum, talvez mais diligente e detalhista que a maioria, mas estrito seguidor da linha ortodoxa. Quase sempre não se pronunciava e mesmo quando membro do Politburo não dava opinião sobre questões econômicas, orçamentárias, tecnológicas e militares. Mas sempre esteve entre os primeiros a vocalizar apoio a Brejnev enquanto o adoentado Secretário-Geral teve condições para fazer sugestões próprias.

Dizem que Brejnev preparava Chernenko para sucedê-lo. Parece improvável. O chefe tinha suficiente consciência de que o homem que elevara a grandes alturas era um burocrata, e só delegava ao favorito a presidência do Politburo por causa de sua lealdade, previsibilidade e capacidade de conduzir a linha traçada pelo chefe. Quanto ao preparo de um sucessor, há diversos indícios de que Brejnev não tencionava renunciar, porém, de qualquer forma, ele não fazia segredo do grande valor que emprestava à inteligência e à experiência de Andropov.

Roy Medvedev escreveu sobre um incidente lembrado por Alexander Bovin, ex-funcionário do Comitê Central e editor do *Izvestiya*. Bovin visitava seu antigo chefe, Andropov, quando o telefone tocou: "Era Brejnev. Ele queria saber quem conduzia no momento o Politburo. Andropov respondeu que Chernenko presidia. 'Então por que o fizemos um dos secretários do Comitê Central?' perguntou Brejnev. 'Você deveria agora estar presidindo essas sessões.' Andropov virou-se para Bovin, seu pupilo e amigo, e fez um sinal vago de sua óbvia satisfação."[38]

Ficou claro que, depois de subir tão rapidamente até os degraus mais altos da escada, Chernenko pensou em chegar ao ápice. É surpreendente imaginar que ele, velho e doente, entre outros também velhos e doentes, quisesse ainda mais poder do que tinha. Como não conseguiu ocupar o assento do Secretário-Geral com a morte de Brejnev, fez o possível para manter a posição de número dois, enquanto alimentava a esperança de se tornar número um na ocasião devida. E quando o último degrau se tornou realidade, não levou em consideração a saúde combalida e recusou-se a barrar ou retirar sua candidatura. Não pensou no país nem no partido. Pensou apenas nele mesmo.

Nem todo mundo consegue avaliar que, numa situação como aquela, uma recusa honesta pode elevar uma pessoa acima de qualquer cargo. Os políticos, especialmente os bolcheviques, estão entre os que não conseguem. Lênin não tomou iniciativa séria para renunciar nos dois anos que antecederam a morte quando sua mente e seu corpo estavam terrivelmente incapacitados. No XIX Congresso do partido, Stalin sinalizou astuciosamente que iria renunciar, mas só para ver como os membros do Politburo reagiriam. A capacidade de avaliar honestamente as próprias possibilidades pelo bem de outros é um sinal de nobreza e sabedoria. Chernenko carecia das duas.

Depois que Brejnev faleceu, raramente se ouviu falar dele de novo, na imprensa, no rádio, na televisão e mesmo no círculo interno do Politburo. Chernenko, que devia toda a sua carreira a Brejnev, não foi exceção. Alexander Alexandrov-Agentov, ex-assessor de Chernenko para questões internacionais, escreveu que o novo secretário-geral, sem tentar esconder sua hostilidade a Andropov depois que este morreu, permaneceu brejnevista. Queixou-se num círculo fechado de auxiliares sobre os métodos de trabalho de Andropov, e salientou: "Vamos trabalhar à la Brejnev, como o fizemos quando Leonid Ilyich era vivo."

Seria a última vez que Chernenko iria elogiar Brejnev – não por causa de sua falta de decência moral, mas pela tradição bolchevique. Qualquer chefe no poder era posto nas alturas por seu futuro sucessor. Uma vez morto, seu único valor era como bode expiatório para os "erros" do regime, ao passo que o sucessor se apresentava para receber os aplausos. O processo funcionava como uma válvula unidirecional, transferindo os defeitos do sistema para o líder falecido.

Brejnev gostava de convidar visitantes importantes para caçar em Zavidovo. Lá estiveram Tito, Kekkonen, Kissinger, Raul Castro, bem como seus amigos mais próximos da chefia. Chernenko foi visitante freqüente, apesar de não gostar de caçadas, mas não podia rejeitar os convites.

"Todos entendiam que um convite para caçar feito por Brejnev era sinal de confiança especial," escreveu Vladimir Medevedev, chefe da segurança pessoal de Brejnev. "Por mais doentes e senis que estivessem, não podiam declinar o favor nem demonstrar a própria incapacidade. 'Chame Kostya, sairemos amanhã,' disse-me ele, passando-me a hora da partida. Telefonei para Chernenko. Atendeu a esposa. 'Vladimir Timofeevich,' disse ela, 'Konstantin Ustinovich não está passando nada bem. Por favor, diga a Leonid Ilyich." Chernenko pegou o telefone. 'É isso mesmo, Volodya. Não estou bem.' Repliquei, 'Está certo, vou dizer-lhe que o médico está a caminho para vê-lo e que você não pode...' 'Não, não.' E ele saiu penosamente da cama, tossindo e com respiração ofegante devido à bronquite asmática, e fez a viagem. Era úmido e fazia frio no alto da torre de observação. A cada caçada, Konstantin Ustinovich se gripava e quando voltava para casa ia, febril, direto para a cama."[39] Para Chernenko, era mais importante agradar ao chefe do que cuidar da própria saúde.

Quando finalmente chegou à mais alta posição, Chernenko era fisicamente um trapo. Pouco pôde fazer a não ser saborear sua glória, e quando saiu de cena praticamente não deixou vestígio de sua passagem. Como seu protetor, logo foi esquecido, a não ser nas piadas.

Treze meses

Como secretário-geral, Chernenko já não trabalhava até altas horas, mas a quantidade de papel que transitava por sua mesa era muito maior que a de qualquer de seus predecessores. Ele se iludia com a crença de que, se apusesse as iniciais num documento de alto nível e o encaminhasse ao departamento apropriado, as coisas aconteceriam e a situação melhoraria. Mas as instruções para "examinar," "estudar," "debater" e "preparar para apreciação do Secretariado" não davam em coisa alguma. Se o Politburo não tomasse uma decisão, nada ocorria.

O próprio Chernenko não dava mais que uma olhada superficial na torrente de papéis. Como Brejnev em seus últimos anos, confiava muito, mesmo para a solução de problemas cruciais, num pequeno grupo da chefia, Ustinov, Gromyko, Tikhonov e Grishin.[40] No começo dos anos 1980, uma diretriz de ministério ou do Gosplan pouco significava se não fosse amparada por ordem do Politburo. Todos tentavam levar seus problemas mais complicados para o alto órgão, fosse a construção de um novo ancoradouro, a solicitação de créditos adicionais, a expedição de "propriedade especial" para a Nicarágua ou a turnê de uma companhia de balé em Londres. O Politburo podia tratar de centenas de tais questões cada mês, mas não com milhares.

Grande parte da vida soviética, seja no partido seja no país, dependia das matérias tratadas pelo Politburo, e a decisão final sobre o que fazia parte da pauta do órgão cabia ao secretário-geral, assistido por auxiliares de todos os tipos e por certos membros do próprio Politburo. Chernenko passava cada vez mais tempo com seus médicos, mas começou a demonstrar inusitado interesse pelas questões de política externa. Estivera no exterior apenas duas vezes, uma em Helsinque, em 1975, quando Brejnev participou de uma conferência européia sobre segurança e cooperação, e outra em Viena, em 1979, acompanhando Brejnev em negociações sobre desarmamento. É óbvio que Chernenko não era necessário naquelas reuniões, mas deliciou-se com as viagens, com as recepções glamourosas e as conversações de alto nível, e acalentou o desejo de desfrutar mais daquilo.

Quando atingiu a posição máxima, começaram a chegar convites de governos estrangeiros, inclusive do governo americano. Em março de 1984, a uma carta de sondagem do presidente Reagan, Chernenko assinou uma resposta confirmando que o novo líder soviético conferia "grande importância à nossa correspondência," e que não tinha a intenção de "fazer quaisquer censuras." Numa evidente indicação de que os americanos deveriam fazer uma concessão quanto ao desdobramento de seus mísseis na Europa, ele concluiu dizendo que "enquanto não houvesse sinais encorajadores visíveis de melhora nas relações," não seria lógico esperar-se que algo de novo ou positivo ocorresse.[41] A carta foi composta pelo Ministério do Exterior e pelo departamento internacional do Comitê Central, e Chernenko nada mais fez que apor sua assinatura esclerosada, concordando que seria melhor congelar as relações soviético-americanas no estágio em que estavam. Seu objetivo era prejudicar Reagan num ano eleitoral.

No caso de um convite do chanceler Kohl, Chernenko disse ao ministro alemão do Exterior, Genscher: "será necessário um pouco mais tarde, sem dúvida, considerar uma data definitiva à luz de todas as circunstâncias e condições prevalecentes." Os alemães estavam bem conscientes de que as "condições prevalecentes" se relacionavam com a declinante saúde do Secretário-Geral.

Chernenko tentou compensar sua falta forçada de mobilidade recebendo visitantes estrangeiros ilustres em rápida sucessão. Entre os primeiros, vieram a primeira-ministra inglesa Margaret Thatcher e seu ministro do Exterior, Geoffrey Howe. Da mesma forma que Brejnev era preparado pelos auxiliares para tais visitas com anotações escritas em grandes letras, também Chernenko recebeu o texto pronto para a "conversação" com os convidados britânicos. Com o intérprete quase incapaz de acompanhar os intermináveis clichês bombeados pela diplomacia soviética, Chernenko balbuciou: "Apoiamos o ativo e sério diálogo político, e não precisamos de persuasão para reconhecer sua conveniência. Mas o diálogo tem que ser conduzido entre iguais, e não a partir de uma 'posição de força.' E deve ser endereçado para a conquista de acordos concretos e mutuamente aceitáveis – precisa e mutuamente aceitáveis."[42]

Não dissera coisa alguma, e quando constatou satisfeito que não havia mais nada escrito para dizer, levantou os olhos e deparou com o olhar fixo de Thatcher. Ela não precisou de lembretes e falou sem quaisquer anotações. Identificando três grupos de problemas nas relações anglo-soviéticas, formulou alguns caminhos para explorar soluções. Chernenko permaneceu silencioso e olhou para Gromyko como se pedisse socorro. Houve uma pausa embaraçosa que Gromyko tentou preencher falando sobre a próxima ida a Londres de seu vice, G. Kornienko.

Chernenko, finalmente, decidiu que devia dizer alguma coisa de sua lavra, sem o benefício do texto oficial: "Nossa breve conversa pode se tornar significativa se as relações melhorarem." Então, acrescentou de súbito: "Sejamos amigos em todos os aspectos. Temos plenitude de reservas, contatos e oportunidades para relações amistosas e reais entre nossos povos e nossos governos."[43] O intérprete engasgou.

Chernenko falava sobre amizade com Margaret Thatcher como se estivesse conversando com Zhivkov ou Honecker. A primeira-ministra inglesa não demonstrou emoção. Uma sombra desceu sobre o rosto de Chernenko. Ele se agitou, sinalizando que a reunião estava acabada. Não havia como saber o que Chernenko era capaz de resmungar depois que começava.

Cerca de dez anos mais tarde, em 1993, na embaixada britânica em Moscou, tive uma conversa particular de quase uma hora com Mrs Thatcher. A comparação entre o intelecto sagaz daquela mulher e a mente fechada e dogmática de Chernenko ainda envergonha. A degradação do sistema se expressava na degradação de seus líderes.

Os encontros de Chernenko com líderes estrangeiros, na primavera de 1984, continuaram com o presidente finlandês Koivisto, o ministro italiano do exterior Andreotti, o ministro do exterior da Alemanha Ocidental Genscher e com o secretário-geral do partido comunista grego Florakis. No verão, ele recebeu os chefes dos países socialistas, Zhivkov, Kadar, Husak, Rodrigos, Ceausescu, Li Xiannian e Honecker. Um mês depois, em agosto, Honecker fez outra visita, dessa vez sigilosa por sua solicitação, para debater questões interalemãs e aumentar a cooperação econômica bilateral.[44] Para cada uma dessas ocasiões, as minutas do Politburo invariavelmente registraram: "Os resultados das conversações do Secretário-Geral com fulano-e-sicrano estão aprovados."

Que havia para ser aprovado? Na sua conversa com Genscher, em 22 de maio, Chernenko leu por quinze minutos seu texto preparado, depois ouviu o que o ministro alemão tinha a dizer e, imediatamente, deixou claro que queria dar o encontro por encerrado: "Levando-se em conta o que o senhor tratou com Gromyko e nossa conversa toda, houve substancial troca de opiniões. Seria agora da maior utilidade que os dois lados refletissem sobre o que foi dito."[45] As tentativas de Genscher para trazer Chernenko de volta não deram em nada, porque ele não sabia o que dizer fora do script.

No pouco tempo em que foi secretário-geral, Chernenko conseguiu avistar-se com número surpreendente de estadistas estrangeiros. Com nenhum deles, levantou questão importante, chegou a ponto de inflexão em qualquer esfera, ou acenou com alguma coisa que lembrasse uma "iniciativa soviética." Lia seu texto de três ou quatro páginas, ouvia a resposta, pronunciava, ainda lendo suas notas, umas tantas palavras adequadas de agradecimento e então oferecia ao convidado uma flácida mão para as despedidas. Foram "conversações" sem conversas.

Porém, tendo passado a maior parte de sua vida nos bastidores, Chernenko mostrou-se ávido pelo reconhecimento público. Adorava ver-se na televisão e sempre solicitava relatos do que estava sendo dito na imprensa e alhures a respeito de seu desempenho no "cenário mundial." Encontrar algo positivo não era tarefa fácil, mas podia-se confiar na mídia nacional e dos países socialistas para o cumprimento dessa obrigação. O único tópico de interesse que Chernenko provocava no exterior era: quando emergirá o próximo secretário-geral?

Como antes, o Politburo continuou prestando assistência aos aliados e defensores estrangeiros. Por exemplo, houve concordância no atendimento a uma solicitação do presidente Mengistu para o estabelecimento de seis novas escolas militares na Etiópia a fim de enfrentar o "problema da Eritréia."[46] Como membro de uma delegação soviética para "ajuda política" à Etiópia, estive com Mengistu em diversas ocasiões e concluí que se tratava de um rematado assassino sanguinário. Com freqüência, perguntei a mim mesmo que tipo de "aliados" tínhamos encontrado e de que eles nos valiam.

Por diversas semanas, em Moscou, cumpri a missão de "treinar" o novo "comissário" político para o exército etíope. Tratava-se de um líder da "revolução" chamado Asrat Destu e membro do Conselho Administrativo Provisório do Exército, como era conhecido o governo. Ele falava bastante sobre o desejo de Mengistu de erigir o socialismo em seu empobrecido país e lá "consolidar a democracia." Quando lhe perguntei por que ainda havia gente fuzilada em Adis Abeba e noutras regiões da Etiópia, ele replicou: "Estamos fazendo o que Lênin fez. Não se pode construir o socialismo sem o terror vermelho. Temos inimigos demais." Chernenko recebeu Mengistu no final de março de 1984 e deu apoio à política do ditador de defender a "revolução" pela força.

Generais e outros oficiais da seção política do Exército Soviético, como eu, ensinamos Destu numa série de aulas cara a cara sobre como empregar métodos políticos para aprimorar o aprestamento para o combate do exército etíope, e sobre como fortalecer seu moral e sua estabilidade psicológica. Tínhamos feito a mesma coisa com pessoal de outros exércitos dos chamados países em desenvolvimento. Poucas semanas depois de Destu regressar a Adis Abeba, li um telegrama cifrado de assessores soviéticos na Etiópia dando conta que, durante uma reunião do "Conselho Revolucionário," ocorreu um tiroteio na sala do conselho. "Nosso" comissário Asrat Destu e diversos outros oficiais foram mortos.

Na qualidade de vice-chefe do Conselho de Propaganda Especial do Exército – isto é, guerra psicológica – conheci os chefes de todos os países socialistas e de muitos outros do Terceiro Mundo. Foi quando me convenci de que a política soviética caminhava para um beco sem saída. Os países que tentávamos pôr nos trilhos da "orientação socialista" estavam sendo armados até os dentes enquanto se tornavam cada vez mais pobres, sem qualquer esperança de solução.

Isso, no entanto, não era o que o Politburo achava. Assistência gratuita, sob a forma de grãos, petróleo e armas, era enviada, por exemplo, para a Nicarágua, ao custo de centenas de milhões de dólares,[47] da mesma forma que para outros países "revolucionários." Chernenko aprovava as ordens para essas e outros tipos de remessas sem jamais formular sequer uma pergunta. Era só o funcionário cuja assinatura se fazia necessária para que os suprimentos começassem a pingar no buraco negro da velha política do Komintern.

Também como antes, Moscou tentou guiar a política internacional do movimento comunista. Em 11-12 de julho de 1984, Chernenko convocou uma reunião de todos os líderes de partidos comunistas.[48] A maneira de desarticular fortemente os planos americanos de mísseis recebeu grande prioridade entre os assuntos discutidos, assim como o modo de usar as organizações européias e mundiais para o progresso da linha de Moscou.

A visita de Kim Il-sung despertou curiosidade em Chernenko, mais que interesse. No inverno anterior, o chefe norte-coreano manifestara o desejo de receber um convite para passar longo tempo na URSS. Moscou atendeu a solicitação com grande prazer. As relações com a Coréia do Norte de há muito se revestiam de característica especial. Quando foi mostrado a Chernenko o planejamento para a visita, ele, inesperadamente, determinou que o sexto setor do Departamento Geral lhe entregasse os arquivos sobre a Guerra da Coréia. Lá descobriu que fora Kim quem, em 19 de janeiro de 1950, levantara pela primeira vez com Moscou a questão da empreitada para uma "reunificação militar" das Coréia do Norte e do Sul. Kim dissera que ele próprio "não poderia começar uma ofensiva" porque era um "bom comunista, um homem disciplinado para o qual as ordens de Stalin eram lei."[49] Stalin refletira por umas poucas semanas e então dera sua aprovação; em troca de assessores, armas e equipamentos militares – supridos em abundância – requisitou diversas toneladas de ouro, prata e algumas dúzias de toneladas de concentrados de minerais raros.

Kim Il-sung chegou a Moscou, em 23 de maio de 1984, num trem especial. Foi recepcionado por Tikhonov, Gromyko e Ustinov que lhe deram tratamento de tapete vermelho, guarda de honra, jantar de gala e residência oficial. As negociações foram no Salão Catarina do Kremlin. Chernenko leu o texto costumeiro, escrito em grandes letras e frases curtas. Disseram-lhe que Kim iria frisar a "militarização" que ocorria na Coréia do Sul e demandaria mais e mais armas. Chernenko escutou, sentado, por cerca de uma hora enquanto o "grande líder" falava sobre o que dele se esperava e, então, prometeu suprir tudo o que Kim Il-sung solicitou: aviões, comunicações rádio e equipamento para a defesa da fronteira.

Visitei a Coréia do Norte, em agosto de 1985, como integrante da delegação do marechal V. Petrov. Todas as nossas conversas com a liderança coreana giraram em torno de um só assunto: armas. Kim Il-sung, homem rotundo e baixo que sempre era retratado nos quadros da propaganda como um gigante cercado de pigmeus, se referiu várias vezes às promessas que Chernenko e Ustinov tinham feito para a modernização do Exército da Coréia do Norte. Falando do perigo que representavam os EUA e a Coréia do Sul, sublinhou que "se eles nos atacarem, um gigantesco movimento clandestino surgirá no sul." Caso em que, continuou, ele gostaria de enviar para lá unidades de forças especiais. A URSS, disse, deveria, portanto, construir uma fábrica de helicópteros na Coréia do Norte para que ele pudesse montar quinhentos helicópteros com aquele propósito. Também queria novos aviões, mísseis antiaéreos e equipamento rádio.

Dava a impressão de não ter aprendido coisa alguma com a experiência de 1950-53. A pobreza pavorosa do país, seu alto grau de arregimentação e a fanática fé que o povo depositava no líder convenceram-me de que a Coréia do Norte chegara perto do modelo do comunismo de quartel. Ainda reverenciavam Stalin como ninguém na URSS o fazia, e pareciam felizes por terem um deus terreno.

Chernenko quase não viajou pela União Soviética. Era fisicamente difícil e ele não tinha o dom – característica bolchevique – de se "misturar com as massas." Por conseguinte, não tirou as mãos do volante no Politburo. Só em 19 de julho de 1984, quando saiu de férias, a cadeira foi ocupada pela primeira vez por Gorbachev, o qual, provavelmente, teria sido o ocupante permanente se Chernenko não possuísse aliados poderosos que nele viram a garantia de uma vida sossegada. Em meados de agosto, Chernenko retomou o lugar do motorista, cuidando, por certo, para não ter a mesma sorte de Khruschev.

Algumas questões sérias foram tocadas por Chernenko como secretário-geral, mas apenas superficialmente. Uma delas foi a energia nuclear. Especialistas informaram ao Politburo que a capacidade do país em gerar energia nuclear crescera 4,5 vezes desde 1976 e alcançara 20 milhões de kilowatts. Vinte usinas nucleares adicionais estavam sendo construídas com capacidade para 85 milhões de kilowatts. Atenção particular do Politburo foi solicitada pelos experts para deficiências sérias nos projetos, em particular quanto aos perigos de radioatividade e incêndio. Os alertas foram ignorados.

Fazendo pausas seguidas para aspirar do inalador que trazia no bolso, Chernenko leu um texto preparado que continha termos que ele mal podia pronunciar, quanto mais entender. Repisou o fato de que "são necessárias dez mil pessoas para construir uma usina nuclear na URSS, e de duas a três vezes menos no exterior." Sem tirar os olhos do papel, condenou a prática do "trabalho de choque," a gerência pobre e a falta de ordem na indústria nuclear. Tais críticas eram costumeiras. Quanto aos riscos nos métodos de construção, como não tinham sido esclarecidos para ele, não disse uma palavra. A resolução aprovada pelo Politburo determinou que os ministros "equacionassem as sérias imperfeições na manufatura dos equipamentos, na monitoração, na confiabilidade e crescimento dos recursos tecnológicos, e no armazenamento e regeneração do combustível nuclear."[50] Uma resolução de rotina que provocou reação de rotina. A liderança não atinava, nem intelectual nem emocionalmente, com os perigos inerentes à indústria nuclear.

A despeito do péssimo estado de saúde, Chernenko ainda quis aparecer em público e até fazer pronunciamentos. No verão de 1984, ouvi-o falar no Grande

Salão do Kremlin numa Conferência de Trabalhadores do Komsomol de Todo o Exército. Seguindo-se aos discursos e relatórios dos jovens oficiais políticos do exército, Chernenko caminhou penosamente até o pódio. Foi totalmente impossível entender o que ele disse no seu discurso de quinze minutos. Parava a cada dois ou três minutos, enxugava a testa e borrifava o inalador. A platéia ficou silenciosa, as cabeças curvadas.

Quando acabou, fomos convidados ao Salão São Jorge para uma fotografia com o Secretário-Geral. Ele levou vinte minutos para cobrir a centena de metros, se tanto, parando freqüentemente para recobrar o fôlego. Durante todo o tempo, os que o acompanhavam mantinham uma espécie de conversa para dar a impressão de que ele parara para falar, e não devido à exaustão. De tempos em tempos, dava um fraco e agonizante sorriso e virava com dificuldade a cabeça para a direita e para a esquerda, como quisesse conferir para onde o conduziam, o que se passava e o que aquela gente de uniformes do exército lhe dizia.

Chernenko arriscou uma última aparição pública em outubro de 1984. Convocou uma reunião dos inspetores públicos de Toda a União, dos quais, como revelou, existiam não menos que dez milhões em todo o país. A idéia do controle universal de Lênin atingira seu monstruoso apogeu. Tudo e todos eram inspecionados, monitorados e checados, porém, ainda assim, o padrão de vida não cessava de cair, prova evidente de que o ditado de Lênin, "Controle e prestação de contas – essa é nossa principal tarefa econômica,"[51] não passava de um absurdo.

Chernenko disse aos delegados: "Cada um e todos os cidadãos soviéticos têm que se considerar inspetores, e agir e pensar de acordo com essa grande missão cívica."[52] Ele expressava a característica essencial do sistema, dando simplesmente continuidade à tradição estabelecida pelos bolcheviques – e nada mais era que um imitador daquilo que seus antecessores haviam feito. Como eles, nos últimos estágios de seu governo, bombardeou os colegas com bilhetes preparados por assistentes. O Comitê Central e o Politburo, no fim da linha, aprovariam um decreto relacionado com algum de seus bilhetes e o departamento adequado – normalmente a fonte do decreto – seria encarregado de sua implementação. A impressão criada era de que o vasto sistema tinha administração eficiente. Planos, instruções, programas eram adotados, novas notas de dinheiro emitidas e, entrementes, a produção total desabava. A economia estava parada, à beira de uma crise colossal.

Chernenko, caso não estivesse em tratamento médico, chegava para trabalhar às nove da manhã, pegava o elevador para o escritório e se ajeitava para deleitar-se com a pilha de papéis que o esperava sobre sua mesa. Já então, só tinha capacidade para examinar de cinqüenta a sessenta documentos por dia. A uma solicitação do chanceler Kohl de clemência para Rudolf Hess, Chernenko respondeu: "A questão já foi revista. Até agora, o lado soviético não encontrou motivos para libertar Hess."[53] Como dissera a um grupo de veteranos de guerra pouco tempo antes: "Não podemos deixar que o Ocidente se esqueça de que somos os vitoriosos." Outro documento, de Gromyko, Chebrikov e Alexander Rekunkov, o procurador-chefe, dizia que o cientista dissidente Andrei Sakharov pedira permissão para ir à Itália submeter-se a cuidados médicos. Os autores do memorando lembravam ao Secretário-Geral que decisões já haviam sido tomadas em 1975, 1976, 1977 e 1979 impedindo que a esposa de Sakharov, Yelena Bonner, deixasse o país. Se entrassem em greve de fome, e daí? Que fossem alimentados à força. Bonner deveria ser alertada de que, se não parasse com as atividades provocadoras, seria processada com base no Artigo 190 do Código Penal por difamar a União Soviética.[54]

Outro memorando reportava que a filha de Stalin, Svetlana Alliluyeva, chegara ao país com sua filha americana de treze anos de idade, Olga Peters. Queria recuperar a cidadania soviética, achar emprego e fazer traduções. Estava disposta a dar declarações à imprensa. Dizia ela, "depois de tudo o que fiz, não tenho como pressionar por minhas demandas."[55] Chernenko ficou bom tempo examinando o documento, pensou bastante e decidiu que o assunto deveria ser debatido pelo Politburo. (Foi rapidamente decidido anuir aos desejos de Svetlana, pois seria bom golpe publicitário, porém ela não se sentiu feliz na União Soviética e voltou ao exterior em 1986.)

Os possuidores de letras do tesouro emitidas por governos czaristas tinham entrado com uma ação nos EUA contra a URSS no valor de 650 milhões de dólares.[56] Era quantia gigantesca. É evidente que o caso não fazia o menor sentido aos olhos de Chernenko, mas como poderia agir o governo soviético? Os advogados deveriam receber instruções para encontrarem uma fórmula adequada de recusa definitiva.

Havia uma proposta do departamento de informação sobre Política Externa para "intensificar as denúncias de violações dos direitos humanos nos países capitalistas."[57]

Chernenko ficava profundamente irritado quando não podia trabalhar por causa de sua saúde. Inquietava-se com o acúmulo da papelada ou com o incorreto encaminhamento dos problemas. Também se preocupava com o jovem e enérgico Mikhail Gorbachev, indiscutivelmente uma força dentro do Politburo, a quem sobrecarregava com tarefas rotineiras para mantê-lo ocupado.

Às vésperas da Perestroika

Se a população tivera ligeira esperança de mudança sob Andropov, com o comando de Chernenko prevaleceu um sentimento de total apatia. A grande maioria mostrava total indiferença por ele, pelo partido, pelo marxismo-leninismo e pelas "sábias políticas" do Comitê Central. Mas alguns detectavam sinais distantes de tremores subterrâneos indicando que o fim da estagnação não estava longe. Mesmo um comunista ortodoxo como meu chefe, o general Yepishev, foi capaz de dizer-me, subitamente, no verão de 1984: "As coisas estão grudentas, coaguladas. Não sei o que vai acontecer, mas que vai, isso vai." Depois eu soube que ele estivera com Chernenko na noite anterior.

Talvez ele apenas expressasse a decepção dos oficiais-generais que julgaram Andropov capaz de mudar a situação e desanimaram com a subida de Chernenko ao poder. É provável que também notassem o afrouxamento da autoridade depois que a intenção de Andropov de "botar ordem" esmoreceu. Enquanto era possível no passado ouvir generais falando entre si sobre Brejnev ou Andropov, agora não mais conversavam sobre Chernenko. O chefe era universalmente encarado como um ninguém, um espectro despachando papéis.

Curioso, muitas palavras atribuídas a Chernenko durante seu tempo de secretário-geral (embora, é claro, tivessem origem nos auxiliares) pressagiaram as idéias formuladas por Gorbachev no início da *perestroika*. No pleno de abril de 1984 do Comitê Central, por exemplo, ele disse ao partido que "era necessário um melhor uso das reservas de entusiasmo das massas como fundação para o aperfeiçoamento futuro da democracia socialista e de todo o sistema político da sociedade."[58] Na boca de Chernenko, tal afirmação nada mais era que slogan bolchevique bem conhecido; mas demonstrava que alguém por trás estava pensando.

Falando com franqueza, Gorbachev também ingenuamente pensava que bastava renovar os quadros do partido para que tudo começasse a funcionar sobre rolimãs. Seu pleno sobre *perestroika* e política para os quadros iria produzir poucos resultados, como era de se esperar. Já Chernenko, no seu pleno de abril de 1984, voltou ao velho tema leninista sobre os quadros. O primeiro chefe argumentara ser preciso trazer mais operários e camponeses para os "quadros da chefia" a fim de que a máquina do estado funcionasse adequadamente.

No discurso "principal" do pleno, Chernenko declarou que tudo "depende, em medida considerável, dos quadros. Os quadros são, com efeito, as reservas de ouro do partido e do estado. (...) No trabalho dos quadros, como em nenhum outro lugar, um sistema preciso e refletido é essencial. Nem rodízio freqüente, nem qualquer grau de ossificação das equipes, são concebíveis nesse campo."[59] Deu seguimento ao discurso com um memorando ao Politburo intitulado "Algumas questões sobre a atual política dos quadros," no qual uma das idéias pode ser atribuída pessoalmente a ele. Recomendou que o pessoal fosse movimentado não só verticalmente, mas também horizontalmente. "Isso tem efeito reanimador," escreveu, "como sei de experiência própria."[60]

Para Chernenko, a idéia de "reservas de ouro" não passava de um clichê, mas havia outros no seu entourage que entendiam a situação melhor que ele. Passados dois anos, Gorbachev iria desencadear o primeiro ataque, se bem que apenas verbal, contra a *nomenklatura* na periferia.

Outra idéia que se tornou característica-chave dos primeiros anos do governo Gorbachev foi também expressa por Chernenko em 13 de fevereiro de 1984 no seu "discurso da coroação," quando falou em "dar forte aceleração ao desenvolvimento da economia."[61] Ele foi instado apenas uma vez pelos auxiliares a retornar a esse tema, em julho de 1984, e o fez sob forma de nota ao Politburo sobre a "necessidade de acelerar o avanço científico e tecnológico."[62] É duvidoso que pensasse nessa fórmula como outra coisa que não um slogan, mas a idéia, quando popularizada nos primeiros estágios da *perestroika*, capturou a imaginação de muita gente. Os primeiros abalos de mudança iminente ocorreram em 1984, mas não foram proezas de Chernenko e sim tremor da atmosfera que dava origem a algumas das idéias da *perestroika*.

Em dezembro de 1984, teve lugar uma conferência de trabalho em Moscou sobre "O Aperfeiçoamento do Socialismo Desenvolvido e o Trabalho Ideológico do Partido." Tanto no relatório de Gorbachev como no discurso de boas-vindas de Chernenko foi apresentada a noção de "aperfeiçoamento" do sistema. Como de praxe em tais ocasiões, Gorbachev citou o Secretário-Geral: "As diretrizes e proposições teóricas formuladas por K.U. Chernenko, concernentes ao nível de maturidade atingido pela sociedade soviética, servem como base para os princípios da linha estratégica do partido. (...) Ao deparar-se com mudanças profundas, o partido se preocupa com o povo."[63] Com o decorrer do tempo, Gorbachev iria substituir "aperfeiçoamento" do socialismo por *perestroika*.

Conversas sobre "aperfeiçoamento" ocorriam naquela oportunidade porque a situação sob Chernenko era gritantemente desesperançada. Muitos, inclusive Gorbachev, se perguntavam quanto tempo aquela situação iria perdurar. A estagnação, que ameaçava colapso total, levou alguns à ação, por vezes sob forma de protesto e rejeição ao status quo. A quantidade de gente que deixava o país e pedia asilo no exterior crescia, em especial entre artistas, desportistas, diplomatas. Aumentava o total confiscado de panfletos anti-soviéticos, grafites contra o partido e literatura "subversiva." O chefe da KGB Chebrikov informou que "1.325 autores de 7.537 documentos anônimos com conteúdo anti-soviético, nacionalístico e politicamente pernicioso, bem como de 628 grafites, foram denunciados." Acrescentou que, dos 1.223 infratores capturados pela KGB, oitenta e nove eram comunistas.

"Na Ucrânia," continuou Chebrikov, "nas repúblicas bálticas e na Transcaucásia, dezessete grupos nacionalistas ilegais foram neutralizados. Setenta e cinco tentativas de atos extremistas por parte de elementos nacionalistas, atividade hostil de onze pessoas que provocaram atos anti-sociais de grupos em Tblisi e diversos agitadores que tentaram incitar idéias de emigração em indivíduos de nacionalidade alemã foram impedidos. Treze instigadores de incidentes hostis na Lituânia, Letônia e Estônia foram processados por atos criminosos."[64] Bem antes dos eventos sangrentos em Alma-Ata, Sumgait, Tblisi, Baku e Vilna, sinais alarmantes eram recebidos em Moscou de agitação nacional em diversas repúblicas. Chernenko não tinha a menor capacidade para perceber a importância desses indícios, como, aliás, de tantos outros.

Muitos sentiam que o país caminhara para uma fronteira invisível, além da qual as mudanças necessárias poderiam ser possíveis. Poucos, então, se deixavam enganar pelas listas de medalhas e recompensas outorgadas por "conquistas" na construção socialista. O Politburo aprovou condecorações para o jornal *Pravda*, o porto de Sochi, as cidades de Tallinn e Archangel, a fábrica Meleuzol de produtos químicos, a União dos Escritores da URSS, e assim por diante. Quanto pior ficava a situação do país, mais generosas as recompensas e prêmios conferidos pela chefia, e não menos para ela mesma. Os senis governantes haviam perdido o controle de suas fraquezas e vaidades.

Em meados de setembro de 1984, depois de dois meses de férias no Mar Negro, Chernenko reapareceu no Kremlin. Não mostrava sinais de que o calor do sul e o ar marinho lhe tivessem feito bem algum. Acionado pelos "camaradas-em-armas," marcou a ocasião outorgando a si mesmo a mais alta distinção do país. Em 23 de setembro, o Politburo decidiu anunciar no principal jornal noticioso da televisão do país, *Vremya*, e na imprensa escrita no dia seguinte, aniversário de Chernenko, que "por extraordinários serviços prestados na atividade do partido e do estado para a formulação e implementação das políticas leninistas interna e externa, para o desenvolvimento da economia e da cultura, para o fortalecimento da capacidade de defesa da URSS e pela enorme contribuição pessoal," Chernenko recebeu a Ordem de Lênin e a Estrela Dourada da Foice e do Martelo.[65] Recebeu também sua terceira medalha de Herói.

A ausência de moralidade na chefia soviética manifestou-se na modéstia fingida e acompanhada por total falta de discriminação na auto-indulgência. Em fevereiro de 1982, o Politburo aprovou a concessão dos prêmios Lênin e do Estado aos editores da *História da Política Externa Soviética, 1917-1980*, em dois volumes, e de uma obra de vários tomos sobre as conferências dos aliados no tempo da guerra. Entre os vencedores do Prêmio Lênin estava Chernenko, que não fizera a mínima contribuição para aquelas publicações.

Enquanto isso, a economia deslizava ladeira abaixo. Estatísticas oficiais manipuladas, por outro lado, indicavam um crescimento industrial anual de 4,2 por cento e o comparavam com os 3,8 planejados, ao passo que a produtividade industrial crescera de 3,9 por cento e a renda per capita real de 3,3. Mas ninguém acreditava mais nos números do governo. As lojas estavam vazias e grassavam o mercado negro, a contabilidade falsa e as fraudes de todos os tipos.

Chernenko não mais trabalhava todos os dias e, quando vinha, ficava apenas por duas ou três horas. Problemas pulmonares e cardíacos eram agravados pela hepatite crônica e ele definhava a olhos vistos. Ainda conseguiu comparecer a uma grande recepção no Kremlin, nas celebrações de 7 de novembro de 1984, onde estavam diplomatas e o alto escalão do estado soviético. Seu discurso foi totalmente incompreensível. Quando minha esposa, que estava de pé ao lado, viu a expressão de meu rosto, perguntou o que havia comigo. Sussurrei que sentia vergonha por todos nós e pelo país.

Nas reuniões do Politburo, Chernenko reunia as últimas forças para lá estar. Não queria de forma alguma largar o cargo ao qual chegara de maneira tão ridícula e inesperada. Em 3 de janeiro de 1985, apareceu em condições tão críticas que os colegas apressaram quatorze itens da agenda sem debates para diminuir o sacrifício. As questões tratadas foram rotineiras: a próxima sessão do Soviet Supremo, diretrizes para o encontro de Gromyko com o secretário de Estado dos EUA George Shultz em Genebra, um relato da visita de Gorbachev à Inglaterra, redução dos preços no varejo dos carros Zaporozhets e Niva, os quais, pela primeira vez, tiveram excesso de oferta, e, finalmente, um exame do trabalho do Politburo em 1984.[66]

Um mês antes, Chernenko havia pedido ao seu ex-vice, K. Bogolyubov, a preparação de um sumário anual de suas atividades como secretário-geral para a reunião de janeiro, e um documento de vinte e oito páginas foi devidamente produzido. A cada página, Chernenko era mostrado "ordenando, discursando, argumentando, escrevendo memorandos, mantendo conversações (...)" Impressionante panegírico para um líder moribundo e exatamente o que ele queria ouvir: o Politburo reunira-se quarenta e oito vezes e o Secretariado quarenta e duas. O Politburo aprovara 3.780 decretos, dos quais 529 em seus encontros e 3.231 por votação postal; o secretariado, 5.452 decretos, 980 nas reuniões e 4.472 à distância. As comissões sobre programa do partido, indústria de combustíveis e energia, programa de alimentos, reforma educacional, Polônia, China e Afeganistão, propaganda na política externa, bens de consumo, e outras, haviam tido encontros regulares. Muito resultara da "política externa pacífica soviética" e das conversações do Camarada Chernenko com os chefes de estados socialistas fraternais, de países em desenvolvimento e de potências capitalistas. O Politburo reforçara os órgãos do partido mediante a nomeação de vinte e oito novos secretários de comitês partidários regionais e de comitês centrais das repúblicas, bem como de doze novos ministros da União. O Comitê Central recebera 255 mil itens de correspondência oficial e mais de 600 mil cartas. Ao secretário-geral e a seus colegas do Politburo haviam sido endereçadas mais de nove mil cartas.[67]

O relatório foi rico em detalhes burocráticos, mas, lamentavelmente, pobre na análise do papel do Politburo na tentativa de sobrepujar a crise na sociedade, a debilitada atividade econômica do país, a burocratização persistente das estruturas estatais e o efeito do monopólio do estado em todos os níveis da administração. Era uma prova, se alguma era necessária, da completa incapacidade de Chernenko para introduzir idéias reformadoras de qualquer natureza. Por outro lado, o período de estagnação serviu apenas para aguçar expectativas por mudanças de vulto. Num sistema leninista, no qual gente como Chernenko podia chegar a chefe do governo e do partido, tais mudanças só poderiam vir de cima. A população não tinha alternativa senão esperar e ver se o próximo chefe estaria à altura das imprescindíveis reformas.

Anatoly Chernyayev, funcionário do departamento internacional do Comitê Central e, mais tarde, um dos assistentes de Gorbachev, escreveu sobre o clima às vésperas de Chernenko sair de cena:

> Em Moscou, abundavam as pilhérias e zombarias, enquanto a imprensa ocidental publicava constantes caricaturas e comentários sobre sua enfermidade. E todos perguntavam, quem será o próximo: Gorbachev, Grishin, Gromyko, Romanov...? Uma variação – pode-se esperar qualquer coisa dos russos – aventava até a hipótese de Chernenko já estar morto, e daí a razão do cancelamento do jogo entre Karpov e Kasparov [xadrez] no Salão das Colunas da Casa das Uniões já que o local seria necessário "para o velório." Gromyko, Zimyanin e outros eram seguidamente citados pelos elogios aos serviços excepcionais, à contribuição e às qualidades do Secretário-Geral, os quais, salientava o *Express*, serão esquecidos tão logo sejam apagadas as velas em torno de seu caixão. Evidentemente, esse foi o motivo para Chernenko ter sido mostrado por duas vezes na televisão, uma enquanto depositava seu voto numa pretensa cabine de votação e outra quando recebia seu certificado de deputado do Soviet Supremo, ocasião em que tentou até dizer alguma coisa. Espetáculo dantesco e vergonhoso.[68]

Sinal claro de ruptura na tradição conservadora do regime pôde ser observado no fato de que a propaganda oficial começou a falar menos sobre as "conquistas" e passou apenas a tecer loas ao regime e anunciar as benesses que viriam em indistinta data do futuro.

Um encontro do Comitê Político Consultor do Pacto de Varsóvia foi marcado para Sofia no início de 1985. Numa reunião de 9 de janeiro do Politburo, Chernenko chamou o marechal Yazov para fazer uso da palavra. O ministro da Defesa disse secamente: "Konstantin Ustinovich não estará em condições de chefiar a delegação soviética. Não é conveniente uma viagem do Secretário-Geral para lugar algum e, nesse caso, totalmente impossível." Ficou decidido informar Sofia que Chernenko estava enfermo e não poderia comparecer às negociações.[69]

Poucos anos depois, Andrei Gromyko, um dos antigos remanescentes do Kremlin que ajudara na ascensão de Chernenko, escreveu: "Certo dia de março de 1985, Chernenko, que eu conhecia por vinte anos, telefonou-me: 'Andrei Andreevich,' disse ele, 'não estou me sentindo bem. Ando cogitando se devo me aposentar. Quero ouvir seu conselho.'

'Não seria isso prematuro? Até onde sei, os médicos não são pessimistas.'

'Você acha que não devo apressar a decisão?'

'Exatamente. Não tenha pressa. Não é necessário.'

Ele pareceu satisfeito. 'Bem, não decidirei, então.' Com isso, a conversa foi encerrada."[70]

Embora o fac-símile de sua assinatura e seu selo ainda adornassem as minutas e decretos do Politburo, Chernenko estava praticamente morto. Gorbachev presidia as reuniões com crescente confiança. Decisões foram tomadas para a construção de novas ferrovias subterrâneas em Chelyabinsk, Omsk e Krasnoyarsk; para o aumento da produção de sapatos; novas medidas foram acordadas para evitar um racha no movimento palestino de resistência, visto como "fator importante contra a agressão de Israel"; o problema da administração dos resíduos nucleares de outros países foi debatido, e assim por diante.[71]

Apelando para reservas finais de resistência, Chernenko apresentou-se para o último dia de trabalho em 7 de fevereiro de 1985. Os outros membros do Politburo o aguardavam na longa mesa. Ele leu um curto pronunciamento: "Cumprimos esse período de tempo de forma militante. (...) Por momentos, tive que abandonar as fileiras, mas tentei ler atentamente os documentos e tomar decisões sobre todas as questões de maior importância. Direi francamente que esse período revelou mais uma vez a necessidade de examinarmos nossos quadros combatentes e mostrarmos o que cada camarada pode fazer. Acho que devemos continuar trabalhando como antes, sem pensar em formas novas de qualquer espécie..."

Um acesso de tosse impediu que continuasse falando, mas conseguiu ainda almejar a Romanov um feliz aniversário.

O Politburo, então, deu prosseguimento à sessão para debater duas notas submetidas pelo Secretário-Geral, uma sobre trabalho de coordenação com os países fraternais e outra sobre o trabalho dos quadros. As minutas de decretos já estavam prontas e coube apenas a Chernenko ficar sentado, ouvindo com prazer copiosos elogios à "oportunidade e profunda qualidade analítica de suas notas."[72]

Chernenko encerrou a sessão, levantou-se penosamente e, em tom de voz fraquíssimo, disse: "Desejo a vocês todos, camaradas, muito sucesso." Foi sua despedida. Padecia de uma longa série de enfermidades sérias. Quando estava tratando os problemas pulmonares e cardíacos, sua condição foi agravada pela pneumonia; manifestaram-se a cirrose hepática e alterações patológicas em outros órgãos e tecidos; um enxame de médicos o circundava.

Três ou quatro dias antes de falecer, Chernenko recebeu a visita de Gorbachev e Ligachev. Na reunião do Politburo de 7 de março, Gorbachev disse que eles haviam conversado por cerca de uma hora. Chernenko, supostamente, recomendara a preservação daquilo que fora atingido na indústria e a manutenção dos rebanhos de gado. Concordara com a realização do próximo Congresso do partido em 3 de dezembro de 1985. Praticamente no leito de morte, aprovara a aposentadoria do presidente do Soviet Supremo da República Russa, M.A. Yasnov, e decidira sobre outras questões referentes a funcionários dos altos escalões. Gorbachev concluiu dizendo: "Ele não agüenta mais os hospitais. (...) Envia seus cumprimentos."

A ausência de um sistema racional de sucessão resultava em cenas grotescas como a descrita por Gorbachev. Era como se os descendentes de Lênin se recusassem a reconhecer a morte. A vaidade fazia com que se apegassem ao poder até o último suspiro. A despeito da situação, no entanto, a chefia tentou passar a impressão de "tudo normal." O país inteiro assistiu horrorizado quando Grishin, outro velho, arrastou Chernenko de seu leito de enfermo até uma cabine de votação que fora montada em seu quarto de hospital. O doente mal conseguiu levantar sua cédula e depositá-la com mãos trêmulas na urna.

A última carta com o fac-símile da assinatura de Andropov fora enviada para o líder comunista japonês Miamoto em 8 de fevereiro de 1984. Por notável coincidência, a última carta ostentando o fac-símile da assinatura de Chernenko foi mandada em 9 de março de 1985 para o mesmo Miamoto.

Ao meio-dia de 10 de março, Chernenko perdeu a consciência e, às 7h20 daquela noite, seu coração parou. A esperada morte não perturbou ou comoveu ninguém, salvo os familiares mais próximos. Os membros do Politburo prestaram seus respeitos, um atrás do outro, depois deixaram a esposa e os três filhos lamentando a perda.

O povo estava farto de grandiosos funerais de estado. Além de Suslov e Ustinov, em três anos haviam sido sepultados três secretários-gerais. O funeral de Chernenko foi uma formalidade rápida, e os eventos posteriores também se desenvolveram com extrema rapidez. Vinte e quatro horas depois, o país tinha novo secretário-geral.

Chernenko nada deixou – sensacionais documentos de trabalho, anotações ou reminiscências. Quando os serralheiros foram convocados para abrir seu cofre pessoal, depois de alguns movimentos no segredo, as portas de aço foram abertas. Afora uma fina pasta de documentos, todo o cofre estava atulhado com maços de dinheiro.[73] Mais dinheiro foi encontrado nas gavetas de sua mesa de trabalho. Ninguém foi capaz de explicar a origem daquela vasta quantia e a razão de Chernenko tê-la desejado. Tampouco se quis esclarecer o assunto, levando em conta que, como secretário-geral e, antes, como chefe do Departamento Geral, ele controlara o orçamento do Comitê Central e todas as suas despesas.

No dia seguinte, o Politburo se reuniu, menos Shcherbitsky, que ainda não chegara de Kiev. Gorbachev presidiu o encontro de uma maneira que deixou claro que os dias da gerontocracia e do antigo sistema de sucessão haviam terminado. Convocou primeiro o acadêmico Chazov, líder da equipe de médicos que atendera Chernenko. Ele disse simplesmente: "O Secretário-Geral estava muito doente. Isso todos podíamos ver. Os médicos, é evidente, tentaram tratar o paciente, mas a enfermidade era tão séria que o tratamento não podia dar resultado positivo. É duro entender que Konstantin Ustinovich não está mais entre nós."

Gorbachev levantou, então, a questão principal, a saber, o cargo de secretário-geral.[74] O Politburo, o tendo nomeado presidente da comissão do funeral, já sinalizara que o próximo líder seria seu membro mais moço, Gorbachev.

Como aquilo era óbvio, Gorbachev declarou em seguida: "Enterraremos Chernenko na Praça Vermelha." Três secretários-gerais já descansavam lá, ao lado do túmulo de Lênin. Por sugestão de Chebrikov, o túmulo de Chernenko deveria ser localizado próximo ao de Budyonny, comandante da Cavalaria Vermelha na guerra civil. A histórica praça havia se transformado em cemitério bolchevique.

Os camaradas de Chernenko fecharam o capítulo sobre ele assim que puderam. O país tinha vagas expectativas, e até certo grau de receio, caso alguém como Grishin saísse vitorioso e não guiasse a nação para lugar algum. Todos estavam cansados da estagnação. Quem seria o sétimo chefe? Seria alguém que pudesse, enfim, apresentar mudanças para melhor?

7

Mikhail Gorbachev

Todos os infortúnios da Rússia derivam do fato de ela nunca ter sido capaz de entrar em acordo com a liberdade. Gorbachev, o sétimo chefe, tentou fazer exatamente isso.

Ainda não é fácil escrever sobre Gorbachev. Em primeiro lugar, é nosso contemporâneo, suas idéias permeiam nossas vidas, ele é parte de nós. Escrever sobre ele é escrever sobre nós mesmos. Está aqui e agora, e – como muitos de nós – o que diz em seus discursos muitas vezes contradiz o que fez quando sua estrela estava em ascensão. Ademais, não acha que seu tempo já passou.

Em segundo lugar, de todos os líderes, Lênin foi o único que provocou mais material escrito que ele. Mesmo Stalin, o maior tirano do século, atraiu menos atenção passada para o papel. Em termos de publicações ocidentais, Gorbachev reina supremo. Só na Biblioteca do Congresso, em Washington, encontrei mais de 250 livros sobre ele.

Em terceiro, a exemplo de Lênin, Gorbachev pode ser considerado um líder "de fronteira." A fronteira de Lênin estava na linha entre o defunto antigo regime e o regime soviético, e ele conseguiu o que buscava além daquele limite: o poder. Para Gorbachev, a fronteira se situou entre o quase defunto regime soviético e um futuro desconhecido. E ele causou aquilo que, enfaticamente, não queria: o colapso do sistema socialista.

Dos livros escritos sobre Gorbachev por seus auxiliares mais próximos, a maioria é de quem permaneceu leal a ele. Entre esses livros estão o equilibrado e analítico *O preço da liberdade*, de G. Shakhnazarov, e as memórias de Anatoly Chenyayev, Andrei Grachev e Alexander Alexandrov-Agentov. O chefe da segurança de Gorbachev, Vadim Medvedev, fez relato muito interessante sobre a vida por trás da cena no Kremlin. Contrastando com isso, um livro do assistente de Gorbachev Valeri Boldin, primeiro publicado nos EUA, depois na Rússia, parece motivado por grande animosidade pessoal em relação ao seu personagem, e Gorbachev é retratado como egocêntrico e vaidoso, desconfiado de todos e suscetível à lisonja partida do exterior.

Boldin, que simplesmente traiu Gorbachev durante a tentativa de golpe comunista de agosto de 1991, também tomou-se em armas contra a esposa do chefe,

Raisa. Se bem que a maior parte de seus ataques pouco passem de mexericos, um aspecto de seu livro soa como acusação séria contra o ex-secretário-geral:

> Por muitos anos, Raisa Maximova dirigiu não só os problemas domésticos de seu lar como também todo o carnaval da *perestroika*. Ela tomou parte na formulação da política, até onde, é claro, isso foi possível, e na distribuição do pessoal. Porém, principalmente, deu forma ao caráter do Secretário-Geral-Presidente, ajudou-o a encontrar um rumo no mar tempestuoso das tendências políticas, na esperança de levar a nau do estado para o destino almejado. Isso pode ser julgado de diversas maneiras: desejo de dividir responsabilidade ou interferência na autoridade do presidente, possivelmente com sua anuência, mas restringindo sua liberdade de ação e seu poder.[1]

Como assistente de Gorbachev, Boldin sabia de muita coisa que se passava dentro dos círculos governantes, porém mesmo ele foi uma vítima da mentalidade soviética, acostumada que estava a não saber coisa alguma sobre a esposa do chefe. Contudo, Raisa, diferentemente das antecessoras, estava intensamente envolvida com a atividade pública e política. Com ela, o público russo e do exterior pôde constatar pela televisão a evidência de uma certa mudança no estilo de chefia, acoplada com elementos de vaidade, tanto no cenário doméstico quanto internacional. No seu livro *Tenho esperança*, a própria Raisa acrescentou alguns toques à imagem do marido como homem, e não como político. Nesse particular, o quadro que podemos formar dele é bastante bem acabado.

Depois de Lênin, Gorbachev é o estadista mais notável da história soviética do século XX. Sua maior contribuição foi a consciência que teve sobre a necessidade de mudança e a decisão de ser a primeira figura política soviética a tentar realizá-la.

Malgrado o que se tenha dito a seu respeito, a verdade é que não tinha plano nem grande estratégia. O que não surpreende em absoluto. Com ele estavam a "linha" leninista oficial do partido, as resoluções do último Congresso e o programa do partido. De sua posição, não podia marchar ostensivamente para o desmantelamento do sistema. Nem tinha intenção de fazê-lo. Todavia, alguém precisava dar a partida, e esse alguém foi Gorbachev. Foi o chefe durante a transição, o advogado das mudanças como um processo de "aperfeiçoamento, melhoria, aceleração e, finalmente, reestruturação," ou *perestroika*, do sistema comunista.

Mesmo depois de agosto de 1991, Gorbachev não pensava na liquidação do sistema: queria sua "melhoria." Como poderia ser "melhorada" uma sociedade totalitária? Como "aperfeiçoar" um monopólio do poder político? Como injetar nova vida numa economia dirigida totalmente esgotada? Não existiam respostas satisfatórias, tampouco o sétimo chefe as tinha.

Ele queria reestruturar "tudo" sem tocar nas fundações socialistas da propriedade do estado, do "papel de ponta" do partido, e dos objetivos do regime comunista. Reestruturar tudo e deixar intactas as bases estabelecidas por Lênin constituía uma impossibilidade lógica. O sistema comunista não era reformável. Ou existia ou não. Isso era algo que Gorbachev, afinal de contas Secretário-Geral do Partido Comunista, não podia nem queria entender.

Dez anos depois do começo da *perestroika*, quando até o termo já se esvai da memória e o comunismo é coisa do passado, fica claro que Gorbachev passará à história como o iniciador de um dos maiores movimentos reformistas do século. Ele foi o pioneiro das mudanças liberais que tiveram início sem objetivo definido, salvo a preservação dos pilares marxistas-leninistas da sociedade e do estado. Encetou um processo de reformas democráticas sobre as quais cedo perdeu o controle. O apogeu da *perestroika*, a despeito de suas intenções, foi a desintegração total do sistema comunista. Não foi Gorbachev o autor da façanha, mas não fez coisa alguma para evitar que ocorresse. Os eventos que ele desencadeou seguiram lógica própria, desconsiderando por completo a mentalidade de comando dos homens do Comitê Central.

Por fim, o resultado das reformas de Gorbachev foi fundamental na alteração das relações internacionais. A ameaça de conflito nuclear global arrefeceu e muitas idéias universais se tornaram realidade, permitindo que as gentes vissem que há valores comuns só conseguidos pelo concerto. A Gorbachev pode-se dar o crédito de ter feito mais que qualquer outro no século XX para remover a ameaça de guerra mundial.

Uma avaliação completa de seu papel ainda levará tempo, pelo menos até que os anos de *perestroika* também se tornem história. Mas é possível dizer que o período de governo de Gorbachev foi a fonte de mudanças para o bem que marcarão época e foi também o catalisador de conflitos agudamente acirrados que as eclipsaram. Gorbachev foi – e, com efeito, ainda é na mente de seus compatriotas – uma figura trágica, endeusado por uns, odiado por outros; alguns nele verão um grande reformador, outros, um destruidor pérfido.

O último leninista

Nenhum secretário-geral foi "feito" com tanta rapidez quanto Mikhail Gorbachev. Konstantin Chernenko faleceu às 7h20 da noite de 10 de março de 1985, o Politburo reuniu-se no dia seguinte às duas da tarde e, por volta das seis, um pleno extraordinário do Comitê Central escolhera Gorbachev para seu lugar.

Na verdade, ele já vinha desempenhando as atribuições do cargo por diversos meses, revisando os assuntos a incluir na pauta do Politburo e determinando as tarefas para o secretariado e os departamentos. Todas as rédeas do partido e do estado já estavam em suas mãos. Gromyko, Aliyev, Solomentsev, Chebrikov e Shcherbitsky, praticamente todo mundo, inclusive o próprio Gorbachev, achava que ele era o sucessor natural. Houve "consultas" durante toda a noite de 10 de março, no Kremlin e na Praça Staraya. Romanov, relativamente jovem mas pouco talentoso, e o mais experiente membro da velha-guarda, Grishin, eram candidatos potenciais, porém, antes de o Politburo se reunir sabia-se que a grande maioria era a favor do membro mais moço, Gorbachev.

Andrei Gromyko, conservador convicto, mas político sábio, fez o máximo para preparar o terreno. Acreditava que um homem jovem, livre de "complexos," poderia bombear energia renovada no partido. Para que Gorbachev saísse vitorioso, Gromyko tinha que garantir que seria o primeiro a falar, pois sabia que ninguém no Politburo ousaria quebrar a regra de ouro opondo-se ao primeiro candidato indicado.

Como vinha fazendo nos últimos meses, Gorbachev abriu a sessão. Tendo sido ultrapassado após a morte de Andropov, em fevereiro de 1984, quando Tikhonov indicou Chernenko, Gorbachev acreditava piamente que reunia, agora, as melhores condições para chegar à chefia. Depois que o dr Chazov fez o relatório formal sobre as causas do falecimento de Chernenko e se retirou da sala, Gorbachev declarou: "Em primeiro lugar, temos que decidir a questão de quem será o Secretário-Geral do Comitê Central. Pediria aos camaradas que dessem suas opiniões a respeito."

Bastaram umas poucas frases do discurso obviamente preparado de Gromyko para que ficasse evidente quem seria o próximo chefe: "Falarei francamente. Quando se pensa num candidato para o posto de secretário-geral, o nome que logo vem à mente é o de Mikhail Sergeyevich. Essa seria, na minha opinião, uma escolha absolutamente correta." Listou então três qualidades que definiam Gorbachev: energia, orientação partidária e experiência. Aparentemente esquecendo-se de que, em fevereiro de 1984, apoiara a indicação de Chernenko feita por Tikhonov, conclamando os camaradas a olharem para o futuro, continuou: "Quando se vislumbra o futuro – e não esconderei o fato de que para muitos de nós isso é tarefa difícil – temos que ter sentimento claro de perspectiva. E isso resulta de não termos o direito de permitir dano à nossa unidade. Não temos o direito de permitir que o mundo perceba a menor rachadura em nossas relações."[2]

Todos em volta daquela mesa sabiam muito bem que fazer a menor objeção à indicação de Gromyko era implicitamente proibido. A coisa estava feita. Um após outro, os membros se declararam favoráveis a Gorbachev e, como de praxe, disputaram entre si a descoberta de palavras com que enaltecer as qualidades de seu novo chefe.

Tikhonov, que não era amigo de Gorbachev, realçou: "Ele é o primeiro Secretário que conhece economia." Estranho cumprimento, já que implicava incompetência econômica de todos os chefes anteriores.

GRISHIN: Decidimos ontem a questão quando concordamos em fazer Mikhail Sergeyevich presidente da comissão do funeral.

SOLOMENTSEV: Mikhail Sergeyevich é notável por sua incansável energia e sua tendência para se envolver ativamente com os eventos.

KUNAEV: Seja qual for o resultado desse debate, os comunistas do Cazaquistão votarão por Mikhail Sergeyevich Gorbachev. [Kunaev cedo estaria fora do Politburo].

ALIYEV: Mikhail Sergeyevich é direto, modesto e acessível.

ROMANOV: Mikhail Sergeyevich é muito exigente em seu trabalho [Romanov seria uma das primeiras vítimas do expurgo de Gorbachev nos altos escalões].

VOROTNIKOV: Aconteceu encontrar-me hoje com diversos representantes de organizações regionais russas do partido, e todos disseram que gostariam de escolher o Camarada Gorbachev.

PONOMARYOV: Nos últimos três anos, perdemos três secretários-gerais. Mas nosso partido é forte porque avançamos, porque somos unidos, porque não existe perda que perturbe nossa unidade...

CHEBRIKOV: Os chekistas disseram-me para indicar o Camarada Gorbachev, M.S. para o cargo de secretário-geral... E a voz dos chekistas é a voz do povo.

DOLGIKH: Ele não só tem grande experiência atrás de si, mas um futuro, também [Presumivelmente, o humor não foi intencional].

KUZNETSOV: Ele é muito acessível e capaz de chegar rapidamente ao âmago da questão.

SHEVARDNADZE: A promoção de Gorbachev é algo que todo o país e todo o partido esperam.

DEMICHEV: Estou certo de que, hoje, estamos fazendo uma escolha perfeitamente correta. (...) [Ele] tem um sentimento pelo novo.

ZIMYANIN: Ele se destaca por procurar sempre aprimorar seu conhecimento.

KAPITONOV: Ele possui mente analítica e perspicaz.

LIGACHEV: Ele tem grandes reservas de força física e intelectual.

RYZHKOV: Temos testemunhado seu crescimento como figura política.

RUSAKOV: É um homem com H maiúsculo.[3]

Acreditassem ou não no que disseram, a imagem de Gorbachev coletivamente criada por seus colegas era genuína, mesmo que tivessem evitado mencionar qualquer característica negativa. Gorbachev permaneceu sentado fazendo anotações, a cabeça ligeiramente abaixada, enquanto a louvação prosseguia. No fim, disse aos colegas que "tomava todas as suas palavras com enorme emoção e sentimento." Sabedor de que o Comitê Central completo, com membros convocados de toda a União Soviética, aguardava ali perto pelo anúncio da decisão do Politburo, Gorbachev falou durante cinco minutos de maneira bem desconexa. Empregou diversas vezes a palavra "potencial" – "Nosso partido tem grande potencial criativo," "existe potencial no trabalho coletivo," "o potencial coletivista tem que operar mais ativamente." Salientou a necessidade de unidade e de chefia coletiva, e declarou-se ávido por justificar a confiança nele depositada. Uma idéia expressada reflete aspecto essencial da personalidade política de Gorbachev. Ele declarou: "Não devemos mudar nossa política. Ela é uma política verdadeira, correta e genuinamente leninista. Temos que acelerar o ritmo, progredir, expor deficiências e sobrepujá-las, e enxergar claramente nosso futuro."[4]

Dessa forma, no deslanchar da nova chefia, continuava a meta de alcançar o "brilhante futuro" com a ajuda da autêntica política leninista. Em 1991, Gorbachev ainda acreditava em Lênin. De fato, foi provavelmente a tentativa de combinar reformas liberais com leninismo que conduziu ao seu fracasso. Desde jovem, ele se mantinha preso ao abraço apertado do partido, e foi no partido que se transformou na pessoa que, um dia, chegou a secretário-geral, o último mandante leninista.

Mikhail Sergeyevich Gorbachev passou a infância e a juventude na região de Stavropol, no norte do Cáucaso, na vila natal de Privolnoye. Descreveu seus pais como "camponeses, e os pais deles também camponeses. (...) Meu pai, Sergei Andreyevich, e minha mãe, Maria Panteleevna, trabalharam igualmente a terra, primeiro na sua pequena propriedade rural, depois numa cooperativa e, mais tarde, numa fazenda coletiva e numa oficina de distribuição de implementos agrícolas."[5]

Saiu-se bem na escola e na Universidade de Moscou, onde ingressou em 1950. Durante as férias, ajudava o pai a amanhar a terra e operava as máquinas colheitadeiras e de semeadura. Com dezoito anos, recebeu a Ordem do Trabalho do Estandarte Vermelho pelo "trabalho excelente." Na escola e na universidade sobressaiu-se pela aplicação e pela "conscientização política," a qual, naquela ocasião, era mais valorizada que qualquer outro atributo. Tornou-se chefe do Komsomol nas instituições de ensino médio e superior, um modelo de jovem comunista, da mesma forma que seria um modelo de membro do partido a partir do momento em que a ele se filiou aos dezoito anos.

É possível que a história tumultuada da região onde nasceu tenha influenciado a personalidade do jovem Gorbachev. Do pai e do avô, ouviu o que aconteceu aos cossacos do distrito durante a guerra civil, quando suas antigas e autônomas estruturas sociais foram aniquiladas pelos bolcheviques. Poucos anos depois, veio a coletivização com as prisões em massa e horrenda fome. Em seguida, a ocupação alemã, que ele testemunhou como menino de onze anos, e, finalmente, a deportação de pessoas do norte do Cáucaso para a Sibéria e Ásia Central resultante das ordens cruéis de Stalin. Tanto o avô quanto o pai foram ativistas nas fazendas coletivas, o que talvez ajudou para que ele se transformasse num bom comunista.

Gorbachev gostava de falar sobre sua família. Certa vez, quando o Politburo debatia o septuagésimo aniversário que se aproximava da Revolução de Outubro, ele lembrou uma conversa com a avó, Vasilisa Lukyanova. O neto perguntou como tinha sido quando as fazendas coletivas foram organizadas. "Ela me amava muito, pois eu era seu único neto, e respondeu: 'As pessoas disseram: "Que diabo vai acontecer agora?"' Perguntei-lhe como era quando as fazendas começaram a funcionar. 'Ah, sim, seu avô passava a noite toda gorgarnizando e gorgarnizando [sic], mas de manhã cedinho todo mundo já estava no campo.' Foi essa a batalha, e todas as famílias se envolveram com ela. Uma grande luta, gigantesca."[6]

Em 1953, Gorbachev casou-se com Raisa Maximova, que obtivera o mestrado com uma monografia sobre os camponeses nas fazendas coletivas. Ela se tornou professora e lecionou filosofia marxista por mais de vinte anos. O jovem casal mudou-se de Moscou para Stavropol em 1955, depois que Gorbachev se formou em direito. Foi então que tomou importante decisão: optou por não ser advogado, mas por se devotar ao trabalho no Komsomol, base essencial de experiência para uma carreira no partido.

A trajetória ascendente de Gorbachev no partido foi suave. Inicialmente, foi chefe de departamento do comitê do Komsomol da cidade, depois, em rápida sucessão, primeiro-secretário, chefe de departamento em nível regional, segundo-secretário e, em 1960, primeiro-secretário do Komsomol para o território. Galgou todos os degraus inferiores da carreira com rapidez. Em 1962, com trinta anos de idade, tornou-se chefe de um dos departamentos do comitê partidário regional, excelente passo à frente. Suas relações eram boas com o primeiro-secretário do comitê, Fedor Mikhail Kulakov, e com seu sucessor, Yefromov, quando Kulakov foi para Moscou como membro do Comitê Central. Durante toda a vida, Gorbachev exibiu grande capacidade para transformar colegas em amigos. Sua propensão para confiar nas pessoas, no entanto, iria prejudicá-lo gravemente quando chegou à posição máxima.

O primeiro-secretário de um comitê partidário regional ou provincial (*obkom*) tinha influência muito grande na região e só prestava contas a Moscou e ao Kremlin. Era o principal intérprete dos estatutos e leis do partido sobre a terra. Sob seu controle ficavam os quadros, o escritório de alistamento do exército e os órgãos governamentais econômicos e locais. Aos substanciais benefícios que um obkom já desfrutava, o pacote de ajuda à aposentadoria foi enriquecido, em 1987, com a garantia de um apartamento em Moscou às expensas do estado.[7] Essa vantagem foi retirada em 1990 como uma das medidas adotadas pela nascente democracia soviética contra os privilégios do partido.

Gorbachev implementava as diretrizes do partido com muita expediência, o que agradava Yefremov e concorreu para que este último o ajudasse a ultrapassar as próximas barreiras, ou seja, a ascensão a primeiro-secretário do comitê partidário da cidade de Stavropol, em 1966, e, dois anos mais tarde, a segundo-secretário do comitê territorial. Tal posto o colocava na posição de provável sucessor e foi, de fato, o que se passou quando Yefromov, transferido para Moscou, indicou Gorbachev para substituí-lo. Passo importantíssimo. Como regra, Moscou preenchia os cargos de primeiro e segundo-secretário das províncias com pessoas do aparato do Comitê Central, considerado berçário das equipes dos altos escalões. O usual era o envio de um inspetor, chefe ou vice-chefe de departamento para a função de primeiro-secretário das regiões. Tal prática sinalizava que os administradores locais haviam recebido o treinamento organizacional e ideológico dentro do aparato do Comitê Central. A burocracia do partido necessitava do fluxo constante de sangue novo e os funcionários eram, com freqüência, movimentados lateralmente de um distrito para outro. Raramente, o pessoal local recebia cargos de realce em seus territórios nativos.

Mas Gorbachev tinha a seu favor fatores relevantes – sobretudo, histórico imaculado. Como secretário do comitê da cidade, tirou um segundo curso por correspondência, dessa vez sobre agricultura, o que foi encarado por Moscou como reforço valioso, afora as referências positivas de Kulakov e Yefromov. Quando Gorbachev foi "recomendado," numa reunião aberta, para primeiro-secretário do comitê partidário territorial em Stavropol, passou a ocupar posição de destaque na hierarquia. Além de suas atribuições no partido, um primeiro-secretário tornava-se, quase automaticamente, deputado ao Soviet Supremo e membro do Comitê Central no Congresso do Partido que se seguisse.

Aos trinta e cinco anos de idade, Gorbachev estava perfeitamente encaminhado para a carreira futura. Mas tudo dependia da atenção que despertasse em Moscou. Ele precisava garantir que todos os planos estatais de Moscou para sua enorme região agrícola fossem implementados. Muito ajudaria também ser pessoalmente conhecido pelos membros do Politburo. Isso não foi tão difícil, já que os idosos e adoentados patriarcas do partido eram assíduos freqüentadores de Kislovodsk, em seu território, onde iam para tratamento médico e estação de águas. Desse modo, fez boas relações com Suslov, Kosygin e Andropov. Gorbachev tinha base firme para se tornar um leninista ortodoxo. Sua brilhante carreira no partido não só o alçou como leninista como também o compeliu a permanecer como tal.

São muitos os escritos e discursos de Gorbachev. Grande parte, pela natureza oficial, é de leitura tediosa, mas há material suficiente de característica pessoal para que se forme dele uma idéia como ser humano. Não acho que chegou a ser um leninista fanático, e pode-se descobrir, no que escreveu, algumas observações críticas de passagem, se bem que indiretas, a Lênin. Apesar disso, sempre acreditou no primeiro chefe. Na verdade, todo o seu programa de *perestroika* foi uma conclamação de "retorno ao verdadeiro Lênin" que Stalin havia erroneamente interpretado.

Por muitos anos, também eu – a exemplo do restante do povo soviético – acreditei em Lênin. Todavia, depois de 1985, quando a brisa fresca animou nossas vidas com a chegada de Gorbachev, começou uma irreversível erosão da imagem de Lênin em minha mente. Isso não ocorreu apenas em função do grande volume de documentos arquivados até então desconhecidos, mas também por causa do colapso do próprio experimento bolchevique. Passar a ver que Lênin e o leninismo tinham sido a fonte dos infortúnios da Rússia correspondeu a uma espécie de purificação espiritual. Também criou um sentimento duradouro de tristeza: por anos e anos, o sistema bolchevique mantivera tantas pessoas presas ao firme abraço dogmático do leninismo. Foi só então que percebi o porquê de os mencheviques não terem sido capazes de aceitar Lênin. Um inimigo da social-democracia, foi e permaneceu sempre um bolchevique, assim como seus seguidores.

Os discursos de Gorbachev não reavaliam a herança leninista.[8] Ele viu em Lênin os argumentos principais para sua própria justeza política. Nisso está a fonte da natureza incompleta, limitada e mesmo ambígua daquilo que foi iniciado em 1985 pelo maior reformador do século XX.

Talvez Gorbachev não pudesse ter agido de outra forma, particularmente no começo. No primeiro pleno como secretário-geral, em 23 de abril de 1985, no qual se discutiu o próximo Congresso do partido, o XXVII, abriu o relatório com seu leitmotiv metodológico e filosófico: "A vida como um todo e o curso da história em sua inteireza confirmam, de maneira convincente, a grande verdade do ensinamento leninista. Ele tem sido e permanece para nós um guia para a ação, uma fonte de inspiração, uma verdadeira bússola para a fixação da tática e da estratégia necessárias ao progresso de nosso movimento."[9]

Gorbachev começou seu discurso prestando juramento de lealdade ao rumo leninista e terminou com uma citação de Lênin sobre a necessidade de elaboração "de tática e estratégia corretas e precisas para a classe trabalhadora."[10] O curso que Gorbachev ratificou estava eivado de perigos: a base de Lênin na classe trabalhadora lembrava racismo social, o monopólio de um só partido era fundamentalmente antidemocrático, a economia dirigida conflitava com milhares de anos da história humana, a crença na correção de apenas uma ideologia equivalia a uma religião secular. Todas essas deficiências agiram como areia dentro do motor da *perestroika* de Gorbachev.

Com mais de dois anos nos trilhos da nova linha, Gorbachev ainda estava casado com as idéias de Lênin e do leninismo. Numa reunião do Politburo de 15 de outubro de 1987, os membros passaram quase quatro horas analisando o texto do pronunciamento do Secretário-Geral alusivo ao vindouro septuagésimo aniversário da Revolução de Outubro. Numa longa resposta às observações de Boris Yeltsin, Gorbachev disse: "Existe um problema que quero equacionar desde já. Eu o considero conquista pessoal de meu discurso. (...) Outubro representa tudo o que há de progressista em nossa história. Isso é o que revela o gênio de Lênin e o fato de seus camaradas-em-armas terem ficado em nível abaixo do seu. Desse grupo, pode-se dizer: até a chegada de Lênin em Petrogrado, tanto Stalin como todos os outros estavam ajustados à idéia de que tudo corria bem – haveria uma oposição legal. E eles seriam parte dela. (...) Então Lênin apareceu e, sem pausa para respirar, disse: 'Vida longa para a revolução socialista!' Isso porque havia entendido a verdadeira característica da revolução de fevereiro. (...) Foi precisamente Lênin quem viu a possibilidade de transformar fevereiro em outubro. (...) Aquilo foi perspicácia, e é isso que distingue o gênio de você e de mim."[11]

Inegável que só Lênin viu o poder que existia nas ruas da capital para ser conquistado, em outubro de 1917. Sua captura era factível em virtude de uma combinação de circunstâncias que Lênin divisou. O que ele fez com aquele poder é que resultou monumentalmente trágico para a Rússia.

Durante os debates sobre o septuagésimo aniversário, Gorbachev interrompeu um pronunciamento de Shcherbitsky para fazer uma avaliação de Lênin sobre *perestroika*: "Quer saber, eu gostaria muito de traçar um paralelo entre a história e o presente. Não queremos fazer isso artificialmente, mas, na verdade, para construir uma ponte até Lênin, para ligação com as idéias de Lênin, a fim de vincular a abordagem de Lênin para os problemas daqueles anos com as questões de nossos dias. Afinal de contas, a dialética aplicada por Lênin na solução de problemas é chave para a solução dos que hoje enfrentamos."[12] Todavia, estava evidente que as prescrições e metas de Lênin tinham se mostrado não apenas equivocadas, mas irrelevantes. A fé de Gorbachev não era apenas uma questão de inércia: ele acreditava que os métodos de Lênin ainda eram viáveis, passados setenta anos.

Gorbachev foi o único secretário-geral a fazer uma peregrinação ao santuário bolchevique de Shushenskoye, na Sibéria, onde Lênin esteve exilado no final do século XIX. "O memorial me impressionou muito," disse ele, descrevendo a viagem a seus colegas.[13] Desde o centenário do nascimento de Lênin, em 1970, a insana onda de construção de monumentos abrandara gradualmente, mas Gorbachev apoiou a idéia do departamento de administração do Comitê Central para a criação de um museu de Lênin em Genebra, para o qual a casa em que residira tinha que ser comprada.[14] A tradição de Brejnev de comemorar o primeiro chefe em escala grandiosa foi retomada pelo sétimo chefe. Sob Gorbachev, a sexta edição da obra de Lênin em setenta volumes foi planejada. A primeira tivera vinte volumes, e cada edição sucessiva experimentou um acréscimo de dez.

A despeito do fracasso das idéias e métodos de Lênin, parece que Gorbachev não evoluiu em absoluto na sua atitude em relação ao primeiro chefe até 1991, quando o partido desabou como um castelo de cartas. Com Gorbachev, o partido repetiu o erro cometido por Khruschev em 1956: vamos derrubar Stalin de seu pedestal e voltar a Lênin que tudo vai dar certo. Muita gente sabia então que o problema não era Stalin, mas o sistema, a ideologia e a arquitetura leninista toda.

Gorbachev, também, passou então a criticar a situação para a qual o partido conduzira o país e a dizer que a dialética de Lênin proveria a solução. Essa orientação, à qual Gorbachev, o partido e o Politburo se apegaram virtualmente até o fim, solapou muitas das idéias da *perestroika*.

Em 1988, a Academia de Ciências Sociais enviou a Gorbachev uma carta arrasadora sobre uma peça de Mikhail Shatrov intitulada *Adiante, Adiante, Adiante*. A carta rejeitava categoricamente o argumento de Shatrov de que a Revolução de Outubro fora um "acidente" e criticava a imagem "injuriosa" que ele fizera de Lênin. Gorbachev sugeriu que os acadêmicos se envolvessem mais ativamente e saíssem pela imprensa em defesa de seu herói; ele próprio promoveu um encontro, em 8 de janeiro de 1988, com líderes da mídia, institutos ideológicos e uniões de profissões criativas, e anunciou: "[Shatrov] pôs vinte e três pessoas dentro do mesmo saco, inclusive quatro generais da Guarda Branca, Kerensky, Lênin, Bukharin, Trotsky, Zinoviev e Stalin, e não os engajou no que eu chamaria de discussão. Em vez disso, envolveu-os numa contenda. Ademais, o revisonista escreveu que todos são iguais perante a história. Disso, resultou que Lênin está sendo também julgado; ele se penitencia ante o julgamento da história. Do que deveria se penitenciar?"[15]

Para o 120º aniversário de nascimento de Lênin, em 1990, Gorbachev fez um pronunciamento com o título "Uma Palavra sobre Lênin," no qual asseverou que se afastar de Lênin era "cortar a raiz da sociedade e do estado, devastar corações e mentes de gerações."[16] Descreveu a vergonhosa paz de Brest-Litovsk, na qual Lênin entregou metade da Rússia européia para salvar seu regime, como exemplo da genialidade da política de Lênin das "súbitas viradas." Essa "súbita virada" específica consistiu de uma Rússia não-derrotada dando chance a uma Alemanha quase em colapso de resistir por mais alguns meses.

Irônico iria ser o fato de um leninista ortodoxo conduzir o país diretamente para a desleninização. Não que Gorbachev fosse obcecado pelo catecismo leninista: os chefes soviéticos não eram muito versados nas obras de Lênin. Mas a essência dos pontos de vista do primeiro chefe permaneceu próxima a seu coração. Quando foi libertado de seu palácio em Foros, no Mar Negro, em agosto de 1991, na sua primeira entrevista coletiva Gorbachev declarou que continuava crendo nos ideais do socialismo e estava disposto a aperfeiçoar ainda mais o partido comunista. Não teve forças para dizer que era hora de destruir o partido. Continuava pensando em reestruturá-lo, ao passo que todos podiam ver a inutilidade da tarefa enquanto ela continuasse aferrada à ideologia leninista.

Perestroika

Nas suas memórias, Raisa Gorbachev lembra 10 de março de 1985, quando seu marido lhe disse que, provavelmente, sucederia Chernenko, falecido naquele dia. Enquanto caminhavam juntos, ele pensava alto: "'Todos aqueles anos, trabalhei em Stravopol. Agora, estou em meu sétimo ano em Moscou. Tem sido impossível fazer qualquer coisa importante, de grande escala, adequadamente preparada. É como um muro de tijolo. Mas a vida exige [ação], e tem sido assim por muito tempo. Não,' ouviu-o dizer, 'não podemos mais continuar vivendo assim.' Foi a primeira vez que ouvi aquelas palavras. Milhões as repetem agora e lendas completas foram criadas em torno delas. Naquela noite, acho eu, começou um novo estágio que causou grandes mudanças em nossas vidas."[17]

A idéia de que "não podemos mais continuar vivendo assim" tinha, é claro, se espalhado bem antes disso. De fato, todos os dissidentes e seus bravos seguidores vinham, por anos, dizendo com palavras e atos próprios que não era possível levar uma vida humana sob o regime comunista. Gorbachev não podia deixar de perceber o estado de espírito público. Ele não instigou o protesto do povo, que de há muito esperava expressão pública, mas passará à história por tê-lo tornado possível.

A crença de que "não podemos mais continuar vivendo assim" era um eco do pensamento que os integrantes do entourage de Gorbachev esposavam por longo tempo. Mas só o chefe, ou talvez um grupo que pertencesse aos "círculos governantes," poderia introduzir mudança fundamental num sistema tão conservador. Khruschev, graças à sua coragem pessoal, conseguira minar profundamente a imagem de seu terrível antecessor, enquanto Brejnev, desfrutando de poder igual, deu um jeito de barrar o processo de desestalinização.

Gorbachev estava certo quando disse à esposa que não concretizara nada de importante no seu trabalho. Com efeito, em Stravopol, ele é apenas lembrado pelo que acabou sendo. Outros primeiros-secretários deixaram marcas nos congressos do partido e foram citados na imprensa nacional em virtude de um discurso ou alguma iniciativa. Não foi o caso de Gorbachev, que até então passara despercebido pelo público.

Na sua chegada a Moscou, em 1978, recebeu a missão de cuidar da esfera da produção agrícola do Comitê Central e, depois, do ambiciosamente denominado Programa de Alimentos da URSS. Como era de se esperar, tudo aquilo entrou em colapso de maneira espetacular. A expedição de diretrizes jamais iria resolver o problema dos alimentos. Ao longo dos anos de Gorbachev como secretário do Comitê Central encarregado da agricultura, o país viu as menores safras produzidas desde a guerra. A impressão foi de que ele nada acrescentou de fundamentalmente novo à política agrícola do partido. Mas ninguém seria capaz de consertar o caos causado pela desastrosa campanha lançada contra o campo por Stalin e pelo partido comunista em 1929-33.

No final de 1979, o partido se preparava para o próximo Pleno no qual, naturalmente, haveria uma revisão do estado da economia nacional. Uma minuta do discurso de Brejnev circulou por todos os membros do Politburo para comentários e sugestões. Os de Gorbachev foram típicos, a exemplo dos dos demais: "Com profundidade, alcance e substância característicos, Leonid Ilyich examina a ampla gama dos problemas atuais do progresso econômico e social do país. Com aderência leninista ao princípio, levanta questões sobre o estilo e métodos de trabalho dos quadros do partido e da administração do estado, sobre o desenvolvimento de suas iniciativas e sobre o aumento de suas responsabilidades para o cumprimento de missões." Era assim que todos escreviam, e Gorbachev não fugiu à regra. Seus pedidos em relação à agricultura foram apenas "vincular" essas questões às "decisões do Pleno de julho (1978)."[18]

Nem Gorbachev nem qualquer outro tinha condições de arrancar a agricultura da crise em que fora mergulhada décadas antes pelos bolcheviques. E quaisquer iniciativas que se adotassem estavam fadadas ao insucesso. Em janeiro de 1989, o Politburo reuniu-se para debater os problemas da agricultura que seriam apresentados no Pleno. Como especialista no assunto, Gorbachev falou bastante:

"Chegamos a estágio decisivo para a preparação e formulação de posições e decisões a serem postas diante do plenário. A *perestroika* nas vilas está sendo atrasada pelos quadros. O salário do primeiro-secretário de um comitê rural de distrito [*raikom*] é o mesmo que o de um chefe de seção de fazenda estatal... Quem quer ser um *raikom*?"[19]

Se tanta coisa dependesse dos salários dos funcionários do partido, a União Soviética não estaria por décadas comprando grãos no exterior, estaria, isto sim, os exportando para o mundo inteiro.

O azar de Gorbachev como secretário da agricultura foi lidar com problemas que ninguém seria capaz de resolver. Cheio de boas intenções, aprovava documentos, cartas e recomendações que não podiam mudar coisa alguma. Mas não imprimia sua marca ou, para ser mais preciso, só era notado pelos outros membros do Politburo por ser relativamente jovem. Falando com honestidade, tal fato se devia a um sistema que não permitia que ninguém mais brilhasse além do chefe.

Quando chegou a secretário-geral, Gorbachev, de início, se comportou como os líderes sob os quais trabalhou, ou assim pareceu. Em 15 de março de 1985, dois dias depois do funeral de Chernenko, convocou uma reunião em seu gabinete com diversos secretários do Comitê Central e lhes relatou as conversas com líderes de delegações estrangeiras que compareceram ao enterro. No final do encontro, de súbito, começou a falar sobre novos passos que pretendia dar como secretário-geral: "Surgiu a questão se deveríamos formular um plano de medidas para acompanhar meu discurso no Pleno de março. Acho que a preparação de tais planos e medidas em geral, agora ou no futuro, não é necessária. O discurso foi publicado, enviado para as organizações do partido, e os camaradas das localidades sabem o que tem de ser feito a esse respeito."

Os participantes da reunião se entreolharam. Até então, o pronunciamento de um secretário-geral num pleno era um acontecimento. Os comitês do partido o usavam para justificar toda a sorte de "medidas" que adotavam para explicar, fazer propaganda e implementar diretrizes.

Gorbachev foi além: "Viktor Vasilievich Grishin me telefonou hoje. Disse-me que existe um plano em Moscou para formar um grupo do partido em conexão com a implementação das decisões do Pleno recente e das instruções e argumentos do Secretário-Geral. Penso que as 'instruções e argumentos do Secretário-Geral' não devem ser mencionados nas agendas de nossos plenos."

Ali estava algo novo. Os secretários fizeram anotações em seus blocos, sintetizando as inusitadas "instruções" do novo secretário-geral. Mas ele não tinha acabado.

"Recebi também um telefonema de Zia Nurevich Nuriyev [vice-primeiro-ministro da Federação Russa]. Ele estava a caminho da República da Estônia para entregar à república a Ordem do Estandarte Vermelho e pediu-me permissão para estender meus cumprimentos aos participantes da cerimônia. Disse-lhe que não havia necessidade de formular tais cumprimentos e que, de um modo geral, chegara a hora de acabar com isso porque as pessoas há muito tempo se cansaram e enjoaram com essas formalidades."[20]

Os secretários não estavam acostumados a ouvir coisas assim. Gorbachev abria mão de importante parte do ritual que lhe era devido por ocupar o vértice da pirâmide hierárquica. Ele sabia, contudo, que pequenos mas significativos gestos como aquele seriam percebidos por todos os níveis do partido como bom augúrio de possível mudança.

Algumas das minutas da reunião revelam que Gorbachev ainda não tinha sacudido o pó provincial:

> Quando apertei Ceausescu, ele se mostrou evasivo. (...) Ele deveria ter respondido de forma mais decisiva que estamos todos unidos sobre a questão da assinatura do protocolo para a continuação do Pacto de Varsóvia. (...) Ceausescu engoliu as palavras e não disse nada (...)
>
> O presidente Mitterrand da França me pareceu doente e com dificuldade para falar. Dissemos-lhe francamente que a União Soviética e a França se puseram na origem da détente (...) e que a necessidade de tal colaboração se tornara ainda maior.
>
> O chanceler Kohl [Alemanha Ocidental] estava ansioso para falar conosco. (...) Preocupa-se com o fato de a Inglaterra, França e Itália se mostrarem ativas em contornar [a Alemanha Ocidental] na tentativa de aperfeiçoar a cooperação com a União Soviética. Tivemos que ser francos com ele (...)
>
> A conversa com o primeiro-ministro japonês, Nakasone, foi difícil. Ele a abriu falando sobre pleitos territoriais de seu país em relação à União Soviética. Rejeitamos suas demandas da forma mais decisiva e mostramos a direção para a qual a liderança nipônica está gradualmente escorregando.
>
> Nossa conversa mais longa (cerca de duas horas) foi com o vice-presidente Bush dos EUA e o secretário de Estado Vance. Francamente, a delegação americana deu-me impressão bastante desfavorável. Não é gente séria. (...) Quando toquei em questões que estavam fora do texto de Bush, ele se mostrou confuso.
>
> Quanto ao presidente do Paquistão, Zia ul-Haq, ele é político astuto. (...) Tivemos de lhe dizer com sinceridade que somos estados vizinhos e precisamos agir em boa-vizinhança. (...) Ressaltamos para o presidente paquistanês. (...) Eu disse francamente a Zia ul-Haq. (...) Levando-se tudo em conta, colocamos pressão bem séria sobre Zia ul-Haq, e quando ele deixou o encontro, parecia bem desnorteado.[21]

E por aí foi. Gorbachev mostrava aos secretários quão decisivo e franco provara ser quando tratou com presidentes estrangeiros, embora as atas indiquem que aqueles encontros foram bastante genéricos e brandos.

A predisposição de Gorbachev para empregar uma palavra dura, quase sempre impublicável, surpreendia com freqüência. Seu auxiliar Chernyayev recorda em suas memórias certa ocasião em que Gorbachev lia um de seus memorandos e "praguejava como um cavalariano usando palavras de baixo calão."[22] Julgar depreciativamente parceiros e rivais – pelas costas, é óbvio – fazia parte de seu estilo, clara expressão do provincialismo e do modo de pensar categórico nele inculcado pelo partido. Um exemplo, em 1986, disse ao Politburo: "Com Reagan, em Reykjavik, lutamos não só contra um inimigo de classe, mas contra alguém extremamente primitivo, que parece um troglodita e demonstra incapacidade mental."[23] Tais observações revelam falta de cultura geral, provincianismo, excesso de "orientação partidária" e intolerância do tipo leninista para com os "inimigos de classe." Com o passar do tempo, Gorbachev se livraria de algumas dessas deficiências, mas não de todas. De qualquer forma, estava apreensivo com a tarefa muito maior que tinha a cumprir. Sentia que precisava tentar a "cura" do sistema leninista e, com tal objetivo, começou a empregar três vocábulos que se transformaram em marcas registradas de seu período de governo: *uskorenie* (aceleração), *glasnost* (transparência) e *perestroika* (reconstrução).

Afora a decisão de que não era mais possível continuar "vivendo assim," Gorbachev, quando se tornou secretário-geral, não tinha idéia clara sobre o que fazer. Noções de como melhorar isso, mudar aquilo, liberar a sociedade de alguma coisa, foram chegando gradualmente, se bem que em sucessão bem rápida. Muito do que disse encontrou solo fértil na mente pública. Quase diariamente, seus colegas se surpreendiam com ele. Acima de tudo, encontrava-se com pessoas de todos os tipos: ministros, embaixadores, escritores, obkoms, editores de jornais e revistas. Alguns pensaram que ele estava apenas se ajustando à função, ou fazendo pausa em suas responsabilidades do cargo, ou marcando posição rapidamente, ao passo que outros o viram como um mero oportunista que mais tarde revelaria suas verdadeiras intenções. Mas ele continuou naquele diapasão, espantando o Politburo e os secretários do Comitê Central com seu estilo de trabalho.

Em 4 de abril de 1985, o Politburo debateu a agenda do pleno que ocorreria no dia 23 do mesmo mês. Gorbachev estava evidentemente determinado a fazer daquela reunião um divisor de águas, embora o tema que ele próprio incluiu parecesse estritamente problema interno do partido: "O XXVII Congresso do partido e as tarefas relativas à sua preparação e execução." O aparato do Comitê Central, como sempre, havia programado tudo. Os membros do Politburo já estavam guardando os documentos e empurrando as cadeiras quando Gorbachev de repente os interrompeu: "Eu pediria aos camaradas que esperassem uns minutos para que eu possa trocar algumas idéias com os membros do Politburo sobre certo assunto. Houve grande e inesperada resposta no país à linha expressa no pleno de março sobre a necessidade de lutar sistematicamente contra a ostentação, a arrogância, a louvação e a bajulice."

Gorbachev decidira não retardar a aplicação de um golpe, cauteloso mas expressivo, contra seus predecessores. Nada de muito novo nisso – todos os secretários-gerais, salvo Stalin, consolidaram suas próprias posições pela crítica e exposição ao ridículo do mandatário anterior: "Quanto mais escura a noite, mais claras as estrelas," escreveu o poeta Maikov. E a prática também não era perigosa. Ainda assim, Gorbachev foi prudente. Escolheu como arma uma carta endereçada ao Comitê Central pelo velho comunista de Leningrado, V. Zavyalov.

Os membros do Politburo prestaram muita atenção. Gorbachev gastou dez minutos lendo a carta, que dizia:

> No seu tempo, Stalin aquiesceu com a louvação. Estou falando da seleção de presidentes honorários, cartas de congratulações ao Comitê Central por ocasião de um evento ou outro, ou de aniversário de personagens importantes, discursos de exaltação ao secretário-geral, relatórios para ele sobre conquistas no trabalho, e coisas parecidas. (...) A ostentação não serve à causa. A experiência histórica mostra que, por trás de toda a pompa e cerimônia, a chefia perde a direção e o senso de proporção. O povo acha que as dezenove Estrelas de Ouro de Brejnev e a terceira Estrela de Ouro de Chernenko não apenas solaparam sua autoridade como ricochetearam sobre os membros do Politburo. Será que eles e os secretários-gerais realmente pensam que podem ostentar todas e quaisquer recompensas que decidam outorgar a si mesmos?[24]

Depois de ler a indignada missiva, Gorbachev disse ao Politburo que era hora de reforçar a autoridade do partido sem "exagerar a autoridade dos chefes," acrescentando que deveria haver proporção em todas as coisas. Deixou patente que se distanciava de Chernenko e Brejnev, independentemente do fato de ter feito parte do coro laudatório ao tempo em que os dois detinham o poder. Menos de quatro meses antes, em 10 de dezembro de 1984, abrira seu relatório com um panegírico ao chefe senil: "Em seus cumprimentos como participante da conferência, o secretário-geral Konstantin Ustinovich Chernenko, levando em consideração a situação corrente e com uma ampla perspectiva histórica, expressou proposições profundas e fundamentadas em princípios sobre questões-chave para o aperfeiçoamento do socialismo desenvolvido, e formulou as tarefas principais surgidas no front ideológico, resultantes das decisões do Pleno de junho (1983). Temos que ser rigorosamente orientados por tais proposições e argumentos."[25]

Não foram tomadas decisões sobre a carta de Leningrado, mas Gorbachev sintetizou: "Um presidium honorário de membros do Politburo pode ainda ser formado como antes, mas sem a usual menção do secretário-geral em 'cartas' ao Comitê Central. De modo amplo, devemos procurar emular a modéstia leninista e não permitir pronunciamentos elogiosos excessivos ou de qualquer espécie."[26]

Passo a passo, Gorbachev tentava despojar-se dos costumeiros e vergonhosos ornamentos e floreios da tradição partidária. E queria despojar os outros. Concentrava-se mais e mais nos fundamentos importantes e grandes que precisavam ser atacados a fim de mudar para melhor a vida soviética. Provavelmente, entendeu que o sistema herdado funcionava realmente muito bem em circunstâncias extremas como guerras e crises nacionais. Nas condições de vida normal e do dia-a-dia, ele emperrava e era ineficiente. O problema era torná-lo mais flexível, atraente e efetivo. Como disse durante os anos de *perestroika*, não buscava alternativas democráticas para o monopólio do partido. Mas seus auxiliares, como Alexandrov, Chernyayev, Frolov e Shakhnazarov, não paravam de alimentá-lo com sumários, relatórios, livros e traduções do Ocidente que incluíam análises sobre possíveis desenvolvimentos na URSS sob o novo Chefe. A opinião geral em 1985 sustentava que o sistema era suscetível apenas a alterações cosméticas e que Gorbachev era o homem certo para a missão, mas não mais que isso. Milovan Djilas, o herege ex-comunista iugoslavo, escreveu: "As condições imperantes na União Soviética não permitem ainda que um líder aja corajosa e independentemente. (...) Gorbachev não é uma personalidade suficientemente decisiva e criativa para encetar mudanças radicais."[27]

Gorbachev tinha outras idéias. Queria efetuar alterações capitais. Sabia que o país se aproximava com rapidez de uma encruzilhada que só lhe ofereceria a seleção entre três caminhos diferentes: reforma radical, desenvolvimento liberal ou restauração conservadora. As evidências eram de que rejeitava a opção conservadora. Na verdade, ela fora adotada pelos três antecessores e levara o país à crise em que se encontrava.

Reforma radical significaria destruir as "fundações da sociedade"– recorrer à propriedade privada, ao livre mercado, ao pluralismo político e ao fim do monopólio de uma só ideologia. Gorbachev possivelmente teve medo até de analisar tal opção. No pleno de 23 de abril de 1985, que toda a mídia do partido – apesar de fazê-lo por inércia – começou a chamar de "histórico," absolutamente nada de historicamente novo em princípio foi dito. Em vez disso, Gorbachev expressou as mesmas e velhas fórmulas cansadas: "a tradição leninista," "as vantagens de uma nova ordem," "o aprofundamento da democracia socialista," "o modo de vida socialista," "os sucessos do socialismo e do comunismo," tudo coisas que dependiam do partido.[28]

O slogan *uskorenie* (aceleração) era, de fato, relativamente novo, mas pouco mais que armação propagandista. A "conquista do progresso socioeconômico" sem mudanças nas estruturas sociais e políticas não significava nada além da antiga política fundamentada na "disciplina," "competição" e "correta liderança partidária." A corrida usual pela quantidade não alteraria coisa alguma de forma marcante. A descrição de Stalin era mais facilmente entendida: "O Plano Qüinqüenal em quatro anos."

Restava o caminho do desenvolvimento liberal, com o qual, acredito, Gorbachev esteve sempre comprometido. Seus discursos revelam que queria acomodar planejamento e mercado, empresa estatal e privada, centralização e descentralização. Com efeito, a liberalização do sistema foi uma tentativa de criar um modelo que, dito em poucas palavras, contemplasse o melhor do socialismo e o melhor do capitalismo. Os passos que Gorbachev deu, especialmente no primeiro e segundo estágios, demonstraram a intenção de preservar uma economia socialista que seria essencialmente mista. A Iugoslávia e a China haviam mostrado que tal arranjo podia produzir, temporariamente, resultados positivos, mas que também dava ensejo ao surgimento de novas dificuldades não passíveis de solução rápida.

Hoje, muita gente critica Gorbachev pela falta de uma "estratégia" efetiva para a *perestroika*, mas ninguém àquela época propunha caminho alternativo ou apresentava estratégia mais eficaz. Agora, temos visão mais clara dos "erros" de Gorbachev, no entanto, ele não teve tempo para entendê-los. Como reformador, não cogitava, agia. E, freqüentemente, teve que agir de imediato, naquele dia, naquele minuto. Não se pode esquecer que deve ter sido muito mais difícil para ele, como chefe do partido e do estado, mudar a própria pessoa do que para os mortais comuns. Como certa vez anunciou aos colegas: "Uma reestruturação gigante [*perestroika*] está se processando, uma reestruturação de nós mesmos. Não somos deuses."[29]

Não carece dúvida de que Gorbachev teve seus defeitos, alguns expressivos, em particular a respeito da questão nacional. Além do mais, se via sobrecarregado pelo sistema fundamentalmente equivocado de estrutura estatal estabelecido por Lênin no início dos anos 1920.

Gorbachev operou *ad hoc*, e não teve de quem aprender. Sua fraqueza mais patente foi a indecisão e a tibieza de algumas medidas que adotou. Muitos de seus esforços positivos ficaram incompletos em termos de resultados. Emergiu uma dualidade, causada em parte pela natureza mista e pouco clara da opção liberal, mas também pelo tortuoso processo de abrigar os estereótipos impostos pela mentalidade bolchevique. É importante que isto seja compreendido para que captemos o significado da *perestroika* como um processo de *tentativa* de introdução de mudanças no sistema socialista. Os que procuraram fazê-lo ainda se aferravam a muitas das velhas idéias. A reavaliação de Stalin é uma delas.

Em 4 de abril de 1985, numa reunião do Politburo, Gorbachev disse que "não era segredo que, quando Khruschev levou as críticas às ações de Stalin a limites inacreditáveis, causou apenas danos e, em certa medida, ainda não conseguimos juntar todos os cacos."[30] Dois anos mais tarde, em outubro de 1987, o Politburo debatia o discurso que Gorbachev faria no septuagésimo aniversário da Revolução de Outubro. A discussão acabara chegando no tema de Stalin e, com graus variáveis de modificação, todos os membros se mostraram favoráveis a uma avaliação crítica. Gorbachev expôs seu ponto de vista: "A minuta não estava boa até que surgiu a idéia de separar os anos 20 e 30, depois de Lênin e, então, o grande, enorme serviço prestado por Stalin manifestou-se. (...) Foi naquela oportunidade que Stalin encontrou seu lugar. Antes de tudo, tratou-se de estágio crucial: a questão de para onde o país caminhava ficou decidida."[31] É difícil acreditar que Gorbachev foi capaz de dizer isso, mais de trinta anos depois do XX Congresso.

A fala de Gorbachev mencionou Stalin três vezes e, em cada uma dessas ocasiões, o nome do tirano foi saudado por uma chuva de aplausos: "Na conquista da vitória, um papel foi desempenhado pela grande determinação política, intencionalidade e persistência, pela capacidade de organizar e disciplinar o povo, demonstrados por I.V. Stalin durante os anos de guerra."[32] O homem que exterminara o corpo de oficiais às vésperas da guerra, que engendrara um vergonhoso tratado de amizade com Hitler, que impedira que as tropas entrassem em prontidão total enquanto as forças alemãs se deslocavam para o ataque, agora era visto como salvador da pátria. E o que dizer dos 26,5 milhões de mortos na guerra, muitos dos quais pereceram por causa dos crimes e erros de Stalin? Por longo tempo, Gorbachev manteve uma dupla atitude em relação a Stalin, como um chefe que fora um monstro, mas que "defendera" o socialismo.

Quando a filha de Stalin, Svetlana Alliluyeva, pediu permissão para deixar de novo o país, em 1986, após seu impetuoso retorno, pensou-se que uma conversa com ela talvez resultasse em mudança de opinião. Gorbachev, entretanto, recusou-se a vê-la: "Se tiver que me encontrar com ela, serei solicitado a avaliar Stalin, Stalingrado, e coisas assim. Eu mesmo venho de uma daquelas famílias. A saúde de meu avô ficou arruinada. Minha mãe veio da mais pobre das famílias e teve cinco filhos. Ganhei medalha por um ensaio que preparei sobre 'Stalin, nossa glória combatente, Stalin, a aspiração de nossa juventude!' Talvez fosse mais conveniente pedir ao Camarada Solomentsev que a recebesse."[33]

Foram necessários tempo e esforço para Gorbachev livrar-se da mitologia stalinista. Se era difícil para ele mudar a si mesmo, muito mais seria modificar a sociedade. A aprovação resultante da citação do nome de Stalin mostrou quão penosa era, até para os cidadãos soviéticos melhor informados, a busca de sua meia-emancipação. O panfleto publicado sobre o pronunciamento de Gorbachev especifica que saudaram o nome de Stalin com "aplauso prolongado." Uma simplificação. Até os editores das minutas tiveram vergonha de escrever que, na realidade, fora uma ovação estrondosa, e a minimizaram para "prolongado."

Na essência, o processo da *perestroika* foi ensaio para transformar um sistema entravado, dogmático, burocrático e dirigido numa espécie de liberalismo. Mas não fazia parte de sua arquitetura a derrubada dos pilares comunistas. Por conseguinte, seus resultados foram limitados, se bem que serviram de pré-requisitos para as mudanças democráticas que viriam. Gorbachev não poderia ter feito mais do que fez. Ninguém poderia. Sua conquista importante talvez tenha sido o alargamento das vias de acesso público a informações de todos os tipos, dando assim aos povos a oportunidade de apreciar muitos aspectos da vida política até então escondidos. Isso foi chamado de *glasnost* – transparência, tornar público, abrir ou, simplesmente, dizer a verdade. O processo começou com Gorbachev, mas continuou a evoluir independente de suas decisões. O sistema baseado na mentira de classe foi destruído por dentro pela *glasnost*.

Gorbachev não se sentou no topo de um morro teórico e ficou meditando sobre a essência, as formas e os métodos da *perestroika*. Precisava responder imediatamente às demandas da vida diária. Não teve escolha, em particular porque, desde o início, enfrentou oposição. Já em fevereiro de 1986, se vira obrigado a declarar: "Mesmo depois do Pleno de abril (1985) surgiu um novo clã que fica discutindo expressões a usar em vez de fazer as coisas acontecerem. (...) Os oportunistas estão de volta."[34] Estava desgostoso com o fato de tantos chefes só apoiarem da boca para fora as reformas que lançara.

Sob Gorbachev, o Politburo tratou exatamente dos mesmos assuntos do tempo de Brejnev, Andropov e Chernenko. Exemplos clássicos:

Manifestação para o 1º de maio de 1985 (4 de abril de 1985)
Preparação e curso da semeadura de primavera (11 de abril de 1985)
Reequipamento da fábrica de automóveis Gorky (6 de maio de 1985)
Uniformes, alimentos e armas para o exército sandinista (Nicarágua) (6 de maio de 1985)
Resultados do encontro com os secretários do Comitê Central dos partidos fraternais (23 de maio de 1985)
Preços no varejo do suco de frutas e do fermento para fabrico de pão (1º de agosto de 1985)
Plano para o desenvolvimento econômico e social da URSS em 1986 e o XII Plano Qüinqüenal (20 de agosto de 1985).

Em 1985, o Politburo emitiu 4.112 decretos, quase quatrocentos mais que no ano anterior. O número de decretos conjuntos Comitê Central/Soviet de Ministros cresceu de 228 para 241, enquanto o Secretariado emitiu 5.512.[35] Que tempo sobrou para a chefia do partido pensar numa estratégia para a *perestroika*? E se o Politburo não era capaz de se reestruturar como poderia modificar o país? Fazia sentido que questões relacionadas com máquinas de semear e segar, com cereais, fermento e suco de frutas, com transporte e cantinas públicas tivessem de ser e fossem tratadas pelo governo?

Em 26 de junho de 1986, o Politburo passou um longo tempo discutindo os candidatos à direção do Sindicato dos Escritores, a ser eleita no congresso vindouro. Os candidatos eram Yuri Bondarev, Sergei Zalygin e Valentin Rasputin:

> GORBACHEV: É claro que Markov seria a melhor escolha. O que vocês acham do Camarada Bondarev?
> GROMYKO: Ele é escritor importante.
> SOLOMENTSEV: Adere à linha correta.
> GORBACHEV: Se o Camarada Markov não conseguir indicação, poderemos apoiar Zalygin. Ele é um pouco idoso e não anda bem. De qualquer forma, o melhor é abrir caminho para o camarada Bondarev.

Gorbachev então pediu a opinião do vice-diretor da KGB.

> BOBOKOV: Se as notícias sobre o apoio ao Camarada Bondarev vazarem, ele pode não ser eleito, então o melhor é não divulgá-la prematuramente.
> GORBACHEV: Vamos acordar em primeira instância o apoio ao Camarada Markov como presidente e ao Camarada Bondarev como secretário. Temos que usar de toda influência para que isso aconteça.[36]

A reunião também debateu se o Politburo deveria ou não dar permissão para uma operação de transplante de coração. Os membros foram contra o envolvimento do Politburo, para a eventualidade de a cirurgia não dar certo.

Estas eram as espécies de assuntos tratados pelo Politburo um ano depois do começo da *perestroika*, e continuaram nesse tom até 1990. Um Politburo sem ter poder sobre tudo e todos simplesmente não seria o Politburo e, embora essa devesse ser a questão central nas reformas de Gorbachev, ninguém estava disposto a levantá-la.

O novo secretário-geral queria engajar as massas, sabendo que qualquer reforma nos escalões do topo do poder teria apenas resultados superficiais. Mas depois de sete décadas de governo bolchevique, as massas haviam perdido todo o senso de ação independente, afora queixar-se de pequenos abusos ou vocalizar apoio às ordens partidas de cima. Gradualmente, mais e mais gente passava a ver que o sistema comunista não era reformável. Quaisquer argumentos radicais, porém, eram repelidos de imediato. Como Gorbachev escreveu num artigo do final de 1989, "A Idéia Socialista e Revolucionária da *Perestroika*": quem acha "que o caminho anterior reverteu por completo a escolha feita em outubro [de 1917], está propondo que a sociedade vire capitalista. Isso nós rejeitamos."[37]

O que seu arquiteto-mor entendia por '*perestroika*'? "A *perestroika* sobrepuja decisivamente os processos estagnantes e desmantela o mecanismo de freio, cria um confiável e eficiente acelerador do desenvolvimento econômico e social, e dá-lhe mais dinamismo."[38]

Quer em termos filosóficos quer em termos práticos, as noções de "freio e acelerador" não respondem à principal pergunta: qual o objetivo da *perestroika*? O próprio Gorbachev deve ter sentido isso, e em diferentes ocasiões deu definições diferentes. Por exemplo, em 1989: "*Perestroika* é um processo inteiramente revolucionário, efetuado por métodos democráticos, pelo povo para o povo, e em relação ao qual o partido age como vanguarda política."[39]

O resultado, então, era "para o povo." Mas qual devia ser precisamente o resultado? O "processo revolucionário" em si? O povo já estava farto disso. Lênin e Stalin tinham falado tanto sobre povo e revolução que a mera menção das palavras levantava suspeita de que um novo estado de emergência estava para ser declarado. Revolução e excesso andavam de mãos dadas.

Nem o partido nem o Politburo e seu presidente, o Secretário-Geral, estavam dispostos para dizer o óbvio: que a perestroika só seria genuína quando objetivasse transformar a sociedade burocrática e totalitária numa sociedade democrática. Para o partido, isso seria suicídio, e ele não estava disposto a aceitar a idéia. Os bolcheviques jamais se arrependeram. Suas metas e sua noção de *perestroika* eram, nas palavras de Gorbachev, "a continuação da causa da Revolução [de Outubro]."[40]

Foi muito complicado para Gorbachev fazer com que as coisas andassem. A população havia experimentado os primeiros sabores da liberdade e não podia mais permanecer silenciosa. Feridas tapadas por décadas foram subitamente expostas. O antigo sistema começou a se desmanchar nas costuras, mas não havia idéia nítida do que o substituiria.

O clima de *perestroika* era extremamente contraditório. O país todo fervia em reuniões. O Comitê Central fazia decretos como o de setembro de 1986 dizendo que sabonete, sabão em pó, cadernos escolares, lâminas de barbear, pasta de dente, ferros de passar, bules de chá, sapatos e muitos outros artigos haviam desaparecido das lojas.[41] Isso foi seguido pela notícia de que "estavam em falta suprimentos médicos para a população"[42] e pela habitual conclamação para que os "chefes comunistas cumprissem sua obrigação de suprir o povo de comida."[43] O país enfrentava escassez de todo tipo, com longas filas nas lojas e um vicejante mercado negro. Moscou estava em situação um pouco melhor que a maioria das cidades, mas centenas de milhares de pessoas invadiam a capital na esperança de achar alguma coisa para comprar.

Os bolcheviques sempre se jactaram de que não havia desemprego no país – omitindo que o mesmo fora verdade ao tempo da servidão – apesar do fato de 10,4 por cento da força de trabalho nas repúblicas da Ásia Central, na Transcaucásia e no Cáucaso Setentrional, "não estarem trabalhando na economia pública."[44] O aparato do Comitê Central foi inundado de cartas (485.214 em 1980), na maioria esmagadora com queixas pedindo que o governo agisse. Reclamar foi só o que restou à população soviética.

Chegado 1990, ficou patente que se chegara a um ponto sem retorno, não só dentro da União Soviética mas também nas relações com os "países fraternais." Em maio de 1989, numa visita oficial a Pequim, Gorbachev assistira às grandes manifestações estudantis na Praça da Paz Celestial exigindo reforma democrática. De forma semelhante, e mais irresistivelmente, o *momentum* do "poder do povo" aumentava no Leste Europeu. Na Alemanha Oriental, em outubro, Gorbachev deixou perfeitamente claro que a Doutrina de Brejnev estava morta, e que a União Soviética não mais interferiria nas "Democracias Populares" se aqueles regimes enfrentassem dificuldades. Disse aos comunistas alemães orientais que eles estavam condenados se não adotassem o tipo de reformas que a chefia soviética começara. Em dezembro, o Muro de Berlim estava demolido, e a Alemanha reunificada. Em todo o mundo socialista, o clamor de libertação do controle de Moscou chegou ao pico. Os tchecos foram muito além da "Primavera de Praga" de 1968 e fizeram uma "Revolução de Veludo." Na Polônia e na Hungria, a dissolução do Pacto de Varsóvia foi debatida abertamente, e ficou claro que a dissolução em si era agora inevitável. À medida que um regime comunista atrás do outro dava lugar a governos liderados por antigos dissidentes, o império de satélites que Stalin criara sobre as ruínas da Europa após a guerra entrou em colapso com vertiginosa rapidez.

Entrementes, na União Soviética, organizações do partido nos institutos e universidades se dissolviam por si mesmas. Milhares deixavam o partido em protesto contra a continuação do monopólio político e dos métodos de chefia. A imunidade ideológica outrora usufruída pelos membros do partido caía a passos rápidos, à medida que a depreciação dos "valores fundamentais" do marxismo-leninismo ganhava velocidade. Desde 1987, os diretores de institutos acadêmicos e de pesquisas haviam sido deixados por conta própria, não mais inquietados por telefonemas do Comitê Central para checar suas atividades. Já não era mais aplicada nenhuma das antigas sanções aos membros que não comparecessem a uma reunião do partido – cada vez menos freqüentes – ou deixassem de pagar ao partido a contribuição obrigatória dos filiados. Talvez um secretário local do partido telefonasse lembrando gentilmente, mas logo desistiria se recebesse uma firme negativa. O partido comunista estava à deriva e pronto para se derreter.

O país também estava à deriva, mas a fermentação intelectual crescia. Tornava-se difícil defender em público Lênin e o leninismo, ou a "linha da luta de classes." Aumentava a resistência à simples reforma. Nem o Politburo nem Gorbachev sabiam como segurar os efeitos da *perestroika*. Em vez disso, Gorbachev tentava criar uma sociedade socialista com face mais humana. Um efeito inesperado e, do ponto de vista do arquiteto, indesejado, foi a aceleração do processo de autodestruição do sistema totalitário. A *perestroika*, que não era totalmente entendida quer pelos criadores quer pelos que a implementavam como política, foi uma condição transitória mas importante para pôr o país nos trilhos que levariam a uma sociedade democrática.

Nesse meio-tempo, Gorbachev continuava lidando com dezenas de questões na tentativa de dar partida no motor principal da *perestroika* – a "democratização da sociedade." Infelizmente, ele atribuíra o papel principal para isso à sua "vanguarda," o Partido Comunista da União Soviética, uma força que, de pronto, emperrou o motor de forma a garantir que ele jamais pegasse.

O paradoxo Gorbachev

Quando usou a indignada carta de Leningrado, em 4 de abril de 1985, para atacar a falta de comedimento de seus predecessores, Gorbachev sabia que teria amplo apoio das fileiras dos comunistas de baixo, e que se tornaria o centro da atenção de admiradores, de adversários, de outros chefes e do público em geral. Não conferiu medalhas a si mesmo, opôs-se à prática da referência nas agendas às suas "ordens," e proibiu seus colegas de estenderem, rotineiramente, cumprimentos a ele em cada reunião a que comparecessem. Tudo isso foi bem notado e aprovado.

Porém, como os antecessores, Gorbachev sucumbiu à tentação de ver suas palavras no papel. Chernenko conseguira republicar seus cansativos discursos e artigos no pouco tempo que passou na função, até mesmo fazer com que fossem publicados na Alemanha Oriental. Todos os membros do Politburo tiveram livros impressos que ficaram nas prateleiras das livrarias pegando pó. Jamais encontrei uma alma que tivesse comprado – ou admitisse ter comprado – um só desses túrgidos volumes. Gorbachev devia saber disso. M. Nenashev, chefe do Comitê Editorial do Estado, relatou ao Comitê Central, no verão de 1986, que alguns milhões de exemplares dos 166 livros e panfletos de Brejnev jaziam como peso morto nas lojas. Da mesma forma, ninguém comprava os livros de Andropov, Grishin, Kulakov, Pelshe, Ponomarev, Romanov, Suslov, Tikhonov, Ustinov ou Chernenko. "A rede de livrarias," disse Nenashev, "tem também mais de 700 mil retratos de Brejnev, 130 mil de Andropov, 170 mil de Chernenko. Só os livros fornecidos nos pedidos oficiais das bibliotecas públicas foram vendidos."

Em 6 de agosto de 1986, Gorbachev deu o seguinte despacho no relatório de Nanashev: "Para circulação apenas entre os membros do Politburo."[45] Parecia querer alertar seus colegas de que os leitores não se interessavam por livros sem cara, escritos por comitês. Mas parece que teve escala de valores diferente para si mesmo.

Já no início de dezembro de 1985, os discursos e artigos de Gorbachev foram coligidos e publicados numa edição apressada – 420 páginas de textos "de gabinete" em papel de alta qualidade. Como Gorbachev não havia publicado praticamente nada na imprensa central, a coleção reuniu tudo que estava disponível, mesmo o que despertara pouca atenção. Só o sumário já indica que se tratou de um "livro de banquete," edição da vaidade, para ser dado como presente: discursos pronunciados numa recepção em Varsóvia em 25 de abril, numa recepção no Kremlin em 9 de maio, num jantar no Kremlin em homenagem a Rajiv Gandhi em 21 de maio, num almoço para Willi Brandt em 27 de maio, num jantar para Bettino Craxi em 29 de maio, num jantar para Gustav Husak em 31 de maio, noutro para Li Xiannian em 28 de junho, no Palácio Eliseu em 2 de outubro, no Kremlin num jantar para o coronel Kaddafi – e segue a lista.[46]

Tendo condenado a vaidade e o abuso do privilégio de outros, Gorbachev providenciou rapidamente sua imortalidade. Volumes de suas obras viriam a seguir, um atrás do outro, a maioria deles de pouco interesse tanto para os leitores comuns quanto para historiadores, exceto pelas idéias sobre *perestroika*, a revolução sem sangue e o novo pensamento, que são importantes para o entendimento do processo que ele começou. Tão logo Gorbachev se tornou secretário-geral, o sexto setor do Departamento Geral deu início à impressão, colação e encadernação de tudo quanto ele disse e escreveu: discursos, diretrizes, artigos, relatórios, memorandos. Trinta e nove volumes com belas capas em couro marroquim e letras douradas – mais do dobro das obras seletas de Stalin – foram editados, porém apenas dois exemplares, não sabemos se para publicação, mas, de qualquer forma, um monumento literário. Nenhum outro secretário-geral saiu de órbita nesse particular com tanta rapidez. Praticamente tudo que Gorbachev disse em 1985 foi publicado sob forma de livro no mesmo ano. Seus clamores pela observação estrita da modéstia leninista e para que não se incorresse em jactâncias e louvações pareceram temporariamente esquecidos.[47]

Dando partida à *perestroika* com o slogan da "renovação" do socialismo, Gorbachev chegou, seis anos mais tarde, à liquidação do mesmo, a despeito de sua vontade. Não levou em consideração que os principais atributos do sistema soviético eram inércia, estagnação e conservantismo. A partir do momento em que a *glasnost* e a democratização comparativa da sociedade começaram a enferrujar essas fundações, o sistema começou a desmoronar.

Gorbachev não podia deixar de compreender que o socialismo na URSS estava condenado, mas não teve caráter e determinação para aceitar isso. Em agosto de 1990, falando numa reunião castrense no Distrito Militar de Odessa, repetiu: "o objetivo da reforma permanece inabalável: realizar a idéia socialista."[48] Na realidade, a *perestroika* não foi estratégia para melhorar ou renovar o socialismo, e sim, como escreveu Mikhail Geller, um esforço "para retardar o mais possível a morte do sistema soviético."[49] Foi um paradoxo histórico: um comunista ortodoxo, decisivamente e malgrado suas intenções, emergindo como coveiro do sistema leninista.

As penosas mudanças da *perestroika* tiveram a marca indelével do intelecto, das atitudes e da vontade de Gorbachev. Quando falava sobre a imagem de um chefe, adicionava de pronto a nota de que o papel decisivo era sempre das "massas populares." Porém, quanto mais burocrático ou totalitário um sistema, mais significativo o papel do chefe. Gorbachev foi o sétimo chefe de um estado onde jamais houve instituições democráticas, onde a população não fazia real idéia do significado de direitos humanos, e onde a liberdade não era valor espiritual de monta. Ele se tornou chefe no exato começo da sinuosa estrada que levaria à nova condição histórica.

Ao se analisarem ações, vitórias e fracassos de Gorbachev, não deve ser esquecida a espécie de sociedade da qual foi chefe, da mesma forma que se deve ter em mente que ele não era um deus, profeta ou messias. Tencionava muito mais do que conseguiu; houve muitas vezes um vazio entre sua intenção e o resultado final. E não foi só pela força dos eventos, mas também por certa dissonância entre a mente e o caráter de Gorbachev, entre seu intelecto e sua vontade.

Na pilha de documentos que tratava diariamente, Gorbachev deve ter ficado especialmente desanimado com o fluxo de relatórios de Kabul, a ele enviados pelo Ministério da Defesa e pela KGB. Parecia não haver fim à vista para a guerra sangrenta em que a União Soviética se metera. Relatórios de Gromyko, Sokolov e Chebrikov, apesar das obrigatórias doses de otimismo, davam pouco motivo para satisfação. Distinções, condecorações e medalhas eram distribuídas para longas listas de nomes seguidos da deprimente observação "(póstuma)."[50] No ano em que Gorbachev chegou ao poder, a União Soviética gastou 3 bilhões de rublos com a guerra, em 1986 gastou 4 bilhões, em 1987 mais de 5,5 bilhões.[51] Entre dezembro de 1979 e fevereiro de 1989, 546.255 oficiais e praças serviram no Afganistão, dos quais 13.826 perderam a vida.[52] O país caíra numa armadilha de onde só escaparia se admitisse francamente que toda a idéia de uma missão internacional ao Afganistão fora um erro, e retirasse suas tropas.

A guerra afegã já ia durando mais que a Segunda Guerra Mundial, e de que servira? Por que causa aqueles homens haviam morrido? Como figura relativamente nova no cenário político em 1979, Gorbachev não fora consultado se tropas deveriam ser enviadas a um país estrangeiro, independente e soberano, nem tomara parte na fatídica decisão de enviar. Cedo, no entanto, se familiarizou com as resoluções do assunto relendo as atas do Politburo, que tivera de assinar, o que significou sua aprovação oficial.

Já em 1986, dizia "o nó afegão tem que ser desatado" o mais breve possível. No entanto, a guerra se arrastaria por mais quatro anos. Não obstante seu enorme poder, Gorbachev não quis se opor aos conservadores, ao Ministério da Defesa e à KGB. O paradoxo funcionava: mesmo chegando a uma decisão firme, muitas vezes como precursor de uma causa original, ele retardava a implementação de seu intento. Hesitava, refletia, vacilava, pesava prós e contras, e adiava, esperando com seus colegas extrair algo de bom da aventura inapelavelmente fracassada.

Tendo concluído com certeza, no começo de 1986, que as tropas tinham de ser retiradas, Gorbachev deu seguidas instruções para "estudar a questão," "submeter propostas," "preparar para a retirada." Mesmo em novembro de 1987, terceiro ano de *perestroika*, quando recebeu o chefe afegão pró-soviético Mohammed Najibullah, disse muito pouco, e apenas indiretamente, sobre a saída da força, a despeito de o Ministério da Defesa já vir trabalhando, naquela ocasião, num plano de retirada. Em vez disso, por quase uma hora, Gorbachev falou sobre o modo com que Lênin agira numa situação de crise, sobre a "flexibilidade da política nacional leninista," sobre a próxima eleição presidencial no Afganistão e sobre a nova assembléia, a Loya Djirga, em Kabul.

Seu conselho foi simples, para não dizer simplista: "Os senhores promoveram uma boa conferência partidária. Têm agora a tarefa de implementar firmemente suas decisões e de avançar. Aqueles pessimistas do Partido Democrático Popular do Afganistão que não acreditam na reconciliação nacional devem receber uma boa pensão ou ser mandados para o exterior." No meio da conversa, informou apressadamente ao seu convidado: "De um modo geral, Camarada Najib, uma fase excepcionalmente importante e responsável está para começar. Infelizmente, não contamos agora com tempo para debater todos problemas que o merecem, já que tenho um encontro marcado com o Camarada Janos Kadar."[53]

Em 1º de abril de 1988, antes da reunião seguinte de Gorbachev com Najibullah, em Tashkent, o Politburo aprovou um plano para a retirada das forças soviéticas, então com efetivo de 109 mil homens. Por fim, Gorbachev foi categórico: "As forças serão recuadas por volta de 15 de fevereiro de 1989. Começaremos a saída em 15 de maio." A decisão amadurecera em sua mente quando se tornou secretário-geral, mas levou três anos para ser implementada e ainda duraria mais um para se completar. Antes de as operações de retirada começarem, entretanto, Gorbachev ainda quis justificar a decisão original de envio da força. Numa reunião do Politburo de 18 de abril, enquanto debatia as medidas práticas para a saída, ele declarou numa carta especial ao partido: "Devemos dizer que nossos homens não deram a vida em vão."[54]

Em 24 de janeiro de 1989, o ministro do Exterior Eduard Shevardnadze reportou sobre sua visita a Kabul e afirmou: "Ao nos retirarmos do Afganistão, temos que reconhecer que estamos deixando o país em estado lamentável, na acepção literal da palavra: suas cidades e vilas foram destruídas, na capital grassa a fome, a economia está virtualmente paralisada. (...) Centenas de milhares de pessoas morreram. (...)"

Gorbachev replicou: "É importante que esse regime e seus quadros não sejam varridos por completo. (...) Não devemos aparecer diante do mundo de calças na mão, ou mesmo sem elas. (...) Uma posição derrotista não é permissível (...)"[55]

Ocasiões houve em que Gorbachev foi capaz de dar um sim ou um não firme. Em março de 1989, quando as forças soviéticas já estavam fora do Afganistão, Shevardnadze, cedendo à persuasão de Najibullah, subitamente levantou a defesa do regime cambaleante de Kabul como uma questão. Tratava-se de executar ou não missões de bombardeio a partir do território soviético sobre mujahedins nas proximidades de Jellalabad. O Ministério da Defesa, na pessoa do marechal Yazov, só apoiou com relutância a proposta do ministro do Exterior. Nesse ponto, Gorbachev explodiu: "Nenhuma outra resposta a Najibullah, salvo a recusa absoluta a essas incursões de bombardeio!" Deu ordem para que um telegrama a respeito fosse imediatamente enviado a Kabul.[56]

Outra característica da abordagem de Gorbachev era a tendência para contagiar entusiasticamente outras pessoas com a empolgação sobre uma idéia que, em um ano ou dois, esqueceria por completo. Embora isso fosse traço de personalidade, também ilustrava o entendimento bolchevique do papel do chefe na sociedade.

Uma vez lançado o programa de "aceleração," ficou logo evidente que um aumento na quantidade de bens teria efeito negativo sobre a qualidade. Um funcionário aconselhou o Secretário-Geral a apertar seriamente o controle de qualidade pela delegação de mais poderes aos inspetores estatais. A idéia foi muito bem recebida por Gorbachev. Em dada oportunidade, participei de uma grande reunião de funcionários do Comitê Central na qual, estimulado e convicto, ele nos disse que, se resolvêssemos o problema da qualidade, daríamos finalmente um "grande salto à frente." Contudo, a qualidade só poderia ser aprimorada com o aumento do papel e da quantidade dos inspetores. A solução era antiga: outra enorme camada de muitos milhares de inspetores estatais "independentes" foi criada. Uma lei foi aprovada segundo a qual, a partir de 1º de janeiro de 1987, grande número de empresas ficaria sob "inspeção estatal." No curso daquele ano, 15% da produção foram aprovados no controle de qualidade. Os gerentes de fábricas ficaram indignados e os trabalhadores espernearam: haviam trabalhado exatamente como todos os demais, não tinham outra escolha. Passados dois anos, a "chave de ouro" para a questão da qualidade foi silenciosamente perdida, e Gorbachev não falou mais sobre o assunto.

Àquela altura, ele já estava envolvido com outra idéia "democrática," dessa vez, a eleição de chefes. Chegara a hora "das mudanças necessárias, para a democratização do processo de formação dos quadros de direção das empresas, com base nos princípios eletivos."[57] Em todo o país, gerentes e diretores foram substituídos, numa onda de reuniões generalizadas dos "sovietes do trabalho coletivo," e suas funções assumidas pelos vices, homens da mesma cepa.

Outra idéia foi combinar a função de primeiro-secretário de região ou de distrito, com a de presidente do Soviet de Deputados do Povo do mesmo território. Esse híbrido de poder do partido e do estado, sob completa égide do PCUS, já era a situação *de facto* que existia. Colocá-la no livro das leis significaria legitimar a onipotência do partido. Na XIX Conferência do partido, em junho de 1988, Gorbachev fez um longo pronunciamento no qual expandiu a idéia. Disse que era preciso voltar aos congressos de sovietes dos tempos de Lênin e expressou outros pensamentos sobre a reforma do sistema político. Muito do que disse soou convincente e sensato.

Mostrou-se inflexível quanto à necessidade de sintetizar cargos do partido e do estado, e defendeu a idéia apaixonadamente. Na verdade, estava simplesmente prolongando a agonia de morte do partido, preservando por breve período de tempo seu monopólio político. Mais que qualquer outro, defendeu a idéia do PCUS como partido governante[58] e, por conseguinte, não concordou com a remoção do Artigo 6º da Constituição de Brejnev, que definia o partido como núcleo do sistema político. Encarou a sugestão como "prematura e apressada," acreditando ainda que só o PCUS seria capaz de implementar as mudanças que visualizara.

Num estranho sentido, estava certo. Com efeito, apenas existia uma força

– formalmente "social," mas, na prática, estatal – e essa era o PCUS. Ele acumulara vasta experiência organizacional e ainda exercia forte influência sobre milhões. Não podia ser ignorado, mas também não devia ser reforçado. Só o seu desmantelamento gradual e uma mudança do apoio para os novos órgãos democráticos criaria as condições necessárias para mudar a sociedade.

As "paixões" de Gorbachev não podem ser descartadas como experimentação sem sentido. Ele foi compelido e tentou buscar novos instrumentos para introduzir as reformas. Muita coisa pareceu errada e superficialmente tradicional. O insucesso de suas mudanças administrativas entre os escalões mais elevados do partido provocou o crescimento constante da insatisfação nas fileiras comunistas e desapontamento com os slogans da *perestroika*. Um fenômeno totalmente novo para a União Soviética foi o êxodo, os abandonos do partido. Em 1988, 18 mil membros devolveram a carteira e, no ano seguinte, a quantidade cresceu para 136 mil, metade deles operários.[59] Embora esses números representassem pequena parcela do total de vinte milhões, a saída voluntária não tinha precedente e sinalizou uma tendência dramática.

O paradoxo pessoal de Gorbachev expressou-se não só na oposição entre seu intelecto e seu caráter, mas também no fato de que, ao tentar, sem eficácia, robustecer o sistema, na verdade acabou por facilitar sua autodestruição. Isso foi um reflexo da complexa inter-relação das mudanças que ocorriam na URSS. Tais mudanças, além do mais, não eram expressão da "aceleração" do desenvolvimento, tampouco de um fortalecimento da "independência econômica" das empresas. Depois de três ou quatro anos de *perestroika*, ficou patente que não ocorrera ponto de inflexão algum na economia e que, ao contrário, continuara a estagnação brejnevista, ou até piorara, fazendo da URSS um país de carências universais. Não obstante, mudanças ocorriam na cabeça do povo com o gradual desmascaramento dos mitos sobre o partido, das "vantagens da ordem socialista" e do "democratismo" do sistema soviético.

A desconstrução espiritual, facilitada pelo estonteante fenômeno da *glasnost*, começou mais cedo que a desconstrução material e do organismo. Alguns viram logo que a idéia da "aceleração" não passava de um revigoramento da conclamação bolchevique pela execução do Plano de Cinco Anos em quatro, o que levaria a uma produção de baixa qualidade e insultava as leis econômicas objetivas.

Gorbachev não alijou a velha tática bolchevique de afastar o paraíso terrestre para um horizonte cada vez mais distante. As medidas econômicas adotadas pelas autoridades soviéticas, como escreveu o economista ocidental A. Katsenelenboigen, não eram apenas ruins, "eram inadequadas à situação de crise da economia. Basta que se relembre o problema da habitação. Não fazia muito tempo que a cada família soviética fora prometido um apartamento por volta de 1980, agora, a promessa era diferida para o ano 2000."[60] Quantas outras promessas que "ficaram para as calendas" foram feitas pelas autoridades comunistas? Gorbachev não desejou renunciar a esse princípio. Se "os ideais leninistas de socialismo se transformarem em propriedade do povo," declarou, então atingiremos nossos objetivos.[61] Pelo início dos anos 1990, ficou cristalinamente claro que a parte econômica das reformas de Gorbachev não funcionara. É duvidoso se qualquer outro chegaria a resultado diferente. Fica óbvio hoje em dia que era necessária máquina nova, e não a velha com remendos em algumas partes.

Democratização da produção, atendimento da imensa demanda de consumidores e melhora na qualidade eram impossíveis dentro do contexto das antigas relações econômicas bolcheviques. O sistema criado por Lênin mostrara-se intratável por reforma democrática radical. Comunismo com rosto democrático, livre mercado e pluralismo político não é comunismo. O paradoxo de Gorbachev, em outras palavras, foi que ele acreditou na possibilidade de mudar o que não podia ser mudado. O necessário não era a reestruturação – *perestroika* – mas uma nova estrutura – *novostroika*.

Depois de ouvir o relatório de Gorbachev sobre a política para a reestruturação dos quadros do partido, o Pleno de 28 de janeiro de 1987 formulou uma resolução: "O objetivo final da *perestroika* é a renovação de todos os aspectos da vida de nossa sociedade, dando ao socialismo as formas mais contemporâneas de organização social e a mais ampla abertura para o potencial criativo da ordem socialista."[62] Por décadas, os antecessores de Gorbachev se preocuparam da mesma forma com o aperfeiçoamento, melhora e renovação do socialismo, e com igual "sucesso." Gorbachev se destacou entre os outros por ter feito o possível para dar ao socialismo uma face humana. Tentativa nobre, mas de execução dificilmente viável a quem quer que fosse. No processo de tentar, ele conseguiu um avanço marcante ao subscrever a *glasnost* como um meio para a eliminação de todas as mentiras. O sistema leninista, independentemente do desejo de todos os seus funcionários, se fundamentava em falsidade, segredo, controle da informação e manipulação da consciência pública e privada. Tão logo o povo começou a entender a verdade sobre o regime e seus incontáveis mitos, os alicerces do sistema começaram a rachar. A verdade foi uma arma contra a qual o sistema leninista se revelou impotente.

Gorbachev abriu sua carreira como secretário-geral lançando um ataque frontal contra os defeitos e chagas da sociedade soviética e, ao fazê-lo, teve amplo apoio popular. Sua primeira campanha foi contra a embriaguez e o alcoolismo, que de há muito constituía sério problema. Em 1984, não menos que 9,3 milhões de bêbados haviam sido literalmente recolhidos nas ruas das cidades e vilas do país. No mesmo ano, o consumo médio anual de álcool puro per capita fora de 8,3 litros, sem contar a destilação doméstica e ilegal do produto. Em algumas regiões do país, tal consumo atingiu proporções impressionantes: em Kamchatka, 14 litros, e nas Sakalinas, 17 litros por cabeça. Absenteísmo, crime e degradação humana tornaram-se tão generalizados que não foi mais possível ignorá-los.

Em 4 de abril de 1985, o Politburo debateu o problema. M. Solomentsev, que presidia a comissão sobre o assunto, fez seu relatório e apresentou recomendações. A maioria delas era alguma forma de proibição: elevar os preços e reduzir a produção, aumentar as multas, negar prêmios ou bônus, ou passes para casas de repouso, retardar a entrega de apartamento, vedar a venda de álcool a menores de vinte e um anos, e assim por diante. Como sempre, um novo "órgão público," a Sociedade 'Sobriedade' para Toda a União, foi criada e muitos milhares de funcionários nomeados.

V. Dementsev, primeiro vice-ministro das Finanças, embora, de um modo geral, apoiando o tom dos debates, fez ver cautelosamente que a redução na produção e na venda do álcool resultaria em perdas para o orçamento do estado em 1986 da ordem de 4 bilhões de rublos, em 1987 de 7,5 bilhões, em 1988 de 11 bilhões, em 1989 de 14 bilhões, e em 1990 de 15 a 16 bilhões. Como compensar tais perdas e como equilibrar de novo o orçamento?

Gorbachev o interrompeu bruscamente: "O que você disse não é novo. Todos sabemos que não há dinheiro para cobrir isso. Mas sua proposta não é outra do que deixar que as pessoas bebam. Portanto, tente fazer comentários mais curtos; você não está no Ministério das Finanças; você está numa reunião do Politburo."[63] Era uma demonstração de dureza, em parte para alardear sua nova autoridade, mas também porque o país demandava ação firme para deter a embriaguez.

Todavia, as medidas tomadas com tanta determinação logo se mostraram inócuas. Filas enormes se formaram por todos os cantos para a compra de bebidas alcoólicas, surgiu próspero mercado negro de vodca e a destilação caseira generalizou-se, com a utilização de centenas de milhares de toneladas de açúcar, artigo que, em conseqüência, desapareceu das lojas, resultando em racionamento. Após três anos, Gorbachev admitiu a derrota. Uma nova instrução, de outubro de 1999, falou de "exageros," "superadministração," "métodos inadmissíveis de lei-seca," etc. A mal planejada carga de cavalaria sobre a embriaguez não deu resultados positivos e, com o tempo, causou sérios danos à situação econômica, social e mesmo psicológica do país, para não falar na imagem pública de Gorbachev.

O Secretário-Geral foi se modificando em sintonia com a sociedade. A evolução foi difícil e contraditória, mas significativa. E em especial na esfera em que a União Soviética estava mais seriamente atrasada: a dos direitos humanos.

No verão de 1985, às vésperas do 12º Festival Mundial Estudantil e da Juventude em Moscou, Chebrikov, Fedorchuk e Rekunkov – chefe da KGB, ministro do Interior e procurador-chefe, respectivamente – pediram permissão a Gorbachev para tomar "medidas preventivas" contra gente não-confiável politicamente. Propuseram que vinte e cinco cidadãos de Moscou que esposavam idéias anti-soviéticas "ficassem detidos por decreto durante a realização do festival." Parece que sem prestar muita atenção, Gorbachev aprovou, assinando a ordem em 24 de junho.[64] A política de lidar com pessoas politicamente indesejáveis por meio de "medidas administrativas," isto é, sem julgamento e devido processo, evidentemente foi aplicada pelos predecessores de Gorbachev, de maneira mais selvagem por Stalin. Tais atos, ao longo de todo o período soviético, derivaram do mesmo impulso bolchevique. Mesmo caso de muitos cidadãos soviéticos, Gorbachev iria precisar de algum tempo para apagar o bolchevismo de sua alma.

Os secretários-gerais sempre tiveram os serviços especiais em alta conta, nos quais confiavam acima de tudo. Em maio de 1986, teve lugar em Moscou uma convenção de Toda a União para altos funcionários da KGB. Gorbachev discursou exaltando os "órgãos" pelos efetivos serviços para a segurança estatal. Recebeu depois uma fotografia onde aparecia na plataforma cercado pela chefia da KGB; era autografada por Chebrikov em nome de "seus leais e devotados chekistas."

No ano seguinte, quando recebeu um relatório regular de Chebrikov sobre "a sabotagem inimiga entre a intelligentsia soviética criativa," Gorbachev foi um pouco mais circunspecto. O relatório incluía os nomes de muitos escritores soviéticos bem conhecidos que, supostamente, estavam sendo "manipulados" com persistência pelos serviços imperialistas de inteligência. Chebrikov asseverou que "os serviços secretos inimigos" mantinham observação cerrada sobre escritores como Anatoly Ryabakov, Felix Svetov, Vladimir Soloukhin, Bulat Okudzhava, Faizil Iskander, Boris Mozhaev e Vladimir Kornilov, e citou também Alexaner Soljenitzyn, Lev Kopelev, Vladimir Maximov e Vasili Aksyonov, todos vivendo no exterior, como "elementos hostis." A resposta de Gorbachev foi neutra. Em 16 de julho de 1986, replicou: "Circular entre todos os membros e membros-candidatos do Politburo e secretários do Comitê Central. Camaradas Ligachev e Yakovlev, discutir o assunto comigo."[65]

Sabemos agora que Gorbachev não concordava totalmente com as propostas da KGB e que tencionava conduzir uma política mais flexível para com a intelligentsia criativa, a fim de angariar apoio dela para as reformas. Em outubro de 1986,

Andrei Sakharov escreveu a Gorbachev queixando-se do tratamento dispensado aos dissidentes e de seu exílio interno. Queria permissão para ir a Moscou. Em dezembro, Gorbachev tomou decisão corajosa e importante: telefonaria a Sakharov em Gorky e sugeriria que ele retornasse a Moscou para continuar sua pesquisa científica.

Um ano antes, em agosto de 1985, o Politburo apreciara a solicitação de Sakharov para que sua esposa, Yelena Bonner, fosse ao estrangeiro para tratamento médico. Chebrikov declarou na ocasião que "Bonner exerce 100% de influência sobre Sakharov," ao que Gorbachev respondeu: "Isso é sionismo para você." Ryzhkov adotou linha mais leniente: "Sou favorável à permissão para que Bonner vá ao exterior. É atitude humana a tomar. Se ela ficar por lá, é claro que o estardalhaço será grande. Porém teríamos a chance de influenciar Sakharov."[66]

Gorbachev percebeu que o regime ganharia mais com a libertação de Sakharov do exílio do que com sua segregação numa cidade interditada aos estrangeiros. Quando o Ocidente soube do telefonema do Secretário-Geral para o dissidente de maior renome do país, o fato foi considerado uma expressão de grandeza de espírito e de humanismo, e os índices de aprovação de Gorbachev atingiram as alturas. Na euforia, esqueceu-se de que Sakharov fora exilado, antes de tudo, por um ato de mando arbitrário ilimitado, sobre o qual Gorbachev não viu necessidade de pedir desculpas, nem de explicar como o simples ato de telefonar bastou para corrigir a situação. Aquele telefonema marcou definitivamente a atitude oficial em relação aos dissidentes, mas também demonstrou a ausência do império da lei que caracterizava a URSS.

A Corte Suprema exarou ato pondo fim ao exílio e concedendo perdão à esposa de Sakharov. O presidente da Academia de Ciências, Guri Marchuk, foi solicitado a ir a Gorky. Em 22 de dezembro de 1986, depois de retornar da visita a Sakharov, Marchuk reportou ao Comitê Central: "Importante momento de nossa conversa foi o ponto que M.S. Gorbachev solicitou que eu levantasse junto a Sakharov, a saber, que ele acreditava na sinceridade da carta de Sakharov. A reação dele foi significativa. Ficou algum tempo em silêncio, tentou dizer alguma coisa, mas não conseguiu." Cercado pela KGB por todos os lados, Sakharov mal pôde entender que o comunista mais elevado da terra fora capaz de acreditar na sua carta. Só essa possibilidade o deixou aparvalhado.

Marchuk escreveu mais: "Fiquei com a seguinte impressão de minha conversa de duas horas com Sakharov. Ele está em estado de choque e de grande confusão em virtude da ligação telefônica com M.S. Gorbachev. Claramente, jamais esperou tal reviravolta e levará algum tempo tentando entender a nova situação. Sabedor de que sua carta teve credibilidade em Gorbachev, assumiu posição nova e muito responsável. Está começando a perceber que, em Moscou, enfrenta uma batalha sobretudo com a esposa e seu círculo anti-social, e, simplesmente, está cansado disso tudo e gostaria de dar prosseguimento com tranqüilidade ao seu trabalho científico."[67]

O episódio Sakharov mostrou não só que Gorbachev possuía sentimentos humanos como também provou que não foi da boca para fora que disse: "democratismo não foi apenas um slogan, ele é a essência da perestroika."[68] Queria que toda a sociedade acreditasse na sua pessoa, e tinha motivo para pensar que a confiança nele cresceria também fora do país.

Como muita coisa dependia dele, foi difícil para Gorbachev livrar-se de muitos dos defeitos que mais tarde condenaria. Praticamente até o golpe fracassado de agosto de 1991, ele depositou confiança nos serviços de segurança, embora eles fossem fundamentalmente hostis a suas reformas. Mesmo enquanto falava de *glasnost*, democracia e direitos humanos, lia os relatórios da KGB que, efetivamente, repudiavam seus esforços democráticos. Em 21 de março de 1988, por exemplo, Chebrikov relatou sobre "o trabalho dos órgãos de segurança para a identificação dos autores de material anônimo de caráter hostil." O chekista escreveu que houvera "um aumento de 9,4 por cento no número de pessoas engajadas em tal prática, e que 1.312 autores de panfletos e cartas, ou signatários de petições de natureza anti-soviética, haviam sido identificados." O relatório detalhou as quantidades de trabalhadores de colarinho branco e colarinho azul, bem como de estudantes e de aposentados por idade, então desvendadas, o número dos que tinham sido advertidos e daqueles presos e levados a julgamento pela prática de atividade criminosa.[69]

Nos bastidores da *perestroika*, a vida da Cheka prosseguia. Gorbachev, como secretário-geral, se mostrava ativo na administração da agência. Como antes, a espinha dorsal dos integrantes da KGB era aprovada pelo Comitê Central. Entre 1986 e 1990, o Politburo aprovou a ida para postos na KGB de especialistas nos mais variados ramos. Muitos vieram do Ministério das Instituições Educacionais Especiais de Nível Superior e Médio, do Ministério da Defesa, de institutos especializados de pesquisa científica e das escolas militares. O próprio partido deu quadros diretamente à KGB.

Por sete décadas, a chefia bolchevique induzira a hipocrisia arraigada: dizia uma coisa, pensava outra e fazia uma terceira. Portanto, qualquer ato democrático do novo secretário-geral era visto pela maioria da população como revelação inesperada, um evento de estadismo indicando salvação. E, no cômputo geral, Gorbachev não desapontou tais expectativas. O Procurador da URSS V. Terebilov escreveu ao Comitê Central, em maio de 1986, propondo que a pena de morte fosse abolida para as mulheres e os que tivessem entre dezoito e vinte anos; Gorbachev anotou à margem do memorando: "Recentemente, concordamos em ampliar a margem da comutação da pena de morte para a de vinte anos de reclusão. Foi medida acertada. A nota do Camarada Terebilov alarga ainda mais a questão: será que devemos manter na lei tantas acusações criminais para as quais a pena de morte é aplicável? Debateremos isso no Politburo."[70]

Gorbachev entendeu perfeitamente que o principal inimigo da *perestroika* era o Partido Comunista. Também sabia que nada poderia ser feito sem o Partido, o qual começara as reparações cosméticas do sistema. Mas não queria, "voluntariamente," revogar o Artigo 6º da Constituição Soviética que especificava: "A força orientadora guia da sociedade soviética, núcleo de seu sistema político, de suas organizações estatais e públicas, é o Partido Comunista da União Soviética."[71] Em diversas oportunidades, o Politburo debateu a questão de como preservar este artigo. Os membros do alto órgão sabiam que não era possível, mas ainda tinham esperança. Não é fácil abrir mão de poder.

Em 20 de novembro de 1989, Gorbachev anunciou: "Temos que lutar pelo Artigo 6º da Constituição. (...) Apegar-nos ao argumento de que não há necessidade de pressa, não é nenhuma emergência."[72]

Uma quinzena, se tanto, mais tarde, ele propôs novamente adiar qualquer decisão sobre essa matéria crucial. No Segundo Congresso dos Deputados da URSS, sugeriu: "O Congresso do partido se aproxima. Nele, discutiremos e chegaremos a uma resolução [sobre o Artigo 6º]." Acrescentou: "O partido não se aferrará ao Artigo 6º, mas sim à política e ação reais."[73] O político experimentado recuava lentamente, agarrando-se ao menor apoio numa desesperada ação retardadora. Tais medidas indicam que Gorbachev foi um dos últimos comunistas "românticos," um homem que acreditou na possibilidade de reestruturar o comunismo com uma aparência humana, de preservar o sistema leninista após sua "renovação."

Outro dos paradoxos de Gorbachev é que, apesar de convicto comunista e leninista, achou viável introduzir democracia no sistema leninista, embora um tipo comunista de democracia. Mesmo depois de removido o infame Artigo 6º da Constituição, Gorbachev fez o que pôde para assegurar a influência do partido na sociedade, e diversas sessões do Politburo foram devotadas à busca de meios e modos para isso, em meio às circunstâncias cambiantes. Uma resolução especial foi aprovada sobre "certas medidas para a garantia legal da viabilidade do partido." Muitas propriedades estatais foram convertidas em propriedade do partido, inclusive gráficas oficiais, arquivos, bibliotecas e casas de repouso, e houve uma vaga menção às atividades financeiras do partido.[74] Talvez esteja aí a origem da misteriosa questão dos fundos do partido, um problema que o governo pós-soviético ainda não se mostrou capaz de resolver. O partido se preparava em surdina para viver na nova "sociedade democrática" e, com tal objetivo, escondeu grandes quantias pela Rússia e pelo exterior. Em 1995, quando os partidos e grupos democráticos na Rússia tinham apenas um punhado de publicações em mãos, as organizações comunistas eram donas de mais de uma centena de jornais centrais e provinciais.

No seu artigo de fundo "A Idéia Socialista e Revolucionária da *Perestroika*," aparecido no fim de 1989, Gorbachev reconheceu que "normalmente, até a expressão 'socialismo democrático' provocava uma reação negativa, sendo identificada como linha reformista e oportunista no movimento socialista." Porém declarou que, com a ajuda de *perestroika*, seria possível criar "um socialismo não apenas humano, como também democrático."[75] Isso significou a admissão de que Gorbachev personificou reformismo e oportunismo no movimento socialista, embora não fosse necessária muita coragem para afirmar tal coisa no limiar dos 1990.

O paradoxo Gorbachev pode ser expresso simplesmente: o homem que matou o comunismo era comunista convicto. Mesmo no XXVIII Congresso do partido, no verão de 1990, cujo lema foi "Rumo a um socialismo humano e democrático," e no qual muitas idéias novas e sensatas se formularam, uma tese foi apresentada que, de imediato, jogou tudo por terra: "O PCUS é um partido de opção socialista e expectativa comunista."[76] Simplesmente não se conseguia jogar fora a bagagem leninista. Eu era candidato à comissão de programação daquele congresso, mas fui vencido pelos bolcheviques ortodoxos.

Gorbachev, genuinamente, quis trazer a democracia para perto, mas não ao preço da "expectativa comunista."

A lição de Chernobyl

Muitos incidentes que, à primeira vista, pareceram de caráter regional deixaram marcas indeléveis nos últimos anos da URSS. Um deles foi o gigantesco acidente na usina nuclear de Chernobyl, próximo a Kiev. A tragédia, causada pelo tratamento incompetente, senão criminoso, de tecnologia avançada, se tornou símbolo do colapso do sistema comunista e revelou a profunda negligência das autoridades em relação aos interesses da população. Muitos tinham sido os alertas antecipados quanto à possibilidade de um desastre como o que finalmente ocorreu em Chernobyl, mas o povo quase não tomou conhecimento deles.

A URSS entrou na corrida nuclear quando, às sete horas da manhã de 29 de agosto de 1949, o exército soviético detonou sua primeira bomba atômica. Em 30 de outubro de 1961, os projetistas da bomba soviética de hidrogênio explodiram um artefato em Novaya Zemlya, uma ilha acima do Círculo Ártico, com o equivalente a 50 megatoneladas de TNT, e outra de trinta megatons foi detonada "em homenagem ao XXII Congresso do partido." Khruschev ficou radiante e deu imediatamente seu consentimento para um teste de 100 megatons. Os cientistas, no entanto, conseguiram persuadi-lo a não dar seguimento à experimentação.

Em 14 de setembro de 1954, no campo de provas de Totsk na região de Chkalov (mais tarde, Orenburg), no oeste da Sibéria, uma manobra militar foi executada, sob o comando do marechal Zhukov, com o emprego de armas nucleares reais. Como deputado ao Soviet Supremo por Orenburg nos anos 1980, visitei diversas vezes a vila de Totsk. Minha primeira ida àquela vila ocorrera bem antes, quando, como comandante de uma unidade de carros-de-combate, tomei parte em exercícios rotineiros efetuados no local da explosão nuclear. A terra tinha a aparência de asfalto gasto.

Antes da explosão, todos os habitantes dos vilarejos de Yelshanka-2, Orlovka, Ivanovka e Makhovka, num total de 1.633 famílias, foram removidos de suas residências. Ficaram para trás quarenta cabeças de gado, inclusive vacas, cavalos e camelos, e trezentas ovelhas. Da altura de nove mil metros, um TU-4 lançou a bomba, programada para explodir a 350 metros. Abrigos, casamatas, trincheiras e casas foram construídos em bom número e entulhados de animais. Equipamento militar foi distribuído por toda a área e, depois da explosão, tropas na parte de cima de blindados passaram pelo epicentro da detonação.[77] Só quarenta anos mais tarde, um governo democrático russo iria considerar a necessidade de dar alguma compensação às vítimas daquele monstruoso teste.

Três anos depois do experimento de Totsk, em setembro de 1957, na região de Chelyabinsk, sede da Instalação nº 817 de armas nucleares com base no plutônio, ocorreu grande explosão que destruiu um reservatório de solução radioativa. Esse pequeno Chernobyl foi encoberto para o país e para o resto do mundo. O local da fábrica recém-construída, o quartel dos engenheiros do exército, um campo de concentração e os vilarejos de Berdyaniki, Saltykovo, Golikaevo e outros ficaram expostos a intensa radiação. Um vasto trato de terra ficou coberto de estrôncio-90.

Em 19 de outubro de 1957, o Soviet de Ministros e o Comitê Central reagiram a tal calamidade decretando que "no prazo de duas semanas, propostas seriam submetidas sobre o reassentamento dos habitantes dos vilarejos de Berdyaniki, Saltykovo, Golikaevo e Kirpichiki antes de 1º de março de 1958." Cinco meses para evacuar pequeno número de aldeões que tiveram seus lares arrasados.[78] O acidente teve lugar em 29 de setembro de 1957, o Presidium, ou seja, o Politburo, foi informado em 7 de outubro, mas nem mesmo examinou a questão antes de 19 de outubro. Seu decreto foi eloqüente: "As providências tomadas sobre a matéria pelo Ministério da Fabricação de Máquinas Médias são suficientes."[79] Afora a evacuação por volta de 1º de março, tais providências se resumiram ao estabelecimento de postos para a monitoração da radiação, uma indenização única de quatrocentos rublos para os aldeões com condições para trabalhar e cem para os que não as tivessem, e a construção de algumas cabanas protetoras.

O decreto ignorou que a nuvem radioativa passou por muitas outras áreas habitadas. A ausência de publicidade impediu que a população local tivesse qualquer chance de conhecer as dimensões reais da ameaça, apesar de, segundo números claramente manipulados, só a área afetada imediatamente depois da explosão ser de vinte mil quilômetros quadrados.

No final de outubro de 1978, o ministro da Construção Naval reportou ao Comitê Central: "Em 20 de outubro de 1978, às 23h52, uma barcaça carregando resíduo radioativo de submarinos nucleares recondicionados afundou dezoito milhas a noroeste da ilha de Kolguev [no Mar de Barents], em águas com profundidade de quarenta e cinco metros. (...) Uma comissão especial foi organizada para investigar o afundamento não-autorizado da barcaça."[80] Tais incidentes foram eficientemente abafados pelas autoridades, e a população não teve conhecimento deles. Não que pudesse fazer alguma coisa se soubesse. Em 1986, a situação era bem diferente. Não era mais possível esconder esses tipos de fatos, por mais que o governo desejasse.

Um ano depois de assumir a função de secretário-geral, Gorbachev enfrentou um problema da maior seriedade. Foi talvez então que, afinal, entendeu que a *glasnost* era faca de dois gumes, e que qualquer tentativa de aplicar as antigas regras seria rigorosamente julgada. A catástrofe de Chernobyl, como a guerra no Afganistão, exacerbou materialmente os aspectos da crise política e econômica vivida pelo país, assim como a posição do Secretário-Geral.

De 25 a 27 de abril de 1986, o Ministério da Defesa efetuava cursos de atualização para altos comandantes e oficiais políticos nas instalações de instrução de Lvov. Tudo corria normalmente, com os discursos e palestras do ministro da Defesa, do chefe da administração política, e outros. Durante um intervalo em 26 de abril, eu conversava com um grupo de generais quando o chefe do estado-maior nos comunicou que ocorrera um acidente na usina nuclear de Chernobyl, 130 quilômetros ao norte de Kiev. A notícia nos foi passada calmamente e nenhum de nós deu atenção especial ao fato. Acidentes não eram exatamente uma raridade em nosso país. O ministro da Defesa Sokolov, no entanto, voou diretamente para Moscou e, no dia seguinte, vários participantes do encontro deixaram Lvov em avião militar.

Ao meio-dia de 26, o vice-ministro da Energia, A. Makhunin, expediu "relatório urgente" ao Comitê Central, onde ele foi distribuído ao Departamento Geral, daí para o Departamento de Energia Atômica e, finalmente, ao Secretário-Geral. O relatório dizia: "Em 26.04.86, à 1h21, na Chernobyl AES [usina de energia atômica], em seguida ao desligamento do reator do Bloco 4 e durante a remoção dos componentes para manutenção, ocorreu uma explosão na parte superior do reator." O relatório mencionava danos causados por um incêndio. "Às 03h30, o incêndio foi debelado. O pessoal da AES está tomando medidas para resfriar a zona ativa do reator. Na opinião da Terceira Administração Principal do Ministério da Saúde da URSS, providências especiais, inclusive evacuação dos habitantes da cidade, não são necessárias."[81]

Já na noite de 26 de abril, o mundo inteiro comentava sobre importante acidente nuclear ocorrido na URSS. Moscou permanecia silenciosa. Durante o dia seguinte, os noticiosos estrangeiros divulgaram o deslocamento de nuvens radioativas para o oeste, norte e sul. Foram pedidas explicações ao Kremlin, mas Moscou continuou calada.

Por fim, em 28 de abril, às 11 horas da manhã, o Politburo reuniu-se da forma usual. Nenhuma decisão importante poderia ser tomada sem sua aquiescência, fosse uma turnê ao estrangeiro do Teatro Bolshoi, manobras militares, construção de uma ponte, ou prestar informação sobre um acidente nuclear. O candidato a membro V. Dolgikh fez relato incoerente sobre a situação na planta nuclear: "Houve uma explosão. (...) O nível de radiação na área do reator é de mil roentgens. (...) A população está sendo evacuada; das vinte e cinco mil pessoas da cidade, cinco mil permanecem lá. (...) Helicópteros estão lançando barro vermelho e chumbo sobre o local da explosão (...)"

A discussão entre aqueles não-especialistas foi, inevitavelmente, de natureza diletante. Falaram sobre chumbo, sacos de areia e temperatura dentro do reator. Finalmente, Gorbachev perguntou: "Como devemos administrar a informação?"

> DOLGIKH: Temos que completar a localização da fonte da radiação.
>
> GORBACHEV: Precisamos expedir um comunicado com a maior brevidade, não devemos nos atrasar...
>
> LIGACHEV: Não podemos retardar a informação sobre o que aconteceu...
>
> YAKOVLEV: Quanto mais rápido divulgarmos o acidente, melhor será...

Passaram-se horas, a reunião foi encerrada, e nada de notícias partidas de Moscou. Afinal, mais tarde naquela noite, foi dada pela televisão e pelo rádio uma notícia amena sobre a ocorrência de um acidente, dizendo que as providências estavam tomadas.

Entrementes, o mundo exterior testava a atmosfera em termos de resíduos radioativos poluentes. Jornalistas ocidentais atulhavam as centrais telefônicas das agências oficiais soviéticas. Embaixadores de diversos países eram acionados. Foi dito a Gorbachev que centenas de milhões de pessoas em redor do mundo estavam tocadas pelo drama de Chernobyl, mais que durante a derrubada do Boeing da Coréia do Sul em 1983. Naquela ocasião, uma onda de indignação varreu o globo, ao passo que agora era um surto de alarme. Entendendo que o problema que tinha em mãos era tudo menos rotineiro, e que se fazia mister uma ação concertada, Gorbachev convocou físicos, o ministro da Defesa, especialistas em energia nuclear e funcionários da KGB. Marcou outra reunião do Politburo para o dia seguinte, 29 de abril, e para ela foi armado com os dados fornecidos pelos experts. Abriu o encontro com uma observação sucinta: "Não estaríamos reagindo sem a mesma acuidade dos países que nos cercam?"

Dolgikh replicou com novo relatório: "A incandescência dentro da cratera diminuiu. (...) Sacos de areia continuam sendo lançados por helicópteros. 360 pessoas, mais 160 voluntários, estão nesse trabalho. Mas tem havido recusas para a execução da tarefa (...)"

Gorbachev fez uma proposta prática que fora preparada para ele: "Devemos organizar um grupo operacional no Politburo, com Ryzhkov como chairman e mais Ligachev, Vorotnikov, Chebrikov, Dolgikh, Sokolov e Vlasov."

Então, indagou: "Como lidar com a população e com a opinião pública internacional?" Depois de uma pausa, continuou: "Quanto mais honestamente nos conduzirmos, melhor. Para assegurar que uma sombra de suspeita não desça sobre nosso equipamento, temos que dizer que a usina nuclear estava em manutenção programada (...)"

Quanto à opinião pública, apenas Yakovlev e Aliyev demonstraram idéia definitiva: o público e os jornalistas estrangeiros tinham que receber informação completa.

> GROMYKO: Temos que dar mais informação para os países fraternais; Londres e Washington devem receber informação em particular. A situação deve ser explicada aos embaixadores soviéticos.
>
> LIGACHEV: Não deveríamos promover uma entrevista coletiva?
>
> GORBACHEV: Provavelmente, a melhor coisa a fazer seria a emissão de relatórios progressivos sobre a administração do acidente.[82]

A reunião finalmente concordou com o texto de um comunicado em nome do Soviet de Ministros, vazado em termos que poderiam muito bem ser usados para anunciar incêndio comum num almoxarifado:

> ... o acidente ocorreu em uma das áreas do Bloco 4 e causou a destruição de parte do alojamento do reator, danos ao próprio reator e certo grau de vazamento de substâncias radioativas. Os três outros blocos foram desligados, estão em boa ordem e são mantidos em reserva. Dois empregados morreram no acidente.
>
> Medidas imediatas foram tomadas para tratar do ocorrido. No presente momento, a situação da radiação na usina de energia e nas vizinhanças está estabilizada, e assistência médica é dispensada às vítimas (...)

No texto distribuído aos países socialistas, outra observação foi acrescentada: "Os níveis de poluição excederam em pequeno nível as normas permitidas, mas não a ponto de exigirem medidas especiais para proteger a população."[83]

O Grupo Operacional do Politburo começou então a se reunir regularmente. Todos se preocupavam com o estado das dezoito outras usinas nucleares do país. O Ocidente oferecia ajuda técnica e assistência médica, mas Moscou respondeu às ofertas com bastante reserva.

Havia cerca de quarenta mil militares nas proximidades de Chernobyl. Diques foram erguidos e um túnel escavado por baixo do reator. Ficou decidido fazer uma tumba sobre o Bloco 4. Gorbachev observou: "Fomos os primeiros a construir uma AES, agora somos os primeiros a fazer um caixão para uma delas."[84]

A questão que continuava a atormentar o Politburo foi de novo expressa por Gorbachev em 5 de maio: "E o mundo exterior?" Ele mesmo respondeu: "Devemos prestar com calma as informações e de forma equilibrada, mas sem condescendência."

Chernobyl, que se tornou caso emblemático da decadência geral do sistema soviético, foi também uma importante lição para Gorbachev, um teste para sua determinação de engajamento numa *glasnost* verdadeira. Duas semanas depois do desastre, Ryzhkov começou assim seu relatório para o Politburo sobre a situação: "O importante é que o acidente é tratado diretamente pelo Politburo e pelo secretário-geral M.S. Gorbachev, que está lidando com o problema o tempo todo."[85] Grande pressão era exercida sobre os subordinados, por confusos e desencorajados que pudessem estar, para encontrar soluções práticas e executar as ordens emanadas pelo Politburo e pelo Secretário-Geral. Gorbachev sabia que deveria permanecer de cabeça fria em relação ao rodamoinho do alarme mundial. Em 5 de maio, disse aos colegas: "Pânico é um luxo que os subordinados podem se dar, mas não o Politburo e o governo."[86]

Tudo indica que não foi muito depois de Chernobyl que Gorbachev passou a entender o poder da opinião pública. Ele gastou muito tempo para formular uma política sobre o que deveria e o que não deveria ser dito, sobre como salvar as aparências para o país, e para si mesmo, enquanto avaliava as informações. Apesar de ter dito em 28 de abril ao Politburo "Precisamos expedir um comunicado com a maior brevidade, não devemos nos atrasar,"[87] subseqüentemente, tentou, em diversas ocasiões, controlar o conteúdo e o volume das informações. Em 5 de maio, por exemplo, afirmou: "Mais informação genérica sobre a Ucrânia deverá ser prestada via canais locais. Informação factológica [*sic*] deverá ser dada pelos canais da União. Talvez a escala da informação para o mundo exterior possa ser ampliada. O inimigo está formulando perguntas que podem permitir que faça um julgamento geral a nosso respeito e, ao mesmo tempo, jogue lama em nós."[88] O mundo exterior ainda era o "inimigo" e ainda desejava "jogar lama."

Foi mais ou menos nesse momento que Ryzhkov e Chebrikov enviaram uma nota a Gorbachev sugerindo que "a natureza da informação sobre o acidente na Chernobyl AES permanecesse inalterada (especialmente para EUA, Inglaterra, Canadá e outros países capitalistas)."[89] Gorbachev visou o relatório e, evidentemente, concordou com seu conteúdo. Mas em seu livro sobre *perestroika*, escreveria sobre Chernobyl: "Toda a verdade foi dita. (...) Era inadmissível pensar que nós ficaríamos a meias-medidas e tentaríamos ser espertos. (...) Isso teria sido uma atitude covarde e indigna de um político."[90]

Apesar de Gorbachev ter percebido excepcionalmente bem a profundidade em que Lênin e seus sucessores tinham afundado o país no ódio de classe e na irreconciliação, os oferecimentos de ajuda dos "países capitalistas" foram postos sob suspeição. Até as perguntas que faziam eram, supostamente, calculadas para jogar lama sobre a União Soviética. Em julho de 1986, Armand Hammer, presidente da Occidental Petroleum, e o professor Gale, da Universidade da Califórnia, propuseram a organização de uma conferência internacional em Los Angeles sobre os efeitos de Chernobyl e como tratá-los. Moscou, naturalmente, recebeu convite; o ministro da Saúde S. Burenkov e um dos chefes do departamento de ciências do Comitê Central, V. Grigoriev, instaram o Politburo a não aceitar a participação num conclave devotado a um infortúnio soviético.[91]

Mesmo um mês depois do acidente, Gorbachev ainda alimentava suspeitas do tradicional tipo bolchevique. Em 29 de maio, expressou-as no Politburo: "Trabalhadores andam escrevendo que houve sabotagem em Chernobyl. Isso parece difícil. A explosão teve lugar dentro do reator."[92] Se fosse fora, ficou implícito que não tinha tanta certeza.

Chernobyl desvendou muita coisa do sistema que Gorbachev queria reformar: morosidade e inflexibilidade, hábito de esperar por ordens superiores, falta de prestação acurada de contas e falta de preparo para emergências. Não existiam providências para eventualidade de acidentes, tampouco medidas protetoras para os indivíduos. A "defesa civil," se bem que impressionante em escala, era mal planejada. Como esperado, as famílias dos funcionários mais categorizados foram evacuadas primeiro. Mais uma vez, as deficiências dos líderes locais foram compensadas pelo heroísmo de pessoas comuns, como o major L. Telyatnikov e os tenentes V. Pravik e V. Kibenok, que morreram pela exposição à radiação.

As primeiras respostas a Chernobyl foram superficiais e despreocupadas. O chairman do setor agrícola estatal, V. Murakhovsky, velho amigo de Gorbachev de Stavropol, relatou ao Politburo, em 8 de maio, que dados experimentais tinham até então indicado que a perda na produção agrícola nas vizinhanças da usina nuclear devido à nuvem radioativa era mínima. "Com processamento adequado, a produção poderá ser utilizada para consumo, ou para alimentar animais. No momento, a alta concentração de iodo radioativo em quase todo o leite da região de Gomel, em cinco distritos da região de Kiev, três distritos da região de Chernigov e dois da de Zhitomir, significa que o produto não pode ser ingerido em estado natural. Deve, por conseguinte, ser reprocessado como manteiga ou queijo. Foi verificado, durante a matança de gado de chifre e de porcos, que com lavagem dos animais e retirada dos nódulos linfáticos, a carne fica apropriada para consumo humano."[93]

Ficou claro que o Ministério da Saúde, a Defesa Civil, o Ministério da Energia e da Eletrificação, ou as autoridades locais, estavam sem a menor idéia sobre o que fazer. Esperavam instruções da chefia, e nem todos desejavam implementar as providências práticas recomendadas pelos cientistas, ou tinham capacidade para tanto. A portentosa usina carecia, praticamente, de qualquer sistema de alarme. No dia 5 de maio, o vice-presidente do governo, Boris Shcherbina, disse ao Politburo que "casamentos aconteciam em Chernobyl até a noite de 26 de abril."[94] Só o exército e os construtores do sarcófago reagiram adequadamente ao desastre.

Chernobyl deve ter sacudido Gorbachev para mais perto do "novo pensamento." Por outro lado, mesmo antes do acontecimento, sua atitude em relação ao problema nuclear fora profundamente realista. Em abril de 1985, ordenara que fosse dito à liderança norte-coreana que um reator, em construção com ajuda soviética, devia ficar sob o controle da Comissão Internacional de Energia Nuclear.[95] Em julho do mesmo ano, informara ao coronel Kaddafi que não concordaria que o centro de pesquisa nuclear montado pelos soviéticos fosse usado para a produção de água pesada, o que poderia fazer com que a Líbia fabricasse armas atômicas.[96] Insistira para que os líbios colocassem sua pesquisa nuclear sob o controle daquela comissão.

O lado nuclear, ou antinuclear, do "novo pensamento" que amadurecia em Gorbachev sempre foi claro. Entendia que sem melhoras fundamentais na segurança nuclear, a *perestroika* não chegaria a nada substantivo em termos internacionais. Sem chamar atenção para seu ponto de vista "reformista," anunciou em julho de 1986: "A guerra nuclear global não pode mais ser a continuação da política racional, já que porá fim à vida e, portanto, a todas as políticas."[97] Para um leninista, tratava-se, indubitavelmente, de argumento original – e verdadeiro.

O desastre de Chernobyl deu a todos a impressão de ser do tipo tecnológico e organizacional, porém, de fato, realçou uma série de deficiências na União Soviética. A cratera incandescente no Bloco 4 revelou profundas rachaduras no sistema. O simbolismo do evento não foi totalmente apreciado. Tais avaliações viriam apenas com o tempo. Depois do fiasco no Afganistão, que Gorbachev condenou, mas que se arrastou por mais quatro anos, Chernobyl foi a vez seguinte em que os sinos dobraram pelo sistema. Houve muitas outras dessas oportunidades ao longo da espinhosa trajetória da reforma: o fracasso dos esforços para acelerar a recuperação econômica, as tentativas para reprimir heresias democráticas no partido, a esperança infundada de salvar a *perestroika* pela movimentação dos quadros do partido, e o retardo na resposta ao surgimento da consciência nacional nas repúblicas.

Fim do império

Todos os impérios na história desabaram mais cedo ou mais tarde. O principal destruidor da URSS foi também seu criador, Lênin, que, em 1920, começou a abolir a forma mais progressista de administração do estado, as províncias, formando em seu lugar as entidades nacionais. Enquanto a URSS foi um estado unitário, tal inovação teve pequeno significado, porém, tão logo tiveram início o processo de democratização e a *glasnost*, em 1985, emergiu um espírito nacionalista forte e impetuoso.

Não foi universalmente entendido que, na luta contra o totalitarismo comunista, o inimigo era também a expressão física de sua existência – a URSS. O sistema sociopolítico e o do estado-nacional eram totalmente conexos. Quanto mais fraca se tornou a oligarquia comunista, mas débeis foram ficando os vínculos da URSS. Se a União das Repúblicas Soberanas Soviéticas, como Gorbachev propôs denominar uma nova estrutura, iria sobreviver, é uma questão hipotética. Todos esses esforços caíram por terra com o golpe de agosto de 1991. Foi o último empurrão que derrubou o edifício do estado.

Quando, em maio de 1991, começou o trabalho em Novo-Ogarev para preparar outro Tratado da União, estava patente que, nas circunstâncias de então, a nova União dificilmente seria uma federação, mas sim uma confederação. Isso poderia constituir uma conquista positiva, um meio-termo histórico. Como assistente militar do presidente Yeltsin, acompanhei-o diversas vezes em reuniões com Gorbachev no Kremlin para debater os aspectos mais complexos do tratado, em particular o status dos ex-territórios autônomos. Por exemplo, a República Autônoma Tártara insistia em assinar o tratado como uma república da União. Yeltsin, Khasbulatov e eu, representando a Rússia, e Gorbachev, Shakhnazarov e Lukyanov, representando a União, concordamos que era necessário agir rapidamente. Em bom número de oportunidades, testemunhei Gorbachev e Yeltsin tentando formular um tratado que preservasse a União, se bem que não na forma unitária. Ambos têm sido acusados desde então de provocarem a ruptura da União quando, na realidade, fizeram tudo para salvá-la, se necessário de forma alterada.[98]

Em julho de 1991, o Soviet Supremo da URSS aprovou a minuta de tratado sobre uma união de estados soberanos e, em 2 de agosto, Gorbachev, falando na televisão como presidente soviético, anunciou que o tratado seria assinado em 20 de agosto.[99] Outro passo era necessário para salvaguardar a União e ele já havia sido dado com o referendo de 17 de março de 1991, que confirmou a idéia de uma URSS renovada. Gorbachev deveria ter providenciado a assinatura imediata do tratado, mas, em vez disso, depois de fixar a data de 20 de agosto, entrou de férias. Um equívoco monstruoso.

Seu erro estratégico foi que, tendo declarado que a democracia era a essência da *perestroika*, não falou a mesma língua das forças anticomunistas. "Não vejo outro caminho senão o democrático," declarou mesmo depois do golpe,[100] porém, antes do drama de 19-21 de agosto, vinha mantendo à distância os porta-vozes da democracia e, desde então, tem colocado em dúvida as credenciais de democratas daquelas pessoas. Da mesma forma que o próprio país foi corrompido pelo comunismo, sua democracia também o foi.

A minuta de tratado foi atacada pela direita e pela esquerda. Os democratas argumentaram que ele não deveria ser assinado pelo menos no prazo de um ano, tempo necessário para convocar uma Assembléia Constituinte e determinar todas as questões do poder, bem como a forma da nova União.[101] Provavelmente uma má idéia. O novo Tratado da União deveria ter sido assinado com a brevidade possível e então, talvez pudesse ser convocada a Assembléia Constituinte com base na "nova" URSS como um fato objetivo. É possível que, com a assinatura do tratado, não fosse necessária a assembléia.

De sua parte, os conservadores, em especial o presidente do Soviet Supremo da URSS, Anatoly Lukyanov, lançaram dúvida sobre o texto do tratado, quando o golpe já estava em andamento, e propuseram "discussões adicionais numa sessão do Soviet Supremo da URSS e depois, talvez, no Congresso dos Deputados do

Povo."[102] Se o golpe tivesse sido vitorioso, com o que contava Lukyanov, não é difícil imaginar que tipos de discussões teriam lugar.

Os conservadores opunham-se ao próprio significado do tratado – uma União de estados soberanos. A palavra "socialista" fora diplomaticamente descartada depois de longa batalha dos democratas, e até o Soviet Supremo se viu compelido a aceitar sua retirada em 12 de julho. O ponto era fundamental e histórico: a URSS poderia ser preservada, porém não como estado socialista. Mas então como quê? Os democratas ponderaram que era exatamente isso que a Assembléia Constituinte deveria decidir, mas o estado teria que ser democrático, fosse qual fosse o resultado.

O verão de 1991 foi turbulento. Numa cimeira do G7 em Londres, em junho, Gorbachev recebeu nada além de palavras de indulgente superioridade encorajadora dos poderosos países ocidentais, que observavam de longe enquanto a União Soviética mergulhava cada vez mais no caos econômico, e não se mostravam dispostos a comprometer recursos financeiros em apoio às reformas. Yeltsin foi eleito presidente da Federação Russa na esteira de forte onda de popularidade. Juntamente com a Rússia, todas as outras repúblicas haviam declarado suas soberanias e se preparavam para colher o máximo possível de direitos no novo Tratado da União, que resultara das negociações de Novo-Ogarev e estava com assinatura marcada para 20 de agosto.

Em 18 de agosto, um grupo dos que queriam restaurar a linha-dura do mando bolchevique montou um "Comitê Estatal para Estado de Emergência." Dele faziam parte o vice-presidente Gennady Yanaev, o chefe da KGB Vladimir Kryuchkov, o primeiro-ministro Valentin Pavlov, o ministro do Interior Boris Pugo, o ministro da Defesa marechal Yazov, o chefe do Departamento Geral do partido Valeri Boldin, o secretário do Comitê Central Oleg Baklanov, o membro do Politburo Oleg Shenin, o vice-ministro da Defesa Valentin Varennikov, o próprio chefe da segurança de Gorbachev e funcionário da KGB Yuri Plekhanov, o presidente do Sindicato dos Camponeses Vasili Starodubtsev, e Alexander Tizyakov, que representava os interesses do setor industrial-militar.

Uma delegação de cinco homens do comitê, constituída por Baklanov, Shenin, Boldin, Varennikov e Plekhanov, chegou naquela noite ao novo palácio de verão de Gorbachev, em Foros, com a exigência de que ele assinasse decreto declarando estado de emergência. Gorbachev não acreditou na notícia de que Yeltsin já fora preso, porém eles conseguiram isolar o Secretário-Geral cortando as ligações telefônicas do palácio e cercando o local com fila dupla de guardas. Ainda assim, Gorbachev se recusou firmemente a cooperar com o que chamou de conspiração criminosa, e a delegação retornou a Moscou levando a má notícia aos colegasconspiradores, os quais, já então, tinham sérias dúvidas sobre a idéia toda.

Tendo cruzado o Rubicão, porém, eles concluíram que não havia caminho de volta. Em 19 de agosto, anunciaram que, por motivo de saúde, Gorbachev estava incapacitado de desempenhar suas atribuições e que seu vice, Yanaev, estava assumindo o governo. Tanques foram enviados para cercar o edifício do parlamento russo, conhecido como Casa Branca [a *Biely Dom*], e dezenas de milhares de moscovitas para lá se dirigiram em apoio ao presidente Yeltsin, que demonstrou ser mestre em relações públicas em escala internacional. Cobertura ao vivo foi levada aos telespectadores de todo o mundo, onde Yeltsin apareceu em cima de um carro-de-combate acusando o Comitê de Emergência e proclamando que ele próprio controlava o exército e a KGB. O World Service da BBC e outras redes ocidentais de televisão e rádio mantiveram a população russa informada, já que sua mídia de massa era mantida sob estrito controle.

Mas o Exército Soviético estava tão desorientado e confuso quanto a própria sociedade soviética, e, desde o início, ficou extremamente improvável que algum soldado atirasse em cidadãos desarmados no coração da capital. Três pessoas morreram, todas em acidentes. O comandante-em-chefe das forças armadas, marechal Yevgeny Shaposhnikov, depois revelou que não cumpriu a ordem de enviar caças-bombardeiros na direção da Casa Branca com o presumível objetivo de bombardeá-la.

Sem o apoio até mesmo da autoridade diminuída do presidente soviético, que ainda era o secretário-geral do partido e supremo comandante-em-chefe, o exército podia latir, mas não morderia. Foi dominado por Yeltsin, que tinha o respaldo do poder do povo, e sentiu a falta de determinação por parte dos conspiradores, cujo líder nominal, Yanaev, dizia-se, não conseguia sair do estado de embriaguez.

Com a chegada de relatórios dando conta de grandes manifestações em apoio a Yeltsin nas ruas da segunda capital, Leningrado, o golpe desandou. Pugo, o tesoureiro do partido Nikolai Kruchina e o marechal Akhromeev cometeram o suicídio em um dia ou dois, e circularam relatórios falsos de que outros, inclusive Yazov e o marechal Moiseev, tinham feito o mesmo. Os chefes do golpe foram detidos e aprisionados, como também Anatoly Lukyanov, presidente do Soviet Supremo e o mais próximo associado de Gorbachev, mas então considerado cúmplice da conspiração. Foram acusados de alta traição, mas o julgamento, que teve início em 1992 com acusações retificadas, foi cercado de confusões, e os presos foram libertados em 1993.

No V Congresso dos Deputados do Povo, em 3 de setembro de 1991, Yeltsin anunciou: "A revolta barrou a assinatura do Tratado da União, mas foi incapaz de destruir o desejo das repúblicas de estabelecerem uma nova União." Essa nova União seria "uma comunidade livre de estados soberanos, com área econômica e forças armadas comuns, e garantias estritas para os direitos humanos em todo o território."[103]

Depois da desintegração do golpe, começou a da URSS, com a Ucrânia desempenhando papel de destaque. A ruptura dos laços econômicos, espirituais e familiares, e a rixa numa antiga história, vieram à tona. Os piores temores de Gorbachev se concretizaram. A União se autodestruiu. Não faz sentido procurar culpados. Quase todos os que quiseram romper com o velho estilo de vida arregimentado bolchevique, a despeito de si mesmos, enfraqueceram a estrutura do estado – a União – ao mesmo tempo em que debilitaram o sistema comunista. Foi o preço amargo da libertação.

Falando mais precisamente, o golpe não foi inesperado. Muita gente havia comentado e escrito sobre a possibilidade de uma revolta do exército. Sinais transparentes de "uma mão forte" foram dados no Congresso dos Deputados do Povo. Generais surgiram como potenciais candidatos às eleições presidenciais. Yeltsin, que não precisava de votos extras e teria derrotado quem concorresse com ele, achou por bem convidar o coronel-general Alexander Rutskoi para ser seu vice-presidente, como um meio de maior penetração no exército. Tal medida acabaria se revelando um grave erro de julgamento. Rutskoi era homem ambicioso e presunçoso, com o qual a natureza não fora muito pródiga em dotar com capacidade intelectual, mas que, ao provar o gosto do poder, quis mais. Nada obstante, ele foi instrumento útil para barrar o golpe e, àquela época, era firme aliado de Yeltsin.

À medida que a situação do país piorava, Gorbachev, que não era popular entre os militares, tentou de alguma forma angariar sua lealdade, porém nunca demonstrou interesse muito grande pelas questões militares. O exército era o argumento final em qualquer querela interna, e foi muitas vezes usado como tal na história russa. Os comunistas a ele recorreram em agosto de 1991, da mesma forma que os nacionalistas e neofascistas vêm fazendo desde então, e podem continuar fazendo até que a democracia russa crie raízes mais fortes. Em 1991, no entanto, o exército não quis arriscar a deflagração de uma guerra civil.

Gorbachev não destruiu o sistema comunista, mas nada do que fez se pôs no caminho de sua autodestruição. O sistema, de qualquer forma, estava condenado. Mesmo sem Gorbachev, provavelmente se despedaçaria em uma década ou duas. O único campo em que a URSS podia competir com outros países era na produção de mísseis nucleares. A autodestruição do sistema, coisa distinta da URSS, foi determinada por diversos fatores.

Primeiro, a insana corrida armamentista, na qual, tendo conseguido a paridade a custo fantástico, a União Soviética acabou por esgarçar-se. Com mais de um terço de todos os recursos do país comprometidos com despesas militares, mais cedo ou mais tarde o esforço resultaria em colapso.

Segundo, a estagnação econômica, que se transformou em característica permanente, expondo cada vez mais o nível extremamente baixo da eficiência da economia na era pós-industrial.

Terceiro, a ossificação burocrática da sociedade, acompanhada por mitos dogmáticos residentes na mente pública, que transmudou o indivíduo num ser unidimensional.

Quarto, a natureza unitária da União que até então conseguira conter a pressão do nacionalismo dentro do caldeirão bolchevique, mas que estava prestes a explodir a qualquer momento.

Quinto, o monopólio de um poder político único, que demonstrou sua selvagem eficiência em tempo de guerra e de outros distúrbios sociais, mas que foi um pesado freio para o desenvolvimento do país.

Sexto, o sistema, que mandou em nome do "coletivo" e da "sociedade," porém privou o cidadão de importantes direitos e liberdades. Perto de três milhões de pessoas deixaram o país desde seu estabelecimento, atraídas pelo chamamento da liberdade.

Sétimo, a insensata aventura no Afganistão, que desferiu um golpe sério no sistema quando as autoridades se mostraram incapazes de justificar as baixas para uma população cada vez mais incrédula e descontente.

O querido do Ocidente

Quando Gorbachev se encontrou com Bush depois do golpe de agosto, o presidente se mostrou especialmente interessado em saber quando os conspiradores seriam julgados. Andrei Grachev, secretário de imprensa de Gorbachev, lembra que seu chefe esquivou-se da pergunta com uma pilhéria; acenando com a cabeça na direção de Brent Scowcroft, assessor de segurança nacional dos EUA, disse: "O senhor deve também manter olho vivo em seus generais."

Brincando, Bush replicou: "Se Scowcroft quiser meu cargo, entrego-lhe com o maior prazer."

"Eu não abriria mão do meu," disse Gorbachev inesperadamente sério. "Especialmente numa quadra tão difícil. O país está pronto para mudanças radicais, até mesmo as exigindo."[104]

Gorbachev foi chegando tristemente ao fim de seu mando e, como era típico, cercado de paradoxos: por mais arrebatado por ele que o Ocidente estivesse, em seu país era insultado em igual medida. No exterior, via-se praticamente endeusado. Recebia milhares de cartas, telegramas de congratulações e convites do Ocidente; incontáveis artigos e livros foram publicados sobre ele. É pouco provável que qualquer outro político tenha provocado tantas obras escritas durante seu tempo de vida. Sem sombra de dúvida, ele conquistara a imaginação do mundo ao simbolizar a saída de cena do monstro bolchevique. Os telespectadores de todo o globo viam um homem normal, de aparência agradável, que não se assemelhava aos seus seis antecessores. Quando falava – e falava bastante – as pessoas não mais sentiam o antigo receio.

Não era só porque Gorbachev causara real impacto no processo até então ineficaz de desarmamento: o povo reagia favoravelmente ao seu sorriso fácil e achava que podia confiar nele. Tornou-se quase uma personalidade mítica, investida de muito mais virtudes do que realmente possuía. Era fácil deixar passar o fato de que ele iniciara seu governo exatamente como os secretários-gerais anteriores, jurando fidelidade a Lênin e lançando maldisfarçados opróbrios sobre os "inimigos de classe."

O assessor de Gorbachev para assuntos internacionais, Anatoly Chernyayev, escreveu sobre o chefe:

> Ele é um homem inteligente, honesto, consciencioso e apaixonado, mais sábio ainda por conhecer as regras do jogo da organização de trás para frente, por querer melhorar tudo, aperfeiçoar tudo, pôr um fim no absurdo e vergonhoso estado de coisas. (...) Já teve diversas idéias sobre como "melhorar" o modo de vida. Porém, no presente estágio, elas não vão além da moldura existente da sociedade. Essa foi a origem do termo "*obnovlenie*" (renovação) que logo emergiu (e permaneceu por muito tempo em sua boca). Foram necessários anos para que se entendesse que esta sociedade não pode ser renovada. Está condenada e precisa ser completamente substituída.[105]

Nos primeiros dois anos de função, o sétimo líder foi visto com suspeita pelos jornalistas ocidentais e por muitos sovietólogos sérios, que especulavam sobre como ele diferia de Brejnev ou Andropov e se sua aparência agradável era enganosa. Num artigo para a revista *Kontinent*, em idioma russo e publicada na Alemanha, intitulado "Gorbachev – Um Alerta," Milovan Djilas escreveu: "Gorbachev provavelmente se revelará figura passageira. Na realidade, ele é mais um sucessor de Andropov do que do passivo e imóvel Chernenko. (...) As dificuldades e complexidades provocadas pela mudança pós-industrial compelirão Gorbachev a devotar mais atenção à política externa. Mas isso não fará com que ignore os interesses do império soviético ou desfaça a posição suprema da burocracia do partido."[106]

Até se transformar no querido do Ocidente, Gorbachev agiu quase da mesma forma que os predecessores. Os últimos anos do governo de Brejnev, a exemplo dos de Andropov e Chernenko, haviam sido tempos de coagulação mórbida dentro da hierarquia. Praticamente logo após assumir o cargo, Gorbachev começou a pegar, aos poucos, as rédeas da organização. Viu que seria difícil conseguir resultados positivos na política externa enquanto Andrei Gromyko fosse ministro do Exterior. Gromyko era diplomata experiente, mas também um conservador da escola stalinista. Contudo, Gorbachev contraíra débito com ele por tê-lo indicado para secretário-geral. Seria difícil forçar uma aposentadoria, nem o líder desejava afastar Gromyko da área das relações exteriores. Gorbachev era tático sagaz. Numa reunião do Politburo do final de julho de 1985, propôs tornar Gromyko chairman do Presidium do Soviet Supremo da URSS, efetivamente chefe de estado – um posto tão elevado quanto decorativo, dada a onipotência do partido e a impotência dos sovietes.

Gromyko, que já beirava os oitenta anos, aceitou prazerosamente o presente. A sessão continuou:

> GORBACHEV: A questão agora é: quem deve ser o ministro do Exterior? Dificilmente encontraremos um segundo Gromyko, com toda a sua experiência e conhecimento dos problemas mundiais. Mas também Andrei Andreyevich não começou a carreira diplomática com a experiência e conhecimento que possui agora. Não é hoje o mesmo homem que foi em Teerã. Temos boa quantidade de diplomatas qualificados. Kornienko é homem capaz. Maltsev, pouco menos. Chervonenko desenvolve trabalho partidário e diplomático. Há também Dobrynin. Mas, ainda assim, nossos pensamentos se movimentam para direção diferente. A função requer figura importante, alguém de nosso próprio grupo.[107]

Propôs, então, Eduard Shevardnadze, o que causou alguma surpresa, pois Shevardnadze, em gritante contraste com Gromyko, não tinha qualquer experiência em relações exteriores; quase toda a sua vida fora passada na Geórgia. Porém, como sempre, todos concordaram com o Secretário-Geral. Ao seu modo, Gorbachev sinalizava grandes alterações na política externa.

Andropov e Chernenko foram forçados pela saúde a se transformarem em verdadeiros eremitas, porém, sem contatos pessoais de alto nível, é quase impossível a condução da política internacional. Portanto, com a aprovação do Politburo, em novembro de 1985, Gorbachev encontrou-se com o presidente Reagan em Genebra numa reunião essencialmente de sondagem.

Muita coisa era nova para ele: o exército de jornalistas, o rigoroso protocolo diplomático, as câmeras de longo alcance captando cada característica de seu rosto. Ingenuamente, acreditou ter "levado a melhor" sobre Reagan durante as conversações, e isso se refletiu no telegrama de "orientação" que enviou a Castro, Li Xiannian, Kim Il-sung e outros chefes comunistas do Terceiro Mundo: "As negociações com Reagan foram verdadeiras escaramuças. [Donald] Reagan – o assessor mais próximo de Reagan – disse mais tarde que ninguém havia falado antes tão francamente e com tanto vigor com o presidente. (...) Em Genebra, não tínhamos a intenção de deixar que Reagan escapulisse apenas com uma sessão de fotografias, coisa que ele muito gosta."[108]

De Genebra, Gorbachev voou para Praga onde, em 21 de novembro, reuniu-se com chefes de países do Pacto de Varsóvia. No círculo familiar do campo socialista, sentiu-se como um vencedor e falou sobre o encontro com Reagan em tom triunfal, o que se entende, dado o seu histórico de desconhecido funcionário provinciano do partido.

No Politburo, depois do retorno, os colegas de Gorbachev naturalmente aprovaram seu relatório e fizeram constar de uma resolução: "O princípio e a flexibilidade demonstrados por Gorbachev no desenvolvimento de nossa linha garantiram vantagens políticas e resultados favoráveis em termos de propaganda para a União Soviética e para a causa da paz. (...) A disposição que revelamos por meios-termos sensatos deixou o atual governo americano na defensiva e desferiu sério golpe na ideologia e na política de sua 'cruzada.'"[109]

Gromyko não era mais o ministro do Exterior, mas o linguajar dos decretos diplomáticos e políticos permanecia o mesmo: inimigos, adversários, ofensiva, defesa, golpes e contragolpes.

Em 1986, um ano antes da publicação do livro de Gorbachev *Perestroika e o novo pensamento para nosso país e o mundo todo*, o Politburo fez um decreto "ultra-secreto" sobre "medidas para o fortalecimento de nossa resistência à política americana do 'neoglobalismo.'" As medidas propostas foram: "implementar planos para o desenvolvimento social e econômico do país" e "manter o poder militar em nível adequado."[110] Um ano depois, Gorbachev iria fazer uma oferta à comunidade mundial para "pôr normas morais e éticas na base da política internacional."[111] A evolução de suas opiniões sobre a política externa, julgada à luz dos documentos, acontecia de forma muito rápida.

Observadores internacionais notaram logo as vantagens de Gorbachev em relação aos seus predecessores: falta de reserva, fluência do discurso e, embora ainda débil, ênfase nos valores humanos universais. Mas continuaram de guarda alta em função de suas constantes referências a Lênin e ao socialismo. No entanto, a despeito dessas tendências, ele causou boa impressão pela franqueza, boa-vontade, persuasão e disposição para o meio-termo. Para dizer a verdade, os que o conheciam bem não estavam tão seguros quanto a tais qualidades positivas. Em particular, Alexandrov-Agentov era de opinião que "a franqueza e a afabilidade benevolente de Gorbachev eram uma máscara habitual por trás da qual não existia cordialidade nem boas atitudes em relação a ninguém. Por dentro, ele era sempre um frio calculista."[112]

O Ocidente estudou Gorbachev atentamente, observando como se trajava, como falava, como lidava com jornalistas e como se comportava diante das câmeras. Diferentemente de Andropov e Chernenko, ele deu inúmeras oportunidades para observação, pois se comprazia em encontrar-se com estadistas, embaixadores e jornalistas. Ficou evidente que ouvia pouco e falava muito. É claro que falava sobre a *perestroika*, a nova fase, o progresso das mudanças, a renovação do socialismo, e o fato de pensar num retorno a Lênin. Em 1993, um editor americano resolveu publicar uma enciclopédia de expressões gorbachevianas, que não eram poucas.[113] No Ocidente, pensava-se que, intencionalmente ou não, as ações de Gorbachev enfraqueciam o sistema comunista e o tornavam mais acessível às idéias liberais. A noção de que um secretário-geral, enquanto proclamava sua lealdade a Lênin estava, de fato, causando a destruição do leninismo, era arrebatadora. Tão inusitada proposição que alguns analistas acreditavam que o fenômeno Gorbachev nada mais era que elaborado plano do Kremlin para introduzir um Cavalo de Tróia no Ocidente.

Apesar disso, publicações ocidentais sérias começaram a falar de Gorbachev em tons de crescente aprovação que, no final, passaram a ser extasiados. Parece que o líder sucumbiu à lisonja e à adulação. Ele fora catapultado da virtual obscuridade das províncias russas para o centro da cena mundial em tão poucos anos que seria de admirar que não acabasse afetado.

Em diversas ocasiões, o próprio Gorbachev iria fazer referências ao seu papel pessoal. Em fevereiro de 1986, no final de uma reunião do Politburo, pediu aos colegas que continuassem sentados e disse: "Eu gostaria de passar aos camaradas um item importante de informação recente. Em 12 de fevereiro deste ano, o chefe de gabinete da Casa Branca, Reagan, teve uma conversa confidencial com as principais figuras do jornal *Washington Post* sobre a questão da política dos EUA em relação à União Soviética. Disse que considerou Andropov um líder soviético perigoso dos anos recentes. Mas que o novo líder, Gorbachev, era muito mais perigoso."[114]

Seria perfeitamente normal para o secretariado do Politburo circular informação de tal natureza entre seus membros, mas o fato de Gorbachev o fazer indica que, talvez, a imagem que criara no exterior lhe subira à cabeça.

Seu livro *Perestroika e o novo pensamento para nosso país e o mundo todo* (1987) causou espécie não só pela mensagem positiva de seu conteúdo, mas também pelo fato de suas idéias terem sido bem antes expressas por pensadores do quilate de Albert Schweitzer, Bertrand Russell, Andrei Sakharov e muitos outros. Gorbachev, é claro, tinha todo o direito de oferecer sua própria interpretação, mesmo que descrevesse ou não como "novo pensamento" idéias que dificilmente tivessem raízes em sua mente. Sua essência era, nas próprias palavras de Gorbachev, bem simples: "A guerra nuclear não pode ser meio para se conseguir objetivo político, econômico, ideológico ou de qualquer outro tipo."[115] Esse sentimento louvável foi incluído, é óbvio, em todas as principais declarações, resoluções e documentos da ONU. Além do mais, o "novo pensamento" de Gorbachev coabitava em sua mente com motivações bolchevique-militaristas mais tradicionais. Ao voltar de seu encontro com Ronald Reagan em Reykjavik, fez relato detalhado para o Politburo no qual não se revelou o amante da paz que proclamava ser, mas o combatente bolchevique, o ideólogo convicto, o vitorioso político:

> Depois de Reykjavik, marcamos mais pontos a nosso favor do que em Genebra. (...) Mas a nova situação demanda novas abordagens para nossa doutrina militar, para a estrutura de nossas forças armadas, seu desdobramento, e assim por diante, e para a indústria de defesa. Temos de pensar cuidadosamente sobre o que devemos fazer se não existirem mais mísseis de médio alcance, se não existirem mais armas de longo alcance, e situações semelhantes. Precisamos expedir ordens adequadas para que tais questões sejam analisadas. A indústria de defesa tem que se alinhar com a doutrina militar. Não devemos permitir que o pacifismo penetre nas forças armadas e na indústria de material bélico. É importante que disponhamos do necessário para garantir a inevitabilidade de nosso ataque de retaliação. A tal respeito, não deveremos tocar no dinheiro alocado para a defesa. (...) O encontro de Reykjavik mostrou que, com os representantes do governo americano, tratamos com pessoas que não têm consciência ou moralidade. (...) Com Reagan, em Reykjavik, lutamos não só contra um inimigo de classe, mas contra alguém extremamente primitivo, que parece um troglodita e demonstra incapacidade mental.[116]

Eram palavras de um secretário-geral leninista. Depois de 1986, Gorbachev aprendeu a usar linguagem mais diplomática.

Numa das seções do livro de Gorbachev sobre "política externa honesta e aberta," ele escreveu: "Ao proclamar nosso compromisso com uma política externa aberta e honesta, temos em mente honestidade, decência e sinceridade, e estamos aplicando esses princípios na prática. Tais princípios não são novos, vieram-nos de Lênin. O que é novo é que estamos tentando livrá-los das ambigüidades tão alastradas no mundo de hoje." A noção de que a política externa de Lênin era baseada na "honestidade e na sinceridade" só podia provocar riso, e Gorbachev, em especial no fim de seu período de governo, não era senão um cominternista no modo de pensar.

Estava certo, todavia, ao se referir às difundidas ambigüidades; mas elas provinham precisamente da orientação irreconciliável, paranóica e baseada em classe que sempre caracterizou a política externa soviética. E Gorbachev ainda estava imbuído dessa abordagem se bem que lutasse mentalmente para encontrar novo caminho.

Gorbachev foi incapaz de parar, na verdade nem tentou, o fluxo de armas e equipamento militar para o Vietnam, Síria, Iêmen do Sul, Etiópia, Angola, Somália, Argélia e outras regiões. Tal aspecto da política externa soviética, evidentemente, não estava enquadrado no "novo pensamento." Assim, depois das conversações com a delegação da Nicarágua e a despeito de aquele minúsculo país já dever 1,1 bilhão de dólares à URSS, o Politburo decidiu "suprir gratuitamente uniformes, alimentos e medicamentos para setenta mil milicianos do exército sandinista."[117]

O "novo pensamento" viria mais tarde. Não é difícil imaginar quão difícil deve ter sido para Gorbachev despojar-se das tradicionais atitudes do Komintern. No início do seu governo, ele mesmo tinha dúvidas sobre as perspectivas de mudanças nas relações soviético-americanas. No outono de 1986, enquanto debatia no Politburo a maneira de reagir à expulsão pelos americanos de cinqüenta e cinco diplomatas soviéticos, declarou: "De um modo geral, isso confirma o que eu disse ao presidente dos EUA em Reykjavik, que a normalização das relações soviético-americanas seria encaminhada obviamente pelas futuras gerações."[118]

A imensa popularidade granjeada por Gorbachev no mundo exterior se devia, em grande parte, à sua habilidade como negociador, ao seu talento para relações públicas e ao seu charme pessoal. As pessoas que o ouviam falar gostavam do que escutavam: a União Soviética estava sempre pronta para ingressar em "nova fase" de sua transformação para um estado moderno que colocaria democracia, paz e direitos humanos no topo da lista de prioridades.

Mas a principal razão dessa popularidade vinha dos visíveis indícios de que o gigantesco e rabujento país estava mudando. O pulso firme de Moscou sobre a Europa Oriental afrouxou, a Alemanha viu o caminho livre para a reunificação, começou a destruição de toda uma classe de mísseis e – impensável até pouco tempo antes – era possível comprar jornais e revistas ocidentais nas bancas das ruas de Moscou. O manto do sigilo era gradualmente levantado, Sakharov foi convidado a vir a Moscou, dissidentes e exilados no exterior tiveram permissão para visitar a terra natal, a imprensa começou a publicar artigos com informações sensacionais sobre Stalin, os assassinatos de Katyn, a invasão alemã e sobre interrogatórios de escritores feitos pela NKVD. Gorbachev abriu as comportas e jamais conseguiria fechá-las de novo, mesmo que quisesse. Permitiu que o povo adquirisse um sentimento de individualidade e, dessa forma, acelerou a erosão do sistema.

O mundo estava certo ao creditar a ele tão monumental ato de purificação. Porém os observadores externos também viram que suas tentativas desajeitadas de revivificar a economia dirigida e as fazendas coletivas estavam condenadas ao insucesso, esmagadas pelas demandas do complexo industrial-militar e não menos pela natureza irracional do sistema econômico em si.

Entre abril de 1985 e dezembro de 1991, Gorbachev recebeu cerca de quinhentos visitantes oficiais, chefes de estado e de governo, líderes políticos, figuras públicas e delegações. Não se tratou de uma esteira rolante de conversações e recepções oficiais: Gorbachev tinha diálogo profícuo com o mundo todo. E conseguiu convencer esse mundo que acreditava no que dizia. Deu um jeito de pôr de lado as resoluções do XXVII e XXVIII Congressos (de 1986 e 1990, respectivamente) – descritos na URSS, é claro, como "históricos" – e sua conclamação por "um abrangente sistema de segurança internacional"[119] cedo foi esquecida. A máquina soviética de propaganda vinha martelando tais slogans por muito tempo, mas eles ainda provocavam receio na comunidade mundial, embora ela não acreditasse em uma só palavra dos mesmos. Agora, por fim, sentia que podia confiar no comunista Gorbachev. Por mais que ele protestasse indiferença para com sua popularidade, muito do que subseqüentemente fez foi motivado pela possível repercussão no exterior e entre os muitos líderes mundiais que passara a conhecer pessoalmente.

A popularidade de Gorbachev teve o ponto mais alto no período entre 1988 e 1990. Seu pronunciamento na Assembléia Geral da ONU, em 7 de dezembro de 1988, foi um triunfo pessoal sem precedente. Quando acabou de falar, o superlotado salão explodiu numa ovação que experimentados observadores disseram jamais ter assistido. Ele fora reconhecido como um líder global de importância. O provincianismo, a ortodoxia bolchevique e a estreiteza intelectual do funcionário do partido haviam ficado para trás, e ele se igualou aos grandes líderes políticos do século. O Prêmio Nobel da Paz, em dezembro de 1990, veio como um sinal da gratidão mundial aos seus esforços para levar uma União Soviética reformada ao mundo civilizado.

Sua satisfação com a merecida honra, entretanto, deve ter sido obscurecida pela quase unânime reação negativa que provocou entre os compatriotas. Ao povo soviético, ainda preso aos velhos e rígidos modos de pensar e ressentido com as mudanças que Gorbachev tentava imprimir, parecia que ele era recompensado por levar seu país à ruína, que tudo o que fizera fora falar, e que o Ocidente o encorajava a prosseguir na sua tarefa de destruir a União Soviética. Mas para o resto do mundo, o Nobel representava aprovação global para a hercúlea tarefa de Gorbachev, apesar de apenas parcialmente bem-sucedida, a fim de melhorar seu país. Foi o apogeu de sua fama no exterior.

Anatoly Chernyayev observou que o efeito sobre Gorbachev da ovação na ONU não devia ser subestimado.[120] Chernyayev acredita que Gorbachev deveria ter se valido da enorme capitalização da boa-vontade internacional para se livrar completamente dos dogmas bolcheviques e dos subjetivos e limitados pontos de vista do "campo socialista" sobre desarmamento e Afganistão. Mas isto não aconteceu.

A despeito do reconhecimento global como líder de estatura mundial, em casa, Gorbachev permaneceu sendo o chefe pouco respeitado de um partido falido. Carecia de determinação e de discernimento para retirar o manto do cargo de secretário-geral e, dessa forma, continuou vinculado à esmagadora derrota do leninismo. Seu maior paradoxo foi ter chegado ao pináculo da aclamação mundial ainda com o peso morto da ideologia comunista agarrado a ele. É claro que ainda era o secretário-geral, e aí residiu o drama pessoal: seu talento em escala mundial tinha que ser combinado com os estreitos acessórios comunistas. Mesmo quando seus desleais camaradas-em-armas tentaram depô-lo no golpe de agosto de 1991, ele ainda estava aferrado a esse dualismo.

Gorbachev parece que jamais esqueceu o que disse no XXVII Congresso em 1986: "Sabem vocês, quando se lê [Lênin] de novo, e isso deve ser feito ao se trabalhar sobre um documento como este [o relatório para o Congresso], chega-se à conclusão de que se deve começar com ele e terminar com ele."[121] Deveria ter abandonado Lênin em prol de valores cujo significado passara a entender. Mas permaneceu retornando ao leninismo, completando várias vezes a jornada de ida e volta entre a verdade universal e as mentiras de classe.

Gorbachev e Yeltsin

Ao assumir o cargo, Gorbachev deu início a um "expurgo" cauteloso no Comitê Central e no Politburo. Sabia que funcionários obtusos e caciques senis bloqueariam quaisquer iniciativas construtivas e acreditava que a renovação do partido e da sociedade só seria possível com gente nova. Por outro lado, seu expurgo no Comitê Central foi também motivado pela tradicional suspeita bolchevique. Em janeiro de 1986, o Politburo debateu "medidas para a regulamentação de contatos entre funcionários soviéticos e cidadãos estrangeiros." Antes de assinar o decreto, Gorbachev fez uma síntese: "Contamos com muitos rebeldes a respeito do assunto e esses contatos contrariam regras elementares. Os funcionários não têm reportado os contatos nem o conteúdo de suas conversas. (...) Tivemos até que afastar funcionários do Comitê Central por permitirem esse tipo de coisa. São questões sérias. Literalmente, tivemos que ejetar tagarelas da organização do Comitê Central e das agências de política externa. Há provas de que o inimigo demonstra interesse em funcionários assim."[122]

Apesar disso, a principal intenção de Gorbachev na renovação do Comitê Central foi de fortalecê-lo com gente ativa, pessoas detentoras de conhecimento e com mente aberta para o progresso. Ele sabia que Boris Yeltsin, um ex-engenheiro de construções e então chefe do partido em Sverdlovsk, uma das regiões mais industrializadas, era homem de temperamento dinâmico e energia contagiante. No início de abril de 1985, Gorbachev determinou que V. Dolgikh telefonasse a Yeltsin e lhe oferecesse o cargo de chefe do departamento de construção do Comitê Central, em Moscou, responsável pela indústria pesada, pela construção, planejamento, pesquisa e questões de arquitetura nas áreas dos transportes e da agricultura, pelos materiais de construção e muito mais.

Yeltsin não titubeou: declinou respeitosamente do convite. Talvez considerasse o trabalho sem a relevância suficiente; talvez preferisse continuar em contato direto com o povo, juntando-se a ele nas fábricas, nos locais de construções, nas cantinas. Era assim que se sentia à vontade: longe dos escritórios e perto do pessoal em seu ambiente de trabalho. Nesse aspecto, podia-se dizer que era um "populista." Sempre teve opinião preconceituosa a respeito das tarefas burocráticas e isso pôde ser constatado em sua carreira subseqüente. Todo o seu sucesso e sua popularidade estão ligados ao envolvimento com aglomerados de gente, onde sabia como incitá-la, inflamá-la e inspirá-la. Em contraste, todos os seus fracassos e decepções vinculam-se ao trabalho nas organizações, no aparato e nas ações da indestrutível burocracia. Além do mais, adorava os Urais e não tinha a mínima vontade de se mudar para Moscou.

No dia seguinte, foi a vez de Yegor Ligachev tentar. Ligachev era o membro do Politburo encarregado da ideologia e da organização do partido. Também era um provinciano, vindo de Novosibirsk, que rapidamente ascendera aos altos escalões do partido depois de convocado a Moscou por Andropov. Sua influência no Politburo era considerável: quando Gorbachev tirou as primeiras férias como secretário-geral, no verão de 1985, Ligachev presidiu as sessões em sua ausência.[123]

Ligachev insistiu com Yeltsin: "Sua recusa não será aceita pelo Politburo. Você pensa que eu queria vir para Moscou? Vamos lá, deixe disso, diga que virá. Vou me encontrar hoje com o Secretário-Geral. Você não tem que pensar em coisa alguma. Tem é que vir." Yeltisn, com relutância, aquiesceu às demandas da disciplina do partido e, em 11 de abril de 1985, o Politburo, convenientemente, aprovou sua indicação.[124] Gorbachev concluiu, condescendente: "Confiamos em você. Não se trata de tarefa confortável, mas você dará conta do recado." A transferência de Yeltsin para Moscou resultaria em efeitos graves para Gorbachev e para o país.

De início, foi complicado para Yeltsin adaptar-se à capital. Não conseguiu ajustar-se de imediato à portentosa máquina do Comitê Central, com suas regras não-escritas, normas de comportamento e etiqueta. Como vice-chefe da Administração Política Principal, fui convidado para diversas reuniões do Politburo, e fiquei impressionado com o respeito ao posto nos altos escalões – um hierarquia complexa, poder-se-ia dizer. Embora todos se dirigissem uns aos outros com cortesia, empregando nome e patronímico, senti um imperativo interno de autoridade e de estrita subordinação. Um insignificante inspetor departamental, que cairia de joelhos diante de seu chefe de setor, falava a um comandante do exército, que tivesse sido convocado ao Comitê Central, com uma arrogância e tão peremptoriamente como se fosse o próprio secretário-geral.

Yeltsin não permaneceu chefe de departamento por muito tempo, pois, em dois meses, já era secretário do Comitê Central, função que lhe conferia tremenda autoridade. Dali por diante, seus contatos com Gorbachev se tornaram pessoais e amiudados. Os dois tinham quase a mesma idade e ambos vinham de províncias, embora Gorbachev, depois de vários anos na Praça Staraya, fosse mais flexível e calculista que o mais direto e menos complicado Yeltsin.

Como Gorbachev desejava aposentar veteranos como Gromyko, Romanov e Grishin, precisava de substitutos, e eles logo surgiram sob a forma de Alexander Yakovlev, Georgy Razumovsky, Baklanov, Yuri Manayenkov, Ivan Frolov, Valentin Falin, Lev Zaikov e Vadim Medvedev. Gorbachev estava farto de Grishin, o secretário do comitê partidário da cidade de Moscou, operador sossegado e altamente experiente que personificava a era Brejnev. Poucos meses depois de Gorbachev assumir o poder, Grishin recebeu sinais de que seus dias estavam contados. De pronto, apresentou seu pedido de renúncia, esperando negociar um pacote melhor de aposentadoria. Na reunião seguinte do Politburo, em dezembro de 1985, Gorbachev passou logo ao primeiro item da agenda: "Camarada Yeltsin, B.N." Fez saber que Grishin estava se aposentando e que se juntaria ao grupo assessor do Soviet Supremo, e enfocou logo a seguir sua substituição. "Estamos falando sobre a organização partidária da capital," disse ele. "Temos, portanto, que encontrar no Comitê Central alguém com experiência no trabalho de uma organização importante do partido, que seja familiarizado com economia, ciência e cultura.

Temos uma proposta para indicar o Camarada B.N. Yeltsin."

Os murmúrios habituais de aprovação foram ouvidos em volta da mesa. Gorbachev continuou: "Nesse caso, Camarada Yeltsin, você está recomendado para primeiro-secretário do Comitê do PCUS da cidade de Moscou. Por enquanto, continuará secretário do Comitê Central. Decidiremos a questão mais tarde. Um pleno do comitê da cidade de Moscou será convocado para amanhã às onze da manhã." As minutas registram que Grishin desejou felicidades ao seu sucessor e que Yeltsin disse pouca coisa além de ressaltar que a função era de "super-responsabilidade."[125]

Abria-se assim um novo capítulo na vida de Yeltsin, capítulo que levaria ao conflito aberto com o partido, com o Politburo e com o próprio Gorbachev. Contudo, no meio-tempo, ele se comportou quase como um bolchevique ortodoxo. Os moscovitas se lembram da maneira com que ele, zelosamente, pôs-se a melhorar a administração da capital. No prazo de dois ou três meses, metade dos secretários distritais do partido fora demitida. Bom número de funcionários de cargos elevados nas agências de comércio e nos serviços comunitários foi também afastado, de sorte que uma aparência de ordem começou a surgir na concessão de residências, na manutenção de ruas e escolas e na alocação de recursos para despesas sociais. Cidadãos comuns se espantavam ao ver Yeltsin num ônibus, no mercado de vegetais, na fila para comprar carne ou num cinema. Ele queria descobrir por si mesmo a causa das queixas e o que o povo desejava. Muita gente se reunia para ouvi-lo falar nas reuniões do partido. Deu um jeito de responder a centenas de cartas e de receber grande quantidade de pessoas em seu gabinete, ao mesmo tempo em que se engalfinhava com os inúmeros problemas da monumental cidade. A população se empolgava com a *perestroika*, mas Yeltsin sabia que ela só se satisfaria com sucessos tangíveis, dos quais ainda havia pouco sinal.

Em Moscou, Yeltsin se transformou no assunto favorito das conversas, objeto mesmo de nova mitologia. Dizia-se que chegava ao escritório às oito da manhã e trabalhava até meia-noite. Nas visitas às fábricas, ordenou o imediato fechamento dos restaurantes privativos da gerência; acabou com a distribuição privilegiada de gêneros; reorganizou uma fila mais eqüitativa para a distribuição de apartamentos; introduziu a prática da venda direta de produtos agrícolas por parte dos granjeiros; reduziu o mercado negro dos bens de suprimento escasso; melhorou o sistema de transportes da cidade. A secretária que trabalhava comigo havia longo tempo chegou certa manhã com a novidade de que vira Yeltsin aparecer de súbito na sua loja de gêneros alimentícios. Quando ele constatou que as prateleiras estavam vazias, procurou o gerente "para uma pequena conversa." Dez minutos mais tarde, os servidores da loja começaram a empurrar carrinhos apinhados de mercadorias não vistas por anos: salmão defumado, caviar, salsichas e muito mais. "E o gerente foi demitido no ato," concluiu Valentina, com um rubor vitorioso estampado no rosto. Ali estava o "bom czar" sempre sonhado pelos russos.

O Dom Quixote comunista, saído de Sverdlovsk, parecia querer ajudar e dar suporte a todos, tentando livrá-los de suas mazelas. Os mais céticos, ou talvez mais experientes, achavam que ele não conseguiria coisa alguma, que seria incapaz de libertar Moscou de sua inveterada burocracia, da corrupção e da desordem. Mas o povo em geral via com clareza que o necessário era precisamente um novo líder com mente voltada para a *perestroika* e diferente de todo o resto. A popularidade de Yeltsin cresceu no seio dos cidadãos medianos, mas hostilidade e raiva começaram a se acumular na elite do partido.

As notícias sobre o populismo de Yeltsin alcançaram o Comitê Central. Os funcionários, estupefatos, souberam que ele abrira mão da luxuosa vila de campo e a trocara por casa bem mais modesta. Não aceitara a oferta de avião particular para se deslocar em férias para o sul e vivia no apartamento bastante comum que lhe fora distribuído quando chegara pela primeira vez em Moscou. Gorbachev e seus colegas também perceberam, porém o populismo de Yeltsin não foi motivo para contendas, se bem que sussurrassem a boca pequena que ele "buscava autoridade barata."

Gorbachev não viu razão para intervir. Pusera Yeltsin na organização de Moscou exatamente para limpar a cidade, eliminar escândalos, denúncias e conflitos. Ele era, como seus biógrafos russos Vladimir Solovyov e Yelena Klepikova escreveram, a "vassoura nova" de Gorbachev e vinha levando sua tarefa muito a sério: "Naquela ocasião, os dois eram absolutamente necessários um ao outro: Yeltsin precisava de Gorbachev como escudo e Gorbachev, de Yeltsin como espada. (...) A aliança foi temporária porque era tática."[126]

Gorbachev subestimou Yeltsin, pensando que este seria um eterno executivo obediente seguindo à risca o caminho da *perestroika* por ele traçado. No entanto, para o obstinado recém-chegado de Sverdlovsk, a *perestroika* não seria mero remendo no velho edifício bolchevique, mas uma modernização fundamental. Para falar a verdade, nos primeiros anos da *perestroika*, Yeltsin, como a maioria de nós, não tinha dúvidas sobre o socialismo, o leninismo e o papel do partido. Foi só depois de sua colisão com Gorbachev e com a liderança, no final de 1987, que entendeu a ameaça que os condicionantes e a estreiteza da ortodoxia do partido representavam para qualquer inovação genuinamente democrática. O entourage intelectual que começou a se formar em torno dele logo levou essas opiniões "rebeldes" a um rápido amadurecimento. Como membro dos altos escalões do partido, Yeltsin percebeu que o órgão não era capaz de reforma fundamental. O mais que se poderia esperar era uma liberalização superficial e o abandono de um ou outro dos odiosos dogmas.

Encontrei-me pela primeira vez com Yeltsin em 1989 e depois tive muitas conversas com ele. Quando fui afastado da Administração Política Principal e, em 1991, do Instituto de História Militar, tornei-me seu assessor e passei a considerá-lo um dos mais corajosos e honestos entre todos os políticos soviéticos. Inegável que houve muitos que viram bem antes a incompatibilidade entre seus elevados ideais e as sombrias práticas leninistas, mas foram poucos – e em sua maioria entre os que tinham fugido para o exterior – os que ousaram se rebelar contra seus defeitos inatos.

Passado um ano da assunção do cargo de secretário do partido em Moscou, Yeltsin começou a sentir a inveja não-declarada de Gorbachev por sua crescente popularidade. Yeltsin sentia-se insatisfeito e frustrado por saber que, em muitos aspectos, a *perestroika* era apenas superficial e não tocaria nas fundações do sistema. Em setembro de 1987, dois meses antes do septuagésimo aniversário da Revolução de Outubro, e depois de longa reflexão, Yeltsin escreveu a Gorbachev, que estava de férias em Pitsunda, no Mar Negro. Declarou-se "supérfluo" e "desconfortável" no Politburo. Seu modo direto de exprimir-se e de trabalhar não se encaixava no órgão supremo. Terminou a carta em tom firme: "Solicito minha dispensa da função de Primeiro-Secretário da Organização de Moscou e de minhas responsabilidades como membro-candidato do Politburo. Peço-lhe que encare tal solicitação como comunicado oficial."

Gorbachev só respondeu decorrida uma semana de seu retorno a Moscou, quando telefonou a Yeltsin. "Vamos falar mais tarde sobre sua carta," disse. Mas não houve qualquer conversa.

Um mês depois, em 15 de outubro, o Politburo se reuniu e passou perto de quatro horas debatendo o discurso do Secretário-Geral para o septuagésimo aniversário. O que chama a atenção para quem hoje lê as minutas é a defesa virtual de Stalin e do stalinismo. Gorbachev chegou a declarar que, nos anos 20 e 30, Stalin defendera o "conceito de Lênin de revolução," e que isso tinha sido "sua enorme contribuição." Causa também espécie a profunda suspeita do Politburo em relação a qualquer coisa de natureza democrática ou inovadora que não emanasse do próprio Comitê Central. Basta ler aquelas minutas para que se perceba que, para o partido, a *perestroika* era um meio de sobrevivência, um pequeno grau de modernização para tornar o partido "contemporâneo." Tal atitude mostrava grande contradição entre aquilo que a *nomenklatura* do partido queria – especialmente do seu escalão superior – e o que a população esperava: de um lado, a "renovação" do partido e do sistema; do outro, a base de uma sociedade nova sem os bolcheviques. O debate no Politburo demonstrou que a contradição era real e que, no final, levaria à derrocada do PCUS.

Yeltsin foi o sétimo membro a fazer uso da palavra. Falou em termos bem tradicionais apesar de ter pedido havia um mês que Gorbachev o dispensasse. Sugeriu que o discurso do Secretário-Geral na cerimônia de aniversário da revolução não devesse apenas fazer referência a Lênin, mas também a seus camaradas. Gorbachev, como de hábito, interrompeu com um longo aparte que continha óbvia mensagem para Yeltsin relativa à sua carta de renúncia: "Quando um elemento pessoal entra na esfera da alta política, e políticos do topo se vêem envolvidos, ambições pessoais, aversões e incapacidade para o trabalho coletivo, e assim por diante, podem se transformar em posição política pessoal. Vê então você, nada disso é simples, a dialética é sutil."[127]

Gorbachev usava a sugestão de Yeltsin para que camaradas de Lênin fossem citados em seu discurso como um instrumento para atacá-lo. Quando o Secretário-Geral finalmente parou de falar, Yeltsin afiou seu próprio tom: "O tema da *perestroika*, que se desenvolve no país, é muito importante, da mesma forma que o são as questões de cronograma, o tempo estimado para a *perestroika* que começou. O povo espera formulações bem precisas. De um modo geral, achamos aqui que a *perestroika* levará de quinze a vinte anos, que se trata de política de longo prazo. Mas temos que equacionar tarefas urgentes e atuais literalmente em dois, três ou cinco anos. Isso deve constar do discurso."

Gorbachev, que interromperia o breve discurso de Yeltsin não menos que seis vezes, replicou: "A questão do tempo merece reflexão."[128]

Yeltsin expressava sua insatisfação com o curso da *perestroika* criticando a ausência de um cronograma, o que, disse ele, "desorientava" o povo por privá-lo de um senso de direção.

Continuou a bater na mesma tecla uma semana mais tarde no Pleno de 21 de outubro, onde o discurso de Gorbachev foi de novo debatido. Tudo corria normalmente, com os delegados manifestando apoio ao Politburo e ao Secretário-Geral. De súbito, Yeltsin ergueu a mão e caminhou com pouca determinação na direção da tribuna. Seu discurso não foi bem articulado porque mal concebido, mas dois pontos específicos destacaram-se como inusitados para aquele fórum: "O que foi dito no congresso sobre *perestroika* em dois ou três anos – dois anos se passaram, ou quase se passaram, e agora se indica outros dois ou três anos – isso desorienta muito a população, desorienta o partido, desorienta as massas, a ponto de nós, que conhecemos o estado de espírito do povo, sabermos agora o caráter flutuante de sua atitude para com a *perestroika*."

Os delegados ouviram e silenciaram. Aquilo era uma crítica à linha do partido.

Ostensivamente, o discurso de Yeltsin era sobre cronogramas, porém, na realidade, citava o baixo nível dos resultados e a insatisfação pública com o modo com que a *perestroika* vinha sendo conduzida.

"Na história do partido," continuou nervosamente, "houve muitos fracassos devido ao fato de a autoridade do partido ter sido posta apenas num par de mãos; devido ao fato de que ele, esse homem, ficou imune a qualquer crítica. Preocupo-me bastante, por exemplo, com o fato de que entre os membros do Politburo (...) recentemente houve crescimento marcante, diria eu, de loas de alguns membros do Politburo ao Secretário-Geral."

Uma crítica daquelas a um secretário-geral ainda na função não tinha precedentes. Os delegados ficaram estáticos. Gorbachev olhou para Yeltsin com um misto de surpresa e ironia. Yeltsin ficou ainda mais nervoso. Não tinha texto preparado ao qual recorrer: "Evidentemente, meu trabalho no Politburo não vai bem. Por várias razões. Evidentemente, minha experiência e outras coisas, talvez uma falta de apoio, especialmente do Camarada Ligachev, devo sublinhar, levaram-me a pensar em levantar junto a vocês a questão de minha dispensa do cargo e das responsabilidades como membro-candidato do Politburo. Eu apresentei a competente solicitação, e quanto à posição de primeiro-secretário do Comitê do Partido da Cidade, isso, sem dúvida, será decidido num pleno daquele comitê."[129] Permaneceu de pé no pódio por um certo tempo como se quisesse dizer mais alguma coisa, mas então retornou lentamente para seu assento. O silêncio foi quebrado por Gorbachev: "Isso é algo de novo para nós. É sobre um departamento da organização partidária de Moscou? Ou o Camarada Yeltsin levantou a questão de deixar o Politburo e continuar como primeiro-secretário do Comitê do Partido da Cidade de Moscou? Parece que há um desejo de lutar com o Comitê Central. É assim que a mim parece, embora eu possa estar vendo as coisas piores do que na verdade são."[130]

Como burocrata experiente, Gorbachev sabia que o restante do Politburo se lançaria contra o herege Yeltsin. Quando antes fora um secretário-geral criticado num pleno? E Yeltsin lançara dúvidas sobre a *perestroika*. Os membros o considerariam pessimista e ambicioso. Gorbachev se viu logo cercado por uma floresta de mãos em apoio; então vieram os pronunciamentos de Ryzhkov, Vorotnikov, Chebrikov, Shevardnadze, Gromyko e outros. O discurso de Yeltsin foi condenado como injurioso, provocador, inconsistente, caprichoso, primitivo e capitulante. Dirigindo-se a Yeltsin com o tratamento familiar *ty*, Gorbachev fez o assalto final: "Será que você é tão politicamente analfabeto que vamos ter que organizar aqui uma aula de gramática?" Caracterizou a fala confusa, mas corajosa, de Yeltsin como artifício para desviar o debate do relatório principal: "Pessoalmente, considero isso um desrespeito ao secretário-geral. Vejam o que ele disse: que, na realidade, durante dois anos o povo não conseguiu coisa alguma."

Falaram vinte e sete membros do Comitê Central. Afora Georgy Arbatov, que fez prudente tentativa para defendê-lo, todos os outros condenaram Yeltsin. Poucos imaginaram na ocasião que a ascendência política e moral de Yeltsin emergia naquele dia. Foi naquele momento que começou uma batalha de quatro anos entre Gorbachev e Yeltsin.

A rivalidade dramática entre os dois chefes teve lugar em plena transição da sociedade soviética da forma totalitária para a democrática. Gorbachev ficou sob os holofotes durante os primeiros cinco anos do período, e Yeltsin, durante os outros cinco. Por certo, Gorbachev não levou Yeltsin muito a sério, mas este foi mais rápido que ele na libertação das algemas dogmáticas do comunismo e na identificação da estrada da democratização. A força de Gorbachev residiu na sua capacidade de influenciar a opinião mundial. Sua contribuição para reduzir a ameaça da guerra nuclear foi imensa. Dentro da URSS, com a ajuda de Alexander Yakovlev, deu início à *glasnost* que, mais que quaisquer bombas, terror ou ordens do onipotente Comitê Central, solapou o totalitarismo leninista ao revelar a verdade sobre o país e sobre o mundo exterior. Foi talvez um exemplo único na história em que a verdade sozinha conseguiu aquilo que estava além do poder de um estado poderoso.

Tanto Gorbachev quanto Yeltsin cometeram erros sérios em sua confrontação. Como cada um deles tinha opinião diferente sobre o objetivo da *perestroika* e da democratização, os dois tiveram que tomar decisões importantes sem o benefício de um denominador comum em suas relações. Foi só quando as forças do nacionalismo e do separatismo explodiram e ameaçaram a desintegração da União que o presidente soviético e o presidente da Rússia fizeram um esforço para coordenar suas ações. Mas se atrasaram. O retardo de Gorbachev deu tempo para que a oposição na chefia organizasse o *coup d'état* que derrubaria todo o edifício da União.

A evolução de Yeltsin até se tornar líder nacional teve início depois de seu desordenado discurso de outubro de 1987. A partir de então, Gorbachev passou a personificar uma *perestroika* que, na mente da população, "nada lhes tinha dado" – um juízo de valor muito equivocado – enquanto Yeltsin fez o papel do crítico impiedoso, defensor dos interesses do povo comum e advogado da *perestroika* "real."

Todos os pronunciamentos de Gorbachev sobre democratização e *glasnost* no planejamento, nos métodos para estimular o mercado socialista e sobre o novo entendimento de centralismo[131] foram, de fato, tentativas para renovar, melhorar e preservar o falido sistema leninista. Sem sombra de dúvida, ele acreditava no que dizia, mas ainda se apegava à ilusão leninista. Apesar de suas conclamações por um "novo pensamento" para "todo o mundo," permanecia soldado ao antigo modo de pensar do mundo socialista. Disse em diversas oportunidades que poderia continuar governando o país por outros dez anos sem mudar o sistema, mas tal atitude não se coadunava com seu temperamento. O impulso pela mudança havia começado com Khruschev e continuou com Andropov. Quando Gorbachev chegou ao poder, o país, desesperadamente, necessitava reformas. Um retorno ao stalinismo era impensável, nem Gorbachev o desejava. A construção de uma ponte para o futuro era imperativa. Gorbachev tentou, e isso tem de lhe ser creditado. Como ele próprio escreveu, era difícil, senão impossível, para um comunista genuíno "alterar o sistema social, retornar a métodos e formas que tipificavam outra ordem social."[132]

Mesmo que tivesse capacidade para introduzir mudanças na ordem social, Gorbachev não teria permitido que isso ocorresse. A própria *perestroika* foi escorregando despercebidamente para uma fase de estagnação em que slogans sobre nova revolução, novos estágios e mais socialismo significando mais democracia nada significavam sem a criação de novas fundações.

Gorbachev foi se irritando. Seus atos, por vezes, passaram a ser impulsivos e levados pelo lado emocional. O fio da reforma havia fugido de suas mãos e a posição piorava não só na economia como também nas esferas política e nacional. Tornou-se extremamente sensível à crítica e não se perdoava por ter trazido Yeltsin de Sverdlovsk para a cena nacional, onde ele podia demonstrar sua obstinação e explorar a crescente popularidade. Como Solovyov e Klepikova escreveram: "A rivalidade surgida entre Gorbachev e Yeltsin foi pessoal e política em igual medida. Manifestou-se quando a revolução iniciada por Gorbachev começou a declinar, quando ele perdeu o controle sobre os eventos que gerara. Foi exatamente nesse momento que Gorbachev, pessoa perfeitamente sã, adquiriu uma idéia fixa: o que acontecesse, a culpa era de Yeltsin. Yeltsin se transformou em sua *bête noire*. As coisas logo chegaram ao ponto em que Gorbachev virava qualquer assunto de conversa para Yeltsin. Tudo sobre o rival o enervava, mesmo quando a crítica não era dirigida ao secretário-geral. Gorbachev se aborrecia com a popularidade de Yeltsin, que aumentava à proporção que a dele caía, e parecia que o competidor atraía para si a afeição popular."[133]

As relações entre os dois pioraram ainda mais depois da XIX Conferência do partido, de junho de 1988, a primeira do tipo desde 1941. No começo, tudo pareceu normal. Todos os delegados no Palácio dos Congressos se levantaram quando Gorbachev apareceu na plataforma e foi convidado a fazer uso da palavra. Ele falou sobre reforma política, realçando o papel dos sovietes, o fraco desempenho do programa de alimentos, o fato de ninguém estar satisfeito com a *perestroika* e, mais uma vez, lembrou Lênin.

A delegação da qual eu fazia parte tinha lugares reservados na galeria. Aconteceu que Yeltsin estava sentado quase em frente a mim. Sem esperar que Gorbachev acabasse de falar, ele enviou uma nota à plataforma declarando que desejava se pronunciar. O tempo passou, dias decorreram, e enquanto oradores eram convocados ao pódio um atrás do outro, Yeltsin, sentado, permanecia em silêncio. Durante um intervalo, ele disse: "Eles querem me calar."

A conferência caminhava para o encerramento e Yeltsin ainda não fora chamado. De repente, ele deixou seu lugar e se dirigiu para a saída. Decorridos poucos minutos, reapareceu no centro do salão, caminhou até a parte dianteira e sentou-se. Estava evidente que desejava falar. Gorbachev percebeu a intenção, levantou-se e saiu. Homens de uniforme cinzento se dirigiram a Yeltsin e solicitaram que também saísse. Ele não se mexeu. Então, depois de outro orador, foi-lhe dada a palavra. Mais uma vez, seu discurso foi bastante desarticulado, mas representou uma crítica aberta ao Politburo, ao Secretário-Geral e ao curso da *perestroika*. Cerca de um terço dos delegados saudaram calorosamente o pronunciamento, e o restante o recebeu com prudência ou com franca hostilidade. A partir daquele instante, instalou-se no grande salão um manifesto espírito de confrontação entre a antiga elite do partido e os novos defensores da democracia. Ligachev e diversos outros delegados devotaram seus discursos a um tema essencialmente anti-Yeltsin.

O fosso entre Gorbachev e Yeltsin foi se tornando mais largo e mais profundo. Infelizmente, Gorbachev, ainda não liberto do velho modo de pensar bolchevique, viu a ala radical e democrática do partido e da sociedade não como oponentes, mas como inimigos. Entre 1989 e 1991, quando o Politburo debatia quase qualquer assunto, os termos "oportunistas," "radicais," "anticomunistas," "regionalistas" foram utilizados com desanimadora regularidade, e quanto mais se aproximava a morte da *perestroika*, mais era dito e menos era feito. As longas sessões, nas quais Gorbachev invariavelmente era o orador mais loquaz, testemunhavam a confusão em que se encontrava a chefia. Gorbachev deu o melhor de si para revigorar os colegas insistindo na necessidade de medidas concretas e conclamando todos para que permanecessem em seus postos para a consecução dos objetivos. Em determinadas ocasiões foi mais direto: "Não devemos esmorecer e não podemos entrar em pânico."[134]

Tudo indica que Gorbachev creditou o aumento das suas dificuldades às atividades da oposição política, à qual por vezes chamava, com indisfarçável tom de desdém, de "os democratas." Atacando o grupo inter-regional de deputados do povo democraticamente inclinados, que incluía Andrei Sakharov, Gorbachev disse ao Politburo: "Ao olharmos para eles, percebemos que são intelectuais vulgares, embora também vejamos que são degenerados vira-casacas, e mesmo assim somos incapazes de pô-los em seu devido lugar. Não, isso é simplesmente intolerável!" "Vou lhes dizer francamente," continuou, "oitenta por cento dos membros no grupo regional são pessoas normais. Existe lá um grupo de oportunistas políticos que não são os 'líderes', por assim dizer... Temos que derrotá-los intelectualmente. Há também os incorrigíveis, pessoas como esses 'líderes.'"[135]

Gorbachev falou da democracia como eixo da *perestroika*, porém denunciou aqueles que advogaram e vocalizaram a democracia. Um decreto especial de sua iniciativa foi aprovado pelo Politburo em 22 de março de 1990, segundo o qual seria "apropriado (...) limitar bem a demarcação organizacional e intelectual dos defensores da 'Plataforma Democrática'."[136] Dizendo de outra forma, não deveriam existir "democratas" no partido.

Em certas oportunidades, o ódio de Gorbachev por Yeltsin foi expresso de maneira clamorosa. Numa sessão excessivamente longa do Politburo, em 3 de maio de 1990, eram debatidos o próximo XXVIII Congresso do partido e a Conferência do Partido Russo, bem como o vindouro Congresso dos Deputados do Povo. A *perestroika* ainda não dissera a que viera e estava evidente que o socialismo soviético não tinha salvação. Parece que, para isso, era preciso encontrar vilões.

Em irado e desconexo discurso, Gorbachev chegou a afirmar que os "democratas" poderiam dar um fim à *perestroika* com sua oposição: "Por que Yeltsin se apegou à questão da formação do Partido Comunista Russo? Ele o fez para manobrar (...) para usá-lo de modo a conseguir poder na Rússia. E, por meio da Rússia, desmontar também o PC da União Soviética e o país. (...) Não são esses os objetivos do socialismo, a renovação do socialismo. Tudo não passa de um disfarce para incitar problemas. Eles estão ávidos pelo poder. Essa gente é omnívora. Querem até se consumir a si mesmas, entrar em linha com os 'marxistas mais linhas-duras e mesmo com ditadores (...)' Desde que obtenham poder. Mas elas são perigosas. Sob certas circunstâncias, poderiam arruinar completamente a *perestroika*, enterrar todas as esperanças de enobrecimento e renovação de nossa sociedade."[137]

Yeltsin foi novamente mencionado no contexto de uma questão completamente diferente. Um dos membros teve a idéia de convidá-lo a tomar parte num debate de televisão para fazer com que caísse numa armadilha. Um jornalista seria escalado para perguntar-lhe sobre Lituânia, ilhas Kurilas, AIDS e outras questões potencialmente perigosas. Yeltsin adquirira a reputação de pessoa instável e que sempre se metia em confusões. Em 1991, os jornais publicaram reportagens segundo as quais ele aparecera bem tarde de certa noite num distrito policial, totalmente encharcado dizendo que, de alguma forma, caíra no rio Moscou. Estaria bêbado? Estaria sendo perseguido por algum marido traído? A mídia, naturalmente, se interessou. Yeltsin pretextou que fora jogado no rio por agentes secretos que esperavam provocar clamor público e greves, o que daria ensejo para que fosse imposta a lei marcial.

Fosse qual fosse a verdade, tratava-se de comportamento inusitado para um político da posição de Yeltsin. Gorbachev aproveitou-se da situação quando acrescentou: "Nosso homem tem uma reputação. Bebeu aos baldes – o que não deixa de ser uma façanha!" Alguém mencionou também que Yeltsin estava doente. Gorbachev replicou: "Sim, tenho certeza... Nós sempre nos motivamos com considerações morais, enquanto eles não demonstram qualquer moralidade. (...) Trata-se apenas de um bando de oportunistas, simplesmente a escória da política."[138]

A julgar por esse tipo de debate, fica óbvia a origem dos fuxicos contra Yeltsin naquela ocasião.

Gorbachev rejeitou Yeltsin tanto como oponente político quanto como indivíduo. Onde estava a essência daquela profunda hostilidade pessoal? Chernyayev identifica um engano fatal nas ações de Gorbachev: "A despeito de seu usual refrão de que o propósito da *perestroika* era liberar a lógica natural do desenvolvimento socialista, e não impor um novo esquema, ele tomou para si mesmo o papel de construtor-mor, assim como as tarefas dos serventes na construção da 'nova' sociedade. E isso se tornou uma impossibilidade prática."[139]

Gorbachev não queria uma *perestroika* que levasse à substituição da antiga ordem bolchevique, mesmo de forma "melhorada," por uma democrática e não-socialista. Yeltsin, por outro lado, de início indistintamente, mas depois com crescente determinação, desejava exatamente isso. Após o outono de 1987, cada líder entendeu a *perestroika* à sua maneira: Gorbachev, em termos de renovação socialista, Yeltsin, efetivamente num sentido pró-capitalista. Como pária do partido e num isolamento auto-imposto, Yeltsin não se deixou conter por quaisquer peias na crítica pública ao Secretário-Geral.

Como regra, Gorbachev se irritava com críticas, em particular quando consistiam de argumentos sobre sua suposta falta de direção, sobre o fato de ditar ordens a partir do "centro" e de não possuir estratégia para a mudança. Quando, em outubro de 1990, no Soviet Supremo Russo, Yeltsin declarou que a Rússia não se submeteria às ordens emanadas do centro, Gorbachev explodiu: "Yeltsin luta para conseguir a Presidência [da Rússia] (...) e numa hora como esta. Ele simplesmente perdeu a cabeça. Está jogando seus aliados contra mim. (...) Precisam é de um bom soco na cara."[140]

Gorbachev tentou armar ciladas para Yeltsin a cada oportunidade. Quando o presidente russo realizava visitas oficiais ao exterior, providências eram tomadas para que ele fosse apenas "meio-recebido" por altos funcionários estrangeiros. No início de 1991, uma visita de Yeltsin a Pequim foi exaustivamente debatida pelos governos soviético e chinês. Gorbachev não queria que ela fosse realizada, e Alexander Bessmertnykh, o ministro do Exterior desde a renúncia de Shevardnadze em dezembro de 1990, submeteu uma proposta ao Politburo: "Os camaradas chineses devem ser solicitados a convidar B.N. Yeltsin em nome das três províncias que fazem fronteiras com a União Soviética (no nordeste da China) e que têm extensos laços de cooperação com a RSFSR (República Russa). Se alguém da chefia chinesa quiser se encontrar com B.N. Yeltsin depois da visita às três províncias, o problema é deles. Mas isso não constituiria visita à China." Gorbachev aprovou o plano.[141]

Para Yeltsin, distanciar-se de seu passado comunista não foi nada simples. O afastamento não foi motivado, como muitos pensam, pelo fato de ter se tornado um "herege" à medida que seu populismo aumentou e durante sua confrontação pessoal com Gorbachev. Jamais esquecerei o modo com que assomou à tribuna no último Congresso do Partido [o XXVIII, em 1990] e anunciou que estava deixando o Partido Comunista. Foi um pronunciamento curto que atordoou os delegados. "Em conexão com minha nomeação [em 25 de maio de 1990] para presidente do Soviet Supremo da RSFSR e devido à minha enorme responsabilidade para com o povo e a Rússia, e considerando a mudança da sociedade para uma situação multipartidária, não devo mais executar apenas decisões do PCUS. (...) Por conseguinte, de acordo com as responsabilidades que assumi no período pré-eleitoral, estou anunciando minha saída do PCUS."[142]

No começo, o discurso foi recebido em silêncio pela platéia, mas depois houve um surto de condenações e hostilidades. Entrementes, Yeltsin deixou o salão pisando forte e sem olhar para os lados. Passou perto de onde eu estava e pude ver que sua face estava acinzentada. Poucos dias mais tarde, ele me disse: "Quando anunciei minha saída do partido, senti, literalmente, que alguém tinha me golpeado o peito. (...) Fiquei acordado a noite toda." A libertação de uma vida de algemas espirituais não fora fácil.

As relações entre Gorbachev e Yeltsin chegaram a tal nível que o Secretário-Geral não podia citar o nome de Yeltsin sem ficar furioso. Quase todos os visitantes estrangeiros importantes acabavam envolvidos por Gorbachev no assunto Yeltsin, o qual, por vezes, era citado em termos insultuosos. Yeltsin se viu cerradamente vigiado pelos serviços especiais e suas chamadas telefônicas eram gravadas. Depois do golpe de agosto de 1991, os investigadores encontraram uma montanha de arquivos contendo transcrições de suas conversas telefônicas em dois cofres de Valeri Boldin, assistente de Gorbachev. "Por vários anos," escreveu Yeltsin, "eles anotaram tudo o que eu disse, de manhã, de tarde e de noite."[143]

Mas a partir do início de 1991, houve sólidas razões para uma reaproximação entre os dois, ou pelo menos entre os grupos de interesses que representavam. Foram empurrados um na direção do outro pela crescente ameaça de dissolução da União Soviética. O processo Novo-Ogarevo, como ficou conhecido (nome de uma das residências do presidente soviético), começou em abril de 1991, quando Gorbachev deu início a conversações com nove chefes das repúblicas, inclusive Yeltsin – todos os quinze haviam sido convidados, mas seis não demonstraram qualquer interesse em nada diferente da completa separação da URSS. Em 4 de maio, Yeltsin, que era favorável a uma nova União, declarou que o encontro dos "9+1" havia sido um "grande evento" que conseguira acordo em princípio para uma nova "União de Estados Soberanos, que se juntavam voluntariamente."[144] A União seria preservada, disse ele, e isso era o principal.

Yeltsin relembrou que as conversações em Novo-Ogarevo "ditaram (e permitiram) que Gorbachev e eu nos comportássemos como pessoas normais. Deixamos de lado nossos sentimentos pessoais. O preço de cada palavra que dizíamos era muito alto. (...) Depois das conversas, íamos normalmente para outra sala para um jantar amistoso com o brandy favorito de Gorbachev, o "Jubilee." Saímos do jantar aquecidos e animados pelas circunstâncias do encontro e também pela comida."[145]

As negociações caminhavam para uma Confederação poderosa com uma área econômica comum, exército comum e moeda comum. Os dois chefes viam nesse arranjo uma possibilidade real para a preservação daquilo que era chamado de URSS.

"Apesar disso," continuou Yeltsin, "dizer que minhas relações com Gorbachev àquela ocasião eram simples é um grande erro. Enquanto ele dava um passo para se aproximar da Rússia no processo Novo-Ogarevo, fazia o que estava ao seu alcance para evitar minha nomeação como presidente da Rússia."[146]

No final, os dois se tornaram presidentes. No ano anterior, durante o Congresso dos Deputados do Povo de 27 de março de 1990, foi anunciado que 1.834 dos 2.498 deputados haviam votado em favor de Gorbachev para chefe de estado da URSS. Ele ficou radiante e mal pôde conter a excitação.

A abordagem de Yeltsin foi com base política bem mais ampla: apresentou-se candidato à eleição por votação de toda a população em junho de 1991 e se tornou o primeiro a ser eleito presidente da Rússia, derrotando todos os rivais no primeiro turno. Sua popularidade cresceu mais ainda. Gorbachev apresentou-lhe reservadas congratulações e expressou esperança na "colaboração e concordância para a renovação do estado multinacional, ao qual a assinatura do novo Tratado da União iria servir."

Em 2 de agosto de 1991, Gorbachev apareceu na televisão, de seu palácio em Foros, para declarar que o novo tratado seria assinado em 20 de agosto. Por que não antes? Por que permaneceu em Foros atrasando o que poderia ter sido feito mais cedo? Evidentemente acreditava que, malgrado todas as críticas e todos os ataques dirigidos contra ele e contra Yeltsin por parte dos conservadores, nada evitaria a assinatura do novo tratado no período de três semanas.

Em 19 de agosto, teve lugar a tentativa de *coup d'état*. De meu leito de hospital em Oxford, onde eu seria submetido a uma cirurgia de vulto naquele mesmo dia, enviei um fax ao presidente do parlamento,[147] consistindo de um apelo à população russa durante aquela "mudança de épocas."[148]

As injunções de Varennikov e de outros membros do chamado "Comitê Estatal para Estado de Emergência" para acusar Gorbachev e Yeltsin pelo "colapso da URSS" não foram apoiadas pelos fatos. Gorbachev, finalmente, passara a rejeitar a utopia socialista, mas era muito tarde. Os conservadores, ou mais precisamente os reacionários, no Comitê Central e em seu entourage se mostraram incapazes de abandonar o ideal do "verdadeiro socialismo." Ao se revelar indeciso em relação aos traiçoeiros colegas, Gorbachev criara as condições para o golpe mal planejado. Todavia, a conspiração foi suficiente para destroçar a antiga União e para evitar a formação de uma nova.

O trauma experimentado por Gorbachev e seus familiares, mantidos em prisão domiciliar, foi enorme, e não teve comparação com o sofrido pelo falecido Khruschev. O que ocorreu em Foros pareceu saído das páginas da história pré-revolucionária da Rússia, quando os czares eram afastados por golpes ou assassinatos palacianos. Nenhum secretário-geral, armado que era com a panóplia do poder e da autoridade, jamais ficara sujeito a tal indignidade, para não falar na ameaça à sua integridade física. Foi a esposa de Gorbachev, Raisa, quem mais ficou abalada com a provação.[149]

O golpe fracassou por muitas razões, sendo a principal delas o generalizado desejo da população em não retornar ao passado. Outra se deveu às ordens impossíveis exaradas pelos conspiradores, como a endereçada pelo general Varennikov ao quartel-general do Comitê de Emergência: "Ordenamos veementemente que sejam tomadas providências enérgicas para a liquidação do grupo aventureiro de B.N. Yeltsin."[150] Tampouco foi obedecida a determinação à força aérea para "destruir em pleno vôo a aeronave que transporta delegação do governo russo, chefiada por B.N. Yeltsin, a qual retorna do Cazaquistão na noite de 18 de agosto."[151]

Yeltsin foi poupado e, por seu turno, salvou Gorbachev. Foi ele quem manteve o mundo informado sobre o que ocorria em Foros e, em 21 de agosto, enviou uma delegação à Criméia para resgatar Gorbachev, então realmente correndo perigo. Os chefes do golpe também voaram para Foros na vã tentativa de justificarem suas ações, mas foram aprisionados por guardas leais a Yeltsin e levados sob custódia de volta a Moscou. Gorbachev optou por retornar à capital com os "democratas," dando assim a impressão que sobrevivera graças à intervenção de Yeltsin.

Mas a aliança entre os dois, que chegara a parecer tão forte, não durou. Na chegada a Moscou, Gorbachev falou sobre a necessidade de reformar o partido, como se não tivesse consciência de que fora o próprio partido – ou seus elementos significativos – que causara sua queda, para não dizer sua iminente destruição. No meio-tempo, Yeltsin tirou proveito de sua vantagem apoderando-se dos ativos do PCUS e banindo o recém-criado Partido Comunista Russo. No Parlamento Russo, em 23 de agosto, em evento televisionado, Yeltsin insistiu que Gorbachev lesse em voz alta a lista daqueles seus próprios ministros – quase todos eles – que haviam dado apoio ao golpe. Foi talvez o momento mais humilhante da carreira de Gorbachev.

Gorbachev renunciou ao cargo de secretário-geral no dia seguinte e conclamou o Comitê Central a se autodissolver, anunciando dessa forma a morte do partido. Simultaneamente, a própria União começou a se desfazer nas costuras étnicas, à proporção que as repúblicas, uma atrás da outra, foram se declarando independentes ou desejosas de o ser. Mais danoso ainda para as chances de sobrevivência da União foi o referendo de 1º de dezembro, na Ucrânia, quando maioria esmagadora votou pela independência total. Em 25 de dezembro, Gorbachev pronunciou discurso transmitido pela televisão no qual renunciou ao cargo de presidente, fato que passou um risco por baixo da história da União Soviética e inaugurou a era dos estados independentes que a substituiu.

Tanto Gorbachev quanto Yeltsin corporificaram as mudanças ocorridas no país. Gorbachev deu partida ao processo com esforços utópicos para "renovar" o socialismo, abrindo, sem ter a intenção, as comportas que fariam com que as ruínas do leninismo fossem levadas de roldão. Yeltsin, como primeiro líder jamais eleito por todo o povo da Rússia em sua longa história, tinha que tentar criar uma sociedade moderna e democrática em meio aos destroços e ao caos. Foi tarefa não menos difícil que a liquidação do sistema comunista.

Gorbachev como figura histórica

Mikhail Gorbachev desencadeou as mudanças mais fundamentais e irreversíveis na história soviética desde Lênin. Muita gente ainda o vê como um salvador, embora outros tantos o encarem como um destruidor, e os indiferentes são cada vez mais numerosos. Se ele não conseguiu despertar simpatia entre os contemporâneos, por certo é merecedor da gratidão das gerações futuras.

Kerensky, o primeiro-ministro russo no 1917 pós-czarista, foi também depreciado, porém, num certo sentido, o que Gorbachev tentou fazer, talvez mesmo sem perceber, foi pôr a Rússia de volta no caminho que começara a trilhar em fevereiro de 1917, caminho barrado em outubro do mesmo ano pelo golpe bolchevique. Como Kerensky, Gorbachev saiu de cena aparentemente derrotado. Mas a história, com freqüência, confere seus lauréis muitos anos depois de decorrido o evento. Lênin, tão reverenciado por Gorbachev, aparentou ser o vitorioso por sete décadas, embora a Revolução de Outubro tenha sido vista por seus oponentes políticos, inclusive Kerensky, como prenúncio de inevitável derrota histórica. Agora, oitenta anos depois, fica claro que estavam certos.

Como figura histórica, nada há que desmereça Gorbachev, e ele não precisa de defesa; mas caso almeje manter imaculada sua imagem histórica, não convém que acuse ou defenda outros. Uma figura política de sua estatura não deve ser promotor ou defensor. Tendo passado a maior parte de sua vida como funcionário desconhecido do partido, assim permaneceu até que a enfermidade de Chernenko compeliu o geriátrico Politburo a pensar seriamente num sucessor mais jovem. Gorbachev, sabedor disso, não apressou os fatos. Seu grande trunfo era a idade, e ele podia esperar.

Alguns escritores afirmaram que Gorbachev, já em 10 de dezembro de 1984, formulara idéias embrionárias de *perestroika* numa conferência sobre "Aperfeiçoamento do Socialismo Desenvolvido." O ex-membro do Politburo Vadim Medvedev, que era amigo próximo de Gorbachev, afirma que seu discurso foi "um documento pré-*perestroika* fundamental," que "se caracterizou por sua manifesta originalidade," que apresentou "uma avaliação realista e, para aquele tempo, altamente crítica sobre o desenvolvimento do país, e que indicou, numa forma política abrangente, a necessidade de acelerar o desenvolvimento social e econômico." Medvedev ainda assevera que "a conferência causou grande e profunda impressão na opinião pública. Gorbachev despontou como líder político importante, detentor de ponderável conhecimento sobre a vida política e econômica e sobre relações internacionais."[152]

Eu estava naquela conferência e ouvi com atenção o que se disse. Sem dúvida, todos olhavam para Gorbachev com interesse acrescido pelo fato de ser ele o mais provável sucessor de Chernenko, que morria. Quanto ao seu discurso, foi uma peça inteiramente do gênero Comitê Central daqueles feitos por Brejnev e

Andropov. Em outras palavras, ele cumpria o ritual da forma que dele se esperava. A maior parte das idéias que expressou era de propaganda leninista gasta, do clássico menu bolchevique: "a superioridade do socialismo" na forma do "caráter planejado de nossa economia e da prioridade das metas sociais do desenvolvimento econômico," "a classe operária como força condutora da sociedade até o completo desaparecimento das diferenças de classe." Mencionou também o "centralismo democrático," e como "organizar a concorrência," a importância de preservar os "princípios socialistas da distribuição," e bateu na idéia de que o "capitalismo não tem perspectiva histórica," de que o necessário era "a inquietação bolchevique," e muita coisa mais nessa direção.[153]

Gorbachev disse o que todos nós dizíamos, abandonados e ilhados que estávamos em nossa utopia-em-estado-latente. Manifestou suas primeiras noções amplas de *perestroika* em 8 de abril de 1986 na cidade industrial de Togliatti, mas continuou sustentando estilo e método bolchevique evoluídos ao longo de décadas. Mesmo em maio de 1987, dizia aos colegas do Politburo que eles tinham de "realçar que a *perestroika* possuía caráter socialista e nada em comum com a liberalização burguesa."[154] O "revolucionarismo," sobre o qual ele se comprazia em falar, não foi além dos limites da ordem existente, embora pretendesse liberalizá-la dentro do espírito socialista, e não burguês. Gorbachev, também, precisou de tempo para mudar, ou para começar a mudar.

Por mais que tivesse democratizado a sociedade – e o fez em medida considerável – Gorbachev sempre teve uma queda pelos serviços especiais. Não aboliu as investigações políticas nem as gravações telefônicas – mesmo dos membros do Politburo – e valeu-se bastante dos relatórios e informações a ele enviados pelos órgãos de segurança, os quais, assim, puderam influenciar em certa dose suas decisões.

Numa reunião do Politburo de novembro de 1988, Gorbachev levantou a questão da recém-formada Sociedade "Memorial." Diversas organizações como aquela haviam espocado com a finalidade de desvendar a verdade sobre as atrocidades e excessos cometidos no passado pela NKVD e pelo partido, de determinar a quantidade e a identidade das vítimas inocentes, e de publicar os nomes dos que tinham cometido aqueles crimes contra a humanidade. Os serviços de segurança, é óbvio, aconselharam Gorbachev a extinguir sem alarde o movimento de âmbito nacional e reduzi-lo estritamente às esferas locais e regionais.

Gorbachev deu sua franca opinião sobre aquele tipo de desestalinização. "Esta 'Memorial,'" declarou "está se alastrando. Seus últimos esforços demonstram que tenta ser mais que uma sociedade." Depois, durante os debates, disse: "Eu gostaria de associar esses dois assuntos: as sepulturas [secretas da NKVD] e a 'Memorial'

(...) temos que retirar de alguma forma a energia da 'Memorial' e dar-lhe realmente um caráter local, e as organizações partidárias das localidades devem tomar conta do assunto. (...) Isso não é 'Memorial' coisa alguma. É, de novo, cobertura para algo diferente."[155]

Refletindo sobre o problema, voltou a ele no dia seguinte: "Precisamos tomar decisão política que inclua uma apreciação política dos julgamentos e decisões tomadas pelas *troikas* [tribunais de três homens da NKVD] sem investigação judicial. [Temos] que reconhecer que eles foram ilegais. E isso é tudo, camaradas. (...) Se agirmos assim, afugentaremos todas essas 'Memoriais.'"[156] No entanto, o que estava sendo "afugentado" não era a "Memorial" e sim o desejo de restaurar a memória histórica do país para fazer justiça às vítimas da opressão bolchevique.

Gorbachev raramente tomou decisões importantes sem a aquiescência do Politburo. Também debateu com ele questões que não estavam na pauta nem foram incluídas na forma final e revista das atas, permanecendo apenas rascunhadas sob o título "outros assuntos." Normalmente, tais questões eram por demais triviais para atravancar os registros oficiais, porém, em determinadas oportunidades, tiveram relevância particular. Em abril de 1988, Gorbachev trouxe à baila a questão da atitude do partido em relação à religião tendo em vista a *perestroika*. "O Politburo," disse, "reconheceu, em princípio, como conveniente meu encontro com [o Patriarca] Pimen e com o Sínodo [órgão governante da Igreja Ortodoxa]. Dizem que não houve uma reunião como aquela por muito tempo. Algo parecido aconteceu durante a guerra, em 1943. É verdade que, nas ocasiões oficiais em que houve membros do clero presentes, Leonid Ilyich [Brejnev] aproximou-se deles e disse depois: 'Foi uma boa conversa.' Os eclesiásticos levantarão a questão da organização de um seminário na região de Tarnopol. Lembro-me de meu tempo em que ajudei a fechar um seminário na região de Stavropol. (...) Não devemos desfazer-nos em mesuras à religião nem ser muito amistosos com ela. Mas tratá-la como uma realidade. (...) O que não podemos é adotar posição que signifique pedido de desculpas de espécie alguma."[157]

No item "outros assuntos," Gorbachev informou ao Politburo que Malenkov havia falecido: "Deveria haver um comunicado oficial?" quis saber. Outros membros lembraram que Malenkov tivera participação nos expurgos dos anos 1930, e ficou decidido que não havia necessidade de anúncio oficial. A morte de um de seus chefes era questão interna do partido. Quanto ao local do sepultamento, houve finalmente concordância em "permitir" que ele fosse enterrado ao lado do túmulo da esposa no cemitério de Novokuntsevo.[158]

As decisões sobre mais assistência ao exterior eram debatidas no Politburo sob "outros assuntos." Em janeiro de 1986, Gorbachev disse ao alto órgão que recebera um "telegrama preocupante" de Aden, onde irrompera uma breve e feroz guerra civil. "Querem fuzilar cinqüenta pessoas. Acho que devemos enviar-lhes um apelo ressaltando que o principal é a unificação." Entretanto, Ali Muhammad al-Hasani, líder do partido socialista pró-soviético no Iêmen do Sul, deu continuidade ao planejado: deixou a sala onde presidia seu Politburo e, ato contínuo, as forças especiais invadiram o recinto e liquidaram todos os que estavam em volta da mesa. Mas o exército não lhe deu apoio e logo ele fugiu para o Iêmen do Norte, depois, para a Etiópia. Entrementes, em Aden, continuou a carnificina mútua entre aliados e oponentes de al-Hasani.

Passado algum tempo, o comandante-em-chefe das forças terrestres, general Yevgeni, foi despachado para o Iêmen do Sul. Acompanhei-o naquela "missão de paz" e pude observar os terríveis sinais da matança recente. Cerca de um terço dos oficiais que perderam a vida naquela sangrenta captura do poder haviam freqüentado academias e escolas militares soviéticas. Então, no nosso encontro com a nova chefia iemenita, escutamos a velha música: "Precisamos da ajuda de vocês – assistência econômica e tecnológica, assessores, vagas nas universidades soviéticas."

Por vezes, questões foram debatidas sob "outros assuntos" que mostraram quão lentamente a liderança soviética praticava o "novo pensamento." Ao término de uma de suas reuniões de junho de 1989, Gorbachev solicitou que os membros do Politburo permanecessem na sala para apreciar outra matéria:

GORBACHEV: Agora, o caso da publicação das obras de Soljenitzyn.

MEDVEDEV: O *Arquipélago Gulag* é [mais de duas mil páginas] longo. (...) É difícil e cansativo de ler.

RYZHKOV: Começa com o tempo de Lênin. Será verdadeira bomba.

GORBACHEV: Vacilaram quando deixaram Soljenitzyn consultar os arquivos enquanto escrevia *Ivan Denisovich*...

CHEBRIKOV: Não, não permitiram que consultasse os arquivos.

MEDVEDEV: Ele conseguiu cerca de trezentas memórias de várias pessoas.

GORBACHEV: A questão não é Stalin, mas a afirmação de que ele foi pupilo fiel de Lênin. Que deu continuidade à sua causa. E Soljenitzyn o faz citando fitas de telefonemas e cartas de Lênin.

LIGACHEV: Como permitir coisas assim escritas sobre Lênin?

GORBACHEV: De qualquer forma, temos aí o *Arquipélago Gulag*. Não acho que ele jamais venha a ser amigo e defensor incondicional da *perestroika*.

SHAKHNAZAROV: Devemos deixar que seja publicado.

GORBACHEV: Vladimir Alexandrovich [Kryuchkov], providencie para que os camaradas que ainda não o fizeram leiam o livro.

SHEVARDNADZE: Sou a favor da publicação.

GORBACHEV: Acontece que, no que diz respeito a Lênin, quanto pior, melhor.

> Causou a morte de pessoas, deixou que outras morressem nas trincheiras (...) para ele, só interessava o poder. (...) Insinua a ligação com Inessa Armand. (...) Desprezo pelo povo soviético...
>
> YAKOVLEV: Temos que permitir a publicação. Todos estão a favor: a União dos Escritores, as revistas...
>
> GORBACHEV: Então, só restamos nós? O melhor que tenho a fazer é ler o livro também.[159]

Mesmo sem ter lido o livro, Gorbachev estava pronto para condená-lo. Não agi melhor. Em duas publicações, ataquei Soljenitzyn sem ter consultado sua obra, baseando-me, em vez disso, na "correção" do Comitê Central que me repassou suas opiniões regurgitadas. Desde então, expressei por diversas vezes meu arrependimento, sabendo que todos nós, do Secretário-Geral às fileiras inferiores de comunistas, éramos vítimas da intolerância bolchevique em relação a qualquer coisa que contradissesse a religião soviética do leninismo.

Como líder, Gorbachev herdou o estilo e métodos de seus antecessores, mas credite-se a ele o conhecimento público do que o Comitê Central fazia, o início da publicação de um boletim reformulado, *Izvestiya TsK KPSS* (Notícias do Comitê Central do PCUS), contendo matérias até então sigilosas, e por tornar rotineiras as entrevistas à imprensa de membros da chefia. Seu estilo foi cada vez mais aberto e democrático, se bem que interpretações unilaterais dos eventos, cortes e coberturas tivessem sido empregados até agosto de 1991.

Embora fosse mais um homem de intelecto que de ação, Gorbachev podia ser muito duro quando percebia ter suporte público. Na ocasião em que o jovem alemão Matthias Rust pousou de avião leve ao lado do Kremlin, em Moscou, tendo primeiro voado duas vezes em torno dele, Gorbachev ficou visivelmente abalado. Encarou o acidente como uma desgraça nacional, mesmo que visto pelo Ocidente como pouco mais que uma travessura boba, e a reação de Gorbachev para o incidente aumentou sua popularidade na União Soviética.

A reunião do Politburo foi tempestuosa. Convocados os altos escalões militares, tiveram que ouvir recriminações tão pesadas como se tivessem perdido uma guerra.

Gorbachev foi incisivo e maliciosamente sarcástico: "Passaram-se duas horas e meia enquanto o avião invasor sobrevoava a zona do VI Exército." Virando-se para o general Lushev, perguntou: "O fato lhe foi reportado?"

> LUSHEV: Não. Só tomei conhecimento quando o avião aterrisou em Moscou.
>
> GORBACHEV: O senhor foi informado pelos guardas de trânsito?

Depois de duas horas de debates, Gorbachev sintetizou: "Ocorreu um evento que ultrapassa tudo o que antes já aconteceu em termos de conseqüências políticas. (...) Estamos falando sobre a perda da confiança do povo em nosso exército, em benefício do qual as pessoas fizeram tantos sacrifícios. E por longo tempo. Um golpe foi também desferido contra a chefia política do país, contra sua autoridade." Anunciou depois um intervalo de trinta minutos, findo o qual listou os pontos do decreto do Politburo:

1. Aceitar o pedido de aposentadoria do Camarada Sokolov [ministro da Defesa].
2. Confirmar o Camarada Yazov como ministro da Defesa.
3. Demitir o Camarada Koldunov da função de comandante-em-chefe das tropas de fronteira.[160]

Por outro lado houve importantes oportunidades em que o comportamento de Gorbachev foi mais ambíguo. O sentimento nacionalista crescera constantemente em todo o Cáucaso ao longo de 1988, em nenhum lugar mais violento do que no conflito entre o Azerbaijão e a Armênia pelo disputado enclave de Nagorno-Karabakh. Os nacionalistas georgianos, no meio-tempo, tinham seu próprio adversário local sob a forma de movimento pela independência do território étnico de Abkhazia, mas alimentavam o propósito mais elevado da soberania da Geórgia em relação à União Soviética. Gorbachev instou repetidamente por um resultado político e não-violento para aquelas reivindicações. Todavia, em abril de 1989, uma manifestação pacífica na capital georgiana, Tblisi , foi atacada por tropas soviéticas com gás venenoso e espadas afiadas. Dezenove manifestantes, em sua maioria jovens mulheres, foram mortos, e mais de cem, feridos. Se os nacionalistas precisassem de mais justificativas para suas demandas e mais combustível para a fogueira de sua campanha, aquele ato de crueldade as proporcionou; um extremista, Zviad Gamsakhurdia, foi eleito chefe de um governo anti-soviético e, no devido tempo, presidente de um estado independente da Geórgia.

Embora seja evidente que Gorbachev nem ordenou tampouco aprovou as ações violentas das forças soviéticas em Tblisi, é verdade também que deixou subordinados seus resolverem uma situação numa região instável sobre cujo perigo potencial havia sido alertado. Os ministros do Interior e da Defesa, assim como as autoridades comunistas locais, sem dúvida foram os responsáveis diretos, tática e politicamente, pelo que ocorreu em Tblisi, e Gorbachev não pode ser culpado por procurar administrar por meios pacíficos uma situação explosiva. Mas como presidente e secretário-geral, ele não pode ser desculpado por falhar no exercício de sua responsabilidade suprema pela ordem e segurança públicas.

Nos estados bálticos da Letônia, Estônia e Lituânia, anexados à União Soviética por um vergonhoso acordo de Stalin com Hitler, e onde os nacionalistas locais podiam argumentar que desfaziam um ato ilegal, muitos esperavam que a independência viesse sem derramamento de sangue. A despeito do fato de Gorbachev ter negado independência ao partido comunista lituano a fim de que disputasse as eleições com os nacionalistas em campos nivelados, quando a onda do nacionalismo cresceu em toda a União, ele adotou uma posição liberal, conclamando por debates pacíficos e acordos políticos ao invés do uso da força. Por volta de 1991, contudo, ele estava encurralado pelos linhas-duras de seu governo – a maioria dos liberais saíra da administração, de moto próprio ou por ele mesmo forçada a se afastar. Uma retórica vigorosa já havia sido utilizada diversas vezes em relação aos estados bálticos, e parecia que Gorbachev contemplava medidas duras para sufocar as aspirações nacionalistas. Em janeiro de 1991, quatorze pessoas foram mortas por tropas soviéticas durante uma manifestação pacífica em Vilna, capital da Lituânia. Gorbachev disse que só soube do sangrento acontecimento na manhã seguinte. Em momentos tão graves e trágicos, o presidente, surpreendentemente, era deixado de lado e em completa ignorância.

Gorbachev liderou o partido e o estado não apenas por meio do Comitê Central e do governo, mas também com a ajuda daquilo que seu assessor próximo, Vadim Medvedev, chamou de "time de Gorbachev," querendo dizer assistentes, redatores de discursos, ajudantes e funcionários categorizados. Do "time," faziam parte pessoas como Alexander Yakovlev, com justiça chamado de "cérebro" da *perestroika*, Ivan Frolov, Georgy Shakhnazarov, Anatoly Chernyayev, Valeri Boldin, Tatiana Zaslavskaya, Anatoly Lukyanov e um par de dezenas mais. Era um grupo competente, e Medvedev chegou a declarar numa reunião do Politburo que "a chefia soviética formou para Gorbachev um time que não tem rival na União Soviética de antes."[161]

Pode-se então perguntar: se o time de Gorbachev era tão talentoso e profissional, por que não foi capaz de cumprir suas metas e por que alguns de seus integrantes o traíram de forma tão dura? Muito tem-se escrito sobre o "time" nas memórias de seus membros, apesar de não se tocar nas razões do fracasso de Gorbachev. Todos são bastante críticos a respeito de Yeltsin, e todos, salvo Lukyanov e Boldin, que apunhalaram o chefe pelas costas, jogam sobre Gorbachev uma luz positiva, muitas vezes adulatória.

Georgy Arbatov, um dos mais bem-informados assessores de Gorbachev no campo da política externa, escreveu para o chefe em diversas ocasiões e sobre diversificados assuntos, algumas vezes dando conselhos simples como "faça discursos curtos," "interrompa alguém que comece a elogiá-lo" e "você deveria saber que Ligachev é uma ameaça real." Noutras oportunidades, os conselhos foram sobre matérias importantes: "sua prioridade principal na arena externa é o fortalecimento da comunidade socialista: tire sem demora os mísseis nucleares da Transcaucásia; depois do XXVIII Congresso, renuncie ao cargo de secretário-geral," e assim por diante.

De fato, Gorbachev tentou, com um pouco de desânimo, a citada renúncia em abril de 1991, fosse ou não por inspiração de Arbatov. Se tivesse conseguido, ficaria em condições de alijar muita bagagem organizacional e ideológica. Teria também se distanciado, como Yeltsin fez, do definitivamente desacreditado partido, então francamente à deriva, do qual muitos membros mais "astutos" lucravam com a quase-anarquia econômica que aumentava desde 1989. Permaneceria apenas como presidente da União Soviética, mas é difícil imaginar-se que essa iniciativa fosse capaz de obstar a torrente de independência nacional que havia, efetivamente, circunscrito o território de Gorbachev ao Kremlin – e logo a apenas parte dele, desde que Yeltsin lá se instalou ao se tornar presidente da Rússia, em junho de 1991.

Gorbachev trabalhou sob muita pressão, mas sempre reservou os fins de semana para si e sua família no campo. "As poucas horas de folga que tenho," disse, "tento desfrutá-las ao máximo. Meus gostos são os mais variados: aprecio literatura criativa, teatro, música, cinema. Meu divertimento preferido é caminhar pela mata."[162]

Um dia normal de trabalho começava às 9h30 e terminava por volta das nove da noite, e o tempo era quase todo preenchido com uma reunião atrás da outra, conversas telefônicas com políticos locais ou do exterior, e recebendo visitantes estrangeiros.

Embora as condições do país piorassem e o sentimento circulante fosse de que sem um "pulso forte" nada melhoraria, a idéia de "salvar" a democracia pela força era impensável para Gorbachev. Logo ficou evidente para ele que a *perestroika* havia desencadeado problemas intranacionais para os quais o emprego da força era ineficaz e nocivo para toda a causa da democratização. A velha fórmula da "amizade dos povos" num estado unitário rapidamente se mostrou inadequada na nova atmosfera, mas Gorbachev custou a aprender a lição.

No seu breve, mas tormentoso, tempo de chefe, tentou mais de uma vez a renúncia ao posto de secretário-geral do partido. Em dezembro de 1989, foi aberto um novo pleno em Moscou para debater o Segundo Congresso dos Deputados do Povo. Falaram muitos delegados, mas foi o pronunciamento do primeiro-secretário da região de Kemerovo, A. Melnikov, que mais alfinetou Gorbachev. Comunista ortodoxo e não propenso a meios-termos, Melnikov falou em prol da inclusão de operários comunistas no Politburo e no Comitê Central, ao melhor estilo leninista. Gorbachev perdeu a calma e, muito agitado, propôs a nomeação de um novo Politburo, e também de um novo secretário-geral.[163] Foi serenado com dificuldade, e nada mais foi dito sobre sua substituição.

No Politburo de 25 de abril de 1991, Gorbachev levantou novamente a questão da renúncia. Com seu vice Vladimir Ivashko presidindo a sessão, não houve debates. Em vez disso, uma resolução foi aprovada: "Com os mais altos interesses do país, do povo e do partido em mente, a proposta apresentada por Mikhail Sergeyevich Gorbachev para sua renúncia como secretário-geral foi retirada da pauta."[164] Não se permitiu que abandonasse o navio que afundava, e ele foi forçado a acompanhar o colapso do sistema leninista até o amargo fim. Um dos sinais mais óbvios de que era esse o caso ocorreu em março de 1990, quando o partido efetuou suas primeiras eleições livres ("livres" no sentido de que os membros não eram mais compelidos a votar nos candidatos aprovados) para os cargos dos altos escalões. Quase a metade dos primeiros-secretários, segundos-secretários e secretários regionais não conseguiu se eleger para as funções anteriores. Inegável que só o fato da realização de eleições foi suficiente para revelar o declínio rápido da influência do partido sobre a sociedade.

Em suas memórias, Anatoly Lukyanov que, como presidente do Soviet Supremo da URSS em 1991, fora um dos iniciadores do golpe, e que conhecia Gorbachev desde o tempo de jovens companheiros de estudo em Moscou, escreve que considerou "o fenômeno da autoridade de Gorbachev" compreensível: a política de concessão e meio-termo, que conduziu à "destruição do Pacto de Varsóvia," foi muito conveniente para o Ocidente. Quanto às características pessoais de Gorbachev:

> Sua perniciosa tendência a resolver tudo, inclusive questões de princípios, por meios-termos, improvisação e vacilo, sob a influência das circunstâncias e de seu assessor pessoal, pairou como uma espécie de praga sobre sua cabeça. (...) Tinha jovial confiança em que tudo acabaria bem e sempre se atrasou em relação aos eventos. Estava seguro de que cada palavra presidencial era eficiente por si só, e carecia da capacidade de ouvir a opinião dos outros. (...) Mostrou-se surpreendentemente indesejoso de defender o povo contra os ataques de sua própria equipe e tinha a propensão a livrar-se rapidamente de qualquer pessoa que tivesse cumprido suas atribuições, mas não lhe fosse mais útil.[165]

Quando se pediu a Lukyanov que definisse o papel que Gorbachev desempenhara na história da Rússia, foi peremptório: "Foi o papel de Heróstrato. (...) Gorbachev traiu seu próprio partido."[166]

Alexander Alexandrov-Agentov, assistente de Gorbachev que foi substituído por Anatoly Chernyayev, fez eco para alguns pensamentos de Lukyanov: "Infelizmente, Gorbachev padece de séria deficiência como chefe: é totalmente incapaz de ouvir, ou melhor, incapaz de ouvir seu interlocutor, mas fica totalmente absorvido ouvindo o que diz. Deixei Gorbachev e me aposentei porque ele não precisa de assessoramento."[167] Dessa forma, um dos inimigos de Gorbachev diz que ele se deixava levar por seus conselheiros, e outro afirma que ele não aceitava conselhos.

Um episódio talvez sirva para ilustrar as opções morais difíceis que Gorbachev enfrentou. Por muitos anos, as relações com a Polônia foram perturbadas por fatos não-explicados da guerra soviético-polonesa de 1920, da dissolução do partido comunista polonês em 1938, dos acordos secretos de 1939 entre a URSS e a Alemanha, da execução de oficiais poloneses e outros em Katyn e noutros lugares, das circunstâncias que cercaram o Levante de Varsóvia de 1944, e de diversos outros.

O governo soviético jamais teve coragem para tratar honestamente qualquer uma dessas questões. Por exemplo, Vadim Medevedev, secretário do Comitê Central responsável pelas relações com os países socialistas, escreveu um memorando a Gorbachev, em 13 de março de 1987, propondo que, sobre o assunto da guerra de 1920, "dois ou três artigos deveriam ser publicados abordando os objetivos da Polônia latifundiária-burguesa naquela guerra e a posição das figuras soviéticas individuais, políticas, estatais e militares." Sobre a dissolução do partido comunista polonês, o fato deveria ser reconhecido, mas também dito que, "no final dos anos 1950, os comunistas poloneses reprimidos haviam sido reabilitados, muitos deles postumamente." Quanto à "reunificação da Ucrânia Ocidental e da Bielo-Rússia Ocidental à URSS" e à existência de "alguns protocolos secretos no Tratado Alemão-Soviético de 1939," deveria ser dito que "não há razão para rever nossas posições."[168]

Numa nota sobre os tratados germano-soviéticos de 1939, Gorbachev declarou: "De uma perspectiva realista, o Pacto de Não-Agressão de 23 de agosto entre a URSS e a Alemanha foi inevitável."[169] Fez circular documentos carimbados como "ultra-secretos" por todos os membros do Politburo, na verdade unindo as forças. Não obstante, os poloneses persistiram e solicitaram de novo uma oportunidade de trabalhar com os soviéticos na tentativa de desatar o nó complicado dos "protocolos secretos." Numa reunião de 5 de maio de 1988, o Politburo debateu o caso "dos documentos secretos germano-soviéticos de 1939 e sua implicação com a Polônia." Medvedev sugeriu que fosse adotada uma abordagem gradual. Georgy Smirnov, diretor do Instituto de Marxismo-Leninismo, admitiu que não existiam argumentos convincentes no lado soviético, e os outros membros se expressaram quase na mesma linha:

GROMYKO: Definitivamente, são documentos originais. Não reconhecê-los será um grande risco. No nível histórico, é conveniente dizer a verdade. Mas a verdade deve ser que possuímos cópias, não os originais. Os originais possivelmente foram destruídos ao tempo de Stalin ou sem Stalin.

(Gromyko continuou obstinado mentiroso até o fim da vida. Em suas memórias e confrontado com as evidências dos arquivos alemães, insistiu em dizer que não existiram "protocolos secretos." "O promotor-chefe soviético em Nuremberg rotulou-os de falsificação e o fez com acerto, já que jamais foi encontrado tal 'protocolo,' seja na URSS seja em qualquer outro país – nem poderia ser."[170])

CHEBRIKOV: É muito cedo para se decidir sobre a publicação...
GORBACHEV: Tenho uma proposta. Acredito que o Politburo poderá formular uma posição quando tiver os documentos oficiais em mãos. (...) Sugiro que nos limitemos à troca de opiniões. (...) Continuaremos a trabalhar nos arquivos para localizar os documentos. Se os documentos se tornarem disponíveis, talvez voltemos ao assunto...

Os outros resmungaram aprovação. Três dias depois, Gorbachev concluiu: "Penso que as cópias devem permanecer onde supostamente estão."[171]

Em dezembro de 1991, fui nomeado presidente da Comissão do Soviet Supremo Russo para transferir os arquivos do partido e da KGB ao domínio público. Em perto de dois anos, desclassificamos cerca de *setenta e oito milhões* de documentos e os deixamos à disposição de arquivos relevantes em benefício dos pesquisadores. Agindo sob as ordens do presidente Yeltsin, pelo final de 1992, três membros da comissão – os professores Rudolf Pikhoya e A. Korotkov, e eu – demos início ao processo de abertura dos "Arquivos Especiais," os repositórios das matérias de sigilo máximo. No período soviético, tais arquivos só podiam ser manuseados com permissão do secretário-geral. O conteúdo dos arquivos não era identificado externamente e só um conjunto de algarismos proporcionava alguma orientação. Como não possuíamos um livro-código para decifrar os números, tivemos que abrir um a um para verificar os segredos que encerravam.

Já havíamos descoberto muitas coisas interessantes quando deparamos com um arquivo grande, volumoso e, como todos os demais, selado em diversos pontos com cera. Nele encontramos uma listagem do conteúdo "Documentos Relativos às Negociações Germano-Soviéticas de 1939-1941." Por baixo estava escrito: "Textos Originais dos Acordos Germano-Soviéticos Secretos Concluídos no Período de 1939-1941." Ali estavam os originais, em russo e alemão: seis protocolos, os comunicados de 28 de setembro de 1939 dos governos soviético e alemão, a troca de cartas entre Molotov e Ribbentrop e dois mapas da Polônia assinados por Stalin e Ribbentrop. Havia também uma nota assinada pelo chefe de setor A. Moshkov e datada de 10 de julho de 1987: "Reportei ao Camarada V.I. Boldin. Ele ordenou-me que mantivesse isso disponível por enquanto no setor."[172] Boldin só poderia ter pedido vistas a um arquivo especial com a permissão do Secretário-Geral. Por certo, Gorbachev tinha conhecimento do material bem antes de 5 de maio de 1988.

Os documentos sobre o massacre soviético dos oficiais poloneses em Katyn foram tratados da mesma maneira. Em 18 de abril de 1989, Boldin abriu o Arquivo Especial e deve ter relatado seu conteúdo a Gorbachev.[173] (Os papéis demonstram que Andropov também leu o arquivo em 15 de abril de 1981 e não disse coisa alguma.) Que conclusão podemos então tirar do comentário de Gorbachev de 5 de maio de 1988: "Se os documentos se tornarem disponíveis, talvez voltemos ao assunto..."?

É plausível supormos que Gorbachev teve os documentos em mãos, porém, em nome da desonesta política secreta bolchevique, optou por sacrificar a moralidade e, num certo sentido, também sua reputação histórica. Depois de ver os documentos, afirmou que não estavam "disponíveis." Àquela época, ele escrevia em seu livro: "Apóio a política aberta, a política das coisas reais. Tais políticas não podem ter fundo falso."[174] Gorbachev gostava de lembrar todo mundo que era franco, sincero e honesto: no seu discurso de despedida ao país, em 25 de dezembro de 1991, repetiu: "Estou falando honesta e francamente. É meu dever moral." Mas a política é matéria cínica e impiedosa, e a vida de Gorbachev, malgrado todas as suas virtudes, é testemunha desse fato.

Para Gorbachev, a ideologia comunista era um tipo de religião secular onde não havia espaço para a moralidade; mesmo assim, ela foi a principal razão de seu afastamento dramático da cena política. O *Wall Street Journal* de 27 de dezembro de 1991 disse com razão: "Gorbachev foi a melhor coisa que o partido comunista tinha a oferecer. Desempenhou papel central num notável capítulo da história mundial, mas se viu forçado, no fim, a se afastar porque na peça histórica não havia mais qualquer lugar para um homem que ainda queria ser comunista."[175]

No comovente discurso, transmitido pela televisão central, em 25 de dezembro de 1991, no qual anunciou que deixava o cargo de presidente da URSS, Gorbachev expressou aquilo que a história seguramente decidirá a respeito de seu turbulento período como sétimo chefe da URSS: "A sociedade possui agora liberdade, foi emancipada política e espiritualmente. E esta é a principal conquista que não entendemos completamente porque ainda não aprendemos como usar tal liberdade." Falando em Paris em maio de 1993, declarou: "A era Gorbachev apenas começou. (...) Gorbachev deu início à reforma da sociedade e das relações internacionais numa moldura de um novo pensamento. (...) Caminhamos para uma nova civilização que não será de escolha entre capitalismo e socialismo, mas uma síntese de nossa própria experiência."[176]

Acredito que o resultado histórico dos inolvidáveis anos de *perestroika* sobrepuja os enganos e erros de cálculo de Gorbachev. O valor inestimável da reforma foi a liberdade que deu à ex-sociedade soviética a chance de alcançar um modo de vida próspero e democrático.

Epílogo

Sete chefes em sete décadas – pura coincidência, acidente histórico. O enfraquecimento gradual e inevitável do poder dos chefes, no entanto, não aconteceu por acidente. Como o do bolchevismo de forma geral, seu declínio foi quase visível.

O primeiro e o segundo chefes exerceram ilimitado poder ditatorial, embora tenha sido Stalin quem o levou à forma mais extrema, guiado, é verdade, pelos preceitos de Lênin e por sua própria "consciência revolucionária."

Khruschev, o terceiro chefe, fez um esforço consciente para abrandar o papel do governo de um só, ao mesmo tempo que permaneceu fiel à idéia do absolutismo bolchevique, com a realização do qual se sentia pessoalmente comprometido, como revelou no "presente" que fez da Criméia à Ucrânia, na arbitrária mudança dos limites e fronteiras regionais no Cáucaso e em sua aventura cubana. Seu poder como chefe do partido não mais era ditatorial, porém permaneceu incontestável.

O quarto chefe, Brejnev, se bem que tentasse preservar o sistema, careceu das qualidades para tanto. A erosão dos alicerces leninistas da sociedade e do estado atingiu profundidade considerável durante seu governo. A despeito do papel ostensivamente enorme desempenhado pelo chefe, surgiu um largo fosso entre os atributos oficialmente reconhecidos do regime e as atitudes reais do público. O declínio e a debilidade interna do sistema foram sentidos por todos, e o povo aprendeu a dizer uma coisa e fazer outra. Muitos chefes de partido, como o Tartufo de Molière, foram orientados pela regra de que "quem peca em particular não peca."

Paradoxalmente, no exato momento em que a União Soviética conseguiu paridade estratégico-militar com os EUA e chegou ao ápice de seu poderio nuclear, começou a experimentar uma crescente insegurança espiritual. A URSS não tinha resposta adequada para a crítica ocidental ao seu histórico de direitos humanos; não pôde parar o fluxo de seus cidadãos para o mundo livre; não teve idéias construtivas para aliviar a crônica crise econômica. Brejnev foi chefe de um estado cujo poder militar não correspondia a sua base espiritual. Como dantes, era sua infame "abordagem de classe" que valia, quando questões políticas, sociais e ideológicas eram tratadas.

O quinto e o sexto chefes, Andropov e Chernenko, nada puderam fazer para reverter ou estancar a erosão do poder soviético. Andropov pode ter sido o mais inteligente dos chefes, e certamente tentou alguma coisa para alterar o sombrio estado de coisas, mas tinha pouca chance de sucesso. Seu esforço de desacelerar a crise montante por meios administrativos teve pouco efeito. E não se pode atribuir o insucesso à sua morte prematura: Andropov era um leninista que pensava como um chekista e, por conseguinte, carecia de atributos para realizar mudanças fundamentais para melhor. Em muitos importantes aspectos, comportou-se como seus predecessores. A crença cega no poder das instruções do chefe e na onipotência da organização do partido era, em si, um sinal da decadência do poder do regime, que nada teve senão decretos rotineiros para oferecer à população. Enquanto os chefes sentavam-se em suas salas, seu poder lentamente escorria pelo ralo. Podia-se ver pela forma indiferente com que cumpriam suas ordens, pela atitude formal que havia em relação às diretivas do partido, e pelo aumento do burocratismo.

Quando Gorbachev assumiu a posição mais alta do regime bolchevique, a despeito da aparente respeitabilidade e da existência de controles poderosos, o sistema amadurecera defeitos acumulados por décadas; tais defeitos eram uma exata expressão da força do regime totalitário. Basta uma lista simples para indicar a triste sina que pairava sobre o modelo leninista: monopólio do poder nas mãos de um único partido político; sistema de administração a comando; regime profundamente antidemocrático; sociedade fechada; controle total; um chefe onipotente nunca eleito pelo povo.

Gorbachev foi o melhor dos sete chefes bolcheviques. Conseguiu fazer muita coisa, mas poderia ter feito mais se desistisse de sua fé na possibilidade de salvar o sistema comunista e o programa de reforma daquele sistema. No entanto, mesmo em 23 de agosto de 1991, recém-libertado do cativeiro de Foros, disse aos jornalistas que ainda acreditava nos ideais do socialismo e achava possível o aprimoramento do Partido Comunista da União Soviética. Começara sua grande reforma sem saber onde ela iria terminar. Esta foi sua tragédia.

Contra o pano de fundo do inegável progresso do resto do mundo, a existência do sistema comunista na URSS era uma anomalia. Gorbachev chegou ao poder no momento em que a fraqueza do sistema atingiu um ponto crítico. Bastou ele entreabrir a porta, e uma avalanche de revelações sobre o passado aguçou o sentimento popular da fraqueza do regime como um poder injusto. Acontecimentos em Tblisi, em Vilna e noutros lugares demonstraram que emprego de força para resolver disputas internas jamais daria resultado. Passes de mágica e encantações saídos das reuniões do partido nada podiam para "acelerar" o desenvolvimento social e econômico, ou deter a desintegração da sociedade soviética e o crescimento do nacionalismo das repúblicas, ou para fazer com que o povo deixasse de tentar viver sua vida conforme lhe aprouvesse.

Um resultado positivo da erosão do regime bolchevique e da imagem de seus primeiros chefes foi o desaparecimento do sistema leninista. Um resultado negativo foi o desmanche da URSS como estado unificado. Ela poderia ter continuado a existir, ainda que de forma alterada, como uma confederação democrática. Gorbachev o tentou, e quem sabe ainda exista uma possibilidade futura.

Tentativas para reviver um sistema moribundo foram infrutíferas e perigosas. Mesmo que os comunistas tivessem retornado ao poder em eleições subseqüentes, nada tinham para oferecer à sociedade. Seu arsenal leninista fora completamente desmascarado.

A história dos sete chefes reflete a própria história da União Soviética. A lógica do poder é quase sempre imoral, e o poder bolchevique o é especialmente. Com exceção de Lênin, de quem o resto precisou como justificativa e base de suas ações, quando um chefe partia, o seguinte começava de pronto a denegri-lo. Era uma abordagem prática: todos os pecados do presente iam enterrados com o passado.

Decorridos poucos anos de sua morte, Stalin foi vilipendiado pelo sucessor como sangrento vilão do partido; e o próprio Khruschev, recém-aposentado, sentiu as flechas da condenação e da indignação voando para ele. Um grupo de velhos bolcheviques escreveu a Brejnev: "Que deixou ele depois de ter sido chefe do partido e do estado? Absolutamente nada!" Exigiam que a aposentadoria de Khruschev fosse cortada, que lhe dessem "um apartamento com banheiro comunitário," que fosse privado de seu automóvel, e por aí foram. De fato, o Politburo cortou pela metade sua pensão e ofereceu ao líder caído uma dacha menos atraente. Afinal de contas, tratava-se de velhos bolcheviques que "tinham visto Lênin."

Gorbachev não foi exceção à regra de jogar seus antecessores no esquecimento. Pouco depois que ele chegou ao poder, cidades chamadas Brejnev e Chernenko foram redenominadas, bem como ruas e navios, um centro espacial e uma mina. O "amor e o respeito" do populacho precisavam ser dirigidos para o novo chefe. A seu crédito, diga-se que Gorbachev foi o único chefe que tentou acabar com essa tradição.

Quaisquer feitos positivos do período de governo soviético resultaram do trabalho do povo. A preservação da moralidade, dos valores eternos da verdade, da bondade e da beleza deveu-se às gentes, não aos mitos ideológicos do leninismo. A história soviética, repleta que está de tempos terríveis, contém também passagens brilhantes que foram escritas malgrado a lógica do bolchevismo.

Os retratos dos sete chefes que guiaram o povo na direção de seu ilusório "futuro brilhante" são como placas ao longo da estrada, a parte mais visível de nossa história. Foram-se os chefes, mas sua história permanece entre nós.

Finis

Notas

Abreviatura do nome dos arquivos citados

APRF – Arquivos Presidenciais Russos

Arkhiv MB RF – Arquivos do Ministério da Segurança da Federação Russa, da ex-KGB

GARF – Arquivos Estatais da Federação Russa

RTsKhIDNI – Centro Russo para a Preservação e Estudo de Documentos da História Recente

TsAMO – Arquivos Centrais do Ministério da Defesa

TsKhSD – Centro de Preservação de Documentação Contemporânea

PRÓLOGO
A TRILHA DOS CHEFES

1 Abramovich, R.A., *Martov i mirqvoi menshevizm*, Nova York, 1959, p. 77

2 Stalin, I., *Voprosy Leninizma*, 11ª ed., Moscou, 1945, p. 123

3 Lenin, *Polnoe sobranie sochinenii [PSS]*, Moscou, vol. 23, p. 43

4 APRF, *Stenogramma zasedaniya politbyuro ot 15 oktyabrya*, l.156

5 Bukharin, N., *Ataka. Sbornik teoreticheskikh rabot*, Moscou, 1924, pp. 91-114

I
VLADIMIR LÊNIN

1 Arkhiv MB RF, n-15318, d. 21790, t. 1, l.281

2 *Ibid.*, d.14265, t. 1, l.1

3 RTsKhIDNI, f. 2, op. 1, d. 6601, l.1

4 *Ibid.*, d. 24632, l. 1

5 *Pravda*, nº 51, 6 de março de 1920

6 RTsKhIDNI, f. 2, op. 1, d. 23478, l. 11

7 *Ibid.*, d. 7310, ll. 1-2

8 Lenin, *Polnoe sobranie sochineniyi*, Moscou, 1961-1965, (daqui por diante *PSS*), vol. 38, p. 186

9 Vide *Vozhd'. Lenin, kotorogo my ne znali, Saratov*, 1992, p. 97

10 Potresov, A.N., *V plenu u illyuzii*, Paris, 1927, p. 99

11 Potresov, A.N., *Posmertnyi sbornik proizvedenii*, Paris, 1037, pp. 301-3
12 *Piśma Lenin k Gor'komu*, Moscou, 1936, p. 43
13 Aldanov, M., *Portrety*, Paris, 1931, republicado em Moscou, 1994, p. 9
14 RTsKhIDNI, f. 5, op. 1, d. 1315, ll. 1-4
15 *Ibid.*, f. 2, op. 1, d.8492, ll. 1-2
16 *Ibid.*, op. 2, d.1338, ll. 1-2
17 *Ibid.*, f. 17, op. 3, d.325, ll. 2-3
18 *Ibid.*, f. 2, op. 1, d. 26003, l. 1
19 Lenin, *PSS*, vol. 52, p. 179
20 *Ibid.*, vol. 50, p. 343
21 RTsKhIDNI, f. 2, op. 1, d.23822, ll. 1-7 e outros
22 *Ibid.*, d. 27137, l. 1
23 *Ibid.*, d. 457, ll. 1-9
24 *Lenin V.I. i Gorkii, A.M.*, Moscou, 1961, p. 276
25 Vide Lenin, *PSS*, vol. 33, pp. 100, 118
26 Fischer, Louis, *The Life of Lenin*, Londres, 1964, pp. 489-90
27 *Lenin V.I. i Gorkii, A.M.*, Moscou, 1961, p. 20
28 Lenin, *PSS*, vol. 33, pp. 1-18
29 *Ibid.*, pp. 101-2
30 GARF, f. 130, op. 1, d. 3, ll. 31-3
31 Lenin, *PSS*, vol. 14, p. 266
32 *Ibid.*, vol. 48, l. 295
33 *Ibid.*, vol. 20, pp, 21, 23, 40, 71
34 *Ibid.*, vol. 14, p. 15; vol. 12, pp. 303, 320, 522-3
35 Fischer, Louis, *The Life of Lenin*, Londres, 1964, pp. 490-1
36 *Veche* (reimpressão), Paris, nº 16, 1984, pp. 152-7
37 Rodzyanko, M.F., *Gosudarstvennaya Duma i fevral'skaya revolyutsiya*, Rostov on Don, 1919, pp. 30-1
38 *Monarkhiya pered krusheniem 1914-1917; iz bumag Nikolaya*, Moscou, 1927
39 Chernov, V., *Rozhdenie revolyutsionnoi Rossii*, Praga, 1934, p. 155
40 *Leninskii sbornik*, vol. 2, p. 195
41 Lenin, *PSS*, vol. 26, pp. 1, 6
42 *Leninskii sbornik*, vol. 2, p. 205
43 *Ibid.*, p. 195
44 Lenin, *PSS*, vol. 26, p. 96
45 *Ibid.*, pp. 108-9
46 *Ibid.*, pp. 165-6
47 Shub, D., Bakunin, "Nechayev i Lenin," em *Novyi zhurnal*, nº LV, 1958, p. 268
48 Lenin, *PSS*, vol. 26, p. 26
49 Agronyants, O., *Chto delat'? – Ili deleninizatsiya nashego obshchestva*, Londres, 1989, p. 67
50 Lenin, *PSS*, vol. 12, pp. 34, 70

51 *Ibid.*, vol. 30, pp. 310, 313, 322, 323, 325, 328

52 *Leninskii sbornik*, vol. 2, p. 195

53 Ludendorff, E., *Meine Kriegserinnerungen, 1914-918*, Berlim, 1919, p. 47

54 Zeman, Z.A.B., *Germany and the Russian Revolution, 1915-1918: Documents from the Archives of the German Foreign Ministry*, Londres, 1958, pp. 130, 133

55 Bernstein, E., "Ein dunkeles Kapitel", em *Vorwärts*, Berlim, 14 de janeiro de 1921

56 APRF, f. 3, op. 22, d.10, ll. 1-4

57 Lenin, *PSS*, vol. 32, p. 182

58 Milyukov, P.N., *Vospominaniya (1859-1917)*, vol. 2, Nova York, 1955, pp. 387-9

59 Lenin, *PSS*, vol. 32, p. 331

60 Sukhanov, N., *Revolyutsya 1917 goda*, Roma, 1971, p. 312

61 Trotsky, L., *O Lenine*, Moscou, 1924, pp. 58-9, 61

62 Lenin, *PSS*, vol. 35, p. 247

63 *Ibid.*, vol. 34, p. 281

64 *Niva*, nº 33, 1917

65 Lenin, *PSS*, vol. 34, pp. 383-4

66 Lenin, *Sochineniya*, 3ª ed., vol. 29, p. 390

67 Reed, J., *Desiat dnei, kotorye potryasli ves' mir*, 2ª ed., Moscou, 1924, pp. 69-70

68 Pipes, R., *The Russian Revolution, 1899-1919*, Londres, p. 493

69 GARF, f. 325, op. 1, d.11, l. 11

70 Em *Versty*, nº 2, Paris, 1926, p. 181

71 Krupskaya, N., *Vospominaniya O Lenine*, Moscou, 1989, p. 469

72 *Sed'moi s'ezd RKP, Stenograficheskii otchet*, Moscou-Petrogrado, 1923, p. 130

73 *Ibid.*, p. 14

74 *Ibid.*, p. 99

75 *Ibid.*, pp. 33, 34, 42, 47

76 Radek, K., *Portrety i pamflety*, Livro 1, Moscou, 1933, p. 34

77 Lenin, *PSS*, vol. 22, p. 280

78 *Ibid.*, vol. 31, pp. 119-21, 533-4

79 *Ibid.*, vol. 34, p. 420

80 *Protokoly TsK RSDRP(b), avgust 1917-fevral' 1918*, Moscou, 1958, pp. 171-2

81 Vide RTsKhIDNI, f. 2, op. I, d. 3972, l. 1

82 *Ibid.*, d. 8196, l. 1

83 *Ibid.*, d. 11480, l. 1

84 *Ibid.*, d. 9852, l. 1

85 Gippius, Z., *Izbrannaya poeziya*, Paris, 1984, p. 113

86 Zinoviev, G., *Leninizim. Vvedenie k izucheniyu leninizma*, Leningrado, 1925, pp. 370-1

87 Zinoviev, G., *V.I. Lenin. Kratkii biograficheskii ocherk*, Leningrado, 1924, p. 27

88 AFSK RF, Arquivo nº R-33833, t. 41, l. 257

89 RTsKhIDNI, f. 17, op. 3, d.78, 1. 5

90 *Ibid.*, f. 2, op. 1, d. 2442, l. 1
91 *Ibid.*
92 *Ibid.*, l. 2
93 *Dekrety sovetskoi vlasti*, vol. 8, Moscou, 1977, p. 222
94 RTsKhIDNI, f. 2, op. 1, d. 9592, l. 1
95 *Ibid.*, d. 27071, l. 1
96 Vide Lenin, *PSS*, vol. 48, pp. 189-90
97 RTsKhIDNI, f. 2, op. 1, d. 26159, l. 1
98 *Dekrety sovetskoi vlasti*, vol. 4, Moscou, 1977, pp. 264-5
99 RTsKhIDNI, f. 2, op. 1, d. 12390, l. 1
100 Fischer, L., *The Life of Lenin*, Londres, 1964, p. 270
101 RTsKhIDNI, f. 2, op. 2, d. 391, l. 1
102 *Ibid.*, d. 122, l. 1
103 *Ibid.*, d. 27069, l. 1
104 *Ibid.*, f. 5, op. 2, d. 1952, ll. 24-5
105 *Ibid.*, f. 2, op. 2, d. 1119, ll. 1-2
106 *Ibid.*, f. 5, op. 2, d. 1952, ll. 38-9
107 *Ibid.*, f. 2, op. 1, d. 24424, l. 1
108 *Ibid.*, op. 2, d. 794, l. 1
109 APRF, f. 31, op. 1, d. 4, ll. 211-14
110 Stepun, F., *Russkaya ideya. V krugu pisatelei i myslitelei russkogo zarubezhiya*, vol. 1, Moscou, 1994, p. 290
111 *Leninskii sbornik*, vol. 26, Moscou, 1934, p. 47
112 RTsKhIDNI, f. 2, op. 2, d. 571, l. 2
113 AFSK RF, R-1073, d. 11184, l. 57
114 RTsKhIDNI, f. 2, op. 1, d. 19320, ll. 1-4
115 *Ibid.*, d. 8885, ll. 14-25
116 Lenin, *PSS*, vol. 30, p. 211
117 *Ibid.*, p. 220
118 *Ibid.*, pp. 334-5
119 *Ibid.*, p. 218
120 Em *Novyi zhurnal*, nº 56, Nova York, 1960, p. 260
121 Lenin, *PSS*, vol. 37, p. 489
122 *Ibid.*, p. 490
123 *Novyi zhurnal*, nº 51, Nova York, 1960, p. 262
124 Lenin, *PSS*, vol. 37, p. 511
125 Fischer, L., *The Life of Lenin*, Londres, 1964, p. 314
126 *Ibid.*, p. 313
127 Trotsky, L., *O Lenine*, Moscou, 1924, p. 87
128 RTsKhIDNI, f. 2, op. 1, d. 8924, l. 1
129 *Ibid.*

130 *Ibid.*, d. 15000, l. 1

131 *Ibid.*, d. 15041, l. 1

132 *Ibid.*, d. 15042, l. 1

133 *Ibid.*, d. 15088, l. 1

134 Lenin, *PSS*, 4ª ed., vol. 33, Moscou, 1951, p. 48

135 *Vozhd'. Lenin, kotorogo my ne znali*, Saratov, 1992, p. 94

136 APRF, f. 3, op. 22, d. 10, ll. 86, 88

137 Kerensky, A., *Izdaleka (1920-21 gg.)*, Paris, 1922, p. 114

138 RTsKhIDNI, f. 2, op. 2, d. 708, l. 1

139 *Ibid.*, d. 441, ll. 4-8

140 *Ibid.*, f. 5, op. 1, d. 2761, l. 27

141 Vasilieva, O. *e Knyshevsky, P., Krasnye konkistadory*, Moscou, 1994, p. 84

142 *Ibid.*, p. 85

143 RTsKhIDNI, f. 2, op. 2, d. 202, ll. 1-2

144 *Ibid.*, op. 1, d. 25671, ll. 1-2

145 *Ibid.*, d. 27149, ll. 1-3

146 Balabanoff, A., *Impressions of Lenin*, Ann Arbor, 1964, pp. 29-30

147 RTsKhIDNI, f. 2, op. 2, d. 220, l. 1

148 APRF, f. 3, op. 20, d. 53, l.59

149 *Ibid.*, l. 55

150 *Ibid.*, l. 29

151 *Ibid.*, l. 32

152 RTsKhIDNI, f. 17, op. 3, d. 85, ll. 1-2

153 *Ibid.*, f. 2, op. 2, dd.13-18, ll. 1-3

154 Lenin, *PSS*, vol. 41, p. 234

155 RTsKhIDNI, f. 2, op. 2, d. 612, l. 1

156 *Ibid.*, op. 1, d. 8885, l. 23

157 *Ibid.*, op. 2, d. 1178, ll. 1-2

158 Potresov, A., *Posmertnyi sbornik proizvedenii*, Paris, 1937, pp. 202, 203

159 *Lyubyashchii tebya V. Ulyanov. Pis'ma Lenina materi*, Moscou, 1967, p. 36

160 Krupskaya, N., *Vospominaniya o Vladimire Ilyiche Lenine*, vol.2, Moscou, 1989, p. 37

161 APRF, f. 3, op. 22, d. 307, l. 173

162 Fischer, L., *The Life of Lenin*, Londres, 1965, p. 80, citando uma conversa entre Kollontai e Marcel Body, o primeiro-secretário de uma legação francesa na Noruega, publicado em *Preuves*, Paris, 1952

163 Krupskaya, N., *Vospominaniya o Vladimire Ilyiche Lenine*, vol. 2, Moscou, 1989, pp. 157, 217

164 RTsKhIDNI, f. 2, op. 1, d. 24299, l. 1

165 *Ibid.*, f. 127, op. 1, d. 61

166 Krupskaya, N., *Vospominaniya o Lenine*, 3ª ed., Moscou, 1989, p. 217

167 RTsKhIDNI, f. 2, op. 2, d. 24299

168 *Ibid.*, op. 1, d. 3327

169 *Ibid.*, d. 4462, l.2

170 *Ibid.*, f. 127, op. 2, d. 61, ll. 1-14

171 *Ibid.*, ll. 7-14

172 *Leninskii sbornik*, vol. 37, Moscou, 1970, p. 233

173 *Ibid.*, p. 143

174 RTsKhIDNI, f. 127, op. 1, d. 14, l. 2

175 Fischer, L. *The Life of Lenin*, Londres, 1965, p. 80

176 *Ibid.*

177 APRF, f. 45, op. 1, d. 694, l. 2

178 RTsKhIDNI, f. 2, op. 2, d. 515, l. 1

179 *Ibid.*, d. 830, l. 1

180 *Ibid.*, d. 171, l. 1

181 *Ibid.*, f. 17, op. 3, d. 195, l. 1

182 *Ibid.*, d. 216, l. 4

183 *Ibid.*, f. 2, op. 2, dd. 741, 1165, ll. 1-4

184 *Ibid.*, d. 991, l. 1

185 *Ibid.*, d. 1318, ll. 1-3

186 *Ibid.*, d. 135, l. 1

187 *Ibid.*, f. 17, op. 3, d. 106, l. 4

188 APRF, f. 3, op. 22, d. 307, ll. 8-11

189 *Ibid.*, d. 308, l. 11

190 *Ibid.*, l. 59

191 APRF, Arquivo Especial, Pacote 18/2, ll. 7-9

192 APRF, f. 3, op. 22, d. 307, l. 141

193 *Ibid.*, d. 310, ll. 1-2, 6-8

194 *Ibid.*, d. 307, l. 176

195 RTsKhIDNI, f. 2, op. 2, d. 2, l. 1

196 Lenin, *PSS*, vol.45, pp. 356-62; Vide Pipes, R., *Russia Under the Bolshevik Regime, 1919-1924*, Londres, 1994, p. 482 para um relato desse episódio.

197 Lenin, *PSS*, vol. 54, p. 329

198 *Ibid.*, p. 330

199 RTsKhIDNI, f. 325, op. 1, d. 412, l. 147; f. 5, op. 2, d. 34, l. 19

200 *Ibid.*, f. 558, op. 1, d. 2002, l. 21

201 *Ibid.*, f. 2, op. 1, d. 24472, l. 1

202 *Ibid.*, op. 2, d. 641, l. 1

203 *Ibid.*, f. 17, op. 3, d. 249, l. 6

204 Lenin, *PSS*, vol. 45, pp. 300-9

205 RTsKhIDNI, f. 2, op. 1, d. 23478, ll. 1-12

206 *Ibid.*, f. 3, op. 22, d. 9, ll. 1-3

207 *Ibid.*, f. 2, op. 1, d. 25609, ll. 10-11

208 *Ibid.*, op. 2, d. 1113, ll. 1-3

209 *Ibid.*, f. 17, op. 3, d. 239, l. 1; d. 234, l. 3

210 *Ibid.*, f. 2, op. 1, d. 12500, l. 14

211 *Ibid.*, f. 17, op. 3, d. 314, l. 6

212 Lenin, *PSS*, vol. 40, p. 101

213 AMBF, f. 114728, *Materialy Kronshadtskogo myatezha*, l. 1

214 RGVA (antes TsGASA), f. 33988, op. 2, d. 367, l. 40

215 RTsKhIDNI, f. 2, op. 1, d. 12176, l. 1

216 *Ibid.*, d. 12500, l. 12

217 *Ibid.*, op. 2, d. 463, ll. 1-2

218 *Ibid.*, op. 1, d. 13067

219 Lenin, *PSS*, vol. 44, p. 80

220 RTsKhIDNI, f. 2, op. 1, d. 24327, d. 1

221 Lenin, *PSS*, vol. 44, p. 79

222 *Ibid.*, vol. 35, pp. 200, 201, 204

223 RTsKhIDNI, f. 17, op. 3, d. 164, l. 2

224 *Ibid.*, f. 2, op. 1, d. 7310, l. 1

225 Lenin, *PSS*, vol. 44, p. 428

226 RTsKhIDNI, f. 2, op. 1, d. 23478, l. 1-11

227 *Ibid.*, d. 12500, ll-10-14

228 Lenin, *PSS*, vol. 44, p. 329

229 RTsKhIDNI, f. 2, op. 1, d. 18195, l. 1

230 *Ibid.*, f 17, op. 3, d. 147, l.4

231 *Ibid.*, f. 2, op. 1, d. 17826, l. 1

232 *Ibid.*, d. 12072, l. 1

233 *Ibid.*, d. 27071, l. 1

234 *Ibid.*, d. 24533, l. 1

235 *Ibid.*

236 *Ibid.*, d. 976, l. 1

237 *Ibid.*, d. 18552, l. 1

238 Shturman, D., "Sovetskie vozhdi na yazyke ostroslovov", em *Vremya i my*, nº 74, Jerusalém, 1983, pp. 141-2

239 APRF, f. 3, op. 60, d. 25, l. 5

240 RTsKhIDNI, f. 17, op. 3, d. 284, l. 9

241 *Ibid.*, d. 69, l. 2

242 *Ibid.*, d. 361, l. 15

243 Lenin, *PSS*, vol. 44, p. 157

244 Trotsky, L., *Lenin, kak natsional'nyi tip*, 2ª ed., Leningrado, 1924, pp. 6-7

2
IOSEF STALIN

1 Stalin, I., *O proekte konstitutsii Soyuza SSR*, Comitê Central, Moscou, 1937, p. 5

2 *Ibid.*, pp. 16, 17, 23, 24

3 GARF, f. 9401, op. 2, d. 236, t. III, ll. 145-66

4 *Ibid.*, ll. 145, 161, 166, 194

5 Stalin, I., *Rech' na predvybornom sobranii 11 dekabrya 1937 g.*, Comitê Central, Moscou, 1937, pp. 1-9. A atmosfera descrita e a maneira com que Stalin fez seu pronunciamento foram confirmadas ao tradutor por Iverach Macdonald, do *The Times*, um dos poucos correspondentes ocidentais com permissão para comparecer à reunião

6 Stalin, I., *Rech' na predvybornom sobranii 11 dekabrya 1937 g.*, pp. 7, 12-13

7 APRF, *Stenogramma zasedaniya politbyuro ot 6 fevralya 1988*, l. 169

8 Shturman, D., "Sovetskie vozhdi na yazyke ostroslovov" em *Vremya i my*, nº 74, Jerusalém, 1983, p. 130

9 *Izvestiya* TsK K*PSS*, nº 9, 1990, pp. 115-27

10 Lenin, *PSS*, vol. 49, pp. 101, 161

11 *Ibid.*, vol. 48, p. 162

12 APRF, f. 45, op. 1, d. 693, ll. 100-1

13 Lenin, *PSS*, vol. 45, pp. 356-7

14 APRF, f. 45, op. 1, d. 25, l. 31

15 Aldanov, M., *Sovremenniki*, Paris, 1928, p. 37

16 Lenin, *PSS*, vol. 45, p. 346

17 RTsKhIDNI, f. 558, op. 1, d. 5193, ll. 1-3

18 *Ibid.*, d. 3112, l. 1

19 *Istoriya Vsesoyuznoi kommunistiechskoi partii (Bol'shevikov). Kratkii kurs*, Moscou, 1938, pp. 256-7

20 APRF, f. 45, op. 1, d. 30, l. 216

21 *Ibid.*, f. 3, op. 24, d. 430, l. 1.570b

22 Dan, Lydia, "Bukharin o Staline," em *Novyi zhurnal*, nº 75, 1964, pp. 181-2

23 Em *Vremya i my*, nº 107, Jerusalém, 1989, p. 255

24 APRF, f. 45, op. 1, d. 25, l. 92

25 Stalin, I., *Voprosy Leninizma*, 11ª ed., Moscou, 1945, pp. 1-77, 106, 156

26 RTsKhIDNI, f. 17, op. 2, d. 612, vyp.III, l. 9-45

27 Mikoyan, A., *Stalin. K shestidesyatiletiyu so dnya rozhdeniya*, Moscou, 1940, p. 69

28 RTsKhIDNI, f. 495, op. 82, d. 1, ll. 10-100b

29 Stalin, I., *Voprosy Leninizma*, 11ª ed., Moscou, 1945, pp. 590-1

30 Lenin, *PSS*, vol. 35, p. 110

31 *Ibid.*, pp. 311-13

32 *Ibid.*, vol. 41, p. 376

33 *Izvestiya* TsK K*PSS*, nº 9, 1990, p. 117

34 *Ibid.*, nº 3, 1989, p. 165

35 Stalin, I., *Voprosy Leninizma*, 11ª ed., Moscou, 1945, p. 491

36 Stalin, I., *Sochineniya*, vol. 5, Stanford, 1967, p. 71

37 Stalin, I., *Voprosy Leninizma*, 11ª ed., Moscou, 1945, p. 121

38 RTsKhIDNI, f. 17, op. 2, d. 612, vyp.III, l. 35

39 Stalin, I., *Sochineniya*, vol. 5, p. 66

40 *Ibid.*, vol. 13, p. 228

41 Stalin, I., *Voprosy Leninizma*, 11ª ed., Moscou, 1945, pp. 578-9

42 *Ibid.*, p. 598

43 RTsKhIDNI f. 17, op. 125, d. 394, l. 89; vide também *Istochnik*, nº 3, 1996, p. 96

44 Barbusse, H., *Stalin*, Moscou, 1936, pp. 351-2

45 Stalin, I., *O proekte Konstitutsii Soyuza SSR*, Comitê Central, Moscou, 1937, pp. 5-40

46 Stalin, I, *Sochineniya*, vol.13, p. 104

47 Stalin, I., *Beseda s angliiskim pisatelem G.G. Uellsom*, Comitê Central, Moscou, 1935, p. 3

48 Stalin, I, *O proekte Konstitutsii Soyuza SSR*, Comitê Central, Moscou, 1937, p. 34

49 Stalin, I., *Voprosy Leninizma*, 11ª ed., Moscou, 1945, pp. 229-32

50 *Izvestiya* TsK *KPSS*, nº 3, 1990, pp. 150-62

51 APRF, f. 45, op. 1, d. 412, l. 21

52 Arquivo OGPU, nº 471, t. III, pp. 18-31

53 RTsKhIDNI, f. 17, op. 2, d. 575, ll. 1-193

54 *Ibid.*, d. 612, vyp.III, ll. 9-45

55 *Akten zur deutschen auswärtigen Politik 1918-1945*, vol. VII, Baden-Baden, 1956, p. 131

56 RTsKhIDNI, f. 558, op. 1, d. 3808, ll. 1-12

57 Stalin, I., *O Velikoi Otechestvennoi voine Sovetskogo Soyuza*, Moscou, 1946, p. 11

58 *Perepiska [Stalina] s prezidentami SShA I premier-ministrami Velikobritanii*, Moscou, 1976, t. 1, p. 84

59 APRF, f. 3, op. 50, d. 45, ll. 50-2

60 *Ibid.*, l. 50

61 TsAMO, f. 15, op. 725558, d. 36, l. 305

62 *Ibid.*, d. 35, ll. 2-17

63 APRF, f. 45, op. 1, d. 28, l. 107

64 *Izvestiya* TsK *KPSS*, nº 8, 1991, pp. 197-221

65 *Ibid.*, pp. 220-2

66 APRF, f. 45, op. 1, d. 413, ll. 53-5

67 TsAMO, f. 3, op. 11556, d. 13, ll. 210-12

68 *Ibid.*, f. 220, op. 242, d. 9, ll. 112-14

69 Krivosheev, G. (ed.), *Grif sekretnosti snyat* [Estatísticas das baixas sofridas pelas forças soviéticas], Moscou, 1993, p. 140

70 APRF, f. 45, op. 1, d. 28, l. 116

71 *Izvestiya* TsK *KPSS*, nº 4, 1991, p. 210

72 APRF, f. 30, op. 1, l. 84

73 TsAMO, f. 132A, op. 2642, d. 41, ll. 75-81

74 Volkov, A., *Nezavershennye frontovye nastupatel'nye operatsii*, Moscou, 1992, p. 94

75 *Ibid.*, p. 134

76 TsAMO, f. 204, op. 93, d. 7, ll. 103-274; f. 228, op. 720, d. 68, ll. 12-574; f. 229, op. 209, d. 32, ll. 1-162; f. 213, op. 2066, d. 5, ll. 307-427; f. 208, op. 2579, d. 22, ll. 66-100; f. 221, op. 1364, d. 210, ll. 31-89; f. 214, op. 1441, d. 48, ll. 184-340; e outros

77 *Ibid.*, f. 132A, op. 2642, d. 13, l. 7

78 *Bol'shevik*, nº 23, 1949, p. 7

79 APRF, f. 45, op. 1, d. 321, ll. 31-4

80 *Pravda*, 14 de novembro de 1948

81 Stalin, I., *Sochineniya*, vol. 6, pp. 398-9

82 Vide Stalin, I., *Sochineniya*, vol. 1 [14], pp. 116-31

83 *Annali Feltrinelli*, vol. 8, Milão, 1968, p. 670

84 RTsKhIDNI, f. 17, op. 120, d. 297

85 *Ibid.*, d. 259, ll. 36-7

86 TsGANKh, f. 3429, op. 6, d. 28, ll. 19-21

87 Hoxha, E., *So Stalinym: Vospominaniya*, Tirana, 1957, pp. 33-52

88 APRF, f. 45, op. 1, d. 25, l. 109

89 RTsKhIDNI, f. 495, op. 74, d. 411, ll. 5, 22

90 Citado em *Voprosy istorii KPSS*, nº 12, 1988, p. 52. Vide as memórias de Joseph Berger, *Shipwreck of a Generation* (Londres, 1971) para o relato sobre a vida de um funcionário polonês do Komintern em Moscou.

91 RTsKhIDNI, f. 558, op. 1, dd. 28-40, ll. 1-29

92 Stalin, I., *Rech' na XIX s'ezde partii*, Moscou, 1952, p. II

93 APRF, f. 45, op. 1, d. 319, ll. 4-7

94 *Ibid.*, ll. 11-15, 19, 14

95 *Ibid.*, d. 38, ll. 105-14

96 *Ibid.*, d. 318, l. 12

97 Stalin, I., *Rech' na XIX s'ezde partii*, pp. 8-9

98 APRF, f. 45, op. 1, d. 310, l. 93

99 *Ibid.*, d. 311, ll. 10-14

100 AVPRF (Arquivos da Política Externa Russa), f. 0144, op. 30, p. 188, d. 15, l. 31; p. 5, d. 2, l. 44, e outros

101 APRF, f. 45, op. 2, d. 397, l. 109

102 *Istoricheskii arkhiv*, nº 2, 1993, p. 27

103 *Ibid.*, p. 20

104 ANTRF, f. 0144, op. 30, p. 118, d. 10, l. 3

105 Dedijer, V., *Iosip Broz Tito*, Belgrado, 1953, p. 451

106 *Istoricheskii arkhiv*, nº 2, 1993, pp. 20, 28

107 Girenko, Yu., *Stalin-Tito*, Moscou, 1991, p. 386

108 APRF, f. 45, op. 1, d. 319, ll. 21-2

109 *Ibid.*, d. 325, l. 35

110 *Ibid.*, d. 322, l. 142

111 *Ibid.*, ll. 144-5

112 *Ibid.*, d. 336, ll. 84-9

113 *Ibid.*, d. 329, ll. 8-17

114 Mao Tse-tung, *Izbrannye proizvedeniya*, vol. 3, Moscou, 1953, p. 189

115 APRF, f. 45, op. 1, d. 338, l. 48

116 *Ibid.*, d. 329, ll. 86-7

117 *Ibid.*, l. 32

118 *Ibid.*, d. 303, l. 161

119 Stalin, I., *Ekonomicheskie problemy sotsializma v SSSR*, Moscou, 1952, p. 36

120 Stalin, I., *Rech' na XIX s'ezde partii*, Moscou, 1952, p. 14

121 Girenko, Yu., *Stalin-Tito*, Moscou, 1991, p. 186

122 Stalin, I., *Sochineniya*, vol. 12, p. 140

123 Nos anos 1960, a Hoover Institution da Universidade Stanford completou, de fato, a publicação das obras de Stalin em russo com três outros volumes, graças aos esforços objetivos de Robert McNeal (ed.)

124 *Iosif Vissarionovich Stalin: Kratkaya Biografiya*, Moscou, 1951, pp. 164, 165

125 Stalin, I., *Sochineniya*, vol. 2, pp. 333, 340

126 RTsKhIDNI, f. 558, op. 1, d. 2959, l. 19

127 GARF, f. 9401, op. 2, d. 199

128 APRF, Ordem do Comitê Central e do Sovnarkom datada de 1º de julho de 1941

129 GARF, f. 9401, op. 2, d. 134, t. 1, ll. 1-2

130 APRF, f. 45, op. 1, d. 26, l. 69

131 *Ibid.*, d. 27

132 *Ibid.*, d. 28, ll. 6-7

133 *Ibid.*, d. 24, l. 32

134 *Ibid.*, d. 25, l. 95

135 *Ibid.*, d. 27, ll. 106, 140; d. 28, l. 41, et al

136 *Ibid.*, d. 27, l. 107

137 *Ibid.*, d. 343, l. 141

138 GARF, f. 941, op. 1, d. 175, t. 1, ll. 34-235

139 *Ibid.*, op. 2, d. 66, t. III, l. 34

140 *Ibid.*, d. 257, t. III, l. 338

141 Lih, L., Naumov, O. e Khlevnikov, O. (eds.), *Stalin's Letters to Molotov, 1925-1936*, Yale University Press, New Haven, 1995

142 APRF, f. 45, op. 1, d. 338, ll. 95-6

143 *Ibid.*, d. 341, l. 114

144 *Perepiska Predsedatelya Soveta Ministrov SSSR s prezidentami SShA i premier-ministrami Velikobritanii*, Moscou, 1976, t. 1, pp. 29, 32, 48, 51, 76

145 APRF, f. 45, op. 1, d. 356, l. 26

146 *Perepiska Predsedatelya Soveta Ministrov SSSR s prezidentami SShA i premier-ministrami Velikobritanii*, Moscou, 1976, t. 1, p. 145

147 Arquivo Especial nº 9485

148 *Perepiska Predsedatelya Soveta Ministrov SSSR s prezidentami SShA i premier-ministrami Velikobritanii*, Moscou, 1976, t. II, p. 78

149 APRF, f. 45, op. 1, d. II, l. 60

150 GARF, f. 9401, op. 2, d. 87, t. IV, ll. 124-30

151 *Ibid.*, d. 2223, l. 237

152 *Perepiska Predsedatelya Soveta Ministrov SSSR s prezidentami SShA i premier-ministrami Velikobritanii*, Moscou, 1976, t. III, p. 304

153 *Berlinskaya (Potsdamskaya) konferentsiya rukovoditelei trekh soyuznykh derzhav – SSSR, SShA i Velikobritanii*, Moscou, 1980, p. 299

154 GARF, f. 9401, op. 2, d. 235, ll. 27-35

155 *Ibid.*, d. 199, l. 366

156 *Ibid.*, d. 269, t. I, ll. 141-6

157 *Ibid.*, f. 3401, op. 2, d. 269, t. I, ll. 169-70

158 *Ibid.*, f. 9401, op. 2, d. 269, t. III, ll. 145-267

159 APRF, f. 45, op. 1, d. 346, ll. 24-35

160 *Ibid.*, l. 1

161 *Ibid.*, l. 7

162 *Ibid.*, l. 8

163 *Ibid.*

164 *Ibid.*, l. 80

165 *Ibid.*, l. 8

166 *Ibid.*, d. 334, l. 55

167 *Ibid.*, d. 346, l. 94

168 *Ibid.*, l. 96

169 *Ibid.*, l. 109

170 *Ibid.*, ll. 145-7

171 *Sovetskaya voennaya entsiklopediya*, vol. 4, p. 35

172 *Ibid.*

173 APRF, f. 45, op. 1, d. 346, ll. 100-3

174 *Ibid.*, d. 334, ll. 88-9

175 *Ibid.*, d. 347, ll. 5-8

176 *Ibid.*, ll. 14-15

177 *Ibid.*, l. 24

178 *Ibid.*, ll. 41-5

179 *Ibid.*, d. 334, l. 97

180 *Ibid.*, ll. 110-11

181 *Ibid.*, l. 126

182 *Ibid.*, ll. 105-6

183 *Ibid.*, l. 77

184 *Ibid.*, d. 335, ll. 117-18

185 *Ibid.*, l. 38

186 *Ibid.*, d. 347, ll. 57-8

187 *Ibid.*, d. 329, l. 93

188 *Ibid.*, d. 348, ll. 58, 61

189 *Ibid.*, d. 329, ll. 54-70

190 *Perepiska Predsedatelya Soveta Ministrov SSSR...Dokumenty (avgust 1941 – dekabr' 1945 g.)*, Moscou, 1976, p. 223

191 APRF, f. 45, op. 1, d. 37, ll. 109-12, 114-15

192 Mao Tse-tung, *Izbrannye proizvedeniya*, Moscou, 1963, p. 453

193 Stalin, I., *Ekonomicheskie problemy sotsializma v SSSR*, Moscou, 2952, p. 92

194 *Perepiska Predsedatelya Soveta Ministrov SSSR...Dokumenty (avgust 1941 – dekabr' 1945 g.)*, Moscou, 1976, p. 45

195 APRF, f. 45, op. 1, d. 354, l. 107

196 TsAMO, f. 3, op. 11556, d. 18, ll. 110-11

197 *Ibid.*, ll. 1452-4

198 Stalin, I., *Rech' na XIX s'ezde partii*, Moscou, 1952, pp. 11-14

199 APRF, f. 45, op. 1, d. 1550, l. 53

200 *Ibid.*, ll. 65-6

201 Khruschev, N., *Khrushchev vspominaet*, Moscou, 1991, p. 295

202 *Ibid.*, p. 293

203 *Ibid.*, p. 300

204 APRF, f. 45, op. 1, d. 1486, ll. 2-3

205 *Ibid.*, l. 1

206 *Ibid.*, l. 4

207 Alliluyeva, S., *Dvadtsat' pisem k drugu*, Londres, 1967, p. 7

208 APRF, f. 45, op. 1, d. 1486, l. 136

209 *Ibid.*, op. 2, d. 196, ll. 1-7

210 *Ibid.*, op. 1, d. 1486, ll. 150-2

211 *Ibid.*, ll. 153-6

3
NIKITA KHRUSCHEV

1 APRF, f. 52, op. 1, d. 30, ll. 6, 8, 14-15, 23

2 *Ibid.*, d. 31, ll. 3, 4, 5

3 *Ibid.*, d. 53, l. 17

4 Medvedev, R., *All Stalin's Men*, traduzido por Harold Shukman, Oxford, 1983, p. 140, Edição russa *Oni okruzhali Stalina*, Moscou, 1990, p. 277

5 APRF, f. 3, op. 24, d. 435, l. 411

6 Burlatsky, F., Nikita Sergeevich Khrushchev. *Materialy k biografii*, Moscou, 1989, p. 12

7 *Khrushchev Remembers*, com introdução, comentário e notas de Edward Crankshaw, traduzido e editado por Strobe Talbott, Nova York, 1970, pp. 336-7

8 APRF, f. 3, op. 24, d. 463, l. 163

9 *Ibid.*, l. 138

10 Vide *Izvestiya* TsK *KPSS*, nº 1, Moscou, 1991, pp. 140-8

11 *Ibid.*, pp. 149, 155

12 *Administrativnoe zakonodatel'stvo*, Moscou, 1936, p. 126

13 APRF, f .52, op. 1, d. 103, l. 141

14 *Izvestiya* TsK *KPSS*, nº 1, Moscou, 1991, p. 203

15 *Ibid.*, nº 2, Moscou, 1991, p. 182

16 *Ibid.*, p. 185

17 *Ibid.*, p. 195

18 APRF, f. 3, op. 24, d. 463, ll. 32-4

19 *Izvestiya*, 24 de dezembro de 1953

20 APRF, f. 3, op. 24, d. 463, l. 91

21 Vronskaya, J. e Chuguev, V., *The Biographical Dictionary of the Former Soviet Union*, Londres, 1992, p. 394

22 APRF, f. 3, op. 24, d. 463, l. 172

23 *Ibid.*, d. 435, ll. 60-70

24 GARF, f. 9401, op. 2, d. 269, t. 1, ll. 141-6

25 *Ibid.*, l. 348

26 APRF, f. 52, op. 1, d. 30, ll. 42, 92

27 *Khrushchev Remembers*, Nova York, 1970, p. 244

28 GARF, f. 9401, op. 102, dd.5, 94, 93

29 APRF, f. 3, op. 10, d. 65, ll. 4-5

30 *Ibid.*

31 TsGA RSFSR, f. 385, op. 13, d. 492, ll. 1-2

32 GARF, f. 7523, op. 57, d. 963, ll. 1-8

33 *Ibid.*, ll. 9-10

34 *Izvestiya* TsK *KPSS*, nº 3, 1989, p. 134

35 *Ibid.*, p. 132

36 APRF, *Postanovlenie politbyuro*. Protocolo nº 57, 31 de janeiro de 1938, ll. 11-12

37 APRF, f. 52, op. 1, d. 134, ll. 33, 34, 38, 43, 45, 48-9

38 *Ibid.*, d. 30, l. 8

39 *Ibid.*, d. 53, ll. 7, 17

40 Khruschev, N., *Rechi na sobraniyakh izbiratel'noy Moskvy*, Moscou, 1937, pp. 3-22

41 *Khrushchev Remembers*, Nova York, 1970, pp. 348-9

42 *Ibid.*, p. 351

43 *Izvestiya* TsK *KPSS*, nº 3, 1989, pp. 130, 137

44 *Khrushchev Remembers*, Nova York, 1970, p. 353

45 *Ibid.*, p. 351

46 APRF, Arquivo Especial nº 233, ll. 1-10

47 *Izvestiya*, nº 3, 1989, p. 165

48 *Materialy XXII s'ezda KPSS*, Moscou, 1961, p. 140

49 Alexandrov-Agentov, A., *Ot Kollontai do Gorbachova*, Moscou, 1994, p. 117

50 APRF, Arquivo Especial nº 734, p. 2
51 GARF, f. 9401, op. 2, d. 170, t. III, ll . 344-5
52 Gromyko, A., *Pamyatnoe*, vol. 1, Moscou, 1990, p. 477
53 APRF, Arquivo Especial nº 734, pp. 2-3
54 *Materialy XXII s'ezda KPSS*, Moscou, 1961, pp. 48, 49-50
55 *Voprosy istorii*, nº 1, 1989, p. 108
56 *Ibid.*, p. 115
57 APRF, f. 3, op. 58, d. 211, ll. 92-3
58 *Ibid.*, ll. 103-4
59 *Ibid.*, ll. 204-6
60 *Ibid.*, ll. 268-9
61 *Ibid.*, ll. 270-2
62 TsKhSD, f. 5, op. 30, d. 231, ll. 50-94
63 *Materialy XXII s'ezda KPSS*, Moscou, 1961, p. 43
64 *Ibid.*, pp. 43-4
65 APRF, Minutas do Politburo, nº P-118/X, pp. 125-30
66 APRF, f. 52, op. 1, d. 441, ll. 2, 5
67 *Nikita Sergeevich Khrushchev. Materialy k biografii*, Moscou, 1989, p. 313
68 APRF, f. 52, op. 1, d. 441, ll. 63-5
69 *Materialy XXII s'ezda KPSS*, Moscou, 1961, p. 449
70 APRF, Arquivo Especial nº 0680, ll. 1-2
71 Para um relato confiável, vide Lebedeva, N., *Katyn: prestuplenie protiv chelovechestva*, Moscou, 1994
72 APRF, f. 3, op. 23, d. 207, ll. 14-41
73 APRF, f. 52, op. 1, d. 334, ll. 20, 22, 42,43
74 Gromyko, A., *Memories*, Londres, 1989, p. 171
75 APRF, f. 52, op. 1, d. 539, ll. 186-7
76 *Ibid.*, ll. 188-9
77 *Ibid.*, d. 468, ll. 92-6
78 *Ibid.*, d. 539, l. 194
79 *Ibid.*, d. 446, ll. 23-8
80 *Ibid.*, l. 53
81 *Khrushchev Remembers*, Nova York, 1970, pp. 379-80
82 APRF, f. 52, op. 1, d. 349, ll. 7-41
83 *Ibid.*
84 *Ibid.*, d. 539, ll. 1-3
85 *Ibid.*, d. 597, ll. 1-30
86 *Ibid.*, d. 498, ll. 1-2
87 *Khrushchev Remembers*, Nova York, 1970, p. 461
88 *Ibid.*, p. 464
89 APRF, f. 52, op. 1, d. 597, l. 145

90 *Ibid.*, d. 498, ll. 44-7, 151-6

91 *Ibid.*, d. 499, ll. 133

92 *Khrushchev Remembers*, Nova York, 1970, pp. 474-5

93 APRF, f. 52, op. 1, d. 588, l. 54

94 APRF, f. 3, op. 66, d. 310, ll. 1-2

95 *Ibid.*, op. 65, d. 902, ll. 80-6

96 Gromyko, A.A., *Pamyatnoe*, Moscou, 1988, p. 480

97 Arkhiv GSh (Arquivo do Estado-Maior), f. 16, op. 3753, d. 6, l. 1

98 *Ibid.*, ll. 1-7

99 *Ibid.*, ll. 1-5

100 *Ibid.*, d. 26, l. 163

101 APRF, f. 3, op. 65, d. 902, ll. 77-8

102 *Ibid.*, ll. 73-5

103 TsAMO, f. 16, op. 3657, d. 26, l. 78

104 APRF, f. 3, op. 65, d. 905, ll. 35-6

105 *Ibid.*, ll. 65-6

106 *Ibid.*, ll. 9-17

107 *Ibid.*, ll. 154-9

108 *Khrushchev Remembers*, Nova York, 1970, p. 500

109 Gromyko, A., *Memories*, Londres, 1989, p. 180

110 Arkhiv GSh (Arquivo do Estado-Maior), f. 16, op. 3753, d. 26, ll. 16-19

111 APRF, f. 2, op. 1, d. 259, l. 5

112 *Ibid.*, ll. 9-10

113 *Ibid.*, d. 253, l. 20

114 Em *Voprosy istorii*, nº 2, 1989, pp. 104-5

115 *Nikita Sergeevich Khrushchev, Materialy k biografii*, Moscou, 1989, p. 341

116 APRF, f. 2, op. 1, d. 749, ll. 1-2

117 *Ibid.*, d. 753, ll. 15-17

118 *Ibid.*, d. 749, ll. 3-4

119 *Ibid.*, d. 752, ll. 1-2

120 *Ibid.*, d. 753, ll. 3-4

121 *Nikita Sergeevich Khrushchev, Materialy k biografii*, Moscou, 1989, p. 285

122 Nota da KGB para Brezhnev nº 745-A, l. 1

123 Nota da KGB para o Comitê Central, 25 de março de 1970, nº 745-A, "De importância particular"

124 APRF, *Stenograficheskaya zapis' besedy s Khrushchevym v KPK 10 Noyabrya 1970 g.*, ll. 1-15

125 Tompson, William J., *Khrushchev: A Political Life*, Macmillan/ St Antony's College, Basingstoke e Oxford, 1995, pp. 280-1

126 APRF, f. 206, op. 258, d. 3, ll. 121-2

127 *Ibid.*, f. 52, op. 1, d. 132, ll. 66-70

128 Arkhiv GSh (Arquivo do Estado-Maior), Vx.N.2697, l. 1

129 APRF, f. 52, op. 1, d. 125, ll. 26-31

4
LEONID BREJNEV

1 Aksyutin, Yu., em *L.I. Brezhnev, Materialy k biografii*, Moscou, 1991, p. 50

2 APRF, f. 80, Notas de Brejnev, p. 1

3 *Ibid.*, Notas de Brejnev para 1956, p. 2

4 RTsKhIDNI, Minutas do Politburo para 17 de dezembro de 1969, pp. 1-10

5 APRF, f. 80, Arquivo pessoal nº 514 para L.I. Brejnev, pp. 1-54

6 *Ibid.*, op. 1, d. 23, ll.1-2

7 *Ibid.*, Arquivo pessoal de Brejnev, pp. 20-1

8 Brejnev, L.I., *Malaya Zemlya*, Moscou, 1979, p. 3

9 APRF, f. 80, Registros de diário para 1944, pp. 51-2

10 Gromyko, A., *Pamyatnoe*, vol. 2, Moscou, 1988, p. 525

11 Brejnev, L.I., *Malaya Zemlya*, Moscou, 1979, p. 43

12 APRF, f. 80, op. 1, d.12, l.184

13 *Ibid.*, d.14, l.65

14 *Ibid.*, d.18, l.299

15 *Ibid.*, d.14, l.104

16 *Ibid.*, f. 80, Notas de Brejnev para julho-agosto de 1973, p. 16

17 Brejnev, L.I., *Tselina*, Moscou, 1979, p. 10

18 RTsKhIDNI, Minutas do Politburo para 27 de dezembro de 1973, p. 7

19 *Ibid.*, pp. 5-6

20 RTsKhIDNI, Minutas de uma reunião do Secretariado do Comitê Central de 20 de novembro de 1972, p. 1

21 Brejnev, L.I., *O vneshnei politike KPSS i sovetskogo gosudarstva*, Moscou, 1973, p. 532

22 APRF, f. 80, Notas de Brejnev para 1958-59, pp. 41-8, 1, 2, 24, 27 e outros

23 Brejnev, L.I., *Vystuplenie na plenume TsK KPSS 27 noyabrya 1978*, Moscou, 1978, pp. 3, 7, 8, 9, 11, 14-15

24 APRF, f. 80, Notas de Brejnev, pp. 24, 27, 30

25 RTsKhIDNI, Minutas do Politburo para 3 de janeiro de 1980, pp. 1-8

26 Aksyutin, Yu, em *L.I. Brezhnev, Materialy k biografii*, Moscou, 1991, p. 322

27 APRF, Notas da KGB de 28 de agosto de 1969, nº 2169A, p. 129

28 RTsKhIDNI, Relatório da KGB de 15 de novembro de 1976, nº 2577-A, pp. 86-8

29 APRF, Minutas do Politburo nº 56 para 19 de maio de 1977, pp. 1-13, 1-7

30 Mlinarz, S., *Kholodom veet ot Kremlya*, 2ª ed., Nova York, 1988, pp. 119-42

31 APRF, Pacote Nº. 255, pp. 1-2

32 Mlinarz, S., *Kholodom veet ot Kremlya*, 2ª ed., Nova York, 1988, p. 209

33 RTsKhIDNI, Minutas do Politburo. Conversações entre delegações do PCUS e o PCTch, 26 de agosto de 1968, pp. 1-39

34 Mlinarz, S., *Kholodom veet ot Kremlya*, 2ª ed., Nova York, 1988, pp. 280-3

35 Brejnev, L., *O vneshnei politike KPSS i sovetskogo gosudarstva*, Moscou, 1973, p. 136

36 *Konstitutsiya SSR*, Moscou, 1977, pp. 8, 15

37 APRF, f. 3, op. 82, d.138, ll.91-103

38 APRF, Anotações de uma conversa entre A.A. Gromyko e Shah Wali, P-1772, pp. 10-16

39 APRF, f. 3, op. 117, d.73, ll.132-3

40 RTsKhIDNI, Minutas do Politburo nº 176/125 para 12 de dezembro de 1979, pp. 1-2

41 *Ibid.*, Minutas de notas de uma sessão do Politburo de 7 fevereiro de 1980, pp. 4-8

42 *Ibid.*, Minutas do Politburo nº 177 para 1º de janeiro de 1980

43 *Materialy XXVI s' ezda KPPS*, Moscou, 1981, p. 13

44 APRF, *O edinoi traktovke sobytii v Afganistane* (A única interpretação dos eventos no Afganistão), nº 167 GS para 26 de fevereiro de 1980, pp. 112-14

45 *Ibid.*, Arquivo Especial nº 682, p. 1

46 Em *Argumenty i fakty*, nº 24, junho de 1995

47 A piada política soviética é bem descrita num artigo de Dora Shturman em *Vremya i my*, nº 74, 1983, Tel Aviv, pp. 128-47

48 APRF, p. 28/34, 17.12.66, l.1

49 *Ibid.*, p. 257, 26.01.74, ll.1-4

50 RTsKhIDNI, Minutas do Politburo para 4 de abril de 1985, p. 249

51 *Ibid.*, Arquivos do Politburo, 206-OP, ll.1-2

52 APRF, Minutas do Politburo para 13 de abril de 1978, pp. 17-18

53 Chernyaev, A., *Shest' let s Gorbachevym*, Moscou, 1993, pp. 16-17

54 Medvedev, R., *Lichnost' i epokha. Politicheskii portret L.I. Brezhneva*, Moscou, 1991, p. 296

55 Churbanov, Yu., em *L.I. Brezhnev. Materialy k biografii*, Moscou, 1991, p. 363

56 RTsKhIDNI, Minutas do Politburo, nº P. 12/XVII para 28 de julho de 1966, p. 1

57 *Ibid.*, nº P.111/VI para 6 de julho de 1978, p. 1

58 TsKhSD, Conversações de Brejnev em Budapest, 18 de março de 1975, p. 20

59 APRF, f. 80, op. 1, d.1, l.30

60 *Ibid.*, d. 46, l.75

61 TsGAOR, f.601, op. 1, d. 248, l.181

62 Medvedev, V., *Chelovek za spinoi*, Moscou, 1994, pp. 78-9

63 APRF, f. 80, Registro de diário, pp. 1-2

64 *Ibid.*, Notas de Brejnev para 15 de outubro a novembro de 1964, pp. 1-15

65 Em *L.I. Brezhnev. Materialy k biografii*, Moscou, 1991, pp. 64-6

66 APRF, f. 80, Notas de Brejnev para 1968, pp. 10-26

67 *Ibid.*, Notas de Brejnev para 1973-74, pp. 2-28

68 *Ibid.*, Arquivo Especial nº 206, p. 7

69 *Ibid.*, f. 80, Notas de Brejnev sobre Reunião do Partidos dos Trabalhadores e Comunista, pp. 4-10

70 *Ibid.*, Arquivo Especial nº 2526, pp. 2-12

71 TsKhSD, Relatório da KGB nº 3213-"A", p. 10

72 RTsKhIDNI, Minutas do Politburo nº 177 para 3 de janeiro de 1980, pp. 52-8

73 *Dnevniki imperatora Nikolaya II*, Moscou, 1991, p. 360

74 APRF, f. 80, Registros do diário para abril-maio de 1977, p. 5

75 *Ibid.*, Notas de Brejnev de vários anos

76 Brejnev, L., *Aktual' nye voprosy ideologicheskoi raboty KPSS*, vol. 2, Moscou, 1978, p. 387

77 *Materialy XXIV s' ezda KPSS*, Moscou, 1971, pp. 14, 22

78 APRF, Arquivo Especial nº 591, pp. 1-2

79 Brejnev, L., *Aktual' nye voprosy ideologicheskoi raboty KPSS*, vol. 2, Moscou, 1978, p. 395

80 *Materialy XXIII s' ezda KPSS*, Moscou, 1966, p. 59

81 *Materialy XXIV s' ezda KPSS*, Moscou, 1971, p. 53

82 *Materialy XXV s' ezda KPSS*, Moscou, 1976, p. 54

83 *Materialy XXVI s' ezda KPSS*, Moscou, 1981, p. 48

84 *Materialy XXIII s' ezda KPSS*, Moscou, 1966, p. 39

85 *Materialy XXIV s' ezda KPSS*, Moscou, 1971, p. 90

86 RTsKhIDNI, Minutas do Politburo para 9 de setembro de 1982, pp. 348-50

87 APRF, Arquivo Especial nº 483, pp. 1-18

88 Boldin, V., *Krushenie p' edestala*, Moscou, 1995, pp. 41-2

89 Citado em *Izvestiya Ts KPSS*, nº 2, 1988, pp. 282-6

90 Solovyov, V. e Klepikova, Ye., em *Vremya i my*, nº 44, 1979, p. 137

91 Medvedev, V., *Chelovek za spinoi*, Moscou, 1994, pp. 146-59

92 *Ibid.*, pp. 177-9

93 *Materialy XXVI s' ezda KPSS*, Moscou, 1981, p. 216

94 RTsKhIDNI, Minutas do Politburo para 10 de novembro de 1982, pp. 1-5

95 *Ibid.*, Minutas do Politburo para 18 de novembro de 1982, pp. 464-5

5
YURI ANDROPOV

1 *Vremya i my*, nº 102, 1988, p. 206

2 RTsKhIDNI, Minutas do Politburo para 10 de novembro de 1982, pp. 1-3

3 Andropov, Yu., *Izbrannye rechi i stat' i*, 2ª ed., Moscou, 1983, p. 126

4 APRF, f.82, op. 1, d. 69, l.8

5 *Ibid.*, d. 61, ll.2, 3, 4

6 *Khrushchev Remembers*, Nova York, 1970, pp. 418-19

7 *Materialy Plenuma TsK KPSS, 14 iyulya 1983*, Moscou, 1983, p. 12

8 *Svod zakonov SSSR*, nº 64, 1934, p. 459

9 APRF, Minutas da Comissão nº 6, 21 de julho de 1939

10 Vide Redlich, S., *War, Holocaust and Stalinism: A Documented History of the Jewish Anti-Fascist Committee in the USSR*, Londres, 1995, para uma reprodução dessa fotografia

11 Arquivo da KGB, d. 2354, ll.227-39

12 RTsKhIDNI, f.85, op. 29, d.349, l.4

13 Relatório da KGB URSS nº 1025-"A", 6 de maio de 1968, pp. 1-14

14 Relatório da KGB URSS nº 877-"A"/ob, 31 de março de 1981, pp. 1-11

15 APRF, Arquivo Especial nº 344, pp. 2-12

16 *Ibid.*, Arquivo Especial n°s 664, 1220, 1520 e outros

17 *Ibid.*, f.82, op. 1, d.17, l.71

18 *Ibid.*, Relatório da KGB nº 55396, pp. 1-2

19 RTsKhIDNI, Minutas do Politburo, 7 de janeiro de 1974, pp. 19-32

20 APRF, f.82, op. 1, d. 2, l.7

21 *Ibid.*, l.8

22 RTsKhIDNI, Relatório da KGB ao Comitê Central nº 3313-"Sh", 20 de dezembro de 1960, p. 1

23 APRF, Minutas não editadas de uma reunião de secretários do Comitê Central, 18 de janeiro de 1983, pp. 1-25

24 APRF, f.82, op. 1, d. 2, l.63

25 *Ibid.*, l.16

26 *Ibid.*, f. 3, op. 73, d.1137, l.198

27 *Ibid.*, d.1113, ll.1-257

28 *Ibid.*, d.1137, l.237

29 *Ibid.*, d.1133, l.65

30 *Ibid.*, d.1131, l.311

31 *Ibid.*, d.1113, l.254

32 *Ibid.*, d.1114, l.226

33 *Ibid.*, d.1113, l.252

34 *Ibid.*, d.1131, l.294

35 *Ibid.*, d.1122, l.7

36 *Ibid.*, ll.51, 58

37 *Ibid.*, d.1133, l.150

38 *Ibid.*, d.1139, l.95

39 *Ibid.*, f.82, op. 1, d.17, ll.1-2

40 *Ibid.*, f. 3, op. 73, d.1133, ll.198-9

41 *Ibid.*, d.1170, l.7

42 *Ibid.*, d.1165, l.3

43 *Ibid.*, ll.3-5

44 *Ibid.*, d.1162, ll.10-16

45 *Ibid.*, d.1165, ll.109-10

46 *Ibid.*, d.1148, l.119

47 *Ibid.*, d.1154, ll.11-12

48 Andropov, Yu., *Izbrannye rechi i stat' i*, 2ª ed., Moscou, 1983, p. 131

49 APRF, f. 3, op. 73, d.1169, ll.214-15

50 *Ibid.*, d.1164, l.47

51 *Ibid.*, d.1161, l.18

52 *Ibid.*, d.1154, ll.2-9

53 *Ibid.*, f.82, op. 1, d. 69, l.50

54 *Pravda*, 1º de setembro de 1983

55 *Izvestiya*, 25 de janeiro de 1991

56 RTsKhIDNI, f. 3, op. 73, d.1152, ll.2-3; Minutas do Politburo de 2 de setembro de 1983, pp. 1-9

57 APRF, f.82, op. 1, d. 70, l.3

58 RTsKhIDNI, Minutas do Politburo para 24 de março de 1983, pp. 19-21

59 APRF, f.82, op. 1, d. 94, ll.1-10

60 Medvedev, R., Gensek iz Lubyanki, Moscou, 1993, p. 198

61 Chazov, Ye., *Zdorovie i vlast'*, Moscou, 1991, p. 109

62 Em *Komsomolskaya Pravda*, 17 de junho de 1994

63 APRF, f. 3, op. 73, d.1138, l.223

64 *Ibid.*, d.1148, l.10

65 *Ibid.*, d.1114, l.154

66 *Ibid.*, d.1147, ll.103-10

67 *Ibid.*, d.1164, l.49

68 *Ibid.*, d.1122, l.160

69 *Ibid.*, f.82, op. 1, d.17, l.1

70 *Ibid.*, f. 3, op. 73, d.1116, ll.73-5

71 *Ibid.*, d.1137, l.241

72 Andropov, Yu., *Izbranny rechi i stat' i*, 2ª ed., Moscou, 1983, p. 124

73 Chazov, Ye., *Zdorovie i viast'*, Moscou, 1991, p. 189

74 APRF, f. 3, op. 73, d.1150, ll.11-12

75 *Ibid.*, d.1151, l.5

76 *Ibid.*, d.1152, ll.4-5

77 *Ibid.*, d.1154, ll.11-12

78 *Ibid.*, d.1162, ll.10-16

79 *Ibid.*, d.1165, l.4

80 *Ibid.*, d.1170, ll.265-8

81 *Ibid.*, d.1172, ll.1-25

82 *Ibid.*, d.1175, l.37

83 *Ibid.*, l.117

84 *Ibid.*, l.125

85 *Ibid.*, d.1176, l.51

86 *Ibid.*, l.54

87 *Ibid.*, d.1171, ll.119-20

88 *Ibid.*, ll.5-25

89 *Ibid.*, d.1178, l.91

90 *Ibid.*, d.1179, ll.1-7

6
KONSTANTIN CHERNENKO

1 RTsKhIDNI, Minutas do Politburo para 10 de fevereiro de 1984, pp. 119-25

2 Chernyayev, A., *Shest' let s Gorbachevyin*, Moscou, 1993, pp. 11-12

3 Alexandrov-Agentov, A., *Ot Kollontai do Gorbacheva*, Moscou, 1994, p. 283

4 Russkaya mysl', 1º de março de 1984, Paris, p. 4

5 APRF, f. 3, op. 7, d.1182, ll.7-20

6 RTsKhIDNI, Minutas do Politburo para 23 de fevereiro de 1984, pp. 139-40

7 APRF, f.45, op. 1, d. 420, l.25ob

8 *Ibid.*, f. 3, op. 73, d.1189, l.67

9 Chernenko, K., *Izbrannye rechi i stat' i*, 2ª ed., Moscou, 1984, pp. 667-9

10 Em *Voprosy istorii*, nº 4, 1980, p. 11

11 Em *Russkaya mysl'*, 21 de março de 1986, Paris, p. 9

12 Vide Afanasiev, V., *Chetvertaya vlast' i chetyre genseka*, Moscou, 1994, pp. 53-4

13 APRF, f. 3, op. 73, dd.1183, l.129

14 Shaklmazarov, G., *Tsena svobody*, Moscou, 1993, pp. 40-1

15 APRF, f.83, op. 1, d.408, ll.9-10

16 *Ibid.*, l.2

17 *Ibid.*, l.1

18 *Ibid.*, ll.1-101

19 TsKhSD, f.5, op. 88, d.1061, ll.6-8

20 *Ibid.*, l.8

21 *Ibid.*, l.9

22 *Ibid.*, ll.10-14

23 *Ibid.*, l.14

24 *Ibid.*, l.15

25 APRF, f.83, op. 1, d.336, l.40

26 *Ibid.*, f.5, op. 88, d.1060, l.115

27 *Ibid.*, f. 3, op. 73, d.1233, l.263

28 *Ibid.*, f.5, op. 88, d.1069, l.7

29 Chernenko, K.U., *Izbrannye rechi i stat' i*, 2ª ed., Moscou, 1984, p. 386

30 RTsKhIDNI, Minutas do Politburo para 23 de fevereiro de 1984, p. 131

31 APRF, f. 3, "Sobre o uso de moeda estrangeira em 1984". Nota do Departamento Econômico para o Comitê Central, 22 de junho de 1985, pp. 1-6

32 *Ibid.*, op. 737, d.1196, l.232

33 TsKhSD, f.5, op. 88, d.1060, ll.110-14

34 *Ibid.*, d.1061, ll.114-15

35 Chernenko, K., *Izbrannye rechi i stat' i*, 2ª ed., Moscou, 1984, pp. 368-94

36 APRF, f.83, op. 1, d.233, l.1

37 *Ibid.*, l.2

38 Medvedev, R., *Gensek iz Lubyanki*, Moscou, 1993, p. 110

39 Medvedev, V., *Chelovek za spinoi*, Moscou, 1994, pp. 74-5

40 Alexandrov-Agentov, A., *Ot Kollontai do Gorbacheva*, Moscou, 1994, p. 285

41 APRF, f. 3, op. 73, d.1186, ll.75-81

42 *Ibid.*, f.83, op. 1, d.143, l.10
43 APRF, f.83, op. 1, d.143, l.6
44 *Ibid.*, f. 3, op. 73, d. 1207, l.2
45 *Ibid.*, f.83, op. 1, d.193, ll.38-50
46 *Ibid.*, f. 3, op. 73, d.1188, ll.8-9
47 *Ibid.*, d.1190, ll.87-9
48 *Ibid.*, d.1203, l.63
49 *Ibid.*, f.45, op. 1, d.346, l.66
50 *Ibid.*, f. 3, op. 73, d.1200, ll.2-20
51 Lenin, *PSS*, vol. 35, p. 199
52 Chernenko, K., *Vysokii grazhdanskii dolg kontrolera*, Moscou, 1984, p. 6
53 APRF, f. 3, op. 73, d.1187, l.259
54 *Ibid.*, d.1193, ll.81-3
55 *Ibid.*, d.1219, ll.253-5
56 *Ibid.*, d.1220, l.171
57 *Ibid.*, d.1196, l.3
58 *Materialy Plenuma Tsentral' nogo Komiteta KPSS*, 10 de abril de 1984, Moscou, 1984, p. 6
59 *Ibid.*, p. 20
60 APRF, f. 3, op. 73, d.1277, ll.3-12
61 *Materialy vneocherednogo Plenuma Tsentral' nogo Komiteta KPSS*, 13 de fevereiro 1984, Moscou, 1984, p. 9
62 APRF, f. 3, op. 73, d.1205, ll.2-3
63 Gorbachev, M., *Zhivoe tvorchestvo naroda*, Moscou, 1985, p. 7
64 APRF, Relatório sobre o trabalho da KGB para 1983, nº 408-4 (OV), pp. 55-66
65 *Ibid.*, f. 3, op. 73, d.120, l.123
66 *Ibid.*, d.1226, ll.1-7
67 *Ibid.*, ll.131-58
68 Chernyayev, A., *Shest' let s Gorbachevym*, Moscou, 1993, p. 27
69 RTsKhIDNI, Minutas do Politburo para 9 de janeiro de 1985, pp. 21-3
70 Gromyko, A., *Memories*, editado e traduzido por Harold Shukman, Londres, 1989, pp. 339-40
71 APRF, f. 3, op. 73, d.1234, ll.3, 4, 173, 213
72 RTsKhIDNI, Minutas do Politburo para 7 de fevereiro de 1985, pp. 53-70
73 Vide Chernyayev, A., *Shest' let s Gorbachevym*, Moscou, 1993, p. 34
74 RTsKhIDNI, Minutas do Politburo para 11 de março de 1985, p. 126

7
MIKHAIL GORBACHEV

1 Boldin, V., *Krushenie p' edestala*, Moscou, 1995, p. 125
2 APRF, Minutas do Politburo para 11 de março de 1985, p. 127
3 *Ibid.*, pp. 126-36

4 *Ibid.*, p. 137

5 *Izvestiya TsK KPSS*, nº 5, Moscou, 1989, p. 58

6 APRF, Minutas do Politburo para 15 de outubro de 1987, pp. 164-5

7 TsKhSD, Instrução do Secretariado do Comitê Central, PCUS, nº 1193s, p. 1

8 Fazendo palestra na Universidade de Oxford, em outubro de 1996, Gorbachev declarou que a ditadura do proletariado (isto é, o partido) tinha sido escolha pessoal de Lênin e não só o resultado de condições extremas. Também declarou que, no fim de sua vida, Lênin alertou seus camaradas sobre os perigos inerentes a essa política. Dessa forma, Lênin é condenado, mas também, implicitamente, exonerado de culpa (HS).

9 Gorbachev, M., *Izbrannye rechi i stat' i*, Moscou, 1985, p. 9

10 Lenin, V., *PSS*, vol. 44, pp. 99-100

11 APRF, Minutas do Politburo para 15 de outubro de 1987, pp. 141-2

12 APRF, Minutas do Politburo para 15 de outubro de 1987, p. 155

13 APRF, Minutas do Politburo para 22 de setembro de 1988, p. 293

14 APRF, f. 3, op. 104, d. 4, l.7

15 *Demokratizatsiya – sut' perestroiki. Sut' sotsializma*, Moscou, 1988, p. 49

16 Em *Pravda*, 21 de abril de 1990

17 Gorbacheva, R., *Ya nadeyus'*, Moscou, 1991, p. 13

18 APRF, f.84, Notas de Gorbachev ao Politburo para 20 novembro de 1979, pp. 1-2

19 *Ibid.*, Minutas do Politburo para 24 de janeiro de 1989, pp. 108-11

20 *Ibid.*, f. 3, Minutas de Reunião com Secretários do Comitê Central de 15 de março de 1985, pp. 1-12

21 *Ibid.*, Minutas de Reunião com Secretários do Comitê Central de 15 de março de 1985, pp. 3-7

22 Chernyayev, A., *Shest' lets Gorbachevym*, Moscou, 1993, p. 319

23 APRF, Minutas do Politburo para 14 de outubro de 1986, p. 2

24 *Ibid.*, Minutas do Politburo para 4 de abril de 1985, pp. 200, 248-51

25 Gorbachev, M., *Zhivoe tvorchestvo naroda*, Moscou, 1985, p. 5

26 APRF, Minutas do Politburo para 4 de abril de 1985, p. 251

27 Em *Kontinent*, nº 46, Munique, 1985, p. 216

28 Gorbachev, M., *Izbrannye rechi i stat' i*, Moscou, 1985, pp. 9-33

29 APRF, Minutas do Politburo para 6 de fevereiro de 1986, p. 185

30 *Ibid.*, Minutas do Politburo para 4 de abril de 1985

31 *Ibid.*, Minutas do Politburo para 15 de outubro de 1987, p. 136

32 Gorbachev, M., *Oktyabr' i perestroika: revolyutsiya prodolzhaetsya*, p. 26

33 APRF, Minutas do Politburo para 20 de março de 1986, p. 41

34 *Ibid.*, Minutas do Politburo para 6 de fevereiro de 1986, p. 185

35 *Ibid.*, f. 3, op. 109, d.163, l.3

36 *Ibid.*, Minutas do Politburo para 26 de junho de 1986, pp. 32-5

37 Em *Kommunist*, nº 18, 1989, p. 4

38 Gorbachev, M., *Perestroika i novoye myshlenie dlya nashei strany i vsego mira*, Moscou, 1987, p. 20

39 Em *Kommunist*, nº 18, Moscou, 1989, p. 11

40 Gorbachev, M., *Oktyabr' i perestroika: revolyutsiya prodolzhaetsya*, p. 41

41 *Izvestiya TsK KPSS*, nº 10, Moscou, 1989, pp. 16-17

42 *Ibid.*, nº12, Moscou, 1989, pp. 7-10

43 *Ibid.*, nº1, Moscou, 1990, pp. 11-13

44 *Ibid.*, nº5, Moscou, 1989, pp. 29-35

45 APRF, Arquivo Especial nº 644, pp. 1-4

46 Gorbachev, M., *Izbrannye rechi i stat' i*, Moscou, 1985, pp. 1-422

47 APRF, Minutas do Politburo para 4 de abril de 1985, p. 251

48 *Pravda*, 19 de agosto de 1990

49 Geller, M., *Sed' moi sekretar'*, Londres, 1991, p. 414

50 APRF, f. 3, op. 73, d.1241, ll.118-20

51 *Ibid.*, Arquivo Especial nº 92, janeiro de 1988, p. 1

52 *Ibid.*, f. 3, Memorando do Ministro da Defesa da URSS nº 04311, pp. 1-4

53 *Ibid.*, Anotações do encontro entre M.S. Gorbachev e Najibullah, adicionadas às Minutas do Politburo nº 92, P.II, pp. 1-15

54 *Ibid.*, Minutas do Politburo para 18 de abril de 1988, p. 16

55 *Ibid.*, Minutas do Politburo para 24 de janeiro de 1989, p. 232-4

56 Chernyayev, A., *Shest' let s Gorbachevym*, Moscou, 1993, pp. 272-3

57 *Materialy plenuma TsK KPSS*, 27-28 janeiro 1987, Moscou, 1987, p. 29

58 *Ibid.*, p. 70

59 *Izvestiya TsK KPSS*, nº 3, Moscou, 1990, p. 124

60 *Vremya i my*, nº 99, Tel Aviv, 1987, p. 123

61 Gorbachev, M., *Uspekh perestroiki v rukakh naroda*, Moscou, 1988, p. 22

62 *Materialy plenuma TsK KPSS* 27-28 janeiro 1987, Moscou, 1987, p. 75

63 APRF, Minutas do Politburo para 4 de abril de 1985, p. 212

64 *Ibid.*, f.84, Nota nº 1107-E, p. 1

65 *Ibid.*, f. 3, op. 113, Nota de Chebrikov nº P1240, pp. 1-5

66 *Ibid.*, Minutas do Politburo para 29 de agosto de 1985, pp. 22-3

67 *Ibid.*, f. 3, op. 113, Nota de G. Marchuk para o Comitê Central, nº P2362, pp. 1-4

68 *Materialy Plenuma TsK KPSS, 27-28* yanvarya *1987*, Moscou, 1987, p. 28

69 APRF, Relatório da KGB para 21 de março de 1988, nº 458-4, pp. 1-3

70 *Ibid.*, f.84, Nota de V. Terebilov para o Comitê Central, nº PB-1778, p. 1

71 *Konstitutsiya SSSR*, Moscou, 1977, p. 8

72 APRF, Minutas do Politburo para 20 de novembro de 1989, p. 409

73 *Ibid.*, Minutas do Politburo para 8 de dezembro de 1989, p. 529

74 TsKhSD, Minutas do Politburo nº 87 para 28 de maio de 1990, pp. 1-5

75 Em *Kommunist*, nº 18, Moscou, 1989, pp. 16-17

76 *K gumannomu demokraticheskomu sotsializmu. Programmnoe zayavlenie XXVIII s' ezda KPSS*, Moscou, 1990, p. 4

77 TsAMO, f.28, op. 93316ss, ll.55-165

78 TsKhSD, Minutas do Politburo para 19 de outubro de 1957, nº 118, pp. 121-30

79 *Ibid.*, p. 125

80 APRF, Arquivo Especial nº 766, p. 1

81 *Ibid.*, Relatório Urgente, nº 1789-2s, p. 1
82 *Ibid.*, Minutas do Politburo para 29 de abril de 1986, pp. 444-9
83 *Ibid.*, f. 3, op. 102, d.b/n, ll.1-2
84 *Ibid.*, Minutas do Politburo para 15 de maio de 1986, p. 519
85 *Ibid.*, p. 512
86 *Ibid.*, Minutas do Politburo para 5 de maio de 1986, p. 465
87 *Ibid.*, Minutas do Politburo para 28 de abril de 1986, p. 436
88 *Ibid.*, Minutas do Politburo para 5 de maio de 1986, p. 465
89 *Ibid.*, f.84, NR-1097s, l.1
90 Gorbachev, M., *Perestroika i novoye myshlenie*, Moscou, 1987, p. 240
91 TsKhSD, f.89, op. 11, d.51, l.1
92 APRF, Minutas do Politburo para 29 de maio de 1986, p. 603
93 TsKhSD, Extrato de Minutas do Politburo nº 11 para 8 de maio de 1986, pp. 1-4
94 APRF, Minutas do Politburo para 5 de maio de 1986, p. 458
95 *Ibid.*, Minutas do Politburo para 11 de abril de 1985, p. 274
96 *Ibid.*, Minutas do Politburo para 25 de julho de 1985, pp. 63-5
97 *Pravda*, 2 de julho de 1986
98 *Izvestiya*, 13 de julho de 1991
99 *Izvestiya*, 3 de agosto de 1991
100 Gorbachev, M., *Avgustovskii putch*, Moscou, 1991, p. 63
101 Vide *Rossiskaya gazeta*, 16 de agosto de 1991
102 *Pravda*, 20 de agosto de 1991
103 *Izvestiya*, edição noturna, 4 de setembro de 1991
104 Grachev, A., *Dal' she bez menya: Ukhod prezidenta*, Moscou, 1994, p. 84
105 Chernyayev, A., *Shest' let s Gorbachevym*, Moscou, 1993, p. 32
106 Em *Kontinent*, nº 46, Munique, 1985, p. 217
107 APRF, Minutas do Politburo para 29 de junho de 1985, pp. 2-3
108 *Ibid.*, f. 3, op. 73, d.1278, l.192
109 *Ibid.*, d.1276, l.5
110 *Ibid.*, op. 102, d.230, l.174
111 Gorbachev, M., *Perestroika i novoye myshlenie dlya nashei strany i vsego mira*, Moscou, 1987, p. 144
112 Alexandrov-Agentov, A., *Ot Kollontai do Gorbacheva*, Moscou, 1994, p. 190
113 Wieczynski, J. (ed.), *The Gorbachev Encyclopedia*, Los Angeles, 1993
114 APRF, f. 3, op. 73, d.1278, l.192
115 Gorbachev, M., *Perestroika i novoye myshlenie dlya nashei strany i vsego mira*, Moscou, 1987, p. 143
116 APRF, Minutas do Politburo para 14 de outubro de 1986, pp. 3-4
117 *Ibid.*, Minutas do Politburo para 6 de maio de 1986, p. 12
118 *Ibid.*, Minutas do Politburo para 22 de outubro de 1986, p. 2
119 *Materialy XXVII s' ezda KPSS*, Moscou, 1986, pp. 74-6
120 Chernyayev, A., *Shest' let s Gorbachevym*, Moscou, 1993, pp. 264-5

121 APRF, Minutas do Politburo para 6 de fevereiro de 1986, p. 169

122 *Ibid.*, Minutas do Politburo para 23 de janeiro de 1986, p. 104

123 *Ibid.*, f. 3, op. 73, d.1254, l.10

124 *Ibid.*, d.1242, l.13

125 *Ibid.*, Minutas do Politburo para 23 de dezembro de 1985, pp. 1-3

126 Solovyov, V. e Klepikova, Ye., *Boris Yeltsin*, Moscou, 1992, p. 44

127 APRF, Minutas do Politburo para 15 de outubro de 1987, p. 138

128 *Ibid.*, pp. 139-40

129 *Ibid.*, *Materialy plenuma TsK KPSS 21 oktyabrya 1987 g. Vystuplenie B.N. Yeltsina*, Cópia do autor; vide *Izvestiya TsK KPSS*, nº 2, 1989, pp. 239-41

130 *Izvestiya TsK KPSS*, nº 2, 1989, p. 241

131 Gorbachev, M., *Perestroika i novoye myshlenie dlya nashei strany i vsego mira*, Moscou, 1987, p. 86

132 *Ibid.*, p. 39

133 Solovyov, V. e Klepikova, Ye., *Boris Yeltsin*, Moscou, 1992, p. 57

134 APRF, Minutas do Politburo para 20 de novembro de 1989, p. 415

135 *Ibid.*, Minutas do Politburo para 19 de outubro de 1989, p. 522

136 TsKhSD, Extrato de Minutas do Politburo nº 182 para 22 de março de 1990, p. 1

137 APRF, Minutas do Politburo para 3 de maio de 1990, p. 533

138 *Ibid.*, pp. 533, 560

139 Chernyayev, A., *Shest' let s Gorbachevym*, Moscou, 1993, p. 375

140 *Ibid.*, p. 382

141 APRF, Nota de Bessmertnykh para M.S. Gorbachev, setor 6, 72089, p. 1

142 *XXVIII s' ezd kommunisticheskoi partii Sovetskogo Soyuza, 2-13 iyulya 1990 g*, Relatório estenografado, vol. 2, Moscou, 1990, pp. 500-1

143 Yeltsin, B., *Zapiski prezidenta*, Moscou, 1994, p. 56

144 *Kuranty*, Moscou, 7 de maio de 1991

145 Yeltsin, B., *Zapiski prezidenta*, Moscou, 1994, pp. 53-4

146 *Ibid.*, p. 43

147 Esse fax foi enviado do St Antony's College pelo editor e tradutor deste livro para o inglês.

148 Em *Argumenty i fakty*, 24 de agosto de 1991

149 Vide Gorbachev, M., *Avgustovskii putch*, Moscou, 1991

150 Stepankov, V. e Lisov, Ye., *Kremlevskii zagovor*, Moscou, 1992, pp. 149-52

151 Yeltsin, B., *Zapiski prezidenta*, Moscou, 1994, p. 71

152 Medvedev, V., *V komande Gorbacheva: Vzglyad iznutri*, Moscou, 1994, pp. 21-3

153 Gorbachev, M., *Zhivoe tvorchestvo naroda: (materialy konferentsii)*, Moscou, 1985, pp. 3-46

154 APRF, Minutas do Politburo para 7-8 de maio de 1987, p. 225

155 *Ibid.*, Minutas do Politburo para 27-28 de dezembro de 1988, pp. 24-246

156 *Ibid.*, Minutas do Politburo para 28 de dezembro de 1988, p. 528

157 *Ibid.*, Minutas do Politburo para 18 de fevereiro de 1988, pp. 538-9

158 *Ibid.*, Minutas do Politburo para 15 de janeiro de 1988, p. 320

159 *Ibid.*, Minutas do Politburo para 29 de junho de 1989, pp. 200-8

160 *Ibid.*, Minutas do Politburo para 30 de maio de 1987, pp. 483-502

161 *Ibid.*, Minutas do Politburo para 27-28 de dezembro de 1988, p. 339

162 *Izvestya TsK KPSS*, nº 5, 1989, p. 60

163 *Izvestiya TsK KPSS*, nº 4, 1990, pp. 57-62

164 TsKhSD, Minutas do Politburo nº 8 para 25 de abril de 1991, pp. 1-2

165 Em *Nezavisimaya gazeta*, 17 de setembro de 1992

166 Em *Ogonek*, nº 11, março de 1995, p. 11

167 Em *Argumenty i fakty*, 20 (657), maio de 1993

168 APRF, Memorando a M.S. Gorbachev de 13 de março de 1987, nº P439, pp. 1-6

169 APRF, f.84, Nota de Gorbachev sobre "O Tratado Germano-Soviético de 1939," pp. 1-2

170 Gromyko, A., *Memories*, traduzido e editado por Harold Shukman, Londres, 1989, p. 38. Numa conversa pessoal, em dezembro de 1988, com o editor e tradutor deste livro para o inglês, Gromyko descartou como falsificações as cópias dos documentos russos e alemães obtidos nos arquivos alemães e a ele mostrados, e resistiu às tentativas do editor para "atualizar" suas memórias.

171 APRF, Minutas do Politburo para 5 de maio de 1988, pp. 108-22

172 *Ibid.*, Arquivo Especial nº 20-06/197, pp. 1-25

173 *Ibid.*, Arquivo Especial P-13/144 para 5 de março de 1940, pp. 1-10

174 Gorbachev, M., *Perestroika i novoye myshlenie dlya nashei strany i vsego mira*, Moscou, 1987, p. 163

175 Citado em *Problemy Vostochnoi Yevropy*, nº 35-6, Nova York, 1992, p. 103

176 *Izvestiya*, 25 de maio de 1993

EPÍLOGO

1 APRF, f. 3, op. 62, d.180, ll.16-17

Índice

Produção editorial
Daniele Cajueiro

Preparação de originais
Ana Lucia Kronemberger

Revisão
Isabela Fraga
Rodrigo Peixoto

Diagramação
Leandro B. Liporage

Este livro foi impresso no Rio de Janeiro, em junho de 2008,
pela Ediouro Gráfica, para a Editora Nova Fronteira.
A fonte usada no miolo é AGaramond corpo 12,8/14,5.
O papel do miolo é offset $75g/m^2$, e o da capa é cartão $250g/m^2$.

Visite nosso site:
www.novafronteira.com.br